经盛鸿 经姗姗 著

抗战往事

KANGZHAN
WANGSHI

团结出版社

©团结出版社，2016年

图书在版编目（CIP）数据

抗战往事 / 经盛鸿，经姗姗著. -- 北京：团结出版社，2016.7（2025.10重印）
ISBN 978-7-5126-4300-0

Ⅰ. ①抗… Ⅱ. ①经… ②经… Ⅲ. ①抗日战争-史料-中国 Ⅳ. ①K265.06

中国版本图书馆CIP数据核字(2016)第170522号

责任编辑：陈心怡
封面设计：阳洪燕

出　　版：	团结出版社
	（北京市东城区东皇城根南街84号　邮编：100006）
电　　话：	（010）65228880　65244790（出版社）
	（010）65238766　85113874　65133603（发行部）
	（010）65133603（邮购）
网　　址：	http://www.tjpress.com
电子邮箱：	zb65244790@vip.163.com
经　　销：	全国新华书店
印　　装：	天津盛辉印刷有限公司
开　　本：	170mm×240mm　　16开
印　　张：	42.75　　　　　　　字　数：569千字
版　　次：	2016年7月　第1版　　印　次：2025年10月　第5次印刷
书　　号：	978-7-5126-4300-0
定　　价：	99.00元

（版权所属，盗版必究）

目 录

第一辑　局部抗战往事 …………………………………… 1

一、皇姑屯日军炸死北洋政府元首 …………………… 2
二、南京《时事月报》刊登"田中奏折"的由来 …………… 20
三、上海北站刺杀宋子文的案中案 …………………… 35
四、"九一八，从那个悲惨的时候……" …………………… 51
五、嫩江铁路桥畔抗战第一枪 …………………………… 97
六、"小小的'满洲国'，大大的赵尚志" ………………… 108
七、从"日本和尚事件"到"一·二八"战火 ……………… 120
八、上海虹口公园爆炸案与韩国义士尹奉吉 …………… 129
九、韩国抗日组织在南京的秘密活动 …………………… 139
十、北平六国饭店锄奸特别行动 ………………………… 160
十一、第五届"全运会"上的救亡呼声 …………………… 173
十二、暗杀石友三，力阻"华北国" ……………………… 179
十三、上海《新生》周刊"诽谤"日本天皇案 ……………… 191
十四、南京中央党部汪精卫遭记者枪击 ………………… 196

第二辑　全国抗战往事 …………………………………… 209

一、卢沟桥的枪声 ………………………………………… 210

二、确立"全国持久抗战"政策的国防联席会议 …… 264

三、上海"八一三"抗战与"八百壮士" …… 271

四、驾机撞击日机、日舰的中国空军勇士 …… 294

五、智擒南京行政院里的日本间谍 …… 317

六、悲壮的南渡西迁 …… 342

七、"吴中二老"共建抗日"老子军" …… 358

八、"一将无能，累死三军" …… 367

九、蒋介石对南京大屠杀的反应与举措 …… 393

十、朝鲜"慰安妇"朴永心与南京利济巷"东云慰安所" …… 404

十一、苏联"空军志愿队"血洒中国长空 …… 420

十二、奇兵袭敌后 …… 428

十三、七七事变后日本扶植的四个伪政权 …… 439

十四、曹锟、吴佩孚晚年拒当汉奸 …… 459

十五、北平大汉奸王克敏死里逃生 …… 476

十六、上海沪江大学校长刘湛恩饮弹上海南京路 …… 482

十七、"古董商"斧劈唐绍仪与蒋介石日记揭真相 …… 487

十八、除夕夜伪维新政府外交部部长陈箓上海遇刺记 …… 507

十九、越南河内高朗街刺杀汪精卫功亏一篑 …… 520

二十、南京日本总领事馆毒酒案 …… 530

二十一、中国新闻界喋血上海滩 …… 546

二十二、上海"高二分院"刑庭庭长郁华护法遇害 …… 560

二十三、日伪毒弹击中抗日女志士茅丽瑛 …… 566

二十四、"中统"美人计暗杀丁默邨 …… 570

二十五、"76号特工总部"特务平安夜火并 …… 580

二十六、牺牲时胃里只有树皮、草根和棉絮的"抗联"英雄杨靖宇 …… 590

二十七、保镖弹中张啸林 …… 602

二十八、伪上海市市长傅筱庵血染市长楼 ·············· 611
二十九、美国"飞虎队"威震敌胆 ····················· 622
三十、"76号特工总部"头目 李士群死于日军毒饼 ········· 633

第三辑　抗战胜利往事 ························· 647

一、南京黄埔路受降与励志社审判 ···················· 648
二、南京梅花山头炸汪坟 ··························· 666

第一辑

局部抗战
往事

一、皇姑屯日军炸死北洋政府元首

（一）"皇姑屯事件"是日本对中国发动第二次大规模侵略战争的序幕

1937年7月7日，日本军国主义发动全面侵华战争前的中日往事，为什么要从1928年6月4日日本军人在沈阳皇姑屯阴谋炸毙张作霖的事件开讲呢？

原因如下：

1946年5月3日，东京"远东国际军事法庭"开始对日本甲级战犯进行审判。国际检察局在撰写起诉书时，首先碰到的问题是，控诉这些日本甲级战犯的犯罪行为，从什么时间算起？国际检察局内部对此发生了严重的分歧与争论。一种观点认为，要从1941年12月7日日军偷袭珍珠港、发动太平洋战争算起；另一种观点认为，要从1937年7月7日日军制造卢沟桥事变、发动全面侵华战争作为起点；还有一种观点认为，要从1931年9月18日日军制造九一八事变、占领中国东三省开始。

中国方面的检察官向哲浚经认真研究，向国际检察局郑重地提出了中国的看法：应以1928年6月4日日本军人阴谋炸毙张作霖的"皇姑屯事件"作为控诉日本战犯的犯罪时间起点。因为张作霖是当时国际社会承认的北洋政府元首、北京中华民国"安国军政府陆海军大元帅"。南京国民政府虽在 1927 年 4 月 18 日宣告成立,但还没有得到国际社会的广泛承认。日本作为一个国家,实施阴谋炸死另一个国家的政府元首,这难道还不是国家间的战争行为吗?因此,"皇姑屯事件"是日本对中国蓄意发动侵略战争的开端与序幕!

向哲浚的主张占了上风,并最终为国际检察局所接受,他们将 1928 年 1 月 1 日正式确定为对日本战犯起诉的起始日。"远东国际军事法庭"的判决书写道:

> 关于罪状的内容,可以概括如下:
> 第一项罪状:控告全体被告,在一九二八年一月一日至一九四五年九月二日这一期间,以领导者、组织者、教唆者或同谋者的资格,参与共同计划或阴谋,欲为日本取得对东亚、太平洋、印度洋以及其接壤各国或邻近岛屿上之军事、政治、经济的控制地位,为达到此目的,使日本单独或与其他国家合作,对任何一个或一个以上之反对此项目的的国家从事侵略战争。
> 第二项罪状:控告全体被告,在同上期间,参与共同计划或阴谋,欲为日本取得对中国辽宁、吉林、黑龙江、热河省(满洲)的整个控制地位,为达到此目的,使日本对中国从事侵略战争。
> 第三项罪状:控告全体被告,在同上期间,参与共同计划或阴谋,欲为日本取得对中国的整个控制地位,为达到此目的,使日本对华从事侵略战争。
> ……

当然,"在一九二八年一月一日至一九四五年九月二日这一期间",只是近代日本对中国第二次大规模的侵略战争。近代日本对中国的侵略战争,早在十九世纪中叶就开始了。

日本自 1868 年明治维新迅速崛起、走上军国主义道路以后,一直对外扩张、攫取别国的领土、掠夺别国的资源与财富，以不断发展壮大自己，成为东亚乃至世界的霸主。他们把"开拓万里波涛，布国威于四方"作为国策与始终努力的目标。中国与朝鲜成为日本对外扩张与侵略的首选对象。日本政府专门秘密制定了有计划、分步骤地蚕食、入侵、分裂、瓜分与控制中国的所谓"大陆政策"：第一步占领中国的台湾，第二步吞并中国的属地朝鲜半岛，第三步控制中国的东北地区（他们称之为"满蒙"），第四步侵占中国的广大关内地区，第五步进占东南亚各国，与西方列强争霸，分割世界。日本传统的武士道精神与不断滋长、迅速蔓延的军国主义、法西斯主义思想相结合，成为日本对华侵略的精神支柱；日本高速发展的近代经济与陆海军，是日本对华侵略的物质基础与战争工具；而日本自明治维新以降，近百年间一批接一批涌现出来的军国主义分子与右翼势力，则充当了日本侵华的急先锋与骨干力量；被军国主义分子控制的日本最高军政当局则是日本侵华活动的指挥部。

早在1874年（清同治十三年），日本走上军国主义道路才数年，就对中国发动了第一次试探性的进攻——以琉球渔民遇难为借口，出兵台湾，对中国进行战争威胁与种种要挟，形成"台湾事件"。结果由于日本本国的经济力量与军事力量不足，以及中国清政府运用既备战又求和的两手策略，日本政府除了获得了清政府五十万两白银的赔款，并占据琉球群岛使之成为日本的冲绳县，就没有太大的收获。为此，日本最高当局总结经验教训，认为只有迅速地、大力地增强日本的经济与军事力量，才能在对华侵略中具有强大的征服力量与威慑力量，迫使中国屈服，实现其对中国渗透、瓜分、侵占、控制的目的。

"台湾事件"后，日本当局积极扩充军备武力，经过了二十年的整军经武后，于1894年（清光绪二十年，中国农历甲午年）7月，利用朝鲜东学党事件，对中国发动了处心积虑的第一次大规模侵略战争，即甲午中日战争。日本多年鼓吹"脱亚入欧"的思想家福泽谕吉，积极为统治者出谋献策，直言："直冲北京可也"。从丰岛海战、大东沟海战，到平壤保卫战，日本凭借其迅速增强的陆海军力量，迅速打败了腐败的清政府军队。北路日军从朝鲜跨过鸭绿江，攻入辽东，进逼长城，并在旅顺等地进行惨绝人寰的大屠杀；南路日军在山东半岛登陆，在威海卫全歼北洋水师。日本当局宣称将从南、北两路夹攻清政府的首都北京。

在日本当局"勇猛进攻"的军事威胁与战争讹诈面前，以慈禧太后为核心的清政府迅速屈服了。他们拒绝了康有为等爱国知识分子"拒和、迁都、备战"的主张，先后派出朝廷重臣邵友濂、张荫桓、李鸿章人等赴日本求和，实际是乞降，历经种种屈辱，于1895年4月17日，与日本签订了空前丧权辱国的《马关条约》。日本以战胜者的姿态，对中国使节颐指气使，不但从中国获得两亿两白银的巨额赔款，而且从中国割去了台湾岛及其附属岛屿（包括钓鱼岛）、澎湖列岛与辽东半岛（后经法、德、俄三国调停，清政府增加赔款三千万两，才"赎"还"辽东"），控制了朝鲜，还获得了在中国开厂经商的资本输出的特权。这是日本军国主义当局对中国推行武力征服与战争恐怖威慑的侵略政策所取得的第一次成功，于他们而言，是一次"巨大的成功"，这让日本举国狂欢。日本当局更加迷信他们的对华武力征服与恐怖威慑政策，法西斯思想在日本迅猛发展。

果然，在《马关条约》签订5年以后，日本当局又于1900年8月，派遣第五师团等部队，参与组成八国联军，一举攻占了中国的首都北京与天津、河北、东北等广大地区，迫使满清政府签订了更加丧权辱国的《辛丑条约》。日本又一次获得了巨额赔款与在北京、天津等地驻兵等更多的侵略特权。此后，日本随着其国力与军事力量的进一步增强，对中国武力征服与战争威慑的侵略政策也变本加厉：1904年2月出兵中国东北，偷袭旅顺，发动日俄战争，击败沙俄，从此控制了"南满"地区；1910年8月正式吞并朝鲜；1914年8月利用第一次世界大战爆发的机会，出兵霸占中国的胶东地区与胶济铁路达8年之久，并向袁世凯政府提出臭名昭著的"二十一条"；1927 年与 1928 年两次出兵济南，阻挠南京国民政府的军队北伐，残酷杀害中国外交人员与济南民众，制造"五三惨案"，迫使国民革命军屈辱地绕道前进，日陆军参谋本部与内阁陆军省共同拟定《对华方策》，狂妄地宣称："显示皇军的武威，使全中国感到震骇……"

1928 年 6 月 4 日，日本关东军以阴谋手段，炸死北洋政府元首张作霖，企图乘乱夺取中国东北地区，揭开了日本军国主义第二次大规模侵华战争的序幕。

（二）"安国军政府陆海军大元帅"张作霖在皇姑屯被炸身亡

1928 年春夏之交，中国政局发生急剧的变化：南京的国民政府下令发动"第二次北伐"，国民革命军总司令蒋介石指挥所辖 4 个集团军的部队，即蒋介石的第一集团军，冯玉祥的第二集团军，阎锡山的第三集团军，李宗仁的第四集团军，协同作战，很快击败奉军，打过黄河，逼近京津地区。北京中华民国政府的最后一任首脑、"安国军政府陆海军大元帅"、奉系军阀首领张作霖眼看大势已去，不得不准备离开北京，撤往关外的奉天。

张作霖本是亲日的大军阀，这次奉军在前线战败，他本想"借日本的武力留在关内"，但日方近来改变态度，借口防止战乱波及"满洲"，即东北辽宁、吉林、黑龙江三省地区，多次逼迫张作霖退回东北。而且，日方乘张作霖窘困之际，

"安国军政府陆海军大元帅"张作霖

向张提出"满蒙权益"及让日本在东北修筑"满蒙五路"等问题。1928年5月17日，日本驻华公使芳泽亲自跑到"安国军政府大元帅府"——北京中南海怀仁堂，拜访张作霖，进行威胁讹诈，张作霖不愿就范，说："我们家中的事，不劳邻居费心！"断然加以拒绝。谈到最后，张作霖竟勃然大怒，由座上站起来，把手中的翡翠烟斗猛力摔到地上，对芳泽骂道："他妈拉巴子的，岂有此理！"说完之后，丢下芳泽，怒气冲冲离开客厅。1928年5月25日，张作霖又公开发表书面声明，反对日方5月18日提出的"警告"。事后，日方威胁张作霖，如果不听日方劝告，失败后想回东北，日方当解除其武装。

由于奉军连连战败，军心不稳，许多将领表示厌战甚至企图倒戈。东北军高级将领张学良、杨宇霆等人见此情形，企图与南方国民革命军谈和，力劝张作霖早日回奉。

1928年5月30日，张作霖召集张作相、孙传芳、杨宇霆、张学良等人，举行最高级会议，决定下总退却令，率部撤离京津，退回关外。6月1日，他向北京外交团告别。6月2日，发表《出关通电》，声称他"本为救国而来，今救国志愿未偿，决不忍穷兵黩武。爰整饬所部退出京师"。在这同时，他令许兰州将"安国军大元帅"的印、旗以及国务院的印信、外交部的重要档案全部运往关外。

但这次张作霖毕竟是军败回奉，南方的国民革命军大军压境，再加上这时日、张关系紧张，因此张作霖的随身官员临行时都有一种不祥的预感。有的人还私下准备了药品与饼干等物，以备不时之需。

在张作霖离京前夕，日使芳泽再次来找张纠缠，逼张正式履行日方帮助镇压郭松龄反奉时签订的"日张密约"。张作霖对日方这种趁火打劫的行为再次大发脾气，骂道："日本人不够朋友，竟在人家危急的时候，掐脖子要好处……我不能出卖东北，以免后代骂我张作霖卖国贼。我什么也不怕，我这个臭皮囊早就不打算要了。"他拒不在芳泽带来的文件上签字。芳泽含恨而去。

在这时，张作霖接到奉天宪兵司令齐恩铭的密电，报告在奉天附近南满铁路（今吉林长春到大连的铁路）与京奉铁路（今北京到沈阳的铁路）的交叉点老道口、三洞桥、皇姑屯一带，日军戒严，不许行人通过，希望张作霖回奉时，加以戒备。当时，南满铁路由日本的"南满铁道株式会社"和日本关东军管辖，京奉铁路由中国方面管辖。两条铁路在沈阳近郊皇姑屯车站附近的老道口、三洞桥一带，以立交桥交叉通过。但张作霖没有重视齐恩铭的密电，只是按惯例，由奉天省省长刘尚清向铁路沿线各县发出一个密电，通知"该管境内铁路桥梁，仰督饬军警，事先妥为警备，毋稍疏懈"。

张作霖为避开日军，曾一度想乘坐汽车取道古北口出关，但因怕公路坎坷不平，汽车颠簸，身体受不了，仍决定乘火车离京。机警的张作霖曾"故布疑阵"，先宣布6月1日启程，后改为2日，但2日开出的火车是张作霖的五姨太寿夫人所乘，最后在6月3日，张作霖才离开北京。

6月3日夜间，张作霖出中南海西门，乘黄色的钢制防弹汽车出发，在严密警戒中前往火车站。车站月台上晃晃的灯光照射着卫兵的刺刀，充满森严、沉闷的气氛。张学良、杨宇霆、孙传芳等人前往送别。张作霖虽故作镇静、愉快，但当他回顾北京城时，眼里却闪着泪花。随张作霖上车的除大元帅府的人员与卫队，还有张作霖的六夫人与三子张学曾，以及国务总理潘复和靳云鹏、何丰林、刘哲等军政大员与日籍顾问町野、仪我等。专车共有22节车厢，张作霖乘坐的包厢，是慈禧太后曾乘坐的花车，车身宽阔，装饰华丽，据说是购自英国。包厢的前面是两辆蓝钢车，由军政大员与张作霖的随员们乘坐。这3节车厢位于这列22节长的火车的中央。在包厢的后面是餐车与乘载卫队的警备车。在专列的前面，则是一列压道车。

约在晚上9点钟，张作霖的专车从北京开出。在天津站，潘复、靳云鹏与日籍顾问町野下车。车到山海关，这里是日军驻兵所在地，车上人员不免紧张，但车站上只有一两名日军守备队站岗，态度如常。在奉天留守的黑龙江督军吴俊升特地赶到这里迎接张作霖，上了张作霖的专车。专车平安地开出山海关后，大家觉得放了心，都解衣而睡。

车到新民时，天已放亮。这里已经离沈阳很近，铁路两旁皆有奉军的步哨警戒，面向外立，作"预备，放"姿势，十余步就是一岗。可是在京奉铁路与日本人管辖的南满铁路交叉点附近地段，就没有中国哨兵警戒了。

6月4日清晨5点左右，张作霖的专列在皇姑屯车站停了停，奉天宪兵司令齐恩铭来接，登上专车。专车继续向东行驶，准备到沈阳车站停靠。这时沈阳车站里已有上千名军警警戒，沈阳城里的军政大员和绅商代表也早已齐集于此，恭候专车的到来。

5点30分，列车驶进了京奉与南满两铁路交叉处的陆桥——三洞桥的桥洞。在这里，南满铁路线在桥上通过，京奉铁路线在桥下通过。沿京奉线开来的张作霖专车必须从桥洞内通过。就在张作霖乘坐的包车进入桥洞的一刹那间，预先安放在桥洞上的炸药爆炸了，随着震天动地的两声巨响，全桥塌下，张作霖乘坐的包车首当其冲，连砸带炸，全身粉碎，车身崩出三四丈远，只剩下两个车轮。吴俊升与张作霖的六夫人当场被炸死，张作霖身受重伤，血流满身，气息奄奄。据后来英文《时事新报》报道，共有22人被炸死，53人被炸伤。

正在奉天车站迎候张作霖的仪仗队闻讯赶来，变成救护队，抢救死伤者。宪兵司令齐恩铭慌忙从车上跳下，从附近拦来一辆结婚汽车，强行将新娘赶出，急将张架入车内，由副官王宪武抱着横卧车中，急驶回沈阳大帅府家中。慌作一团的张家人用剪刀将其衣服剪开，发现一臂已断，随即找来医官施行紧急治疗。但终因伤重救治无效。张作霖临死前，对其卢夫人嘱托："我受伤太重……恐怕不行啦！……叫小六子（张学良乳名）快回沈阳，好好干吧！"延至上午9时30分死去。

在民国初年的政治舞台上活跃了 20 年左右，雄踞东北并进而纵横关内，一度还担任了"元首"的奉系大军阀张作霖，就这样突然结束了他的一生，终年 54 岁。

（三）张作霖与日本当局复杂而微妙的关系

张作霖，字雨亭，辽宁海城人，1875 年 3 月 19 日生。幼年家贫，仅入塾读书数年，就改学兽医，后流浪于辽东。1894 年中日甲午战争期间，他曾一度投军，接受军事训练。张作霖为人机警，在退伍后，结识东北各路绿林人物，拉杆子起家，不断壮大，成为雄踞一方的著名头目。1902 年，他设法买通清廷大员，带部队投靠清廷，当上马队管带，后升任巡防营前路统领。

1911 年 10 月武昌起义爆发后，张作霖窥测时机，率部进驻沈阳，镇压革命党人。袁世凯窃权后，张势力扩张，被任为陆军第二十七师师长。他一面讨好袁世凯，一面又投靠在东北势力日益扩张的日本军政当局，成为东北最有势力的军事人物。1916 年袁世凯复辟帝制期间，为笼络张作霖，任其为盛武将军、督理奉天军务兼巡按使。张从此实现了攫取奉天军政大权的夙愿。之后，张作霖以其过人的胆识与手腕，在北洋军阀内部政治军事斗争中，投机取巧，不断扩充自己的势力，将其势力伸入到黑龙江与吉林。北洋政府任命他为东三省巡阅使。张成为名副其实的"东北王"与奉系军阀首领。

1920 年 7 月，直皖战争爆发，张作霖"助直倒皖"。战后奉系与直系共同把持北京政府，张作霖乘机扩张势力到察哈尔与热河。1922 年 4 月第一次直奉战争中，奉系战败，张作霖回到关外，整军经武，联合皖系与南方的孙中山，结成"三角同盟"，同时秘密拉拢直系将领冯玉祥，于 1924 年 9 月发动第二次直奉战争，战胜直系。张作霖率奉军大举入关，把势力一直伸展到安徽、江苏与上海。1926年春，他又与吴佩孚弃嫌修好，共同击败冯玉祥国民军。奉系完全控制了北京中央政府，发展到极盛时期。

1926年6月，南方国民革命军与冯玉祥部开始北伐，先后击败吴佩孚与孙传芳部。这时北洋军阀中，只剩下张作霖，仍拥重兵三十多万。1926年12月，借十五省"推戴"名义，张作霖出任"安国军"总司令，出兵与北伐军对抗。1927年6月18日，张作霖又在北京成立"安国军政府"，并当上"陆海军大元帅"。这实际上是北洋军阀政府的最后一位国"元首"。直到1928年6月奉军战败，北伐军进逼京、津时，他才不得不离京返奉。

张作霖与日本军国主义当局的关系是复杂而微妙的。张是靠日本的支持，才得以成为奉系大军阀、爬上"东北王"宝座的；1925年年底，郭松龄倒戈反奉时，张作霖也是靠日军的支持，才得以击败郭军，保住他摇摇欲坠的统治；他能战胜直系吴佩孚与冯玉祥部国民军，更是离不开日本的支持与帮助。因此，张作霖基本上是个亲日派，曾与日本签订了许多或公开或秘密的条约，出卖中国的权益（尤其是东北）给日本，并多次阻止与镇压民众的抗日运动。但是，张作霖又和日本当局有矛盾。他不甘心做日本的傀儡，又害怕中国人民的指责，不敢当卖国贼。他甚至对一些已和日本签订过的密约，也采取抵赖、拖延与不合作的态度。特别是他到北京建立"安国军政府"、成为"元首"后，逐渐与英美发生较密切的联系，对日本有所疏远，甚至形成对抗。从1927年到1928年上半年，日本驻华公使芳泽谦吉多次找张作霖，要他在"出让满蒙新铺设铁路给日本"的条约上签字，张作霖想方设法推托，不是在条约上只签个"阅"字，就是让芳泽去找地方政府协商，使之成了又一个解决不了的"悬案"。这一切都不能不使张作霖与一心想独霸东北的日本当局，特别是关东军发生矛盾，故而引起了日本一些狂热的军国主义分子对他的嫉恨与仇视。

（四）日本军国主义分子的暗杀阴谋及其实施

日本军国主义早就有吞并与独霸中国东北的野心与计划。

日本明治维新后确立的国策（"大陆政策"）中最重要的一环，就是吞并与独霸中国东北，作为侵略中国关内广大地区的前提和基础。早在1894年，日本发动甲午侵华战争时，福泽谕吉就要求日军，"赶快攻略满洲三省"，作为占领北京的前奏。经过半年多的战争，中国清政府惨败，日本夹战胜之威，逼迫清政府签订《马关条约》，其中就有割让辽东半岛的内容，这是日本当局对东北野心的最早表露。但因俄、法、德的"三国干涉还辽"，迫使日本让步，未能占到辽东半岛的利益，日本为此愤恨不已。直到1904年2月8日俄战争爆发，1905年1月沙俄战败投降，日本才踏上了这片觊觎已久的黑土地，根据日俄签订的《朴茨茅斯和约》，从沙俄手里夺取了租借地关东州，包括旅顺军港，以及从长春到沈阳间的南满铁路和铁路两侧地带大片土地的治外法权，即满铁附属地。日本在关东州租借地设立关东都督府，建立满铁守备队，后来发展为关东军，在旅顺建立关东军司令部，常驻兵力为一个师团和几个独立守备大队；设立"南满铁道株式会社"，开办矿山、工厂、商店、旅馆，设立学校、医院、报社，加强移民，加强情报侦察和军事活动，把触角伸向四面八方，苦心经营二十余年，势力和影响越来越大，仅在东北各地设立的领事馆就有几十个。

日本为了进一步完全控制东北，在黑龙江、吉林、辽宁三省和内蒙东部地区建立一个独立的"满蒙王国"，曾想让张作霖做"代理人"，通过他来实现日本的野心与计划。为此，他们多年来给张作霖以各方面的支持，把张作霖扶上了"东北王"的宝座。但是，他们发现，张作霖越来越不听话。1926年底至1927年初，中国南方大革命兴起，北伐军势如破竹，日本当局看到张作霖的势力与威望都大大降低，就想采取"卸磨杀驴"的方针，抛弃张作霖，寻找和扶植一个新的代理人，或者就由日本直接出面统治东北。

1927年4月20日成立的田中义一内阁，在1927年6月、7月与8月，先后召开了"东方会议"与"大连会议"，讨论对华政策，特别是所谓满蒙问题。会上意见不一。极端狂妄强硬的日本右翼势力和少壮军人集团主张对中国东北采取强硬手段：一方面，乘张作霖困难之际，向张索取更多的"满蒙权益"；另一方面，在张作霖继续拒绝日方要求时，秘密布置对之实施暗杀，造成东北群龙无首的混乱形势，乘机出兵占领整个东北。日本军部，特别是日本驻东北的关东军，是力主对东北强硬与暗杀张作霖的代表。他们认为："为伸张日本的在满权益，必须使用武力，并认为与张作霖谈判也是无济于事的。"

在1927年6月27日至7月7日在东京召开的"东方会议"上，关东军高级参谋河本大作大佐，作为关东军司令官武藤信义中将的随员，列席了会议，并为武藤司令官执笔起草了发言稿。一年后，河本大作成为暗杀张作霖的主要推手。

河本大作于1883年生于日本兵库县，是河本参二的次子，其家拥有大量土地和山林。1897年，他不顾其父反对，入大阪陆军地方幼年学校；1902年，升入日本陆军士官学校第15期，同学梅津美治郎、多田骏、今井清、谷寿夫、田代皖一郎、中岛今朝吾等人在侵华战争中罪行累累；1903年11月30日，他以第97名的成绩从士官学校毕业；1904年2月12日被授予步兵下士官军衔，从此开始了军事生涯；1904年他到中国东北参加日俄战争，这是他第一次踏上中国的土地；1911年，他入陆军大学第26期，1913年升为陆军大尉；1914年以第24名从陆大毕业，任陆军某部中队长；1915年奉派往中国汉口，任日本陆军中支那派遣队司令部高级参谋辅佐；1916年任该司令部驻四川成都武官；1919年任参谋本部第一部（主管作战）及第四部（主管编纂战史）部员；1921年河本大作任日本驻中国北京公使馆武官；1923年8月6日调回日本，在参谋本部第二部任中国班班长，专事向中国派遣间谍，搜集政治、军事、经济情报等活动；1924年7月奉派到德国游学，1925年12月回日本，任步兵第十四联队联队长。

河本大作养成了放荡与叛逆的性格，极其崇拜日本的军事谋略高手明石元二郎、青木宣纯，立志要成为明石、青木那样的人物，以阴谋和暗杀辅助武力，来实现日本的"大陆政策"。1919年末，他加入日本军人少壮派组织——"二叶会"，并成为主要成员。"二叶会"因在东京涩谷的一家名为"二叶居"的法国料理店成立而得名，有陆军士官学校第15期至第18期毕业的军官冈村宁次、矶谷廉介、多田骏、板垣征四郎、喜多诚一、石原莞尔、花谷正、桥本欣五郎等人参加，这些人后来都是侵华战争的主要战犯。日本史学家岛田俊彦曾在《皇姑屯事件内幕》一文中这样评述河本大作："河本大作出身富裕家庭，相貌魁伟，有点不像军人，年轻时就不愁钱用，玩得令陆军省人事当局特别注目；高兴时，还会教乡下艺伎唱唱小曲。在另一方面，河本的心底却野心勃勃，大肆批评陆军当局的软弱，对于讨厌者，他肆无忌惮地予以痛斥；脑筋又好。所以人事当局对他敬而远之。"

河本大作于1926年4月重返中国东北，在旅顺的关东军司令部任高级参谋；四个月后，1926年8月，晋升为陆军大佐。在任此职期间，他曾以"参谋旅行"名义，对东北地区共进行了五次军事、政治踏查，为日后武装侵占中国东北准备。

河本大作重返中国东北时，正是张作霖与关东军闹僵时。张作霖以"捉迷藏"的方式，回避和拒绝日方提出的更多谋求东北地区"特殊"权益的种种要求，引起关东军和日本侨民日益强烈的不满。当时日本国内流传着"满蒙生命线论"。河本大作认为张作霖是日本所谓"满蒙生命线"的障碍。他后来在《我杀死了张作霖》的回忆录中这样发泄他对张作霖的不满："得了势的张作霖慢慢地犯了老毛病。自入关进了北京，自封为'大元帅'

的称号,因多年的愿望实现而踌躇满志。在日清战争、日俄战争中用将士鲜血换来的'满洲',一切都在奉系军阀的支配下遭到蹂躏。忘恩负义的事不胜枚举。"

河本大作在1928年年初便秘密部署谋杀张作霖。他说:"一切亲日的军阀,我们统统抓住。能利用的时候就援助,不能利用的时候就设法消灭。"1928年4月18日,他给挚友、在日本陆军士官学校低他一届的矶谷廉介大佐的密信中,就直言不讳地透露了"干掉"张作霖的计划和决心:"若张作霖辈死一二人又有何妨,此次定要将他干掉,即使因此获咎革职,亦在所不惜。"

当得知张作霖即将败退撤回关外时,日本关东军司令部召开秘密会议,商讨对策,决定乘机解除奉军武装,控制东北。这时,河本吼道:"杀掉张作霖,岂不是一切问题都迎刃而解了!"他的话语惊四座。河本继续说:"只要把这个头子干掉,所谓奉天派的将领便会四分五裂,而在还没出现第二个张作霖以前,他们是不知所措的。……干掉头子。除此而外,没有解决满洲问题的第二条路。只要干掉张作霖就行。"

当时关东军中准备暗杀张作霖的,还有接替武藤信义担任司令官的村冈长太郎中将(日本陆军大学第16期毕业,军刀组成员)与一些少壮军官,如奉天特务机关长秦真次少将、张作霖的军事顾问土肥原贤二中佐等人。可河本大作断定他们的计划不周,绝无成功可能。他独自秘密策划布置。

1928年5月底,在得知张作霖准备离开北京回奉天的那几天,村冈长太郎中将首先密派竹下义晴少佐到北京,企图依靠华北日军,组织刺客对张行刺。竹下义晴在从沈阳出发前,正巧遇见河本大作。河本得知竹下义晴此行的目的后,强烈表示不同意此举,对竹下说:"那是轻举妄动,干失败了怎么办?"河本指出,在北京没有那样大胆的、能干这种事的人,即使有,在北京有各国使馆监视,容易引起许多麻烦。河本建议:"不要给(让)军方或国家负任何责任,而由一个人去负一切责任。否则虎视眈眈的列国,一定会乘这个求之不得的机会来胡搞。所以由我来干好了。"

原来，河本大作早就决定，要乘张作霖返奉时，炸其专车，实现斩草除根的目的。河本要求竹下仍然前往北京，侦察张作霖的出发时间，随时报告他。同时，河本又密派一些日本特务到京奉铁路沿线的几个要地山海关、锦州与新民等，侦察地形与张作霖专车通过的时间，随时电告河本。

河本率关东军参谋部人员在沈阳近郊一再侦察研究。他们曾准备将巨流河铁桥作为爆炸地点，但在派遣工兵侦察后，发现这里奉军把守严密，难以下手。最后，他们确定皇姑屯车站旁、京奉铁路线与南满铁路线交叉处的立交陆桥——三洞桥的桥洞，是最理想的埋药炸车地点。因为这里是张作霖回奉的专列必经之地，而陆桥正好处于中国人控制区与日本人控制区的交叉处，中国人控制的京奉铁路从下面通过，日本人控制的南满铁路从上面通过，中国的军警无法布置到陆桥上面。

1928年6月3日晚，河本得到了北京等地传来的情报：张作霖专车已开出北京，正沿京奉铁路线向沈阳开来，预计到达沈阳的时间是4日清晨。河本早已经通过关系，从张作霖的一个姨太太的嘴里，探察到张作霖本人位于专车的第八号车厢。

河本立即率参谋部人员紧急行动起来。他们采用了两道暗杀计划：第一道计划是在陆桥桥梁上埋放30麻袋、200公斤烈性黄色炸药，并装上两道爆炸装置，由工兵在500米外的瞭望台上，用电气机控制触发爆炸；第二道计划是为防止爆炸失败，在交叉点以北装置脱轨机，埋伏一排关东军的冲锋队，让专车出轨，乘混乱时以冲锋队上去冲杀，结束张作霖的性命。河本大作亲自埋伏在三洞桥西侧不远处观测指挥。

6月4日晨近6点，张作霖的专车开到了埋设炸药的地方，关东军独立守备队第四中队长东宫铁男大尉在河本大作的指挥下，一按电钮，"轰"的一声，炸药爆炸，黑烟飞扬至200米上空。爆炸暗杀取得了成功。

（五）日军乘乱夺取东北的企图未能成功

皇姑屯炸毁张作霖的专列后，日本关东军参谋部按照预定计划，为掩盖事实真相，立刻调动工兵赶修铁路被炸部分，又专门枪杀了两名无辜的中国人，把两人的尸体扔在肇事地点，在尸体衣服口袋里塞上伪造的"北伐军东北招抚使"的信，诬称炸张作霖专车是北伐军派来的南方便衣队所为。

与此同时，日本关东军一方面派遣人员，千方百计探查张作霖被接回帅府后的治疗情况，并试图进一步杀害27岁的张学良；另一方面下令全军戒备，做好出击与作战准备，并在沈阳等地制造一系列事端，企图引起东北进一步混乱，挑起军事冲突，乘奉军无人统一指挥之机占领东北，建立傀儡政权。

在这危急存亡之际，东北军政当局识破日方阴谋，力保镇静。他们先对张作霖之死采取严格保密措施，以稳定人心与社会秩序，瞒过日方的窥探。6月6日，奉天省公署发表通电，假称张作霖仅"身受微伤，精神尚好……省城亦安谧如常"。每日厨房照常开张作霖的饭，医官天天来帅府假装换药并填写医疗经过与处方。日方不断有人来慰问借以探听张作霖消息，皆被婉言谢绝。同时密电张学良秘密化装赶回沈阳，主持大政。待局势稳定后，才宣布为张作霖发丧。而且在不久以后，1928年12月，张学良宣布改旗易帜，归顺南京国民政府，使得中国在分裂多年后，终于实现了形式上的统一。

"皇姑屯事件"发生后，日本陆军省在第一时间发表声明，称与此事无关。但中国和英美等国的政府和新闻传媒纷纷以铁的事实，指责与揭露日本关东军的阴谋。日本国内的反对党也乘机发难，要求追究事件真相，以此对田中内阁提出弹劾。

日本关东军原打算在除掉张作霖后,乘乱夺取东北,结果适得其反,却让张学良与南京政府统一了。在国内外的强大压力下,田中内阁曾企图追究河本大作的责任,但军内少壮派军官,如永田铁山、冈村宁次、小畑敏四郎、山冈重厚、矶谷廉介、板垣征四郎、东条英机、土肥原贤二、山下奉文等人,表现出坚决袒护河本的态度,反对以军法或司法程序处置河本。他们得到了陆军大臣白川义则及陆军上层人物荒木贞夫、小矶国昭等人的支持,形成陆军全体维护河本的阵势。而执政党政友会的首脑也强烈反对处置河本。首相田中义一进退两难,又前后两次上奏不符,失去天皇的信任,被迫辞职。河本大作仅在1929年4月被解职,退出军界,编入预备役。

河本大作在临离开关东军时,推荐与自己志同道合的好友、在日本士官学校比自己低一届的板垣征四郎接替自己的位置,担任关东军高级参谋。尽管关东军司令官村冈长太郎心中另有人选,但因河本替关东军及村冈司令官本人承担了"皇姑屯事件"的责任,村冈只好让步,同意板垣接任河本的职务。板垣征四郎成为"关东军的大刀",在两年后的1931年9月18日,他策划和指挥实施了九一八事变,迅速占领全东北,建立伪满洲国,实现了河本的"梦想"。

河本大作退役后,受到日本右翼头目的照应与提携。日本外务省政务次官森恪特意约定每月供给河本大作200日元生活费。1928年10月,由陆军大臣阿部信行斡旋,河本出任"中日实业公司"的顾问。河本大作一方面搞经济掠夺,另一方面继续秘密参与日本鲸吞中国东北的活动。1931年9月初,即日本发动九一八事变的前夕,河本受日本陆军参谋本部中国课课长重藤千秋大佐所托,乘飞机将5万日元秘密送到奉天,交给关东军参谋、奉天特务机关辅佐官花谷正少佐,此时花谷正正在紧张参与关东军的阴谋活动,苦于经费拮据,河本大作送来的经费无异是雪中送炭。花谷正于1955年写的回忆文章中谈道:"因为有河本前辈,用钱根本就不用考虑。"

伪满洲国成立后，河本大作如鱼得水，于1932年出任"南满铁道株式会社"的理事，1934年担任"满洲煤矿"理事长，成为关东军的主要资金来源之一。1942年，在日本"北支那方面军"第一军参谋长花谷正少将的斡旋帮助下，河本担任了"山西产业株式会社"的社长。直到1945年8月日本无条件投降后，河本大作被捕，作为战犯，在审判台上供认了谋炸张作霖的罪行。1953年8月25日，河本病死于太原战犯管理所，终年72岁。

至于那位按动电钮炸死张作霖的关东军大尉东宫铁男，后来策划和指挥数十万日本人移民伪满州国，被称为"满洲移民之父"。1937年冬，他被编入日军第一一四师团，任大队长，参加了杭州湾登陆。在向南京进攻的途中，他被中国军队击毙。

二、南京《时事月报》刊登"田中奏折"的由来

(一) 1929 年 12 月南京《时事月报》首刊所谓《田中奏折》

1929 年 12 月，南京的《时事月报》刊登出一篇震动一时的文章《惊心动魄之日本满蒙积极政策———田中义一上日皇之奏章》，即"田中奏折"。这是中国报刊上首次公开刊登"田中奏折"的中文全文。有关人士声称，这份文件是日本内阁首相田中义一给天皇裕仁的秘密奏呈，内容涉及日本的最高国策和对中国、对世界的侵略扩张计划。该文开头写道：

欧战而后，我大日本帝国之政治及经济，皆受莫大不安。揆其原因，无不因我对满蒙之特权及确得之实利不能发挥所致。

然臣拜受大命之时，特赐臣对支那及满蒙之行动须确保我国权利，以谋进展之机会云云。圣旨所在，臣等不胜感泣之至。

然臣自在野时即主张对满蒙实行积极政策，且极力欲使其实现。故为东方拓开新局面、造就我帝国新大陆，而期颁布昭和新政计，自 6 月 27 日至 7 月 7 日共 11 日间，召集满蒙关系之文武百官，举行特别会议。对于满蒙积极政策议定如左，烦祈执奏，谨此依赖。

"田中奏折"的核心内容，就是从分割与侵占中国东北入手，进而侵略全中国、控制亚细亚大陆，并与美苏决战，夺取世界霸权。其中最骇人听闻的"名言"是：

> 惟欲征服支那，必先征服满蒙；如欲征服世界，必先征服支那。倘若支那完全被我国征服、其他如小中亚细亚及印度南洋等异服之民族，必畏我敬我而降于我，使世界知东亚为我国之东亚，永不敢向我侵犯。此乃明治大帝之遗策，亦即日本帝国存立之必要条件也。

"田中奏折"还具体规划了日本侵略中国及其他地区的五个时期和基本战略：

> 明治大帝之遗策，第一期征服台湾，第二期征服朝鲜，既然实现；惟第三期灭亡满蒙以及征服支那领土，使异服之南洋及亚细亚全带，无不畏我、仰我鼻息之云云大业，尚未实现，此皆臣等之罪也。

"田中奏折"中的这些内容，充分显露了日本最高当局对中国与世界的狂妄野心与侵略计划，反映出日本军国主义侵略中国、称霸世界的总体战略。这是当时日本的最高核心机密，也是关系到中国存亡与世界安危的重要情报。

随后，中国各地和海外各报刊纷纷转载与报道这篇文章。一个"以征服世界为目标"的日本形象，以大约十种版本的"田中奏折"，在全世界广为传播，引起轩然大波。

1930年，该文由美国共产党刊出英文版，在美国大量发行。

1931年12月，苏联的共产国际在《国际共产主义者》杂志上发表了俄文版。

"田中奏折"中讲道:"过去的日俄战争,实际上是日支战争。将来如欲控制支那,必须首先打倒美国势力,这与日俄战争大同小异"。这种要挑起日美之战的明确表示,在美国引起强烈反响,据说罗斯福总统也深切关注了这部分内容。由此有人推测,该文件促使美国政府在对日政策方面转向强硬。

然而,在此事发生后,日本当局要员极力否认"田中奏折"的真实性。此时,田中义一已经下台,不久便去世。时任内阁成员的"满铁"副总裁松冈洋右、海相冈田启介、外相重光葵等人,或声明从未见过、从未听说过这份"奏折",或断言是中国人或外国人伪造,甚至宣称这是"中国国民政府恶意伪造的赝品"。1930年2月,日本外务省断定"该文件为伪造文书",正式向中国国民政府提出严正抗议。1931年九一八事变后,中国政府代表在1932年召开的国际联盟大会上,在控诉日本侵略中国东北时,提出了"田中奏折"这一侵略罪证。日本代表松冈洋右则矢口否认"田中奏折"的存在。

攻之者说有,辩之者说无,一时争论激烈,莫衷一是。"田中奏折"因此成为中日关系史乃至第二次世界大战史上一个引人注目的谜案。

(二)"田中奏折"的由来

据中国有关方面人士称,是一位旅日爱国华侨的冒险犯难与机智行动,才获取了这份密藏于日本皇宫的阴谋计划,让它暴露在中国人民与全世界人民面前。

这位旅日爱国华侨名叫蔡智堪。

那么,"田中奏折"是怎样产生的呢?

据称,自1927年春开始,日本最高当局加紧了侵略中国的部署。当时,正值中国政局发生重大变化的危难紧急关头:中国北方的北洋军阀政权在北伐军的猛烈攻势下动摇颓败,而南方的大革命又面临危机。日本最高当局决定利用中国的"内乱",夺取中国的权益。而在日本国内,席卷全国的金融危机摧垮了若槻内阁。日本统治阶级抛弃了标榜"不干涉中国内政"、奉行以经济扩张为主、注重欧美协调方针的"币原外交",转而实施对中国进行赤裸裸的扩张侵略的"强硬"方针。1927年4月20日,狂妄嚣张的陆军大将田中义一出任内阁首相,组织内阁,标志着日本对华"强硬"方针的开始。

田中义一于1864年出土于日本长州藩的一个士族家庭,从小深受长州军阀山县有朋的影响,具有疯狂的侵华野心。1892年他从日本陆军大学毕业,先后参加过甲午中日战争与之后的日俄战争,从陆军参谋逐步升迁为陆军省军务局长、参谋次长、陆军大臣,军衔晋升为陆军大将,继山县有朋成为日本陆军长州军阀的统帅与最后一任巨魁。他熟读《大清一统制》与《曾文正公全集》,有"中国通"之称。自1913年以来,他公开赤裸地鼓吹侵华,首先是割裂与霸占中国的东北地区——日方称之为"满州",宣称"大陆扩张乃我民族生存的首要条件",日本政府"必须确定经营满蒙的大方针",将"满蒙"变成"世界上最昌盛的殖民地"(见田中义一:《滞满所感》)。他组织了以自己为首的政党"政友会",在日本军部的支持下,于1927年4月20日上台组阁。在这届政府中,田中义一除担任首相,还兼任外务大臣与拓殖大臣(殖民大臣),亲自掌管对外扩张事务。他任命主张"满蒙第一主义"、积极鼓吹以"外科方案"解决"满蒙问题"的强硬派侵

田中义一

略分子森格为外务省政务次官，分掌外交实权。他们与日本军部的法西斯分子勾结密谋，策划加紧侵略与分割中国东北的阴谋计划。

1927年4月20日，田中内阁上台不久，森格外务次官就约见日本陆军参谋本部作战课的铃木贞一少佐，通告即将召开"东方会议"，研究解决中国"满州"的各种问题，委托铃木贞一先行与日本驻中国东北的关东军高级参谋河本大作、日本陆军大学教官石原莞二等人密商，制定日本应当采取的有关满蒙政策的积极意见，由铃木贞一执笔写成一份方案初稿。该方案的中心方针就是"把满州从中国本土分割出去，成为另一个地区，使日本的政治势力进入这块土地"。森格与铃木带着这个方案，同日本驻奉天（今辽宁沈阳）总领事吉田茂会晤磋商。吉田茂认为，这个侵华方案过分赤裸裸了，在国内外都通不过，"需要用糖衣包裹起来"。吉田茂介绍日本驻纽约总领事斋藤博对原计划方案进行了修改粉饰。修改后的方案加进了许多冠冕堂皇的语句，但其侵略实质没有丝毫的改变。这样就形成了一份名称为《帝国对满蒙之积极根本政策》的侵华文件。这是后来形成的"田中奏折"的胚胎。

在秘密制定了侵占中国东北计划的文件《帝国对满蒙之积极根本政策》以后，日本政府就于1927年6月27日至7月7日，在东京召开了专门研究侵华问题的"东方会议"。这次会议由田中义一首相亲自出面主持，由森格外务次官策划与组织召开，日本驻中国东北、北京、天津、上海、汉口、南京等地的使领馆要员与驻蒙古特务机关首领，以及日本驻中国东北的关东军长官、南满铁道株式会社的总裁等人参加了会议。这次历时11天的会议是日本对华关系史上一次至关重要的侵略决策会议。会议的中心议题就是制定"对华政策的根本方针"。会议确定了"以将'满蒙'从中国分离出去"为根本方针的日本国策。

"东方会议"的召开引起了全世界的注意。由于这是一次极为机密的会议，田中在开会当日，就再三叮嘱与会者"务请牢记本会之内容是绝对机密"。因此，摸清"东方会议"的具体内容，成为美欧等国和中国十分关注的一件事。

日本政府在"东方会议"后，公开发布了一份《对华政策纲领》。这份文件措辞含蓄隐晦，但其基本内容与精神实质同森格、铃木等秘密制定的《帝国对满蒙之积极根本政策》是一脉相通的。

"东方会议"闭幕不久，1927年8月16日，日方又在其占领下的中国旅顺、大连（日方称为关东州）召开会议，研究落实"东方会议"所确定的侵华方针的具体步骤，调整对华外交工作，基本形成了分离与霸占中国东北的系统计划。

上述会议后，大约在1927年年底、1928年年初这一期间，田中义一首相将上述东方会议与大连会议制定的侵华方针与计划，写成奏折，上呈裕仁天皇，这就是"田中奏折"。"田中奏折"与铃木贞一等秘密撰写的《帝国对满蒙之积极根本政策》、"东方会议"公开发表的《对华政策纲领》，基本内容是一脉相承的，只是因为"田中奏折"是日本最高当局秘而不宣的核心机密文件，因而在表述与措辞上更加赤裸。其核心内容，就是从分割与侵占中国东北入手，进而侵略全中国，进而控制亚细亚大陆，并与美苏决战，夺取世界霸权。"田中奏折"中的这些内容，充分表达了日本最高当局对中国与世界狂妄嚣张的扩张野心、战争狂热与侵略计划。

在这同时，田中政府就开始实施"田中奏折"中的所谓"对满蒙的积极政策"：

1927年年底到1928年年初，田中政府派出代表，会同日本驻奉天总领事吉田茂，向东北地方当局展开了强硬的外交攻势，向张作霖父子施加种种压力，提出一系列扩大日本在东北各项侵略权利的蛮横要求，企图攫取东北新铁路的路权、在东北的"维持治安"权、土地商租权和经营商工农林矿各业的权利。

1928年5月初，当南京国民政府举行第二次北伐，兵抵济南时，田中政府公然出兵山东，制造"济南惨案"，屠杀中国外交人员与普通民众，武装阻击北伐军统一中国。

1928年5月18日，田中政府发表《五一八觉书》，宣称要"以武力干涉中国内政"——一方面以日军阻击南方国民革命军出关，另一方面解除败退关外的奉军的武装。田中政府的目的就是妄图肢解东北、实施"东方会议"决定的"满蒙分离政策"。

1928年6月4日，曾列席"东方会议"的日本关东军高级参谋河本大作，制造了震惊中外的"皇姑屯事件"，炸死张作霖。关东军企图乘乱夺权，武装占领东北。此计不成，田中政府又派出特使林权助对继位的张学良威胁利诱，阻止东北"易帜"与全中国统一。

（三）"田中奏折"被密藏于戒备森严的日本皇宫

世界上没有不透风的墙。"田中奏折"的详情外界虽无从知之，但其消息已不胫而走。日本行将吞并中国东北，并进而向中国广大关内地区、向亚洲与世界扩张的侵略野心与战争计划，引起各国军政界与新闻界的关心与震惊。各国情报人员与新闻记者纷纷涌向东京，都试图获取这份绝密情报。一时间到达东京的各国情报人员与新闻记者竟多达两千余名。他们各想妙策，各施花招，竞相奔走。但在日本政府的严密警戒与矢口否认下，各国情报人员与新闻记者谁也没有获得成功。

据熟悉内情的人士称，"田中奏折"在上呈裕仁天皇后，因事涉日本的最高国策与当时极其敏感的国际关系，故属极端机密。

裕仁天皇阅看了"田中奏折"后，发交日本最高决策阶层的元老、重臣、皇族、党魁们讨论。由于日本最高决策阶层的派系纷争，在对待"田中奏折"上出现了严重的意见分歧。当田中义一的执政党"政友会"在日本军部的支持下，野心勃勃地准备立即实施其奏折中的侵华战争计划时，日本的元老派与反对党"民政党"的党魁却害怕田中军人派立即实施"向满蒙跃进"的侵略冒险政策，会引起外交冲突，扩张军人势力，危及天皇皇位，因而反对实施"田中奏折"，并秘密酝酿倒阁。

裕仁天皇因见最高决策阶层意见不一，故未将"田中奏折"立即批交内阁，只是下令将"田中奏折"暂时密藏于日本皇宫内的皇室书库中。

日本皇宫位于东京的市中心，四周围绕着一条御河，有大门 24 个，偏门 36 个。每个门前都配有多名卫兵手执长刀日夜警卫，进出制度极其严格，终年戒备森严。皇宫各门前的御河上，均架有长桥，俗称为"断足桥"。因凡有潜渡御河或强过长桥者，卫兵先砍断其足，再处以死刑——"田中奏折"密藏于内，一般人想一窥此件，比登天还难。

"田中奏折"的出笼与日本妄图吞并东北的侵略计划密切相关，特别是在 1927 年年底到 1928 年年中，田中政府加紧对中国的赤裸裸的侵略与干涉，同传说中的"田中奏折"的侵华计划完全相同，更引起了中国政府与各界人士，尤其是东北地方政府新上台的领导人张学良的深深忧虑与高度警惕。他们亟须了解与掌握"田中奏折"的详细内容。

早在 1927 年 9 月，南开大学校长张伯苓亲赴东北调查，得出结论："不到东北，不知道中国之危险！"11 月，他在南开大学专门组织成立了"满蒙研究会"，后改名为"东北问题研究会"。1928 年 4 月，张伯苓偕"东北研究会"总干事傅恩龄，再次赴东北三省调查研究，月余返校，根据调查所得，依东三省的丰富自然资源及经济、人文、地理等方面许多资料，发表了许多调研报告，并且编著了一部《东北地理》，在学校开班授课，唤起中国广大民众认识东北地区的重要性和日本对东北的野心所造成的巨大危机。这些工作得到了张学良的关注与支持。

张学良是个有爱国心的军人。他在父亲张作霖被日本方面阴谋设计杀害后，于 1928 年 6 月上旬化装从北京回到沈阳。当时东北政局危急，日本关东军虎视眈眈，张学良处境艰难。他审时度势，很快确定了基本方针。

他一方面为其父发丧，宣布在沈阳戒严，并很快就任"东北保安司令部"最高长官，从而稳定了东北局势，挫败了日本乘乱夺占东北的企图；另一方面他派人与南京国民政府秘密谈判，准备改旗易帜，归顺国民政府，实现全国统一，以对抗日本的压力与粉碎日本分裂、吞并东北的阴谋。

在这期间，张学良为了对付日本的阴谋，亟欲摸清敌情。他返奉不久，亲自连续会晤日本新任驻奉天总领事林久治郎，试探日本对东北的意图；同时拨出专款，派出各种人员，通过不同渠道加紧搜集日本对华政策的情报，其中最重要的，就是千方百计、不惜一切代价获取"田中奏折"的内容。1928年夏初的一天，他让东北保安司令部外事秘书主任王家桢，给旅居日本的华侨巨商蔡智堪写去一封简短密信，仅数十字，用毛笔书写在一张纸条上，上写：

英美方面传说，"田中首相奏章"对我国颇有利害，宜速图谋入手，用费不计多少。

树人

"树人"是王家桢的别号。王家桢将这张纸条巧妙地嵌入一只高档月饼内，以盒装交付邮寄日本东京侨商蔡智堪。因当时正逢中秋节将到，中国亲友向驻日本的华侨亲友寄赠月饼，是十分普遍的事情。

（四）爱国侨商蔡智堪接到了张学良的秘密指示

身在日本东京的侨商蔡智堪，原籍台湾苗栗县，1888年出生于旅居日本的一个华侨家庭，4岁时改姓山口，长大后在日本经商，开设"蔡丰源贸易行"，因经营得法，成为日本商界的巨富。他虽身在异邦，却心系中华，不忘祖国，时刻关心着中国的存亡兴衰，为祖国的独立与进步、繁荣而尽心尽力。早在清末，他就加入了中国同盟会，为孙中山领导的反专制政府的民主革命活动提供经济支持。1915年袁世凯复辟帝制,他不惜钱财疏通日本警察当局,掩护蔡锷将军经日本返抵云南,发动反袁的护国运动。到19世纪20年代,日本加快侵略步伐,中日关系日趋紧张,他应好友、国民党元老李烈钧等人的委托,密切关注日本的侵华政策,尤其是日本的"满蒙工作",向南京国民政府提供日本的各种情报。他与东北地方当局张作霖父子也建立了秘密联系,一直通过外事秘书主任王家桢,向张氏父子提供日本

蔡智堪

方面的军政情报。与此同时,蔡智堪出资在东京创办了《日华》杂志;他还以"山口"为笔名,在日本各报刊上多次撰文,忠告日本朝野泯除侵华思想,修睦中日邦交。

这次,蔡智堪接到王家桢传达给他的秘密指示后,深知这一使命堪属奇难,甚至有送命毁家的危险,但他又深知获取与揭露日本的这份"田中奏折",对中国的抗日救国事业,尤其对东北的生死存亡,有着极其重要的意义。事关祖国安危,义不容辞,虽死无憾。他紧张地思索着获取"田中奏折"的方法。

蔡智堪世居日本,对日本上下情况了如指掌,可称"日本通"。他经审慎考虑后,决定不采取间谍手段,而采用"国民外交"手段取得这个密件。因为蔡智堪在日本党政界上层活动多年,结识了颇多好友。蔡了解许多日本政界要人多经济困窘,却又要为开展政治活动,大讲排场,开销颇巨,

再加上个人烟酒等嗜好，往往入不敷出、捉襟见肘。他就利用自己的财力，多年来有目的地接济与帮助他们，渐渐地与许多日本要人结成密切的"友情"。当时日本政界派别众多，其中势力最大的，除"元老派"，就是以田中义一为首的"政友会"与它的政敌——"民政党"。蔡智堪与日本政界各派别都建立了关系，其中，与"政友会"要人、正担任"政友会"总务会长的永井柳太郎，"民政党"的党魁、前内务大臣床次竹二郎及"元老派"的牧野伸显伯爵等人关系都极其友好。蔡智堪决定利用他们的关系去获取"田中奏折"。

（五）利用日本政界矛盾

蔡智堪首先找到执政的田中派"政友会"的总务会长永井柳太郎，向他假意提议：应设法取出"田中奏折"，首先在蔡出资创办的《日华》杂志上发表，让日本国民了解田中政府的计划，借以动员日本国"征服满蒙"的舆论，以便"积极向满蒙进取"。但永井柳太郎有所顾虑，未肯答应。

蔡智堪一计未成，又生一计。他又去找在野的反对党"民政党"的床次竹二郎。床次竹二郎是一位权力欲极强、在政治上惯于纵横捭阖的政客。他曾经和田中义一有过短暂的勾结，共同组建"政友会"；但后来他为了实现自己组阁的目标，一方面奔走于"元老派"门下，另一方面离开"政友会"，另组新党——民政党，拟凭借"议会第一大党"的优势，谋求挫败政友会和田中内阁，取而代之。当田中内阁向天皇提出以武力分割与侵占中国"满蒙"地区时，床次得知元老西园寺、内大臣牧野伸显不赞成这一政策，就认为这是一个攻击与推倒田中内阁的机会。蔡智堪十分了解床次其人及其当时的政治心态，就针锋相对地向床次提议：为了能打倒执政的"政友会"，推翻田中内阁，应设法公开揭发"田中奏折"，以引起国际舆论的关注、谴责与国内政局的变化；同时联络"元老派"，向他们指出，当时日本国内尚准备不足,矛盾众多,若立即实施"田中奏折"的计划,以武力侵夺中国"满蒙",势必引起中日关系的紧张与西方国家的外交干涉,导致日本国内政局动荡与军人势力膨胀,甚至引起人民革命,危及皇室地位,从而与"元老派"结盟,共同推倒田中内阁。果然,床次听了大喜,对蔡智堪说:"你如有必要,我当为你打听线索。"

过了几天,床次竹二郎要蔡智堪以5000日元设盛宴,用中国高级菜肴与五加皮酒,宴请内大臣牧野伸显等"元老派"要人。在宴席上,床次在致辞中强调指出:"田中内阁欲以武力吞并满蒙,必将危及中日邦交,并引起国内革命,危及天皇。"蔡智堪也在讲话中与床次相呼应,牧野等人听了颇为心动,宴会圆满成功。

一星期后,床次对蔡智堪说:"牧野伯爵要我告诉你,中国政府如敢将'田中奏折'公之于世,元老派就可利用英美舆论,阻止田中内阁执行武力政策。中国政府如能承诺这一点,牧野就设法让你去皇宫中秘密抄写'田中奏折'。"蔡智堪得此信息自是喜出望外,立即请示王家桢。王在请示张学良后,密信应允。蔡智堪即手持王家桢密信,会同床次往见牧野。牧野即交给蔡智堪一张"皇室临时通行牌"第七十二号,并令其妻弟、正担任皇室书库管理官的山下勇,约妥其他几位皇室书记官,密引蔡于夜间进入皇室书库,抄写"田中奏折"。

(六)夜入日本皇宫抄出侵华密件

1928年7月的一天,正是东京最炎热的日子。

这天深夜11点50分,蔡智堪乔扮成一名裱糊匠,手持金质盾形的"皇室临时通行牌",由山下勇领路,前往日本皇宫。皇室书库位于皇宫西丸大年门内。蔡智堪与山下勇原打算从此门进入皇宫,但后来因考虑到此门外的"断足桥"很长,且四周树木较少,难以掩蔽,为安全计,临时决定改走"红叶山下御门"。他们进入皇室书库时，已是次日凌晨0时50分。

蔡智堪进入书库后，早已迎候在这里的库员西尾宽与片山又两人即取出"田中奏折"交给蔡。奏折是用日本内阁奏章专用的西内纸缮写而成，共有六七十张，长达三四万言。蔡智堪便将随身携来的薄质碳酸纸铺在原件上，用铅笔描抄。因奏折太长，当夜未抄完，次日夜再次潜入皇宫，方抄毕。

蔡智堪得手后，就将抄本散铺在新购置的一只手提皮箱箱底夹层之中，亲自送往沈阳，交给王家桢。王高兴地跳起来，来不及招待客人，就送往帅府，给张学良过目。后在王家桢主持下，将这份日文文件翻译成中文，并在内部刊行。王家桢为内部刊行的中译本取名为"田中奏折"。

不久，东北地方当局将此文件送呈南京，向国民政府最高当局报告。

据说，日本当局在事后对泄密事件进行了追查。皇室书库28名管理人员全部被免职。冒着生命危险获得"田中奏折"、为中国人民救亡事业建立巨大功勋的蔡智堪先生也于1931年年底在东京被捕入狱，他的200万美元的私人产业全部被日本政府没收。1945年8月日本宣布无条件投降后，蔡智堪移居台湾。1955年9月29日，这位爱国老人病逝，享年68岁。

（七）日本的侵略历史与"田中奏折"揭橥的日本总战略完全相同

王家桢称，他让蔡智堪设法获取"田中奏折"，其意是"想叫东北负责人知道日本人的阴谋，好作采取对策时的参考，根本没有想拿它作为宣传材料来激动人心，更没有想到拿它作为在国际上反对日本帝国主义的武器"（王家桢：《自述》）。因此，东北地方当局与南京国民政府在1928年七八月间获取了"田中奏折"后，很长一段时间没有将它公开披露，而只是在党政军上层人士中传阅。

然而,"田中奏折"的消息早已传遍世界。深受侵略祸害的中国人民对它更是高度关注与警惕。上海的教育家黄炎培、北平《华北日报》的女记者纪清漪等人,都从不同的渠道获得了"田中奏折"的抄本,并以不同的方式向民众披露。1929年8月,纪清漪设法印出五千册"田中奏折"中文本,很快发往全国各机关学校团体,立即引起了全国极大的震动。学生走出校门,举行示威游行,各爱国团体和爱国人士相继翻印。1929年冬,东北青年学者阎宝航被推选为出席太平洋国际学会第三届会议的中国代表团的筹备主任。会前,他在沈阳筹备中国代表团事宜,从王家桢处得到一本"田中奏折",感到极大的震惊。他征得筹备会同意,将其译成英文,在日本东京举行的会议上,亲自宣读;后又将"田中奏折"英文稿印出200本,分送英、美、加等出席会议的代表,揭露日本侵略中国的阴谋。

1929年12月,南京的《时事月报》终将"田中奏折"全文刊之报端,使之影响大增。随后,海内外各报刊纷纷转载与报道。

时至今日,关于"田中奏折"的真伪,仍无定论。

一些否定"田中奏折"真实性的学者认为,首先,在诸多的"田中奏折"版本中,本来最理所当然应该存在的日语原文本,却一直没有发现过。其次,"田中奏折"的中文本,不仅内容矛盾重重,而且作为奏折文,使用如此强烈的语言表现,不合规范,许多史实的记述也与真相不符。例如,"田中奏折"称,田中义一"从欧美旅行归来,在上海遭到中国刺客的袭击",事实是:田中义一从马尼拉旅行归来,在上海遭到朝鲜刺客的袭击。如果是田中本人的上奏文,不可能写错自己遭遇的暗杀事件。再如,"田中奏折"称,大正天皇和山县有朋等人协议了《九国条约》的解决策,事实是:山县在《九国条约》签字前就已经死去。又如,"田中奏折"称,中国政府铺设了吉海铁路,事实是:吉海铁路的开设是在1929年的5月,那是在"田中奏折"形成的两年后……战后,在英美具有权威性的《不列颠百科全书》中,"田中奏折"被定义为伪造文书而记载。

主张"田中奏折"确有其事的人，从大量线索入手，进行了深入调查考证，认为断定"奏折非真品"的说法依据不足。一个证明，就是在"田中奏折"公开后，中国官员在国联有关会议上透露了文件抄自日本皇家书库。日本当局随即将书库官员山下勇以下 28 人全部免职，而蔡智堪也遭到拘捕，身陷囹圄，财产损失殆尽。另外，从日本一些军政要人的回忆与只言片语中，也能找到奏折存在的蛛丝马迹，如公开否认奏折真实性的重光葵在自己的回忆录中却提及，他曾向田中义一查询奏折情况，田中答复"非出本意"，意思是奏折是按"东方会议"精神写的，非出田中本人之意。近年来，研究人员还根据新发现的材料，对否定"田中奏折"存在的种种观点提出了反证。

但不管真相如何，1929 后十数年间日本的侵略历史的进程，竟与这篇"田中奏折"揭橥的日本总战略完全相同：日本政府在 1931 年 9 月 18 日发动九一八事变，侵占中国东北；在 1937 年 7 月 7 日发动七七事变，全面侵华；在 1941 年 12 月发动太平洋战争，向亚洲与世界扩张……日本的这些侵略行径，铁一般地印证了在"田中奏折"中所显露的日本当局的侵略野心和侵略计划。这就使得后来担任日本外相的重光葵在否认"田中奏折"的同时，也不得不承认（侵略）计划"……作为教科书那样进行的，因此，要消除外国对这一文书存在的疑惑是颇为困难的"。而美国远东问题专家杜尔门·史密斯则坚信："中国所取得之"田中奏折"，确为日本人的文件，若说是赝品，则自弥赛亚以来，中国亦有一位大预言家了。"美国记者埃德加·斯诺（Edgar Snow）在 1941 年出版的《为亚洲而战》(*The Battle for Asia*)一书中，作为开场白使用的，正是"田中奏折"中的一节。

因此，南京《时事月报》刊登出这篇所谓的"田中奏折"，其积极意义是应该肯定的。它所揭露的日本军国主义当局的侵华野心与侵华计划，激起了中国与世界舆论的震惊、谴责与警惕，其功不可没。

历史，有时就是通过曲折的方式，显露它的复杂和真实！

三、上海北站刺杀宋子文的案中案

（一）王亚樵接受广东"非常会议"的刺蒋任务

从 1930 年 3 月至 10 月，历时数月的中原大战终于结束，掌控南京国民政府的蒋介石集团联合奉系张学良集团，击败了冯玉祥、阎锡山、李宗仁集团，取得了最终胜利。1930 年 11 月 12 日，中国国民党在南京召开四届三中全会，开除了冯玉祥、阎锡山、汪精卫等人的国民党党籍，改组行政院，蒋介石以国民政府主席身份兼任行政院院长与国民革命军总司令之职，以其妻兄宋子文任行政院副院长兼财政部部长。蒋介石集国民党的党、政、军大权于一身，权力达到最高峰。

蒋介石的独裁引起了国民党内其他派系的恐惧与不满。在国民党四届三中全会上，蒋介石提交了一份"召开国民会议与制定约法案"，意在进一步加强其个人独裁统治。会上无人敢表示反对，唯独粤系首领、立法院院长、曾长期与蒋介石合作的胡汉民，以其国民党元老的资格，公开站出来抨击蒋介石擅制约法、实行个人独裁的行为。蒋一怒之下便将胡软禁于汤山，于是宁、粤两派矛盾激化。

为了对抗南京的蒋介石集团，经孙科的秘密串联，粤派的中央执行委员、监察委员纷纷提出辞呈，离开南京去广州，与桂系、汪精卫派、"西山会议"派等在广州结成反蒋派系的大联合,召开"非常会议",于1931年5月底另立广州国民政府,以汪精卫为主席,与南京国民政府对峙,同时陈兵湘境,宣布要讨伐蒋介石。

西南反蒋派在进行军事反蒋的同时,策动号称"江淮大侠"的王亚樵及其领导的"斧头党"党徒,实施对蒋介石及其他南京国民政府要人的暗杀,以配合军事行动的进行。胡汉民的老亲家林焕庭邀王亚樵的密友李少川与王暗中疏通。

王亚樵,1889年2月26日生于安徽合肥肥东县州埠乡一个贫寒家庭,自小养成了倔强豪侠、疾恶如仇、见义勇为的性格。1908年,由吴春阳介绍加入中国同盟会。1911年10月10日武昌起义爆发,王亚樵是年25岁,与乡人成立"合肥革命军",任司令,投身辛亥革命。1913年9月"二次革命"失败后,王亚樵亡命上海,白天做工,夜宿马路,备尝艰苦。在此期间,他结识了无政府主义者景梅九,加入了"安那其主义研究小组",提倡打倒强权,开展暗杀等。1917年秋,王亚樵投奔孙中山,随孙中山南下广州,建立护法军政府,反抗北洋军阀。1921年,王亚樵再次流亡上海,利用他在上海社会底层广泛的社会关系,联络了一批志同道合的江湖人士,主要是一些安徽籍的年轻无业游民,约三十多人,以36对斧头起家,组织了一支腰别利斧的"安徽劳工敢死队",常以斧头、手枪、炸弹等武器,专门打抱不平、进行街

王亚樵

头恶斗，人称"斧头党"，后来人员不断增加。对方看到"斧头党"凶猛挥舞斧头准备拼命的阵势，往往吓得落荒而逃。王亚樵成了"斧头党"的首领，声名鹊起。1921年冬，王亚樵与韩恢、马超俊、谌小岑组织"上海劳工总会"，掌握沪西、沪东工人十余万众，自成一派，专门对付其他帮会与欺压工人的官僚、富商、工头，名震上海滩，威名所至，甚至黄金荣、杜月笙都畏惧三分。1923年秋，王亚樵组织工会群众数万人游行示威，声讨曹锟贿选总统。这年11月14日，又协助浙江的皖系卢永祥，暗杀了直系军阀的重要干将、淞沪警察厅厅长徐国梁。1925年，王亚樵投奔广州国民政府，在北伐中任安徽宣慰副使。1927年4月蒋介石发动"四一二"反革命政变，王亚樵愤而离去，从事反蒋活动，来往于上海与香港之间。

当1931年四五月间反蒋派在广州召开"非常会议"，另立广州国民政府、起兵讨蒋后，王亚樵十分兴奋，起而响应，派其亲信洪耀斗、余立奎作为自己的代表去广州联络。两广反蒋派十分欢迎王亚樵加入他们的阵营，并要求王配合两广军事行动，尽速实施对蒋介石的暗杀。

不久，广东方面又秘密派遣与王亚樵私交较深的国民党粤系中央监察委员萧佛成和马超俊，随身带着巨款前来上海，与王亚樵联系协商，一次付给王亚樵活动经费20万元。

王亚樵开始部署刺杀蒋介石的行动。

（二）从刺蒋改为刺宋

王亚樵及其"斧头党"党徒经过侦察调查，发现蒋介石在南京住在黄埔路中央军校官邸内，戒备森严，暗杀根本无从下手。马超俊表示，若刺蒋不成，可改刺蒋政府的第二号核心人物、行政院副院长兼财政部部长宋子文。当时，因在1931年六七月间，在东北地区先后发生万宝山事件与中村案，中日矛盾激化。故南京国民政府指派宋子文与日本驻华公使重光葵，在南京进行谈判，企图通过外交途径解决。

王亚樵等计议，决定同意马超俊的提议，先设法暗杀宋子文，以去蒋臂膀，断蒋财路，从而实现在精神上打击蒋，逼蒋下台的目的。而且，宋子文经常来往于宁、沪，招摇过市，谋刺易于得手。在刺宋成功后，再伺机刺蒋。

宋子文，广东文昌（今属海南省）人，1894年12月4日生于上海。其父宋嘉树早年留学美国，一度在上海当传教士，后改营工商业，同情和支持孙中山的革命活动。宋子文早年毕业于上海圣约翰大学，后去美国哈佛大学攻读经济学硕士，继入哥伦比亚大学获博士学位；1917年回国后，受盛宣怀之聘，任汉冶萍公司驻上海总办事处秘书；1923年2月，宋子文赴广州，经二姐宋庆龄推荐，担任孙中山大元帅府的英文秘书兼两广盐务稽核所经理；1924年8月任中央银行的董事、行长；其后调任广东省政府商务厅长。孙中山去世后，1925年7月，宋子文任新建立的广州国民政府财政部部长，兼任广东省财政厅厅长，整理财务颇有成绩；1926年1月，在中国国民党第二次全国代表大会上，当选中央执行委员会委员、中央商务部部长等职，负责筹措北伐军经费。他从财政上积极支持蒋介石取得国民党的党、政、军大权。1927年12月，他在上海大华饭店参加蒋介石与其妹宋美龄的婚礼。他争取国民党内各派系和江浙财团支持蒋介石重新上台。1928年2月，蒋介石再次上台后，宋子文被任为

宋子文

南京国民政府财政部部长，兼任外交、预算、首都建设、黄河水利、国防编遣等委员及中央银行总裁。1929年3月，在中国国民党第三次全国代表大会上，宋子文当选中央执行委员。1931年6月，宋子文任国民政府行政院副院长兼财政部部长，成为南京国民政府第二号权势人物，是蒋介石的左膀右臂。

王亚樵决定暗杀宋子文后，于1931年夏的某一天，在上海浦柏路大华公寓召集亲信核心人物华克之、龚春蒲、谢文达、郑抱真等人密议刺宋行动计划。他们根据搜集到的情报，研究了宋子文的活动规律和警卫情况，感到在南京下手很困难。但宋子文作为财政部部长，与当时全国金融和经济中心的上海关系十分密切，几乎每过几天就到上海一次，去时必乘沪宁客车。这正是暗杀的好机会。王亚樵决定在宋子文乘火车到上海时，在上海北火车站动手。一来这里戒备较南京要松；二来上海情况复杂，尤其是有国民政府管辖不到的英、法两租界，刺客动手后便于逃匿隐藏。

王亚樵派出郑抱真率领几个精干人员到南京潜伏，专门侦察宋子文的行踪，摸清宋子文的行动规律，再研究行动方案。

郑抱真，1897年生，安徽寿县吴山镇（今属安徽省长丰县）人，自幼父母双亡，家境贫困，青年时投军。1924年，他参加"淮上国民自卫军第一路军"，任军需。1925年春，该军在奉军的进攻下失败，退入河南，为胡景翼收编，郑抱真任少校副官兼兵站主任。1929年春，郑抱真离开军队，前往上海，加入王亚樵的"斧头党"，仍负责后勤军需，管理经费及武器。他以办事机警见称，是该组织的核心人物之一。[①]

郑抱真衔命来到南京，住在仙鹤街余立奎家中。余立奎亦是王亚樵集团核心人物之一。郑抱真积极开展活动。不久，他就以金钱买通了国民政府财政部的一名主办会计。这个主办会计每天都要向宋子文当面汇报市场

[①] 郑抱真在抗日战争爆发后，脱离帮会，参加"皖北人民抗日自卫军"，任第二支队副司令。1939年年初，率部参加新四军。解放后，任合肥市首任市长。

行情，宋每有行动都要同他打招呼，因此他把宋的行动掌握得极为准确，每天定时向郑抱真汇报。郑抱真探知宋子文把家安在上海摩西路141号，每逢星期六，他自南京乘晚班火车返上海家中度假，于下星期一再乘火车回南京办公。

郑抱真回到上海，向王亚樵报告了上述情况，并提议在宋子文返沪到达车站时，趁旅客上下车混乱时刻，动手刺宋，然后施放烟幕弹，掩护行动小组安全撤退。关键是务必要事先在南京打听到宋子文乘火车抵达上海的准确时间，用暗语密电向上海总部报告。

王亚樵同意郑抱真的这一计划，成立了南京与上海两个刺宋行动小组，南京小组由郑抱真负责，上海方面则由王亚樵亲自负责指挥。

王亚樵对上海暗杀行动人员作了如下分配：

第一组，由华克之率领张玉华、孙凤鸣（后来刺汪精卫的执行者）、成诚、萧佩伟、陈凤书、朱德兴等人，把守车站月台，在宋子文走出车厢时即行狙击。此为第一道狙击线。

第二组，由龚春蒲率领刘刚、尤林、唐明、李楷、彭光耀等人，把守候车室，倘第一道狙击线没有成功，则由他们实施暗杀。

第三组，由谢文达率领许志远、黄立群、朱大刚、刘文成、陶惠吾等人，把守车站大门外的天目路一带，组成第三道狙击线。该组人员负责策应，及时切断通信，并掩护全体人员撤退。

王亚樵届时将亲临北站现场，负责总指挥。

王亚樵在上海北站附近的天目路租赁三层楼房一幢，供行动人员休息。

当时在上海购买高效的烟幕弹，很是不容易。王亚樵要郑抱真设法从日本浪人处购买一枚烟幕弹，以备掩护撤退之用。郑抱真将这任务交给他最亲信的一个杨姓的小徒弟。

这杨姓小徒弟是个不一般的人物。他是在浙江长大的皖人子弟，头脑活络，善交际，外号"小泥鳅"，很受郑抱真器重，被郑单线派遣，打进常玉清的"黄道会"。"黄道会"是当时上海的一个黑社会组织,被日本驻上海的特务机关收买,成为日本特务的打手。这杨姓徒弟多次向郑抱真提供"黄道会"和日本驻上海特务机关的重要情报,成了郑抱真一名得力的情报助手。这一次,郑抱真要他去向日本浪人购买烟幕弹,能买即买,能偷即偷。不久这杨姓小徒弟就以800元高价,从常玉清的"黄道会"那里弄来一枚烟幕弹,交给了郑抱真。

郑抱真将烟幕弹交给华克之后,便再去南京。

1931年7月22日,那个被金钱买通的国民政府财政部主办会计来向郑抱真报告说,宋子文突然接到其母亲病重的电报,将去青岛探视,一周之内停止办公。预计他将于当日晚先行乘火车从南京返沪,然后再从上海去青岛。

郑抱真知道这是动手行刺的好机会,立即从南京给在上海等候消息的王亚樵发去密语快电:"康叔准于22日晚乘快车去沪,23日晨准到站,望迎接勿误。"电文中的"康叔"是王亚樵给宋子文取的代号,"迎接"之意当然指"刺杀"。

(三)田中隆吉为制造侵华导火索,策划暗杀驻华公使重光葵

郑抱真刚发出电报回到住处,便遇到了从上海专程赶来南京向他报告情况的杨姓小徒弟"小泥鳅"。他急切地向郑抱真报告了一个紧急情况,使得郑抱真大吃一惊!

原来,这位杨姓小徒弟发现常玉清的"黄道会"也准备了烟幕弹,这引起他的怀疑。经百般打听,才得知日本驻上海的特务机关长田中隆吉已经秘密指示常玉清的"黄道会"去刺杀从南京回上海的日本驻华公使重光葵,时间也是7月23日晨,地点也在上海北火车站出口处,得手后施放烟幕弹掩护撤退。这计划几乎与王亚樵的计划相重合,只是行刺的目标不同。

那位杨姓小徒弟还报告，常玉清的人说：重光葵一死，中国就必须负起"挑起事端"的责任，那么日军也就可以名正言顺地兴师问罪，发动侵华战争，占领大上海了……

日本当局为了实施蓄谋已久的侵略与分裂中国的计划，一个惯用的手法就是寻找或者制造一些事端，作为对中国发动侵略战争、进行政治讹诈的借口与导火索。例如：1894年8月，借口朝鲜东学党起义，出兵朝鲜，发动了对中国的甲午侵略战争；1914年8月，借口对德国宣战，武装占领了中国的胶州湾（青岛）与胶济铁路；1928年5月，借口保护日本在山东的侨民，出兵山东，制造了屠杀中国外交人员与平民数千人的"济南惨案"；1928年6月4日，制造"皇姑屯事件"，同时专门枪杀了两名无辜的中国人，把两人的尸体扔在肇事地点，在尸体衣服口袋里塞上伪造的"北伐军东北招抚使"的信，诬称炸张作霖专车是南方北伐军指使，并在沈阳等地制造一系列事端，企图以此为借口，出兵占领东北。这些策划，有的成功，有的夭折。

1931年春夏之际，对中国垂涎已久的日本军国主义者已做好占领"满洲"——中国东北三省——的准备，并制造了万宝山事件与中村案作为导火索，紧张而秘密地策划战争、发动事变。但是，日本的谋略家们认为，当时中国军队的数量远远超过日本驻中国的军队，仅靠"满洲"一地的日本关东军，难以保证在短期内占领东北，必须开展谋略活动，牵制中国关内的反日军队不能出关支援"满洲"。为此，日本陆军参谋本部第二部（情报部）派出大特务土肥原贤二去华北活动，同时又把原驻华北的大特务田中隆吉派驻上海日本总领事馆，任陆军武官辅佐官兼特务机关长，密令他在上海制造事端，挑起战争，以策应关东军侵占"满洲"。

田中隆吉，1893年7月9日生，从日本陆军大学毕业后，长期在日本陆军参谋本部工作，后被派到中国进行特务活动，先后制造过多起事件。这次他奉命来到上海，会同女特务川岛芳子（金璧辉），进行了种种策划，又通过日本法西斯组织"樱会",调来宪兵大尉重藤千春作为他的助手,三人组成执行任务的谋略小组,在上海虹口乍浦路和平公寓三楼紧张研究他们的行动方案。

田中隆吉考虑,如果挑起一般事件,不容易在日本激起反华狂潮,便决定雇佣上海黑社会的流氓,暗杀日本驻华公使重光葵,然后栽诬中国,就可以在日本国民中煽起侵华战争狂热,刺激日本内阁同意出兵上海,向中国开战。田中隆吉之所以选中重光葵当替死鬼,是因为那时重光葵执行的是日本外相币原重喜郎的外交路线,即"币原外交",主张"尊重"中国的合理要求,通过外交谈判解决两国存在的问题与发生的事件,不同意立即使用武力进攻中国。当时,重光葵正奉命与南京国民政府行政院副院长宋子文进行谈判,企图通过外交途径解决万宝山事件与中村案。这使他成为好战的日本陆军少壮派执行侵华计划的障碍。

然而,田中隆吉、重藤千春和川岛芳子这三个人都不熟悉上海地形,一时找不到合适的人充当杀手,只好去求助日本"上海居留民团"行政委员长河端贞次。此人住上海多年,能说一口流利的上海话,号称"上海通",实际上是日本海军派驻上海的秘密特务。他与上海的一些黑社会分子来往密切。河端贞次向田中隆吉推荐虹口地区的地痞头目常玉清及其所领导的"黄道会"——一个一直受日本特务操纵的暗杀团体。

常玉清,原籍湖北江陵,亦有说其是满族旗人,1884年生于江苏北部。其早年在上海日商丰田纱厂、同兴纱厂任工头,与日本人建立联系。后来他离开工厂,在上海经营浴室与舞台,并加入青帮,为通字辈,广收门徒,成立"黄道会",自任会长,霸占码头与市面,打斗、抢劫、暗杀,无恶不做,成为上海臭名昭著的黑社会头目与地方恶霸。

田中隆吉会见常玉清后,答应以两万日元和若干海洛因作为常玉清暗杀重光葵的报酬。双方商定,先由田中隆吉向常玉清提供武器和毒品,事成后,再在日本驻沪海军陆战队司令部内,奖给常玉清巨额日元。田中隆

时任日本驻华公使的重光葵

吉要求常玉清必须在9月之前完成任务，常玉清一一答应。田中隆吉随即把日本驻华使领馆的情况向常作了介绍，说重光葵把办事基地放在上海总领事馆，但每周必有一次去南京的日本驻华公使馆办公，按时往返。他在南京，主要是同中国外交部部长王正廷打交道，但也和财政部部长兼外交委员宋子文多有来往，两人私交很好，所以在往返宁沪时常常是同乘一车。重光葵没有卫士保护，刺杀他极易成功。

常玉清没有见过重光葵，要求田中隆吉提供他的特征。田中隆吉说识别他很容易，每个星期五从南京开来的快车尾部挂的花车中，同宋子文一齐走出来的，就是重光葵。到了出口处，两人历来都是谦让一番才出站的。这是识别他的标志，也是动手的好机会，在那里向同宋子文一道走出来的人开枪，可保万无一失。

田中隆吉指示常玉清，要在刺杀行动时，有意在车站丢弃一些栽赃物，设法把这次行动包装成是王亚樵的"斧头党"所为。人们出于对"斧头党"的刻板印象，也会自然而然地认为是他们所为。等事情传开发酵，日本内阁就可以此为借口，出兵进攻中国。

常玉清答应按照田中的指示执行，并派人去上海北站侦察，见情况果然与田中隆吉的交代相同，便把行动计划定了下来。他组织人员，准备武器和烟幕弹等。

因此，正当王亚樵紧锣密鼓部署刺杀宋子文的同时，田中隆吉和常玉清按照他们的既定目标，也在上海做了另一番布置。

郑抱真听了杨姓小徒弟的报告，立即感到问题的严重性。这事真是太巧了：明天宋子文返沪，重光葵也返沪；明天王亚樵行刺，常玉清也行刺；明天王亚樵刺宋子文的地点在上海北站，而常玉清刺重光葵的地点也在上海北站！假如听凭两家各自去动手，那么无疑正中日本特务的浑水摸鱼、借刀杀人之计，由此引起中日间的军事冲突，责任将都落在王亚樵身上，他将成为洗刷不清、万世遭唾骂的民族罪人。可是，如果停止刺宋行动呢？怕已是箭在弦上，撤不回来了。

郑抱真正为此事发愁，余立奎主张立即给王亚樵拍发一份加急电报，暗示情况已发生变化，立即停止刺宋。但郑抱真担心万一王亚樵不能及时看到电报，于事无补，反而泄露了秘密，造成严重后果。二人商议到最后，郑抱真毅然决定也乘当晚京沪快车，与宋子文、重光葵同车赴沪，到达北站后抢在他们二人之前出车站，示意王亚樵取消行动，并设法给重光葵信号，破坏常玉清的行刺计划。至于刺宋，待以后另寻机会。

（四）上海北站：三路人马，两个目标，一个死者

在上海的王亚樵，于 1931 年 7 月 22 日接到南京郑抱真发给他的一份急电后，大喜，立即按早先制订的计划，紧张行动起来：给 3 个小组的行动人员每人分发手枪 1 把、子弹 10 发，由华克之、龚春圃、谢文达分别率领人马，各守一段，各负其责。掩护人员张玉华领到烟幕弹一个。

行动当日晚，3 个小组的行动人员即分别潜入上海北站附近各预定地点。第二天，即 1931 年 7 月 23 日天明后，部分行动人员扮作旅客，设法进入车站候车室和月台内。

王亚樵本人则到上海北站所在的天目路，在沿马路的一家旅馆租了一间临街的房间住下，观察与指挥整个暗杀行动。

王亚樵当然没有料到常玉清的人也在车站作了安排。

常玉清获得重光葵来沪的情报后，料定重光葵到达上海北站下车后，必然经过车站贵宾室。他在1931年7月23日天明时分，也率领部属来到北站。他在车站贵宾室配置两名化装成车站杂役的刺客，另在车站大厅内布置两名眼线，负责发出重光葵下车的信号。此外，他在车站的出口处作了重点布置，安排两人装作擦皮鞋生意的，进行堵截；又派两人化装成旅客，杂在人群中，进行接应。常玉清本人则躲到附近的一座楼房内观察"结果"，一旦成功，便立即打电话向田中隆吉报告。

常玉清当然也不知道王亚樵的布置，更不知道郑抱真乘同一列车来沪的"紧急措施"。

于是，一幕"错中错"的好戏便在上海北站上演了！

1931年7月22日晚，重光葵和宋子文在同一时刻，登上了从南京开往上海的晚班快车。他们都在列车尾部的花车卧铺上安然入睡。宋子文同行的有6名警卫和机要秘书唐腴胪；重光葵只带了公使馆一等参赞堀内干城和私人秘书兼翻译林出寻贤。

不过，看来日本驻南京公使馆方面十分警觉，对防范刺客有所准备。堀内干城和林出寻贤等人早先获得日本军方将对重光葵不利的消息，私下研究，一旦遇有刺杀事时，该怎样用自己的身体去掩护公使。林出的武功很好，陪同公使来往于京沪，就负有保镖的任务。那晚上车，他表现得特别谨慎，叮嘱中国列车员，在次日晨到站前喊醒他，一定不能太迟。

重光葵与宋子文以前乘这班车回沪，都是在列车驶过真如站之后，列车员才把大家喊醒。可是偏偏这一次，由于林出的叮嘱，列车员在列车刚过苏州站不久，在比往常早得多的时间，就叫醒了重光葵。这位公使大人美梦正酣，被喊醒后见列车还没有到昆山，便发起了脾气，大骂中国列车员不负责任，且愈骂愈气，索兴穿起衣服不睡了。

1931年7月23日早晨7点多钟，从南京开来的京沪夜车经过一夜的行驶，终于到达了上海北站。以前每次列车到上海站，在旅客洪流过去之后，重光葵都是邀宋子文一齐下车、一齐出站。可是这次，车刚停稳，重光葵因有气，便自行跳下了车，对宋子文连招呼也不打一声，就夹在人群中，径自走过月台，朝出口走去。这使重光葵躲过了常玉清布置的刺客，也迷惑了火车上的郑抱真。

常玉清的杀手还在等待同宋子文并肩步出车站的重光葵公使，可万万想不到，重光葵已经轻装简从出了车站，很快带着随从上了汽车，扬长而去。

车厢里的宋子文看到重光葵怄气的架势，感到过意不去，想赶上去作点解释，便来不及等旅客散完，也带着秘书唐腴胪及几个警卫人员，走出专备的卧车车厢，来到月台上，挤入人群中，向车站出口走去。因宋常来上海，故没有安排上海要人来站迎接，只是在月台上多加了几道岗哨。这就使得王亚樵的第一道狙击线华克之等人无法接近月台下手。见状，华克之急忙向候车室的第二狙击小组发出信号。

此时，车厢中的郑抱真也没有料到宋子文、重光葵会提前先后下车，便抢先跳下车寻找王亚樵安排的同伙，以便撤销行动。不料此时，他发现宋子文一行已经走到了出口前，制止他们已经来不及了，便对空鸣枪示警，以引起宋子文卫士的注意，破坏常玉清的行动。

但这时，宋子文一行已走出月台，经过车站东大楼，准备向站口大门走去。这天宋子文及其秘书唐腴胪均身穿白哔叽西装，头戴白色拿破仑式的帽子，两人衣着一样，面貌、高矮又相似，一般外人一下子难以分清。宋子文让手持日式黑公文包的唐腴胪走在前面，自己走在中间，6名警卫人员簇拥在后面。正当他们走过车站东大楼时，预伏在大楼楼柱后的第二狙击组成员刘刚等人，突然跳出来向他们猛烈射击。唐腴胪首先被击倒在地，其左肋、右腹、右臂等多处中弹，伤及要害，血流满身满地。在他身后的宋子文听到枪声后，知道有刺客，立即机警地卧倒，并抛出了帽子，然后急急躲避到大楼北首的一根柱子后边。这时宋子文的6名卫士听到枪响后，便拔枪还击。从后面赶上来的第一狙击组华克之等人也加入战斗，投出几枚手榴弹，只爆炸了3枚。孙凤鸣、萧佩伟开枪击中宋的卫士闵子清。一时间，上海北站内枪声、手榴弹爆炸声响成一片。车站附近的路警听到枪声，狂鸣警笛，纷纷赶来捉拿刺客。

此时，宋子文在众人护卫下，快步登上大楼上层，脱离了险境。

王亚樵暗杀行动组的成员以为击中了宋子文，完成了任务，不敢再恋战。华克之命张玉华扔出烟雾弹，掩护全体队员迅速撤离现场。同时，他们将事先准备好的传单散发出去，声称与宋子文毫无个人恩怨，此举只不过是为国锄奸，为民除害云云。很快，他们就消失在车站外熙熙攘攘的人群中，无影无踪。

在王亚樵暗杀行动组枪响的一刹那，常玉清的人马以为和宋子文并肩走在一起的唐腴胪，就是"重光葵公使"，也毫不迟疑地集中火力向其射击。他们见目标已被击中，便丢下事先准备好的栽赃物——用包袱皮裹着的微型炸弹，然后也在烟雾的掩护下，逃之夭夭。

（五）刺宋案的尾声

宋子文脱险后，曾对记者发表谈话，说"予（身材）较高，而未受丝毫之伤，殊属不可思议""予先曾屡得警告，谓广州方面将不利于予"。

常玉清则满怀欣喜地到虹口的日本海军陆战队司令部去领奖。坐镇那里指挥的田中隆吉知道了事实真相，不仅没有给他们两万日元的奖金，反而要他们承担由此引起的一切后果。常玉清不敢得罪主子，只好答应另找机会，谋刺另外的重要对象以作补偿。此人在1932年1月28日日军发动淞沪事变后，伙同胡立夫等人，投靠日军，在上海闸北伪组织"上海北市人民地方维持会"中，出任伪巡警组主任，率领伪警察、侦探，包办烟赌娼等黑社会事项，"连日收集一股无业流氓，积极从事于蹂躏地方工作，诈欺威胁，肆无忌惮"（《申报》1932年4月12日）。1932年5月《淞沪停战协定》签订后，日军退出闸北，胡立夫被逮捕法办，常玉清遭到南京国民政府的通缉，只身逃至大连，托庇于日本浪人，并参与伪满洲国的汉奸帮会活动。1937年11月12日日军占领上海后，他重回上海，在上海日军特务机关长楠木大佐的策划与指挥下，纠集一些旧帮会部属与地痞流氓，于1938年2月3日重新组建"黄道会"，自任会长，从事暗杀抗日人士、破坏抗日救亡运动的恐怖活动，先后暗杀了《社会晚报》社长蔡钧徒和沪江大学校长刘湛恩等人，多次向租界内的中国旅行社、中央储蓄会、中国国货公司、沪东无线电台等单位投掷炸弹。由于上海公共租界于1938年8月悬赏20万元对常玉清发出通缉令，同时日方当局开始在上海扶植以李士群为头子的"76号特工总部"以取代"黄道会"，常玉清遂根据日伪当局的旨意，带领一批人马，从上海转到南京，先后创办"中国安清同盟会"和"中国安清总会"，为日伪当局服务。抗战胜利后，常玉清因汉奸罪被处决。

而王亚樵听到部下报告后，满以为刺宋成功，而且部属无一人被捕、受伤，十分高兴。但当日晚，他从晚报上看到报道"歹徒今晨在北站行刺宋子文财长未遂，秘书唐腴胪当场毙命"，方知误中副车，刺宋失败。他以为唐腴胪为自己误击，深感过意不去，暗中托人给其亲属送去1000元抚恤金。

由于王亚樵在行动后将预备的传单散发出去，善后人员又在北站又缴获了常玉清的人马有意丢弃的栽赃物——用包袱皮裹着的微型炸弹，所以，当时国内和日本、南洋各报一致认为，是王亚樵的"斧头党"刺杀宋子文，从而掩盖了常玉清刺杀重光葵的真相。待郑抱真将事情的"巧中巧""错中错"一齐告知王亚樵时，王说已无更正的必要。

当时，对于这一事件内幕较了解的还有一个人，那就是重光葵。案发当天，他去宋子文和唐腴胪府邸慰问。1932年"一·二八"事变发生后，田中隆吉的阴谋暴露，重光葵由此弄清了此案的真相。他后来在回忆录中写道:"因为在本国遭到物议,为此宋子文有很多敌人,中国方面有一部分人计划暗杀宋子文。同这一计划汇合到一起,似乎是田中隆吉大尉的计谋……田中大尉是想要在宋子文和我搭乘同一列车到达上海北站并肩走过来的时候,让他们一齐开枪射击的。直接用来进行暗杀的人是上海恐怖团体青红帮。但是我等一行提前一步走出了车站,所以幸免于难。"

四、"九一八,从那个悲惨的时候……"

在20世纪三四十年代,中国大地上广泛流传着一首《松花江上》,其沉痛的歌声,揭露控诉了日本军国主义在1931年9月18日,发动九一八事变、武装侵占中国东北广大地区,给东北人民与中华民族带来了极大灾难的事实!

(一)"关东军大刀"与"关东军大脑"

日本军国主义吞并与独霸中国东北的野心与计划,由来已久,始终不断,愈演愈烈。

1928年6月4日,日本关东军高级参谋河本大作大佐制造"皇姑屯事件",暗杀了奉军统帅、担任中华民国"安国军政府陆海军大元帅"的张作霖,本打算乘乱出兵、夺取东北,建立起一个完全由日本控制的殖民地,但结果却适得其反。东北地区迅速由张作霖之子张学良的东北军控制;接着,张学良于1928年12月底宣布改旗易帜,归顺南京国民政府,中国结束了长期分裂的局面,实现了形式上的统一。

这一切,使关东军野心勃勃的法西斯少壮派军官们愤恨不已,不甘心就此罢手。他们认为日本的政治高层和军事高层老朽腐败,束手束脚。他们决心策划一场惊天事变，以一种"下层推动上层"的诡异方法，发动战争，一举夺取"满洲"，把东北从中国的版图上分裂出去，变成日本的独占殖民地，实现他们多年的军国主义美梦。

关东军的法西斯少壮派军官的人数不断增加，逐步形成了一个以关东军高级参谋板垣征四郎大佐、关东军主任作战参谋石原莞尔中佐、奉天特务机关长土肥原贤二大佐，即所谓"关东军三羽乌"为核心的团伙，成员还有花谷正少佐、今田新太郎大尉等人。他们成为后来策动九一八事变的核心人物与罪魁祸首，板垣征四郎是他们的首领。他们每星期都会聚会一两次，专门研究如何侵占和统治"满洲"的问题。经过两年的商讨，他们的计划逐渐成形。

板垣征四郎为何能成为日本关东军中法西斯少壮派军官的首领？这当然与板垣征四郎的经历、思想、能力，以及他在关东军中的职位、权力、影响分不开！

板垣征四郎于1885年1月21日出生于日本岩手县岩手町沼宫内的一个士族家庭。甲午战争之后，日本军国主义思想高涨，板垣征四郎于1899年，14岁时，考入仙台陆军地方幼年学校，1901年升入陆军中央幼年学校，1903年12月进入陆军士官学校，成为该校第十六期的学员。这一期学生中，出过许多侵华的"知名"人物，像土肥原贤二、冈村宁次、安藤利吉等人，日本军界称为"荣耀的十六期"。1904年10月，刚满19岁的板垣征四郎从陆军士官学校毕业，参与日俄战争，开赴中国东北前线，因作战勇猛而闻名军中。1913年，板垣征四郎按照日本陆军的系统三级教育次序，进入日本陆军大学第二十八期学习，同时晋升为步兵大尉。1916年从陆大毕业。由于板垣征四郎自幼学习中国文化，深谙中国民情风俗，而且能够讲一口流利的汉语，立志"把一生赌给中国"，因而毕业后的第二年（1917年）他就以"研究员"的身份，被日军参谋本部派往中国云南；1919年，调任汉口派遣队参谋。这几年中，他辗转于中国各地，从事间谍工作。在汉口任职期间，与同任参谋的石原莞尔相识。1922年，板垣调任参谋本部中国课课员，同时兼任陆军大学教官。这期间，他始终非常关注中国问题，寻找各方面资料，从理论上进一步深入地探析研究。两年后，板垣再度来到中国，任日本驻华公使馆武官助理，先后在武官林弥三吉和本庄繁手下工作。1926年，板垣升任参谋本部中国班班长；1928年3月，晋升为大佐，出任驻天津日军第三十三步兵联队联队长；1929年3月，率部调驻奉天，加入关东军；5月，因河本大作的推荐，接任在旅顺的关东军司令部高级参谋。其地位与权力，仅次于关东军司令官与参谋长。

板垣征四郎为人胆大，敢作敢为，办事大刀阔斧，执行力很强，被称为"关东军的大刀"。同时他因精通中国的地理、政治、经济、军事情况，又与土肥原贤二、矶谷廉介一起，被奉为日本陆军中的"三大中国通"。

石原莞尔，1889年1月18日生于日本山形县鹤冈市，比板垣征四郎小4岁。他从小就崇拜法国的拿破仑。1902年，他进入仙台日本陆军地方幼年学校，1905年，转入日本陆军中央幼年学校，1907年，入日本陆军士官学校第二十一期步兵课，比板垣征四郎低5期，以第6名成绩毕业；1915年，考入日本陆军大学第三十期，比板垣征四郎低2期，1918年以第二名（次席）的成绩毕业，他本应是首席，但因为平时桀骜不驯，得罪了教官，这才被降为次席。按照日本陆大的传统规矩，石原莞尔因毕业成绩名列前六名，天皇来听他的演讲，并授予他梅花图案的军刀，从而成为陆大毕业生中荣耀的"军刀组"成员。

1920年4月，石原莞尔被派往驻

板垣征四郎

汉口的日军华中派遣队司令部，用一年多的时间考察了中国湖南、四川、南京、上海、杭州等地，搜集政治、经济和军事情报。他甚至化装成扛大包的中国苦力，到中国社会最底层调查半个多月，差点命丧码头。他逐步形成了"大陆扩张"的侵略战争思想。1922 年 7 月，他被派赴德国留学，据说是日本军人中能够读懂德国军事家克劳塞维茨《战争论》的两个人之一（另一人是山下奉文）。在德期间，他潜心于研究日本和世界的战略，精心策划一场"决定世界命运的最终战争"，撰写了一篇《最终战争论》。在该文中，他宣称，未来世界的冲突是东方文明和西方文明的冲突，作为东方文明代表的日本，不可避免地要和作为西方文明代表的美国进行一场所谓"最终的战争"，以此来决定人类社会的走向。在这场"最终战争"的较量中，日本在战略地位上处于不利的地位：国土没有纵深，没有战略物资资源，因此在这场持久战的过程中，日本一定要有一个后方基地，这个基地就是中国的东北地区。日本必须先占有它，再击败苏联，然后控制中国关内广大地区，最终才能与美国决战。

石原莞尔回日本不久，就于 1928 年 10 月，由河本大作推荐，被派赴到中国东北，在旅顺的关东军司令部中，任中佐主任作战参谋。

从 1929 年 7 月开始，到 1931 年 9 月，在板垣征四郎的支持下，石原莞尔策划与部署，关东军在东北组织了 4 次参谋旅行，进行军事侦察与战术研究，了解东北各地的地形、地势、居民与东北军的军政情报，详细制订出攻占沈阳、哈尔滨、锦州等城市的作战方案与计划。

在 1929 年 7 月的第一次参谋旅行中，石原莞尔向参加者分发了他的 3 篇论文：《战争史大观》《回转国运的根本国策——满蒙问题解决案》和《关东军满蒙领有计划》，首次发表了他的"满蒙生命线论"和"满洲土地无主论"，主要内容是强调"满蒙问题的解决是日本存活的唯一途径"。他认为"从历史的观点来看，与其说满蒙属于汉民族，不如说应该属于日本民族"。这成为后来日本蓄谋发动九一八事变、侵占中国东北的理论依据的由来，得到日本右翼势力的热烈赞扬与广泛引用。1931年年初，政友会议员松冈洋佑在众议院宣称："我认为满蒙问题是关系到我国生死存亡的问题，是我国国民的生命线。国防上经济上必须这样考虑。"在这之后，日本《每日新闻》连发三十几篇《满蒙生命线论》的社论。一时间，日本全国从上到下，"满蒙生命线"论甚嚣尘上。石原莞尔声名大振，被称为"关东军的大脑"和"战略家"。

石原莞尔与板垣征四郎早在武汉时期就结识，在关东军中，板垣征四郎任大佐高级参谋，石原莞尔任中佐主任作战参谋，两人关系更为融洽，互相赏识，臭味相投，以"板垣之胆"与"石原之智"、"板垣的武力"与"石原的脑力"、"关东军的大刀"与"关东军的大脑"等代号并称。

板垣征四郎对石原莞尔的侵华计划与侵华理论十分敬佩。据说，在那次参谋旅行的会议上，当石原发言时，板垣征四郎拿个小本子，把石原的话一字不落地记下来。会后，板垣征四郎大佐牵头，石原莞尔中佐、花谷正少佐和今田新太郎少佐参加，在沈阳大和旅馆密谋，每星期开会一两次，专门研究占领和统治满蒙的问题。石原认为："皇姑屯爆炸事件是一次失败的行动。"他从中总结了两条教训：一是要解决满洲问题，靠杀一两个人不行；二是不能像河本大作那样小打小敲，要干就干一个惊天的大场面！他们拟定了一份《满蒙问题解决办法》，宣称要扩充日本在华势力，首先占领满蒙，再占领全中国，称霸世界。

（二）1929年中东路事件迅速助长了关东军侵占东北的野心

1930年的四五月间，国民党内部爆发了蒋介石、冯玉祥、阎锡山、李宗仁的中原大战，延续数月，死伤数十万官兵，国家元气大伤。1930年9月18日，在南京国民政府所派说客的鼓动下，一直坐山观虎斗的东北张学良突然派兵入关，占领北平等地，支持蒋介石的南京国民政府。冯玉祥、阎锡山、李宗仁战败下野。中国军政形势发生重大变化。

板垣征四郎、石原莞尔等人密切关注着中国的军政形势及其对东北地区的影响。

板垣征四郎、石原莞尔等人经调查确认，当时张学良的东北军共约有25万人，其中随张学良入关驻防的，约有9万人，留驻东北各地的，共有约16万人，在沈阳附近有两万精锐部队，拥有飞机、坦克、大炮等重型武器装备；而当时驻防中国东北的关东军，有一个师团，约有10900人，6个独立守备大队，共接近5000人，再加上宪兵、警察、在乡军人、武装侨民，总人数充其量也只不足3万人，从数量上处于绝对劣势。

但石原轻蔑地说他不用拔剑，只用竹刀就足以吓退张学良。

石原莞尔与关东军对张学良及其领导的东北军，有个不断调查研究、认识逐步深化的过程，关键是1929年东北军与苏俄因中东铁路主权问题而爆发的战争。

1929年中苏之间的中东路战争，是如何爆发的呢？

中国东北，自19世纪末、20世纪初以来，一直是日本与俄国激烈争夺的地区。俄国自1900年庚子事变后，控制了整个东北以及中东铁路。所谓中东铁路，是俄国侵犯中国主权，自1898年开始建设，于1903年基本完成，以哈尔滨为总枢纽，西至满洲里、东至绥芬河、南至大连的铁路，直接连接俄国西伯利亚的铁道线。

1904年至1905年的日俄战争，俄国战败，被迫于1905年9月5日，在美国的朴茨茅斯，同日本签订《朴茨茅斯和约》。根据条约规定：俄国承认日本在朝鲜享有政治军事及经济上之"卓越利益"，并且不得阻碍或干涉日本对朝鲜的任何措置；俄国将旅顺口、大连湾并其附近领土领水之租借权以及有关的其他特权，均移让与日本政府；俄国将由长春（宽城子）至旅顺口之铁路及一切支线，以及附属之一切权利、财产和煤矿，均转让与日本政府；俄国将库页岛南部和俄国对辽东半岛的租借权以及其附近一岛屿，永远让与日本。

中国清政府在日俄战争中保持"中立"。战后，日本与清政府签订了《会议东三省事宜正约》及其附约。根据此条约，日本取得了在东北的驻军权，并"租借"大连和旅顺。

俄国继续控制"北满"地区以及满洲里至绥芬河、哈尔滨至长春的中东铁路。

1917年十月革命后，随着苏联国内战争形势的改变，苏联政府提出与中国政府进行谈判，由两国共管中东铁路。1924年5月31日中苏双方签订《中东铁路共管协议》。此后，虽然名义上是两国共管中东铁路，但由于苏籍局长大权独揽，处处侵犯中方权益，双方矛盾日益尖锐。

1928年6月4日，张作霖在皇姑屯被炸死后，总揽东北军政大权的张学良于1929年初宣布改旗换帜，归顺南京国民政府，实现全中国形式上的统一。他决心收回中东路权益，在1929年3月1日，正式向苏联方面提出"路局一切命令及文件应由局长及中方副局长共同签字才能生效，路局各处处长应以半数改派华员"等五项要求，这实际上就是要强行收回苏联控制的中东铁路路权。苏联政府立即表示强烈的拒绝，双方矛盾激化。1929年7月10日，东北地方当局又以"中东路各职工联合会等宣传赤化"为由，将其一律解散或查封，并将苏联驻哈尔滨代理领事及中东路苏方局长等59名苏方人员，驱逐出境，改由范其光暂代局长，并开始大量裁减苏方职工，以此强制接收了中东铁路。事件发生后，苏联提出强烈抗议并声言报复，张学良则态度强硬，欲与苏方决裂。

张学良敢于对苏联发难，除了因为得到南京国民政府的支持和错误的国际情报，最根本的还是由于他迷信自己有东北军强大的实力作为后盾。当时东北军总兵力达到三十余万，包括海、陆、空三军：陆军步兵、骑兵、炮兵、工兵、装甲兵，兵种齐全，装备先进；海军有大小舰艇26艘，其中巡洋舰3艘，另有8架水上飞机，2个陆战大队，总兵力约三万人；空军则有近两百架战机，超过南京国民政府的空军。

战前，苏联对于东北军也很是忌惮，毕竟苏军驻远东的兵力规模并不大，而在中东铁路南段和旅大有日本关东军驻防。面对东北军庞大的军力，苏方认为以他们现有的兵力，根本不能击败东北军。

但中东路事件彻底改变了这一切。

1929年2月，苏俄任命曾任广东国民政府北伐军军事顾问的加伦将军，即瓦西里·康斯坦丁诺维奇·布柳赫尔元帅，为远东苏军司令，在中苏边境方面增驻重兵。苏联派遣飞机越入吉林边境，并调军舰在混同江、乌苏里江等处游弋。在吉林边境，密山县东源渠河一带，苏联有炮兵五千多人，分驻源渠河、兴凯湖附近。

瓦西里·康斯坦丁诺维奇·布柳赫尔元帅，是苏联首批5位元帅之一，对中国情况非常熟悉，是广州国民政府北伐军的战略总设计师，曾是蒋介石的首席军事顾问，蒋介石对他评价很高，即使在后来的冷战高峰期加伦仍是唯一获得他正面评价的苏联人。蒋介石回忆道："这时候，留在汉口的苏俄军事顾问团团长布鲁辙，即嘉（加）伦将军，离汉回俄时，仍经上海，特地来见我。这位嘉伦将军自民国十三年（1924年）来到中国以后，我认为他是俄国将领中最为杰出而最合情理的一位良友，还有最难得的一点，就是他绝对没有布尔什维克的气味，所以我至今对他还是念念不忘。"

东北军与苏联的矛盾激化后，苏军经过两个多月的时间，通过西伯利亚大铁路集结了超过八万人以上的强大兵力。1929年10月2日，苏军步兵千余人向满洲里东北军阵地进攻，中东路事件正式爆发。

苏军在东线，使用空军进行空袭，轰炸了绥芬河、穆棱两车站；在西线，进攻满洲里及扎赉诺尔，抢去机车，轰击车站。

苏军连续发动3次大规模的进攻：10月12日至11月2日的同江之战、11月17日至18日的密山之战和11月17日至20日的满洲里—扎赉诺尔之战，前后历时四十余天，结果苏军大获全胜，东北军损失惨重：阵亡约1500人，伤约 1000 人，被俘约 8300 人。在扎赉诺尔战斗中，苏方仅第三十五步兵师就俘虏东北军 42 名军官和 998 名士兵。在同江战役中，东北军的 7 艘战舰被击沉，约 500 名官兵阵亡，数千人被俘。而苏方在中东路的各次战斗过程中，当场阵亡及在救护撤离阶段因重伤死亡者，总共仅 281 人；受伤、受震伤、冻伤者（不包括无须入医院治疗的轻伤者及病人）则为 729 人。在连连战败之后，张学良被迫低头让步，不仅没有收回中东铁路的权益，还与苏联政府签订屈辱的城下之盟。

中东路事件发生后，始终密切关注这场战事的日本关东军，终于窥探到东北军的真实实力和战斗力。日人林三郎在描述"中东路事件"时，写道："张学良将军的东北军，简直是乌合之众。他们只靠人多，可是一受到苏军攻击，便即溃逃。之所以如此脆弱，是由于装备陈旧，官兵素质低下，教育训练不足，斗志不旺，团结力弱等因素所致。"东北军将领何柱国说："这引起日本人的轻视，认为东北军不堪一击。"

苏军展示缴获的东北军旗帜

如前所述，板垣征四郎和石原莞尔等人在此前后，多次在东北组织"参谋旅行"，细致地对东北军各方面情况进行调查。中东路事件后，他们预先对东北军的认识与判断不断得到确认，对张学良及其领导下的东北军的腐败无能有了深刻的认识。中东路事件让板垣征四郎、石原莞尔等人更加轻视东北军，迅速助长了他们侵占东北的野心。

（三）关东军为发动占领东北的战争进行准备

此后数年间，板垣征四郎和石原莞尔等关东军与日本各方面人士，针对东北军腐败、无能的特点，一直有目的、有计划地对东北军与东北政界各级长官进行笼络、贿赂、拉拢、说服等工作，逐步将其中的许多人，拉进了日本的怀抱。

石原莞尔与板垣征四郎等人最后制定了一个对东北军"由里向外"、以寡制众、出奇制胜的战略与计划：先制造借口，借机以突然袭击的方式，给中国军队以致命的打击，迅速占领沈阳，然后在其他国家的干涉尚未开始时，再迅速从沈阳向外出击，占领整个东北。石原莞尔说："万一发生事端，要闪电般歼灭奉天附近的军队，打倒其政权。"

沈阳的北大营，自清末建造以来，一直是东北精锐部队的驻防营地，

东北军将领（左三为张学良）

当时是驻沈阳东北军主力第七旅的营房。石原莞尔与板垣征四郎等人以"访问"为名,有目的地对北大营的营区结构与驻军情况进行多次勘察,调查得一清二楚。

石原莞尔与板垣征四郎对东北军的战略与计划,得到了日本内阁陆军省军务局局长永田铁山大佐、陆军参谋本部冈村宁次大佐、东条英机大佐等人的支持。永田铁山亲自到东北视察,表示支持板垣、石原制定的"关东军武力解决东北问题的方针",并答应拨给关东军两门24厘米口径的重型榴弹炮,该炮单个炮弹重达一百八十多千克,射程10千米,杀伤力与威慑力极大。1931年7月,永田铁山答应支援的两门24厘米口径的重型榴弹炮,由日本内阁陆军省军务局军务课批准,运往中国东北:从东京,经神户,再到大连,均使用专门的火车和客轮进行运送;从大连到沈阳的陆上运输则更加秘密,日本士兵身着中国搬运工的服装,将榴弹炮的炮身、炮架分装在灵柩和澡盆当中。两门重型榴弹炮运抵沈阳南满铁路车站附近的日本守备队营区内,秘密安装在早就挖好的炮位上,炮口对准中国东北军的北大营和奉天飞机场。

这期间,日本当局为准备对中国东北动武,进行了积极扩军备战。在1930年,日本的军费达4.4亿日元,占国家财政总预算的28.5%。日本全国90%以上的大中型民用企业,都做好了转产军火的准备。1931年,日本总兵力达到30.8万人,其中陆军17个师团,23万人。

板垣征四郎常常回到日本国内,四处演讲,进行武装侵占中国东北的动员煽动。1931年3月,他在日本陆军步兵学校所作《从军事上所见到的满蒙》的讲演中,宣称:"满蒙的资源是很丰富的,有着作为国防资源所必需的所有资源,是帝国做到自给自足所绝对必要的地区"。在板垣不遗余力的鼓动之下,侵占"满蒙"渐成日军内部之共识。

1931年4月,日本参谋本部下令换防,将驻东北的第十六师团调回国内,而将日军仙台第二师团调至那里,该师团士兵生长于日本北部,擅长于在寒冷地区作战。该师团司令部设在辽阳，实际兵力约10400人，分布在旅顺、沈阳、长春、公主岭、海城、铁岭、鞍山等地，师团长为多门二郎。

1931年5月，石原莞尔发表《满蒙问题私见》，鼓吹"满蒙的资源足以支持我国作为东方的代表，雄飞世界"。占领满蒙，"不只是对于战争命运有着重要影响，且关系到帝国的百年大计"。

1931年6月，日本军部，以陆军参谋本部和内阁陆军省为核心，积极策划侵吞中国东北的方案，制作了《解决满蒙问题方案大纲》，要求以一年为期，争取国内外的"谅解"，做好准备，分三个阶段完全占领中国东北，解决"满蒙问题"。

1931年8月初开始，日本军部进行重大的人事调整，其中最重要的是，任命本庄繁中将接任关东军第九任司令官。此人于1876年生于日本兵库县，

本庄繁

1897年毕业于日本陆军士官学校，1906年毕业于日本陆军大学，先后任参谋本部中国课课长等职；1908年起，任驻华公使馆武官，先后驻北京、上海多年；1921年起任张作霖军事顾问2年，熟悉东北军内幕；1922年晋升少将，任步兵第四旅团长；1928年晋升中将，任陆军第十师团长；前后在中国20余年，是所谓"中国通"，曾多次上书，主张武力征服"满蒙"。本庄繁到日本皇宫觐见天皇，由天皇赐膳，并颁发任命状。1931年8月20日，本庄繁到达旅顺就职，立即与板垣征四郎、石原莞尔研讨制订"满洲时局应对方针"，并连续视察各部

日军，要部属作好战争准备。

在这前后，日军当局又将暗中支持侵占"满蒙"的建川美次少将，调任陆军参谋本部作战部次长；将一直进行对华情报特务工作、曾做过张作霖顾问的土肥原贤二大佐，从天津调到沈阳，任直属关东军司令部的奉天特务机关长。

土肥原贤二，1883年8月8日出生在日本冈山县一个军人家庭，1904年和1912年，先后毕业于日本陆军士官学校和陆军大学。1913年，他以参谋本部部员、陆军上尉的身份，来到北京，任日本驻华使馆武官坂西利八郎的助理，开始了其在中国长达三十余年的间谍生涯。1928年3月，土肥原应聘出任奉系军阀首领张作霖的顾问，陆军大臣为其规定了控制奉军、搜集奉军情报等任务。1931年3月，日本正式在天津设立特务机关，土肥原出任特务机关长，主持日本对华情报工作。土肥原长期在中国生活，利用当年在日本士官学校的中国同学关系，拉拢中国的军阀、官僚，以"豪爽重义"闻名于中国军政界，成为日本陆军中有名的"中国通"。他操纵中国政局，搜集各方面情报，收买和制造各类汉奸。1931年8月，在关东军秘密筹划发动九一八事变的关键时刻，土肥原被任命为奉天特务机关长。他一上任，就详细地审阅板垣征四郎和石原莞尔制订的关于武装侵占中国东北的计划。

1931年八九月间，在南满铁道沿线的关东军，围绕沈阳城，进行多次有预谋的军事演习，短则1天，长则

土肥原贤二

近 10 日。

兵力与人事俱已到位,一切条件都已经成熟。石原莞尔与板垣征四郎在等待时机,在千方百计寻找发动事变的导火索。

(四)万宝山事件与中村案

在 1931 年春夏间,石原莞尔与板垣征四郎终于找到了侵略中国东北、发动事变的导火索,而且还不止一个。这就是他们先后制造的万宝山事件与中村案!这两个事件成为他们发动九一八事变的导火索。

狡猾的日本军国主义者在近代侵略中国的历程中,为了挑起战争,煽动战争狂热,欺骗日本民众和世界人民,总是卑鄙地制造事端、寻找借口。

万宝山是位于吉林省长春以北约三十公里的一处山地。1931 年 4 月,租用万宝山地区土地的"长安稻田公司"经理郝永德擅自将土地转租给朝鲜移民李升薰等人耕种。李升薰等一百八十多人在万宝山附近的伊通河上截流筑坝,并强占中国农民土地。当地中国农民认为如截流筑坝成功,附近大片中国农民的土地将被淹没,因而向长春县政府提出控告。5 月 31 日,长春县政府派警察到现场阻止李升薰筑坝。当时朝鲜是日本占领的殖民地。日本驻长春领事馆遂以保护朝鲜侨民利益为借口,调派日本警察来支持李升薰的行动,并煽动朝鲜籍浪人与中国农民发生冲突。7 月 1 日,日本警察公然向中国农民开枪。在这同时,日本还在朝鲜半岛上煽动起反华浪潮,屠杀中国驻朝鲜的侨民一百多人,形成了轰动一时的万宝山事件。

在万宝山事件发生的几乎同时,日本军事间谍中村震太郎等人,化装成中国农民,由一个蒙古人作向导,一个俄国人看图,秘密深入到东北兴安岭、索伦山一带的"兴安屯垦区",进行军事地理调查。

兴安屯垦区地处中国东北边陲,山高林密,是东北行政长官张学良下

中村震太郎（左）等化装进入"兴安屯垦区"

令开办的军队屯垦基地，也是中国的军事禁区。从1929年屯垦区成立伊始，东北行政长官公署就照会各国驻沈阳领事，申明谢绝一切外国人进入该地区内参观游历，"凡外国人入境，一律不发给护照"。但中村等日本间谍为准备发动侵略东北的战争，竟不顾中国政府的禁令，带着军用地图与测绘工具，带着一个蒙古人和一个俄国人，深入兴安屯垦区侦察地形、校勘地图。1931年5月底，他们在返回途中，被驻防当地的中国屯垦军第三团捕获。第三团团长关玉衡等人对中村一行进行了搜查与审问，从他们的行囊与中村的棉裤中搜出多本调查笔记与军用地图。调查笔记中记载有中国屯垦军的兵力、枪械种类、炮位口径、官兵数量、将校姓名、驻屯地点等以及附近地区的地形、物产、人口、风土人情、气候等资料。军用地图则经对照实地地理地形，加以改绘纠正与补充。另外还搜出手枪、马枪、望远镜及测绘工具等。经过审问与调查，中国当地驻军很快确认了中村等人的军事间谍身份。当时中国各地不断发生日本侵略军对中国军民挑衅与杀害的事件。当地驻军早就对日本的侵略行径怀有强烈的义愤。屯垦军第三团团长关玉衡等人认为中村一行深入中国军事禁区，已掌握了中国大量军事机密，若将他们放走，必将造成中国国防机密大量被日本侵略军获得，定将严重危害中国安全；若将中村等人送往沈阳地方政府当局，中国政府软弱，"弱国无外交"，中村等罪犯定将被日本军方强行要走。因此关玉衡等人当机立断，鉴于当时当地的特殊情形，下令将中村等间谍秘密处死，并及时将此事发生与处理的经过，秘密报告了东北行政长官张学良。

当时，日本政府正利用万宝山事件掀起侵略中国的狂潮。盘踞东北的日本关东军军方见派出去的军事间谍中村震太郎一行多日未归，就怀疑是被中国军民扣留或杀害，由日本驻沈阳总领事林九治郎与沈阳特务机关长土肥原贤二出面，向东北地方政府施加强大压力，要求由日方派人到兴安屯垦区调查。土肥原亲自到兴安屯垦区跑了一趟，通过欺骗、收买、威逼等方式，获得了一些线索。1931年8月17日，日本政府在隐瞒了中村等人进行军事间谍活动的前提下，公布了中村等人被中国当地驻军杀死的消息，宣称"中国当地驻军是因见财起意才杀害中村一行"。日本利用这一事件，一方面逼迫中国政府道歉与逮捕严惩关玉衡等人，另一方面宣传"满蒙危机"，煽动日本的反华仇恨与战争狂热。9月上旬，中国政府有关方面被迫承认了处死中村等人的事实，表示希望用和平外交手段解决这一问题，甚至表示将对关玉衡等人进行军事审判。但是，日本军政当局并不以此为满足。他们的真正目的是"利用中村事件的机会诉诸武力，一举解决各项悬案"。

在万宝山事件与中村案发生后，南京国民政府指派行政院副院长宋子文与日本驻华公使重光葵在南京进行谈判，企图通过外交途径解决。但日本国内反华声浪高涨，军国主义者乘机煽起"满蒙危机"的紧张气氛。8月4日，陆军大臣南次郎对"满蒙问题"发表强硬言论，要求日本军队"随时准备尽军人的天职"。日本内阁首相若槻礼次郎也宣扬，为了保卫"满蒙"权益，国民应准备"不惜任何牺牲，勇敢奋起"，关东军更是跃跃欲试。

板垣征四郎、石原莞尔等人认为这是发动事变的极好机会。经过精心策划和部署，他们把发动事变的日期定在 1931 年 9 月中下旬。从 9 月 2 日到 17 日，他们指示能够调动的驻沈阳日军第二师团第二十九联队和独立守备队第二大队，连同宪兵队和警察，进行了多次围攻北大营、飞机场和沈阳城的军事演习。

在东京，从 9 月 8 日前后开始，就流传一个消息，关东军要在东北发动事变。

（五）日本"币原外交"与关东军的分歧

正当板垣征四郎、石原莞尔策划在中国东北发动一场惊天事变时，9 月 15 日，日本驻奉天总领事林久治郎听到风声，大为不满，就给日本外相币原喜重郎发出密电："关东军集结军队，携出物资弹药，最近有采取军事行动之势。"

当时，日本内阁正推行所谓"币原外交"，认为在当时的国际、国内环境下，日本应同英美协调，"尊重"中国的合理要求，实际上是主张对中国采取渐进式的蚕食政策，而不同意立即进行赤裸裸的武力进攻、分割与鲸吞。在收到林久治郎密电当天举行的内阁会议上，币原外相就向陆相南次郎提出质询。大部分阁员闻知此事，也纷纷表示反对。日本外务省和日本内阁中一部分人认为，在这时就发动夺取中国东北的事变，条件还不成熟，所找的借口也十分勉强，容易引起世界舆论的谴责，因而向陆军施压。

板垣征四郎、石原莞尔等人闻讯后，决定争取主动。他们先以关东军参谋长三宅光治的名义，致电日本陆军参谋本部作战部次长建川美次，说明关东军对"最近之（中国）暴虐侮辱实所难忍"，要求派人来满洲"视察"，以"使政府对现状有适当认识"。陆相南次郎与陆军参谋总长金谷范三接到电报后，以国内外时机尚不成熟为由，力阻板垣征四郎、石原莞尔操之过急，要他们"再隐忍一年"，并派作战部次长建川美次前往"满洲"，

"安抚"关东军,劝阻他们的莽撞行动。他们给本庄繁带去密信:"希望暂时不行使武力"。

建川美次实际上是支持侵占"满蒙"计划的。这位身高只有一米五的矮子少将是个很有心机的人,他在去东北之前,将参谋本部的决定透露给参谋本部俄国班班长桥本欣五郎。桥本是日本陆军中另一个法西斯青年军官组织"樱花会"的头子。他接连给板垣征四郎发出3封密电,急催他赶紧行动。板垣接到密电后,立即与石原密商,决定不理睬日本政府的劝阻,继续实施原定计划,只是将发动的时间提前到建川美次到达沈阳的1931年9月18日晚间。

日本军方不理睬日本政府的意见而一意孤行的事件,已经多次发生。近者如河本大作暗杀张作霖就是一例。这是因为在1889年通过的《大日本帝国宪法》规定,天皇是日本陆、海军的最高统帅,陆、海军大臣有向天皇帷幄上奏的特权,军队不由内阁(政府)管辖,相反,军队可以干预甚至钳制内阁(政府),从而形成了日本军政体制的二元结构,使得军方能够胆大妄为,常常先造成既成事实,迫使日本内阁(政府)追认与就范。

1931年9月18日这天,关东军的一切似乎都很平静:上午,板垣征四郎陪同关东军司令官本庄繁,到辽阳检阅关东军实弹军事演习;下午,板垣奉命至沈阳,迎接建川美次,本庄繁则乘车回旅顺关东军司令部,毫无不同寻常的动静。

1931年9月18日晚7点,建川美次乘火车赶到了沈阳。板垣征四郎与花谷正把建川美次护送到沈阳城内柳町一家日本人开的菊文旅馆里,以好酒美食热情招待,还找来艺伎陪伴。建川美次闭口不谈此行的目的,直到被灌醉,昏睡过去。板垣征四郎与花谷正借口有事告辞了。他们实际上是去指挥关东军按计划进行军事行动。

花谷正在后来所写的回忆录中,用颇有诗意的语言写道:"一弯明月落进高粱地,天色顿时昏暗下来,疏星点点,长空欲坠,整个大地都在昏睡。

他们没有人知道，过了这一刻，整个大地都将完全改变。"

花谷正所说的"完全改变"，就是即将发生的九一八事变。

（六）1931年9月18日夜，关东军制造九一八事变

1931年9月18日是星期五，入夜后，位于沈阳商埠中心的奉天俱乐部里灯火辉煌，正按惯例举行舞会，驻沈阳的各国人士都来了。主持舞会的一个英国人优雅地宣布："起舞吧，亲爱的来宾！"

他的话音未落，外面的爆炸声与枪炮声响起来了。

当夜10时20分，日本关东军所辖独立守备队第二大队的7名工兵，由河本末守率领，按预定计划，以巡视铁路为名，来到早已选定的沈阳郊区柳条湖村东侧的南满铁路上。这里距离中国军队驻扎的沈阳北大营只有800米左右。日军把骑兵用的小型炸药包装置在铁轨一侧，在10时25分，按下电动按钮，一声巨响，炸断一小段铁轨和枕木。

石原的原计划，是此举要引起东北军的反击，双方展开激战。但这样的场景并没有出现，于是，日军实施第二套方案：转瞬之间，日军迅速在此布置了一个假现场，摆上3具身穿中国东北军士兵服的尸体，诬为爆炸铁路的凶犯。河本末守立刻用随身携带的电话机，报告大队本部和奉天日军特务机关，转报设在旅顺的日本关东军司令部，诬称沈阳北大营中国驻军的三、四个连，破坏南满铁路，袭击日本守备队，日军被迫还击，目前正在激战中。

守候在奉天特务机关的关东军高级参谋板垣征四郎，立即以关东军司令官本庄繁的名义，向驻沈阳的日军各部发布进攻北大营和沈阳城的命令。

日军首先用重炮猛烈轰击北大营中国军队兵营和沈阳机场。炮声隆隆，硝烟弥漫，许多中国军民被炸死。夜12时许，在爆破地点以北4公里的文官屯日军兵营中，早已作好准备的日军中队长川岛正拔出军刀，一声号令，

日军野蛮攻入北大营

率领180名士兵，冲出兵营南下，抢先杀向北大营。接着，日军守备队第二大队约六百人，从北、西、南三个方向，向北大营猛扑，冲破铁丝网，杀进营房。

日本关东军玩弄贼喊捉贼的伎俩，一手制造了震惊中外的九一八事变。

北大营位于沈阳城北，南距沈阳城区约5000米，西距南满铁路约300米，西南距离柳条湖700米。北大营始建于1907年，自清末以来，一直是重兵驻扎的军营，是保卫沈阳城的北面藩篱。北大营呈正方形，东西和南北均长约3000米。当时驻防北大营的是东北军精锐第七旅的3个团，第六一九团、第六二〇团及行六二一团，共七千多人。

9月18日这天晚上，第七旅旅长王以哲和3个团长以及大多数营长，竟都回了家，不在北大营军中。第七旅旅部军务由第七旅参谋长赵镇藩代署。日军攻进军营时，官兵们从睡梦中惊醒，无人指挥，乱作一团。他们的武器，按照规定，大多被集中锁在仓库里。赤手空拳的官兵在慌乱中只能奔逃，死伤惨重。赵镇藩立即命人联系第七旅各团、营长，命令他们迅速赶回北大营，掌握指挥部队。结果，只有第六二〇团团长王铁汉于晚12时许，回到北大营，其他团、营长始终不见踪影。少部分官兵忍无可忍，找到一些武器，自发抵抗。

（七）张学良下达"不抵抗"的命令，沈阳一天沦陷

赵镇藩在指挥北大营守军部分官兵抵抗日军进攻的同时，立即向代理"东北边防军司令长官"职务的参谋长荣臻报告与请示。

当日军制造九一八事变时，担任东北边防军司令长官的张学良，因在一年前率军入关参与中原大战，帮助南京国民政府打败了冯玉祥、阎锡山，长期住在北平（今北京）城里，当晚正带着妻子于凤至、秘书赵四小姐，在前门永和戏院里，看梅兰芳演京剧《宇宙锋》。这位刚30岁、继承了军阀父亲张作霖的巨大权力和无数财富的少帅，吃喝玩乐，无所不能，却对近在咫尺、包藏祸心的日本关东军的侵略阴谋与即将发动的突然袭击，熟视无睹，心存幻想，毫无察觉，更毫无防备。

当时在沈阳代理"东北边防军司令长官"一职的参谋长荣臻，9月17日就在大操大办为父祝寿，到18日意犹未尽，还继续在家欢宴宾客。

荣臻得到赵镇藩的报告后，立即向在北平的张学良请示。不一会儿，荣臻向赵镇藩口头传达张学良的命令："全取不抵抗主义，缴械则任其缴械，入占营房则听其侵入。这虽是口头命令，各部必须绝对执行。"

北大营的部分中国官兵与进犯的日军激战到19日早晨5时许，由于缺乏统一指挥，又得不到增援，赵镇藩在得到荣臻传达的张学良命令后，不得不下令，由六二〇团担负阻击任务，掩护旅部和其他两个团突出重围，撤往东大营集中待命。

护卫沈阳城的北大营就这样被日军轻易占领。日军仅伤亡25人。

在日军守备队第二大队进攻北大营的同时，日军第二师团驻扎沈阳的第二十九联队于19日凌晨0时40分开始行动，攻击沈阳城，到19日早晨4时，占领了商埠和西城墙。在这同时驻辽阳的日军第二师团长多门二郎率步兵第十五旅团，分乘两列火车，迅速赶抵沈阳，立即令第十六联队占领航空处、飞机场、兵工厂。仅一个小时后，到上午6时25分，日军几乎未受到任何有力的抵抗，就轻而易举地控制了沈阳全城及各军政机关、银行、仓库、工厂等，包括张学良的东北边防军长官公署、辽宁省政府、兵工厂、飞机场、东三省官银号、大帅府等，俘获大批中国军政官员。在北平的张学良下令放弃沈阳城。只有沈阳市公安局局长黄显声指挥警察，进行了零散的阻截，很快溃败。代理东北边防司令长官荣臻等少数人化装逃出沈阳。退到东大营的第七旅残部、卫队第二队和东大营讲武堂的官兵，因协同作战不成，迅速溃散，各找出路。多数官兵向日军缴械投降。

日本的特务在后来给关东军司令部的报告中说："倘彼时中国官民能一致合心而抵抗，则帝国之在满势力，行将陷于重围，势必苦于应付矣。"

沈阳的民众听到一夜枪声，以为日军在搞演习，到天亮，打开家门，才发现，满城都是日本的太阳旗。以关东军司令官本庄繁名义发出的颠倒黑白的"安民布告"，张贴在沈阳的大街小巷。

约在19日凌晨0时，驻旅顺的日本关东军司令部接到沈阳方面关于事变的报告。当时，司令官本庄繁到辽阳巡视日军第二师团，尚未归，由参谋长三宅光治匆忙召集会议。赶来的参谋们衣着不整，面面相觑，只有石原莞尔一个人穿戴整肃，"甚至连勋章都戴得整齐"，"脸上带着一种相当高傲的神情"，显示早有预见，胸有成竹。

本庄繁迅速赶回到旅顺关东军司令部，不仅批准了板垣代他发出的进攻命令，还称赞板垣的"主动精神"。接着，他连续发出调兵遣将的电令，向南满铁路和安奉铁路沿线的各中、小城市以及东北广大地区的中国军队，全线出击，发起进攻；同时，他下令将关东军司令部从旅顺移往沈阳。

日军占领沈阳，俘获大批中国军警

9月19日凌晨3时，本庄繁率关东军司令部部属，乘火车从旅顺前往沈阳。

9月19日早上，建川美次的酒也醒了。他没忘记此行的任务，找来"石原们"训话，说"不能在'满洲'闹出事来"。"石原们"向他报告，事变已经发生，日军已经占领沈阳，缴获了东北军大量的军械武器与飞机坦克。建川只得假装争吵了几句，然后坐飞机回了日本。

本庄繁在从旅顺前往沈阳在途中，约在上午10时，先收到陆相南次郎的来电，转告日本内阁于上午10时召开紧急会议的决定，"努力不使局势扩大"，"第一，勿得占领'满洲'；第二，勿得设立军政府类似机构。"但接着，他就收到陆军参谋本部俄国班班长桥本欣五郎的密电："参谋本部关于停止军事行动的命令，是对付内阁决议的表面文章，其真意并非叫你们停止军事行动。"

9月19日上午11时，本庄繁到达沈阳；午后，住进板垣征四郎为他安

前立者为本庄繁

排的中央广场前的东托大楼。他对板垣征四郎指示："继续推进吧！"当天下午6时，本庄繁又接到陆军参谋总长金谷范三的电示："一、9月18日夜以后关东军司令官之决心和措施，深合时宜，提高了帝国军队之威望。二、鉴于事件发生后中国之态度，且有内阁关于事件处理不得超越必要之限度的决定，故今后你军中之行动，须照此精神妥善处理。"本庄繁领会了日本军部的本意，更坚定了发动战争、全部占领东北的决心，立即回电："现在以最大决心……全部陆军勇猛前进。"

在这时，应关东军的"邀请"，日本驻朝鲜军司令官林铣十郎派遣所部，火速进入东北，增援关东军。

日军占领沈阳后，火烧中国兵营，残杀无辜群众大肆抢掠中国公私财物。据不完全统计，仅中国官方财产就损失达17亿元以上，其中军用物资一项，日军就抢走飞机262架、各种类型的火炮3091门、坦克26辆、军用汽车2600辆，还有各种枪械的12万支，其中步枪11万8千支，机枪约

5800挺，各式子弹三百多万发，炮弹10万发，可装备8个师。沈阳兵工厂是当时中国最大的兵工厂，沈阳空军拥有当时中国数量最多、性能最优的战机，至此全部沦于日军之手。东三省官银号的约7000万元现金，沈阳清故宫中密藏的中华文化瑰宝——一部完整的《四库全书》，也被日军抢走。张学良的大帅府和沈阳居民的私产，被日军劫掠的，无法统计。

日本关东军靠着缴获的张学良东北军军械库和兵工厂的武器装备以及大量资金，迅速扩军，到

林铣十郎（左）与本庄繁

1932年4月，由事变前不足两万人的1个常设师团，扩充为5个野战师团、3个混成旅团、2个骑兵旅团、5个独立守备队，总兵力超过10万。

（八）九一八事变时的南京国民政府与蒋介石

1931年9月19日，张学良在北京协和医院，对天津《大公报》记者发表谈话，说："吾早下令我部士兵，对日兵挑衅，不得抵抗。故北大营我军，早令收缴军械，存于库房。"

在九一八事变发生的当天，作为南京国民政府实际最高领导人的蒋介石，则正乘长江轮船，从南京赶往江西"剿共"前线。

当时的南京国民政府，正面临着严重的内外交困的局面：

首先是宁粤分裂。因训政时期约法问题之争，蒋介石于1931年2月，

软禁国民党元老、立法院院长胡汉民于南京汤山,导致粤系国民党军政要人汪精卫等,于 1931 年 5 月,在广州另设中央执监委员非常会议及国民政府,与南京国民政府分庭抗礼,并屡次通电要求蒋介石下野。前西北军军阀石友三看有机可乘,于 7 月在河北省一带起兵作乱,通电反对蒋介石与张学良。坐镇北平的张学良再次调东北军精锐入关,造成东北地区防务空虚,给日本关东军可乘之机。

其次,1931 年夏,长江及淮河流域发生百年不遇的水灾,波及十多省。灾民达 5000 万人,伤亡惨重;千百万人流离失所,亟待赈济。当时的首都南京地区也灾情严重。

在这同时,中国共产党领导的苏维埃政权,尤以中央(闽粤赣)苏区与鄂豫皖苏区,日益发展,影响不断扩大,这被蒋介石视为"又一大威胁"。为了解除这一"威胁",蒋介石于 1931 年 6 月底至 7 月初间发动了第三次"围剿"。9 月 15 日,从江西前线传来第三次"围剿"失败的消息,蒋介石匆匆于 9 月 18 日上午 9 时半,从南京登"永绥"舰,周佛海等人随行,沿长江西上,再次前往江西。蒋介石在当日的日记中记载:"早起批阅。与妻竭陵告辞。九时半登永绥舰,下关街中水深三尺,甚为忧虑。舰中无侣伴,寂寞不堪。下午研究地图,看中山全集……"

1931 年 9 月 19 日,蒋介石到达南昌。他由上海传来的新闻报道中,才得知九一八事变的消息,十分震惊与不安、懊恼。他在当日日记中,写道:"昨晚倭寇无故攻击我沈阳兵工厂,并占领我营房。刻接报已占领我沈阳与长春,并有占领牛庄等处。是其欲乘粤逆叛变之时,内部分裂,而侵略东省矣……内乱不止,叛逆毫无悔过之心,国民亦无爱国之心,社会无组织,政府不健全。如此民族以理论,决无存在于今日世界之道,而况天灾匪祸相逼而来之时乎?余所恃者惟一片爱国心。此时明知危亡在即,亦惟有鞠躬尽瘁,死而后已耳。"当晚 7 点至 9 点,蒋致电张学良,询问东北情势。

曾在日本留学、熟知日本军力而又十分了解当时中国国情的蒋介石,一直认为中、日的国力过于悬殊，一旦开战，中国必将迅速溃败乃至瓦解，必须避免立即开战，而应抓紧时机，大力发展中国的经济和军力，实现政治上的统一，争取国际上的理解、同情和支持，方能选择适当时机，加以反击，一洗国耻。因而他多年来一直致力于此，一直隐忍不发，实行"攘外必先安内"的政策，虽被一些国人指责甚至谩骂而不顾。早在1928年5月初，日军制造济南惨案，阻挠国民革命军北伐之时，蒋就在日记中写道："身受之耻，以五三为第一，倭寇与中华民族结不解之仇，亦由此而始也！"其日记中还有像"如有一毫人心，其能忘此耻辱乎！何以雪之，在自强而已""有雪耻之志，而不能暂时容忍，是匹夫之勇也，必不能达成雪耻之任务；余今且暂忍为人所不能忍者耳"等语。他强忍怒火，下令北伐军绕道北上，刻意避开日军。事隔3年4个月后的九一八事变，面对日本的更加肆无忌惮、更加大规模的侵略，蒋介石虽更加气愤，但并未改变其早年认定的方针。

1931年9月19日下午，南京国民政府接到张学良从北平发来的报告九一八事变经过的电报。当日，国民政府外交部就日军侵占沈阳事件，照会日本驻华公使重光葵，提出严重紧急抗议，要求其立即电告日本政府，迅令关东军停止一切军事行动，将日军撤回原防；同时，电令出席国联大会代表施肇基，向国联报告日军侵占沈阳事件。施肇基在国联发表声明，指出日军对此事件应负完全责任。当日晚约8时，国民党中央常务委员于右任、丁惟汾、戴季陶、朱培德、王正廷、吴稚晖、邵力子等人在南京举行临时中央常会，决定了若干应急事项，主要包括对内亟谋全国国民一致联合、对外诉之国际联盟请其主持公道、对日抗议、通告全国等项，同时电召蒋介石迅速回南京。当日，国民党中执会为九一八事变通电各省市及海外各党部，呼吁全党团结一致，努力救国。

9月20日上午，蒋介石在南昌与何应钦等人会商，下午从南昌出发赶回南京。他从这天开始，在每天的日记开头，必先写"雪耻"两字，然后再写正文，连续十多年，一天都没有间断。这天，他在日记中写道："雪耻，人定胜天。日本侵略东省，是已成之事，无法补救。如我国内能从此团结一致，未始非转祸为福之机。故对内部当谋团结也。因沈阳、长春、营口被倭寇强占以后，心神哀痛，如丧考妣。苟为我祖我宗之子孙，则不收回东省永无人格矣。小子勉之。内乱平定不遑，故对外交太不注意，卧薪尝胆，教养生聚，忍辱负重，是我今日之事也。上午与敬之、真如、天翼协商，下午从南昌出发回京。"

9月20日，国民政府外交部又向日本驻华公使重光葵提出第二次抗议，要求日军立即退出占领区，恢复原状，并保留进一步提出正当要求之权。9月20日下午3时至7时，国民党中央常务委员在南京继续召开临时中常会，决议三项：电粤方"促共谋团结御侮"；定9月23日全国下半旗纪念国耻并停止娱乐一天；推定戴季陶、邵元冲、陈布雷等人起草《告全国国民书》及《告各国国民书》。

9月21日，中国出席国联大会代表施肇基致函国联秘书长德鲁蒙，请国联根据盟约第十一条，立采步骤，阻止事态扩大。

9月21日下午2时，蒋介石赶回南京。下午6时至10时，蒋召集吴稚晖、张静江、戴季陶、邵元冲等国民党元老，会商处理九一八事变的方针。蒋对日前中央临时常会决定的若干办法表示赞同，主张一面以日军侵占东三省的事实，先行向国际联盟与非战公约签字各国申诉，并于国内必要口岸及首都，加强警卫；另一面谋求与粤方妥协，拟派陈铭枢赴粤斡旋，实现全党、全国团结御侮。他在这天日记里写道："雪耻，人定胜天。团结内部，统一中国，抵御倭寇，注重外交，振作精神，唤醒国民，还我东省。"

此后数日，蒋介石在每天的日记里，都在开头写下"雪耻，人定胜天"的字样。1931年9月26日，他在日记里写道："雪耻，人定胜天……我不能任其枭（嚣）张，决与之死战，以定最后之存亡。与其不战而亡，不如战亡，以存我中华民族之人格。故决心移首都于西北，集中主力于陇海路也。"

但南京国民政府对东北的管辖,原就隔着一个不可逾越的张学良,此时,更是鞭长莫及、徒唤奈何了。

(九) 日军迅速占领全东北

在这时,日本的若槻礼次郎内阁也仍在努力推动他们的"不使局势扩大"的政策,外相币原喜重郎指示日本驻华公使重光葵尽快与中国政府联系。重光葵回电报告说,在"满洲事件"发生后,他已经约见了中国政府行政院副院长宋子文,商定两人同赴"满洲",已经订好了9月20日从上海北上的船票,企图通过实地调查情况,从外交途径上寻求解决办法。但直到9月21日,重光葵才得到币原外相的进一步指示,然而为时已晚。沈阳、长春、营口等都已被日军占领,北上之行成为泡影。

币原作为外相,虽不同意并力图阻止关东军的做法,但当事件发生、

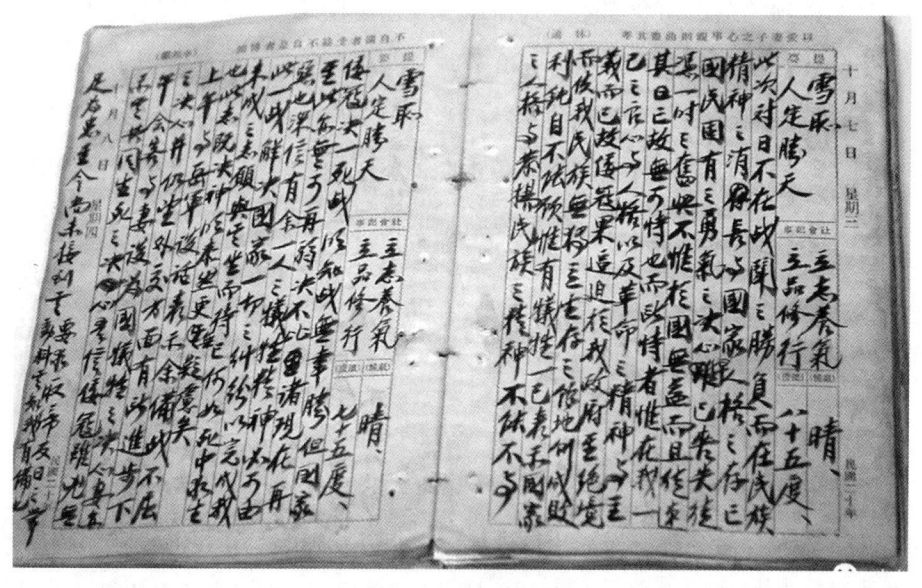

1931年10月7日的蒋介石日记

日本的侵略行为遭到世界舆论谴责时，仍尽力掩盖真相，为关东军辩护。然而，他依然受到日本军部和大多数枢密院顾问的责难与攻击，称其为"软弱外交"。1931年12月11日，币原被迫辞职。"币原外交"退出日本政坛。

日本由此更进一步向法西斯迈进。不久后担任南京国民政府外交部亚洲司司长、主管对日外交的高宗武说："当日本军方在'满洲'的成功逐渐明朗之际，法西斯主义在日本有了新的追随者。这个由'少壮军人'领导，沙文主义分子用神秘名词诠释的运动，加入了政治骗徒和许多各阶层不懂政治的人。旗帜插在新的土地上，没有人不感到亢奋。"（《高宗武回忆录》第114页）

日军在占领沈阳的同时，向南满铁路和安奉铁路沿线的各中小城市全线出击，迅速占领。

1931年9月19日0时15分，驻长春日军得知沈阳已经开战，不等令下，便迫不及待地派出一部分主力，夜袭长春南岭的中国驻军。3时5分，驻长春日军接到关东军司令部的正式命令：攻击中国军队，随即发起总攻。中国军队被迫退出长春。下午5时30分，长春落入敌手。

9月20日下午，日军进犯吉林省当时的省会吉林市。当时，东北边防军副司令长官兼吉林省主席张作相正在锦州，由参谋长熙洽代理吉林一切官民政务。熙洽，字格民，满族爱新觉罗氏，是清太祖努尔哈赤弟穆尔哈齐的后裔，早年就读于日本东京振武学校与士官学校。辛亥革命时，曾经参与宗社党的复辟活动。民国建立后，熙洽先后任东北讲武堂第一任教务（教育）长、东三省巡阅使署参谋处长、蒙藏经略使署军务处长、东北军第十旅旅长、吉林军务训练总监，直至东北边防军副司令长官公署参谋长，成为吉林军政首脑张作相的副手。熙洽早就与日方建立密切的关系。9月21日，熙洽下令省城驻军撤出城外数十里，并秘密与日军接洽投降。当日，日军第二师团兵不血刃，轻而易举地占领了吉林省城。在日方的策动与部

第一辑　局部抗战往事　81

日军占领吉林省当时的省会吉林市

日军占领吉林军械厂

署下，9月28日，熙洽宣告吉林省"独立"，与南京国民政府和张学良政权脱离关系，成立军政合一的伪吉林省长官公署，自任长官。

　　从9月18日至25日的一周内，日军占领辽宁、吉林两省的30座城市，完全或部分地控制了12条铁路线。

　　为进一步占领整个东北地区，日军北向黑龙江进攻，南向锦州至山海关一线进逼。

　　如前所述，1904年至1905年的日俄战争，俄国战败，被迫将长春以南的"南满"地区连同长春以南的中东铁路（南满铁路），交给日本；而由俄国继续控制"北满"地区。地处"北满"的黑龙江省，以前一直处于日本势力范围之外，与苏联接壤，特别是哈尔滨，当时是"北满"政治、经济中心，既是华洋杂处的国际市场，又是中苏共管的中东铁路（自哈尔滨，西至满洲里、东至绥芬河、南至大连的铁路线）的总枢纽。因此，日军鉴于这种特殊的国际环境，暂未对哈尔滨动武，而是采取迂回战术，于10月初先行绕道进攻黑龙江省城龙江（今齐齐哈尔）。日军在与当地守军激战一个多月后，于11月19日占领龙江，抵达苏联国境。

　　日本关东军发动九一八事变，迅速占领东北的广大地区，并向黑龙江迅猛进军的战力表现，让苏联最高层十分震惊。苏联政府决定对东北局势持"不干涉政策"。在日军攻占齐齐哈尔前夕，苏联外交部部长李维诺夫即向日本驻苏大使广田弘毅保证，苏联将奉行严格的"不干涉政策"，不会出兵援助中国军队。日本驻哈尔滨总领馆在得到苏俄中东路当局承诺后，向东京报告了苏联无意与日本为敌，并且可以利用苏联控制的中东铁路运兵北上黑龙江的消息。在日军向齐齐哈尔进攻的一个多月期间，苏联政府多次向日方表示不会介入东北局势，并违反与中国约定的中东铁路相关协定，为日军北进提供铁路运输。在11月19日日军第二师团占领齐齐哈尔后，11月23日，联共（布）专门成立了斯大林亲任主席的特别外事委员会，该委员会职责表面上是以应付"随时可能降临的国际帝国主义威胁"，实为苏联应对九一八事变的非常设的最高专门机关。该委员会制定的根本策略，即是向日本输诚，以换取日苏友好合约的签署。1931年12月初，李维诺夫多次向日本高级外交官表示、提议双方签订互不侵犯条约。苏联对日军入侵东北的所谓不干涉政策与暧昧的中立姿态，极大地助长了日本的侵略气焰。日军迅速南下辽西，进攻锦州。

锦州是东北通向关内的咽喉，在沈阳沦陷后，张学良下令将东北边防军司令长官公署和辽宁省政府迁到这里。日军夺取锦州和辽西地区，不仅是为了完成对辽宁省的全部占领，而且还要为以后进入华北、全面侵华取得前进的基地。日军先出动从沈阳东北军手里缴获的12架飞机，在锦州上空投下25公斤重的炸弹80枚，轰炸无辜的中国军民。1931年12月28日，日军开始向锦州地区进攻。这时，蒋介石已引咎辞职，在当时南京国民政府主政的行政院院长孙科明确下令，要张学良指挥东北军抵抗，不得再放弃锦州。但由于12月初南京国民政府曾与日本达成一项协议，划定锦州为"中立区"，命令驻辽西的东北军撤入山海关，听候国联调查团前来调查，所以驻锦州地区的东北军仅留骑兵3个总队，分驻大凌河南岸地区和锦州。当日军于1932年1月2日夜里开始进攻锦州城时，张学良以"不作无谓牺牲"为借口，再次下令不抵抗，东北军未放一枪，连同辽宁省政府等一道逃离锦州，向锦西撤退，后全部退进山海关。1932年1月3日，日军兵不血刃，占领锦州。

板垣征四郎、石原莞尔等人为了转移国内外对日军吞并中国东北的视线，串通与指使日本法西斯青年军官田中隆吉、女特务川岛芳子等人，于1932年1月28日在上海挑起第一次"上海事变"，即"一·二八"事变。这一打就打了数月之久，战况比东北要猛烈得多，直到5月5日才"协定"停火。趁着上海打仗，关东军加紧攻占东北城乡各地，扶植各地伪政权，最后成立伪满洲国。

1932年1月28日，日军以"哈尔滨有4名日本人被杀"为理由，借口保护侨民，出兵哈尔滨，开始实施完全占领黑龙江省的计划。在29日、30日、31日，日军在哈尔滨周围地区，与吉、黑两省的中国抗日军队李杜等部发生激战。其中，在双城，日军遭到东北军的伏击，受到严重损失。他们占领双城后，将受伤被俘的中国官兵全部用刺刀捅死，就连已经阵亡的中国官兵尸体，也被剖腹与挖心挖眼，并严令百姓不准收埋，暴尸达六七天之久。双城失守后，哈尔滨门户洞开，2月5日便沦陷了。至此，日军基本占领了东北全境。

日军进攻"扫荡"东北的全部兵力，前后总共约20000人，就把约16万人，配备飞机、大炮等重型武器的东北军打得落花流水、溃不成军，或逃、或散、或叛、或降，成为中华民族抵御外侮史上的奇耻大辱。东北军内部各级官长大多腐败丛生，被日方多年有目的、有计划地拉拢、收买、渗透，丧失国格与人格，甘心做汉奸；部队军纪败坏，全无战斗力，有土

东北军向日军缴械投降

不守，在短短的 4 个月 18 天中，就丢失了全东北大好河山，丧师失地，成为民族耻辱。

从此，东北 128 万平方公里的土地，相当于日本国土面积的 3.5 倍，被日本军国主义的铁蹄践踏，无情的灾难降临到 3000 万东北人民的头上。

许多东北人不甘心当亡国奴，背井离乡，向关内逃难，踏上了颠沛流离的漫漫流亡之路。日军竟派遣飞机轰炸铁路，拦截、屠杀逃亡的中国难民。东北人民的鲜血染红了长城内外。

"我的家在东北松花江上……流浪，流浪，哪年哪月才能够回到我那可爱的故乡"这低徊悲壮的歌声，向人们诉说着日军侵占中国东北的罪恶史实和中华民族蒙受的巨大灾难。

（十）制造伪满洲国

在九一八事变发生前，日本统治集团曾提出从根本上解决"满蒙问题"（中国东北）的三种方式：第一，打破现状，成立亲日政权；第二，建立"脱离中国本土"的"独立国"；第三，完全占领"满蒙"领土，将其划入日本版图。

九一八事变发生之初，日本关东军就迫不及待地想要采用上述第三种方式，直接把中国东北"划入日本版图"。9 月 20 日，奉天特务机关长土肥原贤二被任命为奉天（沈阳）市市长。土肥原贤二在九一八事变爆发后的当天，由东京赶回奉天（沈阳）。他领导的特务机关，一时成了日方在奉天（沈阳）处理九一八事变的指挥中心。

但是，关东军此举，遭到了东北人民的强烈反抗与世界舆论的严厉谴责。日本国内最高当局也产生了顾虑。而且，国际联盟将派遣调查团来东北调查。经过反复掂量，板垣征四郎、石原莞尔等人又拟定了新的"满蒙问题解决方案"，决定对中国东北实行前举的第二种"统治"方式，即成立所谓"脱离中国本土"的"独立国"的傀儡政权，认为这样做，"在目前形势下更易收到实效"。并且，这个傀儡政权必须要赶在国联调查团到达东北之前就要上台。

9月22日，关东军总参谋长三宅光治（日本陆大第二十二期），与板垣征四郎、石原莞尔、土肥原贤二以及关东军参谋片仓衷大尉（日本陆大第四十期）开了一个会，讨论下一步怎么办。板垣说明了日本内阁和陆军参谋本部的态度，片仓介绍了与国内的来往电报。东京当局首先反对扩大事态，但是表扬了关东军的战果。土肥原首先说："要一口气解决满蒙问题，只有建立一个以日本为盟主的满蒙五族共和国。"三宅光治、板垣征四郎、石原莞尔等与会人员，不得不从"日本直接军事占领"，退到所谓"满蒙独立"，通过了一个《满蒙问题解决策案》，即《满蒙共和国统治大纲草案》。主要内容是"在我国（日本）的支持下，领有东北四省和蒙古，以宣统帝为首，树立'全新'政权"。

当然，板垣征四郎、石原莞尔是不得已且不甘心的。《满蒙问题解决策略》中就有这样的句子："含泪退到'满蒙独立国家'案来"。所谓"满蒙独立"，只不过是板垣征四郎、石原莞尔的权宜之计。将来，他们必然要"完全占领'满蒙'领土，将其划入日本版图"。

板垣征四郎、石原莞尔对由谁暂时来担任东北"独立国"的傀儡元首也想好了，即"以宣统帝为首"，宣统帝即爱新觉罗·溥仪。

爱新觉罗·溥仪生于1906年，1908年12月2日正式登上清王朝的皇位，1909年改年号为宣统。但仅过了三年，1911年10月10日辛亥革命爆发，他被迫于1912年2月12日退位。根据"关于清帝逊位后之优待条件"中"尊号仍存不变"和"暂居宫禁"的规定，这个名存实亡的末代皇帝在宫廷中仍然过着"皇帝"的生活。直到1924年11月5日，溥仪才被冯玉祥的国民军驱逐出北京紫禁城。

被逐出皇宫的溥仪，于1925年2月23日在日本特务的掩护下，从北京移居天津的日本租界。先在"张园"住了五年,后在"静园"住了两年。日本政府竭力拉拢和控制这个"亡国皇帝",其用意是在适当时候把他变成日本控制中国的工具。

九一八事变发生后,日本当局认为,东北是清王朝的发祥地,逊位清帝在这里有一定的影响和号召力,让溥仪担任东北"独立国"的傀儡元首是最恰当不过的。

关东军司令部将此意见,上呈日本内阁陆军省和陆军参谋本部,很快得到批准。

于是,关东军司令部下达命令:派遣奉天特务机关长土肥原贤二大佐秘密赶赴天津,设法将25岁的溥仪秘密诱骗劫持到东北。土肥原接受关东军的指令后,于1931年10月27日,携带巨款来到天津,在日本驻军的配合下,具体策划和指挥挟持溥仪迅速前往东北。

1931年11月8日晚上,天津日租界的海光寺突然人声鼎沸,汉奸便衣队两千多人从里面蜂拥而出。他们沿街叫喊,横冲直撞,见人就打,见店铺就砸,大肆骚扰。紧接着,驻天津的日军一队队出动,在租界穿梭来往,迅速切断日租界与华界的交通。日军的装甲车也开进日租界的一角——静园,对这里实行严密的封锁和控制。紧张气氛持续到10日晚,大街上空无一人,只有一队队日军在街巷间巡逻,三八大盖枪上的刺刀在路灯下闪着寒光。

突然,从静园悄悄地开出一辆敞篷汽车。早就候在静园大门外不远地方的日本翻译官吉田的汽车立刻开动,尾随其后。汽车顺利地开到预定地点——敷岛料理店。吉田从自己的车上跳下来,上前打开敞篷汽车的后箱,从里面钻出一个神秘人物,眼戴墨镜,让人一时难以辨识。店里有一个日本军官见"客人"到了,立即拿来一件日本军大衣和一顶军帽,给"客人"穿戴上。在吉田陪伴下,那人又钻进一辆日军司令部的军车。车子一路畅行无阻,行驶到天津英租界的一座码头。有一条小小的没有灯光的汽船等在那里，那位神秘人物下车后，匆匆走进船舱。船上有十多名日本士兵武装护卫。

汽船出发，紧张地偷渡到大沽口外，神秘人物又换乘，坐上了日本商船"淡路丸"号。

经过两天多的海上颠簸，11月13日上午8时半，"淡路丸"号到达日军占领的辽宁省营口的一座码头。一上岸，神秘人物就被领到一家旅馆，严密地保护起来。

不久，通过种种传播媒介，人们听到了显然是日本方面放出的风声，说"正住在天津的爱新觉罗·溥仪，因天津暴动而感到人身安全受到威胁，自动逃出天津，13日10时在营口登陆，要求日本保护"，日本"出于人道方面的考虑，决定予以保护"。

几天前耳闻目睹轰动天津的所谓暴动事件的人们，心里的疑团解除了。这位神秘人物原来就是早已退位的清朝末代皇帝爱新觉罗·溥仪。11月8日晚的天津骚乱，显然是日本阴谋制造的一场混乱，意在转移各方面视线，趁乱挟持溥仪秘密出逃。

这是日本在发动九一八事变后，阴谋在中国东北建立日本的傀儡政权的一个重要环节。

土肥原对溥仪软硬兼施，投其所好，发誓说日本对东北绝无野心，只是要帮助东北人民建立"新国家"，支持溥仪"恢复帝业"。溥仪作为"新国家"的元首，将来一切可以自由。土肥原连哄带吓，挟持溥仪来到东北。

1932年1月6日，板垣征四郎受关东军司令官本庄繁之命，携带《满蒙共和国统治大纲草案》回到东京，向日本军政上层汇报和商讨在日军占领东北后，如何"统治"这片广袤而丰饶的黑土地。他破例受到天皇的接待。

1932年3月1日，在日本关东军的一手策划下，"满洲国"的"建国宣言"发表了；3月9日，又举行了溥仪出任"满洲国""执政"的就职典礼，

"满洲国""执政"就职典礼

宣布"满洲国"正式建立。日本关东军司令官本庄繁等人都一一到场。

典礼后的第二天，1932年3月10日，溥仪根据日本关东军司令部给出的名单，任命了一批"满洲国"的官吏：郑孝胥为"国务总理"，张景惠为"参议府议长"，其他大小汉奸也都得到了相应的头衔。令人注目的是，"满洲国"的各级政权组织，从"执政"溥仪开始，都规定必须设有日本顾问和聘请日籍官吏。显而易见，实权是握在这帮日本人手里的。

溥仪在任命各方官员的同一天，1932年3月10日，与日本签订了一项密约"日满议定书"。这项密约是板垣征四郎事先安排好的，却装模作样地采取溥仪致本庄繁函件的形式。其主要内容就是把"满洲国"的国防、治安、外交、交通等各方面权益拱手交给日本。它是一纸地地道道的"卖身契约"，活灵活现地显露出溥仪的傀儡本色。

板垣征四郎、石原莞尔等关东军少壮派军官策划的九一八事变被称之为昭和军阀史上三大"下克上"事件的第一件；另两件是辻政信、服部卓四郎于1939年策划的"诺门坎事件"和富永恭次、佐藤贤了于1940年策划的"北部湾法属印度支那进驻事件"。板垣征四郎、石原莞尔等人没有因违反日本内阁的意见而受到惩罚，反而成为日本国内的"英雄"，受到全国的崇敬与吹捧。这是因为板垣征四郎、石原莞尔等关东军少壮派军官的行动，实际上代表了日本上层军阀、财阀与政客的利益与愿望。日本全国因为不费多少力气，就获得了面积超过日本本土面积3.5倍的中国东北而欣喜若狂，举国狂欢！石原莞尔在九一八事变后，迅速晋升大佐军衔，升任日本陆军参谋本部战争指导课课长，随后兼任参谋本部最核心的课长——第一部（作战部）作战课课长；1937年，升任参谋本部第一部（作战部）少将部长。板垣征四郎则晋升为中将，先后出任日军第五师团长、内阁陆军大臣等。

（十一）中日双方在国联的外交对决

九一八事变后，中日双方在国联进行了一场外交对决。

国联，即国际联盟的简称，是1919年《凡尔赛条约》签订后成立的国际组织，曾拥有58个会员国。九一八事变发生后，南京国民政府宣布："要在国际联盟的框架里寻求中日纠纷的公正解决"。国民政府外交部一面向日本政府提出强烈抗议，一面电告中国驻国际联盟代表团，向国际联盟行政院提出请求，按照国际联盟盟约规定，制止日本侵华。

九一八事变发生时，正逢国联第65届会议在日内瓦举行。1931年9月21日，中国驻国际联盟代表团代表施肇基，遵照国民政府训令，正式向国联递交声明书，报告九一八事变的经过和中国未作任何抵抗的事实，请求召开国联行政院会议，"阻止危害各国间的和平，并恢复事变前原状，决定中国应得赔偿之性质与数额"。日本代表芳泽谦吉则诡辩说"此次事变是由于中国军挑衅而引起的偶发事件"，"日本并无扩大形势、或对中华民国开战之意"。1931年9月30日，国联理事会作出决议，限日本在10月14日以前撤兵。

随着日军在东北地区侵略的扩大，1931年10月8日，蒋介石令施肇基向国联行政院提出再行开会的要求。10月13日，国联行政院第二期会议召开。在会上，施肇基声明中国已完全按照国际联盟9月30日决议执行，而日本政府非但不履行决议，反而扩大其侵略行动。"如果国际盟约、非战公约不能维持，则世界和平、裁减军备、国际安全以及世界经济危机之救济，都必同归泡影"。日本代表芳泽诡辩说，日军扩大侵略是"出于自卫"，并再度要求"和中国方面直接交涉"。施肇基代表中国政府，拒绝和日本政府直接交涉，建议组织国际调查团，调查九一八事变的真相。但日本代表一直表示反对。直到日军于1931年11月19日击败马占山部，攻占黑龙江省省会龙江（今齐齐哈尔）后，日本当局认为对东北的占领已是既成事实，便令芳泽于1931年11月21日，突然同意"派遣调查员前往东北调查"，但"必须以将停战、撤兵问题暂时搁置不问以及不得干涉军事行动为条件"，"也要调查中国方面维持治安之能力以及排日和抵制日货的情况"。

1932年1月21日，国联调查团正式成立，主要成员由英、美、法、德、意五国组成，团长是曾担任印度总督的英国人李顿爵士，因而又称李顿调查团。四名团员分别是：曾任菲律宾副总督的美国人麦考易，曾任驻安南军司令官和法国殖民地防御委员会主席的法国人克劳德，曾任德属东非洲总督的德国人希尼，曾任驻南美各国公使的意大利人马克提。中国派前外交部长顾维钧，日本派驻土耳其大使吉田伊三郎，参加和协助调查团工作。

在这期间，日本加紧在东北建立伪政权，于1932年3月9日正式建立"满洲国"。

1932年3月12日，日本指使"满洲国"外交部部长谢介石向美、英、法、意以及日本等十七国发出所谓"建国宣言"，并要求各国承认。英、美等国对此未予置理。美国当时虽盛行孤立主义，但美国国务卿史汀生宣布：

"美国政府决不会承认一个靠侵略建立起来的国家"。

1932年3月14日,国联调查团抵达刚经历"一·二八"战火、于3月3日暂时停战的上海;4月9日,到达北平。北平的东长安街和西长安街挂满欢迎国联调查团和反对日本强占东北的旗帜和血书。在调查团下榻的北京饭店,巨幅的白布一落到地,上书中文,下书英文:"欢迎公正严明的国联调查团""中国人民为公理而死,绝不承认丧权侮国之条约"。在北平期间,张学良会见了调查团并介绍情况,斥责日本对外宣传"东北不是中国领土"的说法,宣言东北3000万人民愿意为他们的故乡奋斗到最后一个人,奉劝日本不要一意孤行,停止暴力。

1932年4月21日,即在"满洲国"于3月9日成立四十多天后,国联的李顿调查团来到东北,对九一八事变进行调查。

日方先下手为强,将他们伪造的种种证据向李顿调查团展示,强词夺

日方向李顿调查团展示他们伪造的种种证据

理地编造东北军蓄意挑衅、日军被迫自卫的谎言。

李顿调查团克服了日方的种种阻拦，先后在沈阳、长春、吉林、哈尔滨等城市进行了 45 天的调查，从不同途径，收集到各界投送的书函一千五百五十余件。其中以著名银行家巩天民为首的沈阳 9 位爱国知识分子，包括金融家邵信普、医学教授刘仲明、毕天民、张查理、李宝实、于光元、刘仲宜、教育家张韵泠，自发组成"国联外交爱国小组"，秘密奋斗四十多天，在各界知情人士中四处奔走，搜集到几百份珍贵材料，花费 8 天时间打印，然后编辑整理，再翻译成英语文本，最终形成一份四百多页的英汉双语汇编文件，分 3 篇编定：第一篇主题为"九一八事变是早有计划的侵略行为"；第二篇主题为"九一八事变后日军在东三省到处杀戮百姓，肆意侵犯中国主权"；第三篇主题为"伪满洲国的建立是日本侵略军一手炮制"。9 人根据国际法原则，一一在文件上签名。文件为蓝缎子外皮，用红丝线绣上"TRUTH"（事实）字样。他们在调查团到沈阳之后，辗转再三，终于将这份文件当面交给李顿调查团，并秘密同调查团进行了面谈，还替其他一些民众团体递交了一批相关材料。这些材料成为国联调查团对九一八事变定性的重要依据。

1932 年 6 月 4 日，国联调查团离开东北。

1932 年 9 月 15 日，日本政府不顾中国人民的反对与世界舆论的谴责，宣布正式承认"满洲国"。

1932 年 10 月 2 日，在日本政府宣布正式承认"满洲国"后半个多月，国联调查团在南京、东京与国联所在地日内瓦三地，同时公布了《国联调查团报告书》，通称"李顿报告书"。报告书前半段的八章，明确指出并依法承认东北三省为中国领土的组成部分，否认日本发动九一八事变是"合法自卫"；确认"满洲国"是日本违背东北人民意愿而强力炮制的工具；要求日本退兵。但在后半段，则要求中国政府作出重大让步，同意在东北成立"自治政府"，中央政府保留的权限只有"条约及外交关系，关税、邮政、税务之管理权，行政长官任命权，以及履行国际协定之命令权"，其他权限则均归属于"东北自治政府"。这后半段受到中国人民的强烈反对。蒋介石在 10 月 9 日的日记中写道："李顿对于调停之主张，亦太怕日寇矣！但报告书中前八章调查之日本责任尚属公道，余对此认为有修正或保留之接受，而不拒绝。呜乎！以弱国而谈外交，又欲于外交中图自主自强之道，乃非此不可。余于是又知昔者郑子产之慎于辞命之用心苦矣。"

《国联调查团报告书》一经公布于世，日本立即陷于国际舆论谴责的被动局面，表示完全不能接受，宣称"要对该报告加以痛击，使至于体无完肤"。

此后，国联专门组织了一个有中小国家参加的十九国委员会，研究并提出解决中国东北问题的方案。

1933 年 1 月 1 日，日本为了扩大"满洲国"的疆域，集结日伪军队，突然向山海关发起进攻，东北军何柱国部战败。1 月 3 日，日军占领山海关。1933 年 2 月 22 日，日军又向热河发起进攻。担任热河省政府主席的东北军将领汤玉麟，"向天津征雇大批汽车，抢运私产，向天津租界输送，置军事于不顾。"热河之战打了 10 天，中国军队的防线便被全线突破。热河省会承德弃守，日军进占热河。败退的东北军各部队向长城各关口败退。3 月初，日军向长城各口发动进攻，企图逼迫南京国民政府对日方作出根本的让步，承认"满洲国"。

1933 年 2 月 24 日，国际联盟召开大会，以 42 票赞成，日本 1 票反对，另有暹罗（今泰国）投弃权票，通过了十九国委员会基于《国联调查团报告书》提出的《关于中日争端的决议》，指出满洲主权属于中华民国，日本违反国际联盟盟约，占取中国领土并使之"独立"。"满洲事件"中的日军行动并非自卫；"满洲国"是日本参谋本部指导组织，其存在是因为日本军队的存在；"满洲国"的建立不符合国际法普遍公认的原则，国联及其成员国均不得承认……日本代表松冈洋佑十分尴尬，恼羞成怒发表声明，称

"关于中日纷争问题，我们愿意和国际联盟合作的努力已经到了极限"，最后说了句"再见"，便退出会场。中国在国联与日本进行的外交对决与正义斗争，取得了重大的胜利。

但日本继续一意孤行。1933年3月27日，日本政府指责国联采取"不公正"的态度，发表声明，自即日起，正式退出国联。

1934年3月，日本让"满洲国"改名为"满洲帝国"，溥仪由"执政"改称"皇帝"，年号康德。但是，不管名称如何变换，其实质是改变不了的：不论是"满洲国"，还是"满洲帝国"，都是日本的傀儡政权；而溥仪不论是称"执政"，还是称"皇帝"，都不过是日本当局控制下一个货真价实的傀儡。

日本打着"日满提携"的幌子，对东北进行野蛮残酷的殖民统治。东北人民在血泪中度过了14年悲惨的生活。

当时的国民政府始终拒绝承认"满洲国"。这成为中日关系中的最大"悬案"。日本千方百计诱使国民政府在事实上承认"满洲国"。1934年2月，当中日双方就华北与东北通邮问题进行谈判时，日方便试图通过让伪满邮票进入关内，造成承认的假象。但中方识破了日方的阴谋，拒绝邮票上出现"满洲邮政"字样，不允许加盖"满洲国"邮戳，票面上也不许印有溥仪头像等"不适当的花纹"。1935年1月，双方谈妥使用仅有"邮政"二字的特殊邮票实施通邮。

直到1937年7月抗日战争全面爆发后，随着中国军队在淞沪会战和南京保卫战中的失败，以及《中苏互不侵犯条约》的签订，日本的盟国纳粹德国与法西斯意大利，才在1938年年初，承认"满洲国"。第二次世界大战爆发后，被纳粹德国控制的波兰、匈牙利、罗马尼亚、保加利亚、丹麦等，亲法西斯的西班牙、芬兰等，日本制造或控制的"自由印度"政府、缅甸巴莫政府、泰国政府、菲律宾劳雷尔政府、汪精卫伪国民政府以及日本和苏联羽翼下的两个蒙古政权，先后承认了"满洲国"。在"满洲国"建立后，欧洲各国普遍保留原驻中国东北的领事馆，苏联也不例外。但只有苏联一家，允许"满洲国"在苏联设立"领事馆"。1941年4月13日，苏联和日本在签订《苏日中立条约》，特别声明："苏联保证尊重'满洲国'的领土完整和不可侵犯，日本保证尊重蒙古人民共和国的领土完整和不可侵犯"。中国政府和民众对苏联的这次不友好行动，表示了"至为愤怒"的情绪。

1945年8月15日，日本宣布无条件投降。8月17日午夜至18日凌晨，溥仪举行"退位仪式"，宣读"退位诏书"，"满洲国"灭亡。

五、嫩江铁路桥畔抗战第一枪

（一）中国军队有组织的抗战第一枪

1931 年 10 月 16 日，在中国东北地区最北部的黑龙江省省会龙江（今齐齐哈尔）城南约 75 公里的嫩江铁路桥畔，枪声大作。

这是日军发动九一八事变后，中国军民第一次有组织的顽强抵抗，震动中外，意义重大。

1931 年九一八事变后，日军在一周内，就迅速占领了辽宁、吉林两省的主要城市并控制了交通要道。为进一步占领整个东北地区，日军积极向黑龙江省进攻。但黑龙江省以前一直处于日本势力范围之外，苏联影响与潜伏势力巨大，尤其是哈尔滨，当时是华洋杂处的国际市场，又是中苏共管的中东铁路的总枢纽，设立"特别行政区署"，不归黑龙江省政府管辖，因而日本政府担心苏联的干涉，陆相南次郎阻止日军立即进攻此地。于是，日军采取迂回战术，先行进攻黑龙江省城龙江。日方当局以为，在这里也会像在东北其他的地方一样，能迅速取得成功。

但是，出乎他们意料的是，在龙江城南的嫩江铁路桥畔，他们遇到了中国军队前所未见、顽强有力的抵抗，连败数次。

嫩江是东北黑龙江省的一条主要河流，是防守龙江城的南部天然屏障。

位于嫩江上泰来段的铁路桥，长853米，高30米，既是日伪军从吉林省洮南北进、突破嫩江天然屏障的唯一通道，也是中国军队防守龙江城的南大门。

江桥保卫战打响了世界反法西斯战争的第一枪。

（二）黑龙江形势危急马占山临危受命

地处中国北方边陲的黑龙江省地域广阔。九一八事变发生前一年的1930年9月间，原驻该省的东北边防军精锐部队多被张学良调进关内，参加中原大战。当1931年9月九一八事变爆发时，黑龙江省军队只有省防军5个旅，此外还有1个卫队团、1个炮兵团以及工兵营、辎重兵营与两个保安大队等，总兵力不足4万人，分驻全省各地，防务空虚。尤其是黑龙江省政府主席万福麟留驻北平，一直未归，使得全省驻军群龙无首，对于如何应变，莫衷一是。主战者有之，主降者更有之。省政府要员纷纷携带眷属细软逃往哈尔滨避难。全省人心惶乱，形势危急。

九一八事变爆发后第6天，1931年9月24日，日方派出500名日军占领洮南，控制洮昂路，作为进攻龙江城的准备；同时派人以重金收买了辽宁省防军旅长、洮辽镇守使张海鹏，让其宣布独立，自成一军，再提供给他大量枪支弹药扩充军力，使其充当进攻龙江的先锋。张海鹏原是张作霖的结义兄弟，由于他谋取黑龙江省省长职位未遂，积怨甚大，与日本人早有勾结，图谋黑龙江省大权。1931年10月1日，张海鹏宣布就任伪边境保安司令。在日军支持下，他派遣少将旅长徐景隆率领3个团，沿洮昂路，率先向龙江城的门户——嫩江江桥进攻。

日伪军的进攻在即，龙江形势危急。担任龙江边防军副司令、公署参谋长的谢珂，是位有爱国心、有胆识的将军，他从9月下旬起，就果断地采取了一系列防阻日伪军进攻的措施：调炮兵团两个营布防龙江城；调第二骑兵旅进抵泰来布防，并担负对洮南方向的警戒；调第一骑兵旅至龙江城南；令徐宝珍率卫队团及配属工兵营两个连、辎重兵1个连及炮兵1个连，共两千余官兵，进驻嫩江铁路桥北端阵地，抓紧构筑战斗工事，在桥南端布设地雷场。同时，谢珂电告省防军两旅各派1个步兵团进驻昂昂溪，电令驻满洲里的程远志旅做好战斗准备，待机而动。在谢珂的努力下，江桥抗战的各项前期工作已近完成，为即将到来的血火拼杀打下良好的基础。

1931年10月10日，在天津的张学良为保卫龙江省城，统一与加强黑龙江省的军政指挥，电请南京国民政府，委任抗战最坚决的步兵第三旅旅长、黑河镇守使兼警备司令马占山为代理黑龙江省政府主席兼东北边防军驻黑龙江省副司令、黑龙江省军事总指挥。

1931年10月16日，在日军的策动和部署下，张海鹏部伪军3个团，由伪军旅长徐景隆指挥，向嫩江江桥发动了第一次进攻。江桥中国守军徐宝珍卫队团与工兵营两个连、辎重兵1个连及炮兵1个连，早作好准备，奋起阻击。伪军伤亡惨重，伪军旅长徐景隆触地雷被炸死；还有许多伪军官兵在战场倒戈，起义投诚。江桥抗战的第一次战斗取得了完胜。这是九一八事变以来，中国军队取得的第一次战场胜利，消息传开，振奋了全国人心。

为阻止日伪军的再次北犯，中国守军将嫩江铁桥炸毁了一部分。

1931年10月17日，南京国民政府正式任命马占山为代理黑龙江省政府主席兼东北边防军驻黑龙江省副司令、黑龙江省军事总指挥。同日，张学良电令马占山，除原驻黑龙江省军队统归其指挥，所有原驻哈尔滨之军队及洮索路各军、东北屯垦军及前由邹作华统率之炮兵，均归其统一指挥。

马占山，1885年生，祖籍河北省丰润县，出生于吉林。1911年，投靠清军奉天后路巡防营统领吴俊升，任该部第四营中哨哨长；1913年，吴部改编为中央骑战第二旅，马占山任第三团第二连连长；1916年，因其剿匪有功升任营长；1918年，随吴俊升赴黑龙江省，升任骑兵团团长；1925年，

马占山

升任东北陆军第十七师骑兵第五旅旅长；1928年被任命为黑龙江省陆军步兵第三旅旅长，同年冬，改任黑龙江骑兵总指挥；1930年10月，任黑龙江黑河警备司令。

1931年10月19日，马占山一行由黑河经哈尔滨，抵达龙江。10月20日，马占山正式宣誓就任黑龙江省政府代理主席兼军事总指挥。他一方面亲自到第一线阵地，激励前线将士坚决抗战，公开宣告抗击日军侵略的决心，有"于此国家多难之秋，三省已亡其二，稍有人心者，莫不卧薪尝胆，誓救危亡，虽我黑龙江一隅，尚称一片干净土，……尔后凡侵入我省者，誓必死一战""倘有侵犯我疆土，及扰乱我治安者，不惜以全力铲除之，以尽我保卫地方之责"之语；另一方面，他晓喻张海鹏部属，说"率众反正携械投诚者一律安置"，"执迷不悟甘心附逆者一律剿灭"，"献张首级者赏大洋二万元"。

马占山连连召开军事会议，亲自视察防地，督修防御工事，积极准备抵御敌人的进犯，到10月29日，基本完成了从嫩江铁路桥到榆树屯和昂昂溪、以铁路为轴心、纵深四十公里的三道防御阵地的部署。黑龙江全省抗战形势为之一振。

日军在利用张海鹏伪军北犯黑省的图谋失败后，决定直接出兵，由第二师团所属的第十六步兵联队等部组成嫩江支队，作为进犯黑龙江省的主攻部队。与此同时，10月27日，由龙江日本特务机关长林义秀出面，向马占山提交了一份"要求书"，要求黑龙江省政府迅速修复嫩江铁路桥，限期为一周；黑龙江省政府不动工或虽动工但到期未能完成时，则由日方修理，那时可视情况对工程进行实力保护。显然，这是日军制造进犯龙江的借口。

马占山对日方的蛮横要求置之不理。1931年11月2日，日本驻龙江领事清水和林义秀面见马占山，代表关东军司令官本庄繁，送交最后通牒，要求允许日本派人修复嫩江铁桥，并限马占山部队次日午前从江桥后撤10公里，如不应允，日军即采取武力行动。马占山看完最后通牒后，说："请你们回去告诉本庄繁，江桥是中国的桥，修理桥梁是中国人的事情，别人无须越俎代庖！"马占山说完，不等对方再说什么，立即挥手送客。

马占山知道日军即将发动进攻。他召集龙江城的军政绅商人士，在省府开会，讨论对策。会上，以劣绅赵仲仁为代表的一些亲日派人士表示，龙江省政府库空如洗，兵力不足，难以与日军抗衡，因此主张与日军妥协；但有更多的人主张立即举旗抗日。辩论多时，意见不一。这时，马占山拍案而起，大声说道："吾奉命为一省主席，守土有责，不能为降将军！决不能让黑龙江寸土尺地给日本人夺去！我知道自己的力量不够，但日本人欺负到咱们头上，咱们也只好与他拼命。为了保卫国家领土，为了保护父老乡亲，我马占山心意已决，就是要和日本人拼命！要是我打错了，给国家惹下乱子，就请你们把我的头割下，送到中央领罪。"会议取得一致认识：江桥阵地非常坚固，日军企图以欺骗与高压的方法，威逼我军撤出此阵地；如我军后撤，则无异于让防于日军，尔后更难以抵御日军进攻龙江城。为此我军决不从江桥阵地后撤。但鉴于张学良电令中有避免与日军直接冲突的指示，因此，我军不主动进攻日军，但若日军来犯，我军则断然自卫！

（三）浴血奋战江桥、三间房

果然，在1931年11月3日，日军嫩江支队主力四千多人，开抵嫩江铁路桥南一线，以"武力强行修复嫩江铁路桥工程"为幌子，向江桥中国守军进逼。

11月4日凌晨，日军在7架飞机、4辆坦克和40门重炮的轰炸掩护下，在步兵第十六联队长滨本和关东军司令部作战主任参谋石原莞尔的指挥下，以两个步兵大队、一个炮兵大队的兵力，向中国军队江桥阵地发动猛攻。日军五百多名步兵率先突入江桥左翼阵地，主力部队则向江桥正面阵地猛攻，互相配合，企图一举拿下江桥主阵地。中国守军正面阵地的徐宝珍卫队团和侧翼的张竞渡部官兵奉马占山命令，实行自卫还击，多次打退日军的疯狂进攻。中外关注的江桥抗战第二阶段大战开始了。

当日下午3时，日军集中兵力，发动密集进攻。中国守军指挥官沉着指挥，等到日军进至只有不足百米时，才一声令下，全军枪炮齐发，打得日军伤亡惨重，向江桥方向溃败。日方增派的援军也在江桥上被中国守军的骑兵部队冲断，一股回撤，另一股被迫逃往我军左翼阵地，被包围全歼，扔下了四百多具尸体。入夜后，日军在一阵炮击掩护后，分乘近百只小船，渡嫩江偷袭。中国守军及时发现敌情，派遣一部分官兵潜伏在江边的芦苇丛内，待日军所乘船只快要抵达嫩江北岸时，突然一齐开火。日军死伤落水者不计其数，未死的日军脚下尽是泥沼，难以行动。中国守军从苇丛中跃起，刀砍枪刺，日军顿时血肉横飞，遗尸遍地，没死的敌人慌忙退回。11月4日几乎打了一整天。中国守军伤亡三百多人，大兴车站亦被炸毁，但多次击退日军的进犯，毙伤日军一千多人，包括一名低飞投弹的飞行员。江桥阵地岿然不动。江桥抗战再战告捷。马占山传令前线各军，防守勿懈。全线将士士气旺盛。

11月5日，日军星夜调集野炮四十余门、重炮8门、飞机8架、铁甲车4列以及步炮兵作掩护，驱使伪军张海鹏部在前打头阵，日军继后，又向江桥阵地发动了猛烈进攻。中国守军武器装备不如敌军，但以高度的爱国热忱奋勇抗战，坚守阵地，激战竟日，大败日伪军。据日军后来自供，是役"日军死一百六十七人，伤六百余人，张海鹏部（伪军）死伤七百余人。"

11月6日凌晨，日伪军又开始了对江桥的新一轮进攻。在数架飞机和四十余门大炮的掩护下，敌人向中国军队阵地猛扑过来。重磅炮弹不断地落在中国守军阵地，日军的手提机关枪队冲在前面，掩护工兵强行在江面上架起浮桥。由于敌人的炮火猛烈，守军没能阻住敌人渡江。在这危急时刻，马占山亲临前沿阵地，于上午10时，令骑兵出击，迂回包围过江的日军，将其全歼。马占山又来到江桥北面河套一带，指挥官兵将伪军张海鹏部击退。但是，大股日伪军又像潮水般地涌来，江桥已失去屏障，守军伤亡极大，马占山果断命令守军向大兴站第二道防线转移。当他们撤到大兴站时，守军阵地已被日军攻破。马占山立即亲率手枪队向日军反攻，官兵士气大振，骑兵连长邓文一马当先冲入敌阵，左突右冲，如入无人之境。中国军队一举收复大兴站。这天战斗空前激烈，中国守军伤亡一千八百五十余人，毙伤日伪军两千余人，击落日机一架。日军滨本步兵联队几乎被全歼，高波骑兵队亦死伤殆尽。当晚，马占山考虑到江桥阵地背靠平原，无险可守，且竟日激战，官兵伤亡众多而无援兵补充，遂令主力部队向三间房第三道防线转移。

三间房是铁路上的一个小站，南距江桥约30公里，北距龙江城约40公里，具有重大的军事价值。早在10月下旬，马占山已令暂编步兵第一旅进驻三间房一线布防，作为江桥阵地的第三道防线，也是护卫省城龙江的最后一道防线。

11月7日清晨，日军向三间房阵地发动进攻，马占山率部奋勇反击。不多时，日方调来战机十余架，轮番向守军阵地轰炸。敌飞行员知道中国军队没有高射炮，有恃无恐，大胆驾机低空飞行，把一串串重磅炸弹投向守军阵地，造成许多中国官兵伤亡。马占山命令官兵散开卧倒，以20人为一组，用步枪仰面射击，组成一面火网，击伤日机多架。危急时刻，张殿九旅和苏炳文旅一个混成团及时赶到，投入战斗。马占山乘势指挥部队反击，将敌人击退。这天战斗，中国守军伤亡三百余人，毙伤日伪军一千余人。

11月7日晚，马占山在三间房召开旅、团长军事会议。这时我军减至一万五千余人，根据敌我双方力量的对比和我军后继无援的情况，会议决定继续采取守势，并重新部署三道防线：第一道防线在汤池、乌诺头、新立屯一线；第二道防线在英老坟、三间房、大兴屯、小兴屯、霍托气等地，这是中国守军的主阵地；第三道防线在朱家坎、富拉尔基、昂昂溪、榆树屯一线。马占山告诫部属，三间房将是下一阶段战斗的焦点所在。

从11月8日至12日，由于日军等待援兵，战事稍缓。在此期间，关东军司令官本庄繁连续三次向马占山发来通牒，在政治上压迫马占山，要他立即下野，将黑龙江省政权交给张海鹏；马部军队撤退，由日军进驻昂昂溪。马占山于11月12日晚复函本庄繁，义正词严地拒绝了日军的"要求"，略谓："一、下野本无不可，但须有中国中央政府命令，派人前来，方能交代，如张海鹏一类者，虽有中央命令亦不交予政权；二、关于退兵一事，在我国领土，我自有权，非日本所能干涉；三、昂昂溪车站为中国与苏联合营的铁路站，贵军要求进兵，殊与芳泽代表在国联所声明的'日本无领土野心'一语自相矛盾，且余奉令保守疆土，在未奉到明令让渡于日本前，碍难照办，同时在法律、事实两方面，亦非贵国所应要求。"

1931年11月12日，日军援兵到来后，出动七千多人，以战机与炮火掩护，兵分三路，向三间房、乌诺头、张花园等处中国军队阵地发动猛攻。敌机炸毁守军工事多处。但守军官兵寸土不让，血战至晚，阻住了敌人的进攻。13日至17日，全线发生激战。在日军重炮轰击下，中国守军阵地几乎全被摧毁。但是，在马占山指挥下，官兵们浴血奋战，打退了敌人的多次进攻，竟日坚持在阵地上。

11月15日，日军从朝鲜和日本本土调来的增援部队到达，同时，又有一千余伪军加入进攻。到16日，日军在江桥地区总兵力已超过3万。而马占山部经连日苦战，伤亡惨重，这时仅剩下四千余人。17日，国民政府任命马占山为黑龙江省政府主席,晋升他为陆军上将,但是,却没有派军队前来增援。马占山孤军血战,陷入了极端困难的境地。

11月17日拂晓,日军在第二师团长多门二郎的指挥下,出动一万七千余人、坦克12辆、炮30门、飞机12架,向中国守军三间房一线主阵地发动总攻。敌人先用飞机和重炮对守军战壕狂轰滥炸,接着以坦克开路,掩护步兵冲锋。敌军如潮水般地涌来,中国守军抱着必死的决心,用血肉之躯与敌人搏斗,没有一人退缩,一连打退了敌人十余次进攻。战斗持续到18日拂晓,日军的坦克已经将中国守军阵地切割成几个小块,迫使守军退至昂昂溪。在此严重时刻,马占山将军再次亲临前线,指挥部队拼死反攻,于下午2时夺回了原有阵地。但敌人的炸弹已经将阵地夷为平地,守军无险可守,昼夜血战,未进一食,马占山不得不下令放弃全部防线,于当日晚指挥各部退至省城龙江。这时,城内军火库已无弹药,后援无望,日军连夜紧追,逼近省城。马占山为保存仅剩的兵力,以为今后抗日计,下令部队出城转移。1931年11月19日晨,马占山率领黑龙江省军、政两署人员与各部队,退出龙江城,向北转往克山、拜泉、海伦一带集结。

11月19日17时,日军占领龙江城。至此,历时一个月的江桥抗战,悲壮结束。

(四)"为国家保疆土,为民族争光荣"

江桥抗战虽然没有能阻止住日军对黑龙江省的进犯,但这是中国军队自九一八事变以来,第一次有组织地奋起反击侵略者。在辽宁、吉林相继沦陷、大批官员投敌或逃跑、东北危亡的局势下,马占山与龙江军民不畏强敌,奋起抗击,第一个揭起抗日的旗帜,浴血奋战一个多月,不仅消灭数千敌人,狠狠打击了日寇的嚣张气焰,也极大地鼓舞了全中国人民战胜日本侵略者的信心。马占山领导的江桥抗战将永载中国人民的抗日史册。

江桥抗战发生以来，深受全国人民的赞誉，得到各界的大力支援。江桥附近工农民众，自动承担战勤任务，挖掘战壕，组成大车队，运送弹药、食品和伤员。龙江城的饭馆，从江桥战斗开始后，就全部停止营业，日夜为前线官兵蒸馒头，烙大饼，然后把这些食物装在大面袋里，用插着小黄旗的大车拉到前线。黑龙江省各界人民组成慰劳会，捐献大洋3000元，买来猪、羊，送到前线犒劳抗日官兵。全国各界纷纷发来函电，赞扬马占山"以一旅之众，首赴国难""为国家保疆土，为民族争光荣"，实为"将军之楷模，民族之表率"。全国各地自动组织慰问团、后援会，捐款献物，支持江桥抗战。昂昂溪车站上堆满了全国支援、慰问的物资。哈尔滨、上海等地青年学生，组织了"援马抗日团"，赶赴龙江城，要求与士兵并肩战斗。全国报纸，连日报道江桥抗日战况，并用大字标题发表歌颂马占山抗日事迹的文章。上海南洋兄弟烟草公司赶制生产了"马占山"牌香烟，在市场上大受欢迎，被民众抢购一空。就连海外华侨也为马占山奋起抗日的消息所鼓舞，或是发来祝贺电报，或是寄来钱物，真诚地表达他们对马占山军队"忠勇卫国，孤军杀敌"事迹的钦佩。

此后，马占山走过了一段曲折的道路。在日本侵略军的重兵包围和政治诱惑下，他于1932年2月被迫降日。日伪当局大喜过望，立即任命他为伪黑龙江省省长；3月初，伪满洲国成立时，又任命他为伪军政部部长。但马占山的抗日爱国之心不死，在全国人民的谴责声和劝导声中，他很快决定反正。他利用伪黑龙江省省长的身份，秘密筹集军费和军事物资，送往黑河等地。1932年3月末，他抓住国联调查团快到东北的时机，一面调查揭露日本侵略者的罪行，另一面秘密布置军事行动。4月1日，他带领亲随两百余人离开龙江城，4月7日抵达黑河，通电反正，再举抗日旗帜。他联合吉林的李杜、丁超和海拉尔的苏炳文等抗日部队，组成"东北救国抗日联军"，设总司令部于哈尔滨，自任总司令。马占山又传令东北各县，组织抗日义勇军，集中于黑龙江东部各县，配合"东北救国抗日联军"作战。

经过五个多月的转战，"东北救国抗日联军"终因孤军无援，伤亡惨重，于12月7日被迫退入苏联境内。1937年7月全面抗战爆发后，马占山被国民政府任命为东北挺进军司令，兼管东北四省招抚事宜。他亲自率领部队，在绥远一带与日军作战。

马占山作为打响抗战第一枪的民族英雄，将永远为中国人民怀念。

六、"小小的'满洲国',大大的赵尚志"

(一)"南杨北赵"

1931年九一八事变后,日军仅用四个多月时间,就迅速占领了整个东北地区。少帅张学良统领的约20万东北军守土无能,望风溃败,或逃、或散、或叛、或降,顷刻间土崩瓦解。

眼看着大好河山沦于敌手,不甘心做亡国奴的东北各阶层人民纷纷拿起武器,成立各种义勇军,掀起了轰轰烈烈的抗日斗争。在1932年到1933年,东北各地、各种名目的义勇军风起云涌,达到三十多万人。有学者研究称,达到五十多万人,声势浩大,给日本侵略者和伪满政权以沉重打击。义勇军创作的《义勇军誓词歌》,传唱关内关外:

起来!起来!不愿做亡国奴的人们,民族已危亡,山河已破碎!留着我们的头颅何用?拿起刀枪,携手并肩,冒着敌人的枪林弹雨,向前冲!用我们的身躯筑起长城。前进啊!前进!豁出命来向前冲,杀,杀,杀!

1933年2月,东北抗日义勇军总司令朱庆澜率社会各界代表,前往热河前线,慰问驻守在那里的抗日骑兵部队将士。随团的音乐家聂耳亲耳听到了官兵们在激情澎湃地高唱这首《义勇军誓词歌》，大为震动，回上海不久，他为田汉作词的《义勇军进行曲》谱曲定稿，传唱全中国。

但由于这些抗日义勇军没有一个坚强的领导核心，没有结成广泛的团结和统一战线，人员混杂，各自为政，纪律松弛，又没有先进的武器，得不到外援，在日本侵略军优势兵力的猛烈进攻和利诱收买下，很快失败、瓦解，在1933年年底前就基本烟消云散了。余部有的退入关内，有的坚持在白山黑水间，继续战斗。

当东北各地、各种名目的义勇军渐趋沉寂之时，中国共产党领导的抗日武装登上了东北历史舞台。他们以其擅长的发动民众进行游击战争的方法，在东北各地组建了各种抗日武装，最后统编为"抗日联军"，下辖11个军和抗联游击军等，开辟了"南满"、"北满"、吉东等抗日根据地和许多游击区，成为东北抗日的主要军事力量，与日军及其操纵的伪军进行了殊死的斗争，前后坚持斗争十余年，成为中国抗日斗争史上最壮丽的篇章之一。

在东北抗日联军中，素有"南杨北赵"之称。"南杨"是指在辽宁一带活动的杨靖宇；"北赵"则是指在黑龙江、吉林及内蒙古东部一带活动的赵尚志。这是东北抗日联军中两位最著名的领袖。

（二）命运曲折的抗日英雄赵尚志

赵尚志的一生，命运曲折，充满了爱国主义与英雄主义的传奇性。

赵尚志，辽宁省朝阳县人，1908年10月26日生，幼年苦难，1925年加入中国共产党；后受党命南下广州，报考黄埔军校第五期（一说第四期）。1926年夏，赵尚志返回东北，到哈尔滨参加建党工作。1927年3月与1930年4月，赵尚志两次被奉系军阀逮捕，受尽折磨，始终不屈。

1931年九一八事变后，赵尚志在中共党组织的营救下出狱。这时赵尚志年23岁，个子不高，但说话声音洪亮，机智多谋，做事果断，尤其具有

赵尚志

丰富深厚的军事素养。他得到了中共满洲省委书记罗登贤的重视,任命他为中共满洲省委军委书记。

当时,中共满洲省委在罗登贤的领导下,根据形势的发展变化,于1932年6月决定,将工作的重点移到农村去,发动民众,建立武装,开展抗日游击战争。赵尚志被派到张甲洲领导的巴彦游击队任参谋长,他化名李育才,当时人称"小李先生"。张甲洲,巴彦人,在清华大学读书时加入中国共产党,受党派遣,返回老家,拉起一支约两百人的抗日队伍。但他不懂军事,赵尚志看到这支部队成分复杂,便劝张甲洲整顿队伍,并成立了教导队培养骨干。

1932年6月,以博古为首的中共临时中央在上海召开"北方各省工作联席会议",推行"左"倾路线,调走罗登贤,强令东北中共组织仿效南方根据地一样,建立苏维埃与红军。中共满洲省委特派员吴福海来巴彦游击队贯彻"左"的指导思想,要求部队打土豪、分田地,改编为红军。赵尚志认为条件不成熟,提出不同看法,但吴福海坚持意见,将部队改编为"中国工农红军三十六军江北独立师",张甲洲任师长,赵尚志任政治部主任。部队改编后转战于呼兰、绥化一带,所到之处打土豪、分田地,转移了对日伪当局的主要斗争目标;部队内部发生分歧,又不断遭受日伪和地主武装的袭击,终于瓦解。在一次战斗中,赵尚志的左眼受重伤,后失明。巴彦游击队的失败明明是不顾实际执行"左"倾路线的结果,但满洲省委领导人却认为主要是赵尚志执行"右倾机会主义"路线造成的,要他作出深刻检讨。赵尚志据理力争，竟被省委"开除党籍"，这让他一度十分苦恼。

但是赵尚志很快振作起精神，更名赵三，投到哈东一带的反日义勇军孙朝阳部队，当了一名马夫。他对朋友们说："只要抗日，做什么都行！"赵尚志杰出的军事才能使他很快在孙朝阳部队中崭露头角。他在带领部队打了几个胜仗后，威信大增。但这里毕竟不是他的归属。不久，在1933年9月的一个夜晚，赵尚志带领李启东、姜熙善、李根植等7人，骑着7匹快马，带着11支枪，从孙朝阳部队拉出来，在珠河县三股流长万屯，找到了中共珠河中心县委。赵尚志向县委书记关化新谈了组建游击队的想法。关化新非常支持，请省委巡视员张寿篯（李兆麟）向他们传达了中共中央"一·二六"指示精神。原来，在1933年1月26日，中共驻共产国际代表团以中共中央的名义，发出指示，要求东北党组织要建立广泛的抗日统一战线，团结一切反日团体和武装，开展抗日斗争。张寿篯还介绍了杨靖宇在"南满"组织游击队的经验。1933年10月10日，一支13人的"珠河东北反日游击队"在珠河县三股流长万屯后山诞生，赵尚志任游击队队长，李福林任政治指导员。游击队在三股流一带接连打了十多次胜仗，名声越来越大，人员及武器都有了发展。小股日军和伪军不敢轻易进犯三股流，这里又没有苛捐杂税，哈东地区老百姓称之为"红地盘"。

在珠河地区，当时除了赵尚志领导的游击队，还有数十支抗日的山林队和义勇军。赵尚志为了团结他们，于1934年3月，在珠河县秋皮屯召开"爱民""青林"等十多个队头领的联合会议。经过协商，各队头领同意在"不投敌，不卖国，反日到底"等条件下，联合起来，成立"东北反日联合军司令部"，公推赵尚志为总司令。队伍扩大到五百多人，接连攻克侯林乡、黑龙宫日伪据点，使珠河县铁道南北的游击区连成了一片。1934年6月，部队改编为"东北反日游击队哈东支队"，赵尚志任司令员。他率支队攻打宾州城，奇袭五常堡，激战三岔河，在一年多的时间里，与日伪军大小战斗上百次，越战越强。游击根据地从珠河县的铁南、铁北扩展到宾县、方正、延寿、五常、双城、阿城等6县的广阔地区，抗日组织纷纷建立，拥有反日会员一万余人。

1935年1月12日，中共满洲省委作出恢复赵尚志党籍的决定，承认"开除赵尚志党籍是由于当时省委执行'左'倾机会主义路线的结果，是错误的"。同年10月28日，哈东支队扩编为"东北人民革命军第三军"，赵尚志任军长兼第一师师长，冯仲云任军政治部主任。

第三军的壮大和珠河游击根据地的扩展，使日伪当局惊恐不安。关东军参谋部在一份名为《关于最近"满洲国"的治安》的报告中，称赵尚志是"匪势最为活跃的代表者"。日伪当局在哈尔滨召开六县"治安肃正"会议，策划消灭抗联第三军，要"毁灭赵尚志的根据地"。日伪在帽儿山设立"六县"办事处，日军大佐野崎任主任。以日军讨伐队为主，集中三千兵力，向哈东珠河游击根据地进行"讨伐"。日军所到之处，烧杀抢掠，强迫群众并村合屯，搬到指定地点，企图把赵尚志的部队困死在深山密林之中。

针对这严峻的形势，赵尚志留下第三军一部分继续在珠河根据地内坚持斗争，自己率领主力，经方正、延寿、依兰，出敌意外地北渡松花江，进入汤原县境，与夏云杰领导的抗日游击队汇合。1935年11月，赵尚志协助夏云杰，将汤原游击队改编为东北人民革命军第六军，夏云杰为军长。1936年1月，在汤原附近召开北满抗日部队领导人会议。参加会议的有赵尚志、李延禄、夏云杰、张寿篯（李兆麟）、冯治纲等，协商成立了"东北反日联合军总司令部"，推选赵尚志为总司令，各部队统一序列，赵尚志仍兼第三军军长。

赵尚志以"东北反日联合军总司令"的名义，命令亮子河矿警队和伪军连全部缴械；又命令戴洪滨、张寿篯部不惜一切代价，占领汤旺河，拿下老钱柜，为建立巩固的汤原根据地扫除了障碍。反日联合军声势大振。

1935年2月，上海中共中央局被破坏，中共满洲省委与党中央失去联系，此后就由中共驻共产国际代表团领导。1935年7月25日至8月25日召开的共产国际"七大"，作出建立国际反法西斯统一战线的指示。中共驻共产国际代表团据此拟定了《为抗日救国告全体同胞书》，于1935年8月1日经斯大林审核批准，因而又称《八一宣言》。1936年2月10日，中共驻共产国际代表团根据《八一宣言》的精神，向中共满洲省委发出《为建立全东北抗日联军总司令部决议草案》的指示，要求统一全东北抗日军队的名称和建制，一律整编改称为"东北抗日联军"。1936年2月20日，赵尚志和杨靖宇、王德泰、李延禄、周保中、谢文东以及汤原游击队、海伦游击队，联合发表《东北抗日联军统一军队建制宣言》，宣布自即日起，将东北人民革命军、东北抗日同盟军、东北反日联合军等，统一整编为"东北抗日联军"。

"东北抗日联军"臂章

"东北抗日联军"陆续成立了11个军及抗联游击军，后又组建为三大路军。赵尚志部改编为抗联第三军，赵任军长。在汤原根据地内，赵尚志建起了兵工厂、被服厂、仓库、医院以及抗日联军政治军事学校，赵尚志亲自兼任校长。抗联第三、第六、第九、第十一军的团级干部和地方主要负责干部，大部分都在该校参加过学习和训练。

1936年9月18日，中共珠河中心县委、汤原中心县委和抗联第三军、第六军党委召开联席会议，决定撤消两个中心县委，成立中共北满临时省委，统一领导党和军队，赵尚志任执委会主席，冯仲云任省委书记。

（三）威震敌胆的冰趟子战役

赵尚志作为东北抗联中最杰出的指挥员和军事家，指挥过许多次胜利的战斗，给日伪军以沉重打击，使敌人闻风丧胆，竟发出了"小小的'满洲国'，大大的赵尚志"的哀叹。赵尚志指挥的上百次战斗中，冰趟子战役是最著名的一次。

1936年年初，关东军司令部经长期策划，制订了从1936年4月到1939年3月的"满洲国治安肃正计划"，企图在三年内消灭全部抗联部队，对抗联各部队开始分区"讨伐"。为了打破日伪军的"讨伐"计划，赵尚志指挥抗联第三军主力，于1936年秋、冬，分批由汤原根据地出发，向黑龙江省西北部的铁力、海伦西征。日伪军调重兵围追堵截。1937年3月初，赵尚志率部到达海伦与通北交界的山区。部队刚刚住下，就得到情报：日伪军八百余人已进山"讨伐"，正向我军奔袭而来。军情十分紧急。在敌众我寡的情况下，赵尚志当机立断，马上集合部队，连夜火速向通北东山里转移。他决定，把敌人引进山里，寻机设伏，狠狠打击，以摆脱敌人的追击。

寒风凛冽，冰雪层层覆盖着小兴安岭起伏的山林。当部队来到一处山路狭窄、两侧山坡树林茂密的地方时，赵尚志命第六师一部二十余名战士，在前方隐蔽设伏，诱敌深入；又命主力部队，在后面山路两旁的半腰处埋伏。不出多时，一长串马爬犁出现在前方，爬犁上坐着一百余名日军。"砰！砰！砰！"战斗打响，马爬犁上的日军立即滚下爬犁，趴在雪地上抵抗。打了一会儿，日军发现我方兵力不多，便集中力量发起冲锋，抗联战士边打边撤，巧妙地把日军引入山腰处我军伏击圈。赵尚志看见日伪军气势汹汹地冲上来，大喊一声："打！"顿时四挺机枪一齐怒吼，日伪军死的死，伤的伤，慌忙后撤。日军死伤三十余人，一大尉军官当场毙命。抗联战士缴获了一批武器弹药和毛毯等物品。

赵尚志认真分析了形势，认为敌人决不会甘心失败，一定会调来大批军队反扑，进行报复。于是决定部队迅速前进，甩开敌人。

当部队来到一个叫"冰趟子"的地方时，赵尚志看了看地势，立即命令部队停止前进。

"冰趟子"原名黑风口，位于黑龙江省北部的通北县，是从西向东进入山沟里的必经之路。山路旁的坡上，有四座大木营，每个屋子能住一二百人，原是来往山里的车马店。在大木营附近，有常年流淌的山泉，冬天泉水从山上流下来，在山路北面冻结，形成一层层、一片片高低不平的冰甸子，当地人称之为"冰趟子"。冰趟子附近是原始森林，人迹罕至。

赵尚志在大木营里召开班以上干部会议。他说："这四座大木营很坚固，可以固守；沟的两侧是山林，可以设伏；沟口很窄，可以截住敌人的退路，又可以打敌人的援兵。总之，这里是一个进可攻、退可守的好战场。"赵尚志决定在这里布置一个"口袋阵"，重创敌人，让日伪军再尝尝抗联战士的铁拳。他让大家抓紧抢修工事，迎接战斗。干部、战士们分头行动，在每个木营的墙上挖了一排排枪眼，在院套的矮墙上构筑了工事，还用冰雪浇注了交通壕；在山路南的沟林旁，布置了伏击阵地。战士们严阵以待。

3月7日傍晚，日军竹内部队的守田率日军、伪军八百多人，沿山沟口向"冰趟子"大木营扑来。一群伪军首先发动冲锋，赵尚志指挥部队将其打退。接着，约两百名日军，在机枪和炮火的掩护下，号叫着，向大木营发动凶猛的进攻，山路、冰层上布满了敌人。我军6挺机枪同时向敌人开火，子弹、手榴弹雨点般地飞向敌群。日本兵既承受着猛烈的火力，脚下又是湿滑的冰趟子，站都站不稳，走几步就要摔倒，被打得倒下一排又一排。敌人后援部队不断到来，更猛烈地发动了第二次、第三次的进攻。日军指挥官狂舞战刀，阻止日伪军士兵后退。受伤的日本兵趴在冰面上继续射击。战斗异常激烈。为了牵制敌人，减轻正面部队压力，赵尚志派出多股小部队，从两侧密林和北部河沟中，拦腰突袭敌人。敌人仗着人多势众，武器精良，集中攻打正面木营。有二十多名日军一度占领了左侧一个木营。赵尚志大声命令少年连，趁日军立足未稳，坚决夺回这个阵地。少年连两个班战士，在排长赵有财的带领下，冲进那木屋，与敌人展开激烈的搏斗，终于将木屋夺回。

战斗一直打到天黑，气温迅速下降。趴在冰雪中的残余日本兵，枪支冻得打不响，手指也冻得麻木，不能弯曲扣扳机。许多人被冻死冻伤。枪声渐渐稀落。

赵尚志早就估计到气温下降的情况，早让战士们作了准备，在几个木营屋内都生起火炉。在战斗间隙，战士们轮流到火炉旁烤手、烤枪，然后再继续投入战斗。

赵尚志发现敌军的枪声渐渐稀落，估计他们要撤退，就命令部队加强沟口堵击力量，堵截敌人。果然，日伪军终于坚持不住，下令撤退。赵尚志指挥抗联战士，在沟口处拦截敌人，激战一小时，又杀伤了大批的日伪军。

战斗结束后，赵尚志率领部队打扫战场，搜集敌人丢下的枪支弹药，然后迅速转移。这次战斗，日伪军死伤三百多人，其中被击毙两百余人，冻伤一百余人，日军守田大尉、津田庆一准尉、曹长高山五朗和天野松治、伍长三井勇三被打死。我军仅牺牲7人，缴获许多枪支弹药和米、肉、马匹、服装、军毯等物资，为继续斗争打下了基础。

冰趟子战役又名"黑风口阻击战"或"抗联第三路军冰趟子战役"，是赵尚志指挥抗联第三军与日军作战取得的最大的一次胜利，也是抗联斗争史上敌众我寡、以少胜多的著名战例之一，规模大，消灭敌人数量多，而我军则伤亡极少。这次战斗打击了日本侵略者的嚣张气焰，极大地鼓舞了抗战军民的士气。

冰趟子战役后，赵尚志留下两百多兵力，在通北、海伦、绥棱、铁力一带建立新的根据地，在八道林子和南北河建立了两个后方基地。在1937年和1938年，抗联战士从冰趟子出山，先后打下了通北火车站、管家烧锅、杜家围子、六井子、福安火车站、龙镇飞机场、讷莫尔警察署等，在北安市东胜、胜利等一些村屯，建立了抗日救国会，开展游击战争。抗联在密营中，建起枪械检修厂、卫生院和被服厂。在距冰趟子约十公里外的白皮营，北满抗联总政治部主任张寿篯（李兆麟）等人写下了著名的《露营之歌》："火烤胸前暖，风吹背后寒，壮士们，精诚奋发横扫嫩江原！"这首歌生动地反映了抗联的艰苦战斗生活和乐观向上的精神面貌。在赵尚志的领导下，在严寒的北满地区，抗日斗争出现了前所未有的高涨形势。

（四）百折不挠，虽死犹荣

1937年七七事变后，东北抗联的游击战争成为全国抗战的重要组成部分。1937年9月18日，"北满"抗日联军总司令部发出通知，号召"北满"人民积极行动起来，配合全国抗战。

这时，日本当局把东北地区作为侵略中国关内地区、进逼苏联的后方基地，视抗联为"'满洲国'治安之癌"，更加紧了对抗联的"讨伐"。驻东北的日军，由七七事变前的4个师团，到1938年7月增加到8个师团。自1937年年底开始，日伪当局实施所谓"治安肃正"三年计划，计划周密，力度空前，分割包围，分区讨伐，撤村并屯，建立集团部落，控制粮食，手段无所不有，野蛮毒辣，企图在三年里彻底消灭东北抗日联军。日伪的主要打击对象之一是赵尚志领导的以第三军为主的"北满'抗联部队。1938年春，万余名日伪军以血腥的枪杀、刀劈、填井和焚烧等手段，只用25天，就基本摧毁了"北满"抗联赖以生存的汤原根据地；同时大力侦察破坏城乡各地的中共党组织，抓捕负责人，切断了抗联与党组织和民众的联系。

日伪当局对足智多谋、能征善战的赵尚志十分畏惧，见在战场上不能消灭他，就采用政治谋略，用造谣诬陷、挑拨离间的方法，企图借刀杀人，消灭赵尚志。

"北满"抗日联军在赵尚志的指挥下，多次击败敌人的围攻。可是"有人无粮、有枪无弹"的实际困难状况越来越严重，许多重大问题急需请示中共中央作出决定。身为临时省委执委主席的赵尚志，多次派代表入关寻找党中央，但都毫无音信。1937年年底，寒冬降临了，大雪纷纷扬扬地笼罩了"北满"各地。赵尚志领导的"北满"抗联部队的处境更加艰难。日伪想利用恶劣的自然环境把缺衣少食的抗联指战员冻死、饿死在荒山野林。

这时，"北满"抗联总政治部主任张寿篯（李兆麟）带着刚从苏联回来的第六军第一师代理师长陈绍宾，来找赵尚志。陈绍宾说："苏联远东军区司令海洛将军让我捎个信给抗联总部，叫咱们派一个重要的领导人过去，和他们共同商量抗日大事！他说，他们可以武装咱们部队。"赵尚志在依兰县杨家沟召开省委临时会议。经认真研究讨论，会议决定派赵尚志为临时省委代表，去苏联谈判。赵尚志肩负着重要使命启程上路了。1938年1月，农历正月初五，赵尚志带着一个班的警卫人员，从萝北县名山东部过境，走上对岸的苏联国土。不幸的情况发生了，赵尚志过境后，立即被苏军解除了武装。接着对方通报说："海洛将军没有邀请任何中国抗联的代表来谈判，他不可能来见你。"这使赵尚志非常吃惊和困惑。他立即要求回国。对方以"无权答应"回绝。赵尚志以绝食抗议，数天滴水不进。他的抗议、请求、绝食、意见，不但没有效果，反而使境遇更加恶化。他被丢进了一间牢房似的地下室，长达一年半之久。直到1939年6月，苏方才向赵尚志解释说，把他关押审查是个误会。同时，向他传达了中共驻共产国际代表团的决定：任命赵尚志为东北抗日联军总司令。

赵尚志立即组织了一支一百余人的精锐部队，于1939年7月回到东北，投入战斗。但由于奸细造谣挑拨。他未能行使总司令的职权。1939年12月，他接到苏方电报，让他与中共"北满"、吉东两省委负责人到苏联的伯力开会。1939年年底，他再次率队过界去苏联。

1940年年初，日本方面联合伪军当局再次采用造谣诬陷、挑拨离间的方法，指使叛徒造谣说赵尚志要"捕杀省委"。中共"北满"省委不经调查，就作出了"永远开除"赵尚志党籍的决定，并于 1940 年 3 月剥夺赵尚志的军事指挥实权，调其到东北抗联第二路军任副总指挥。1941 年初，赵尚志又被调去莫斯科学习，再次受到批判。但他坚持自己的正确主张，一面写下了长长的意见书，准备向中共中央申诉，另一面坚决要求重返抗日战场。直到 1941 年秋，苏方才允许赵尚志带 5 个人的侦察小组回国。赵尚志十分高兴，说他要重新组织去队伍，与日伪斗争，他死也要死在中国的东北战场，他还想骑马到延安去向中共中央汇报。

　　1941 年冬，赵尚志带领几个战友，到达汤原、鹤立开展抗日活动，建立起一支抗日小分队。日伪当局得悉赵尚志重新回到东北抗日战场，十分紧张，立即出动大军搜山七天，但未发现赵尚志的踪迹。日军警察署长田井久二郎精心策划，派汉奸刘德山化装成猎人，进山侦察，与赵尚志小分队相遇。起初，赵尚志把刘德山的枪扣下了，但因担任过第三军警卫团团长的姜立新说认识此人，赵尚志便放松了警惕，并将其留在小分队内。1942 年 2 月 12 日晚 11 时，赵尚志在刘德山的预谋引诱下，带领几个人，踏着积雪，去袭击梧桐河警察所。当他们走到吕家菜园时，刘德山乘赵尚志不备，突然从背后向赵尚志开枪。赵尚志腹部中弹，血流如注，但他忍着剧痛，回手两枪，将刘德山当场击毙。赵尚志伤重昏迷，被日伪军抓捕，抬到伪警察所。他醒来后，看到几个伪军警，就对他们说："我是赵尚志，你们不是中国人吗？怎么当了汉奸，该杀！"几小时后，赵尚志永远闭上了双眼，年仅 33 岁。

　　日军将赵尚志的遗体用卡车送到佳木斯伪三江省警务厅特务所五处，凶残地用锯子割下赵尚志冻得僵硬的头颅，把尸身抛进松花江，然后，将赵尚志的头颅送往"满洲国"各处巡展，借以"炫耀战绩"、威慑大众。最后，日伪当局将赵尚志的头颅埋在长春护国寺内一片松林中。直到 2004 年 6 月 2 日，中国有关方面终于找到赵尚志失踪了 62 年的颅骨。2008 年 10 月 25 日，赵尚志颅骨被迎回其家乡辽宁朝阳的烈士陵园安葬。

七、从"日本和尚事件"到"一·二八"战火

（一）日本特务制造的"日本和尚事件"

1932年1月18日下午，上海引翔港马玉山路上，中国人经营的三友实业社总厂门外，来了5个身披袈裟的日本和尚。他们是住在上海江湾妙法寺的日莲宗（日本佛教的宗派之一）和尚，为首的是上海传教主任天崎启升和水上秀雄。两人带着3名徒弟，正在做日本僧侣的"冬季修行"。这是一种在马路上边走边祈祷的宗教活动。

但实际上，这5个日本和尚都是日本派驻中国的情报人员与特务。

这5个日本和尚走到三友实业社总厂门外时，被一阵阵整齐的呐喊声吸引住了，驻足往内一看，原来是该厂工人组织的义勇军，正在紧张地操练。自1931年九一八事变后，中国各地人民同仇敌忾，自发备战，准备随时抵御侵略，保卫祖国。中国人在中国的土地上进行操练，本来是完全正常的。

可是，那5个日本和尚竟像被触痛了神经，一个个大动肝火。他们向厂内的中国工人抛掷石块挑衅。正在操练的中国工人毫无防备，多人被石块砸伤，操练不得不停下来。工人们跑到厂门口一看，只见几个日本和尚正叽哩哇啦乱嚷，就上前喝问。可那几个日本和尚不但不加收敛，反而挥

拳向中国工人扑来。中国工人一忍再让，不见效果，联想起多年来日本侵略、欺侮中国的种种暴行，特别是刚刚发生的九一八事变，终于怒不可遏，与他们对打起来。5名骄横无礼的日本和尚一会儿就被打得狼狈逃走。

消息传到日本驻上海总领事馆的武官辅助官田中隆吉那里，他大喜过望。

原来，在1931年春夏之交，日本法西斯少壮派军官在中国东北积极阴谋制造事端、借机发动战争、一举侵占"满洲"时，为牵制中国关内的抗日军队不能出关支援东北军，由日本陆军参谋本部第二部（情报部）派出大特务土肥原贤二去华北活动，同时又把原驻华北的大特务田中隆吉派驻上海日本总领事馆，任陆军武官辅佐官兼特务机关长，密令他们在华北和上海制造事端，挑起战争，以策应关东军侵占"满洲"。为此，早在九一八事变发生前一个多月，在1931年7月23日，田中隆吉就收买和指挥常玉清的黑社会组织，在上海北站实施对日本驻中国公使重光葵的暗杀，企图制造重大外交事件，嫁祸于中国政府，在上海挑起中日冲突和战争。结果，宋子文的秘书唐腴胪充当了替死鬼，重光葵安然无恙。这使田中隆吉大为丧气和恼火。

1931年9月18日，震惊中外的九一八事变爆发了，东北成为中外瞩目和舆论的焦点。日本当局吞并中国东北的狂妄野心与卑鄙伎俩，激起了中国人民的强烈抗议与世界舆论的广泛谴责。日本当局的日子很不好过。为了转移中外人民的视线，掩护他们正在进行的吞并中国东北的侵略战争和制造"满洲国"的阴谋，同时，也因为上海紧邻南京，是当时中国工商业最集中的城市，在上海滋事，可以破坏中国经济，胁迫南京国民政府屈从，因而，日本当局高层命令田中隆吉在上海迅速策划制造与蓄意扩大中日纠纷事件。策动九一八事变的日本关东军高级参谋板垣征四郎连连致电田中隆吉，要求他迅速"在上海搞出一些事来"。

就在"日本和尚事件"发生的前10天，1932年1月8日，朝鲜志士李奉昌在日本东京皇宫樱田门以手榴弹刺杀日本天皇，"只炸中副车"。虽未成

1932年1月9日，《民国日报》报道樱田门事件

功，却震动世界。消息传到上海，《民国日报》在1月9日报道此事时，有一句"不幸只炸副车"，以表示惋惜。

日本当局就抓住这句话大吵大嚷，说是对日本天皇"不敬"。日本驻上海总领事气势汹汹地向上海市市长吴铁城提出抗议，直到迫使国民政府同意取消这一报道，赔礼道歉，处分当事人，才算暂时平息。

1932年1月18日"日本和尚事件"发生后，田中隆吉觉得挑起上海事变和战争的机会终于来了，急忙找来女特务川岛芳子进行密谋，决定抓住这一事件大做文章，煽动起驻上海的日本人的反华情绪，不断扩大事态。

于是，上海日方当局宣称，有一名日本僧人水上秀雄被三友实业社工人打伤不治，死于日本医院。1932年1月20日凌晨2时，由日本宪兵大尉重藤千春率领六十多名日本暴徒，自称"日本义勇队"，携带着武器、木棍和酒精、煤油等物品，趁黑夜冲进三友实业社总厂，放火烧毁厂房、工房与仓库，烈焰腾腾，火势熊熊。当许多中国工人及公共租界的华籍巡捕见状，匆匆赶来救火时，日本暴徒公然加以阻挠，并行凶砍死两名中国人，重伤两名中国人。双方发生激烈的冲突。当天下午1时，一千多名在沪日本人开会，决议电请日本政府出兵。会后，这伙人又窜上大街，游行示威，狂呼口号，沿街打砸十多家中国商店。

在日本暴徒施行了一连串的暴行以后，日本驻沪总领事村井反而倒打一耙，于1月21日抢先向中国上海市政府提出抗议，颠倒黑白，将上述事件的发生归罪于中国人民的抗日活动，提出4

川岛芳子

项无理要求，包括上海市市长亲自赔礼道歉、惩凶、赔偿、立即解散抗日团体等。驻上海的日本"第一遣外舰队"司令盐泽幸一也发表声明，狂妄地要中国方面进行"反省"，并声言如果中国政府不接受日方的要求，日本的军队为"保护"日本帝国的利益，将采取适当手段进行报复。显然，这是对中国政府和民众赤裸裸地进行战争恫吓。

与此同时，日本政府急速向上海增调军队，很短的时间内，集结了三十余艘军舰、四十架飞机、数十辆铁甲车和两千多名海军陆战队员。

这就是轰动一时的"日本和尚事件"。一时间，上海上空的战云浓重压顶。

（二）日军在上海燃起"一·二八"战火

日本暴徒蓄意闹事，日本特务机构乘机煽风点火，日本政府当局借题发挥，互相配合，其险恶的目的与用心就是挑起中日双方在上海的争端。

1932年1月28日晚11时30分，日本海军陆战队向驻防闸北的中国第十九路军防线发起猛攻。日军先以猛烈炮火向守军阵地轰击。炮火所到之处，房屋倒塌，火焰漫天，浓烟四起，一片惨状。接着，日军以铁甲车为掩护，冲击中国守军防线。

"一·二八"事变爆发了。

1月29日，日军飞机助战，在闸北一带狂轰滥炸，战火迅速扩大。上海的许多工厂、学校、商店在炸弹下化为灰烬，许多中国居民被日军残杀，许多中国妇女遭到日军的侮辱强奸，无数的家庭屋毁人亡。日军放火焚烧民房时，居然在周围荷枪把守，不准居民从火中逃生，违者开枪打死。对于中国的文化设施，日军也不放过。位于闸北、创建于1902年的商务印书馆和东方图书馆，是中国创办最早、规模最大的近代文化出版机构和印刷工厂，全被日机炸毁。东方图书馆珍藏的大量中国文化典籍都是无价之宝，在日军的野蛮轰炸下，烟消云散。

由于日军在上海不断扩大战事，南京国民政府不得不于"一·二八"事变爆发后的第三天，即1932年1月30日，从南京迁往洛阳，只留军政部、外交部在南京。直到1932年12月1日，国民政府才由洛阳迁回南京。

1932年"一·二八"事变爆发后的第五天，即1932年2月1日夜11时后，停泊于南京下关江面的日军巡洋舰"天龙"号等，诬称其停泊在下关的日本汽船"大利丸"号警戒士兵遭中国军队袭击、日军军舰遭中方狮子山炮台攻击，以此为借口，突然炮轰、枪击南京各要塞和城内外居民住宅区。"天龙"号的四门140毫米主炮的炮弹命中狮子山炮台、下关车站、北极阁、清凉山、幕府山等处，至夜12时后才停止。英国路透社在2月2日的报道中透露："城中被击死警察1人，损毁不少"。日本军方在事后所作的报告中宣称："2月1日的炮击以来，南京的市民们都极度地不安，纷纷向浦口、镇江、杭州等方向避难，人多得像条长蛇。城内的商店都紧锁大门，到了人影罕见的程度。"1932年2月2日,中国政府外交部对日舰炮轰南京各要塞事,向日方提出强烈抗议。其主要内容是"停泊南京下关之日本军舰,突于本月一日下午十一时后陆续发炮八响,用探照灯探照,命中狮子山、下关车站、北极阁、清凉山、幕府山等处,同时发射机关枪、步枪,至十二时后始止,中国方面为避免冲突,并未还击";"查日本陆战队不顾国联行政院决议及《九国公约》与《非战公约》,进攻上海中国军队,中国人民正愤激之时,乃该舰复在下关无故发炮放枪,实属故意扩大事态。因此挑衅行为所发生之一切责任,应由日本方面完全担负"。日方在上海挑起的战火有向南京蔓延之势。

当时,驻守上海的十九路军全军,约33000人,总指挥蒋光鼐,军长蔡廷锴。在全国人民抗日热情的推动下,全军将士决心以自己的鲜血守土御侮,发出"宁为玉碎而荣死,不为瓦全而偷生"的豪迈誓言,与日军浴血奋战33天,谱写了一曲可歌可泣的篇章。日军的铁甲车横冲直撞,而置生死于度外的中国爱国将士,勇敢地迎上前去,向车上投掷手榴弹,不惜粉身碎骨。在蕴藻浜一处阵地上,六十多名官兵,在危急时刻,全体用火油浸湿衣服,负巨型炸弹,猛扑日军阵地,使敌人阵地崩溃,六十多名官兵全部壮烈殉国。十九路军的敢死队战士,冒险潜入黄浦江中,用炸药炸伤日本海军的旗舰"出云号",声威震动日本和国际社会。南京国民政府派赴上海增援十九路军的第五军,在张治中指挥下,坚守庙行至浏河一线,打退日军精锐部队的多次进攻和偷袭。上海及全国各地的爱国民众,以各种形式全力支持前线将士。各种支前物资源源不断地运往前线。上海一位中国的普通司机胡阿毛被日军抓去运送弹药,他毅然开着满载弹药的卡车,冲进黄浦江。日军所到之处,都有中国军队的顽强抵抗,每前进一步,都要付出沉重的代价。这33天的血战,使日本一再增兵,四易主帅,死伤枕藉,士卒胆寒,朝野震惊。

1932年3月3日,在驻上海的西方使节的调解下,中日双方军队在上海暂时休战。

（三）一位支持中国抗日的日籍女士

在"一·二八"的战火中，出现了一位深明大义、支持中国抗日的日籍女士，她就是丘哲的夫人内山安子。

在20世纪初，许多中国青年跨海东渡日本求学期间，与日本姑娘相爱，结为伉俪。但后来，到20世纪30年代，随着日本发动九一八事变，和"一·二八"事变，进行侵华战争，中日关系恶化，这些跨国夫妻走上了不同的道路：

有丈夫追随日籍妻子，堕落为汉奸的，如殷汝耕、周作人；

有夫妻关系破裂的，如郭沫若与其日籍夫人安娜；

但也有一些深明大义的日籍妻子，愤恨日本侵华，与中国丈夫一道投入中国人民神圣的抗日事业中，传为千秋佳话。

丘哲是著名的革命活动家及爱国民主人士。他祖籍广东梅县，辛亥革命前曾先后参加过孙中山、黄兴领导的黄岗起义、广东新军起义和黄花岗起义。中华民国成立后，因其对革命有功，于1912年由公费资送日本留学，1914年入早稻田大学攻读。这时适逢袁世凯复辟帝制，丘哲拍案而起，在日本各地奔走，联络同志，开展反袁斗争。

丘哲的革命激情与堂堂仪表，深深吸引了东京都一家眼镜店老板的女儿内山安子的芳心，二人相识并相爱。当时只有18岁的芳子不顾家庭阻拦，于1918年随丘哲渡海来到中国定居。此后十多年时间中，丘哲追随孙中山进行革命；1927年大革命失败以后，又与邓演达共同筹划成立了中国国民党临时行动委员会（中国农工民主党前身），开展反蒋斗争。安子始终支持丈夫的事业。

当1932年1月日本帝国主义在上海发动"一·二八"事变，向中国的十九路军发动猖狂进攻时，丘哲积极推动与支持蒋光鼐、蔡廷锴率领十九路军奋起反击、浴血抗战。这时,安子目睹自己民族中那些寇贼的强盗行动,常常愤慨得不能自己。丘哲常常给她讲述日本侵华给中国人民带来的灾难,安子更是难过与气愤。她说:"我既然嫁给了中国人,我应该同中国人民同呼吸共命运。"她不仅给丘哲许多温暖,全力支持丘哲的救亡工作,而且主动要求替丘哲承担一些相当危险的任务。当时上海虹口是日军占领区,丘哲的许多同志与战友被围困在里面,十分危急。丘哲为搭救他们,苦思终日,无从下手。安子得知后,平静地对丈夫说:"我是日本人,可以利用这个条件深入虹口日占区寻找他们,帮助他们脱离险境。"丘哲望着自己的妻子,激动得眼睛湿润了。他明知这是件十分危险的事,但他毫不犹豫地写了一些同志与战友在虹口的地址和姓名交给安子,因为他理解与信任自己的妻子。

安子肩负重任,冒着纷飞的战火,身着和服,穿过日军一道道岗哨,多次来往于虹口日占区,营救出一批批的中国志士。但因去的次数多了,安子引起日本宪兵的注意。一次她去寻找一位姓梁的被围困者时,被日军抓获。宪兵问她走街串巷干什么,她说寻找走散的丈夫。宪兵不信,对她搜身,发现她身上有一张地图,于是日本宪兵将其疑作奸细而关押起来。安子在被押期间受尽严刑拷打,终不吐实,一个多月后被营救出来,已是气息奄奄,后经抢救方脱离危险。

丘哲先生与夫人安子的抗日行动深受中国人的赞扬。1938 年 5 月 30 日周恩来赠书题词给丘哲夫妇,词曰:"坚持团结,贯彻始终。抗战必胜,建国必成。"

除内山安子,还有绿川英子、木村花子等多位支持中国抗日的日籍女士。

(四)"多亏这一击,'满洲独立'才得以成功!"

就在上海战火纷飞、南京局势紧张之时,1932 年 3 月 9 日,日本当局在中国东北一手炮制的傀儡政权——"满洲国"宣布成立。板垣征四郎对田中隆吉、川岛芳子在上海策划"日本和尚事件"、进而挑起"一·二八"事变战火的行为，作了很高的评价，说："多亏这一击，'满洲独立'才得以成功！"

日本当局见利用淞沪战场转移国际视听、霸占中国东北的目的已经达到，便改变态度，与国民政府谈判。1932年5月5日，中日双方签订《淞沪停战协定》。《协定》规定：双方停战后，在由苏州、昆山至上海的地区内，中国无权驻兵；中国政府应取缔抗日组织，十九路军换防撤出上海等。这样，中国当时最大的工业城市上海变成一座不设防的城市，而日军反倒能在上海市内为所欲为。1932年9月15日，日本政府撕破伪装，公然声明"承认"他们一手制造的傀儡政权"满洲国"，把他们分裂、肢解中国的侵略野心，暴露在中国与全世界面前。1933年年初，日军进一步侵占山海关和热河，进逼华北。

八、上海虹口公园爆炸案与韩国义士尹奉吉

（一）上海"一·二八"战火未熄，侵华日军头目策划在虹口公园举行"天长节"庆典

1932年的中国，正处于灾难深重、外患频仍的年代。

野心勃勃的日本军国主义者依照其既定方针与侵华计划，在1931年9月18日发动九一八事变、迅速侵占中国东北地区后，又于1932年1月28日在上海制造事端，发动淞沪事变。中国驻沪的第十九路军与增援的第五军在中国民众支持下，英勇抵抗。双方激战近一个多月。日方死伤累万,四易主帅。1932年2月23日，日本当局任命曾在田中义一内阁担任过陆相的军界元老白川义则为上海派遣军司令官，率领增派的第十一、第十四两个师团以及海军舰队等，前往上海增援损失惨重的日军第九师团。上海的战事再趋激烈。1932年3月1日拂晓，在白川义则的亲自指挥下，日军发动第四次总攻：日军第九师团猛攻闸北，逼近真如、南翔我军指挥部；日海军进攻吴淞；日军第十一师团偷袭浏河一线，在七丫口登陆，楔入我军侧翼防线。中国守军为防止日军迂回侧背合围，于3月1日晚被迫后撤至嘉定、黄渡一线待援。双方开始休战。

与此同时，在上海有重要权益的英、美、法、意等国一再出面调停，要求中日双方在上海停战。中日双方的代表在西方国家的参与下，举行多次谈判，但因日方提出种种苛刻的要求，致使停战协定迟迟未能签字。

在这紧张的僵持期间，在上海的日本军政头目们决定，选择 1932 年 4 月 29 日——裕仁天皇的诞辰日，日本所谓的"天长节"，在上海日军占领下的虹口公园举行盛大的庆典并举行阅兵与游行，届时邀请各国驻上海使节出席观礼，借以炫耀与宣扬日本的军威、国威与皇威，侮辱与威慑中国军民和中国政府，胁迫中国政府在停战协定上签字，接受日本的种种无理要求。

（二）1932 年 4 月 29 日，在虹口公园的日军庆典上突然响起惊天爆炸

1932 年 4 月 29 日。上海天气阴沉。驻上海的侵华日军依预定计划，于虹口公园举行盛大的"天长节"庆典。

日方在中国土地上举行的这场庆典，无疑是对中国主权的蔑视与对中国军民的挑战，因而激起了中国舆论的强烈抗议。日方为了保障庆典的安全举行，在虹口公园设置了空前严密的安全措施：除以日本海陆军重兵把守、层层警戒，还严格规定"中国人不得入内"，即不准许任何中国人进入虹口公园。参加庆典的，除了少数应邀的西方使节，只有驻沪的日本海陆军与日本侨民。在公园入口处，日本军警与宪兵对进入公园的每个人进行极为严格的安全检查。

日方把庆典的主会场设在虹口公园内大草坪的北端。在那里用方木材料临时搭起一座离地两米的四方平台，在平台后方的幕布上，交叉着两面太阳旗，平台四周用红白相间的彩布包扎了栏杆——这就是庆典的主席台。在主席台的两侧，一侧是外国来宾席，另一侧是军乐队。主席台前的空地

上，排列受阅的日本陆海军方队。在受阅日军的外围，则是奉命赶来参加庆典的日本在沪侨民的代表。当时，在上海的日本侨民总数已达六千多人。

日方对庆典的计划是：先进行阅兵；然后由日本侨民的"居留民团"主持召开民间庆祝"天长节"大会；最后是上街游行。应邀的外国来宾表示，只出席参观阅兵式，不参加日本侨民的庆祝会。

庆典约在上午10点开始。先举行阅兵式。白川义则身着大将军服，胸前佩满各种勋章，骑着全白的高头洋马，在两名副官的陪同下，威风凛凛地检阅了陆海军方队。接着又进行分列式。阅兵式结束时已是11点多了。外国使节纷纷离去。恰在这时，突然来了一场阵雨，与会的日本侨民们都急忙撑起了圆伞。会场上一时混乱起来。

由日本侨民主持的"天长节"庆典大会开始。登上主席台的有：日本"上海派遣军"司令官白川义则、第九师团长植田谦吉、海军第三舰队司令野村吉三朗、日本驻华公使重光葵、日本驻沪总领事村井仓松、日本上海"居留民团"行政委员长河端贞次与书记长友野皮居等7人，按列名次序自左向右，一字排开。大会由河端贞次主持。他向前迈一步，宣布大会开始。首先由村井仓松致"祝辞"，然后便是全场合唱日本国歌《君之代》。

就在这时，一只白色的气球在会场外缓缓升上天空。在正合唱《君之代》的日本侨民群中，一位身着西装、约莫20岁的男青年，借着众多雨伞的遮掩，已逐步移近主席台。他见会场外的白色气球升起，

白川义则

便装着喝水的样子，打开了一只随身携带的水壶。之后突然转身，将水壶奋力向主席台上掷去。这"水壶"正好落在白川义则与河端贞次之间，只听"轰"的一声巨响，一颗重磅炸弹爆炸开来，顷刻间飞沙走石，浓烟弥漫，木质的主席台颓然倒塌。在台上的日本7位军政要人无一幸免：河端贞次立即丧命；白川义则重伤，数日后死去；植田谦吉与重光葵各被炸断一只脚，村井仓松腿部受重伤，野村吉三郎被炸瞎一只眼……

被突然发生的巨大爆炸一度吓昏的日本军警宪特们惊魂稍定后，立即吹响警笛，搜捕刺客。他们抓住了那位投掷炸弹、未及脱身的男青年。这位男青年毫无惧色，在被捕后仍怒斥日本吞灭朝鲜与侵略中国的暴行，高呼："大韩独立万岁！"

上海的中外各报迅速对虹口公园爆炸案作了报道。不久人们就得知：这位奋勇炸死炸伤多名日本军政头目的刺客，乃是韩国义士尹奉吉。

（三）韩国抗日义士尹奉吉

尹奉吉于1908年6月21日生于韩国忠清南道礼山郡的一个贫苦人家，父尹璜，母金元祥。在他幼年时期，正是韩国人民反对日本殖民统治、争取韩国独立运动高涨的时期。他原在一家公立普通学校读书。在目睹了1919年3月1日爆发的韩国独立运动与日本政府的血腥镇压后，只有12岁的尹奉吉毅然自动退学，拒绝接受日本政府灌输的殖民教育。他投到一家私塾中，向有爱国思想的老师崔秉大、成周绿等先生求学，学习韩国的历史文化，还学习汉文与中国传统文化。尹奉吉长大后，就投身到韩国独立运动中去。当时日本在韩国实行极为严酷的殖民统治，尹奉吉与许多韩国志士在国内不能安身，乃于1928年亡命来到上海，进行抗日复国斗争。他曾写下"丈夫出家生不还"的豪迈诗词，表达了他要为抗日复国献身的决心与志向。

尹奉吉来到上海后，以在虹口日占区卖小菜糊口。他能讲一口流利的日语，因而很快融入日本的侨民群体中。

20世纪30年代初的上海，曾聚集了一批谋求祖国独立的韩国志士。他们的领导人是安昌浩与金九，其成员多居住在上海法租界马浪路与霞飞路宝康里几座破旧的亭子间里。他们组织了"韩国独立党"与"大韩民国临时政府"，由年近六十的安昌浩任"大韩民国临时政府"总理，豪侠的金九（又名白凡）先后任警务部部长、财务总长，兼任"朝鲜侨民联合会"会长，负责对外联络与肃奸工作。他们开始得不到当时中国政府的支持，面临着日本特务的迫害与暗杀，又没有经济来源，因而生活与工作都十分艰苦。

满怀抗日复国热情的尹奉吉千方百计与金九取得了联系，并加入了独立党。金九通过考察，十分喜爱和信任这位真诚、爱国和富于牺牲精神的热血青年。

1931年九一八事变后，中、韩人民的抗日斗争高涨。金九为了防止日本特务的破坏，倡导对日本军政要人实施暗杀活动，开展抗日肃奸斗争，于1931年12月，在独立党内秘密组建了一个"韩人爱国团"，又称"临时政府特务队"，金九任该团的团长，尹奉吉与另一位韩国青年李奉昌及一位韩国姑娘李东海，成为该团的团员。这个最初只有4个人的秘密组织，成为韩国志士们开展抗日复国斗争的一个"铁拳头"。他们与上海滩上一些中国民众抗日组织取得了联系，互相支持，互相配合，更积极地进行抗日活动。

1932年1月8日，"韩人爱国团"派遣李奉昌，在日本东京皇宫樱田门，以手榴弹攻击裕仁天皇的车队，可惜"只炸中副车"，而且手榴弹威力不够，因而没有成功。李奉昌被捕牺牲。

樱田门事件发生后，中国多家报纸迅速报道，对"只炸中副车"表示惋惜，对李奉昌表达敬意。

"一·二八"事变爆发后，中、韩两国志士们在上海开展了多项抗日

李奉昌(白衣者)当场被捕

活动。当他们听说日方要在 4 月 29 日在虹口公园举行"天长节"庆典时,就决心要在庆典上,谋刺日本军政头目,打击日本侵略者的嚣张气焰,鼓舞中韩两国人民的抗日斗志。由于日本当局规定,在虹口公园举行庆典时"中国人不得入内",因此刺杀的任务,只能交给韩国义士实行,中国的抗日组织负责在外围的配合与经济上的支持。

在"天长节"庆典的前三天,即 1932 年 4 月 26 日,"韩人爱国团"经过多日的侦察与商讨研究,终于制订出周密的行动计划:在人员分工上,由金九负责指挥,李东海负责掩护,由尹奉吉实施强击——投弹爆炸。他们总结了李奉昌在日本东京樱田门行刺裕仁天皇失败的教训,商请担任上海兵工厂军械主任的韩国籍人士金弘壹,研制出威力强大的水壶式炸弹与便当式炸弹,以便行事。担任投弹刺杀任务的尹奉吉深知自己任务的重要与危险,乃抱着必死的决心,准备为抗日复国献身。在这一天,"韩人爱国团"的三名志士在秘密处所举行了一次宣誓仪式。仪式由金九主持,尹奉吉面对一面大韩民国临时政府的国旗，宣誓如下：

> 我誓以赤诚，以韩人爱国团之一员，
> 为恢复祖国之独立自由！
>
> 大韩民国十四年四月二十六日
> 尹奉吉　誓

尹奉吉还把这张誓文挂在胸前，左手持枪，右手持弹，拍了张照片，留给战友们作为纪念。

一切都按计划进行。1932年4月29日那天一早，尹奉吉与金九、李东海3人乘坐一辆汽车，从宝康里44号住处出发，径直来到虹口公园。尹奉吉身着西装，未结领带，背着水壶，一手持便当，一手持日本国旗，随着成群结队的日侨，先行进入公园会场。他找了个靠近主席台的地方坐下，等待时机。当举行阅兵式时，由于平民被阻隔在阅兵场地之外，尹奉吉难以下手。阅兵式结束，日侨民庆祝大会开始，这时又下了阵雨，与会者纷纷撑伞，会场就显得有点混乱。尹奉吉趁混乱之机，借着成片雨伞的掩护，逐步移近主席台。当他见到金九在公园外放出的白色气球冉冉升空时，知道下手时机已到，就假装喝水，拧开水瓶炸弹的开关，然后奋力将炸弹向主席台上掷去……

尹奉吉胸挂誓文宣誓

（四）尹奉吉在日本金泽被秘密杀害与"暗葬"

虹口公园的惊天爆炸及其严重杀伤日本军政要员的后果，震动了世界。

深受日本侵略之害的中、韩两国人民无不拍手称快。正遭受日本制造的九一八事变和"一·二八"事变国耻、掀起抗日救亡热潮的中国民众，尤其感谢韩国志士在这关键时刻的有力支援。

日本当局闻之丧胆。日本报纸鼓噪了一阵"虹口公园事件是第二个萨拉热窝事件"，但因此事件并非中国人所为，日本政府也找不到重新挑起侵华战争的借口，只得让被炸坏一只脚的日本驻华公使重光葵，于5月5日在上海与中国政府代表签订了《淞沪停战协定》。签字后，重光葵便被送进了手术室。直到1945年9月2日，重光葵代表日本政府，在美国"密苏里"号军舰上，签署无条件投降书时，仍跛着一条腿，行走艰难。被炸瞎一只眼的野村吉三郎后来被日本政府派赴美国谈判，他在虹口公园的遭遇受到美国记者的嘲弄。虹口公园爆炸事件成为日本侵略者心头永远的伤痛与挥之不去的阴影……

虹口公园爆炸事件后逃到安全地区的金九，以"韩人爱国团"的名义，于1932年5月10日在《申报》上公开发表了一份《虹口公园事件真相》，表示愿承担一切责任，并警告日本当局吸取樱田门与虹口公园两次爆炸事件的教训，迅速从中、韩撤兵，不得加害尹奉吉，否则将招致更大的报复。

尹奉吉被日军从上海押送回日本。日本当局将他秘密关押在日本西海岸的石川县金泽市。这里是在上海发动"一·二八"事变的日军主力第九师团官兵的家乡。第九师团又称金泽师团，完全由金泽地区人士组成。日方对尹奉吉进行所谓军法审判。尹奉吉在法庭上大义凛然，侃侃而谈，宣讲韩国历史与韩国独立运动。日本当局以军法会议的名义，判处尹奉吉死刑。为防止当时住在日本的数十万韩侨的骚动与反抗,日本当局在 1932 年 12 月 19 日晨 7 时 40 分,将尹奉吉秘密枪杀于金泽郊外之三小牛山兵工厂。尹奉吉终年仅 24 岁,留下了年轻的妻子和两个年幼的儿子,一个 6 岁,一个 3 岁。

处死尹奉吉后,为了防止韩国人来盗墓取骨,日本当局又将尹奉吉的遗体秘密埋葬于山间一处十字路口的下面,埋尸灭迹。路上车来人往,谁也不知道路下面埋有尹奉吉烈士的遗骨,成为"暗葬"之地。日本当局以为这样就可以将尹奉吉的形象从人们头脑中永远地抹去了。

(五)烈士重回人间,历史作出判决

历史的发展是公道的,永远不会像日本统治者所希望的那样。

2001年12月,经盛鸿(右)应邀赴日本访问与讲学

尹奉吉的抗日爱国斗争与英勇献身精神一直鼓舞着中韩两国人民。中韩两国人民与日本许多有正义感的人士也一直怀念着这位爱国志士。

1945年8月日本战败投降后，韩国与日本的一些人士就开始寻找尹奉吉烈士的遗骨，终于在1946年3月9日，在金泽郊区找到尹奉吉烈士的"暗葬"之地，挖掘出尹奉吉烈士的遗骨。韩国人民把尹奉吉烈士的遗骨迎回祖国，重新安葬，并建造了尹奉吉烈士的铜像。韩国民众与韩国政府将尹奉吉和刺杀伊藤博文的安重根尊为韩国的民族英雄，其人其事被编写进学校教科书中。日本正义人士则在金泽郊外尹奉吉烈士被枪杀的地方与"暗葬"之地，建造了纪念墓园与纪念碑，发行纪念书籍。这些墓园与碑文将永远向后人讲述20世纪30年代那段难忘的历史！

2001年12月，笔者应邀赴日本访问与讲学，向日本人民介绍侵华日军南京大屠杀的真实历史。令我喜出望外的是，在日本西海岸风景优美的文化古城金泽市，在日本友人的指点与帮助下，竟寻访到了尹奉吉的遗踪和尹烈士的"暗葬"之地，了解到这位勇敢的舍生取义、炸死日本侵略军头目的烈士的许多生前身后事……

九、韩国抗日组织在南京的秘密活动

在近代史上，韩国与中国是遭受日本军国主义侵略最早、伤害最严重的国家。共同的抗日斗争将两国的爱国志士与两国人民紧密地联结在一起。

（一）1910年8月日本吞并韩国

朝鲜半岛是东北亚的一个半岛，三面环海，西、南、东分别被黄海、朝鲜海峡、日本海环绕；西部与胶东半岛隔海相望，东南隔朝鲜海峡与日本相望；西北部隔着鸭绿江、图们江与中国相接，东北部与俄罗斯相连。朝鲜半岛连同附属的3300个大小岛屿，总面积约220840平方千米，半岛本土占全境总面积的97%。

朝鲜半岛是东北亚的地理中心，具有独特而显著的地缘战略特征。由于朝鲜半岛突出的战略地位和特殊的地缘政治状况，其历史发展一直受到周边大国的影响。

在历史上，19世纪之前的上千年间，东亚和西太平洋地区存在着一个以中国王朝为中心的国际秩序，朝鲜就是这种体系中的重要一环。公元1世纪后，朝鲜半岛出现高句丽、百济、新罗3个古国；公元7世纪，新罗在半岛占据统治地位；公元10世纪，高丽取代新罗；公元14世纪末，李氏王朝取代高丽，改国号为朝鲜。中国中央王朝政权——特别是清王朝——与朝鲜的关系，一直是宗主国与藩属国的关系。朝鲜国王需要清朝册封，朝鲜国王不得称帝，只能称王，朝鲜国王的妻子不得称后，只能称王妃；朝鲜需要定时派员到北京进贡、朝拜，有义务派军队帮宗主国作战。

19世纪中叶起，随着清王朝的衰弱，世界各大国势力纷纷侵入朝鲜半岛，争夺对它的控制权。尤其是1868年明治维新成功后的日本，开始对外扩张。和日本地缘联系紧密的朝鲜半岛，则成为日本"大陆政策"的第一个目标。自19世纪70年代开始，日本对朝鲜加紧渗透，诱迫朝鲜签订种种不平等条约，逐步控制了朝鲜中央。

因为朝鲜半岛对清王朝的安危具有特别的意义，清政府没有像放弃缅甸、越南、琉球等藩属国那样轻易放弃朝鲜，而是采取措施，加强对朝鲜的控制。随着矛盾的日益加剧，在1894年8月，甲午战争爆发。清军腐败，作战不力，连连战败，失去了朝鲜王城，日本由此控制了朝鲜王室，得以以"朝鲜王"的名义，通电朝鲜全国，请求日军出兵驱逐清军，帮助朝鲜恢复独立。甲午战争以清朝惨败告终。1895年4月，清朝被迫签订《马关条约》。条约第一条直接规定：中国确认朝鲜国为独立自主国家，朝鲜对中国的朝贡、奉献、典礼永远废止。朝鲜摆脱了对中国的藩属关系，宣告独立，建立大韩帝国，一心谋求在国际上获得与中国平等的地位。中国清政府不得不在相互平等的基础上，与韩国建立了外交关系。

然而，中国势力退出后，大韩帝国的实权操纵在日本手中。1904年8月22日，日韩双方签订了第一次日韩协定，日本要求韩国聘用日本人充当韩国国家财务和外交的顾问。名义上的财务大臣、外务大臣是韩国人，实权掌握在日本顾问手中，日本攫取了韩国作为独立国家最重要的外交权、财务权。

这时，俄国势力也力图向大韩帝国扩张，最终在1904年秋爆发了日俄战争。1905年年初，俄国战败，日本击败了其在东北亚地区的最后一个地缘对手——俄国，终于独霸了朝鲜，确立了对朝鲜半岛的完全控制权。

1905年11月17日，日俄战争结束后不久，签订了《第二次日韩协约》(《乙巳条约》)，朝鲜彻底沦为日本的"保护国"。日本专门在朝鲜设置统监府，说是在名义上"帮助"韩国管理外交，实际上是监管韩国政府的各个部门，成为了韩国政府的"太

伊藤博文

上政府"。第一任统监府长官是日本前首相伊藤博文。清王朝驻日公使杨枢专就此事向清政府上奏，称："况韩本为我保护国，忆甲午以前之情形，于此时之现象相比例，肝为之裂，心为之碎矣。"

1907年7月24日，第三次日韩协定签订，规定解散韩国军队，韩国由日军"保护"；司法也由日本法官处理。至此，大韩帝国成了空架子，完全是日本囊中之物。

1909年10月26日，伊藤博文在哈尔滨被韩国志士安重根刺杀，这给了日本一个绝佳的借口，日本朝野疯狂鼓吹吞并韩国。在日本的策划下，一些韩奸们也大肆鼓噪、"请愿"，鼓吹"日韩同祖论"，要求日、韩合并。

1910年7月7日，清政府外务部收到驻日代办吴振麟关于日本将吞并韩国的报告。吴振麟对此极为忧虑，明确指出：日本连续多年不断的扩张侵略野心，绝不仅限于朝鲜半岛，而是中国。他以"明治以来，始灭琉球，继割台湾，再割桦太（库页岛），今将欲并朝鲜。自兹以后日本之雄，召其稍已乎？其扰未已乎？"之语提醒清朝当局要未雨绸缪。未来的历史，不幸被其言中了。

《日韩合并条约》

1910年8月22日,时任大韩帝国总理李完用与大日本帝国代表寺内正毅签署了《日韩合并条约》。条约第一条规定:大韩帝国皇帝将朝鲜半岛全部的统治权让予大日本帝国。同年8月29日,该条约正式公告并生效,享国五百余年的朝鲜李氏王朝灭亡。大韩帝国的全部领土成为大日本帝国的一部分,日本在朝鲜建总督府,"统治"韩国人民。

1910年8月28日,日本将日韩合并的确切消息告知清政府。摄政王载沣召集重臣那桐、毓朗"密议对待之策",又赶紧召集东三省总督锡良进京,商讨对策。恽毓鼎在日记中写道:"日本灭韩,东三省已无可设防,京师亦难安枕。此正我君臣上下卧薪尝胆、全力保邦之时。"(《恽毓鼎澄斋日记》)

日本在朝鲜设立的总督府

（二）韩国爱国志士在中国组织各种抗日团体与抗日武装

自从日本灭亡韩国以后，韩国的许多爱国志士便来到中国，组织了各种抗日团体与抗日武装。1919年3月1日，韩国发生"三一"抗日运动，遭到日本当局的血腥镇压。流亡中国的部分韩国志士，于1919年4月，在上海成立了"大韩民国临时政府"，积极开展军事、政治、外交与暗杀等活动，进行英勇的抗日复国斗争。但由于种种原因，韩国在华的抗日复国的组织团体有许多复杂的派系，除了"大韩民国临时政府"及与其关系密切的"韩国独立党"，还有在1919年11月，在中国吉林城巴虎门外成立的"韩国义烈团"，以金元凤（又名金若山、陈国斌）为首，一直自立门户，自行活动；此外还有以李青天为首的"朝鲜革命党"与"韩国独立军"等其他若干团体。而在"大韩民国临时政府"内部，又有许多派系。韩国民族性格强悍、激烈，导致韩国在华各抗日复国团体、政党与个人各自为政，各行其是，互相指责，难以统一。这成为他们后来行动中最严重的弊病。

韩国志士们的抗日复国斗争，得到了中国人民与1925年成立的广州革命政府的支持。许多韩国志士进入黄埔军校学习，成为韩国各派抗日复国运动的中坚力量。1927年4月南京国民政府成立后，南京成为全中国的政治中心。一些韩国志士先后来到南京，秘密开展抗日活动。1929年3月，年近六十岁的安彰昊作为韩国独立运动的代表，在南京丁家桥中央党部礼堂举行的中国国民党二届三中全会上致辞，产生了很大的影响。

安彰昊早年背井离乡，流亡上海，参加抗日复国斗争。他精明干练，勇敢无畏，与申性植、金九等人是战友。1929年12月，他化名安昌浩，通过南京市民政局，在南京城西部的五台山顶，在永庆寺、永庆村旁，购买张姓居民在五台山一号的10亩土地。当年的五台山甚为荒凉，荒坟野冢，杂树野草丛生，水塘池沼长满了芦苇和蒲草，是狐兔和爬虫的乐园。安彰昊选购下的这片土地位于五台山最高之处，地势平坦，树木繁茂，可俯望大片城区。韩国志士们把这里作为训练营地，建起几十间木板房屋、蓄水池，还种了几亩蔬菜和一些果树。这儿既隐蔽又安全，可以避开日本使领馆的警探和侨居南京的日本浪人的袭扰。

当时，南京国民政府虽同情韩国爱国志士们的斗争，但因迫于日本的外交压力，不便公开声援，尤其给予强有力的军事上与物质上的支持。

1931年9月18日，日本军国主义者发动九一八事变，迅速占领中国东三省；接着，在1932年1月28日又在上海挑起战争，从而揭开了第二次大规模侵华战争的序幕。中华民族危机空前加剧，中国人民开展了艰难的抗日救亡斗争，中国迫切地需要国际上的支持与声援。

正当中国军民艰苦抗战的时候，流亡在上海的"大韩民国临时政府"内，以警务部长、财务总长金九（又名白凡）为首，于1931年12月秘密组建"韩人爱国团"，又称"大韩民国临时政府特务队"，倡导对日本军政要人实施暗杀活动，经过精心策划，派遣李奉昌，于1932年1月8日在东京樱田门谋刺日本天皇；又派遣尹奉吉，于1932年4月29日在上海虹口公园实施爆炸，炸死、炸伤了包括日本侵华的"上海派遣军"司令官白川义则等多名日本军政要人，震惊了世界，极大地鼓舞与支持了中国人民的抗日斗争。

韩国志士们所表现出来的抗日斗争精神与巨大威力，证明了他们是中国人民进行抗日斗争的最好战友。以蒋介石为核心的南京国民政府根据国内外形势，加强了对韩国抗日组织团体的联络与支援。

可以说，在1927年4月南京国民政府建立后，中韩关系的一个重要特点，就是以1931年发生的九一八事变与1932年4月发生的"上海虹口公园爆炸事件"为转机：在此前，中国国民政府碍于国内与国际环境的某些制约因素，在对韩国志士抗日复国斗争的支持方面有许多顾虑，因而缺乏支力量；在此后，中国国民政府对韩国志士抗日斗争的支持，就比较积极、直接与有力了。

（三）1932—1937年韩人抗日运动的中心地——南京

由于国内外各种因素的影响，从1932年到1937年12月南京沦陷前约六年时间中，南京成为韩国抗日运动在华活动的中心地。

1932年4月29日上海虹口公园爆炸事件以后，由于日本军警疯狂地追捕，"大韩民国临时政府"以及韩国的抗日组织与爱国志士们在上海不能存身，不得不向中国内地转移与寻求发展。南京距离上海近，交通联系方便；南京又是中国国民政府的首都，便于就近向中国政府提出请求与得到各种支持，遂成为他们的首选之地。除了"大韩民国临时政府"为避免给中国国民政府造成外交困难而迁至杭州，韩国反日运动的各派系领导人与各抗日组织，先后都秘密集中到了南京。当时，因上海虹口公园爆炸事件，引起了"大韩民国临时政府"中一些国务委员对金九的猜忌，导致了1932年5月"大韩民国临时政府"杭州会议上的争吵与分裂。金九一派退出了临时政府。金九本人隐居于浙江嘉兴、海盐，指挥部下转移到南京活动。而以金元凤为首的"韩国义烈团"则早在1932年年初就来到了南京。

以蒋介石为首的南京国民政府鉴于韩国抗日团体有许多派系，经过权衡，选择的支持对象主要是两个：一个是以金九为首的"韩人爱国团"与"大韩民国临时政府"，另一个是以金元凤为首的"韩国义烈团"。中国国民政府将南京作为联系与秘密安置韩国志士们进行训练和抗日活动的重要基地。金九派的"韩人爱国团"与金元凤派的"韩国义烈团"先后通过不同途径，与中国国民政府接上了关系，取得了支持，不仅在南京站稳脚跟，建立基地，而且开展了各种活动。1935年10月"大韩民国临时政府"重新被金九掌控后,也于 1936 年 2 月迁至南京。以上韩国各抗日组织团体在南京的活动一直延续到 1937 年 12 月南京沦陷前夕。

南京城内城外留下了多处韩国志士们秘密生活与抗日活动的史迹。但当时南京国民政府考虑到外交关系,防止驻南京的日本使领馆及日本特务的侦察、破坏与日本政府的抗议,在 1937 年 7 月日本全面侵华战争爆发前,总是将韩国各派反日独立运动在南京的活动与中国政府对韩国各派反日独立运动的支持,保持在秘密状态,将韩国各派反日独立运动在南京开办的学校与活动场所,多设在南京城外偏僻地方的深山野庙中。当时南京了解内情的人,包括那些党国要人,都是少数。

(四)金九派"韩人爱国团"在南京的活动(1932 年 5 月—1937 年 11 月)

金九(又名白凡),是"大韩民国临时政府"的创始人与主要领导人之一,曾担任过临时政府的警务局长、内务总长、国务领、财务总长等职,为人仗义豪侠,胆大心细,活动能力强,在 1931 年 12 月组织"韩人爱国团",策划实施了樱田门刺杀日本天皇与虹口公园爆炸事件后,声名大振。

为了躲避日本警探的追捕,金九先隐藏在上海美国传教士费吴生家二十余日;后因上海形势日益险恶,遂在南京国民党中央党部陈果夫、萧铮的帮助下,通过褚辅成,来到浙江嘉兴、海盐避难。金九的重要战友、助手和亲信多人,则到南京居住。如安恭根,在南京的公开身份是东明小学教师。这所私立小学里安排了三十余名韩国抗日志士和烈士的子女就读。其中就有安彰昊的儿子和安恭根的女儿安静生等。参与策划虹口公园爆炸案的安彰昊于 1932 年 10 月,化装成一位商人,从南京去上海,欲取回韩国侨民们捐助的一大笔抗日资金。他到达上海没几天,竟被日军特工绑架,

金九

关入密室，遭酷刑折磨，旋遭杀害。

1932年5月，"大韩民国临时政府"分裂。离开临时政府的金九率领其创立的"韩人爱国团"成员，独自开展抗日活动。金九派遣朴赞誉（朴精一），与萧铮、陈果夫会商，要求到南京面见蒋介石，并提出在中国东北地区"满洲国"境内创办骑兵学校的计划书。1932年8月蒋介石否决了办骑兵学校的计划，但同意与金九会见。

1933年春，大概是在5月的一天，金九偕同其亲信安恭根、严桓燮、朴赞誉到南京黄浦路中央军校，与蒋介石秘密会谈。中方参加会谈的有陈果夫、萧铮、贡沛诚等人。在会谈中，蒋介石代表中国政府答应金九：每月由国民党中央组织部拨款5000元，供金九及其领导的成员做生活费；其抗日活动经费则由金九制订具体计划，经中国政府核准后另拨；由中国政府保障金九制等人的安全。蒋介石在谈话中还表示，不赞同韩方特务队采用暗杀日本军政要人的斗争方式，说："若以特务工作来杀死天皇的话，又有天皇出来；杀死大将的话，又有大将出任。"蒋介石劝告金九，要开展争取国家独立的武装斗争，先要培养训练一批军官，可组织一批韩国学员，秘密到中国军校受训。

此后，中国国民政府对金九派的联络与支援，就由中央党部的陈果夫、萧铮、陈立夫、贡沛诚、方觉慧，与金九的代表安恭根组成的"实行委员会"实施。

金九接受了蒋介石的意见。他一方面招募韩国青年学员，另一方面与在南京的金元凤领导的"韩国义烈团"以及李青天领导的"韩国独立军"

接洽谈判，以三方选派的韩国青年，联合组建"韩人特别班"，经中国政府同意，送往中央军校洛阳分校受训。1934年2月，"韩人特别班"学员92人进入中央军校洛阳分校，被编为"第二总队第四大队陆军军官训练班第十七队"。其教育目标是"为了推翻日帝的统治，重新建立完整、独立的国家，培养能够领导工人、农民抗日运动的干部。"教育内容分为学科与术科。"韩人特别班"由金九总负责，安恭根代行其事；军事训练由李青天任总教官，中、韩教官共同施教。一切费用开支由中国政府无偿提供。另外，金九又选派一些韩国青年学员到南京中央军校第十期、第十一期学习。

由于金九与李青天在"韩人特别班"开学约半年后产生矛盾，1934年8月，金九让自己一派的25名学员退学，回到南京。金九以这些人为骨干，又吸收了在南京中央军校学习的部分韩国学员，在南京组建了"韩国特务队独立军"，其本部设在南京城内南部木匠营高岗里1号，又称"金九俱乐部"。这是一座三层楼高、五间房大小的中国式建筑。"特务队独立军"成员约有数十人。其指挥部由队长金九、参谋长安恭根、秘书周某、中队长兼调查部长卢钟钧、调查部员安敬根、第一小队长王钟浩、第二小队长李国军、学生部卢泰荣等人组成。这些成员都与金九是同乡或同志的关系。"特务队独立军"对学员施以精神教育与军事训练：由安恭根等人宣讲世界政治形势与韩国抗日复国历史，让学员阅读《屠倭实记》、韩国"三一"运动中日军屠杀韩人的图片资料以及李奉昌、尹奉吉义士的资料、影集，激发学员的抗日复国斗志与献身精神。"特务队独立军"规定了明确的斗争目标与森严的组织纪律："第一、本组织称为韩国特务队独立军，以军事性武装修养为目的；第二、背叛组织的目的或违背领袖的命令，与其他党派来往而向敌人出卖自己的同志者，以叛徒的罪名论处；第三、本组织为了韩国革命而武装自己，以破坏（日本）帝国主义的政策、打倒（日本）帝国主义为目的，进行军事活动。"金九企图以这些学员为骨干，筹建一支发动韩国独立战争的武装部队。

1935年2月，金九根据安恭根的建议，又在南京创办了一个秘密的组织机构——"学生训练所"。其目的是为中国中央军校招募韩国青年学员，并进行预备训练，使之顺利入学。"学生训练所"又称"特务队预备训练所"，对外称"蒙藏训练所"。其学员在1935年5月有15人，到1935年10月发展到三十多人。"学生训练部"提供学员每人每月10元左右的津贴；每天进行严格的日程安排与训练，除军、政训练外，还学习中、英文与代数、几何等基础课程。1935年6月，由于"学生训练所"在南京的活动被日本驻南京使领馆察觉，金九将其迁至宜兴县龙池山澄光寺，后又迁回南京城内蓝旗营8号。由于日本方面的压力，中国政府不便将这些韩国学员召进各军事学校。金九于是就分派这些青年学员到中国与韩国各地进行秘密的抗日工作。1936年12月，金九组织"韩国国民党"，就以这些青年学员为骨干，组织"韩国国民党青年团"。该团成为金九特务活动的核心力量。

这样，金九派在南京期间，除原在上海组建的"韩人爱国团"又新组建了"特务队独立军""学生训练所"这两个新的组织机构，壮大了自己派系的力量，为他在1935年10月重回"大韩民国临时政府"并掌控该临时政府的实权、进一步开展抗日复国斗争，打下了基础。

（五）"大韩民国临时政府"在南京的活动（1935年10月—1937年11月）

1935年下半年，韩国在华的抗日团体的斗争形势发生了重要变化。这年10月下旬，避居于杭州的"大韩民国临时政府"因内部矛盾加剧与其他困难，面临分裂与瓦解的危险，其临时议政院在嘉兴南湖的一艘游艇上举行了一次非常会议，改组临时政府，补选李东宁、金九、赵毓九为国务委员，李东宁任国务会议主席，金九任外务长。金九重新回到"大韩民国临时政府"，并掌握了临时政府的实权。

金九为了加强"大韩民国临时政府"与中国国民政府的联系，也为了便于自己对"大韩民国临时政府"的指挥，于临时政府改组的当月，即1935年10月底，就将临时政府从杭州迁至镇江；1936年2月，进一步将临时政府迁至南京。金九本人也秘密来到南京，住在秦淮河畔的复成新村一座二层小楼公馆内。金九的夫人早在几年前已去世，他在嘉兴新结识的一位中国船娘，随他来到南京，一同居住。南京成为金九控制的"大韩民国临时政府"的活动中心地。

从1936年2月到1937年11月，金九及其控制的"大韩民国临时政府"在南京存在与活动了约1年10个月。在这期间，他们在中国国民政府有关部门的支持下，进行了一系列抗日的活动：

第一，发展韩国人爱国组织与"大韩民国临时政府"的外围团体，加强对各地韩侨与韩人爱国团体的领导，扩大与巩固"大韩民国临时政府"的组织力量与群众基础。其中最重要的是，在1936年12月，金九与李东宁等到上海，联络在1932年以后一直留在上海的韩国爱国侨民，组建了"韩国国民党"，金九任理事长。"韩国国民党"代替旧"韩国独立党"，成为支撑"大韩民国临时政府"生存与发展的主要政治力量。接着，又创办了"韩国国民党青年团"等组织。

第二，加强宣传。重新刊发"大韩民国临时政府"公报及有关宣传文告，印发各种公告与书报宣传品。宣传内容除揭露日本军国主义的侵略野心与殖民统治罪恶，还批评与反击以金元凤为首的"韩国民族革命党"对"大韩民国临时政府"的攻击，宣传各反日政党团体的合作团结，指出在当时的形势下，韩国民族利益高于一切，任何有爱国心的韩国团体与个人都应团结到"大韩民国临时政府"的周围，为实现韩国独立与抗日斗争的胜利而奋斗。

第三，在1936年11月7日，"大韩民国临时政府"临时议政院在南京召开第二十九届议会，正式通过了1935年10月嘉兴临时议政院非常会议改组"大韩民国临时政府"的议案与决定，使之合法化。以金九为核心的"大韩民国临时政府"成为韩国各抗日爱国团体与侨民的合法领导，并得到中国国民政府的进一步确认与支持。

第四，在中国国民政府的支持下，继续以各种方式，创办各种军政干部学校，加速培养人才。在这期间，金九还向中国国民政府提出购买飞机、创建"大韩民国临时政府"空军的计划。陈果夫代表中国政府表示支持。他在给金九的回函中说："购机可照办，惟人员宜早训练，款可由弟处拨发也。"后因日本全面侵华战争的爆发，创建"大韩民国临时政府"空军的计划未能实施。

1937年7月7日卢沟桥事变爆发后，中国开始了全面抗战。在1937年7月到12月13日南京沦陷前，南京成为中国的抗战中心与最高指挥部所在地。在南京的金九及其领导的"大韩民国临时政府"也立即积极行动起来，与中国人民并肩战斗。1937年7月15日，"大韩民国临时政府"在南京召开国务会议，李东宁、金九等七位国务委员全体出席了会议。会议决定，确立"大韩民国临时政府"的战时体制，在军务部下设置军事委员会。第二天，"大韩民国临时政府"任命柳东悦、李青天、李复源、李益哲、安恭根、金学奎等人为军事委员会委员，并制定颁布了有关军事委员会职责的八条规定，其中，军事委员会的主要任务是：负责研究制订独立战争计划，培养军事干部，编纂必需的军事书籍等。7月21日，"大韩民国临时政府"又公布由全体国务委员共同签署的一份题为《严重时期与一般之注意》的文件，其中最重要的内容，是向韩国各抗日复国团体与广大民众指出，中日战争全面爆发，正是韩国开展独立战争之良机，"此际对我等言之，独立战争业已开始，雪愤复国时机业已到来，一般同胞必须对此做应有之准备"。7月30日，金九向中国国民政府秘密递交《韩国国民党之战时后方捣乱计划节略》，内称"中日战争之爆发为韩人复国之绝好机会，而韩人亦深知此好机会不可逸，故其革命气焰已达高顶"，表示"今日之韩人宜当迅即举事，而在此环境中，惟有后方捣乱工作最有把握，亦有收效之可能"，并提出具体的战时后方捣乱工作计划："一则义勇军之部队的战斗，二则个人或小团体之特务工作"等。7月31日，金九派遣其部属金英浩等六人，赴北平日占区，进行敌后工作，首先恢复"中韩互助社"，同时搜集日军情报，并以"韩国抗日同志会执行委员会"的名义，散发《告侨居华北同胞书》，鼓动韩侨奋起参加抗日战争。

由于中国抗日战争全面展开，中国国民政府也开始公开并更积极地援助"大韩民国临时政府"与韩国各抗日团体的抗日复国运动。蒋介石在南京第二次会见金九，并对"大韩民国临时政府"今后的工作提出了三点希望与建议：一是为了加强韩国的抗日复国斗争，应尽量团结韩国各个派系，建立统一的朝鲜抗日复国团体；二是由中国政府协助训练在华的朝鲜抗日志士，组成一支军队，协同中国军队，在敌后作战；三是临时政府成员之眷属、子弟，应随同中国政府迁往大后方，由中国政府妥善安置。此外，蒋介石还建议金九今后将活动的重点放在培养朝鲜干部方面，以备在日后朝鲜光复之时，掌握足够的政治、军事力量。在谈话中，蒋介石还答应金九，由国民党中统局拨出专用电台一部，供"大韩民国临时政府"使用，并派出收发报员两人，协助其电台的工作。

在中国政府的支援下，"大韩民国临时政府"以及韩国各抗日团体结束了在华多年的隐蔽的地下活动或半公开活动的方式，在南京公开地亮出韩国抗日活动的旗帜，公开地与中国政府、中国人民并肩战斗、互相声援。1937年8月间，"大韩民国临时政府"出面，将拥护临时政府的韩国国民党、韩国独立党、朝鲜革命党以及大韩人同志会、韩人爱国团、团合会、北美大韩人同志会、檀香山大韩人国民会、大韩妇人救济会等九个团体，联合起来，在南京组成"韩国光复运动团体联合会"，并在10月公开发表宣言，公布其五项任务，动员与团结韩国各界广大民众，投入抗日斗争。

1937年8月13日上海"八一三"事变爆发后，"大韩民国临时政府"与金九等人立即通过韩国国民党，组织在上海的韩国侨民，配合中国军队参加上海抗战。金九冒着生命危险潜回上海，除指导韩国侨民抗战，还密访中国军政要人与法租界公董局人士，商谈中韩联合抗战事宜。血战三个月后，1937年11月12日上海沦陷，"大韩民国临时政府"组织上海韩国侨民紧急向南京等地疏散。11月下旬，日军向南京逼近，金九在组织韩国侨民向中国内地撤退后，自己亲率"大韩民国临时政府"的成员与韩国各政党团体干部一百余人，分乘两艘木船，撤离南京，经长江，西去武汉、长沙，从此结束了"大韩民国临时政府"在南京的战斗岁月。

（六）金元凤派"义烈团"在南京的活动（1932年年初—1937年11月）

金元凤是独立于"大韩民国临时政府"外的一位韩国抗日运动的著名领导人。他号若山，曾用化名崔林、陈国斌。他很早就立有抗日志向，青年时期曾到中国天津德华学堂、南京金陵大学学习。1919年韩国"三一"抗日运动以后，金元凤选择了武装抗日的道路。同年11月9日，他与战友共13人，在吉林城巴虎门外成立了抗日组织"韩国义烈团"，并制定了"五破坏"和"七可杀"的行动目标，开展抗日斗争。金元凤被推举为"义烈团"的团长。在金元凤指挥下，"义烈团"连续多年开展了一系列暗杀日本军政要人、韩奸的活动与武装暴动，产生了很大的影响。1924年中国大革命兴起，金元凤化名崔林，与战友18人，于1925年考入黄埔军校第四期，接受军政训练；毕业后参加北伐战争。南京国民政府成立后，他与韩国战友离开中国军队，到上海重新领导"义烈团"的抗日斗争。金元凤成为"义烈团"指导部的成员。经过一段曲折，在1931年九一八事变爆发后，金元凤决定抓住这个机会，争取中国政府的支持，把韩国的抗日斗争与中国的抗日救亡斗争结合起来，推向前进。

1932年年初，金元凤化名陈国斌，与"义烈团"其他指导部成员一道来到南京，并在南京长期居住下来。金元凤的住处在南京城南白下路。他们利用本人是黄埔军校毕业生的条件以及与南京国民政府中许多军政要人的师生、同学关系，在南京建立"义烈团"的基地，积极开展活动，时间长达六年之久，取得了很大成绩。

金元凤在1932年年初到达南京后，就与黄埔军校的同窗学友黄绍美、关麟征等人建立了联系，又与中国抗日救亡团体"东北义勇军后援会""东北难民后援会"等取得联系，并获得了他们的资金支援。尤其重要的是，金元凤从这年3月起，与他在黄埔军校的同期生滕杰进行了接触。当时，滕杰担任国民政府军委会内的黄埔同学会的秘密组织——"三民主义力行社"首任书记。金元凤以"韩国义烈团"的名义，向"力行社"及其所辖"民族运动委员会"提出申请援助书，并附送上《关于中韩合作建议书》《韩国革命的现状》《韩国义烈团政治决议案》等文件。其提出的对日作战计划的主要内容有：（1）暗杀日满要人，破坏其重要机关；（2）与在'满'反日团体相提携，打倒日本帝国；（3）渗入鲜满劳动者与农民阶层，作革命军组织之准备工作；（4）伪造并滥发纸币，以扰乱"满洲国"之经济；（5）实行恐怖活动，以确保物资。滕杰将这些文件送呈蒋介石，得到蒋介石的批示："交力行社研究办理。"蒋同时指示"力行社"每月资助"义烈团"3000元作活动经费。蒋介石对金元凤提出的中韩合作抗日的建议尤为赞赏，说："朝鲜民族的革命胜利应以打倒'满洲国'为先决条件，即扰乱了'满洲国'，必然会使日、'满'两国进行相应的攻防工作。利用这个机会掀起朝鲜的暴动，并把它引向独立就容易了。"

根据蒋介石的指示，国民政府由军事委员会及"力行社"与"民族运动委员会"，负责对金元凤领导的"义烈团"进行联系与资助。先后主持与参与这项工作的"力行社"领导人有滕杰、贺衷寒、康泽、萧赞育、桂永清、干国勋等人。1932年5月，干国勋先后在南京城内大纱帽巷干国勋家与白下路金元凤家，与金元凤等"义烈团"指导部成员商谈，就中国政府对"义烈团"的援助以及"义烈团"的抗日活动诸事项，进行研究，制定了详细的计划书。该计划书经"民族运动委员会"全体会议和"力行社"常务干事审议，最后报蒋介石批准而确定下来。

于是，金元凤及其领导的"义烈团"在中国政府的支持下，以南京为主要基地，在1932年至1937年11月，开展了一系列抗日的活动。其主要内容如下：

第一项工作是最重要的——"义烈团"在"力行社"的大力支持与资助下，除选派青年学员参加"韩人特别班"去洛阳军分校学习，还在南京城郊的几处隐蔽地方，先后秘密创办了三期"韩国革命军事政治干部学校"，对外称"中国军委会干部训练班第六队"。

第一期从1932年10月20日开学，至1933年4月22日毕业，有学员26人，办学地点在南京远郊汤山镇旁的善祠庙，庙周围用铁丝网围着，内有三座原庙宇的建筑物，中间的一座供着神像，旁边的一座供干部学校作校舍，内开设三大间和多个小间，大间作学员的集体宿舍，小间作教官室。

第二期从1933年9月16日至1934年4月20日，有学员54人，办学地点迁至南京近郊的江宁镇，校舍由六座建筑组成，四周围有土墙，比汤山善祠庙的校舍狭小，校门入口处挂着一块小型门牌，上写"军事学校分舍"，校门有中国政府军委会派来的两名宪兵和一名警察站岗。

第三期从1935年4月1日至9月30日，有学员44人。因前两期的办学地址被日方侦破，故第三期办学地点移至南京远郊上方镇黄龙山深处的天宁寺，十分偏僻。

各期干部学校均由金元凤亲自担任校长，王观之任秘书兼教官，下分设军事组、政治组、总务组、队附室、医官室、外交主任等，多由"义烈团"指导部成员担任。"力行社"派遣康泽担任顾问,并提供办学经费、场所、训练器材、资料等。教学内容有政治教育与军事训练。其中政治教育讲授韩国历史、韩国独立运动史、"义烈团"史、各国革命史、世界形势、三民主义等;军事训练课目有步兵操典、射击教范、特务工作、爆破、炸弹制造、突击性技能等。干部学校对学员的训练与生活管理十分严格,规定晨 6 时起床,做 30 分钟体操,7 时早餐,7 时 10 分开始上课,直到 12 时午餐,午后 2 时进行野外教练,晚 6 时晚餐,然后教授中文,9 时就寝,日日如此。平时严禁学员外出,严禁学员讲韩语,以加强保密,防止在南京的日本使领馆与日本密探侦知。毕业的学员,除一部分被送往洛阳军校进入"韩人特别班"继续深造,大多被派往韩国与伪满洲国韩人居住区,进行特务工作与武装暴动工作。有许多人后来在抗战时期成为"韩国义勇队"等抗日武装的骨干。

"义烈团"与金元凤在南京进行的第二项工作,是说服韩国其他抗日的团体与民众,重新组织范围较广的新政党,加强韩国各抗日团体的团结与联合。

严峻的抗日形势使韩国志士们越来越认识到团结、统一的重要性。金元凤到南京定居后不久,就以"韩国义烈团"首领的身份,主动联络与说服了朝鲜革命党、韩国独立党、韩国革命党、韩国光复团等团体,派出代表,于 1932 年 10 月下旬,在上海东方旅馆举行会议,决定联合在欧美的一些韩人团体,组成"韩国对日战线统一同盟",并通过盟约十五款,规定其纲领为"以革命方法完成韩国独立;统一革命力量之集中与领导,以扩大与加强对日战线;联合必要之友军"等;宣布"承认吾等之纲领并在其约束下奋斗之韩国一切革命党派和有力之革命民众团体,经执行委员会之决议,可加入本同盟。"金元凤领导的"义烈团"是这个"统一同盟"的核心与中坚力量。

1935 年,随着抗日斗争形势的发展与高涨,金元凤进一步推动建立统一各抗日团体的强有力的新党。7月4日，在金元凤的母校——金陵大学礼堂，召开了有关的五个党派团体的代表会议，宣告解散原来的五个团体，而以铁的团结与誓约，结成韩国民族革命的最高组织"朝鲜民族革命党"，将"集中全民族的革命力量，打倒倭敌，来争取民族的自由独立"。金元凤被选为该党的总书记。全党党员有676人，成为在华的韩国抗日运动中的第一大党，也是与金九领导的"大韩民国临时政府"并立的韩国第二大政治力量。该党总部设立在南京，先后在中国与韩国各重要地区设立了7个支部，总部创办《民族革命党党报》，影响与活动遍及各地。

1937年7月7日卢沟桥事变发生后，金元凤与"朝鲜民族革命党"立即动员起来，与中国人民并肩投入战斗。金元凤在南京以"朝鲜民族革命党"名义，发表《告同志同胞书》，指出"中日战争并不是单纯的中日两国间的战争，乃是在日本帝国主义压迫下的整个东方弱小民族的解放战争，更会扩大到反日本的、反法西斯的世界战争"，因此"救中国就是救自己"，"这个战争乃是我们朝鲜民族的历史今后永远断绝或继续的关头，是我们的子孙永远做敌人的奴隶或否的关头"。它号召一切韩国同胞"要以不惜最后一滴血的觉悟，来参加光荣的抗日战争"。1937年8月，金元凤在南京主持召开"朝鲜民族革命党"代表大会，决议以在南京中国军校学习的韩籍学生95人为骨干，再募集韩国志愿人员360人，组成"韩国抗日义勇军"，集中到南京郊外的一家寺院，进行军事训练，然后前往华北战区抗击日寇。金元凤将此方案报送中国国民政府审议，并要求中国国民政府提供武器装备。10月，金元凤又以"朝鲜民族革命党上海特区"的名义发表宣言，提出十三条行动纲领，号召中、韩两国人族进一步团结合作，进行抗日斗争。在这同时，金元凤根据抗日斗争形势的需要，再次推动韩国各抗日团体政党的联合，首先实现左翼各党派的联合。他与各党派首领联系与协商。但因在1937年11月初，上海即将沦陷，南京也危在旦夕，金元凤率朝鲜民族革命党总部撤离南京，前往武汉。金元凤推动的韩国各抗日团体政党实现进一步联合的工作，在武汉得到了重要的发展。

除了上述的韩国政党、团体，还有以李青天为首的"朝鲜革命党"与"韩国独立军"。他们在1935年4月，在南京创办"军政府学兵队"，以光华门外的通光营房为基地，开展活动。

从1932年到1937年12月南京沦陷前，南京成为韩国抗日运动最重要的活动中心地，有其重要原因：比如当时中、日、韩之间复杂的斗争关系以及"南京是中国国民政府的首都"等因素。韩国各派志士在南京的抗日活动，不仅在当时发挥了重要作用，而且对后来的抗战形势也产生了重要的影响。

十、北平六国饭店锄奸特别行动

（一）清晨，北平六国饭店响起枪声

1933年5月7日清晨，古老的北平城渐渐地从夜暗与晨雾中苏醒过来了，路灯还没有熄灭，大街小巷里有了早起的人影。地处城中心东交民巷的六国饭店在喧闹了一夜之后，这时显得沉寂起来。

眼下正时局紧张！自从日本侵略军发动九一八事变，并迅速控制了东三省、扶植起"满洲国"后，又从东北向华北紧逼，于1933年3月4日攻占热河，接着向长城各口进攻，在长城沿线燃起了战火，威胁北平、天津，导致了第一次华北危机。中国军队正进行着紧张的长城抗战，但北平城里依然游人如织，腰缠万贯的达官贵人与富商大贾游兴不减，要来领略故都暮春时节的迷人景色。中外游客们住满了六国饭店里大大小小的房间。

六国饭店坐落在北平城中心东交民巷的使馆区。从东交民巷西口进去，过御河桥，在十字路口的东南角，就可以见到六国饭店宏大华美的楼宇，其规模当时仅次于王府井大街的北京饭店。六国饭店不仅设施讲究，而且是由外国人开办经营，又坐落在中国军队不能进入的使馆区，因而备受中国显要人物的青睐。在北洋军阀时代，北京政局一有风吹草动，总有一些

1933年的北平六国饭店

下台的或被通缉的军政要人将此作为逃避灾祸的世外桃源。那时，即使在这里楼梯边摆把椅子坐一夜，也要交上相应数目的现大洋。

1933年5月7日清晨，六国饭店里的中外游客们在灯红酒绿中度过了一夜以后，此时都进入了梦乡。

这时，就在这豪华奢靡的六国饭店的楼宇里，突然响起了几声清脆的枪声。整个六国饭店立即被枪声惊醒了，惊叫声、呼救声、脚步声响成一片。人们看到几个身强力壮的年轻人，持枪夺门而出，跳上一辆早守候在门外的小汽车，飞一般地驶去。待持枪人与小汽车消失很久，附近的警察才闻讯赶来查看。只见被枪击倒在血泊中的一个中年壮汉，长方脸，鼻端高翘，两腮瘦削，留着浓黑的两撮小胡子，下巴底下还有一撮长毛。惊奇的人们从警察与茶房嘴里，获得了一个更加惊奇的消息：这位化名"常石谷"的住客，不是别人，而是名闻一时的前北洋军阀大将、曾任过湖南省督军的张敬尧。张敬尧被紧急送往附近的德国医院，终因伤重不治而亡。

人们奇怪：张敬尧怎么会悄悄地住进了六国饭店？怎么会突然遇刺身亡？刺客与主使人是谁？刺客们又怎么能潜入这安保森严的六国饭店？

（二）下野军阀张敬尧成为日军的内应

张敬尧，字勋臣，安徽霍邱人，生于1880年9月21日，自祖辈起迁居颍上县南照集。父张文奎，号益轩，是县里包揽诉讼的刀笔吏。张敬尧少时"事游荡，嗜烟赌"，是个浪荡子。当过粮店学徒，因偷盗被乡人驱逐出境，流落到山东为盗。又因杀人逃到京津地区。1896年，他16岁那年，投入小站北洋新军，被袁世凯选入随营学堂受训，不久又入保定军官学堂。毕业后，先后充任北洋军的团长、旅长、师长，成为袁世凯的忠实爪牙与打手。曾参与镇压武昌起义、江西"二次革命"与民国初年的白朗起义。袁世凯帝制自为时，他是积极的鼓吹者与维护者。袁世凯死后，张敬尧成为段祺瑞为首的"皖系"中的大将。1918年1月30日段祺瑞对南方护法军政府下"局部讨伐令"，令曹锟、张怀芝、冯玉祥及张敬尧各率所部南下。曹锟部吴佩孚师率先攻入长沙与衡阳，但段祺瑞却任命无"功"祸民的张敬尧为湖南督军兼省长。张治湘两年多，横征暴敛，纵兵殃民，出卖湖南地矿权益给外国，压制社会舆论，罪行累累，湖南人民痛恨地称他为"张毒"，曾连续掀起声势浩大的"驱张运动"。1920年6月张敬尧兵败被逐出湖南，惶惶如丧家之犬，先后投奔直系与奉系军阀，1925年做了张宗昌部的军长。1928年5月张宗昌兵败，北洋军阀的统治瓦解，张敬尧匿居大连日租界，与日本特务勾搭上。1932年3月日本制造的"满洲国"出笼，张敬尧立即前往长春投靠伪政权，充当暗探。

日本军国主义者在占领中国东北后，进一步扩大侵略，进逼华北，于1933年2月21日，以关东军第六、第八师团、独立混成第十四、第三十三旅团和骑兵第四旅团等部为主力，纠集伪满军张海鹏等部共约10万人，在关东军司令官武滕信义指挥下，兵分三路，进攻热河。热河省主席兼第五军团总指挥汤玉麟所部，原属东北军，连同义勇军，总数不下10万人。当闻日军向热河进击时，他们未打一枪，一触即溃，或逃，或降，汤玉麟本人以200辆汽车装运私产，逃往天津。这是九一八事件后，中国的第二次奇耻大辱。3月4日，日军先头部队128人不费一枪一弹，耀武扬威地占领了热河省会承德。日军随即南下进犯长城一线，向长城各口进攻，与中国守军激战，威胁平津。

在军事进攻的同时，1933年2月，日本当局派遣曾成功发动九一八事变、制造"满洲国"的大特务头子板垣征四郎到天津坐镇，实施所谓"板垣计划"：收买与纠集中国的失意军阀与政客，在华北各地建立汉奸军事武装，制造事端，组织暴乱，配合日军对长城各口的进攻，策动"华北自治"，成立亲日、亲"满"的各种伪政权；在北平、天津一带，策划建立"华北国"，在察哈尔、绥远（今内蒙古自治区西部地区）、宁夏，利用伪蒙军德王与李守信等人，策划建立"大元国"、"大夏国"，从而分裂与肢解中国。但是，板垣征四郎先后拉拢、收买段祺瑞、吴佩孚、孙传芳等北洋时期的大军阀以及河北省主席于学忠，均遭到失败。因此，张敬尧这个北洋时期的二流军阀遂成为板垣征四郎预备网罗的第一个重点对象。日本特务找到张敬尧，委任他为"平津第二集团军总司令"，并供给他700万元活动经费，要他秘密潜入北平城内，收集旧部，勾结流氓土匪，策动驻军，重新拉起一支队伍，在日军进攻平津时作内应。这就是板垣征四郎的"华北施策"。

张敬尧接受日本特务的任命与任务后，欣喜若狂，以为自己东山再起的时机已经来到，带着大量金钱与几个亲信，化名"常石谷"，秘密潜入北平城中，悄悄地住进了外国人开设的豪华而又安全的六国饭店，开了三个大房间。他每天加紧活动，四处联络各色人等。预备等时机成熟，他就准备在北平城内暴动。

（三）"复兴社特务处"

张敬尧的猖狂活动引起了南京国民政府蒋介石的密切注意。

自1933年年初日军向华北进逼，并引诱策动一些下野军阀与失意政客在平津一带发动叛乱暴动后，蒋介石就指示国民政府的各特务机关，加强华北地区的情报和特务工作，及时制裁一些已经投敌或准备投敌的汉奸，稳住南京国民政府在华北统治的阵脚。他得到关于张敬尧活动的情报后，碍于当时北平、天津地区的形势，不便公开缉拿，就在1933年4月间，下达指示给"国民政府军事委员会特务处"处长戴笠，要戴笠迅速暗杀张敬尧。

"国民政府军事委员会特务处"，对内称"复兴社特务处"。该处成立于1932年4月1日，是国民政府新成立的一个军事特务组织，也是当时国民政府最大的一个特务组织，与"中央党务调查科"（中统的前身）并立。该组织在1938年以后改组为"军事委员会调查统计局"，简称"军统"局。因此，"复兴社特务处"是"军统"局的前身。

要了解"复兴社特务处"，必须先了解"复兴社"。

原来，在九一八事变后，蒋介石在国内外形势的逼迫与国民党内各反蒋派的联合进攻下，不得不于1931年12月15日宣告辞职下野，回浙江奉化老家。这是蒋介石一生中第二次下野。

当然，蒋介石绝不会就此离开军政舞台、息影林泉。他下野是以退为进，时时准备卷土重来。因此他在下野前，就为重新上台作了种种安排与部署。其中，他在下野前一个多月，连续三次秘密召见十多个黄埔军校毕业同学中的核心人物，有贺衷寒、邓文仪、康泽、桂永清、萧赞育、周复、滕杰、郑介民、邱开基、戴笠等人，他们当时都是在南京中央军事机关工作的现役军官，是蒋介石的亲信。蒋召集他们一起举行秘密会议。蒋向他们讲了当前国民党与他本人面临的困境：国外有日本侵略不断加剧，国内有共产党在"捣乱"，国民党内又有各派军政势力不断反对他并与对抗南京中央政府，蒋介石痛心地说："我们的党一点力量没有，我们的革命一定要失败……"蒋介石要求黄埔学生赶快团结起来，开会协商筹建一个黄埔学生的秘密核心组织，以此去控制全体黄埔毕业学生，然后去控制全国的军队，开展各种政治、军事、宣传、组织与特务的活动，从而强有力地维护南京中央政府，维护他的领导地位。

自1927年4月南京国民政府成立以来，黄埔军校的历届毕业同学，在校长蒋介石的特意维护与大力提拔下，在短短的几年时间内，官位不断上升，实力急剧膨胀，军政权力越来越大，他们大都是30岁左右的年纪，便都手握重兵或大权，官拜师长、旅长，军阶达少将、中将，成为国民政府军中迅速崛起的一个日益强大的军事实体——"黄埔系"军事集团。以他们为骨干组建的中央军，在国民政府军中的地位与作用日益增强，越来越不容人们忽视。

"黄埔系"的特点是：第一，他们都是黄埔军校开办以来的各届毕业生，是校长蒋介石的"天子门生"，为蒋介石特别信任与宠爱；第二，他们都在国民党中央军嫡系部队里跟随蒋介石征战多年，被蒋介石不断提拔为将校的高中级军官，手握大小不等的军政权力与兵力，成为蒋介石政权最重要的军事支柱；第三，他们都绝对忠于蒋介石，绝对服从蒋介石的任何命令，并以此为荣，成为蒋介石东征西讨、打击压制党内外一切敌对势力的工具；第四，他们之间以同学关系，互相支持，互相依靠，互相标榜，互相提携，共存共荣，形成了一股咄咄逼人的势力。

尽管如此，多年来黄埔系虽势力大增，却一直未能建立一个强有力的具体组织。过去，在黄埔军校期间，同学中曾建有"孙文主义学会"与"青年军人联合会"等组织，后来被蒋介石勒令解散，并根据蒋介石的指示，成立了一个名叫"黄埔同学会"的统一的组织，由黄埔一期的曾扩情负责。但那组织太松散、太一般了，未发挥很大作用；后改组为"中央各军校毕业生调查处"，同样如此。而且，由于黄埔毕业学生分化严重，致使该组织形同虚设。

黄埔同学中最受蒋介石信任和重用的几个核心人物，在几年国内纷繁复杂、翻云覆雨的政治斗争与军事斗争中，越来越感到将黄埔同学组织起来、建立一个坚强有力的军事核心组织的必要。他们要在黄埔同学中选择一些最忠于蒋介石、最忠于主义与团体又最有军政才干与活动能力的人，建立一个秘密核心组织，然后再以此核心组织去联络、团结广大黄埔同学，掌握与控制国民党的军队，从而支持与维护蒋介石牢牢控制全国的党政军最高权力。这样，可以更有力地维护蒋介石的领导地位，可以形成黄埔学生的军事派系与集团力量，还可以保障与促进黄埔学生的个人前途发展，让他们有光辉灿烂的未来。

早在1930年年底中原大战结束、胡宗南率第一师进驻开封时，就与正在这里进行军事情报活动的戴笠协商策划，秘密成立了一个军事核心组织——"三民主义大侠团"，又名"锄奸团"，参加者是清一色的黄埔军校出身的国民政府军的军官，有冷欣、萧洒、陈质平、王天木、马志超等人。以胡宗南与戴笠为首领，王天木为书记，马志超管总务，其任务是维护蒋介石的领导地位，制裁与铲除反蒋人士。这个组织因各种原因存在时间不长，活动也未展开，却是后来成立的"三民主义力行社之先驱"。

在1931年年底，蒋介石也要黄埔学生亲信成立自己的组织了。

在接受蒋介石的指示后，1932年1月初的一天晚上，黄埔同学中最受蒋介石信任和重用的几个核心人物——胡宗南、曾扩情、贺衷寒、康泽、邓文仪、戴笠、桂永清等十多人，在南京"浣花菜馆"聚餐并讨论成立组织的问题。会上，胡宗南提出他的意见说："同学们要团结，这问题很急切，老是这样谈，时间已经过去很多了，要推举几个人负责筹备。"大家同意了他的意见。胡宗南也就不客气地立即推举了贺衷寒、酆悌、滕杰、周复与康泽5个人负责筹备，大家也无异议。筹备建立黄埔学生组织的活动就此正式开始了。因此，后来外界传说的复兴社"十三太保"，即最初酝酿和筹组这个组织而后又始终是中心骨干的，有13人。当然"13"只是个概数，并不一定仅是13人，也不能具体指出是哪13个人，但胡宗南、贺衷寒、康泽、邓文仪、戴笠、桂永清等人是其中的核心与骨干人物，是不争的事实。

1932年1月底，蒋介石回南京复职，不久担任军委会委员长。

在这期间，贺衷寒、康泽等人在南京紧张活动，终于在1932年2月底3月初，在南京中山东路"励志社"里召开成立大会，蒋介石亲自到会，宣告成立"三民主义力行社"，其外围组织为"中华民族复兴社"。两个组织，一套班子。由会议选举，经蒋介石批准，产生了领导机构，有常务干事5人，干事12人，还有候补干事若干人。在干事会下，设处理日常事务的书记处，有书记与助理书记，下面分设总务处、组织处、宣传处与特务处等部门。

其中，"复兴社特务处"专门从事军事情报的搜集和整理，以及对敌方人员进行绑架和暗杀等特种工作，成为一个军事特务组织机构。蒋介石对之尤为重视，因为他早年参加辛亥革命期间，曾从事过这方面的工作，如暗杀陶成章等。他担任南京国民政府的实际最高领导人后，更感到特殊方面工作的重要性。当时，国民政府军队系统的情报组织有"军委会参谋本部第二厅"，只是负责军事谍报与电讯侦测，蒋介石觉得此机构远不能满足他的需要。而且，蒋介石不愿让"中央党务调查科"（中统的前身）一家独大、无人制约。他要成立一个新的特务组织，与之平分秋色，相互制衡，以利控制。

1932年4月1日，"复兴社特务处"正式成立。蒋介石任命黄埔六期生、他的浙江同乡戴笠为"复兴社特务处"的处长，任命黄埔二期生郑介民为副处长。

戴笠，小名春风，字雨农，浙江江山人，1897年生。早年曾在浙军周

戴笠

凤岐部当兵,后脱离部队到上海,在交易所结识蒋介石、戴季陶等人;1926年入黄埔军校第六期骑兵科,毕业后任蒋介石侍从副官。1928年年初第二次北伐时,他开始进行情报活动,在蒋介石的国民革命军总司令部从事情报工作,常单人单骑颠沛于丰县、沛县、萧县、砀山之间,做军事调查与搜集情报的工作,生活艰辛而又狼狈。1930年,他建立国民政府第一个军事特务组织"调查通讯小组",深得蒋介石信任。1931年年底,他被蒋介石任命为"国民革命军总司令部密查组组长"。蒋介石看出戴笠超群的"特工天才"与情报工作能力,更重视他对自己的耿耿忠心和旺盛的精力,遂将军事情报特务大权交给他。戴笠作风残酷无情、强干豪放,曾策划、指挥实施了许多军政大案,影响了民国历史,有"蒋介石的配剑""中国的盖世太保""中国最神秘人物"等称号。

"复兴社特务处"成立后,总部设在南京鸡鹅巷,下设各机关,按照情报特务工作的需要,在由黄埔系军官控制的各部队和各军事机关、军事学校中——特别是在那些从黄埔军校和南京中央军校的各期毕业生中——抽调、招聘和选拔人才。1932年5月,戴笠为培养高级骨干力量,在南京洪公祠成立"军委会参谋本部特务警员训练班",简称"洪公祠特训班",学员只有三十人,由黄埔五期的陈恭澍任学员班班长。培训6个月后,即分发至"复兴社特务处"的各机构和各区、站担任负责人。1932年6月,经蒋介石批准，戴笠又在杭州的浙江警官学校内设立"特务警察干部训练班"，培养特务人才，戴笠兼任该校的特派员。

1932年9月，蒋介石为整合国民政府的各特务组织，同时让新成立的"复兴社特务处"成为政府的一个正式机构，获得合法的人员编制与经费来源，指示成立"国民政府军委会调查统计局"（不同于抗战发生后成立的"军统"），由陈立夫负总责，下设三个处，以原"中央组织部党务调查科"的人马为第一处，徐恩曾任处长；以"复兴社特务处"的人马为第二处，戴笠为处长；另成立第三处，先后以丁默邨、金斌为处长，掌管电讯、密码以及会议安排事宜。戴笠为处长的第二处，只是名义上归该局领导和领取经费，实际上完全独立行事，直接对蒋介石负责，对内对外仍称"复兴社特务处"。

"复兴社特务处"迅速发展成为一个独立、严密、精干、神秘的军事特务组织，日益受到蒋介石的重视。1936年，浙江警官学校与南京的内政部高等警官学校合并，成立中央警官学校，蒋介石亲自兼任校长。"特种警察干部训练班"的学员都成为蒋的学生，与蒋的关系更加亲密。

（四）六国饭店锄奸特别行动

1933年年初，日军攻占热河，侵犯长城各口，华北形势骤然紧张。在张学良引咎辞职后，新担任"华北军分会"委员长的何应钦看到日军收买土匪流氓与下野军阀，在北平、天津一带横行无忌，制造了一起又一起暴动事件，感到难以应付。蒋介石闻讯后，指派"复兴社特务处"副处长郑介民兼任华北特区区长，常驻北平，统一指挥"复兴社特务处"在平津与华北地区的特务活动，加强华北地区的情报特务工作。

郑介民是"复兴社特务处"仅次于戴笠的第二号人物，原名郑庭炳，广东省海南岛（今海南省）文昌县人。1897年出生于一个破落地主家庭，

郑介民

因家贫勉强读完小学后即去南洋，在马来亚吉隆坡谋生。1924年年初黄埔军校创立期间，郑回国，改名郑介民，投考黄埔一期，未取。不久，黄埔二期招生，他再次投考，终被录取。在军校期间，他参加"孙文主义学会"，思想日益右倾。从黄埔军校毕业后，他与同学康泽等人被派去苏联中山大学深造，回国后不久就当了蒋介石的侍从副官，实际上是替蒋介石做情报特务工作。郑介民为人机警谨慎，又肯用功读书，钻研问题，因而渐渐取得蒋介石的好感与信任。特别是在1929年4月蒋桂战争中，郑介民自告奋勇去桂系控制的武汉活动，利用关系，潜入桂系集团核心内部，窃取了大量机密情报，如桂系军队的内部密电码、兵力部署、人员装备、主官姓名等，一齐密报蒋介石，为蒋战胜桂系立下功劳。从此，蒋介石对郑更为重视，破格提拔。1932年年初，"复兴社特务处"成立时，蒋任郑为副处长，作为戴笠的副手。

郑介民到北平后，以"北平军分会上校参谋"名义作掩护，调整、整顿"复兴社特务处"在华北各地的特务组织，搜集日伪方面的情报。华北特区下辖的北平站与天津站都扩大编制，成立行动组。这时北平站站长是陈恭澍，所辖行动组组长白世维；天津站站长是王天木，所辖行动组组长是王文。

1933年4月，戴笠接到蒋介石制裁张敬尧的命令后，立即急电郑介民，要他迅速赶回南京总部，共同研究暗杀张敬尧的措施与方法。

郑介民回南京，与戴笠进行了几天紧张的策划计议，终于想出了一个暗杀张敬尧的计划与方法：由郑介民化装为南洋华侨巨商，回国做人参生意，也住进北平六国饭店，先侦悉张敬尧的起居与活动规律，再指挥特务们实施暗杀。因为郑介民是广东海南岛文昌县人，曾到南洋马来亚工作过一段时间，讲得一口广东官话，还能说几句英语与马来亚土话，化装南洋华侨巨商非常适合，不会被人怀疑。

于是，在1933年四五月之交的一天，郑介民打扮得西装笔挺，满身洋气，随身携带着十多只沉甸甸的皮箱，气宇轩昂地住进了北平六国饭店。六国饭店的侍役茶房们帮着将那十多只皮箱抬进郑介民下榻的豪华房间时，还以为那里面装的都是金币与银元呢！其实，里面装的都是石头砖块。郑介民住进饭店后，神态随和，出手大方，经常借机与茶房聊天，很快就了解到张敬尧住的房间号数与位置。郑又以散步与工作为由，多次到张敬尧住处周围进行侦察，弄清了张敬尧与其亲信分住在3个大房间里，每日活动频繁，来往的客人很多。他还了解到张行踪诡秘，夜间睡觉经常变换房间。郑介民想，如果暗杀定在白天，人多不易下手，而且刺客难以脱身；若在夜间进行暗杀，又不知张敬尧当夜睡在哪个房间。张敬尧是行伍出身，枪法极准，武功又很厉害，弄不好就会赔了夫人又折兵。

郑介民左右为难。他召集王天木、陈恭澍等人计议，终于想出了一个两全其美的方法。原来郑介民侦察到张敬尧每天起床很早，洗脸、修容花的时间很长。这时，一来人少，二来张疏于防备，乃是下手的极好时机。郑介民指定北平站行动组组长、年轻力壮的白世维为暗杀主要执行人，并研究了刺客进入六国饭店的方法与动手后的逃走路线。另外派人在楼梯口、饭店门口守候，以掩护刺客撤退。为此，他还预先弄来三辆小轿车停在饭店附近。

1933年5月7日凌晨，张敬尧像往常一样早早起床。正当他在洗脸间修容时，白世维在同伴们的掩护下，飞速地冲了进来，手起枪响，子弹准

1933年5月8日,《世界日报》报道"六国饭店凶杀案"

确地射进了张敬尧的头部,张立即倒地毙命。当六国饭店的茶房与房客们被枪声惊醒时,白式维及其伙伴已飞奔下楼,钻进小轿车,飞驰而去。汽车开到王府井大街东安市场,白式维下车,混入人群,步行去了八面漕的清华园。

当日,郑介民不告而别,离开了六国饭店。当天晚上,他从北平军分会得到准确消息:张敬尧已死,立即电告南京。

第二天,5月8日,北平各报上刊登了"巨商常石谷,在东交民巷六国饭店中遭刺殒命"的报道。不久后,国民党北平机关报证实:"常石谷"即张敬尧,是汉奸,潜入北平阴谋策动叛乱,被"专锄汉奸救国团"击毙,但其内幕却无人知晓。

十一、第五届"全运会"上的救亡呼声

1933年10月10日,第五届全国运动会在南京东郊新建成的中央体育场开幕。

南京国民政府原定于1931年10月在南京召开第五届全国运动大会,并在1930年4月组织了筹备委员会,指派林森、何应钦、朱培德、宋子文、王正廷、蒋梦麟、刘瑞恒、吴铁城、魏道明9名党国要人为筹备委员会的委员,公推林森为常务委员,主持会务。

筹委会根据蒋介石的提议,拟在南京兴建一座规模宏大的中央体育场,作为召开全国运动大会的基地。经国务会议指定,以南京东郊中山陵园界内、灵谷寺南部的1200亩荒地为全运会体育场场址。

1931年5月10日上午10时,中央体育场奠基仪式隆重举行。蒋介石等国民政府要人以及国民会议代表三四百人出席了奠基仪式。蒋介石在典礼上发表讲话说:"欲恢复民族地位与精神,须先养成健全之体格,故体育一端,比较德育尤为重要。"承包工程建筑的利源建筑公司共动用了三千多名工人,夜以继日地工作,终于在1931年8月底之前让各项主体工程基本竣工。中央体育场充分利用四周高、中间平旷的地势,因地制宜,进行设计和建设,各项建筑均为钢筋混凝土结构。体育场分为田径赛场、游泳池、棒球场、篮球场(与排球场合用)、国术场和网球场6个部分,另外还有跑

中央体育场正门

马场、足球场等。各场皆有看台，总共可容观众六万余人，当时堪称"远东第一"。

但就在第五届全运会预定开幕前约二十天，1931 年 9 月 18 日，日本突然发动了九一八事变，并在约四个月的时间里，迅速侵占了中国东北三省，国难当头；几乎在同时，长江流域十七省发生水灾。第五届全国运动会被迫推迟。

直到 1933 年 10 月 10 日，第五届全国运动会才在南京举行。运动场区设在南京中央体育场，参赛单位 33 个，运动员 2697 人，历时 11 天，至 10 月 20 日闭幕。南京大街小巷张悬着无数的标语"倡全民运动，救国家危亡"或"提倡国民体育，振刷民族精神"，整个南京城沉浸在热烈的节日气氛中。赛程中，到场观众及外宾共达 30 万人，媒体称之为"首都空前未有之盛"。第五届全运会的规模与成果，成为民国体育史上前所未有的盛举。

当时，日本侵略者霸占中国的东北，并扶植了一个"满洲国"政权；接着，进一步将侵略矛头向关内延伸，处处烽火燃烧。中华民族到了最危亡的时刻，中国人民抗日救亡的呼声响彻云霄。

1933年10月10日上午的开幕式，蒋介石、林森等党国要人悉数登上主席台。从各地赶来的中外观众、记者挤满了看台。

大会筹委会特地组织了一支代表东北三省失地的运动队。当这支代表队随着各省运动队进入会场时，全场观众起立，爆发出极其热烈的掌声和欢呼声。

开幕式在庄严的中华民国国歌声中开始。在大会会长王世杰恭读总理（孙中山）遗嘱、致开幕词及报告筹备经过后，特地由东北选手作为运动员的代表，宣读致大会全体选手的公开信，信中写道：

> 诸位同志，我们是代表东北同胞而来赴全运会的选手，我们不敢猜想诸位朋友对我们作何样的感想，但我们自己实在是痛苦到万分，因为国辱民奴，我们的父母兄弟姊妹天天在东北过着牛马不如生活……我们冒着好多困难来了，眼前这江南风景，益发触动了我们家亡国破的悲哀，男儿有泪不轻弹，皆因未到伤心处，我们这次来参加比赛，不如说是来报告东北的惨状……我们绝大信心便是中国不亡，东北不亡，我们今日要宣誓：共同奋斗，去夺取我们最大锦标——光复东北！

全场观众边听边流泪。人们想到积压胸中数年的国仇家恨，再也不能自已，由小声抽泣到大声痛哭。突然，看台上不知从哪方传来一声怒吼："打倒日本帝国主义！"跟着"收复失地""还我河山"的口号声如巨雷般震响。主席台上的党国要人，有的难过地低下头，有的取出手帕擦眼泪。

当时，会场上有许多人高唱"中国不会亡"的救亡歌曲。蒋介石闻之，指示说："中国这么大，当然不会亡！应该改为'中国一定强'！"于是，"中国一定强"的救亡歌声唱遍了南京的大街小巷和中国的南北各地。

在第五届全国运动会上，代表东北三省失地的运动员刘长春创造了优异的成绩。

刘长春是辽宁省大连人，1909年生。1929年，正就读于东北大学体育系的刘长春，在沈阳举行的第十四届华北运动会上，打破100米、200米和400米等4个男子短跑项目的全国纪录，其中100米比赛创造的10.8秒记录，平了1928年阿姆斯特丹第九届奥运会男子100米的成绩。一时间，刘长春成为全国瞩目的运动明星。

刘长春不仅是优秀的运动员，而且是有强烈爱国思想的中华男儿。1931年九一八事变后，中国东北三省沦陷，国难当头，作为东北人的刘长春坚决拒绝了"满洲国"的利诱拉拢，流浪关内，成为难民。北平军分会政治训练处主办的杂志《老实话》旬刊，在1933年的第4期专门报道了刘长春的境遇，赞誉他的民族气节："九一八以后，'满洲国'方面迭以势力诱之，谓如投满，升官发财，不成问题云云，刘富有民族气节，不甘附逆，严词拒绝。"他以体育报国，在困境之中仍继续努力奋发："于歧路徘徊之际，犹未放弃运动事业"。1932年7月，刘长春代表中国，参加在美国洛杉矶举行的第十届奥运会，以"中国参赛奥运第一人"的身份永载体育史册。

1933年10月10日，在第五届全国运动会第一天的比赛中，刘长春参加了男子100米的预赛，被分在了第三组。他以11.1秒的成绩夺得了小组第一，顺利进入了复赛。次日，10月11日，在男子100米复赛中，分在第三组的刘长春以11.9秒的成绩，再获小组第一，进入同日进行的决赛中。刘长春在复赛之中跑出的11.9秒，虽成绩略逊于预赛时候的11.1秒，但决赛的表现显示，这是刘长春在蓄积实力，为自己在决赛舞台的一鸣惊人做准备。当天举行的男子100米决赛，堪称当时中国的"飞人大战"。刘长春不负众望，决赛时一举跑出了10.7秒的好成绩，荣获第五届全国运动会冠军。这一成绩打破了男子100米全国纪录，同时平了远东运动会纪录。更值得注意的是，刘长春在南京创造的10.7秒的好成绩，比起1932年洛杉矶奥运会上美国运动员创造的最好成绩10.9秒，领先了0.2秒。

1933年10月12日，是全国运动会的第三个比赛日，刘长春又参加了男子 200 米预赛，他也同样以小组第一的名次出线，成绩 23.7 秒。就在同一天进行的男子 200 米复赛中，刘长春以 22 秒的成绩打破全国纪录，创造了"两天内两次打破全国纪录"的佳话。

刘长春在南京第五届全国运动会上，分别以 10.7 秒和 22 秒的优异成绩，创造的男子 100 米和 200 米两项短跑全国纪录，直到 1949 年都未被打破。

刘长春在南京第五届全国运动会上的优异成绩，不仅写就了中国体育史的辉煌篇章，而且给当时国难深重的中华民族以巨大的鼓舞，给日本侵略者及其扶植的"满洲国"以当头棒喝。

在日本咄咄逼人的侵略态势面前，在全国民众救亡热潮的推动下，南京国民政府越来越认识到，中日必有一战。早在 1932 年 6 月，蒋介石就在日记中写道："倭寇咄咄逼人，战祸终不能免，然必有相当之准备时期，始得应付裕如。"国民政府抓紧时间，以各种形式对日备战：在 1932 年 1 月，将原设在北平的陆军大学迁到南京，解聘该校的全部日本教官，清一色换上德国教官；聘请德国军事顾问团，秘密制订未来对日作战的战略计划；

南京第五届全国运动会田径赛场

制订七年整军计划，加强军队训练建设；购进德国武器装备，在德国顾问的训练指导下，计划至1938年在中央军里组建成六十个德式陆军师；在军事委员会里秘密成立警卫执行部，运筹对日备战，设立国防设计委员会，后改组为资源委员会，掌管和发展全国的战略资源；在北方黄河沿线及海防要地构筑国防工事；延筑陇海线、浙赣线、粤汉线等战略铁路和重要公路；储备战略物资，等等。其中特别重要的是加强首都南京的防护：在上海通往南京的沿途，加紧构筑苏福线（苏州到常熟）和锡澄线（无锡到江阴）两道国防工事；在上海通往南京的长江航道上，加强江阴、镇江、乌龙山三座江防要塞；在南京的外围、内廓，构筑钢筋混凝土碉堡等永久性的国防工事等。1934年11月21日至22日，国民政府在南京举行了中国历史上第一次防空大演习，参加演习的各军兵种和政府各部门及民防组织人员之多、组织协调之复杂，前所未有。接着，国民政府军事委员会于1935年在南京举办防空展览会，并在南京市中心新街口广场中心竖立起一座巨大的航空炸弹模型，十分醒目，以期引导国人对日本战机空袭做好心理准备和物质准备。南京国民政府和蒋介石的战略盘算是——目前日本的国力军力远超中国，因而中国不能仅凭意气仓促求战，而应忍辱负重，积蓄和发展中国的国力军力，最少要等到七年整军计划完成的1938年，再与日本开战，赶走侵略者，收复失地。

十二、暗杀石友三，力阻"华北国"

日本军国主义者在占领中国东北后，进一步扩大侵略。他们在1933年年初攻占热河，进攻长城各口，进逼华北，制造了第一次华北危机。日本大特务头子板垣征四郎、土肥原贤二先后坐镇天津，收买与纠集中国的流氓土匪、失意军人与政客，在华北各地建立汉奸军事武装，制造事端，组织暴乱，配合日军的进逼，策动"华北自治"，分裂与肢解中国。张敬尧是他们网罗的第一个重点对象。张敬尧在1933年5月8日在北平六国饭店被刺杀后，石友三就接替了张敬尧的地位。因为石友三的军事指挥才能以及在华北的潜在实力都在张敬尧之上，因而更得到土肥原贤二的重视。

（一）反复无常的西北军悍将石友三投靠日本

石友三原本是冯玉祥部西北军中一位资格老、地位高的重要将领，在民国史上以善于带兵打仗与见风使舵、反复无常而出名，人称"倒戈将军"。

石友三，字汉章，吉林省长春县人，1891年（清光绪十七年）出生于一个贫穷的家庭，年少时在粮店当学徒，后结识少爷毕广垣，得以进小学读书，做过商震的学生。1908年（清光绪三十四年）弃学从军，先投到驻长春的陆军第三镇吴佩孚营当兵。1912年（民国元年）春，他到北京改投

石友三

左路备补军冯玉祥营,当马夫。他虽身材不高,却机灵敏快,很快得到冯玉祥的赏识,被提拔为贴身护兵。此后,石友三随冯玉祥南征北战,并随着冯玉祥部队的扩大而不断得到升迁,从模范连连长到营长、团长。石友三在军中相当称职,作战身先士卒,在投弹、双杠、枪法等训练项目上,均是第一。冯玉祥的西北军以训练严格著称,石能做到这种成绩实属不易。石友三统率部队严整有方。有一次黎元洪阅兵,石的部队整齐划一,没出一点毛病。此后他的部队便作为供外国公使参观的指定部队。

1924年10月,石友三率部参与了冯玉祥发动的推翻直系总统曹锟的北京政变。冯部改称"国民军",石友三升任国民军第八混成旅旅长;1925年春,又升任第六师师长。不久,冯玉祥任西北边防督办,石友三任包头镇守使。石友三在包头大力铲除地方势力哥老会,收编土匪,杀人无数,获得"石阎王"的外号。

石友三善于统兵打仗,在历次战斗中战功卓著,与孙良诚、孙连仲、韩复榘、刘汝明并称为冯部"中期五虎将"。此外,与韩复榘、孙连仲、孙良诚、刘汝明、张维玺、佟麟阁、过之纲、葛金章、闻承烈、程希贤、韩多峰、韩占元一起,成为冯玉祥的"十三太保"。

1926年5月,奉军、直军、直鲁军、晋军联合向冯玉祥的国民军发动进攻。国民军与直奉联军在南口大战。石友三与韩复榘奉令率部往雁门、左云一带与晋军作战。石友三开始很卖力气,但在雁门关受阻,部队伤亡较大，石友三遂通过与晋军前敌总指挥商震的师生关系，达成休战协议。不久，冯玉祥宣布下野出国去苏联，国民军由张之江指挥。在南口大战后，国民军溃不成军，撤至归绥、包头后，张之江决定全军进入陕西、甘肃、宁夏、青海一带。石友三不愿去西北受苦，便联络韩复榘，投靠了阎锡山，共同接受晋军改编。这是他第一次"倒戈叛冯"。

1926年9月，冯玉祥自苏联回国，在五原誓师，宣布将所部改编为"国民联军"，归顺广州国民政府，参加国民革命军北伐，冯就任国民联军总司令。冯派人持书，召韩复榘和石友三归来，获得成功。1927年5月，冯率"国民联军"出师潼关，配合南方蒋介石的北伐军，向河南进攻，石友三任第一方面军总指挥兼第五军军长，进攻郑州。1928年春的第二次北伐中，石友三率部参加豫东大战，打败张宗昌，直攻至山东。

1929年3月，蒋桂战争爆发。冯玉祥企图渔翁得利，令驻防河南南阳的石友三部进驻襄樊，乘虚占领武汉。蒋介石派人持巨款对石友三进行收买。当1929年5月冯玉祥宣布反蒋，率全军西撤时，石友三遂与韩复榘采取一致行动，通电全国，叛冯投蒋。这是石友三第二次背叛冯玉祥。

石友三投机成性，对蒋介石也不是忠心耿耿。1929年10月，蒋介石委任石友三为安徽省政府主席，石友三很是高兴。但正当石友三兴高采烈率部去安徽就职时，蒋介石又要调他去广东，与李宗仁部作战，石友三认为这是蒋的调虎离山、借刀杀人之计，很为不满。广州反蒋派乘机派人向石友三游说，石友三于是在1929年12月初，突然在浦口宣布与蒋介石决裂，隔江炮击南京城，让南京国民政府措手不及、极为狼狈。然后，石友三率部退入河南新乡。

1930年春，蒋、冯、阎的中原大战爆发。冯玉祥派人与石友三疏通，阎锡山又向石友三许以山东省地盘，石友三见利眼开，乃又与冯、阎携手，共同反蒋，就任第四方面军总司令与山东省主席之职，率部与蒋军大战。1930年9月18日，张学良率东北军入关助蒋，冯、阎失败，石友三见状，立即利用东北同乡的关系，与张学良接洽，通电归顺中央。这是他第三次背叛冯玉祥。

中原大战后，石友三依靠张学良与韩复榘的斡旋，被蒋介石任命为第十三路军总指挥，受张学良节制，驻顺德（今河北邢台）。

但仅数月后，石友三又叛离张学良。1931年5月，宁、粤对立。粤方在广州另建国民政府，以汪精卫为主席，派李汉魂到顺德，与石友三秘密联络，许以高官重利，石友三遂于7月18日宣布就任广州政府所委任的第五集团军总司令之职，发出讨张通电，督率所部沿平汉路北进，讨伐张学良，准备攻略北京。南京国民政府旋即于7月24日下令免去石友三本兼各职，发出对石友三的通缉令。在东北军于学忠部与河南中央军刘峙部的南北夹攻下，石友三部六万余众很快全军覆没。1931年8月初，石友三只身逃往济南，寄居在韩复榘的山东省政府内。

石友三不甘心长期寄人篱下。1931年九一八事变后，国内局势复杂，石友三企图东山再起。1932年秋，他在日本特务凑开一的策划和保护下，秘密离开济南，经烟台，乘船到达天津，与土肥原贤二会面。根据土肥原贤二的指示，石友三把家安在天津日本租界里。之后，他以此为据点，召集旧部，联络汉奸、流氓、失意军人，其中有天津黑社会的大流氓头子刘髯公、曾任吴佩孚秘书长的白坚武、曾任京师警察厅总监的张璧、曾任奉天银行经理的李际春、失意军人任应歧、山东巨匪刘桂堂、刘锟等人，在日军企图分裂与肢解中国阴谋指使下，企图建立"华北国"。1933年年初，在日军制造第一次华北危机后，石友三于1933年年底派遣旧部团长罗自臣、张国乾，在日本特务凑开一的指导下，勾结土匪冯寿彭等人，在冀东玉田一带组织起"河北战区保安队"，进行叛乱性的军事骚扰活动。同时，在天津等地多次组织武装暴动，进一步造成华北局势的动荡不安。

（二）复兴社特务处"制裁石友三"的密谋

石友三的猖狂叛国活动引起南京国民政府的深深忧虑。蒋介石早就对石友三的反复无常大为恼火，特别是对他 1929 年 12 月在浦口发动兵变、炮击南京一事一直耿耿于怀。现在石友三匿居天津日租界，不便公开捕捉，蒋就给复兴社特务处处长戴笠下令，要他对石进行"制裁"。

自 1933 年年初的长城抗战以后，蒋介石就指示戴笠加强在华北的工作，尤其强调要开展"锄奸活动"，实施对重要军政汉奸的暗杀。1933 年 5 月 8 日，复兴社特务处在北平六国饭店成功刺杀了张敬尧。这次，戴笠将暗杀石友三的任务交给了复兴社特务处华北特区北平站站长陈恭澍。因为当时天津站站长王子襄突然中毒暴毙，改由陈恭澍统一指挥北平、天津两站的行动任务。

陈恭澍，河北宁河人，1907 年生，黄埔军校第五期警政科毕业；1932 年，加入刚刚成立的军委会复兴社（力行社）特务处，任组长，成为戴笠手下最重要的骨干与亲信，后任北平站站长，参与策划与指挥刺杀张敬尧、吉鸿昌等人的行动。心狠手辣，沉着干练，绰号"辣手书生"，号称"军统第一杀手"。

陈恭澍接受了刺杀石友三的任务后，就给手下几个富有经验的行动特务分工，指示以王文为首的行

陈恭澍

动组负责制裁石友三。

陈恭澍、王文先派人对石友三在天津日租界的生活起居进行了侦察，发现石友三小心谨慎，诡秘无常，较之吉鸿昌大不相同，要暗杀他太难下手了。

石友三自1932年秋到达天津后，仿效狡兔三窟之计，在天津几个地方购置了房产，安排了住处：他先在天津日租界购买房屋一所，计房三十余间；又在积善里购买房屋一所，用大洋10万元，并添盖新房一百余间，自名"世界里"，出租赚钱；再在法租界新旅社后面购买楼房一所，计房二十余间。石友三令其正房韩显斌、二房黄风姿、三房程艳芳分住各处。

石友三经常去居住的是日租界三姨太程艳芳住的那幢大住宅，因为不仅那里归日本管辖，可以请日本宪兵来保护，而且街道僻静，左邻右舍全是深宅大院，彼此不相往来，极利于活动与防刺。石友三对他这所住宅的警卫工作安排得分外细致周密：大门外，除了门牌号，没有任何标记；进了大门，左右都是门房，左边住有穿便衣的警卫，右边是传达室；隔一层狭长的小院子，还有第二道门，这扇门经常关着，即所谓穿堂门。第二道门里面，有个长方形的大院子，东边有三间房，驻有两名日租界当局特地派来保护石友三的日本宪兵；西边也有三间房，住着石友三的五名亲信侍从副官，为首的是一个姓史的参谋，是石友三最亲密的助手；坐北朝南的正屋，是一座上下两层的楼房，大小共有八九个厅房，是石友三与他的三姨太程艳芳及其眷属居住的地方。在这座两层楼的后边，还有座后院，石家的仆从都住在那里。后院旁有个小角门，供仆人进出。狡猾的石友三为了安全，下令将此角门锁上不用，仆人们进出一律从前边大门，都要接受两道门卫的监视与审查。

石友三对自己的起居与外出更是小心异常。因为当时政治暗杀与绑票案层出不穷，富有经验的石友三深知自己多年来在军政界树敌太多，现在投日叛国影响大，要算计他性命的人肯定不少，因此他更加谨慎。他平时尽量少外出，也不让一般来访的客人到住宅里面。每次出门办事，他都预先不告诉随从们到什么地方去，待汽车发动后，这才指路，连开车的司机事先也不知道他的行车路线，显得神秘莫测。而且，他的活动一般不出租界，极少到中国政府管辖的"华界"地区活动。

陈恭澍了解了这些情况后，觉得制裁石友三的难点在于，知道他住在哪儿，就是无法下手。因为石友三的住处被日租界着意保护，戒备森严，身边有五名带枪侍卫、两名日本宪兵，还有很多佣人仆妇，如果采用枪击的方式硬来，不仅难以成功，而且会伤及无辜；如果要在马路上搞狙击，石友三深居简出，神出鬼没，难度就更大了。由此，陈恭澍觉得要暗杀石友三非同一般，事先必须制订精密可行的暗杀行动计划，最好要在石友三公馆内设法找到一个内线，提前掌握石友三的行动轨迹，内外呼应，伺机下手，暗杀才能获得成功。

王文是河北省宝坻县（今属天津）人，1909年生，这年才25岁。天津有个叫"三益成"的杂粮店，掌柜的刘兆南，也是宝坻人，家里跟王文家是世交，刘兆南本人还是王文的小学同学，很熟。两人一次相会，无意中聊起来，刘兆南说石友三身边的五名亲信侍从副官中，有一个跟咱们是老乡，也是河北宝坻县人，也很年轻，叫先鸿霞。

功夫不负有心人！王文通过刘兆南，与先鸿霞相识，谈了几次，从抗日锄奸、民族大义的高度晓以利害。先鸿霞是个深明大义的人。他早就对石友三的投日叛国活动不满，答应王文协助完成暗杀石友三的工作。但他有个要求，就是希望在暗杀的具体做法上，由他自己斟酌情况，便宜行事。同时先鸿霞还告诉王文：他一个人在石友三戒备森严的公馆里，单枪匹马，深感力量单薄，因而准备在同事中物色一个能配合他行动的搭档。

这时已经是1934年12月初了。

王文很高兴地把情况向陈恭澍作了汇报。陈恭澍听了王文的汇报后，大为高兴，因为有了内线，暗杀就容易实施了。陈恭澍与王文及主管暗杀行动工作的白式维，一起研究对石友三的暗杀行动计划。陈恭澍主张采用强硬的武装制裁，即采用枪杀，称为"硬性行动"，因为这样不但清除了一个石友三，而且对当时的那些大小汉奸可以起到杀一儆百的作用。怎样实施枪杀呢？陈恭澍计划让先鸿霞行动，并提出了两个假设方案：

第一个方案，假定在石友三在家时行动。但这有许多难以克服的困难。先鸿霞一人势孤力单，难有机会接近石友三，就是接近了，恐也难以下手。因为石友三睡觉在二楼，抽大烟也在二楼，起居吃饭及会客在楼下的正厅。平时，如果不经石友三的呼唤，五个侍从副官，除贺参谋，是不能随便进这座房子的。因此先鸿霞单独一人见石友三的机会不多。人多时接近石友三又不便下手；即使有机会单独见石友三，也不能够拔枪就射，掉头就走，因为难以离开现场，甚至连石宅大门都出不去，即使闯出大门，恐也难逃出日租界。对暗杀行动来说，没有退路，是极为忌讳的一件事。

第二个方案，假定乘石友三外出时行动。这也有很大的困难。因为这一时期石友三诡秘异常，极少外出。先鸿霞等侍从副官无从掌握其外出情况，而且先鸿霞也不一定每次都能陪石外出。若预先不能知道石到什么地方去、会见什么人、停留多长时间、来回路线等情况，在外面暗杀也是办不到的。

陈恭澍派王文带着这两个行动方案，再次赴天津与先鸿霞密商。这时，先鸿霞在石公馆的工作有了进展：他已说服争取了一个名叫史大川的侍从副官。史也是一个热血男儿，早就不愿跟着石友三当汉奸了。他答应配合先鸿霞的行动。先鸿霞向王文建议，待他和史副官同时随石友三外出，趁机实施暗杀，即使当时有贺参谋在旁，二人也能对付。只要石友三一死，那贺参谋便不会为他卖命了。至于汽车司机，平时从来不带枪，照石友三平时之待人，他也不会插手的。

这个方案虽好，但却无法争取主动，只能等待机会，在时效上难以预估，而南京复兴社特务处总部戴笠对陈恭澍连连催逼，陈恭澍也怕夜长梦多，就要王文与先鸿霞协商，能否有新的又更为快速而可靠的暗杀办法。

先鸿霞又向王文提供了一个新的线索，一个新的方案出现了。原来先鸿霞正在下功夫拉拢那个为石友三烧饭的厨师老褚，若能争取过来，就可以通过往石友三的饭菜里下毒，实现暗杀目的。不过需要陈恭澍向他们提供绝对有效的毒药。

（三）陈恭澍的"软性行动"遭遇失败

陈恭澍听了王文的情况汇报后，立即决定改"硬性行动"为"软性行动"，即不再用枪击和刀砍的方式，而是改用毒药对石友三实施暗杀。

陈恭澍想起原天津站站长王子襄生前曾交给他一瓶毒药，是一种无色、带有苦杏仁味、能快速置人于死地的毒药。他将此药和活动经费交给王文。

王文接受陈恭澍的指示后，带着毒药从北平赶回天津。他先在秘密联络地点"三益成"杂粮店里，与先鸿霞秘密会见。先鸿霞告诉王文，现在他已说服了那位厨师老褚，老褚答应由他往石友三的饭菜里放毒药，但在事成以后要给他一笔经费，让他能够开个小饭馆。王文说这些都没有问题，就把那瓶毒药交给先鸿霞，并嘱咐他说，这种药极毒，注射到猫身上，三十秒后就会死亡。若是人吃了，两三分钟就可毙命。但这药带有苦杏仁味，最好放到杏仁茶里让石友三喝。瓶里的毒药只能用一次，所以成败在此一举。

1934年12月18日，先鸿霞回到石公馆，将毒药悄悄交给厨师老褚。老褚把此事看得太简单了，说："只要石友三点出菜了，我就给他上。如果今天顺手，我今天就干！"

石公馆里的人很多，吃饭时，有如流水席，一批吃完了，下一批再吃。等到前前后后都吃完了，才由石友三和三姨太上桌吃。

这天晚上9时许，石友三与三姨太上桌吃饭。厨师老褚认为可以下手了,就把毒药放到火锅里,往桌上端。哪晓得这位厨师没有经历过这种大事,端火锅上桌时,因心情紧张而失态,不敢朝石友三看一眼,而且竟将火锅里的汤水晃出。他这种紧张反常的举动,立即引起诡诈异常的石友三的警觉。石友三是何等人,那可是从枪林弹雨中走出来的一个老兵痞!从十几岁当兵活到四十多岁,天天过的都是刀头舔血的日子,杀人无数,一生当中见过的死人恐怕比一般人见过的活人还多,可不是被人吓唬长大的;而且他经验丰富,警觉性极高,表面上对部属亲热,但内心深处无时无刻不在防着身边的人。只见他一脚踢翻椅子,拔出手枪,把厨师老褚揪倒在地,厉声喝问。慌成一团的老褚早就趴在地上喊"饶命",很快供出了下毒实情。石友三气得用手枪柄狂打厨师的头,同时大喊:"贺参谋,你们都过来!"五个侍从副官都过来了,石狂叫着威逼老褚指认主使者是谁,说:"你给我说实话,他们都在这里,到底是谁主使你干的,马上给我指出来,要有一句瞎说,我马上就毙了你!"老褚瘫在地上,朝五个随从副官瞄了一眼,像是要指认。先鸿霞发觉情况危急,准备先发制人,就向腰间摸枪。正在观察各人动态的贺参谋发现先鸿霞的这一举动,立即飞上一脚,向先鸿霞腰间踢去,嘴里大喊:"你想干什么?"石友三立即向前两步,用手枪逼着先鸿霞,狂叫:"你这小兔崽子,想要我的命?好!看我怎么收拾你!"说完就命令贺参谋把先鸿霞捆起来。石友三转身对着厨师老褚说:"你抬头看看,把毒药给你的是不是他?"厨师老褚吓得趴在地上,浑身颤抖,不敢抬头正视。石友三立即明白是怎么一回事了。

当天晚上,石友三要贺参谋将先鸿霞与厨师老褚二人押送到日租界宪兵队,称此二人是南京派来的抗日分子与搞暗杀的特务,由日方处理。

万幸的是,老褚并不知道史大川的底细,而先鸿霞在危急关头,很机警地保护了自己的战友。几天以后,史大川才有机会跑出来,找到王文报信,而且他决定离开石友三出走。

听了史大川的话,王文一时不知所措,好半天才想到,要回北平向陈恭澍报告。

至此，陈恭澍精心策划的谋杀石友三的行动计划全部失败。

（四）余波

陈恭澍听了王文的报告后，立即布置善后工作，首先是设法营救先鸿霞和援助史大川。但他们很快就得知，先鸿霞与厨师老褚二人已经被日方宪兵队杀害。陈恭澍拿出一捆钞票，让王文交给史大川，由史转交给先鸿霞与厨师老褚二人的家人。王文回到天津，请"三益成"杂粮店掌柜刘兆南将这笔钱转交给史大川。没想到刘兆南见钱眼开，竟私吞了这笔钱，还对王文谎称史大川得了钞票后不告而别。此事为王文觉察，大为恼怒，将刘兆南绑架到北平，交给陈恭澍处理。陈恭澍一时大意，将刘兆南关押在自己住处后院的一间小屋内。刘兆南买通了一个送水工，向北平警方报案，称被秘密绑架关押。当时复兴社特务处在北平的活动与北平警方并无联系。北平警方得到报告，立即会同宪兵，到陈恭澍住处搜查。

那天一早，陈恭澍听到猛烈的敲门声。他打开院子大门，涌进许多警察和宪兵。为首的一人问陈恭澍："赵先生住这里吗？"陈恭澍当时在北平化名姓赵，来人所问的人正是他自己。陈恭澍灵机一动，随口答道："赵先生在屋内"。当警察和宪兵进屋后，陈恭澍赶紧从后院翻墙逃走。他逃到一个叫王云林的部属家中躲藏，了解了情况后，于当日晚乘火车北上归绥（今呼和浩特），隐蔽了半年多。直到1935年10月，他才回到北平，致电戴笠，称愿回到南京特务处接受处分。但他同时向戴笠提出一个要求，称必须要让连良顺来接他。连良顺也是特务处的重要成员，当时正在武汉站工作。他是由陈恭澍介绍加入特务处工作的，与陈恭澍私交极好。戴笠答应了陈恭澍的要求，从武汉调来连良顺，让他去北平接陈恭澍回南京。戴笠一向对陈恭澍、沈醉这些特务干才偏爱有加，因此只对陈恭澍说了一句

"团体有团体的纪律，不处理是不行的"，下令将陈恭澍关押了半年多时间，到 1936 年年中，便将陈恭澍释放，并任命他为天津站站长。抗战全面爆发后，陈恭澍领导华北特区的特工，先后实施了对王克敏等大汉奸的暗杀行动，虽未成功，却给日伪以重大的震慑与打击。1939 年年初，陈恭澍更被戴笠紧急调往河内，领导刺杀汪精卫的行动，书写了抗日锄奸的精彩一章。

至于石友三，此后继续在华北地区进行叛国活动。1935 年 6 月 27 日，他在土肥原贤二的策划与支持下，伙同潘毓桂、白坚武，发动"北平自治"运动，制造了著名的"丰台事件"：当日晚 8 时，一支六十余人的便衣队，从天津乘车抵达北平丰台站。他们依计划，与早已被收买的国民政府北平军分会铁甲车第六中队取得联系，然后，驾驶铁甲车，于次日拂晓开抵永定门外叩门，准备武装冲入北平城内。在这同时，石友三率便衣三千余人，潜伏在北平城内东交民巷，一旦铁甲车叩门成功，冲入城内，他们便在城内配合，占领各重要机关，宣布成立"华北自治军"，建立"华北国"。

但是，北平军分会早就得到情报，作了防范。便衣队驾驶铁甲车到达北平城永定门外时，发现城门紧闭，城墙上列满军队，知事情已经败露，便向城内放炮数发，然后弃车逃窜。"丰台事件"遂告失败。

1936 年 10 月，刚担任国民政府"冀察政务委员会"委员长的宋哲元，念着西北军旧情，同时也受到日方的压力，任命石友三为"冀北边区保安司令"。1937 年 7 月抗日战争全面爆发后，石友三招兵买马，增强实力，先后担任军政要职。他周旋于各派抗战势力之间，同时继续与日本侵略军勾结。到 1940 年，他准备公开降日。蒋介石密令石友三部下总参议毕广垣、新八军军长高树勋等人，于 1940 年 12 月 1 日将石诱捕活埋在黄河岸边。

天网恢恢，疏而不漏！石友三虽然在 1934 年 12 月侥幸逃过了复兴社的"制裁"，但也不过多苟延残喘了六年而已。死有余辜的石友三，终究还是"栽"在了"自己人"的手中。

十三、上海《新生》周刊"诽谤"日本天皇案

1935年5月4日,在上海出版的《新生》周刊第二卷第十五期,刊载了一篇名为《闲话皇帝》的文章,作者为易水(艾寒松的化名)。此文泛论古今中外的君主制度,其中有涉及日本天皇之处。文中说:

现在的皇帝呢,他们差不多都是有名无实的了,这就是说,他们虽拥有皇帝之名,却没有皇帝的实权。就我们所知道的,日本的天皇,是一个生物学家,对于做皇帝,因为世袭的关系他不得不做,一切的事虽也奉天皇之名义而行,其实早就作不得主,接见外宾的时候用得着天皇,阅兵的时候用得着天皇,举行什么大典的时候用得着天皇,此外天皇便被人民所忘记了;日本的军部、资产阶级,是日本的真正统治者……然而目下的日本,却是舍不得丢弃"天皇"的这一古董。自然,对于现阶段的日本的统治上是有很大的帮助的,这就是企图用天皇来缓和一切内部各阶层的冲突,和掩饰了一部分人的罪恶……

该文还用嘲笑的口吻写了当时由日本刚扶植起来的"满洲国"的皇帝溥仪:

在现今的皇帝中，最可怜的，恐怕还要数到伪满洲国的伪皇帝溥仪了。

按照当时南京国民政府颁布的报刊审查制度，这篇短文同这期《新生》周刊的其他文稿一样，是经过国民政府相关部门"审查"后，才刊登的。

不料此期《新生》周刊出版不久，日本驻上海总领事竟以《闲话皇帝》一文"侮辱天皇，妨害邦交"为口实，向南京国民政府与上海市政府提出了严重抗议，并提出无理要求：（一）必须封闭《新生》周刊社和没收该刊第二卷第十五期；（二）必须惩办该刊编者杜重远和作者易水，并要法律起诉；（三）惩办审查不力的上海图书杂志审查委员会；（四）南京国民政府正式向日本国道歉，并保证今后不再发生类似事件。与这同时，上海的日本浪人也成群结队走上街头闹事，挑起事端，砸毁商店橱窗，进行"抗议"，要求上海市市长查封《新生》周刊，严惩作者和编者。

当时，正是日本制造第二次"华北事变"、向中国步步紧逼之时，中日关系十分紧张。日本当局抓住《新生》周刊事件不放，小题大做，掀起轩然大波，意在恫吓南京国民政府，疏通其在华北侵略道路上的阻碍。

但是，正执行"攘外必先安内"政策的南京国民政府，十分害怕中日间发生外交事件而导致冲突扩大。行政院院长汪精卫很快表示，接受日本方面的全部无理要求。

首先，由上海市政府查封了《新生》周刊社。

接着，在1935年7月7日，由中国国民党中央宣传委员会通电各省市党部，严厉取缔同类事情，并将上海图书杂志审查委员会的7名审查人员予以革职。

再接着，在经过一段时间的策划与准备后，由在上海租界区的江苏高等法院第二分院于在1935年7月两次开庭，审判《新生》周刊"诽谤"日本天皇案。因《闲话皇帝》一文的作者易水"地址不明"，不能到庭，遂由《新生》周刊的主编杜重远出庭受审。

杜重远，名乾学、字重远，吉林省怀德（今公主岭市）人，生于1897年，1911年考入省立两级师范附属中学；1917年考取官费留学日本，入东京藏前高等工业学校，学习陶瓷制造专业；1922年，组织东京留学生进行反帝示威游行；1923年春，学成回国，集资在沈阳北门外创办了我国第一个机器制陶工厂——肇新窑业公司；1927年，把砖厂改建为瓷器厂，逐渐发展成中国民族资本经营规模最大的一家窑业工厂；1929年，当选为奉天省（今辽宁省）总商会副会长，成为东北工商界知名人士；同年，兼任张学良东北边防军司令长官公署秘书，协助处理对日外交问题；与此同时，还与友人组织东北国民外交协会，促进了东北各地抗日运动；1930年，参加上海全国国货展览会，倡导发展国货，抵制日货。

1931年九一八事变后，杜重远遭日本关东军通缉，被迫移居北平；同年9月27日，他参加阎宝航、高崇民、王化一发起组织的"东北民众抗日救国会"，被推选为常务理事兼政治部副部长。不久，他来到上海，结识沈钧儒、邹韬奋、胡愈之等爱国人士，主持"中华国货产销合作协会"，提倡并发展"国货工业，作经济上的实际抗日"。1931年冬至1932年春，他还以记者的身份，在长江一带和华南、华北等地宣传抗日救亡，讲演六十余次，并在邹韬奋主编的《生活》周刊上发表许多见闻通讯。他"经历亡国的痛苦，向全国民众呼号呐喊的权利和必要"，成为《生活》周刊的主要撰稿人。邹韬奋赞扬他的作品，认

杜重远

为"感人特别的深，使读者得到的益处特别的厚"。1932年上海"一·二八"抗战爆发后，他积极支援十九路军抗战，并与李公朴、胡愈之等人发起筹办《生活日报》。1933年年初，日军进攻热河，京津沪爱国人士组成"东北热河后援促进会"，他是领导人之一，带领学生宣传队，和朱庆澜、黄炎培、穆藕初等人奔赴前线，同东北军将领谈话，提出"只有打回老家去，收复失地，才是唯一的出路"。1933年12月8日国民政府查封了《生活》周刊。杜重远是邹韬奋志同道合的密友，乃毅然于1934年2月10日创办《新生》周刊，自任总编辑和总发行人，保留《生活》周刊的原班人马，继续宣传爱国救亡思想。他在每期卷首"老实话"专栏撰稿，倡导发动"一场自己的反帝抗日的民族革命战争"。

《闲话皇帝》事件发生时，杜正在江西。他闻讯后立即赶来上海，一面劝说作者暂避，一面准备自己出庭，和当局与日本侵略者斗争。

1935年7月9日，杜重远出席了江苏高二分院的开庭审判。

在庭上，首先由检察官郑钺对杜重远论告起诉意旨。刑庭庭长郁华在检察官论告后，对杜只问了几句，便不顾杜重远的申辩，也不顾著名律师沈钧儒的义正严词的辩护，退入内室集议宣判。而日本驻沪总领事特派员竟蛮横地闯进内室，监视法官集议。在日方压力下，法院当庭宣判杜重远涉嫌"散布文字共同诽谤""侮辱友邦元首""触犯敦促邦交"等罪名，判处杜重远徒刑一年两个月，并宣布依当时刑法第六十一条的规定，不准缓刑或改罚金，立即送监执行并不得上诉；《新生》周刊第二卷第十五期没收。

杜重远满腔怒火，在法庭上大呼："法律被日本人征服了！我不相信中国还有什么法律！"旁听席上的民众极为愤懑，高呼"打倒卖国贼！"并散发传单，用各种硬器向法官及日本人掷去。一时秩序大乱。

宣判后，杜重远随即被押赴上海漕河泾第二监狱，执行"判决"。

这就是轰动一时的《新生》周刊案。

此案暴露了日本侵略者的嚣张狂妄与南京国民政府的妥协退让，激起了中国各界爱国人士的愤怒与抗议，在张学良领导的东北军内部更引起了很大的震动与反响，使得全国各地抗日爱国与反对妥协退让的运动更加高涨。

杜重远被关押入狱后，各界爱国人士，包括工人、学生、文化界人士、实业家、东北军将士，纷纷探监，络绎不绝。国内报刊和香港地区、新加坡、印度尼西亚、泰国等地华侨报纸也纷纷表示对判决不公的抗议，痛斥国民政府懦弱妥协。1936年春，国民政府当局慑于舆论压力，将杜重远移至虹桥疗养院软禁。1936年4月，担任"西北剿总副司令"的张学良特地到上海探监，看望杜重远，两人密谈了"促蒋抗日"问题。同年8月，杨虎城又借治牙病机会，住进虹桥疗养院，与杜重远朝夕相处，共商抗日救国大计。1936年9月，杜重远被提前获释。他立即前往西安，与张、杨晤谈，推动了西安事变的发生。抗战爆发后，杜重远接受一度左倾、亲苏的盛世才的邀请赴新疆，1939年1月任新疆学院院长。1941年盛世才转变立场后，杜重远于5月8日被捕，被诬以"汉奸""阴谋暴动"的罪名，于1943年9月在狱中被秘密处决。

十四、南京中央党部汪精卫遭记者枪击

（一）南京中央党部内响起刺客的枪声

1935年11月1日，中国国民党中央在南京湖南路的中央党部大楼内举行四届六中全会的开幕式。开幕式结束后，全体与会人员照例在楼前广场上合影留念。不料平地起风波，枪声突然响起，发生了一起重大刺杀案。

位于南京湖南路的中国国民党中央党部大楼，原来是江苏省咨议局大楼。1908年年初，担任江苏省咨议局议长的张謇，特派孙支厦等人专程去日本等国，参观各国国会建筑，取其图式，精心设计；张謇亲自勘察，选址在地势宏伟、交通便利的南京北城鼓楼下紫竹林（后改称湖南路），开始建造新大楼。历经近一年时间，于1909年秋建成。这是一座庄严肃穆的西欧式建筑，仿法国古典建筑形式设计，为二层围合式，平面呈正方形，中为会议厅，前进共10间，面阔73.6米，中间入口有门厅，孟夏式屋顶，并耸起钟塔楼；室内进深10.5米，前后有廊，廊深均为2.9米。后进亦为10间，面阔57米，室内进深8米，前后走廊深2.9米。高耸的钟塔，圆拱状的门窗框、墙线壁柱及深绿色陡峭的屋顶，配上突出的大门厅，既庄严肃穆、质朴庄重，又不乏明快生气。1912年1月1日中华民国建立后，这里

南京中国国民党中央党部大楼

先后为民国参议院、江苏省议会的所在地。1927年4月国民党定都南京，这里成为中国国民党中央党部。

自从北伐结束以后，国民党内各实力派系连年征战不休，纷扰不已，给国家与民族带来深重的灾难，并导致了东北沦陷，外患日亟。1935年年初，在全国抗日形势的推动下，担任军事委员会委员长的蒋介石提出"举国团结，共赴国难"的方针，邀请国民党内各派系首领来南京，参加于1935年11月1日开幕的四届六中全会。经过多次的说服拉拢，虽然冯玉祥、李宗仁等少数人尚未赶到，但阎锡山、张学良等军政实力人物与绝大多数国民党元老及要人都已如期到达南京。国民党内各派系首领已多年没有这样会面过了，这次确实是一次非比寻常的中央全会。

按照会议日程，1935年11月1日早上7时，出席全会的全体人员由蒋介石与行政院院长汪精卫率领，去南京东郊的中山陵谒陵。9时许，全体委员回到城内湖南路中央党部礼堂，举行全会开幕式。中央常委兼行政院院长汪精卫身着黑色中山装,登台致开幕词。他不无得意又不无伤感地说:"我们在这几年当中,看见了各位同志的努力……已取得了极大之成绩;其他建设,也得有若干成绩。但这种成绩,并不能使我们得到满意的安慰,就是因国难并未解除,而且更加严重……我们决心以无限的勇气,来负担这责任,来谋国难之解决。"

开幕式结束后,照例先由全体中央委员集体合影,然后再举行预备会议。大约是上午9时30分,全体代表步出礼堂,集中到中央政治会议厅门前,分列5排,准备照相。但等了许久,却不见蒋介石到来。委员们一再催促,汪精卫只得亲自进楼相请。原来是蒋介石见楼外照相场地上人多且秩序混乱,不仅有许多中外记者,而且各军政首脑云集,每人均带有马弁二名,腰佩手枪,不禁心中一动,警觉顿生,心想谁能保证这众多的马弁、卫士中没有异动者?万一有一个异动者,首要刺杀目标必定是他。于是,他立即决定不去楼外参加摄影,带着随从副官蒋孝先,坐在会议休息室里休息。汪精卫跑来催他去照相,蒋对汪说:"今天秩序很不好,说不定要出事。我决定不参加摄影,我也希望你不必出场。"汪精卫说:"各中委已伫立良久,专候蒋先生。如果我再不参加,将不能收场,怎么能行?我一定要去!"

汪精卫回到摄影场,在前排正中的位置上坐下。国民党元老张继大声招呼说:"不要等,就照吧!"于是全体委员摆开照相的姿势。照相机对着代表们来回照了两圈。中外记者们也拿起手中的照相机,纷纷拍下各自的镜头。

约在9时35分,摄影完毕。正当全体中央委员起立,准备离开摄影场时,刹那间突然从半圆形的记者群中,闪出一个身着西服外套夹大衣的年轻人来,迅速从大衣口袋里拔出一把左轮手枪,一边高呼"打倒卖国贼",一边向站在第一排中间正在转身的汪精卫连击三枪,枪枪命中:第一枪射进汪左眼外角下左颧骨,第二枪从后贯通左臂,第三枪从汪的后背,射进第六、第七胸椎旁部位。汪精卫立即应声倒地，血流满身。

枪声响后，摄影场上立即秩序大乱。坐在轮椅上、患有足疾的张静江惊吓得滚到地上，别人以为是他中了弹；财政部部长孔祥熙顾不上新马褂被扯破，慌忙钻到旁边的汽车底下，躲藏起来。只有站在汪精卫身边的国民党元老、身高力大的张继见状，急奔到那刺客背后，一把拦腰抱住；那刺客仍然继续开枪，张学良急奔上前猛踢一脚，将刺客的手枪踢落；约在同时，汪精卫的卫士向刺客开枪还击，刺客胸部连中两弹倒地。在楼里的蒋介石听到枪声，带着副官蒋孝先与军事参议院院长朱培德急奔而出，来到躺在地上的汪精卫身边，屈一条腿，抓住汪的右手，连呼三声"汪院长"才听到汪精卫才无力地回答道："不碍事……蒋先生，你今天明白了吧？我死之后，你要单独负责了。"代表们围成了一圈，竟不知如何是好。闻讯从楼里赶来的汪精卫妻子、担任国民党中央监察委员的陈璧君声泪俱下，怒斥陈公博："你还站着干什么？还不快将汪先生送医院！"蒋介石也猛醒过来，急忙指挥人把汪精卫抬上救护车，送往位于中山东路的中央医院。

这时，才有人注意到躺在血泊中呻吟的刺客。陈璧君等人大叫："快，将凶手也送进医院，不能让他死，要他的口供！"

当天，南京全城戒严，军警宪特全部出动，封锁了车站、码头与机场等各交通要道，拘捕了大量的嫌疑犯。蒋介石将军委会特务处处长戴笠等人叫来，严厉指责，说："人家打到中央党部，你还不知道。每月花上几十万，就让出这类祸事吗？限你们3天之内把凶手缉获，

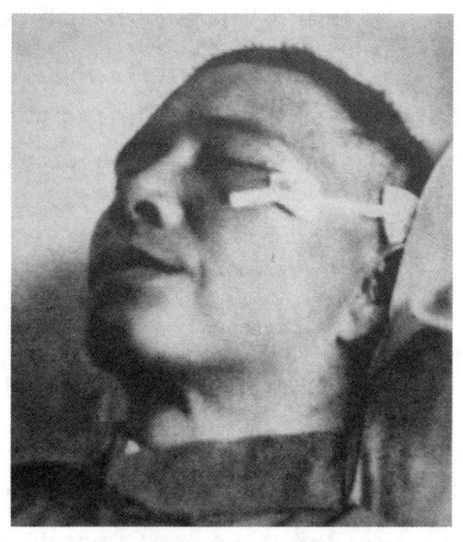

被枪击后的汪精卫

否则要你们的脑袋!"

于是,巨大的搜捕网向全国张开了。

(二)谁是南京刺汪案的主使人?

南京刺汪案震动了海内外。无疑,这是民国史上影响最大的政治谋杀案之一。

此案的主使人是谁?他们为什么要刺杀汪精卫、必欲置其于死地呢?

汪精卫,名兆铭,字季新,号精卫,1883年(清光绪九年)生。祖籍浙江山阴(今绍兴),出生于广东三水,在清末留学日本,参加中国同盟会,追随孙中山,曾任《民报》主编,写下了多篇有影响的文章。1910年3月,赴北京谋刺摄政王载沣,事泄被捕,狱中赋诗"引刀成一快,不负少年头",一时为人传诵,为他赢得很大的声誉。1911年10月10日武昌起义爆发后,汪精卫被清廷释放,成为民国初年政坛上的风云人物。不过,他一直政治摇摆,思想多变,个人权势欲极强,在党内政争中拉帮结派。1924年1月,在中国国民党第一次全国代表大会上,他当选为中央执行委员,兼任中央宣传部部长,并以"孙中山的接班人"自居。1924年11月,汪精卫随孙中山北上。1925年3月12日,孙中山在北京病逝,汪精卫为孙中山遗嘱的起草人。1925年7月,广州国民政府成立,他任国民政府常务委员会主席和军事委员会主席;但很快,就被蒋介石排挤,被迫下野出国,直到1927年4月国共关系紧张,他才回国,几度浮沉。1927年7月,他在武汉发动"七一五"反革命政变;9月,宁、沪、汉三方合流后,他出任南京国民政府常务委员。不久,他就因对蒋介石独揽大权不满,于1928年底在上海与陈公博、顾孟余等人组织"中国国民党改组同志会",策划反蒋活动;1930年中原大战期间,他联合反蒋各派,在北平召开反蒋的扩大会议;1931年5月,在蒋介石软禁胡汉民后,他又联合反蒋各派,在广州另组国民政府并任主席，与南京国民政府对峙。1931年九一八事变后，因国难当头，广东、南京的中央执行委员和监察委员在南京联合召开国民党四届一中全会，宣告全党统一，蒋、汪合组政府，蒋介石任军事委员会委员长，汪精卫则出任行政院院长，开始了历时约4年的所谓的蒋汪合作时代。开始，汪精卫还有以武力抵抗日本侵略的思想，但1933年5月长城抗战失败，给意志薄弱的汪精卫以重大的打击。此后，汪精卫的对日思想日益右倾怯弱，成为国民党与国民政府中鼓吹对日妥协退让的"主和派"代表人物，遭到全国主张坚决抵抗日本侵略的进步人士的指责与攻击。

南京刺汪案发生后，国民党内的汪派与其他反蒋派系，开始怀疑是蒋介石指使其特务系统干的。因为蒋、汪曾长期交恶，蒋为消灭政敌，过去常常采用暗杀的方法。况且，在戒备森严的国民党中央党部里，在国民党四届六中全会开幕式这样一个重要的日子里，要是没有蒋介石及其亲信的默许，什么人能携带手枪进入呢？因此，当刺杀案发生时，陈璧君曾在摄影场上当着全体中委的面，对蒋介石大叫："你不要汪先生干，汪先生就不干，你为什么要派人下此毒手？！"蒋介石涨红了脸，有口难辩。事后，广西的李宗仁也来电责问："会场森严，哪来暴徒？亟应严办，已（以）儆凶顽。"

蒋介石为洗刷自己的嫌疑，特地将汪派重要人物陈公博、顾孟余、谷正纲、唐有壬叫到他在中央军校的住地谈话，告诉他们："我看这件事不是自己人干的！"后来经陈公博等人亲自参与审问与调查，证实蒋介石及其特务系统确实与此案无关。

通过《蒋介石日记》，笔者发现蒋介石记事通常较简略，但他1935年11月1日和2日的日记，对汪精卫遇刺的情节及他个人观感的记述却相当详细，而且因11月1日汪遇刺内容太多，页面所限写不下，故延至2日页面上，两天日记连在一起写。直至11月7日，蒋每天的日记都记有关于汪精卫遇刺的内容，在11月的"本月反省录"中，还对刺汪案与侦破过程大发感慨，可以看出他对此事的重视程度。

刺汪案发生后，蒋介石控制的中央社宣布说，"刺汪的幕后主使者完全是在福建组设人民政府的陈铭枢、李济深"，是这些人在1933年年底组建"福建人民政府"，反对南京国民政府失败后，逃往海外，但"反心"不死，"意图颠覆民国"，才出此下策，等等。把刺汪案的主使人说成是当时反蒋失败后隐匿在香港的陈铭枢与李济深。

还有人说，此次刺汪是安徽"斧头帮"首领、号称民国"暗杀大王"的王亚樵指使其门人党徒干的。一时间，各种说法风起云涌，甚嚣尘上。

但是，国民党党政部门与社会各界许多人，都对这些说法将信将疑，认为南京宣布"破案"，是蒋介石转移公众视线的"障眼法"。那么，历史的真相究竟如何呢？

（三）晨光通讯社

1935年11月1日南京刺汪案的真正组织者与行动者，其实是几位不满现实，企图以暗杀来铲除国之大奸、挽救国家危亡的热血青年。

为首的青年人叫华克之，江苏宝应人，1902年12月20日生，毕业于江苏省立一中，后入金陵大学学习。在大革命高潮中，他曾担任南京学联的理事，思想进步，秘密加入了国民党。1927年北伐军占领南京后，华克之担任了国民党南京市党部的青年部长。他与好几位国民党上层人物结下深交。国民党元老吴稚晖曾赞许他的过人才智，称他为"振兴党国的中坚"。大革命失败后，蒋介石曾用利禄引诱他进入南京国民政府，华克之因对现实不满，断然拒绝，并组织了几千国民党左派人员上街游行示威，因而被国民政府当局囚禁，经几位国民党元老保释，才得以出狱。此后，他回到苏北家乡，企图组织反蒋抗日的游击部队，没有成功；他就到上海活动，一度参加了王亚樵为首的安徽"斧头帮"，曾于1931年7月23日在上海北站参加刺杀宋子文的活动。1933年年底，他到福建参加"福建人民政府"的反蒋活动。失败后，再度潜回上海。

华克之来上海前，得知他的宝应同乡、同学陈惘子，已在上海法政学院读书。陈惘子真名叫陈处泰，1911年生，曾在16岁时考入安徽大学社会学部读书，因在1928年年初参加向蒋介石请愿活动，被学校开除，而流亡上海，因某种机遇，在1929年得以与中共中央特科情报科的负责人陈赓见面，遂化名陈成，考入法政学院读书。华克之写信给陈惘子，声称他与夫人尹萃琳将到上海谋事，委托他找两间房子作为住处。陈惘子在打浦桥法政学院东新南里232号找到了一座二层楼的住房。华克之到上海后，就与陈惘子一起住在这里，共同策划反蒋抗日活动。他们称这座小楼为"危楼"。

不久，他们的宝应同乡张玉华，放弃金陵大学的学籍，也来到他们这里寻找革命的出路。徐州青年孙凤鸣，也加入了他们的行列。张玉华、孙凤鸣都曾与华克之一道参加过王亚樵为首的"斧头帮"的活动。还有一位丹阳青年贺坡光，也加入了他们的队伍。

孙凤鸣粗识文字，早年随父母去东北经商，建立起小康家业，不料遭日本人欺压，全家倾家荡产。孙凤鸣抱着对日本侵略者的强烈民族仇恨，来到上海，加入"斧头帮"。1932年1月，上海爆发"一·二八"抗战，他投奔十九路军，充任排长；战后，随十九路军退往福建。1933年11月福建事变时，任第十二师混成团机关枪连的连长。福建人民政府失败后，孙凤鸣回到上海，十分憎恨南京国民政府对日妥协、对内镇压的政策，立志铲除国之巨奸。

5个热血青年聚集在了一起，但这几位青年人在讨论救国行动方案时，发生了分歧与争论。华克之等4人认为，当时外侮日亟，日本侵略日益加剧，国势危如累卵，这一切恶果都是因为南京国民政府的几个军政首脑如蒋介石、汪精卫造成的。因此，救国之道在诛杀这几个巨奸元憨，效法张良博浪一击，"拼一死以诛元凶"。与华克之等人不同的是，陈惘子这时秘密加入了中国共产党地下组织，并在1935年奉命担任中国左翼文化界总同盟的书记。他根据中共组织的指示，不同意搞暗杀。争论不欢而散，陈惘子不再过问他们的事。于是，华克之等4人遂为实施暗杀蒋介石的工作更紧张地忙碌起来。

要暗杀蒋介石，首先必须在南京城立住脚，并找到一个容易接近蒋介石的工作。

经过密商，华克之决定在南京设立一家通讯社——"晨光通讯社"作掩护。民国年间新闻自由度很高，只要有人、有钱、有条件，谁都可以办报、办新闻通讯社。但办通讯社，没有经费怎么办？华克之通过关系，到香港找到李济深与陈铭枢，向他们报告了杀蒋计划，得到李、陈5000元港币（约合5150银元）的资助。正隐匿在香港的"斧头帮"首领王亚樵也给予了他们一定支持。华克之回到南京后，立即通过关系，向国民党中宣部等机关疏通，很顺利地办妥了"晨光通讯社"的立案登记手续。批准立案的时间是1934年11月，登记在册的名单是：晨光通讯社社长胡云卿（华克之化名），总务兼编辑主任张玉华，采访主任贺坡光，记者孙凤鸣。社址设在南京新街口附近陆家巷二十三号。当月，该通讯社就开始向南京各报社发稿。他们的活动没有引起任何方面的怀疑。

1934年12月，国民党在南京召开四届五中全会，孙凤鸣以记者身份暗携手枪，前往中央党部会场，由于在看到蒋介石时稍一迟疑，失去了下手机会。1935年8月蒋介石自武汉回到南京，孙凤鸣又携枪前去，准备在途中对蒋狙击，但由于蒋介石的汽车开得太快，也未能下手。

转眼一年时间过去，晨光通讯社的经费已告罄，恰好这时国民党将于1935年11月1日召开他们四届六中全会，华克之与孙凤鸣等人决定背水一战，全力以赴地在这次会上实施对蒋介石的暗杀。孙凤鸣托华克之将妻子崔正瑶送往香港，自己抱着必死决心；华克之安排晨光通讯社工作人员撤退。1935年10月28日晚上，全体同志设宴为孙凤鸣饯行。华克之亲手将一支左轮手枪交给孙凤鸣,说:"四弟此举,如马到成功,其功可旋转乾坤,其名可流芳百世。祝四弟成功。"孙凤鸣悲壮地唱起了《易水歌》:"风萧萧兮易水寒,壮士一去兮不复还……"

(四)南京刺汪案的影响

1935年11月1日上午,孙凤鸣拿着晨光通讯社的记者证件,进入了国民党中央党部,采访国民党四届六中全会。在与会代表们集体合影时,他做好一切准备,等候蒋介石出现。但直到合影结束,蒋介石始终没有露面。眼看着代表们就要离开摄影场地,这难得的机会即将失去,孙凤鸣毅然决定刺杀地位与影响仅次于蒋介石的汪精卫。于是,他迅速拔出手枪,向汪精卫射击……

孙凤鸣被卫兵击成重伤倒地后,卫兵在他身上仅搜出毫洋六角与作为自杀用的一枚鸦片烟泡。为追逼口供,国民党当局将孙凤鸣紧急送进医院抢救,医生奉命每小时给他注射十余次强心针。宪兵司令谷正伦、首都警察厅厅长陈焯、内政部代部长陶履谦、行政院政务处处长彭学沛等人亲临病房,对孙审问。孙凤鸣忍着肉体强烈的痛苦,没有暴露任何团体秘密,只是深沉地说:"我是一个老粗,不懂得什么党派和主义。驱使我刺杀的,只是我的良心!"很快,孙凤鸣就因伤重不治身死。

但国民政府当局从孙凤鸣身上搜到一张参加这次会议开幕式的新闻记者出入证,号码是"六十三号"。顺着这个线索,他们找到了晨光通讯社。宪警特务迅速包围了晨光通讯社,但这里早已是人去楼空,只有没有烧尽的纸片与一封"留交来人们"的信函,信上写:"本社之事与郭智谋、吴瑸、周希龄三君毫无关系,特此声明。"除此而外,一无所获。

南京刺汪案的最主要策划者与领导者华克之,在案发后,立即逃往香港,秘密隐藏。其他人也都立即离开南京,四散各处。

后来，国民党特务人员根据查获的晨光通讯社人员的家庭线索，到丹阳贺坡光家布置陷阱，逮捕了贺坡光；又在上海北站抓到了晨光通讯社一位工勤人员谷子丰。谷子丰供出了晨光通讯社的详细情况，导致了孙凤鸣夫人崔正瑶、张玉华及陈惘子等多人被捕。

这是因为华克之逃到香港后，筹集到一些经费，派遣崔正瑶回到上海，给蒙难人员及其家属分发。崔正瑶到上海后，住北四川路新亚酒店，陈惘子应约于1935年11月16日下午来酒店与她会见。因谷子丰的叛卖，国民政府的军警早就掌握了崔正瑶的行踪，一直秘密监视着新亚酒店。陈惘子刚与她会见，就被军警逮捕。很快，陈惘子被转押到南京江东门军人监狱，在车上巧遇张玉华，告之说："两腿受刑折断，但我什么也没说。"

1935年年底，戴笠率领大批特务到香港，与港英当局联络，逮捕了与此案毫无关系的王亚樵旧部余立奎、胡大海与周世平。经过长达一年多的审理，一部分人被公开判刑，一部分人被秘密处决。因此案牵连而被处死者究竟有多少人，至今不详，但华克之却始终没有被抓到。

直到1936年年底，刺汪案发生一周年时，华克之为纪念因此案死难的孙凤鸣等战友，特地写了一篇《告全国同胞书》，坦诚刺杀汪精卫，是他们因蒋介石政府对日本侵华推行不抵抗政策，激于义愤而策划实施，行刺的目标是蒋介石。最后射击汪精卫，则是孙凤鸣不得已的临时选择。这一事件，与王亚樵等人均无关。

蒋介石这才从刺汪案中彻底解脱出来。

在1937年11月侵华日军进逼南京，国民政府撤离南京前，陈惘子被秘密杀害，年仅27岁。华克之则在抗战全面爆发后，投奔延安，成为我党隐蔽战线上的杰出战士。

南京刺汪案对当时中国政局产生了很大的影响：历时4年的蒋、汪合作政府因此瓦解。在1935年11月12日—23日国民党第五次全国代表大会与12月2日—7日国民党五届一中全会上，因汪精卫负伤离职，汪精卫的行政院院长职务被蒋介石接替。蒋介石继续担任军事委员会委员长，又兼任行政院院长，张群任外交部部长。汪派上层分子陈公博、褚民谊等人一个个离开了行政院。以汪精卫为首的国民党内的亲日派受到沉重打击。国民政府的对日政策日趋强硬。

汪精卫先在南京中央医院开刀，由德国医生诺尔将其左颧骨的子弹取了出来。后转到上海医治，由著名外科专家牛惠霖开刀取胸椎子弹，未成。

遇刺后的汪精卫之照，左眼外角下伤疤清晰可见

1936年2月19日，汪精卫带着枪伤，去欧洲疗养。

1936年12月12日西安事变发生，汪精卫才匆匆赶回国内。抗战全面爆发后，他堕落为头号大汉奸，1940年3月在南京建立伪国民政府。其胸椎的子弹一直无法取出，至1943年秋冬，旧伤复发，发展成为致命伤，不得不去日本治疗，于1944年11月10日在日本名古屋医院中死去。

第二辑

全国抗战
往事

一、卢沟桥的枪声

（一）卢沟桥——中国抗战最前线

古老的卢沟桥坐落在北平城广安门西南 15 公里的永定河上。该桥建于金大定二十九年（1189 年），桥面长 266.5 米，宽 9.3 米，是一座 11 孔拱形石桥。在桥身的 140 个栏板柱上，雕刻着姿态各异的石狮 485 个；在栏板的两端，以狮、象石雕相对依抗，更显得别有情趣。它是当时北平通往华北腹地和中国南方地区的交通要冲。

在卢沟桥头，永定河的东岸，坐落着宛平城。此城建于 1368 年，是明

卢沟桥

末崇祯年间为拱卫北京而建立的两开门卫城，只有东、西两座城门。东城门叫顺治门，西城门叫永昌门，北平到保定的公路由此通过。

在卢沟桥以北数百米处，永定河上还架有一座铁路桥，连接平汉铁路；东边两三公里，就是平汉、平绥、北宁三条铁路的交汇枢纽丰台。

自1931年九一八事变后，日本军国主义当局按照其分裂、肢解、吞并中国的计划，进一步将魔爪伸向华北，陈兵长城各口，连续制造华北危机，阴谋策动"华北自治"，企图将华北数省从中国的版图上分裂出去。日本当局以《辛丑条约》获得的侵略特权，长期在天津、廊坊一带派遣驻军，称"天津驻屯军"，司令部设在天津海光寺，开始只有两个大队的兵力。1935年5月，日本利用天津《国权报》社长胡恩溥、天津《振报》社长兼"满洲国中央通讯社"记者白逾桓在天津日租界内被刺杀的事件，制造第二次华北危机，并在1935年7月制造"何梅协定"，不仅蛮横地逼迫南京国民政府从河北地区撤走中央军、东北军和宪兵第三团，取消国民党在河北及平津的党部；撤换国民党河北省主席及平、津两市市长；取缔河北省的反日团体和反日活动等，而且将河北省和平津地区交给由西北军改编的第二十九军接防。1935年年底，日军当局又策动河北省"蓟密区"与"滦榆区"行政督察专员殷汝耕叛国，在其所管辖地区成立了"冀东防共自治政府"，宣布脱离南京国民政府。

1936年，日本当局进一步加快侵华的步伐。

1936年5月1日，日本当局以"防共"为名，再次增兵华北约6000名，连同原有驻军，达8000多人，总兵力扩充到一个步兵旅团，设旅团司令部于北平，任命河边正三为旅团长。日本当局将"天津驻屯军"改称"华北驻屯军"，又称"中国驻屯军"，任命田代皖一郎为司令官，司令部设在天津海光寺，驻防地区从天津、廊坊，向北平南郊的丰台附近一线延伸。在沿平津铁路之杨村、马厂等地，分建新的营房，违反《辛丑条约》限制驻军员额与地区之规定，严重侵犯中国之主权。

在日军控制冀东地区后，走私活动日趋猖獗。从 1935 年 8 月至 1936 年 4 月间，中国关税损失达 2500 万元以上；而 1936 年 4 月一个月的损失就达 800 万元，相当于全国关税收入的三分之一。

1936 年 6 月，日本天皇批准了新的《帝国国防方针》及《用兵纲领》，公然宣称"要实现控制东亚大陆和西太平洋，最后称霸世界"。1936 年 8 月 7 日，日本五相会议通过了《国策基准》，具体地规定了侵略中国、进犯苏联、待机南进的战略方案，同时还制定了 1937 年侵华计划。

华北成为日本当局下一步的侵略目标，而这一目标中的关键是北平，因为它是华北军事、政治、文化的中枢。1936 年 9 月 18 日，日军制造事端，强行侵占了丰台。接着，日军向冀察当局提出购买丰台、卢沟桥间的土地，供其军用。在遭到中方拒绝后，日军不断在卢沟桥附近进行挑衅性的军事演习，不断制造事端。

到 1937 年年初，北平的北、东、西三面已经被日军控制：北面，是部署于热河和察东的关东军一部；西北面，有关东军控制的伪蒙军 8 个师，约四万人；东面，是"冀东防共自治政府"及其所统辖的约一万七千人的伪保安队；东南面，日军已强占丰台驻防。只有北平西南的卢沟桥及宛平城，成为北平对外的唯一通道，其战略地位更加重要。因此日军一直处心积虑，企图夺取卢沟桥及宛平城，进而完全包围北平，截断北平与中国南方各地的来往，进而控制冀察当局，使华北完全脱离中国的中央政府。

日军对于宛平城及其四周地区做了详细的秘密侦察，为军事进攻作准备。

据日军方侦察资料记载，宛平城闭合式的城墙，高约 10 米，宽 5 米，东、西两面有城门突出，城四角及南北侧均设有防御工事。宛平城的东、西城门，为两重门，其中东门较为坚固，时常封闭，城上筑有掩防阵地。在城墙外侧，挖有 2 米深、3 米宽的壕沟。东城门外有几户居民住家，东侧 250 米左右，有个沙丘地带，原有若干高粱地和树木，因有碍防御，被中国守军砍伐清除。城北侧也有一些树木被砍伐清除。在城墙外面的阵地上，中国守军设置了地雷、鹿砦，并构筑了应对装甲车的战壕。从铁道桥东侧平汉线，到卢沟桥、宛平城东北角，设置侧防。显然，中国军队在宛平城构建了完整的外围防御阵地。日军对宛平地形与中国守军防务的调查，如此之周密细致，可见其狼子野心！

华北局势，尤其是北平的局势，日益严峻。

当时，平津地区的中国守军为第二十九军。该军原是冯玉祥西北军的部队，在1930年中原大战失败后被改编。军长宋哲元原是西北军的"五虎上将"之一，有爱国思想，也有军阀意识。1933年春，该军曾奉命参加长城抗战，以大刀队夜袭喜峰口日军炮兵阵地，歼灭日军五千多人，震动一时。此后，该军驻防察哈尔省，宋哲元任省主席。1935年8月，因"何梅协定"的影响，中央军和东北军被迫撤离北平、天津与河北省，改由第二十九军接防，宋哲元任平津卫戍司令部总司令兼河北省主席。这是因第二十九军不是蒋介石的嫡系部队，与南京国民政府有矛盾，因而为日方所接受。1935年12月18日，南京国民政府成立"冀察政务委员会"，以宋哲元为委员长。

宋哲元是出身西北军的旧军阀。在中华民族危急存亡之际，爱国思想与军阀意识在他的身上并存。他周旋于日方与南京国民政府之间，寻求平衡，想让自己成为事实上的"华北王"：一方面，他不愿得

第二十九军军长宋哲元

罪日方，不仅容忍近在咫尺的"冀东防共自治政府"存活，而且任命日方推荐的亲日分子王揖唐、王克敏、齐燮元、曹汝霖等人为"冀察政务委员会"委员，任命在 1935 年 6 月发动"北平自治"、阴谋建立"华北国"的潘毓桂为"冀察政务委员会"政务处处长；任命石友三为"冀北边区保安司令"。另外，他在 1936 年 5 月 6 日与日方签订《中日华北防共协定》，在 1936 年 10 月 1 日与日方签订危及华北权益的《中日华北经济开发协定》；另一方面，他大力扩充部队，整军备战。到 1937 年年初，第二十九军发展为拥有 4 个步兵师、1 个骑兵师、1 个卫队旅的近 10 万人部队。

宋哲元成为冀、察两省，包括北平、天津的最高军政长官，第二十九军也成为中国在这一地区最重要的军事力量。宋哲元将二十九军军部设在南苑军营内，各部部署如下：

军长宋哲元，兼任冀察政务委员会委员长；

副军长秦德纯，兼任北平市市长；

副军长佟麟阁，兼任南苑军训团团长；

第三十七师，驻守北平、南苑、西苑、丰台直抵保定，师长冯治安兼任河北省代主席、北平警备司令；

第三十八师，驻守天津、大沽、沧县、廊坊，师长张自忠兼任天津市市长；

第一三二师，师长赵登禹，驻守河北省中部的大名、河间；

第一四三师，驻守察哈尔省张家口、张北、怀来，师长刘汝明兼任察哈尔省主席；

第九骑兵师，师长郑大章，驻守通县、南苑；

卫队旅，驻守南苑，旅长孙玉田。

1936 年年底，第二十九军为充实和提高部队的军政素质，培养青年军官，在北平、天津和山东地区招考了一千五百多名青年学生，在南苑军营内成立第二十九军军事训练团，以第二十九军副军长佟麟阁兼任军事训练

在卢沟桥值勤的第二十九军士兵

团团长,以张寿龄为教育长,调来许多第二十九军有作战经验的军官任教官,计划进行3年教育训练,学员毕业后分发各部队任军官。

佟麟阁,原名佟凌阁,字捷三,河北省高阳县边家坞村人,1892年农历九月九日出生在一个农民家庭。早年参加冯玉祥的西北军,征战多年。1930年,冯玉祥在中原大战失败后,其残部被国民政府改编为陆军第二十九军,宋哲元为军长,佟麟阁任副军长。佟麟阁爱读书,素有"儒将"之称。他的仪表十分文雅,性格内向而恬静,但深沉之中却不乏果断。1931年九一八事变爆发,在这民族存亡的紧急关头,佟麟阁喊出了"枪口不对内"的响亮口号。1933年春,佟麟阁参与指挥了长城抗战,之后又参加了察北抗日同盟军。察北抗日同盟军失败后,冯玉祥悲愤之下,破指血书"还我河山"的誓言。佟麟阁更是痛心疾首,离开部队,到北平香山别墅隐居3年,等待时机,再图报国。1935年11月,蒋介石在北平成立"冀察政务委员会",任命宋哲元为委员长,以应付错综复杂的华北局面。宋哲元百事缠身，十分棘手，急需一位文武兼备的干才辅助自己。在宋哲元、冯治安、张自忠、赵登禹、刘汝明等人的邀请下，佟麟阁又回到了第二十九军。

1936年年底，第二十九军更加重视卢沟桥和宛平城的军事价值，为扼守这个军事要地，调三十七师（师长冯治安）一一〇旅（旅长何基沣）二一九团（团长吉星文）第三营（营长金振中）到此换防。这是一个加强营，再加上保安第一旅第二团第二营，共有一千四百多名官兵，装备有自动步枪、轻机关枪、重机关枪和轻型、重型迫击炮等武器。该营官兵进驻后，奉命立即修复工事，建筑道路，加强战备。在邻近卢沟桥和宛平城的长辛店高地的中国守军，配有迫击炮和数门大炮，可协助配合作战。

华北民众把保卫国土和民族尊严的希望寄托于第二十九军，呼出了"拥护二十九军，保卫华北"的口号！

1936年年底，日本"华北驻屯军"也将驻防丰台的日军部队换防，接防的是所辖步兵旅团第一联队（联队长牟田口廉也）第三大队，大队长一木清直。

一木清直是个狂妄好战而又诡诈的军国主义分子。他根据上司指示，积极进行各种攻击宛平城和卢沟桥中国驻军的准备。1937年1月初，他得知宋哲元委任王冷斋为河北省第四区行政督察专员兼宛平县县长，就以"祝贺"为名，一改他平素骑马的习惯，带着一个化装为卫兵的炮兵观测员，步行2.5公里，从丰台住地来到宛平城里的县衙。实际上，他是利用这个机会让那个炮兵观测员进行方向和距离的测量。

北平城内外，多种政治势力并存，犬牙交错；中日两军对峙，近在咫尺。北平城西南的卢沟桥和宛平城，成为中国抗日的最前线。

1937年5月中旬，宋哲元离开部队，回山东乐陵老家祭祖。他临行时，任命第三十七师师长冯治安代理第二十九军军长，负责军事指挥；同时向第二十九军副军长兼北平市市长秦德纯面授机宜："对日交涉，凡有碍国家主权与领土完整者，一概不予接受，为避免冲突，亦不要谢绝。"这"不接受"和"不谢绝",反映了宋哲元当时的两难处境和复杂矛盾的焦灼心情。

一场暴风雨即将来临。

(二) 1937 年 7 月 7 日晚近 11 时,卢沟桥响起枪声

1937 年 7 月 7 日晚近 11 时,天气阴沉,夜色昏暗,宛平城城门紧闭,气氛紧张。驻防城里的中国守军的官兵们警惕地注视着城外的动静。因为近日来,驻防丰台近旁的日军常常日夜不停地演习攻城战术,时时枪炮齐鸣,践踏良田,寻机挑衅。这天下午,日军又荷枪实弹到卢沟桥地区演习,异于往常。

突然,在宛平城的东边响起了数声枪声,在夜色中显得特别刺耳。中国守军发现,演习的日军已对宛平城取包围攻击之势,同时派来一名翻译向宛平守军喊话,声称日军丢失一名士兵,听到枪响,疑被宛平城内的中国兵捉去了,要求入城搜查。

原来,1937 年 7 月 7 日下午,日本"华北驻屯军"驻丰台的第一联队第三大队第八中队,由中队长清水节郎率领,荷枪实弹,开往卢沟桥以北、紧靠卢沟桥中国守军驻地的回龙庙到大瓦窑之间的地区,于晚 7 时 30 分开始冒雨演习。到晚 10 时 40 分,日军声称在演习中,正摸向中国假想敌阵地时,突然传来枪声,之后发现一个叫志村菊次郎的士兵失踪,疑被中国军人劫持,遂强行要求进入宛平城搜查。

这段时期,宛平守城官兵奉命在每天日落之时,即关闭城门,非经第二十九军军部许可,绝对不许任何人在夜间进城。因此,驻守宛平城的第二一九团第三营营长金振中婉言拒绝了日军的要求,指挥所部严密戒备,并当即将情况报告上级。

这时,第二十九军军长宋哲元回山东乐陵老家祭祖,第三十七师师长、第二十九军代理军长冯治安因事前往保定,都不在北平军中。第二十九军

副军长兼北平市市长秦德纯指示宛平守军："……卢沟桥是中国领土，日本军队事前未得我方同意，在该地演习，这已经是违背国际公法，妨碍我国主权。他们走失士兵，我们不负责，日方更不得进城搜查。但是，念及双方的友谊，可等到天亮后，令该地军警代为搜寻，如查有日本士兵，即行送还……"（台北中国国民党党史委员会编：《卢沟桥事变史料（上）》，1986年9月第1版，第23页）

事后证明，那个被称"失踪"的士兵志村菊次郎，很快于夜12时15分就归队了。原来这个入伍才4个月、刚满20岁、体态略显肥胖的二等兵在演习中闹肚子，被迫脱离队伍如厕，归队时迷了路，耽误了时间。但日本"华北驻屯军"步兵旅团第一联队联队长牟田口廉也下令所部隐瞒此事，仍以"士兵失踪"为借口，一面派员与中国方面交涉，坚持要求进入宛平城，一面鸣枪示警，部署攻城。

志村菊次郎

当夜12时许，日本驻北平特务机关长松井太久郎打电话给冀察政务委员会外交委员会，转接第二十九军副军长兼北平市市长秦德纯，声称："有日军陆军一中队，夜间在卢沟桥演习，突闻数声枪响，致演习部队一时呈混乱现象，当即收队点名，发现缺少士兵一名。疑放枪者系中国驻卢沟桥的士兵，该放枪之兵已经入宛平城。日军要入宛平城搜查。"秦德纯以时值深夜，日兵入城恐引起地方不安，且中方官兵正在熟睡，枪声非中方所发为由，予以拒绝。不久，松井又打电话给秦德纯，称现日方丢失士兵虽已经归队，但为查明原因，日军一定要入宛平城搜查。若中方不允许，日军将以武力强行进宛平城搜查。

此时日军已向宛平城外大量增援。日军第三大队由大队长一木清直率领，于7月8日凌晨2时许，与清水节郎的第八中队会合，占领宛平东北的沙岗，对宛平城形成包围进攻态势，战火一触即发。为防止事态扩大，秦德纯只得与松井商定，双方派代表连夜赶赴宛平城谈判。

7月8日凌晨4时许，中国冀察当局派河北省第四区行政督察专员兼宛平县县长王冷斋、冀察政委会外交委员会专员林耕宇、冀察绥靖公署交通处副处长周永业为代表，与日方派出的冀察绥靖公署的日籍顾问樱井德太郎、辅佐官寺平忠辅、秘书斋藤在宛平城内县署大厅谈判。日方提出惩凶、向日方道歉、中国军撤退、日军入城等无理要求，被王冷斋严词拒绝。双方代表决定出城到实地调查。

7月8日凌晨5时30分左右，双方代表刚离开县署大厅，还未出宛平城，日军突然发动炮击，第一炮就准确地击中了县署大厅。显然，这与一木清直在半年前对宛平县衙进行过步行目测有关。

日军向卢沟桥和宛平城的中国守军发动了蓄谋已久的攻击，开始了全面侵华战争，这也是中国全面抗战的开始。

在卢沟桥下令所部打响日本全面侵华战争第一枪的，是日本"华北驻屯军"第一联队长牟田口廉也。当时，由于"华北驻屯军"步兵旅团旅团长河边正三未在北平，所以牟田口廉也成为战场现地的日军最高指挥官。

牟田口廉也是日本佐贺县人，陆军士官学校第22期毕业，时年49岁，是个狂热的法西斯分子。他利用日军的特殊军规——现地指挥权——以战场现地指挥官的权力，命令第三大队长一木清直发炮攻城。到1944年，他任日本进攻缅甸的第十五军司令官时，曾得意洋洋地回忆说："'大东亚战争'要说起来的话，是我的责任。在卢沟桥打响第一枪、引发战争的就是我。"他在笔记中写道："我挑起了卢沟桥事件，后来事件进一步扩大，导致卢沟桥事变终于发展成这次'大东亚战争'。"

面对日军的进攻，中国守军忍无可忍。在团长吉星文和营长金振中的指挥下，部队奋起反击，连续击退日军三次进攻。

代理二十九军军长的第三十七师师长冯治安，急速从保定赶回北平。他一直是该军中态度鲜明的

牟田口廉也

对日强硬的代表人物，第三十七师被日方认为是"第二十九军中反日思想最强烈的部队"。冯治安下令坚决抵抗，对官兵说："牺牲战斗，坚守阵地，卢沟桥与宛平城即尔等之坟墓，应与桥共存亡，不得后退！一尺一寸国土，

坚守卢沟桥的中国守军

不得让与敌人!"守卫宛平城与卢沟桥的第三营官兵喊出了"宁为战鬼死,不作亡国奴"的口号,不畏牺牲,多次打退日军进攻。双方激战至7月8日晨7时50分。金振中将日方代表樱井等人带上城墙,让他们向日军喊话,让他们停止攻城,但无效,导致谈判无法进行。

日军的枪炮越来越密,宛平城的东城门即顺治门被击毁。卢沟桥以北的铁路桥、宛平城北的龙王庙被日军占领,对宛平城构成威胁。守卫铁路桥桥头阵地的第三营第十一连两个排的六十多名战士,同日军拼杀,全部

冯治安

战死。日军见守军顽强抵抗,一度同意停火谈判,但到8日中午11时,日军再度攻城,宛平谈判失败。

7月8日午后,冯治安指挥第三十七师进行有力反攻:派出援兵从长辛店以北、八宝山以南夹击宛平城外的日军,重创敌人;入夜,又组织一百多人的大刀队,由营长金振中亲自率领,用绳梯爬出宛平城,在夜幕掩护下,悄悄摸进铁路桥与龙王庙之敌阵,大刀挥舞,寒光闪闪,出其不意地将日军一个中队全歼,夺回了铁路桥和龙王庙,军心为之大振。

当时在日本陆军参谋本部任职的今井武夫在其回忆录中写道:"1937年五六月间,日本东京盛传不久华北要发生什么事。""东京政界的消息灵通人士之间私下传着这样的消息:'七七'晚上,华北将重演柳条湖一样的事件。"众所周知,1931年9月18日,日军在沈阳制造的柳条湖事件,是九一八事变的导火索。

但是，日本当局想要在卢沟桥制造第二个柳条湖事件的阴谋失败了。

（三）抗日救亡热潮席卷全中国

1937年7月7日日军在卢沟桥与宛平城的野蛮挑衅，7月8日日军对宛平城与卢沟桥地区中国守军的疯狂进攻，第二十九军将士的坚决抵抗与浴血奋战，立即激起全中国人民的强烈反响。

从7月9日开始，中国各地报刊大力报道与刊登有关卢沟桥事变与全国声援的新闻、中外消息、战场图片与评论，中国各地人民从而得知了卢沟桥事变的消息。

抗日救亡热潮迅速席卷全中国。

最早得知卢沟桥事变消息的南京国民政府，对卢沟桥事变迅速作出积极反应，首先便是与日方进行严正的外交交涉。7月8日，国民政府外交部派亚洲司科长董道宁，赴南京鼓楼旁的日本驻华大使馆，向日本政府提出严重抗议，要求日军停止违法背信的行动，不要扩大事态，称："此次事件之责任不在我方，显系日军挑衅，中日关系已至重要关头，不容再趋恶化；日方应立即制止一切军事行动，并与冀察当局立谋和平解决，藉免事态之扩大。"7月9日，外交部次长陈介在外交部约见日本驻华大使馆参赞日高信六郎，就卢沟桥事件再次向日本政府提出抗议。同时发表郑重声明，此次事件，

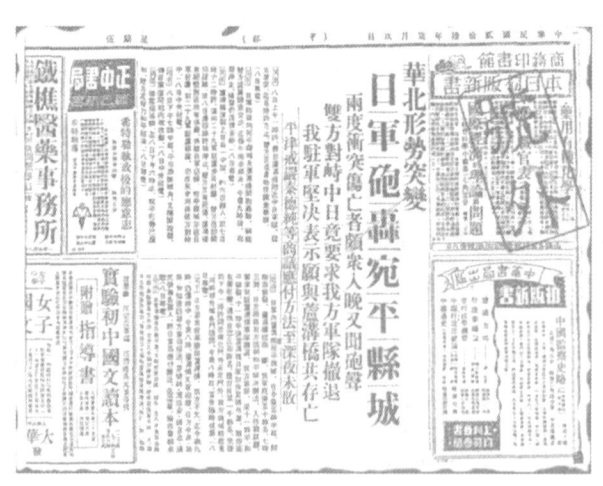

1937年7月9日，《申报》号外报道卢沟桥事变

责任不在我方，日方所提保留意见，未便接受。当日，外交部部长王宠惠自庐山赶回南京。7月10日，国民政府外交部就卢沟桥事件，向日本驻华大使馆提出书面抗议。

南京国民政府在对日方进行严正的外交交涉的同时，也积极进行了抵抗日本侵略的战争准备。

作为国民政府实际上的最高领袖与中国军队最高统帅的蒋介石，当时正在庐山，主持"庐山军官训练团"，并即将准备召开"第一期庐山暑期谈话会"。他于7月8日得到第二十九军副军长秦德纯关于卢沟桥事变的报告后，在当天的日记中写道："我之决心应战，此其时乎？"在7月8日至10日，蒋介石通电第二十九军军长宋哲元，令其速从山东乐陵老家赶赴保定，坐镇指挥全军，固守宛平城，全体动员，限期完成国防工事，以备事态扩大，不要抱固执而幼稚之幻想。"宛平城应固守勿退，并须全体动员，以备事态扩大。此间已准备随时增援矣"，"从速构筑预定之国防工事，星夜赶筑，如限完成为要"。同时，他急电正在重庆主持"川康军事整理委员会"的军政部部长何应钦"即刻飞京"（注：此处指南京），召开军事会议，组编部队；致电刘峙等将领，调兵北上；令第二十六路军军长孙连仲率两个师，即第四十军军长庞炳勋的第三十九师以及驻保定的万福麟部，兼程北上，"速开保、石，以备应援"，"均归宋主任指挥调遣"。

7月9日，何应钦赶回南京。7月11日，至8月12日，他遵照蒋介石的指示，以军政部的名义，在其位于斗鸡闸的部长官邸大客厅，连续召集各有关主管部门的负责人，就准备动员抗战举行了33次汇报，使一切军事准备由平时进入战时状态，并详细拟定作战方略，将全国军队悉数编入抗战序列，拟定大本营及各级司令部之编制，以及弹药准备、粮秣购备、兵员补充、交通通信之整理、防空器材与新兵器之分配、兵站之设置、民众组织训练、海军作战计划、南京与上海间江岸工事之设施，呈准设立总动员委员会等。在这期间，他还连续召开了军政机关长官谈话会，一直持续到 9 月。军政部秘密拨给第二十九军 300 万发枪弹，并令将河南巩洛警备司令部的高射炮队调赴保定，交宋哲元指挥。

1937 年 7 月 8 日，中共中央发表《为日军进攻卢沟桥通电》，紧急呼吁："平津危急！华北危急！中华民族危急！只有全民族实行抗战，才是我们的出路"，"我们应该赞扬和拥护冯治安部的英勇抗战，我们应该赞扬和拥护华

中共中央发表《为日军进攻卢沟桥通电》

北当局与国土共存之宣言，我们要求宋哲元将军立刻动员全部二十九军开赴前线应战。我们要求南京中央政府切实援助第二十九军……我们的口号是武装保卫平、津，武装保卫华北，为保卫国土流最后一滴血！"中共中央号召"全国上下应该立刻放弃任何与日寇和平苟安的希望与估计"，"国共两党亲密合作抵抗日寇的新进攻"！

全国各地的军政长官如刘湘等人，纷纷致电国民政府，请缨抗战。各地民众组织与各界人士也以各种方式，声援与慰问前线将士。

7月13日，在庐山的蒋介石再次致电宋哲元，更为鲜明地表明了他抗战到底的决心与态度："卢案必不能和平解决……中早已决心，运用全力抗战，宁为玉碎，毋为瓦全，以保持为我国家与个人之人格。"

在指挥北方抗战的同时，国民政府军事当局加紧部署上海与南京一线的抗战军事力量。7月13日，蒋介石致电在南京的军政部部长何应钦、参谋总长程潜、训练总监唐生智等人，下令："京沪区着令张治中迅即前往负全责。"当日，张治中正式受命，担任京沪警备军司令官，负责南京、上海一线的抗战军事指挥。

全国各地的广大民众爱国热情高涨，迅速掀起抗日救亡、支援第二十九军作战的热潮！

北平民众首先行动起来，组织"各界抗敌后援会"，迅速形成支持第二十九军抗战的热潮。许多学生和社会青年踊跃参军，拿起刀枪，投入战斗；长辛店、宛平地区的工人、农民，冒着敌人的炮火硝烟，为部队送饭、运弹药、救护伤员、修工事；农民把新摘下来的西瓜送到阵地上劳军。全国各地与海外华侨的声援电、慰问品、慰问信纷纷送到北平前线。来自广州、上海、天津、北平等地的慰问代表团，也带着丰富多样的慰问品，到战地慰问抗敌官兵。

全国各报社与"中央电影摄影场"的记者纷纷前往卢沟桥，以炽热的爱国之心进行火线采访，冒着敌人的呼啸的枪弹，在一线记录下日军的残

抗日救亡热潮席卷全中国

暴与第二十九军官兵的英雄事迹，通过报章与电影把日寇侵略的真相与中国军民的斗争精神迅速传遍全国及世界。

1937年7月9日，由陈铭德、邓季惺主持的南京著名民办报纸《新民报》，在第一时间报道卢沟桥事变的同时，发表社论《九一八之前夕来到矣》，揭露了日本妄图再制造一个九一八事变、灭亡全中国的狼子野心，同时发表正在南京的剧作家田汉的文章《决心》。此文写道："卢沟桥的炮声含有示威作用……中国的生机在坚决的对日抗战，不趁此奋然而起，天下盖无不可忍之事，而中国生机殆有断绝之虑。"

之后，该报又连续发表了社论《对日抗战到底》《反对各回原防，主张全盘抵抗》等。该报的《新民副刊》则连续用通栏大字，刊出主张积极抗战的口号：

我们要打就打个你死我活！

抗战！抗战！抗战！抗战！抗战！

请政府即日领导全国民众抗战到底！

我们反对妥协，拥护全盘抗战！

每座房子都成为战堡！

南京另一家民办报纸《救国日报》报社的社长龚德柏，不仅以该报为阵地，大力宣传抗日，还迅速写成《中国必胜论》《日本必亡论》等，在报上发表，鼓舞中国军民的抗日信心与抗日斗志。

国民政府的机关报《中央日报》也连日刊登抗日救亡的消息与报道。1937年7月21日，该报第2张第3版，刊登了一则感人的报道，题为"敌忾同仇，下关永宁街菜市一卖菜人输财御侮，将五年来积蓄三百元悉数捐出，中央财委会转汇前方并予嘉奖"。

这些报纸受到民众的热烈欢迎，销量猛增。

第二十九军再次英勇抗日杀敌的事迹，极大地鼓舞了全国人民。当时在上海的青年音乐家麦新，曾在1933年长城抗战时，创作了一首《大刀进行曲》，歌颂英勇抗日杀敌的第二十九军大刀队。卢沟桥事变发生后，坚守前线的第二十九军再次大显神威，英勇杀敌，麦新遂将《大刀进行曲》歌词的第二句"二十九军的弟兄们"，改为"全国武装的弟兄们"：

> 大刀向鬼子们的头上砍去
>
> 全国武装的弟兄们
>
> 抗战的一天来到了
>
> 抗战的一天来到了
>
> 前面有东北的义勇军
>
> 后面有全国的老百姓
>
> 咱们中国军队勇敢前进
>
> 战胜全部敌人
>
> 把他们消灭 消灭 消灭
>
> 冲啊
>
> 大刀向鬼子们的头上砍去——杀！

《大刀进行曲》表达了中国人民抗击日本侵略者的强烈感情和必胜信心，在抗战中发挥了巨大的精神鼓舞作用。"大刀向鬼子们的头上砍去……"中国军民每当唱起这支歌曲，就会受到一种鼓舞，因为这支歌表达了当年中国军民抗日救亡的强烈心声！

卢沟桥事变发生后，国难当头，海外留学生纷纷中止学业回国，以报效祖国。尤其是留日学生，战端初开，就满腔悲愤。在两个多月的时间内，六千多人回来了近四千人，与同胞们一起共赴国难。上海归国留日学生组织了"上海留日同学救亡会"，投入救亡运动，动员、呼吁尚滞留在日本的同学、朋友赶快回国。他们来到上海码头，欢迎一批批归国的同学。

南京国民政府筹办的第一期庐山暑期谈话会，于1937年7月15日至20日如期举行。全国各党派、各界知名人士共158人参加了谈话会。席间，张志让、王云五、王亚明、江问渔、杜重远、朱经农、吴贻芳、蒋梦

"上海留日同学救亡会"在上海码头欢迎又一批留日学生归国

麟、曾琦、张君劢等各界知名人士自由发言，共同表示：在此民族危险之际，民族生存之重要高于一切，全国应服从政府，一致抗日；但要求政府对抗战要切实准备，实行宪政等。这种为救亡图存而呈现的政治协商气氛，令人鼓舞。

7月17日，蒋介石在谈话会的第二次全体会议上，对卢沟桥事件发表讲话，申明了中国政府的严正立场。1937年7月19日，中央社电讯报道了蒋介石"庐山讲话"的全文。7月20日，南京《中央日报》刊登了这则意义重大的中央社电讯。

同日，蒋介石从庐山回到南京，指挥全国抗战。

卢沟桥抗战牵动着每个炎黄子孙的心。

（四）日本当局的反应：在"战"与"和"之间

1937年7月8日晨5时54分，卢沟桥事变的消息传到了日本东京。10时20分，日本内阁和军部得到日本"华北驻屯军"的详细报告。随后，日本内阁就如何处理此事变发生了激烈的争执。

一开始，日本陆军参谋本部发布第400号令，要求日本"华北驻屯军"避免扩大战争。这是陆军参谋本部第一部（作战部）部长石原莞尔代参谋总长闲院宫载仁亲王拟稿发出的。

石原莞尔是策划和发动九一八事变、扶助"满洲国"的核心人物与罪魁祸首之一，因此"功"，他破格从中佐晋升少将，被提拔到日本陆军中枢——陆军参谋本部，担任第一部（作战部）部长的要职。但这时，老谋深算的他，却主张对卢沟桥事变持"慎重""不扩大"的态度。他认为，在这时对中国动手，是要出大事的。因为日本还未做好立即发动全面侵华战争的准备，日本"华北驻屯军"只有约五千人，远少于中国的第二十九军。如立即对中国开战，日本将要大量增兵，必须出动50个师团的兵力开赴中国，耗费55亿日元的军费，这对当时的日本是很难的。他主张应先巩固"满洲国"，对苏备战，因为苏联才是当时日本最危险的敌人；而对贫弱的中国，要采取逐步"蚕食"的方法，因此要暂时避免中日战争的全面扩大。他说："目前我国正专心致志完成'满洲'建设和对苏备战以巩固国防，不要因插手中国而弄得支离破碎。"他指出，日本对华开战，将如拿破仑对西班牙战争那样，有陷入长期战争泥沼的危险。他甚至主张："可以将我华北全部驻军一举撤至山海关'满州国'界，然后由近卫首相亲自飞往南京，与蒋介石促膝交谈，以解决日华间根本问题。"（日本《大本营陆军部》第1卷，朝云新闻社1974年版，第452页）

日本内阁陆相杉山元，开始也表示支持"避免扩大战争"。

然而，日本陆军参谋本部的第400号令，很快就被在当时日本军政上层占有压倒优势的"强硬论"者及"扩大派"推翻了。

担任日本陆军参谋本部第三课（作战课）课长的武藤章，把卢沟桥事变的发生当成"武力征服中国的幸事与开端"，说："愉快的事情发生了！"他主张"通过一击结束战争"。

日军参谋本部中国课课长永津佐比重，在军部讨论是否向华北增兵时，说："船一开到大沽海面，不用登陆，中国就会举手投降。"而日本驻朝鲜军司令官小矶国昭说："这是征服中国的一个好机会。"

驻天津的日本"华北驻屯军"对陆军参谋本部发布的第400号

日本内阁陆相杉山元

令表示了强烈的不满。

被日本上层戏称为"傻瓜元""便所扉"(厕所的活动门)的陆相杉山元,遇事无定见。在"强硬论"的影响下,他很快改变了最初主张"避免扩大战争"的态度,转而支持向华北增兵、扩大对华战争,并成为"扩大派"的领头羊。他对天皇说,征服中国,只须派遣一个师团、三艘军舰,最大限度,发动一次保定会战,短期内就能把中国的抗战击败,"事变大约用一个月时间可以解决"。

日本军国主义强硬派极度狂妄暴虐又极端自信!他们认为他们所持意见是有充分的理由与根据的。根据有关统计资料,当时日、中两国国力主要指标对比如下:

	日本	中国	比率
工业总产值	60 亿美元	13.6 亿美元	4.4∶1
钢铁年产量	580 万吨	4 万吨	145∶1
煤年产量	5070 万吨	2800 万吨	1.9∶1
石油年产量	169 万吨	1.31 万吨	129∶1
铜年产量	8.7 万吨	700 吨	124∶1
飞机年产量	1580 架	0	
大口径火炮年产量	744 门	0	
坦克年产量	330 辆	0	
汽车年产量	9500 辆	0	
年造舰能力	52422 吨	0	
空军战机	2700 架	305 架	8∶1
海军总吨位	190 万吨	5.9 万吨	13∶1
航空母舰	6 艘	0	

从数据上看,日本早在 20 世纪初就已经成为工业国。到 1937 年,日本能生产飞机、坦克、汽车、航空母舰等,综合国力在当时上已排名世界第

六或第七位；而中国一直是落后的农业国，在 1937 年，只在沿海沿江地区有少量的不成体系的近代基础工业，综合国力在当时排名在世界末几位。

经济是军事的基础！日本不仅有强大的海军和航空兵，而且有强大的军火工业作为支撑，这是当时的中国所望尘莫及的。中国当时的海军、空军都是初建，只能说略具规模，不仅舰艇和战机数量少得可怜，而且几乎都是购自外国，自己不能生产一机一舰，战时损失不能迅速弥补。就是中国陆军，以当时可以一谈的中央军来说，其武器装备、官兵素质、战术训练等决定战斗力因素，也远远不及当时日本的陆军，更不要谈那些更加落后的地方杂牌部队了。据有关资料，当时日本陆军士兵不仅体格健壮，而且训练有素，每个士兵一个月的靶场训练弹，就有 200 发；而当时中国陆军士兵大多体格羸弱，更缺乏训练，每个士兵只有在上战场时，才可领到 10 发子弹，平时无弹可练。谁都知道，熟能生巧，战士的战场枪法是靠平时多打练出来的。因而，在后来的中日战场上，每当日军士兵举起三八大盖射击时，随着枪响，总有中国官兵倒下。总计十四年的抗战中，平均计算，中国军队每造成 1 个日军士兵的伤亡，自己就要伤亡 6 到 8 人。在 1937 年 7 月，中国只能以积贫积弱之国的军队，抵抗强大的日本侵略军。

因此，在卢沟桥事变后，日本当局中的强硬派认为，凭借日本对中国绝对压倒性的经济、军事等方面的优势，将会像甲午战争那样，很快迫使中国政府求和乞降。日本最高当局由于在对中国的侵略战争与军事威胁中一直取得成功与胜利，因而对自己的军事力量有一种近乎狂妄的迷信，所谓不可战胜的神话；这种畸形的心态让他们对中国及中华民族，有着根深蒂固的蔑视，认为国民政府领导的是无法更改的愚昧、落后、分裂、自私的人们，永远不可能进步，永远不可能形成足以抵抗日军的强大战斗力。相反，却极易屈服，极易苟安，极易产生为一己私利而卖国求荣的汉奸。

然而，日本当局中的强硬派，没有看到中国与世界在这时所发生的重大变化，没有看到这时的中国，中国共产党及其领导的武装力量已经成为中国人民抗日战争的中流砥柱；没有看到中国在 1936 年 12 月西安事变和平解决后，出现的前所未有的民族团结与一致对外的局面，也没有看到中国在贫弱以外所具有的长处，与日本在强权背后致命的弱点。他们仍然固执地认为"中国一击就倒了"。这种"一击论"在日本军政上层风行一时，正处于侵华战争狂热、在日本军政上层占主流强硬派，对少数"慎重派"的声音不屑一顾。

7 月 8 日下午，日本陆军参谋本部作战课课长武藤章和内阁陆军省军务课课长田中新一，没有请示上级，自行草拟了派遣 3 个师团前往平津地区增援的计划。第二天，即 7 月 9 日，陆相杉山元便批准了这个计划。

7 月 11 日上午，日本内阁召开紧急会议，杉山元在会上宣称，日本"华北驻屯军"兵力太少，极力主张迅速派兵增援。日本军部的势力和影响巨大，盖过了日本内阁。内阁会议迅速通过了紧急派遣陆军占领平津地区及建立战时体制的通盘计划。当日下午，首相近卫文麿携带这份内阁决议，匆忙觐见天皇，请求批准。经天皇批准的这份内阁决议成为日本发动全面侵华战争的纲领。近卫文麿刚把这份批件带回，日本各报纸便迫不及待地刊登号外，以惊人的标题"日本决定出兵华北！""4 个师团将立即开拔！"报道。7 月 11 日下午 6 时 25 分，日本内阁正式发表声明，声称卢沟桥事变是"中方蓄意的反日行动"，中方必须为此道歉；同时宣布向中国平津地区派兵增援。

因此，在 7 月 8 日到 12 日，在天津的日本"华北驻屯军"司令部采取了阴险的两面手法：

一方面，他们不断派代表与其实冀察当局在北平谈判，声言"就地和平解决争端"，并曾几次达成"停战协议"，意在拖延时间，等待援军。如在 7 月 9 日凌晨 2 点，中日双方初步达成一致，双方军队后撤，停止射击。但另一方面，日本"华北驻屯军"司令部一直在积极备战，将 5000 份华北军用地图紧急下发到各级部队中，并几次违约，派兵反复攻击中国守军阵地。7月11日起，日军不断以大炮轰击宛平城及其附近一带，城内居民伤亡颇多，被迫往城外安全地带疏散。铁路桥、龙王庙几得几失。战事逐步由卢沟桥、宛平城一带，扩大到八宝山、长辛店、廊坊、杨村等处。第二十九军各部队分散于各处应敌。日军出动飞机在各处侦察扫射，战事时断时续，由北平至宛平的电话也常被日军破坏，不能通话。由于7月8日以来，日军几乎都是从宛平城东北角发起攻击，所以宛平城中国守军加强了东北角防御，并加筑永定河东岸的堤防，作为侧防线。同时，北平城内中国守军也紧急动员起来，构筑准备巷战的防御工事，关闭各城门，准备迎击敌人。

7月12日，日本东京的陆军参谋本部制定的《对华作战计划方案》出炉。日本陆军、海军剑拔弩张，军阀、财阀紧密携手，预备部署平、津间的全面大战。

7月12日，日本新任"华北驻屯军"司令官香月清司抵达天津就任，接替患重病的原司令官田代皖一郎。

香月清司，佐贺县人，1881年10月6日生。1902年（明治三十五年）11月22日，从日本陆军士官学校第14期毕业；1912年（大正元年）11月25日，从日本陆军大学第24期毕业。后在军队中逐步提升，以研究"步兵战术"有名；1928年4月，他提议驻东北日军急速调往山东，阻拦北伐军，制造"济南惨案"，开了以武力对华进行干涉的先例；1929年（昭和四年）1月28日，晋升陆军少将，任关东军第三十旅团长，率部驻防铁岭，历时2年；1933年（昭和八年）3月18日晋升陆军中将；1935年（昭和十年）3月15日任第十二师团长；1936年（昭和十一年）3月23日，任近卫师团长。

与此同时，日本当局迅速从"满洲国"、朝鲜与日本国内向平津地区调兵。到7月16日晚间，日军在北平和天津集结兵力，除原"华北驻屯军"香月清司指挥的河边正三步兵旅团，原驻朝鲜的第二十师团由师团长川岸文三郎率领，进入山海关，秘密开抵唐山、天津一线；关东军的3个旅团，进入北平的北郊、西郊，关东军第十一独立旅团，即铃木重康独立混成旅团，由热河兵出古北口，开进北平北郊；由东条英机统率的关东军察哈尔派遣兵团独立混成第一旅团，即酒井镐次旅团，由热河向北平推进，攻占北平沙河镇；以上部队共同形成对北平的战略包围。另有8个师团，约16万人的日军后续部队，沿不同路线向平津地区集结。其中，由板垣征四郎统率的第五师团，自日本国内循海路运抵华北，配合海军在塘沽登陆；日军第二飞行集团，团长安藤三郎，有战机120架，飞抵天津。以上兵力，共6万人以上。另外，日方得到冀察地区大量伪军的支持：冀东伪保安队约一万七千人，蒙汉回伪自卫军约两万人，伪满蒙征绥联合军约一万两千人，伪蒙古征绥军联队约七千人。这样，日方总兵力人数，就基本上和第二十九军持平了，而战斗实力则远远超过第二十九军。这期间，日军在塘沽港口不断卸下武器战备，共约有10万吨物资；天津日军每天以40辆载重汽车，不停向丰台等地运送。日军原在华北的数量劣势很快逆转。

1937年7月16日下午3时，日本"华北驻屯军"用82毫米大口径迫击炮，再次猛轰长辛店和宛平城，造成中国守军及民众的惨重伤亡，第二十九军第二一九团第三营营长金振中、团长吉星文，先后负伤，但他们仍然坚守在阵地上。

当第二十九军军部电报责问日方炮击原因时，北平日本负责和谈的官员回答："今后为军人对军人交涉，非外交当局时期。"

1937年7月17日，日本陆

第二一九团团长吉星文

军参谋本部制定了《关于华北用兵时的对华战争指导纲要》，决定对中国发动全面战争，速战速决，迫使中国政府投降。

一场血腥大战迫在眉睫！

（五）第二十九军上层对和平解决卢沟桥事变抱有幻想

然而，第二十九军上层大部分将领，这时却对和平解决卢沟桥事变抱有幻想。

当时，宋哲元远在山东乐陵。第二十九军以在北平的秦德纯、冯治安、张自忠三人为核心，"会商应付办法"。他们大部分人对和平解决卢沟桥事变抱有幻想，认为"目前日本还不至于对中国发动全面战争，只要我们表示一些让步，尚有转圜余地，局部解决仍有可能"。他们希望这次事变也能像以往一样，以就地谈判的方式妥协解决。宋哲元指示部下："相机应付，以挽危局。"第二十九军上层大部分将领也认为"先行停战，部队各回原防"为上策。7月9日凌晨2时，中日双方初步达成一致，双方军队后撤，停止射击。

7月10日夜里，日本"华北驻屯军"部附兼北平特务机关长松井太久郎与日本驻北平陆军助理武官今井武夫，冒雨来到椅子胡同张自忠私邸，直接找他交涉。在此前数年，第二十九军与日方交涉谈判，最初由秦德纯负责，曾代军长宋哲元签订过屈辱的《秦土协定》；后来秦德纯转任办理第二十九军与南京中央政府联络事宜，改由萧振瀛与日方交涉；萧走后，张自忠便承担了这一职责。不仅第三十八师与日军冲突，要由张自忠与日华北驻屯军交涉，第二十九军其他各师与日军的冲突，也多由张自忠交涉谈判。如在1936年12月第三十七师与日军在丰台发生冲突后，"冀察当局宋哲元电张自忠，与天津日驻屯军司令官田代交涉"。在日本人和中国一般人看来，在第二十九军的带兵将领中，冯治安态度强硬，抗日主战；张自忠则比较灵活，能屈能伸，与日方的关系相对和缓，因而，日方当局多愿意与张自忠交涉。

今井武夫在回忆录中写道："张自忠正患严重的大肠粘膜炎，卧病在床……看到他容颜憔悴、横卧病榻而进行交谈的样子，甚至对他产生令人怜惜的悲壮之感，其诚恳的态度更给人一种好感。"然而，出乎他们的意料，张自忠听了松井太久郎提出的条件之后，"交涉依然毫无进展，张非但不肯应允惩罚'肇事'的负责人，对于撤退卢沟桥附近中国军队的问题，也只不过主张调换其他部队前往驻防而已"，因此，松井太久郎和今井武夫"未取得任何成果而告别"。

后来，日本"华北驻屯军"参谋长桥本群又来与张自忠交涉谈判，双方准备签订《卢沟桥事件现地协定》。蒋介石得到第二十九军的报告，发电指示："一、不准接受任何条件；二、不许后退一步；三、必要时准备牺牲。"秦德纯、冯治安、张自忠三人联名电告蒋介石："自应遵照钧命办理。现我官兵均具有与敌拼死之决心。"

7月11日晚20时，张自忠代表冀察政权，在北平与松井太久郎签订了《卢沟桥事件现地协定》（日本人称为《秦松协定》，因为是秦德纯主导），规定中国军方就此事件向日方道歉，以保安队维持宛平城的治安，界定卢沟桥事件的发生为"蓝衣社、共产党及其他抗日团体的策动"。显然，这个协定的许多内容是错误和屈辱的，它表明了是在卢沟桥事变初期，第二十九军上层期盼和平解决事件的不切实际的愿望。

7月11日晚6时，宋哲元回到了天津。

宋哲元是出身西北军的旧军阀，既有爱国抗日思想，但又想保存实力和地盘。爱国思想与军阀意识在这危急存亡之际，压得他左右为难，让他在思想认识上和行动上出现许多错误。他在1937年5月为了暂时逃避压力，借口祭祖，逃回山东乐陵老家。现在卢沟桥事变发生，中外瞩目，他不得不迎面对着这风口浪尖。当时，蒋介石已几次致电宋哲元，要他去保定，坐镇指挥第二十九军备战，不要回天津或北平，以免遭日军要挟。但是宋哲元不顾蒋介石反对，没有去保定，而是执意到天津与日方谈判。他见局势趋向和缓，情绪乐观，反对南京国民政府派遣增援的各军北上平、津一线，进入他的第二十九军防区。

7月14日，张自忠奉宋哲元电召，由北平赶到天津。宋哲元在天津的公馆里召开第二十九军的高层会议。会上，他们对和与战的意见争论不休。宋哲元决定与香月清司在天津直接谈判。

谈判前，香月清司向宋哲元提出七条新的解决要求，即所谓《香月细目》，核心是要求第二十九军不得在北平驻军，代以保安队维持治安，并要求宋哲元就卢沟桥事变向日方道歉，罢免第三十七师师长冯治安职等。日方以7月19日为限，要求宋哲元答应条件，不答应或逾期答应，则会出动武力讨伐第二十九军。香月的最终目的是通过谈判拖住宋哲元，掩护日本军队集结，待集结完毕，以武力逼宋脱离国民政府。

宋哲元考虑到北平不驻军的影响极大，会遭到南京中央政府和全国人民的反对，在政治上会压垮冀察政权，因而不敢贸然答应。同时，他得到日方向华北紧急增兵的情报，感到情况复杂，事态严重。因而，他一方面备战，于7月16日下达战字第一号作战命令，任命第三十七师师长冯治安为北平军事总指挥；7月17日，下令南苑守军在大红门和军营内修筑工事，给学员兵提前发枪和一把大刀，请来许多民间的磨刀师傅，为官兵们日夜磨刀；但另一方面，他仍对以妥协换取和平解决心存幻想。

7月18日，宋哲元携带张自忠，在天津同香月清司及其代表作了会晤与谈判，最后，初步达成了妥协协定。宋哲元答应了日方提出的道歉和调换北平驻军等要求，但宋哲元向来不愿自己直接出面签字，而由部下代他签订与日方的各种协议，以留下回旋余地。日方同意改日由宋哲元的代表代签。宋哲元对外宣称，与香月见面谈得很好，和平解决已无问题。他发表书面谈话："此次芦（卢）沟桥发生事件，实为东亚之不幸，局部之冲突，能随时解决，尚为不幸中之大幸……余向主和平，爱护人群，决不愿以人类作无益社会之牺牲。"

7月19日，宋哲元留张自忠在天津与日方继续谈判，代他签字，自己则一早就离开天津，回到北平。

张自忠奉命留在天津，继续与日军交涉。但张自忠不愿签订这样的协议，迟迟不肯露面。到了7月19日晚22时，香月见张自忠仍迟迟不来，遂宣称：从20日起，日本"华北驻屯军"将自由行动。为避免战火重燃，张自忠于23时，偕同张允荣来到天津张园的日本"华北驻屯军"司令部，经再次谈判，仅同意撤退北平的第三十七师，但仍拒绝"北平不驻军"的条款。香月不得不让步，同意继续谈判。于是张自忠与日本"华北驻屯军"参谋长桥本签订了《停战协定第三项誓文》，即所谓停战协定六条"誓文"。这六条"誓文"，对第二十九军、对中国，无疑都是屈辱的条文，也是宋哲元、张自忠对日方心存幻想的无奈之举。它与当时南京国民政府的对日强硬态度间存在距离，更不符合当时全国人民猛烈高涨的抗日救亡热情与愿望。

7月19日宋哲元回到北平后，一面把驻防察哈尔的一四三师师长刘汝明召来北平，密商万一与日军大打后的作战计划；一面竭力营造"和平"的气氛——下令拆除北平城内准备巷战的防御工事和路障，打开已关闭数日的各城门；谢绝各地汇寄来的大批捐献；命令主力部队撤离宛平城，而以保安队进驻；并按与日方签订的妥协协定，宣布将担负北平城防的第三十七师刘自珍旅的第二二一、第二二二两个团调离北平，因为这是两个抗日意志最强的团，曾在喜峰口夜袭中使日军闻风丧胆，以第一三二师赵登禹部的独立第二十七旅进驻北平换防，任命该旅旅长石振刚为北平警备司令。其实，这是一招"障眼法"。宋哲元是让第二二一、二二二两个团的官兵换上保安队的服装继续留在北平城内，而将战斗力较弱的保安队调出北平城。7月20日，宋哲元再次发表"主张和平"的书面谈话，称："此次芦（卢）沟桥事件之发生，决非中日两大民族之所愿，盖可断言。甚望中日两大民族，彼此互让，彼此相信，彼此推诚，促进东亚之和平，造人类之福祉。哲元对于此事之处理，求合法合理之解决，请大家勿信谣言，勿受挑拨，国家大事，只有静听国家解决。"

事情传开后，北平军民议论纷纷。

（六）事实教育了第二十九军将领

日本当局利用第二十九军将领的幻想，迅速加紧实施其全面侵华计划。双方签订停战协定六条"誓文"的墨迹未干，7月21日，日军即撕毁协定，炮击宛平城、卢沟桥，进犯大红门。两军再次展开激战。

事实教育了第二十九军将领。7月23日，宋哲元终于意识到第二十九军与日军在平、津地区的战争不可避免，他必须认真备战，保卫平津。为了鼓舞士气，他指示于7月25日，在第二十九军军部的所在地南苑军营举行一次盛大的阅兵，邀请各界人士参加观礼。宋哲元亲临阅兵场，并发表

第二十九军官兵开赴前线

讲话。由于当时有日本顾问在场，宋不便于公然鼓吹开战，只得向官兵们大声说："我们就是要撞到南墙不回头！"受阅的官兵们明白宋军长的心意，齐心大声呼喊："不回头！不回头！"

南苑守军早在 7 月 17 日就开始于大红门和军营内修筑工事。一直驻守在南苑军营、兼任学员兵军训团团长的第二十九军副军长佟麟阁下令给学员兵提前发枪，并一人发了一把大刀。许多民间的磨刀师傅被聘请，为官兵们日夜磨刀。

7 月 25 日，日军完成了部队集结，突然袭击廊坊，并出动飞机狂炸中国军民，战争进一步扩大。但是，他们遇上张自忠第三十八师一部发起的反击，形成"廊坊事件"。最终，张自忠第三十八师一部被迫从廊坊撤退。

香月清司恼羞成怒，7 月 26 日，他向宋哲元下最后通牒，狂妄地宣布："由于贵军在廊坊攻击我军，我军认为贵军没有和平的诚意，请贵军第三十七师撤离卢沟桥、八宝山，并于明日中午撤到长辛店附近。另第三十七师在北平城内的部队，请撤出北平城，连同西苑驻军，于本月 28 日中午之前，一并撤到永定河以西，然后再撤到保定。否则，日军将采取行动，后果由贵军负责……"（《今井武夫回忆录》）日军这次提出了更为苛刻无理的条件，一是要 28 日午前撤退北平的第三十七师，实现以保安队驻北平的条件；二是逼宋哲元脱离国民政府中央或离开北平，后者才是真正的最后通牒。（见《刘汝明回忆录》）

香月清司把南苑选择为"能使敌胆战心寒之伟大结果"，即可置第二十九军于死地的日军打击的"最适宜的目标"。他甚至通过"冀察政务委员会"政务处处长潘毓桂，向宋哲元传递了日军将在 28 日进攻南苑的消息。这是因为香月清司认为，在兵力、装备、火力等方面具有绝对优势的日军，已经切断了平、津交通，从四面包围了南苑军营，第二十九军南苑守军若顽抗，必将全军覆没，因而很可能会不战而逃，迅速撤离。这是日军当局惯用的"以武力威慑与精神笼络相结合"的方法，他们很懂得"不战而屈人之兵"乃是上策，香月清司更是有恃无恐。

7月26日，日军数百人强行进入北平广安门，被第二十九军第三十七师第二十五旅之第六七九团歼灭殆尽，形成"广安门事件"，形势紧张加剧。

7月26日晚22时，香月清司向所属各部日军下达了总攻北平、天津的命令。日本军国主义当局筹划、盼望已久的"平津之战"，即将打响。

宋哲元在接到日方通牒后，立即在铁狮子胡同（今北京东城区张自忠路）的"进德社"召开紧急军事会议，决定抵抗日军的侵略。宋哲元一边向南京国民政府报告"固守北平，誓与古城共存亡"的决心，请求南京方面迅速增兵援助平、津，一面调整兵力部署。他于7月26日下令，原驻防南苑的第三十八师董升堂第一一四旅的3个整团调进北平城里，缩短战线；另调派驻河北省中部大名、河间的第一三二师赵登禹部，迅速北上，以一个团进驻北平，主力集中南苑，协同原驻南苑的第二十九军军部各机关人员、军官教导团、卫队旅孙玉田部的两个团、郑大章的骑九师师部和一个骑兵团以及军训团的学员兵，共约七千人，共同防守南苑军营，任命赵登禹为南苑临时总指挥。

当日，宋哲元下令把第二十九军军部从南苑军营转移到北平城内。

7月27日，宋哲元严词拒绝了日方的最后通牒并通电全国，表明自卫守土、誓死保卫平津的决心。当晚，宋哲元、秦德纯和从天津赶来的张自忠一起，会见了蒋介石从南京派来的军委会政训处处长刘健群和冀察政委会驻南京代表戈定远，两人再次劝说宋哲元接受蒋介石的指示——即刻离开被日军包围威胁的北平，到保定指挥军队作战。蒋介石认为，从军事上说，宋哲元应该到保定，而不宜驻平津与日本人纠缠。

（七）1937年7月28日上午：激战南苑

1937年7月28日凌晨3时许，日军以陆军与航空兵协同作战，向宛平城、衙门口、八宝山、北苑、南苑等第二十九军各阵地发动全面进攻，进攻的重点在南苑军营。

南苑军营是第二十九军在北京城外南部的最后堡垒。它位于北平古城的东南部、永定门外，与位于北平古城西南部的宛平城、卢沟桥，互为犄角，

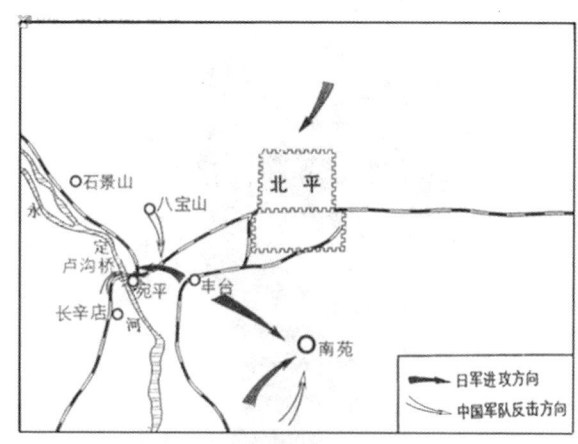

南苑血战形势示意图

构成北平的南大门。在日军从北、东、西三个方面包围北平后，南苑成为北平与华北腹地联系的唯一通道。

南苑是元、明、清三代的皇家苑囿。苑内地势低洼，有永定河故道穿过，泉源密布，形成大片湖泊沼泽，草木繁茂，飞禽、走兽聚集，在元代就成为皇家猎场，飞鹰放狗。明成祖朱棣迁都北京后，在这里扩建殿堂宫室，四周修砌围墙120里，谓之"南海子"，把元朝的猎场扩大了数十倍，周辟四门，内建衙署，苑内分设24园，养育禽兽，种植果蔬，供皇帝和官僚贵族打猎享乐。清朝时期，改称南苑，修建4处行宫与几座庙宇，仍是皇家的猎场。1900年，八国联军入侵北京，闯入园中焚毁建筑、射杀动物，南苑日渐荒废。1902年6月，清廷设立"南苑督办垦务局"，"招佃垦荒"。

民国时期，南苑长期作为兵营。1935年8月以后，第二十九军军部一直设在南苑。

南苑守军，原来以第三十八师董升堂的第一一四旅为主，有3个整团，步、炮、骑兵种类齐全、装备精良；其次是第二十九军卫队旅孙玉田部的两个团，再次是骑九师师部和1个团，以及军官教导团和没有战斗经验的学员兵军训团。

7月26日，赵登禹接到军部的命令后，立即率其部第一三二师，从河北省中部的大名、河间出发，向北平急进。

赵登禹，字舜诚，1898年出生在山东省菏泽县赵楼村的一个贫苦农民的家庭。山东素有练武传统，受此影响，赵登禹少年时期即与其兄赵登尧拜师习文练武。赵登禹刻苦认真，膂力过人，对太极、八卦、少林等各种拳术及刀、枪、剑、棍诸种兵器都有功夫。

赵登禹

尤其是徒手夺刀、赤手夺枪等本事，更是令人看了惊心触目。赵家兄弟自幼刚毅正直，嫉恶如仇。他俩崇尚岳飞、文天祥等民族英雄，矢志当兵，作一国家干练人才。1914年春，赵登禹投奔冯玉祥的西北军。1930年中原大战以后，赵登禹加入新组建的第二十九军。1931年九一八事变爆发后，赵登禹与第二十九军许多爱国将领共同喊出了"枪口不对内"的响亮口号。1933年春，赵登禹任第二十九军第一〇九旅旅长，参与长城抗战，3月12日，在喜峰口指挥所部，以大刀、手榴弹和手枪等轻武器，夜袭日军炮兵，近身战，歼敌三百人，一战成名。长城抗战后，赵登禹升任第一三二师师长。

然而，在这次进军途中，赵登禹部出师不利。隐藏在第二十九军上层的汉奸、担任"冀察政务委员会"政务处处长、平津绥靖公署高等顾问的潘毓桂，在参加了第二十九军的军事会议后，立即向日军秘密提供了第二十九军的作战计划及赵登禹部北上的时间、路线等各种机密情报。

潘毓桂，字燕生，河北省盐山县人，1884年生。其父潘文楼，曾在广西做知府。潘中举后，赴日本早稻田大学法科留学，毕业后归国，任京师内外城警察厅佥事。民国后，1917年任江西督军陈光远的第十二师军法处处长，兼任江西景德镇统税局局长。1923年4月后回北京，先后任蒙藏院副总裁、国务院参议、津浦铁路局副局长。日本制造"华北危机"期间，潘毓桂伙同石友三、白坚武，在1935年6月发动"北平自治"，成立"华北自治军"，策动武装叛乱，阴谋建立"华北国"。"满洲国"的著名电影

潘毓桂

女演员李香兰是他的"义女"。1935年8月，宋哲元任平津卫戍司令部司令，因与宋、潘两家是世交，宋之父曾做过潘之父的幕僚，因而关系很深，遂聘潘毓桂任平津卫戍司令部的高级顾问；1935年12月，宋哲元任新成立的"冀察政务委员会"委员长，潘毓桂任政务处处长，得以经常参加第二十九军的高层会议，并成为宋哲元与日方的中间联络人。

由于潘毓桂的出卖，第一三二师的先头部队在到达南苑以南两公里之团河时，遭到日军伏击，两个团全军覆没。赵登禹率零散部队突出重围，于27日下午到达南苑军营。因第一三二师接防南苑失败，第三十八师董升堂的第一一四旅等部未能从南苑撤出。

1937年7月28日凌晨3时许，日军投入步兵3个联队、炮兵1个联队、战机三十余架，共约四万余人，从三个方向包围了南苑。日军先以第二十师团40门重炮的猛烈炮火，猛轰南苑军营阵地，然后在战机、大炮的掩护

下，牟田口廉也的第一联队向南苑阵地推进。

牟田口廉也极其狂妄，轻视南苑第二十九军守军的战斗力，未等与其他日军部队取得协同，就抢先发动了进攻。他仅出动了其联队的 1 个大队，即第三大队，担任主攻，以第三大队长一木清直为前线指挥。

日军依据汉奸潘毓桂提供的情报，首先集中猛攻南苑军营南面的军训团学员兵据守的阵地，因为这里是中国守军的薄弱环节。这些学员兵都是北平、天津各大学、中学的学生，多是"一二·九"运动中的积极分子，在 1936 年年底，抱着抗日救亡的热诚，投笔从戎。他们才受训半年，还没毕业，在南苑血战发生的前几天，学员兵们才领到枪。他们第一次上战场，很多人连枪响要卧倒都不懂。战斗一打响，日军先以猛烈的炮火猛轰学员兵据守的阵地，许多学员兵倒在血泊中。随后，日军冲向南苑被轰塌的围墙。令日军没有想到的是，他们在这里踩响了连片的地雷，死伤惨重。活着的日军依然号叫着向前猛冲，突入学员兵据守的阵地中。剩下的学员兵宁死不屈，与日军展开白刃战，以一腔爱国热血，与武装到牙齿的日军肉搏，以十条命换一条命的代价，和日军拼刺刀。他们虽然伤亡十倍于日军，牺牲了几百人，却没有后退。日本兵在学员兵的阵地上没能打开缺口，佟麟阁率军官教导团与卫队旅一部挥舞大刀，赶来增援。他们最终把日军赶出了军营。只是他们的牺牲，仅使这道阵地在中国军队手中多保留了几个小时。

7 月 28 日上午 8 时，日军在炮火掩护下，对南苑发动了第二次进攻。这次日军进攻的主力换成了第二十师团，前线指挥官也换成了第二十师团长川岸文三郎。

日军遭到了南苑守军主力部队的顽强抗击。副军长佟麟阁、师长赵登禹亲临前线指挥。军训团的男女学生与第二十九军官兵并肩战斗。南苑堪称教学范式的防御工事是双层布设，第二线阵地比第一线阵地稍高，以凶猛的捷克式机枪为核心的火力配置几乎没有死角，仅半天的时间，就使日军的伤亡数字远超卢沟桥战斗。张自忠下令：南苑虽战死至最后一人，也要守！日军伤亡惨重，再次败退下去。随日军第二十师团从朝鲜来到北平前线的日本《每日新闻》报社的著名战地记者冈部孙四郎，以"华北特派员"的身份参与了日军的这次攻击，并突入南苑军营拍摄战场照片，被中国守军的子弹击中头部而死。这是日本发动全面侵华战争后被击毙的第一个日本记者。

日军恼羞成怒，出动战机对南苑狂轰滥炸。第二十九军缺少重武器，更几乎没有有效的防空武器。南苑只是建立在华北平原上的一座军营，无险可守，多年建筑的工事迅速被日军摧毁，南苑形势危急。

（八）1937年7月28日下午：血染大红门

7月28日下午1时，南苑守军接到第二十九军军部的撤退命令。

担任南苑临时总指挥的赵登禹下令，全部守军放弃阵地，分南、北两路撤退：南路由孙玉田率卫队旅一部，过永定河，会合当地守军，撤往保定；北路由赵登禹、佟麟阁率领，以郑大章的骑兵开路，经大红门，撤回北平城内。

赵登禹最先根据军部的命令，乘汽车赶回北平城内的军部开会。他刚乘上汽车离开南苑，隐藏在他身边的汉奸、少校参谋周思靖就用电话迅速报告了日军。当赵登禹乘坐的黑色轿车开到南苑北部天罗庄方向时，遭到了日军的伏击。当时，赵登禹的轿车正被一匹死马卡住车轮，进退不得，日军的子弹从四面八方射进车内，端坐在后座的赵登禹被击中胸部。这位三年前率大刀队夜袭喜峰口，奋勇杀敌、威名远扬的将军，还没有来得及抽出他的大刀，就因汉奸的出卖，牺牲在日军的子弹下，年仅39岁。

赵登禹的牺牲揭开了南苑守军撤退的悲惨序幕。

汉奸潘毓桂向日军迅速提供了第二十九军军部关于南苑守军的撤退命令、撤退时间、撤退路线等各种机密情报。日军前线指挥官、第二十师团

赵登禹受伏击牺牲现场

长川岸文三郎立即下令，命从承德起飞的日军战机加大空袭。另外，令驻通州的日本"华北驻屯军"第二联队萱岛部队赶往大红门公路两侧的田野和村庄里设伏。

大红门在永定门外，原是皇家园囿南苑的正门，建于明代永乐十二年（1414 年）。南苑原在东、西、南、北四个方向，各开有一个门，分别叫作东红门、西红门、南红门、北红门。其中，北红门是南苑的正门。清代乾隆年间，在北红门东边又建了一个小红门，原来的北红门也被称为"北大红门"，后来就简称大红门。大红门是从南苑到北京城的必经之地。大红门有三座拱形门洞，中间的门洞大，两边的稍小，上面覆盖着黄色琉璃瓦，门面刷成红色，门洞可通行车辆。

7 月 28 日下午 4 时，南苑守军突围的北路部队到达大红门一带时，就遭到日军重兵的伏击。日军的轻型、重型机枪与迫击炮等各种武器猛烈扫射,日军的战机也赶来狂轰滥炸。撤退的守军们由于没有掩护和接应,战斗变成了日军单方面的屠杀,伤亡惨重。佟麟阁与军训团第一大队副大队长刘又生率领没有作战经验的学员兵,分左右两路突围。指挥左路的刘又生负重伤,肚肠被打出来,仍在高呼"打啊!打啊!"直至壮烈牺牲。在右路指挥的佟麟阁副军长腿部中枪落马,鲜血染红了裤腿和鞋袜。为了掩护学兵突围,他拒绝部下的救护,依然奋勇向前,带领士兵们拼死搏杀,大义

佟麟阁

凛然地喊道:"情况紧急,抗敌事大,个人安危事小!"他的行动深深地感染了在战场上的官兵。不久,敌机嚎叫着又俯冲下来,只听轰隆一声巨响,佟麟阁头部受了重伤,在大红门壮烈殉国,年仅45岁。

中国军人的鲜血染红了大红门!这是平津抗战最惨烈的一幕。军训团的一千五百多学生兵中,活着回到北平的只有600人;南宛守军七千多人,伤亡达五千多人,多是倒在大红门。王彦周原是个大学生,在撤退途中腿部中弹,弹片夹在两处骨头间,血流不止,影响行走。他向战友要来一把刺刀,咬着牙,自行将弹片挑出,才得以随战友一道撤退。第三十八师学员兵队的轻机枪手付锡庆为掩护战友,身中数弹,爬行了二十多个小时,沿途靠喝地沟里的血水维生,终于突围。

而向南突围的董升堂与孙玉田部杀开一条血路,成功到达保定。

（九）1937 年 7 月 29 日：第二十九军撤往保定，平津沦陷

7月28日晨，当日军发动全面进攻时，蒋介石再次致电宋哲元："希速离北平，到保定指挥。勿误，如何？盼立复。"宋哲元回电，明确表示即刻设法离开北平，前往保定。

7月28日傍晚，佟麟阁、赵登禹两位将军战死的消息传入北平城内。当时，宋哲元正在"进德社"主持召开军事会议，参加会议的有副军长秦德纯、第三十七师师长冯治安、第三十八师师长张自忠和第二十九军前参谋长张维藩，共5人。接到消息，他们受到很大的震动与打击，紧急商讨应对措施。最后决定，为保存军队实力，改变前一日誓死保卫平津的决定，下令第二十九军各部即刻撤出北平城，前往保定；宋哲元移驻保定，坐镇指挥。

起初，宋哲元要求北平市市长秦德纯留下代理冀察政委会委员长、冀察绥靖公署主任，在北平维持局面，控制局势，与日方周旋折冲，做好善后工作，掩护大部队撤退。秦知道留下来没有好结果，遂称自己没有实力，不如留张自忠——既是直接带兵的师长，又与日方的关系相对和缓，似更能收平津和战一盘棋之效。宋哲元深以为然。

张自忠本不愿留在北平，因为他也十分清楚这样做的后果。宋哲元对张自忠说："只要你能

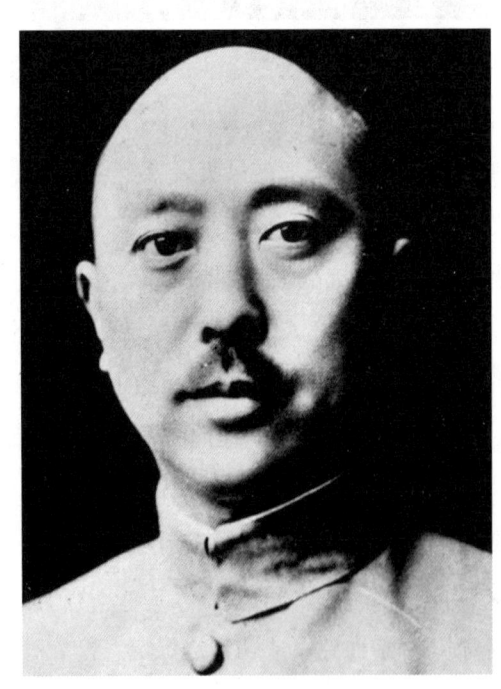

秦德纯

在北平拖上一个星期的时间，我们就能把部队收容起来，改变局势。"张自忠经过考虑，毅然站起来说："现在战与和都成了问题，看情况，事情不会一下子得到解决。为了国家民族的长远利益，为了我们二十九军能及时脱离被敌人包围的险境，既然委员长这样决定，目前这个任务我愿来担，个人毁誉在所不计！"张自忠同意留在北平，"维持十日"。他涕泣受命，对秦德纯说道："你同宋先生成了民族英雄，我怕要被人误解，成了汉奸了！"

宋哲元当即写下手谕，任命张自忠代理冀察政委会委员长、代理冀察绥靖主任、代理北平市市长；任命李文田代理天津市市长，任命张允荣接任平绥铁路局局长；同时，命第三十八师独立三十九旅阮玄武部留驻北苑，第一三二师独立二十七旅石振刚部驻防北平城内，随张自忠维持北平治安。

7月28日夜，宋哲元偕秦德纯、冯治安、张维藩等将领，率领第二十九军主力，撤离北平，经门头沟，向保定方向撤退。何基沣率第三十七师一一〇旅，在宛平至八宝山一线掩护部队南撤。

行前，宋哲元、秦德纯派张璧为使，以"接受保安队维持治安及留张自忠善后"为条件，与日方接洽。日方对张自忠存有幻想，以为可以对张自忠进行拉拢和利用，遂同意了宋哲元、秦德纯的条件。

7月29日凌晨3时，宋哲元一行抵达保定后，立即向在南京的蒋介石报告："职今晨三时转保，秦市长德纯、张局长维藩偕来，所有北平军政事宜，统由张师长自忠负责处理。"之后，他通电全国："哲元奉令移保，所有北平军政事宜统由张师长自忠负责处理。"

宋哲元在保定通过电报和电话，与张自忠保持联系，要求张对日折冲，他负一切责任。

日军取得南苑胜利后，第一联队急速转进丰台地区，在装甲车队和炮兵部队的配合下，进入宛平城附近的一文字山，即沙岗村界大枣园一带，包围卢沟桥、宛平城、八宝山一线的第二十九军部队。7月29日上午9时40分，日本"华北驻屯军"步兵旅团旅团长河边正三下达攻击卢沟桥、宛

日军占领卢沟桥

平城的"步一作命第六二号"命令。第一联队联队长牟田口廉也接到命令后，立即向各大队传达作战要领，指定筒井恒的第二大队，为攻击宛平城的突击队，一木清直的第三大队协同。下午6时12分，日军开始炮击，装甲部队引领步兵，向宛平城进攻，日军工兵爆破了东城门，第二大队突击队从突击路向城内冲锋，在晚7时45

日军登上北平城楼

分占领了东侧城墙，随后突入城内，向中部地区和西侧城墙突进。中国守军且战且撤。晚8时30分，宛平城失守。中国守军的掩护部队在7月30日撤退至长辛店，旋即撤往保定。

日军于7月29日晚，完全占领了北平。

北平的战事暂时沉寂下来。但在平津地区其他地方，中国军民仍在奋勇顽强抗击日军。

7月29日凌晨0时，通县"冀东防共自治政府"的伪军数千人，在张砚田、张庆余的领导下，乘驻防日军调离之机，举义反正，消灭了剩余日军，活捉大汉奸殷汝耕。在遭到日军反扑后，向北平西部撤退。

7月29日凌晨2时，第三十八师副师长李文田在接到张自忠的密电后，指挥驻天津的第三十八师一部与市保安队向日军发动反攻。先攻克天津总站，转攻海光寺日本"华北驻屯军"司令部和东局子机场，血战15个小时，重创日军，后因日本援军在大沽登陆，第三十八师全部退到津南静海、马厂一带，回归第二十九军。

日军于7月30日占领天津。

（十）张自忠留守北平勉力维持八日

1937年7月29日早晨，北平市民打开门发现，中国守军——第二十九军，大部已经弃城而去，只留下少数部队维持治安，由该军第三十八师师长张自忠署名的"安民告示"四处张贴，于是舆论大哗，误以为张自忠降日。消息传出，上海等地的报纸都作了报道。

其实，张自忠是奉第二十九军军长宋哲元之命，为了掩护第二十九军主力部队及时脱离被敌人包围的险境，才留在北平与日方周旋，以"维持十日"。

7月29日下午，忍辱负重的张自忠先到东城外交部街就任冀察政务委员会代理委员长，然后到西城府右街就任北平市代市长。接着，他召开会议，研究北平的治安、金融和粮食问题。7月30日上午，张自忠就任冀察绥靖公署代主任。他力图将冀察政务委员会的军政职能继续维持下去，幻想保持由第二十九军继续主持北平政局的现状。他抓紧时间，将第二十九军在平津作战中的负伤者安排治疗，将阵亡者予以安葬，对没来得及撤离的第二十九军官兵眷属，则派员予以接济，或分发路费让他们离开北平，返回故乡。他通过电报和电话，及时向在保定的宋哲元报告平津的情况。

日军当局要求张自忠发表通电，宣布脱离南京国民政府，与日方共同反对当时中国国内的其他党派势力，遭到张自忠的断然拒绝。于是，日方决定踢开张自忠，由今井武夫出面，邀请北洋军阀余孽江朝宗等人组织伪政权。7月30日，以江朝宗为会长的"北平地方治安维持会"成立。

日本方面为谋求早日稳定北平局面，要求张自忠立即解散"冀察政务委员会"，并在7月31日，将留守北苑的第三十八师独立三十九旅阮玄武部包围缴械。张自忠感到情况危急，于8月1日召见驻守在北平城内的独立二十七旅旅长石振纲及该旅两位团长，要他们迅速突围。当晚10时，独立二十七旅奋勇突围成功，冲出了北平城，经昌平、阳坊，抵延庆。当日，张自忠也试图率手枪队离开北平，但刚出德胜门，便遭日军优势部队截击，只得返回城内。第一次突围出城的尝试失败后，张自忠又有几次试图冒险出城，但均未成功。他只得先将家眷送往天津。自己则困处北平城内，东躲西藏，一日数迁。他在椅子胡同的私宅被日军查封。8月5日，张自忠致函"冀察政务委员会"，声明"辞去代理职务"。

8月6日，张自忠偕副官廖保贞、周宝衡，躲进了东交民巷的德国医院（现为北京医院）；同时通过《北平晨报》等媒体发表声明，宣布辞去所有代理职务。

就这样，张自忠在北平先后勉力维持了8日。他没有做过对不起国家民族的事情。

但社会舆论对张自忠产生了很大的误解,大大小小的报纸都骂他留守北平是"卖身事敌""卖国变节",一律称之为"张逆自忠"。"上海市各界抗敌后援会"甚至致电南京国民政府,要求将张自忠"明正典刑"。直到1937年12月14日,设在上海租界的《大公报》出版停刊号,发表由该报负责人王芸生撰写的社评《不投降论》,文中称:"张自忠想投降,他的部下不听命。"多年后,李宗仁在回忆录中写道:"外界不明真相,均误以张氏为卖国求荣的汉奸。"冯玉祥在所撰《痛悼张自忠将军》中,也说:"民国二十五六年的时候,华北造成一个特殊的局面,他(指张自忠)在这局面下苦撑,虽然遭到许多人对他误会,甚至许多人对他辱骂,他都心里有底子,本着忍辱负重的精神,以待将来事实的洗白……在北平苦撑之际,有人以为他真要浑水摸鱼。当时我就说,他从小和我共事,我知道他嫉恶如仇,绝不会投降敌人,后来果不出我所料。"蒋介石则在张自忠的葬礼上,对张留守北平之事下了定论:"以身当樽俎折冲之交,忍痛含垢,与敌周旋,

1937年8月8日,日军举行占领北平"入城式"

日军发布占领北平的布告

众谤群疑，无所摇夺，而未尝以一语自明……"

1937年8月8日，日军举行占领北平的"入城式"。五千多名日军荷枪实弹，耀武扬威地从永定门经前门，开进城内，直抵清故宫太和殿。古都北平在夏季沉闷、压抑与恐怖的死气中，被日军正式占领了。

香月清司立即下令搜捕张自忠。

躲进东交民巷的德国医院的张自忠，为及早脱离虎口，一面派副官廖保贞密赴天津，找赵子青商量脱险之计；一面派副官周宝衡南下保定，了解第三十八师各部队情况。

廖保贞到达天津，找到了赵子青。赵子青是天津英国怡和洋行的买办商人，因为第二十九军购办军火而与张自忠熟识。他年轻干练，为人仗义，结交甚广，与许多外国商人有联系。他得到张自忠的请求后，连夜找到一位被称为"甘先生"的美国商人，请他帮助。甘先生是西方中立国家的白人，经常驾车往来于平津之间，具有便利条件。甘先生表示乐为效力。在得到美国驻天津领事馆批准后,他即同赵子青研究营救办法,由廖保贞暗中布置,密传消息。

张自忠先在友人的帮助下,从东交民巷内的德国医院,转移到东单喜鹊胡同3号美国友人福开森的寓所中。

这时,南下保定的周宝衡,潜出北平后一路向南追寻,终于在黄河南岸东阿一带,找到了第三十八师队伍。李文田、黄维纲、刘振三、李致远等几位将领得知他们师长的消息,大为惊喜,一致要求张自忠早日归队,率领他们抗战。刘振三更是急切地表示:"师长什么时候回来?我亲带四百便衣,到北平城郊外接他。"周宝衡风尘仆仆返回北平,向张自忠报告部队的情况,张自忠立即给几位部将回了一封信,命周宝衡即刻返送,信中用暗语写道:"我自接了聘书,怎么能不去上课呢?期满,我就要辞职回家,你就不用来了。"

张自忠在北平东单喜鹊胡同3号福开森寓所,制定了周密的离开北平计划。等一切布置就绪,就开始行动了。

1937年9月3日凌晨,张自忠一身工人装束,从福开森家中徒步而出,来到大烟筒胡同至朝阳门的一条马路旁,等候汽车来接。不一会儿,甘先生果然开着一辆挂有外国国旗的小卧车,来到预定地点。张自忠上车,坐在甘先生身旁,装成司机助手的模样。趁天色未明,他们疾驰至朝阳门。当时日军在北平、天津所有交通要道口均设卡盘查,极为严格。朝阳门的日军士兵见有小卧车驶至,即示意停车检查。他们翻腾、端详了一阵,见是美国人的汽车,没有看出破绽,便放行通过了。

张自忠回到天津。他的七弟张自明事先接到赵子青通知,已等候在赵家客厅内。

张自忠进屋后,倚坐在沙发上。持续多日的疾病折磨,加上沉重的精神压力,使得他面黄肌瘦,疲惫不堪。他凝目沉思,呆呆地坐了很久。室内静悄悄的,谁也没有开口讲话。后来,张自忠打破沉默,对张自明说:

"你回家去吧，以后家里的一切事情，同你嫂子商量处理，不要问我了。"

张自忠将家事委托于七弟张自明后，于9月10日，乘英轮离开天津，经青岛，在9月13日晚到达济南。他立即致电宋哲元，报告他留守北平以及脱险的经过。9月17日，张自忠在写给第三十八师部属各位旅长的亲笔信中，记述了他奉命留守北平的经过。面对当时气势汹汹的社会舆论，他表明"事实胜于雄辩，必死而后能生"的心胸。信中说：

> 此次战事发生，我全体患难手足，均以国家民族观念为重，奋勇杀敌，不惜牺牲，其中艰难困苦情形，不言而喻。诸弟兄忠诚报国，无日不在念中。忠冒险由平而津而烟台而济南，即赴南京谒委员长，面言一切。在此期间，务望诸弟兄努力抗战，勿庸悬念。抑有言者，忠奉命留平，以后未获与诸弟兄共同杀敌，致令诸弟兄独任军务，深以为歉。而社会方面颇有不谅解之际，务望诸弟兄振奋精神，激发勇气，誓扫敌氛，还我河山。非如此不能救国，不能自救，并不能见谅于国人。事实胜于雄辩，必死而后能生。诸兄弟素抱爱国热忱，际此呼吸存亡，谅必誓死雪耻，不以忠言为河汉也。应当服从师令拼命杀敌为盼。

此时，第二十九军驻扎在津浦线的泊头镇，宋哲元则在泰山上休养。他得到张自忠的电告后，立即派副军长秦德纯赶到济南，表示欢迎张自忠脱险归来，并嘱秦德纯偕同张自忠先到南京，面见蒋介石请训。

1937年10月7日，秦德纯偕同张自忠离开济南，乘火车南下，途经泰安时，上山与宋哲元见面。宋哲元为张自忠去南京，专门写了一份给蒋介石的报告，说："张自忠此次转道南来，外间对之多抱怀疑态度，兹特令其晋京觐见钧前，面陈经过。职对其平日之为人，知之甚切，决不至如外间之所传，以负国家数十年培养之厚也。"但当张自忠所乘的火车到达徐州车站时，仍有一些不明真相的青年学生打着白旗，冲进车内，要抓"汉奸张自忠"，幸亏秦德纯阻挡，才使张自忠免遭侮辱。这件事对张自忠的刺激极大，让他清醒地认识到自己被破坏的公众形象。

10月8日，南京国民政府以"放弃责任，迭失守地"之由，给张自忠撤职查办的处分。

秦德纯偕同张自忠到达南京的第二天，就到南京城东郊的四方城晋谒蒋介石。当时日军战机每天都来空袭，南京城内外多处被炸得一片狼藉，死伤惨重。蒋介石也被迫将他的办公处秘密转移到南京城外东郊山林中的一座古建筑四方城中。张自忠首先肃立请罪，说："自忠在北方失地丧师辱国，罪有应得，请委员长严予惩办。"蒋介石安慰他说："你在北方一切情形，我均明了，我是全国军事委员会委员长，一切统由我负责，你要安心保养身体，避免与外人往来，稍迟再约你详谈。"

到第三天，蒋介石再次在四方城接见张自忠与秦德纯。适逢日机轰炸，蒋介石镇静如常，对张自忠慰勉有加，询问张的健康情况及所读书籍，最后说："一俟你身体恢复，我决令你重回部队，俾得再有机会报效国家。你可到前方看看你的长官同僚及部下。"张自忠深受感动。他对秦德纯说："如果委员长令我回部队，我一定誓死以报领袖，誓死以报国家！"

不久，蒋介石委任张自忠为军政部部附的闲差。

直到1937年12月，经李宗仁、程潜、宋哲元、秦德纯等人的力荐，蒋介石终于让张自忠回到他的原部队——由第三十八师扩编而成的第五十九军，任军长。该军成军后，满编约三万人，一直由宋哲元暂代军长，当时驻防河南。张自忠返部之日，宋哲元即召集部队，介绍张自忠与官兵们见面，说："张自忠留平是我的主张，是为掩护部队安全撤退的。第五十九军军长一直未派他人，就是给他留着。现下他回来了，就请他来当军长。"张自忠对部众痛哭失声地说："今日回军，除共同杀敌报国外，乃与大家共寻一个战死的地方！"其爱国激情，感人至深，全体官兵泣不成声，誓死效命。

1938年1月底，第五十九军奉命作为机动预备队，划至第五战区，属第二集团军，归第五战区司令长官李宗仁指挥，参加台儿庄会战。

（十一）中国全面抗战的开端

北平、天津陷落了，开始了它们八年沦陷的黑暗岁月。

但是中国人民神圣的抗战从此拉开了大幕。

第二十九军撤出北平、天津后，到河北省固安集结，被南京国民政府整编扩充为第一集团军，以宋哲元为司令。

宋哲元因失守平津，一直背着很大的心理包袱，心情郁闷，疾病缠身，不得不离开部队，到四川绵阳休养。他受到多方的指责。陈诚后来在总结这段抗战史时，指出："首先开辟的是北战场，但这个开始实在不够良好，以致半年之间，随着平津的失陷，冀、察、晋、鲁，以及豫省北部的许多名城，都相继沦入敌手。身当冀、察军政之冲的宋哲元氏，对此是应当负一大部分责任的。"宋哲元应当负什么责任呢？陈诚说："其时，平津一带的日军为数有限，宋氏果能遵照（南京）中央的指示，实时奋起抗战，并请（南京）中央军火速北上增援，则在开战之始绝无一败涂地之理。平津之拱手让人，对尔后北战场的部署极感困难，且士气影响极巨。我们不愿意指责宋氏当时是否别有用心，但对于凶残变诈的敌人缺乏认识，这是宋氏铸错的基本原因。至今思之，犹为之

日军占领下的北平城

扼腕不置。"但蒋介石当时发表谈话,为宋开脱,称宋哲元在北平的一切对外措施,都是依中央的指示办事,一切问题都由中央承担。这使宋哲元感到些许宽慰。1940年4月5日,宋终因积郁成疾,患癌症去世,终年仅54岁。时任第十八集团军正、副司令的朱德、彭德怀送了一副挽联:"一战一和,当年变生瞬间,能大白于天下;再接再厉,后起大有人在,可无忧于九泉。"这概括了宋哲元在卢沟桥事变发生后的两难处境和对他的评价。

在卢沟桥事变中牺牲的赵登禹、佟麟阁,是全面抗战爆发后最先为国捐躯的两位将军。他们的牺牲在第二十九军官兵与全国军民中引起极大的悲痛。在中国红十字会的努力下,北平民众在永定门外找到了他们的遗体。当时,只见两位将军浑身血迹,面目几乎辨认不出来。目睹这一悲壮的情景,人们都不由失声痛哭。全国各界纷纷举行祭奠悼念活动。南京国民政府于1937年7月31日发布褒恤令:"陆军第二十九军副军长佟麟阁,陆军第一百三十二师师长赵登禹,精娴武略,久领师干……懋着勋猷,此次在乎应战,咸以捍卫国家保守疆土为职志,迭次冲锋,奋厉无前,论其忠勇,询足发扬士气,表率戎行,不幸身陷重围,死于战阵,追怀壮烈,痛悼良深!佟麟阁、赵登禹均着追赠为陆军上将,并交行政院转行从优议恤,生平事迹存备宣付史馆,以彰忠烈,而励来兹。此令。"

吴玉章在1937年8月5日法国巴黎《救国时报》第115期上,发表题为《悼赵登禹、佟麟阁诸烈士》的社论。社论说:"赵、佟两将军为二十九军高级将领。两将军抗敌守土,奋战至最后一滴血,光荣地完成了保国卫民的天职,足为全国军人的模范。两将军为国捐躯的忠勇的气节,足以打破怯懦退缩、贪生怕死的心理,更加激发我无数健儿杀敌致果的决心。除赵、佟两将军而外,我二十九军将士奋不顾身,阵亡敌人炮火之下的,还不知有若干。这种精忠报国、视死如归的伟大精神,实在是我国军人的最优秀的代表。"

1943年1月1日,重庆国民政府又举行了"表忠盛典",宣布抗日殉国的将领佟麟阁、赵登禹等人应入祀首都忠烈祠，并同时入祀全国各省市忠烈祠。抗日战争胜利后，为了纪念佟麟阁、赵登禹两位将军，北平市政府及各界人士于1946年3月29日，在八宝山忠烈祠举行了隆重的入祀大典。

1949年中华人民共和国成立后，赵登禹将军之墓经人民政府拨款重建后，屹立在宛平城东门外铁路桥侧，更加庄严肃穆，前来瞻仰的人络绎不绝。北京市政府将西城白塔寺东侧的马路命名为"赵登禹路"，与民族文化宫前的"佟麟阁路"相连，以表示对抗日烈士的永远纪念。

（十二）挑起卢沟桥事变的日本战犯与汉奸的下场

日军挑起卢沟桥事变的各战犯，在后来的下场如下：

率部向卢沟桥、宛平城打响第一枪的日本"华北驻屯军"步兵旅团第一联队第三大队大队长一木清直，于1938年3月晋升为步兵中佐，奉调回国，任陆军步兵学校教官兼户山学校教官，获天皇授予的金鹰三级勋章；1941年3月1日晋升陆军大佐，任驻中国东北的关东军第七师团步兵第十四旅团第二十八联队联队长，调中国东北作战；1942年4月底，第七师团为支持太平洋战场，以第二十八联队为基干，组编成"旭字一木支队"，一木清直担任支队长，官兵3870人，于5月5日乘船南下；1942年8月，在瓜达尔卡纳尔岛作战中，一木支队被美军全歼，一木清直自杀身亡。

在卢沟桥下令所部打响日本全面侵华战争第一枪、日本"华北驻屯军"步兵旅团第一联队联队长牟田口廉也，因此"战功"，被天皇裕仁亲授金鹰三级勋章，晋升少将；1941年4月，升任第十八师团师团长；1943年3月，任驻缅甸的第十五军司令官；1946年9月，作为乙级战犯被盟军逮捕，移送新加坡，不过没有被起诉，于1948年3月获假释，回到东京，开了一家料理店，起名为"ジンギスカンハウス（成吉思汗饭馆）"。他一直为自己的罪行狡辩，1966年8月2日病死。

在卢沟桥事变期间任日本首相的近卫文麿，于1945年12月畏罪自杀。

在卢沟桥事变期间任日本陆相的杉山元，后曾任日参谋总长等要职，于1945年9月12日畏罪自杀。

在卢沟桥事变期间，任日本陆军参谋本部第一部（作战部）部长、拟稿发布第400号令，要求日本"华北驻屯军"避免扩大战争的石原莞尔，不久就被解职；日本投降后，远东国际军事法庭因证据不足，未将其列为战犯；1949年8月16日在日本病死。

在卢沟桥事变期间任日本陆军参谋本部第三课（作战课）课长的武藤章，把卢沟桥事变的发生当成"武力征服中国的幸事与开端"，说："愉快的事情发生了！"他"主张通过一击结束战争"，在日本投降后，与东条英机、松井石根、广田弘毅、土肥原贤二、板垣征四郎、木村兵太郎一起，被"远东国际军事法庭"判处死刑，于1948年12月23日东京时间0时至0时30分，在东京巢鸭监狱被绞死。

在卢沟桥事变期间，于7月12日接任日本"华北驻屯军"司令官的香月清司，在同年8月26日，就任日本"华北方面军"第一军司令官，负责河北省作战。后因和"华北方面军"司令官寺内寿一发生冲突，于1938年5月30日被解除军职，7月20日退为预备役。1950年1月29日去世。

被称"失踪"、成为卢沟桥事变导火索的日军二等兵志村菊次郎，在卢沟桥事变后没有受到日方任何惩罚，而只是退役被遣送回国。后来他再次应征入伍，被编入日军第十八师团，参加太平洋战争，1944年10月，在缅甸战场被中国远征军孙立人部击毙。

在卢沟桥事变中，充当汉奸的潘毓桂，在日军占领北平后，出任伪北平市公安局局长；1938年1月任伪天津特别市市长；1939年因出国参加会议而离任；1940年3月任伪华北政务委员会委员、华北垦业公司董事长；抗战胜利后被捕；新中国成立后继续关押在上海提篮桥监狱服刑，1961年11月12日病亡于监狱。

二、确立"全国持久抗战"政策的国防联席会议

1937年8月7日，是中国抗战史上一个极端重要的日子。在这天，国民政府在南京举行国防联席会议。这是中国抗战史上一次极其重要的会议，它正式确立了"抗战到底，全面抗战"的抗战国策和"持久消耗战略"，对中国的抗战产生了极其深远的影响。可是由于各种原因，这个极端重要的日子却长期被历史学界忽略。

1937年7月7日，中日双方军队在北平卢沟桥发生武装冲突。日本军国主义者借此挑起了对中国的全面侵略战争，中国军队奋起反击，开始了全面抗战。

7月8日，中共中央发布《中国共产党为日军进攻卢沟桥通电》。

中国社会各界抗日救亡热情高涨。

南京国民政府也迅速表明了坚决抗战的态度，拒绝屈服求和。开始，国民政府企图将战事范围控制在局部地区，但随着战事的不断扩大，国民政府军事当局在指挥北方抗战的同时，也加紧部署了上海与南京一线的抗战军事。1937年7月13日，正在庐山主持会议的国民政府军事委员会委员长兼行政院院长蒋介石致电在南京的军政部部长何应钦、参谋总长程潜、训练总监唐生智等人，下令："京沪区着令张治中迅即前往负全责。"当日，

张治中正式受命担任"京沪警备军"司令官,在苏州设立司令部,统帅第八十七、第八十八、第三十六师,这是当时中国最精锐的3个德式装备师,负责南京、上海一线的抗战军事指挥。

1937年7月17日,蒋介石在庐山谈话会第二次谈话时,发表讲话,申明中国政府对处理卢沟桥事变的基本立场与外交政策,这就是著名的"庐山谈话"。当日晚与第二天、第三天,蒋介石指示其秘书陈布雷与《中央日报》总编辑程沧波,以其讲话稿为基础进行加工,草拟成文,又与党政军各方面要人反复协商,不断修改,最后由陈布雷根据蒋的意见完稿。蒋介石指示,在1937年7月19日,由中央社电讯公开发布他的这则讲话。

1937年7月20日,南京《中央日报》刊登了这则意义重大的中央社电讯:

蒋委员长在庐山谈话会席上阐明政府外交立场
卢事能否结束是最后关头境界希望和平解决,但固守我方立场

[中央社牯岭十九日电]蒋委员长十七日在庐山谈话会第二次谈话时,对卢沟桥事件有所报告。兹记录其演词全文如下:

各位先生:中国正在外求和平、内求统一的时候,突然发生了卢沟桥事变,不但我举国民众悲痛不置,世界舆论也都异常震惊。此事发展之结果,不仅是中国存亡的问题,而将是世界人类祸福之所系。……兹将关于此事件之几点要义为诸君坦白说明之:

蒋介石首先指出"在和平根本绝望之前一秒钟,我们还是希望以和平外交的方法,求得卢沟桥事变的解决"的现实,他提出了中国政府解决卢沟桥事变的四项原则立场:"(一)任何解决不得侵害中国主权与领土之完整;(二)冀察行政组织不容任何不合法之改变;(三)中央所派地方官吏不能任人要求撤换;(四)第二十九军现在所驻地区不能受任何约束。"——"这四点立场,是弱国外交最低限度"。蒋介石庄严地指出,中国虽弱,但到了

事关国家民族存亡的"最后关头",面对穷凶极恶、压迫强占、贪得无厌、欲壑难填的侵略者,便"只有牺牲,只有抗战",只有义无反顾地"牺牲到底,抗战到底":

> 我们既是一个弱国,如果临到最后关头,便只有拼全民族的生命,以求国家生存,那时节再不允许我们中途妥协,须知中途妥协的条件,便是整个投降、整个灭亡的条件。全国国民最要认清,所谓最后关头的意义;最后关头一到,我们只有牺牲到底,抗战到底。唯有"牺牲到底"的决心,才能博得最后的胜利。……
>
> 从这次事变的经过,知道人家处心积虑的谋我之亟,……换言之,就是人为刀俎,我为鱼肉!我们已快要临到这极人世悲惨之境地,这在世界上稍有人格的民族,都无法忍受的。
>
> 我们的东四省失陷,已有了六年之久,继之以塘沽协定,现在冲突地点已到了北平门口的卢沟桥。如果卢沟桥可以受人压迫强占,那么我们百年故都,北方政治、文化的中心与军事重镇的北平,就要变成沈阳第二!今日的北平,若果变成昔日的沈阳,今日的冀、察,亦将成为昔日的东四省。北平若可变成沈阳,南京又何尝不可变成北平!……

蒋介石指出:"卢沟桥事变的推演,是关系中国国家整个的问题,此事能否结束,就是最后关头的境界"。"中华民族本是酷爱和平",中国政府不是求战,而只是应战;但是,"万一真到了无可避免的最后关头,我们当然只有牺牲,只有抗战"!"全国应战以后之局势,就只有牺牲到底,无丝毫侥幸求免之理。如果战端一开,那就地无分南北,人无分老幼,无论何人皆有守土抗战之责任,皆应抱定牺牲一切之决心。所以政府必须特别谨慎,以临此大事;全国国民亦必须严肃沉着,准备自卫"。

蒋介石的这则讲话,是一篇慎重而又决绝的谈话,语调沉重,感情悲壮,有理有节,表达了全中华民族的意志与立场,又鼓舞了全中华民族的决心与斗志。

1937年7月20日，在《中央日报》刊登中央社电讯报道蒋介石庐山谈话的当天，蒋介石从庐山回到南京，指挥全国抗战。

1937年7月29日，平津局势骤变，即将陷于敌手。蒋介石在南京就此向新闻记者发表中、英文谈话，阐明中国政府今后的对日方针：绝不"视平津之事为局部问题，听任日军之宰割，或更制造傀儡组织。……惟有发动整个之计划，领导全国一致奋斗，为捍卫国家而奋斗到底，此后决无局部解决之可能，……亦无妥协与屈服之理。"

1937年7月29日，日军占领北平；1937年7月30日，日军占领天津。1937年8月8日，日军还狂妄地在北平举行了一场盛大的所谓"入城式"。中日战争形势进一步加剧。

1937年8月1日，蒋介石在南京接见《中央日报》记者时指出："我再次声明，中国决不寻求战争。但和平既然绝望，只有抗战到底。我们的忍耐是有限度的。"

1937年8月初，为了研究与确立对日总方针与最高国策，国民政府召集全国的党、政、军要人与各地军政首脑来南京会议，共赴国难。

1937年8月1日，蒋介石秘密致电延安中共中央，邀请他们派遣代表到南京共商抗日大计，尽管那时国共的第二次合作还没有形成。

1937年8月2日，蒋介石电邀请一度失和的广西桂系首领李宗仁、白崇禧来南京，并派德籍驾驶员驾其水陆两用座机去桂林接他们来南京。8月4日，李宗仁、白崇禧率潘宜之、黄季陆、刘斐等人飞抵南京。第二天，即8月5日，日本的报纸就对此作了报道，冠以大标题，称"战神（指白崇禧）到了南京"，"中日战争终不可避免"。(《白崇禧回忆录》)

在这前后，冯玉祥、阎锡山、刘湘等各地军政首脑也陆续到达南京。

一时间，南京要人云集。南京乃至全中国呈现出一派"团结御侮、抗日救亡"的景象。

1937年8月7日上午，国民政府军事委员会在国民政府礼堂召开国防会议，蒋介石主持并致开幕词，军界重要将领程潜（参谋总长）、何应钦（军政部部长）以及白崇禧、冯玉祥、阎锡山、余汉谋、何成浚、顾祝同、何健、刘湘、张治中、黄绍竑等人出席，商讨抗战军事。

当晚，国民政府在南京中山东路的励志社礼堂召开国防联席会议。党、政、军界要人蒋介石、林森、汪精卫、张继、居正、于右任、戴季陶、孙科、陈立夫、程潜、何应钦、白崇禧、冯玉祥、阎锡山、唐生智、陈调元等41人出席。

这是一次更加重要、更加机密的会议，是国家最高层领导人确定对日最高国策的会议。因此，会议几乎没有留下一张照片或影像。

蒋介石主持会议并首先致词。之后，参谋总长程潜报告当日上午国防会议的经过；军政部部长何应钦报告卢沟桥事变以来战况；军委会办公厅副主任吴思豫报告敌我态势与我方四个战区和预备军的划分。会议经过讨论，正式确定了"抗战到底，全面抗战"的抗战国策，"决定中国全面抗战"；抗战之战略"取持久消耗战略"，"确定了持久抗战的战略方针，即以空间换取时间，逐次消耗敌人，以转变形势，争取最后胜利"；"会议制定的抗战方针为："日军之'最高战略为速战速决'，'我之最高战略方针为持久消耗'，即'持久消耗战略'"。

这次会议还议决开辟淞沪战场，把日军主力从华北吸引到长江流域，避免和防止日军从华北进入山西、陕西而包抄四川，或从华北沿平汉铁路南下，迅速攻占武汉、切断长江的不利战略态势；会议议决封锁江阴长江江面，截阻俘获长江中上游的日舰，并防备上海方向的日舰进袭南京。

会议最后，蒋介石总结，阐述抗战的意义和决心。他说："现在这回中日战争，实在是我们国家生死存亡的关头。"

会议结束时，会议主持人蒋介石提议说："同意抗战的，请起立！"全体与会人员一致起立，表示抗战的决心。

1937年8月8日，蒋介石发表《告抗战全体将士书》，将前一晚国防联席会议的精神宣示中外，严正表示："这次卢沟桥事变，日本用了卑劣欺骗的方法，占领了我们的北平、天津，杀死了我们的同胞百姓。奇耻大辱，无以复加，思之痛心！"他勉励全军将士：一、要有牺牲到底的决心；二、要相信最后胜利一定属于我们；三、要运用智能自动抗战；四、要军民团结一致，亲爱精诚；五、要坚守阵地，有进无退。最后，他慷慨激昂地号召："我们自九一八失去了东北四省以后，民众受了苦痛，国家失了土地，我们何尝一时一刻忘记这种奇耻大辱？这几年来的忍耐，骂了不还口，打了不还手，我们为的是什么？实在为的是要安定内部，完成统一，充实国力，到最后关头来抗战雪耻！现在既然和平绝望，只有抗战到底，那就必须举国一致，不惜牺牲，来和倭寇死拼。我们大家都是许身革命的黄帝子孙，应该要怎样的拼死，图报国家，以期对得起我们总理与过去牺牲的先烈，维持我们祖先数千年来遗留给我们的光荣历史与版图，报答我们父母、师长所给我们的深厚的教诲与养育，而不至于对不起我们后代的子孙。将士们，现在时机到了！我们要大家齐心，努力杀贼，有进无退，来驱逐万恶的倭寇，复兴我们的民族！"

1937年8月9日，周恩来、朱德、叶剑英与龙云等人，同乘一架飞机从西安飞抵南京，参加国防会议，共商抗战大事，并与国民党就国共第二次合作事宜谈判。

就在这时，中日战争形势发生重大的变化，更加激烈的战火在上海燃起。

1937年8月9日，"虹桥机场事件"发生。日军当局乘机向上海集结兵舰，以陆战队登陆，积极备战，并要求中国方面从上海撤退保安队，拆除防御工事。长江沿线各口岸的日本侨民全部撤至上海。日本海军军令部通知驻上海的日本海军第三舰队，称除武力外，别无解决办法，将在陆军动员之后20天开始攻击上海。8月10日，日本内阁举行会议，同意派遣陆军赴上海。日本海军第三舰队司令官长谷川清命令在佐世保待命的舰艇开赴上海。8月12日，日本陆军省决定动员30万兵力分赴上海与青岛。上海形势进一步紧张。

1937年8月11日，中国国民党中央政治委员会第五十一次会议召开。会议议决设立"国防最高会议"，作为战时全国国防最高决策机关；撤销"国防会议"与"国防委员会"；通过《国防最高会议组织条例》，以军事委员会委员长蒋介石为主席，国民党中央政治委员会主席汪精卫为副主席，以五院正、副院长等为成员；决定"国防最高会议"设"国防参议会"，成员由"国防最高会议"主席指定或聘任之，吸纳社会各界的意见。

1937年8月12日，中国国民党中央常委会第五十二次会议在南京灵谷寺无梁殿召开。会议决定自本日起，全国秘密进入战时状态。会议讨论通过设立"国防最高会议"；由国民政府主席林森提议，以蒋介石为陆海空军大元帅，将全国划分为五个战区。淮河以南，以南京、上海为中心的华东地区（原京沪警备区）是第三战区。确定对日作战指导原则是："国军一部集中华中持久抵抗，特别注意天然之堡垒，国军主力集中华东，攻击上海之敌，力保吴淞要地，巩固首都；另以最少限度兵力守备华南各港。"

横遭日本军国主义者多年侵略、欺凌、羞辱、掠夺、瓜分的中国，终于团结一致发出怒吼，走向了全面、持久的伟大抗战。

三、上海"八一三"抗战与"八百壮士"

1937 年 7 月 7 日卢沟桥事变后一个多月，侵华日军在华北扩大侵略的同时，又于 8 月上旬在上海挑起战争。中国军队早就做好准备，先发制人，奋起反击，在淞沪地区与日本侵略军进行了一场空前规模、空前激烈、历时达三个月的血战。

（一）日军挑衅，中国军队先发制人，奋起反击

1937 年 8 月 13 日上午 9 时许，上海市中心繁华的英、法两租界，人来车往。由于近日大量难民涌入，租界内更显得嘈杂、拥挤、混乱。然而，在华界地区的大小街道，却行人稀少，戒备森严，显得寂寞而紧张。

一个多月前北方燃起的卢沟桥战火，特别是 7 月底北平、天津的接连陷落，给上海等中国南方地区也蒙上了战争的浓重阴影。有爱国心的中国军民强压着胸中的怒火，期盼着给穷凶极恶、贪得无厌的日本侵略军以强大的反击。

这样的日子终于到来了！

卢沟桥事变发生不久，1937 年 7 月 11 日，日本最高军事当局就签署了《陆海军作战协定》，决定在必要时刻"陆海军共同向上海派兵"。1937 年 7

月 16 日，日本驻上海的海军第三舰队司令长官长谷川清在上报东京海军军令部的《对华作战用兵意见书》中提出："欲置中国于死命，以控制上海与南京最为重要。"7 月 28 日，日本最高当局在下令北平日军大规模进攻南苑中国守军的同时，下达了准备进攻上海的命令。7 月 29 日，日本海军当局下令调第一舰队赴上海，配合第三舰队在长江作战。同日，日本政府下令长江沿岸各城市的日本侨民立即撤退，至 8 月 9 日，29230 名日侨全部撤到上海，并与上海日侨一起，大多撤回日本。在日军于 7 月底相继占领北平、天津后，8 月 4 日，长谷川清制定了《关于上海登陆作战计划》。8 月 8 日，长谷川清向部队下达了正式的作战部署。

1937 年 8 月 7 日，中国国民政府正式确立"抗战到底，全面抗战"的抗战国策和"持久消耗战略"，并议决开辟淞沪战场，把日军主力从华北吸引到长江流域。

1937 年 8 月 9 日下午 5 时许，上海日本海军特别陆战队大山勇夫中尉携带士兵斋藤要藏寻衅，乘汽车冲入虹桥机场，开枪射击中国保安队。中国保安队当即还击，将二人击毙。是为"虹桥机场事件"。

"虹桥机场事件"发生后，日本当局立即向上海迅速集结兵力：8 月 10 日，日本内阁举行会议，同意派遣陆军赴上海，日本第三舰队司令官长谷川清命令在佐世保待命的舰队，开赴上海；8 月 11 日中午，从佐世保开来的舰队到达上海，随舰载来的海军陆战队援兵两千多人于当日晚登陆，使驻沪海军陆战队的兵力增至五千多人，开入黄浦江的日舰达 31 艘，还有 9 艘停泊于吴淞口外，其中包括 1 艘航空母舰。同时，日本当局蛮横地要求中国方面撤退上海保安队，拆除防御工事；8 月 12 日，日本陆军省决定，动员 30 万兵力，分赴上海与青岛；8 月 13 日，日本内阁举行全体会议，"决定向上海方面派遣陆军部队"。上海形势进一步紧张。

面对日军在华北地区的疯狂进攻与在上海地区的挑衅，国民政府最高当局决定：拒绝日方的无理要求，坚决回击日军的挑衅，采取"制敌机先"

的策略，迅速开辟淞沪战场，打击侵略者；吸引日军主力到华东战场，打乱日军在占领北平、天津后，从华北南下与西进的战略部署，以防范日军从华北西进，包抄陕、川大后方，逼我由西向东退却的被动、危险的局面；争取时间，将华东、华中之人力和物资迅疾西撤，以强固我持久抗战的大后方，实现"以空间换取时间"的"持久战略"。1937年8月9日，蒋介石在日记中写道："雪耻。倭寇政略与战略自占领平津以后，已陷入于极度不能自拔之境，余非至此不能战争也，今已至其时，胜算已操于我矣。"他下定对日本全面开战的决心。当日，他匆匆飞赴庐山，参加中央军训团的毕业典礼。然后，他又匆匆乘"民生"舰，于8月11日赶回南京。

8月11日夜9时，蒋介石亲自密令在苏州的京沪警备军司令张治中，率领所辖第八十七师王敬久部、第八十八师孙元良部等精锐的德械师，立即向上海预定之围攻线推进："令张司令官治中率第八十七、八十八两师于今晚向预定之围攻线推进，准备对淞沪围攻"；下令蚌埠之第五十六师等部，星夜开赴苏州，归张治中指挥；同时下令海军封锁江阴长江江面，阻塞水道。

所谓德械师，是南京国民政府在1931年九一八事变与1932年"一·二八"事变后，为对日备战，制订7年整军计划、加强军队训练建设的成果之一。在1937年7月全面抗战爆发前，已有警备南京、上海一线的中央军精锐部队第八十七师、第八十八师、第三十六师以及中央军校教导总队等，这些部队购

张治中

进德国武器装备，在德国军事顾问的训练指导下建成德式装械部队，是当时南京国民政府手中最精锐的部队。但由于1932年"一·二八"事变后中日签订的《淞沪停战协定》，中国正规部队不能进驻上海，所以他们只能驻扎在苏州、常熟、无锡、南京一线。

8月11日夜，张治中在苏州司令部里，立即向所辖"京沪警备军"各部发出"即刻向上海预定之围攻线推进"的命令；同时任命刘和鼎为江防指挥官，指挥长江防务。当日夜半，张治中离开苏州，率领第八十七、第八十八这两个精锐的德械师，从苏州、常熟、无锡一线，向上海挺进；12日晨，进驻上海。

8月12日清早，上海居民一觉醒来，出门看见满街都是德式装备的中国军人，惊喜交集，都问："从哪里来的？为什么这样神速？"这是由于中国军方事先控制了火车、汽车及交通要道，"京沪警备军"各部才能够于一夜工夫，便进入了上海。

当日，蒋介石下令重编上海中国军队的战斗序列：京沪警备军改编为第九集团军，张治中为总司令，担任上海右翼（沪西）防务；苏浙边区军改编为第八集团军，张发奎为总司令，担任上海左翼（沪东）防务。同时，他下令海军等部封锁镇江以下长江江面以及吴淞口、黄浦江，并照会各国驻华使节。

张治中准备按计划，在1937年8月13日拂晓前，完成对虹口、杨树浦日军据点的攻击准备，只等南京统帅部一声令下，即向日军发动猛烈攻击，"进占敌军根据地而歼灭之"。

张治中曾在1932年指挥第五军进行一·二八"淞沪抗战。他在多年的对日作战实践与思考中，形成了一个基本观念：中国对付日本，可分作三种形式——第一种，他打我，我不还手，如九一八事变之时；第二种，他打我，我才还手，如"一·二八"抗战、长城抗战；第三种，我判断他要打我，我就先打他，这叫作"先发制敌"，又叫作"先下手为强"。他认为，这次淞沪战役,应该采用第三种形式。早在 7 月 30 日,张治中就向南京国民政府郑重提出自己的意见:"我在北方作战,固不宜破坏上海,自损资源;然若敌方有下列征候之一,如:(1)敌决派陆军师团来沪,已开始登轮输送时;(2)敌派航空母舰来沪时;(3)敌在长江舰队来沪集合时;(4)敌在沪提出无理要求,甚至限期答复,即断定敌发动无疑。则因我主力军远在苏、常以西,输送展开在必需时,且上海保安团抵抗力薄,诸种关系,似宜立于主动地位,首先发动,较为有利。"南京国民政府当局复电,基本同意张治中的建议:"应由我先发制敌,但时机应待命令。"(张治中:《揭开八一三淞沪抗战的战幕》)

但是,在"京沪警备军"各部准备于 8 月 13 日拂晓前向日军发动攻击前,张治中接到蒋介石的命令——因考虑到英、美、法、意四国驻华使节正在调停中日战事,因而要他暂停攻击,"等候命令"。

然而,战争的发展态势是不以人的意志为转移的。中、日军队在上海的对峙,近在咫尺。多年郁积的怒火,只要有一点碰撞,立即就会燃成冲天大火。

1937 年 8 月 13 日上午 9 时 15 分,日驻沪海军陆战队一小队越过淞沪铁路,冲进宝山路进行挑衅,向守卫西宝兴路段的中国保安队开枪射击。中国军队立即还击。"八一三"淞沪会战首先在闸北揭开战幕。双方激战至这天黄昏时分,在八字桥附近的日军开炮轰击中国军队,中国军队以迫击炮还击;同时,日军以坦克掩护步兵,攻击第八十七、八十八师阵地;在黄浦江上的日舰也连续炮击上海市区中心,日军战机对上海华界居民区进行轰炸。上海华界地区顿时陷入一片火海之中。中国军队奋起反攻,收复八字桥阵地。到当日夜 21 时,双方停火。

8 月 13 日夜,张治中等前线将领终于接到蒋介石的开战命令:"一、京沪警备军改编为第九集团军,张治中为总司令,于明(十四)日攻击虹口及杨树浦之敌;二、苏浙边区军改编为第八集团军,张发奎为总司令,守备杭州湾北岸,并扫荡浦东之敌,炮击浦西汇山码头及公大纱厂;三、空军于明(十四)日出动,协同陆军作战,并任要地防空。"

同时,军委会"令空军明日出动轰炸,令海军封锁江阴";"令五十七师派一团附炮兵一营进至浦东,对浦西之汇山码头、公大纱厂射击";"令十八军(十一师、十四师、六十七师)转向苏州转送(该军正由武汉向石家庄运输中)"。

中国军事机关征用轮船招商局等机构的数十艘船舶,连夜一并沉入江阴下游长江中,构成长江第一道封锁线。

1937年8月14日拂晓,张治中依照国民政府军委会的战略计划与作战命令,指挥第九集团军第八十七、八十八两师,率先向虹口及杨树浦之日军发起反击。至下午3时,张治中下令各部,向日军发动全线总攻,攻势猛烈,前所未有。同时,张治中向全国发出通电:"誓不与倭奴共戴一天,今日之事,为甲午以来五十年之最后清算!"大气磅礴,感天动地!

至此,"八一三"淞沪会战爆发。

当晚,第八十七师主力从杨树浦租界北侧突入,收复沪江大学;第八十八师由闸北、虹口公园一线发起攻击,收复持志大学、五卅公墓、宝山桥等各要点。刚从西安紧急调运上海的第三十六师也从江湾正面加入攻击。中国军队士气旺盛,奋勇冲杀,前锋直指设在虹口的日海军陆战队司令部。

在这天的激战中,第八十八师二六四旅旅长黄梅兴于指挥攻击爱国女校时,中炮弹阵亡。这是淞

日军拍摄的江阴江面沉船场面

沪会战中中国军队牺牲的第一位高级将领。

当日，中国空军战机向上海出动，配合中国陆军的进攻，轰炸日军占领的汇山码头、公大纱厂及在虹口的日海军陆战队司令部，炸伤了日军驻上海黄浦江上的第三舰队旗舰"出云"号，并与日机在沪市上空发生激烈空战。

张治中说："我们的进攻，因此延到 14 日午后 3 时才开始。大家都把这一次淞沪抗战称为'八一三'战役，实际上 8 月 13 日并未开战，不过是两军对垒，步哨上有些接触，而正式的开战是在 8 月 14 日。这样耽搁了两天，却给敌人一个从容部署的机会。"

1937 年 8 月 14 日，南京国民政府就上海"八一三"事变发表《抗暴自卫声明书》，严正宣布："中国之领土主权，已横受日本之侵略。国联盟约、九国公约、非战公约，已为日本破坏无余……中国为日本无止境之侵略所逼迫，兹已不得不实行自卫，抵抗暴力……中国决不放弃领土之任何部分，遇有侵略，惟有实行天赋之自卫权以应之。"同日，南京《中央日报》第 1

淞沪会战中德械装备的国军精锐部队

张第 3 版刊登社评，题为《神圣抗战的展开——牺牲的初步》。

1937 年 8 月 14 日上午，"国防最高会议"第一次会议在南京灵谷寺无梁殿召开。会议议决："外侮虽告急迫，为稳定军心、民心，政府仍应暂时留驻首都，不必迁移"；对日抗战不采取宣战绝交方式。会议指定张群为"国防最高会议"秘书长。

蒋介石进一步部署上海军事：8 月 14 日任命冯玉祥为第三战区司令长官，8 月 18 日任命陈诚为第三战区前敌总指挥，8 月 14 日任命顾祝同为第三战区副司令长官。张治中的第九集团军，率 5 个师，在上海市区进攻，扫荡歼灭在沪日军兵力，阻止日军登陆；以张发奎的第八集团军，率 4 个师，担任上海沪东地区、杭州湾北岸的防务，保障上海右翼安全；以刘建绪为第十集团军总司令，担任浙江省沿海海防；另以一部兵力布防长江口南岸，保障上海左翼安全。同时电令调动各地之有关部队，迅速向上海集结，加强上海中国军队力量。

8 月 15 日，中国军队攻占上海日本海军操场。

（二）死守宝山城，血战蕴藻浜

中国军事当局在华北之外的上海另辟主战场，这是狂妄的日本当局没有预料到的，因此完全打乱了日军在占领北平、天津后从华北南下、西进的战略部署。当时美国的《时代》周刊就此于 1937 年 8 月 30 日的杂志上评论说：

> 有理由相信，卷入这场孤立的上海战事，不是日本人最初的计划，他们的陆地侵略计划是针对北平地区，有各种原因使他们不愿意消耗军火，分散军力，在上海另外进行一场战斗。

"八一三"事变爆发以后，日本当局不得不把主要作战方向从华北地区移向上海方面。

8月15日，日本当局就上海"八一三"事变，发表由陆相杉山元拟稿的《帝国政府声明》，声称"为了惩罚中国军队之暴戾，于今不得不采取断然措施"。日本当局命令组建"上海派遣军"，任命松井石根为派遣军司令官，率领精锐的第三、第十一两个师团，紧急乘舰前往上海。

面对凶悍而强大的敌军，中国官兵毫不畏惧。

1937年8月20日，南京国民政府大本营颁布《国军战争指导方案训令》。训令决定，为指挥全国抗战，拟设大本营为最高军事统帅部，蒋介石为最高统帅，程潜为参谋总长，白崇禧为副参谋总长。下设六个部：第一部掌军令，部长黄绍竑，副部长张定璠；第二部掌政略，部长熊式辉（后为张群）；第三部掌国防工业，部长翁文灏（后为孔祥熙）；第四部掌国防经济，部长吴鼎昌；第五部掌国际宣传，部长陈公博，副部长谷正纲、董显光；第六部掌民众训练，部长陈立夫，副部长刘健群、张厉生；另设国家总动员设计委员会、后方勤务部、卫生勤务部等机构。

8月20日，上海战场的中国军队从闸北、沪东分两路，向位于北四川路的日海军陆战队司令部和位于外白渡桥东北方向黄浦江畔的汇山码头一带的日军实施攻击作战：西路由虹口的天德路沿天宝路、舟山路猛攻，向唐

松井石根

山路、百老汇路挺进；东路由杨树浦的华德路向西进迫，向百老汇路突入。两路会师后，于 8 月 23 日，由战车 5 辆作前导，对汇山码头之日军展开猛烈攻击。当时，中国军队的坦克多已调往北方战场，在上海只有几辆正在厂内修理的破旧坦克。攻坚没有坦克不行。坦克连连长和战友们最后是驾驶这几辆破坦克，冲进了汇山码头，为陆军开辟了道路，最后车毁人亡。中国军队攻占汇山码头后，切断了上海日军的东西两翼，完成中央突破，取得了作战以来的重大胜利。

当闸北、沪东正在展开激烈战斗时，由松井石根率领的日本援军于 8 月 21 日前后到达吴淞口、蕴藻浜江面。日军兵力已达五六万人，战舰有三十余艘。8 月 23 日晨，日军主力第三、第十一两个师团分别在吴淞口、川沙港和蕴藻浜等地登陆。日军以飞机、火炮、舰艇火炮、坦克的猛烈火力，支持步兵冲击，向宝山城、月浦、罗店、浏河镇等中国守军阵地猛烈进攻，威胁上海左翼安全。日军企图重施 1932 年"一·二八"事变的故伎，从浏河口、吴淞口包抄上海中国军队的后路。

中国军事当局为加强上海左翼防守，迅速调派陈诚第十五集团军的第十一、十四、六十七、九十八师到宝山城、月浦、罗店一线布防；原在市区作战的部分军队也调到长江南岸一线。上海战事重心由市区移至长江边一带。开始，中国方面组织 5 个师的兵力，连续对登陆日军实施反击，双方在长江边一线展开登陆与反登陆激战。8 月 25 日，日军猛攻罗店，双方展开激烈争夺战，历时多日。由于白天日机猖獗，我军经常趁敌机不能活动的晚间，发动夜战，进行肉搏，夺回白天丧失的阵地。敌我双方屡进屡退，作拉锯战，罗店全镇成为一片焦土。

9 月 4 日，日军向宝山城和江湾、吴淞一线进攻，并以长江、黄浦江中的炮舰及飞机助战。中国守军与之血战竟日后，为避免日舰炮火的威胁，从江湾、吴淞一线后撤，只留下姚子青营留守宝山城。该营受到日军三十余艘舰艇的猛烈炮击和日军飞机的分批轰炸，在日军坦克四面冲击、城内一片火海的情况下,坚决死守,无一人后退,无一人逃走,更无一人投降。经过三天苦战,该营官兵全部壮烈殉国。宝山全城毁于炮火。

9月6日,宝山失守后,日军登陆点乃连成一片。

9月中旬,南京最高统帅部调整上海战场中国军队的指挥机构,9月21日开始,蒋介石兼任第三战区司令长官,直接指挥上海战事;朱绍良接替辞职的张治中,继任第九集团军

姚子青

总司令;顾祝同继续担任第三战区副司令长官,陈诚仍为第三战区前敌总指挥,兼第十五集团军总司令。同时重新编组上海战场的中国军队,组成左、中、右三大作战集团:左翼作战军,总司令陈诚,指挥第十五集团军、第十九集团军;中央作战军,总司令朱绍良,指挥第九集团军;右翼作战军,总司令张发奎,指挥第八集团军、第十集团军。

中国军队调整部署,全线退守北站、江湾、庙行、罗店之线。

日军继续由日本国内和当时的台湾增调第九、十三、第一〇一师团和重藤支队到上海前线。9月24日,日军向罗店、刘行、江湾到八字桥全线展开总攻。这时,蒋介石也紧急从各地增调援兵到上海。廖磊部第二十一集团军、中央军校教导总队、浙江部队第六师、胡宗南部第一军和桂军三个旅,都陆续到达蕴藻滨一线参加作战。双方拼杀多日。但因淞沪三角洲地带河道交错,中国守军无险可守;而日本海、陆、空军的火力可以尽量发挥。蒋介石"以全国兵力的精华在淞沪三角地带作孤注的一掷","我军等

于陷入一座大熔铁炉,任其焦炼。敌方炮火之猛,使得我炮兵白日无法发炮,而夜间又无法寻找目标,只是盲目轰击"。中国守军在罗店、蕴藻浜防线血战数月,伤亡惨重,被迫撤退。

10月6日,日军渡过蕴藻浜,企图一举突破中国守军的蕴藻浜南岸阵地,进占大场,截断京沪铁路线。中国军队在南岸阵地上,同日军展开了五昼夜的激战,阻止日军前进。至10月21日,中国军队为恢复蕴藻浜南岸阵地,以第四十八军为第1路,第六十六军为第2路,第九十八师为第3路,编成3路攻击兵团,对当面之敌实施全线反攻。日军第九、第三、第一〇一3个师团组成第一线兵团,对中国军队实行包围。中国军队与之激战数日后,被迫逐步后退。

10月24日,日军包围大场,以战车40辆作前导,集中优势兵力,猛攻大场防线,10月26日占领大场,完成了中央突破。

日军占领大场后,10月27日,进抵苏州河一线,随即向大场以东、以

中国军队在上海街头与日军激战

西突击，直接威胁闸北市区我军。中国军队不得不从闸北撤退。日军进占闸北，纵火焚烧，持续四五日。

（三）四行仓库"八百壮士"孤军奋战

1937年10月26日大场失守后，为掩护闸北中国军队主力部队撤退，第八十八师孙元良部第二六二旅第五二四团副团长谢晋元奉命率该团的一个营，即该团第一营（营长杨瑞符），共约430人，号称"八百壮士"，坚守原八十八师师部所在地——苏州河北岸的四行仓库（金城银行、大陆银行、盐业银行和中南银行共同投资的四行储备仓库），与日军血战四昼夜，在中国抗战史上写下了光辉的一页。

谢晋元是广东蕉岭县人，1905年生，出身贫苦，黄埔军校第四期毕业，在军中历任连长、营长等职。淞沪开战时，先任第二六二旅参谋主任（当时，旅不设参谋长，参谋主任实际上就相当于旅参谋长），后接替负伤离职的前任黄永淮，任第五二四团中校团附。他奉命后，于10月26日深夜，将分散在附近的三百余官兵，集中在四行仓库及其东、西两翼阵地防守，然后侦察地形、布置阵地。

1937年10月27日晨6时，警戒闸北蒙古路方向的士兵发现日军迫近，与日军边战边撤，退至四行仓库。

四行仓库位于苏州河北岸、西藏路桥的西面，是一幢七层楼的钢筋水泥建筑，里面储存了几千包粮食和牛皮、丝茧等物资。仓库的西边和北边都已被日军占领，南边是苏州河，过了河即是英国人统治的公共租界。所以四行仓库当时在事实上已成为孤岛。

谢晋元和八百壮士进驻四行仓库以后，在仓库内构筑工事，把所有的门窗全部封闭，堆满沙包麻袋。官兵们修工事十分艰苦。当时从上到下都认为这一坚守将会持续很长时间，故而谢晋元、杨瑞符等人都是连日连夜

谢晋元

督促官兵赶修工事。直到28日前,包括谢晋元、杨瑞符在内,没有人睡过觉。他们除了打仗,就是一刻不停地赶修防御工事。有些士兵干着干着就睡着了,摔醒了又继续干。杨瑞符说,弟兄们穿着短裤,满身泥污,"都像从土里爬出来的一样"。而且,出于长期坚守的考虑,仓库内严禁官兵用水洗脸洗脚,就连小便也都储存了起来,以备急需。你可以想象,当时的他们,一个个会是怎样的形象了。

四行仓库

四行仓库的东南角有一家小烟纸店的楼房,谢团士兵在仓库里挖了一个洞,与小烟纸店相通,并在店面的板门内外堆满沙包,只在楼上留一窗口。这个窗口对面就是西藏路桥,成为谢团对外联络的唯一出口。

10月27日下午2时,日军在炮火的掩护下,猛扑四行仓库,来势凶猛。谢率部应战,前后激战三个小时,杀伤日军数十人。东、西两翼阵地防守的警戒部队全都退进仓库,日军就将仓库门堵住。中国官兵一面截击敌人,一面登上屋顶投弹,毙伤敌军多名。

自10月28日拂晓至29日,日军又出动坦克,掩护步兵多次进攻,均被谢团击退。

在数日的战斗中,出现了许多可歌可泣的动人事迹。例如有一次,日军逼近四行仓库,有一个中国兵在身上裹满手榴弹,从仓库顶上突然跳下,跃进日兵丛中,拉响导火索,只听轰然一声,与敌人同归于尽。其他日军慌忙逃走。谢晋元对前来采访的记者说:"军人保卫国土,职责所在。洒最后一滴血,必向倭寇索取相当代价,余一枪一弹,亦必与敌周旋到底。"以此表示了他和壮士们誓与阵地共存亡的英勇气概。

在八百壮士坚守四行仓库的四昼夜里,在苏州河南岸租界里的中国民众纷纷涌到河边,隔河目睹八百壮士英勇苦战为国牺牲,个个感动而又振奋。社会各界人士踊跃捐献,慰劳谢团官兵。

有一个才十三四岁的女童子军杨惠敏,也常常来到苏州河边,参

杨惠敏献中华民国国旗

加支持前线的工作。她看到八百壮士在为祖国而浴血奋战,就想若是给他们送去一面(中华民国)国旗,那将是对他们多大的鼓舞。于是,在一天下午,她身藏一面(中华民国)国旗,冒险跳进苏州河,向对岸游去。当时已是10月底,时令已是深秋,河水冷得刺骨,河面上还不时飞过子弹,十分危险。但她全然不顾,一心想着前线的官兵,全力游向对岸。苏州河南岸的中国民众与坚守四行仓库的八百壮士

中国报纸迅速报道杨惠敏的事迹

都看到了这惊险的场面,为这个女童的安危担心,更被这个女童的壮举所感动。杨惠敏游了约半个小时,终于登上了苏州河北岸。当她穿着湿透的衣裤,把一面(中华民国)国旗敬呈给四行仓库的勇士们时,八百壮士激动万分,立即将这面中华民国国旗升起。它在四行仓库的七层楼顶上,在战火硝烟中,迎风招展。苏州河南岸的中国民众看到此情此景,欢声雷动,许多人泪流满面。中国报纸迅速作了报道。

著名学者赵元任特地写诗赞道:

> 君不见北岸上飘扬在云烟里,
> 昨夜黄昏挂起,
> 黎明仍高悬空中,

> ……孤军坚守不移,
>
> 愿与她同始同终。
>
> 管他炮火轰炸,
>
> 如雨枪弹不怕。
>
> 保国保国旗,
>
> 国旗在处就是家。

赵元任写作此诗的旋律,来源于美国国歌,沿用了美国国歌原曲的旋律,后此诗被广为传唱。

中国军队的英勇抗敌,鼓舞了人民群众;人民群众的爱国热情,激励了战士的斗志。这种力量是任何侵略者也征服不了的。

10月30日,日军继续猛烈进攻四行仓库,但始终没有得逞。到当日晚7时,突然枪声大作,日军向四行仓库发起总攻。八百壮士顽强应战,一个个手榴弹在日军中爆炸。日军用探照灯照亮了四行仓库的东南角,某排长用机枪把日军探照灯打掉,路上一片漆黑。

10月30日夜,谢晋元接到撤退的命令,"八百壮士"才奉命撤退。第一个冲出的是杨瑞符,其余战士陆续撤出,最后退出的是谢晋元。

谢晋元和"八百壮士"在四行仓库同日军对峙了四昼夜,

赵元任

抱着与阵地共存亡的决心,以数百战士、弹丸之地,在日军猛烈攻击下,与敌血战,击退日军数十次进攻,坚守了阵地,毙敌二百余,自己只阵亡9人,伤二十余人,胜利完成了掩护主力部队撤退的任务。

谢团渡过苏州河,撤入英租界后,被租界当局解除武装,送进"孤军营"软禁。在"孤军营"中,官兵们仍旧过着军队生活:每天早晨4时起床,整理内务,接着早操、上课、操练,下午为操练和自由活动。官兵轮流站岗,毫不松懈。每天早操之前举行"精神升旗"仪式,由谢晋元带头,向空中行致敬礼。礼毕,大家肃立唱中华民歌国歌,充分表达了"八百壮士"的爱国之情。

(四)日军在杭州湾偷袭登陆与上海沦陷

中国军队从大场、闸北退出后,日军进攻的重心即趋向苏州河一带。10月29日,日军第九、第十一、第一〇一师团向苏州河一带猛攻;10月30日,在周家桥、陈家渡等处渡苏州河,进攻厅头镇。中国战报称:"敌军集中优势兵力突击厅头镇,利用系留气球在空中指示目标,用猛烈炮火轰击我军阵地,掩护其步兵进攻。我第六十七师四〇二团战斗到最后。仅占据镇端一角,仍坚持逐屋战斗,死守不退,该团官兵伤亡殆尽。"

至此,参加淞沪会战的中国军队各师、团伤亡很大,"主力各师都补充了四五次,后方各省的保安团整团整团地补充上来,原有下级军官和士兵伤亡达三分之二,旅、团长伤亡也达半数"。每师所存人数,多的不超过三四千人,少的只有二三千人。在这种形势下,军事委员会副参谋总长白崇禧、作战组组长刘斐几次向蒋介石建议,上海会战应适可而止,及时向吴福线既设阵地转移。蒋介石采纳了这个意见,于10月31日向前线各部队下达了向吴福线转移的命令。前线部队开始执行。

但在下达命令的第二天,11月1日下午,蒋介石突然召开紧急会议,对参战部队师以上将领训话,称根据外交部的意见,"九国公约"的缔约国家正在开会,只要我们在上海能够继续顶下去,"九国公约"国家可能会出面制裁日本。因此,要收回撤退命令,让各部队仍在原阵地死守。他强调说:"'九国公约'会议将于11月3日在比利时首都开会,这次会议对国家命运关系甚大。我要求你们作更大努力,在上海战场再坚持一个时期,至少十天到两个星期,以便在国际上获得有力的同情和支持。"蒋介石幻想依靠外国"出面制裁日本",让至关全局的战略决策,轻率地服从于"政略",把"军略"作为"政略"的牺牲品而自陷被动。

柳川平助

这时,第一线各部队,有正在准备撤退的,忽然要停止撤退;有在接到撤退命令后已退却在途的,又要返回原阵地;还有已经撤退在途而没有接到返回原阵地的命令的,仍照旧后撤。这就使各部队之间,甚至在一个部队内部,都引起了很大的混乱。

就在这时,日本参谋本部于10月20日作出决定,除已在上海前线的"上海派遣军",再由第六师团、第十八师团、第一一四师团及国崎支队等编成第十军,以柳川平助为军司令官,增派到上海,于11月5日在杭州湾乍浦东北之金山卫、全公亭、漕径镇3处乘虚登陆,长驱直入。以此迅速切断沪杭公路、沪杭铁路,占领沪杭线的军事要点松江,威胁苏州,从而由南面包抄上海中国军队的后路。

这是日军重演一方面正面进攻、一方面派兵偷袭中国守军后方与侧翼，实施前后夹击中国守军的诡计。1894 年 11 月日军偷袭花园口，成功包抄旅顺军港；1895 年 1 月日军偷袭荣成湾、成山头，成功包抄刘公岛北洋海军基地；1932 年 3 月日军偷袭浏河，包抄第十九路军后路，等等，莫不如此。这次日军偷袭杭州湾，包抄上海中国守军后路，又一次获得成功。

日军在杭州湾大举登陆，牵动了淞沪战场整个战局。上海中国军队陷入腹背受敌的危险境地。1937 年 11 月 9 日，蒋介石不得不下令淞沪各军全线撤退。

1937 年 11 月 12 日，上海沦陷。

日军占领上海

（五）日本"三个月灭亡中国"的妄想破产

淞沪会战历时 3 个月，战事激烈，血肉横飞，天地为之变色。

日军先后增兵四次，由开始时的 1 个混成旅团，逐次增加到 11 个师团、约三十万人；动用大炮三百余门，战车两百余辆，飞机两百多架，军舰八十余艘。日本当局扬言"三个月内灭亡中国"，企图毁灭中国经济的心脏上海，使中国的抵抗能力消失，进而威胁南京，迫使国民党政府投降。但是，参战的中国官兵，虽来自四面八方，有中央军，也有川、粤、桂等省调来的地方部队，还有海、空军配合作战，但都有强烈的抗日爱国的士气，不怕牺牲，英勇杀敌，毙伤日军五万多人，给了日本侵略者以沉重打击，粉碎了日本帝国主义妄想以"速战速决"来实现其"三个月灭亡中国"的美梦。

上海战事日益激烈而残酷。中国军队武器装备落后，全凭一腔爱国热血与敌人死拼，常常是一个整连、整营甚至整团投入战场，不到几个小时甚至几十分钟，就全部牺牲。上海战场被西方记者称为"血肉磨坊"。

日军当局也承认中国军队的抵抗"实在顽强"。日本参谋本部的西村敏雄从上海战场现地视察回到东京后报告说，"九月上旬，上海方面的中国军队，在浦东地区有张发奎指挥的约二万名，在上海西部地区有张治中指挥的约十万名，在罗店镇方面有陈诚指挥的约十八万优势的兵力"，在江河交错的地区，构筑数道隐固的阵地，"对上海派遣军的攻击进行反复顽强的抵抗，并继续从后方调来兵力，势不可侮"。

美国的《时代》周刊则赞扬中国军队在上海的战斗"创造着远东的奇迹"：

不管如何，上周，中国在上海承受日本最猛烈的轰炸，对其进攻予以抵抗，创造着远东的奇迹。抵抗者士气空前高涨。卓越的上海俞鸿钧市长兴奋地说："当日本的轰炸开始时,我们的士兵像鼹鼠一样躲进地下防空设施,留在那里搓麻将,掷骰子,一直到轰炸结束。紧接着,他们又像雪貂一样跳出来,用机关枪、步枪、大刀向进攻的日本兵猛烈还击,把他们击溃。"

上海各阶层人民同仇敌忾,冒着枪林弹雨,积极参加宣传、动员、筹集与运送物资、救护伤员、慰问士兵、构筑工事等活动,甚至上前线杀敌,以各种方式支持前线,保卫上海。

上海军民的爱国主义精神,奋勇拼杀、壮烈殉国的英雄业绩,将永远受到中国人民的崇敬和怀念。

淞沪会战虽然失利了,但在中华民族抗战史上有着重要的地位。它是七七事变后,实行全民族抗战的开始,在全国起到了鼓舞士气、鼓舞民心的作用。

但淞沪会战的失利,也有不少教训,其中主要的有:

在战略上,南京国民政府统帅部不顾"敌强我弱,敌之要求在于我集中主力与之决战"的特点,在抗战一开始,就把全国军队的主力集中在上海这一地形不利地区,与敌人争一城一地的得失,单纯消极防御的作战竟达三个月之久,违背"持久消耗战"的战略方针。而日军在淞沪战场上充分发挥其海陆空联合作战的优势,采取中间突破、两翼包抄的进攻战术,使中国军队在会战的中期和后期,始终处于被动的地位,几道防线接连崩溃,损失惨重。

在指挥作战上,战役初期,南京国民政府统帅部只凭驻上海的外国使团要求"改上海为不设防城市"的建议,竟于8月12日,下令张治中部停止向日军进攻,耽搁两天,贻误战机,未能及时摧毁日军的进攻基地;战役后期,又幻想依靠"九国公约"缔约国家出面"制裁"日本,而拖延本应早该实行的战略撤退,并令已退出阵地的部队重新返回原阵地,造成被动与混乱。在防守上,国民政府统帅部没有在上海两翼认真布防,致使日军偷袭杭州湾成功，包抄上海后路，使中国军队陷入腹背受敌境地，被迫全线撤退。而在撤退中，由于布置不周、指挥不力，各部混乱不堪，溃不成军，损失惨重。李宗仁回忆说："大军数十万竟越过钢筋水泥所建的苏嘉国防线阵地而不能停足。阵地上只有坚固的堡垒，退兵一时找不到钥匙，不得其门而入，竟一一放弃。溃退之惨，一言难尽。敌人跟踪追击，不出数周，便自东、西两面进迫京畿，将南京合围。"

四、驾机撞击日机、日舰的中国空军勇士

1937年七七事变发生时，日本陆军航空兵有飞机1443架，海军航空兵有飞机730架，合计2173架，是中国空军军用飞机数量的近十倍；日本的飞机性能优越，并有"凤翔""龙骧"等航空母舰作为后盾；而且，日本当时已拥有较强大的飞机制造工业体系，1937年已达年产600架飞机的能力，可以随时补充前线飞机的需要。

相比之下，中国当时组建不久的空军力量，是远远落后于日本的。抗战前夕，中国空军总兵力，只有作战飞机305架，其中重型轰炸机17架，轻型轰炸机52架，驱逐机113架，攻击机20架，侦察机103架。这些飞机被编成9个大队、4个独立中队和1个由中央航空学校师生组成的暂编大队，共计31个中队。另有运输机60架，编为4个运输队。由于中国机械工业落后，航空工业基础薄弱，不能独立生产一架飞机，中国空军的战机全部依赖进口。当时新建的杭州、南昌飞机制造厂和扩建的广东韶关飞机厂，虽已投产，但规模小，产量少，只能修修补补。因此，中国空军战机的补给能力极其薄弱。

日本军国主义在侵华战争中，依仗着其先进而强大的航空兵，对我国各地军民进行了疯狂的轰炸与屠杀。在这国家垂危的时刻，中国年轻的空军勇士们斗志昂扬，不畏强敌，舍生忘死，奋勇杀敌，在祖国的蓝天上谱

中国空军誓言碑

写了一曲曲撼天动地的爱国主义与英雄主义壮歌。他们的誓言是:"我们的身体、飞机和炸弹,当与敌人兵舰阵地同归于尽!"成百上千名20岁左右的飞行员血洒祖国长空。空军抗战英烈的遗骸,后来多被安葬在南京和重庆等地的"航空烈士陵园"里。他们已经与他们热爱和保卫的祖国山河融为一体,永垂不朽!

(一)"空军战神"高志航夺取"八一四"空战首胜

1937年8月14日下午,日本"王牌"空军木更津飞行队偷袭我杭州笕桥机场。我国年轻的空军起飞应战,打响了空中反侵略战争的第一枪,首战告捷,大败日军,打出了中华民族的志气,打出了中国空军的威风。率领我国飞行队、指挥这场空战的飞行员,就是被尊称为"空军战神"的高志航。

高志航

高志航是辽宁通化（今属吉林省）人，原名高铭久，字子恒，1907年5月14日出生在一个农民家庭。他从小看到日军在中国横行霸道，悲愤交加，常常掷书于地，高喊："大丈夫怎能忍受倭寇在中国横行啊！"高志航中学毕业后，为了实现报国的志愿，他考入了东北陆军军官学校，开始了军人生涯；不久，他改学空军，并改名为高志航。1931年九一八事变后，高志航不愿做亡国奴，离开东北家乡，入关南下，经同学介绍，考入杭州笕桥中央空军学校。他学习、训练认真，除了日常训练，常常蹲在飞机里琢磨，一蹲几个小时，不管寒冬，也不管酷暑，把飞机的性能掌握得一清二楚，夜里不开灯也可以起飞，在天空可以倒飞、弧形飞，还可以翻滚，空中打靶可以说百发百中。蒋介石有一次看到他的飞行表演，兴奋异常，立即召见，夸奖他说："你的技术高超，是位神人！"当即把自己的"蓝天"号座机送给高志航，以示鼓励。1936年，高志航升任空军第四大队（战斗机大队）大队长，率领3个驱逐机中队。

1937年7月7日全面抗战开始。高志航日夜地训练着自己的队伍，准备迎战。8月13日，淞沪会战爆发。8月14日下午，日本"王牌"空军木更津飞行队偷袭我杭州笕桥机场。当日，我空军各机队多奉命飞往上海前线，只有驻河南周家口的空军第四大队接到指挥部命令，飞到杭州笕桥机场集合，于下午降落。这时，杭州笕桥机场阴霾浓重、细雨飘洒。这里机场的条件十分简陋，跑道又窄又短，没有无线电通话，更谈不上指挥塔台。飞机的起飞和降落只能凭红白两色的"T"布指示。当第四大队的飞机到达时，机场总站长尹铲非用撕心裂肺的声音在机坪上摇着旗，连声大喊："警报！有警报！敌机二十分钟就到！"第四大队的飞机刚刚一架架下来，又一架架升上天空。第四大队大队长高志航正在南京，此时也从南京飞来待命。他还未接到航委会作战的命令，一跺脚说："将在外，君命有所不受，好不容易等来今天，和鬼子拼了！"说完，上了一架队员的飞机，率全飞行队飞向天空。

这时，雨越下越大，高志航等人驾驶的都是老式的霍克战斗机，风挡只有一半，挡不住雨，水直往机舱里灌。但兴奋的情绪使他们忘记了一切，在云层里寻找敌机，准备厮杀一场。来犯的日军木更津航空队被大雨乱了阵脚，失去了队形。一架敌机好不容易对准笕桥机场，准备投弹，即被高志航等人发现，愤怒的枪弹雨点般地向敌机射去！从来未遇过抵抗的日本空中侵略者一下慌了神，盲目地丢下炸弹，掉头就想溜。高志航和其他勇士们哪能放过？他们不顾敌人密集的火网，拼命往前冲，死死咬住那架敌机不放。突然，敌机的机枪哑了，显然敌射手已经受伤或死去，高志航抓住时机一阵急射，将其打得粉碎。

高志航首开纪录打下第一架敌机后，其余的敌机像无头苍蝇，在空中乱窜，企图逃走。我空军勇士在云层中上下翻飞，见着目标就盯住不放。不一会儿，乐以琴、李桂丹、郑可愚等人也纷纷传来捷报！短短的30分钟，空战就结束了。来犯日机除了1架逃窜外，其余6架均被击落，而高志航的第四大队无一损失，开创了我国空军对日作战的首捷纪录：6∶0。

高志航机队凯旋而返。当高志航的座机刚刚落地，发动机就停了，原来他的座机已中弹五六处，能安全回来，真是奇迹！勇士们在高志航的率领下，激动地走出机场，人们高呼着高志航的名字涌了上来。高志航兴奋地喊道："不是我，是大家一同击落的！"喜悦、欢乐，高志航被人们高高举起来，抬着前进。

　　高志航大队一举击落日机6架，这在持久的抗日战争中，也许算不得什么惊人的奇迹，然而，在中国人民抗击日本侵略者的战争史上，却有着特殊的意义。这是第一次中日空战，而且首战告捷，一举打破了日本空军不可战胜的神话！高志航英名四扬，被称为"空军战神"，他率领的飞行队也在国际上遐迩闻名。为了纪念"八一四"空战胜利，国民政府把这一天定为"空军节"，并编了歌曲：

> 八一四，西湖滨；
>
> 志航队，飞将军；
>
> 怒目裂，血飞腾；
>
> 振臂高呼鼓翼升，
>
> 群鹰奋起如流星，
>
> 掀天揭地鬼神惊。
>
> 我何壮兮一挡十，
>
> 彼何怯兮六比〇；
>
> 一战传捷，举世蜚声。
>
> ……
>
> 发扬民族的力量，珍重历史的光荣。

　　"八一四"空战胜利后，高志航由少校提拔为中校，调往南京大校场机场，保卫首都领空。日机屡次来犯，高志航得到警报，立即起飞迎战，常常在几十分钟就击落敌机数架，无一次空还。不久，日本木更津航空队的战机损失殆尽，日军当局只好调佐世保航空队参战，虽有二百架飞机，但境况同样不佳。我国战斗机少，显然处于劣势，但高志航常常以智取胜。他常对部下说："你们都是具有优秀战斗力的队员，今后一定要多击落敌机，消灭敌人，否则就不是忠实的战斗员，就是怕敌人，那就不是中国人。我也这样要求自己！大家要记住为国争光，为民出力，勇敢杀敌，树立战斗英雄的榜样，使我第四大队能够留名国际。"他这样做了，部下也这样做了。一次，敌机夜袭南京大校场机场。接到警报后，高志航立即让机场及南京城灯光全部熄灭，并开放事先准备好的假机场灯光。敌机竟毫不怀疑地投弹扫射。当敌机返航经南京附近汤山时，即遭到在高空埋伏的高志航大队袭击。日机措手不及，遭到毁灭性的打击。又一次，敌机夜袭南京，但南京城和大校场的灯光又全部熄灭，敌机抵达南京盘旋一周，看到地面一片漆黑，认为飞错航线，又恐油料不足，只好返航。这时，由高志航率领的第四大队出现，拦截并击毁大部分敌机。余下敌机仓皇逃命，由孙忠华率领的轰炸机大队跟踪敌机至上海虹桥机场。机场敌人误以为是他们自己的飞机返航，遂开灯引导着陆。孙忠华趁机低空投弹，顿时火光一片，爆炸声声，敌机场乱作一团，损失惨重。

一个胜利接一个胜利，一份捷报接一份捷报，中国当时的报刊几乎天天出现高志航的名字，南京、上海的男女老少都在传颂着高志航的事迹，他赢得了人民的尊敬。有一次，他到南京一家商店买东西，付了钱把东西拿回家打开一看，发现钱原封不动地包在里面，并附有一张字条，上面写着："高大队长，希望你多打几架日本飞机，这点东西作为慰劳您的心意！"他看后，非常激动地对家里人说："这不是几个钱的问题，是中国人民的心，说明中华民族不可辱，中国领土不容侵略！"

不幸的事发生了。1937年10月，高志航奉命到兰州去接受苏联援助的一批飞机，飞周家口机场驻防。一天早晨，高志航和部属正在用早餐，突闻日军"八七"式轰炸机的轰轰吼声在头顶上空响起。高志航马上起立，下达命令："大家赶快登机起飞杀敌，快快，不得违令！谁怕死，我毙谁！"他在怒吼。他自己也立即跳进机舱，并令军械长冯于卿调整机枪。但发动机还未起动，敌机的炸弹已倾泻下来，一颗炸弹正好落在高志航座机旁，高志航的头部与四肢被炸得不知去向，只剩下躯干在燃烧，冯于卿也被炸死，掷于二三公尺外的边沟内。高志航牺牲时，年仅 30 岁。

（二）"中国的红武士"刘粹刚

从 1937 年 8 月 15 日开始，日军战机对中国首都南京进行了为期约 4 个月的大规模空袭。为了保护南京军民，中国空军在南京上空与日机进行了殊死搏斗，涌现出许多空军英雄。其中，刘粹刚被誉为"中国的红武士"。

1937 年 10 月 12 日是南京发生激烈空战的日子。这一天，南京天气转晴，日本海军航空队战机又加强了对南京的空袭，先后 3 次空袭南京。中国空军奋起迎战。其中以该日午后 2 时的空战最为惊心动魄：日军 9 架轰炸机在 6 架"九六"式战斗机掩护下，突入南京上空。"九六"式是日本三菱公司研制开发的最新式战机，性能在当时世界空军中是最先进的。

刘粹刚

中国空军第四大队（战斗机大队）大队长高志航，奉命率 5 架"霍克"式与 2 架"波音"式驱逐机及 1 架"菲亚特"式战斗机，腾空迎击。日机凭借其性能优越，趁中国战机立足未稳，就发轫俯冲，喷吐火舌，企图迅速绞杀中国战机。处于劣势的中国战机盘马弯弓，沉着应对，突然腾空而起，摆脱困境，并向日机发动猛烈的反击。双方战机打成一片，中国地面守军的高射炮也停止射击。只见高空中烟尘四起，火光闪闪，敌我战机飞越腾挪，合离交错，马达轰鸣声、炸弹爆炸声响彻云霄。高志航眼疾手快，率先打下1架日"夜叉"式轰炸机。日机疯狂反扑，击中我第二十四中队飞行员曹芳震的座机，曹芳震身中17弹，壮烈殉国。刘粹刚怒火中烧，决心为战友报仇，驾着自己的战机，紧紧咬住1架日机，正准备发射时，突然发现有另一架日机正狡猾地紧跟在他战机后面伺机偷袭。情况危急，千钧一发，刘粹刚凭借其高超的技术，驾机前飞后转，左滚右翻，以风驰电掣之速，连续飞起了几个"8"字形，使尾随的敌机晕头转向，不辨彼此，失去目标。刘粹刚立即抓住时机，对准前面的日机一阵猛扫。日机在空中爆炸，声震全市，残骸坠毁于南京水西门外。这是刘粹刚自抗战以来击落的第11架日机。据日军战史记录，日方在10月12日的南京空战中，共损失战机4架，阵亡飞行员3名，另有1名飞行员跳伞逃命，其余日机落荒而逃。刘粹刚在作战中负伤，他忍痛驾机，与战友们一道返回，安全降落机场。

这天中日战机激烈交战时，南京民众不顾危险，争相观看。中国空军的英勇作战感动了全城男女老少。担任中国航空委员会秘书长的宋美龄也走出掩体，仰望天空，含泪祝福中国空军。她在当天的日记中，用饱含深情的笔墨记录了这场南京空战的全过程：

此刻我正静待日本空袭者的来临，同时执笔写此文，警报已于15分钟以前发出，照例到外边来观察空袭，并细看我们的防御设施。当敌机来临时，我将我看到的一一记录下来。

自从日本在上海开始进攻我们以来，迄今已有两个月。在两个月内，我国人民所受的苦难是不可言喻的。外国军事专家都说，无论在世界上任何地方、即使是今日的西班牙世界大战，他们都没有过如此残酷的、有计划的空中轰炸与炮轰，像日本军队现在施于我们的配备不全然而却是很英勇的士兵。这些专家又说，他们不能理解，中国人血肉之躯怎能抵御人类不能忍受的事情……

我此刻看到日本的轰炸机了。小杰米（孔令杰）的目光非常锐利，所以我时常把他带在身边，他高声喊道："3架——6架——9架。"

此刻是（十月十二日）下午两点四十二分。天气很晴朗，天上有一堆堆的云。更在它们之上布满着整齐的卷积云。三架日本的重轰炸机从那些积云中间的一条青色裂缝中穿了出来，由北向南。后面还有三架，高射炮在打头的三架周围布满了一丛丛的黑烟。现在它们对着后面的三架轰击了。这边又来了三架，——所以一共是九架躲在那些云上面。我可以听见驱逐机的声音。高射炮的爆炸声从四面八方传来，我们的驱逐机有几架出现了。它们本来都飞在云上面。机关枪现在在我上面的高空中响着，那些飞行员正在云端里交战。那九架轰炸机在城市上空不住地前进，它们要击中其目标，不能保持着它们的阵线，打头的三架现在已经飞到南面的城墙上空了。

两点四十六分——大股的火焰喷上来了；一柱柱的浓烟、尘埃直向上冲，它们已经投了几颗炸弹。于是它们分散了，我们有几架驱逐机正在追击。在我北面，一场空中恶战正在进行着，那是在两点四十三分开始的。所有的轰炸机现在都涌入了云中，看不见，只有几架日方的驱逐机依旧被我们的战斗机围困着。

两点五十分——西北方的空中在交战，一架敌机很快地掠下来，有一架"鹰"式驱逐机紧跟在它后面，敌机消失在紫金山背后了。那些战斗员正在云端里飞进飞出。打头的三架轰炸机，已丢下它们所带的炸弹，正在迅速地向东逃走，飞回上海附近的根据地去。其他的六架，让我们的驱逐机冲散了，正在南方的云层内外盘旋着，企图一击其目标。

两点五十一分——突然，在城市的西南方，有很大的几股浓烟，火焰与尘埃涌起来。又有几架轰炸机完成了它们的使命。

两点五十五分——北方的空中依然有几架飞机在交战，机关枪声格格地响个不住。另外几架轰炸机趁此时机，疾飞到南方去，把它们的炸弹投在飞机场上。

两点五十六分——又有几个炸弹落在同一的地方。在稍微偏西的高空中，交战正在大家的眼前进行。一架中国的"鹰"正在追逐一架日本的单翼机。它们盘旋回翔，悠然迅速地掠下来，倏尔又嗡嗡地急升上去。它们的机关枪格格地响个不住。那敌机似乎打中了我们的人；不，它逃走了。他们远远地彼此分开，各自兜了一个圈子，随即又迅速地彼此扑拢来。猛烈的高射炮火对那些正在逃走的轰炸机放射着。那架单翼的敌机似乎在半空中停住了,它已被击中了。我们的"鹰"又疾飞回来攻击它。它停止了一会儿,于是就头朝下直落下来;火焰冲了出来,这架将要毁灭的敌机向着本城南门附近的一个人烟稠密的区域落下去。橙黄色的火焰,拖着一条彗星尾巴似的黑烟,割破了天空。我们的"鹰"在上面盘旋着,看它的敌人坠地而毁。

两点五十八分——现在敌机仿佛碰着了本城的顶端,发出了一大阵黑烟与火焰来,接着发生了一阵黄烟,一所房子在燃烧了。我们的"鹰"又盘旋了一会儿,才飞向北方去,因那边的天空又在响彻着战斗的声音。在东北方与西北方的云层内外,许多飞机正在交战。这些空战在三点零三分以后就在分别进行。

三点十分——我们的一架飞机大声咆哮了一声,迅速地掠下来。从云层后面来了三架日机,都在追击它。有一架紧跟在它后面,好像铅锤似的直扑下来,但它已消失得无影无踪了。

三点十七分——现在空中寂然无声。此次空袭,历时约40分钟。……回到家里时,我才得知日机被击落了三架,而在上午还有两架被击落。这两架是在中途被我们截住的,并没有飞到南京。此次来本市空袭的,共有九架双引擎重轰炸机(每架载飞行员六人)和六架驱逐机。我们的损失是两架被迫降落——但有飞行员四人受伤,一人殒命。

宋美龄的这篇日记,不久后刊登在美国《论坛》(Forum)杂志上,题为《中国在空袭下》,

曹芳震

将中国空军飞行员奋勇杀敌的壮烈场景与爱国精神告诉全世界人民。她在此文中所说的殉国飞行员，即是身中17弹、壮烈牺牲的曹芳震。他是湖南籍人，1914年生，中央航空学校第六期毕业，牺牲时年仅23岁，后来被追授中尉军衔。1938年1月19日在武汉出版的《文摘战时旬刊》第9号，译载了宋美龄的这篇《中国在空袭下》。

从1937年8月中旬到10月中旬，刘粹刚共击落敌机11架，成为全国军民交口称赞的英雄，与高志航、乐以琴、李桂丹被誉为中国空军的"四大金刚"。

1937年10月25日，刘粹刚奉命率两架霍克飞机，从江苏溧水机场起飞，经洛阳，飞往山西，支援忻口战役。刘粹刚对航线不熟悉，太原机场又进行灯火管制，无法降落，飞过了太原，只好返回洛阳。当飞临晋东南上空时，飞机汽油快用尽，刘粹刚不顾自身危险，将最后一颗照明弹投下，引导僚机降落，他则继续向前滑飞。到山西高平县时，他为保全飞机，不愿跳伞，在黑暗中觅地降落，不幸碰撞在城东南角的魁星楼，机毁人亡，时年24岁。国民政府追授其为空军少校。

（三）被誉为"江南大地之钢盔"的乐以琴

在"八一四"与其后多次的中日激烈空战中，常见到中国飞行队中一架涂着"2204"号标记的"战鹰"，像下山的猛虎、入海的蛟龙，以迅雷不及掩耳之势，扑向敌人，上下穿梭，弹无虚发，打得日机冒烟起火，先后击落日机多架。驾驶这架战机的飞行健儿，就是抗战时期著名的"空中英雄"、中国空军第四大队第二十二分队队长乐以琴。

乐以琴，1914年11月11日生于四川省芦山。他家共有兄弟姐妹10人，乐以琴排行第六。他自幼聪颖好学，追求上进。1931年九一八事变爆发，他深受影响，加深了对日本侵略者的仇恨。他考入齐鲁大学理学院。不久，中央航空学校在北平招生,乐以琴目睹国家的危难处境,立志投笔从戎,立即赶到北平应考,由于他体质强健,理工科基础扎实,很快就被中央航校录取。1932年冬,乐以琴在杭州笕桥中央航校第三期学习飞行。他怀着对祖国的热爱和对日本军国主义的仇恨,豪迈地发出钢铁誓言:"西子湖诸神鉴诸:我决以鲜血洒出一道长城,放在祖国江南的天野!"他牢记国耻民仇,在初、中、高级三个阶段的飞行训练中,刻苦认真,一丝不苟。在飞行实习中,他总是把目标、假想敌当作真正的敌机予以痛击。1935年,乐以琴以优异的成绩毕业,蒋介石参加了他们的毕业典礼,给他们颁发毕业证书,还向每个毕业学员赠送佩剑一把,剑的一面刻着"国土未复",另一面刻着"军人之耻"。1936年,为适应将来对日作战的需要,中国空军在南昌整编,乐以琴被编入空军第四大队(战斗机大队)第二十二分队,任分队长。从此,他驾驶着"霍克三式"双翼单座战斗机,在大队长高志航的带领下,开始了战斗的生涯。

1937年8月13日,日军在上海挑起事端,中国军民被迫自卫还击,淞泸会战开始。乐以琴与战友们听到这个消息,义愤填膺,摩拳擦掌,恨不得马上飞上蓝天,与日本侵略者决一死战。8月14日,日本木更津航空队数架飞机偷袭杭州笕桥机场,企图一举歼灭我空军主力。高志航亲自率领第四大队的飞行勇士升空作战。乐以琴驾驶2204号战机,率第二十二分队,作为全大队的先锋,一马当先,从三千多米高空钻出云端,首先以奋勇无比的气势冲入敌阵。高志航首开纪录,打下第一架敌机。乐以琴以平时练就的过硬功夫,上下翻飞,飞机在他驾驶下就好似一只迅猛灵活的猛虎,吓得日机纷纷躲避。他驾驶的战鹰机有节奏地吐着火舌,弹无虚发,一架日机应声冒出黑烟,栽了下去。其战友梁添成等人亦各击落敌机一架,我空军将士出师大捷。在"八一四"空战中,空军第四大队大获全胜,自己毫无损失,却击落日本"王牌"木更津航空队日机6架,沉重地打击了日本侵略者的嚣张气焰,为中华民族争了光。消息传开,全国振奋,举世震惊,当时国内外各大报纸、各国驻华通讯社都发出了号外。"高志航首建奇功,乐以琴勇创顽敌"成为举国瞩目的头号新闻。

从 8 月 15 日开始,乐以琴随空军第四大队继续乘胜出击,猛烈袭击日本海军停泊在长江口外及杭州湾的两艘航空母舰"加贺"号和"龙骧"号,并对日本驻华的第三舰队还有日军在上海占领区的补给基地、军火仓库进行一系列轰炸,削弱了日军的海空力量,支持了正在上海浴血奋战的我陆军部队。8 月 21 日,日军增援部队在松井石根的指挥下,在吴淞口、张家浜一带登陆,从日本航空母舰上起飞的机群疯狂轰炸上海我军阵地。乐以琴率全队前去迎敌,从高空俯冲下来,击落两架敌机,炸死许多正在登陆的日军,再次狠狠地打击了日本侵略者。空军第四大队在上海战场上奋勇杀敌,7 天之内竟击落日机六十余架,乐以琴一人就打掉敌机 8 架,创造了辉煌的战绩。乐以琴屡立战功,被人们誉为"江南大地之钢盔",他所驾驶的 2204 号座机成为日本空军望而生畏的克星。

乐以琴

从 1937 年 8 月 13 日开始,在淞沪会战的 10 天内,日军精锐的"木更津"和"鹿屋"飞行队被我空军歼灭过半,日军驻台北海军联队队长、海军航空兵石井义被迫剖腹自杀,以向天皇谢罪。

但是,由于当时中国工业落后,一切航空设备都来自外国,中国空军战机消耗损失后很难得到补充,这让中国空军战斗力日益减弱。到 1937 年 12 月上旬,中国空军作战飞机消耗殆尽,能上天作战的飞机,已不足 20 架,而且机种极不统一,各国的产品都有。这种情况下,中国的空军不论是在数量上、速度上,还是性能上、火力上,都劣于日本航空兵,日军空中优势日益增强。日军在海、空优势火力的掩护下,进逼中国当时的首都南京,日军大批战机连续空袭轰炸南京地区。乐以琴坚定地表示:"敌人可以凭借优势的武器取得暂时的胜利,但他们永远不能磨灭我们抗战的坚强意志!"乐以琴与空军战友为保卫首都,与日机展开了悲壮的战斗。

1937年12月3日,日本三十余架"九六"式战斗机进犯南京地区。乐以琴原来的第2204号座机已因飞行耗损不能升空,他马上驾驶着一架水冷式意大利"费亚特"战斗机,升入高空作战。这时,日机数量多、火力强,乐以琴率队拼命冲杀,毫无惧色。当多架日机将其包围时,乐以琴前飞后翻,不仅让敌机的攻击一次次扑空,而且使两架敌机相撞。在激战中,乐以琴座机的水箱、油箱均被敌机击中,浓烟笼罩着飞机,失去控制。乐以琴被迫跳出座机。他深知日寇的凶残,常常违背国际公法,射击跳伞的中国飞行员,因此,他未过早打开降落伞,想快速下降到低空时,再张伞降落。不料,他降落的速度太快,待要开伞时,身体已触及地面,不幸壮烈殉国,年仅22岁。

(四)驾机撞向敌舰的沈崇诲、陈锡纯

在抗战初期激烈的空战中,中国空军中还涌现出两位驾着燃烧的战机撞向日军军舰的勇士。他们就是中国空军第二大队(轰炸机大队)第九中队的轰炸机飞行员沈崇诲与陈锡纯。

沈崇诲,祖籍江苏省江宁县,后迁到湖北武昌定居。1932年7月,22岁的沈崇诲从清华大学毕业,立志把知识献给祖国,决心开发塞外,远赴西北,来到绥远省(今内蒙古自治区西部)。当时,日本军国主义者的侵略魔爪逐步伸向华北及内蒙边疆地区,企图灭亡中国,变中国为其独占殖

沈崇海

民地,这深深地刺激了沈崇海。他自知国家不存,焉能开发西北,因而决心投入军旅,以卫国家。他对同学们说:"强国莫急于防空,吾辈今后自当翱翔碧空,与日寇争一短长,方能雪耻复仇也!"1932年12月20日,中央航校在北平招收新学员,沈崇海听到这个消息,万分激动,冒着大雪,赶回北平,参加考试,以优异的成绩被中央航校录取为第三期学员。沈崇海品学兼优,毕业后,被留在中央航校任飞行教官;不久,他调任空军第二大队第九中队的中尉分队长。第二大队是轰炸机大队。沈崇海来到飞行部队后,更加严格要求自己,刻苦钻研空军战术,并侧重研究轰炸战术,以日本的战机为假想敌,认真训练。他强调全队的团结合作,建议加强空中通信。由于他的模范行动,他受到了战友们的一致拥护和爱戴。

1937年8月13日淞沪会战爆发,沈崇海与战友义愤填膺,纷纷上书请求上阵杀敌,配合我陆军、海军作战。此时,日军在空中占有明显优势,参加淞沪作战的日本航空兵部队有木更津联队,鹿尾航空队,第十二、二十二、二十三航空队及第十二飞行团,并有"凤翔""龙骧"两艘航空母舰作为后盾,其战机数量远远超过中国空军,飞机性能也优越于我军。当时中国空军只有5个飞行大队,沈崇海所在的第二大队驻在安徽广德机场,装备的是美制诺斯罗普式轻型轰炸机。

1937年8月14日晨,中国空军第二大队奉令首次出击,担负轰炸驻上海的日军第三舰队及杨树浦码头堆积的日军军火、支援陆军反击的任务。

在中队长布置完战斗任务后,沈崇诲大声地对他战机的后座驾驶员陈锡纯以及其他战友说:"为了保卫国家,我们的轰炸机战至最后关头,要与敌舰同归于尽!"战友们个个表示赞同。这时,广德上空大雨倾盆,天气恶劣。空军第二大队的战机冒雨起飞,在空中集队后,沿预定航线飞行。为了达到奇袭的目的,先由上海以西飞过浦东,然后由东回西,进入目标区。这时,日军第三舰队,以其旗舰"出云"舰为核心,用各种不同口径的高射火器,构成严密的防空网,企图拦截我空军战机。第二大队第九中队的各轰炸机,在沈崇诲的带领下,冲入敌阵,迅速投下炸弹,并作低空扫射;其他各队也随之轰炸扫射。当时,日军正在码头登陆,未想到中国空军敢于冲破火力网到达这里,一时慌了手脚,被我空军的炸弹和机枪打乱了阵脚,杨树浦码头上堆满的日军军火顿时爆炸,火光冲天。正与敌作战的中国陆军部队看到日军的惨状,都欢呼跳跃,挥帽向英勇的空军战友致意。第二大队乘敌人混乱之机,脱离战场,全队安全返回广德机场。

当日下午,沈崇诲与后座驾驶员陈锡纯驾驶轰炸机,随第九中队再次起飞作战。这次他们改变航线,直飞沪东,经崇明岛后,再转向目标区。不料,在吴淞口上空,突然发现日舰十余艘,正向南航行。第九中队的战机立即向敌舰俯冲,敌舰急忙集中炮火封锁。霎时间敌舰烟雾蔽空,火光冲天,而我空军均安全脱离目标,返回广德机场。飞机降落后,沈崇诲等轰炸机飞行员得知当天下午,空军第四大队(战斗机大队)的战友们,在高志航率领下首战日本木更津航空队,在杭州笕桥机场上空,以6∶0的悬殊优势大败敌机,都兴奋得跳了起来。

这一天,中国空军的战斗机大队和轰炸机大队,都取得了光辉的战绩,用实际行动粉碎了日军不可战胜的神话,打出了中国年轻空军的威风,打出了中华民族的士气。

沈崇诲等人在胜利的鼓舞下,连日出击:8月15日,继续轰炸日海军第三舰队,重创日舰;8月16日,追踪向杭州湾移动的日本舰队,阻止其掩护日陆军登陆。数日的苦战，使中国空军勇士们非常疲劳，但他们从不叫苦叫累，一直斗志昂扬地投入战斗。

8月18日晨，第九中队再次奉令轰炸敌舰。我国防空监视哨报告，从日本航空母舰上起飞的"九六"式战斗机正向南京、杭州袭击，因而担任护航任务的"霍克三"式战斗机要去迎战日机，就不能随我轰炸机队起飞。面对此种情况，第九中队的轰炸机飞行员们表示，没有战斗机掩护，我们也要出动执行任务。沈崇诲等飞行员按时升上天空，经杭州，沿钱塘江，低空向杭州湾目标区前进。正当我战机临近日军舰队时，沈崇诲所驾驶的第904号轰炸机发生故障，尾部冒出浓烟，速度减慢，脱离了战斗队形。这时，其他队友已展开攻击队形，冲向敌舰，炸得日舰血肉横飞。但是，日军舰队在旗舰"出云"号的指挥下，拼命反击，战场上空弹片横飞。看到战友们英勇杀敌的行动，沈崇诲心头热血沸腾，但他的战机剧烈颤抖，浓烟弥漫，提醒着主人赶快跳伞。这时，沈崇诲想起了自己出发前的誓言，决心与敌人同归于尽。他看了看后座驾驶员陈锡纯，告诉了他自己的决定，要他跳伞。陈锡纯坚决地拒绝了。沈崇诲最后深情地与战机下祖国的锦绣河山告别，一咬牙，用力将驾驶杆向前一推，驾着冒着浓烟、满载炸弹的第904号飞机，向日军"出云"号旗舰猛扑下去——一声惊天动地的震响，烈火和浓烟升上了天空，笼罩了"出云"舰。我们的空军英雄沈崇诲和陈锡纯壮烈殉国。

（五）高呼"中国无被俘空军"的阎海文

1937年"八一三"淞沪会战爆发后，中国陆军士气旺盛，于8月16日扫清了日军前哨阵地，向虹口日本海军陆战队司令部发起进攻。

驻扎在虹口的日本海军陆战队司令部是一座巨大的钢筋水泥堡垒建筑，非一般武器所能攻破；日军所占据的汇山码头一带，大厦林立，易守难攻。

日军凭借着坚固的防御工事和舰炮的支援，进行殊死顽抗。装备和技术都处于劣势的中国军队多次猛攻，都没成功，战争遂呈胶着状态。在这样的情况下，8月17日，南京国民政府统帅部下达命令：空军第五大队（轰炸机大队）立即派遣6架轰炸机，各带五百磅炸弹一枚，轰炸上海虹口的日本海军陆战队司令部。

这次空战的任务，最初并没有安排给第五大队第二十四中队的见习少尉飞行员阎海文，是阎海文多次主动请战，对上司说：

阎海文

"我是一个东北流亡者，我要打回老家去，要为东北三千万同胞报仇！"大队最终批准了他的请求，令他作为僚机随队出击。

阎海文，1916年出生于辽宁省北镇县。1931年9月18日夜，日本关东军发动九一八事变，迅速占领东北全境，三千万同胞在日军的铁蹄之下忍辱负重。阎海文当时还是个16岁的少年，目睹日军的残暴，痛感国土的沦丧，怀着满腔愤慨，忍痛离开家乡，流浪到北平，就读于东北爱国人士齐世英等人创办的"国立东北中山中学"。1932年1月28日，日军进犯上海，爆发了"一·二八"淞沪抗战。阎海文看到日本的战机对我国城乡军民狂轰滥炸，联系到世界各国爆发的战争，从中得出了一个明确的启示和教训：近代的战争，已经从平面变为立体的了，这使一个国家缺少强有力的空军，就不可能有坚固的国防，"无领空便无领土"。这使他对航空救国有了深刻的认识，决心投笔从戎。1934年秋天，杭州筧桥中央航空学校在各地招考飞行员，阎海文立即报名应试。报考的人数达万余，但只招收一百人，竞争十分激烈。经过极严格的体格检验和考试，阎海文被录取了。他万分高兴。阎海文被分到航空学校本部学习飞行。他加倍努力，胆大心细，各科目都完成得很好，甚至在睡梦中还在背诵教官指示的飞行技术，同学和教官都很敬佩他。1936年10月，阎海文从航空学校毕业，被分配到空军第五大队第二十四中队见习，1937年4月被任命为少尉飞行员。在结业出征之前，战友们摆酒相送，祝他马到成功，狠狠打击日本侵略者。他坚定地表示："我绝不会辜负你们的希望，为了民族生存，收复国土，我决计献出自己的生命！"现在，雪耻复仇的机会到了，他真是急不可待。

8月18日，阎海文和战友们驾机到达了目标区上空。日军阵地上的高射炮火猛烈异常，天空上像绽出朵朵木棉花，在飞机的四周炸开来，使机身不时猛烈震动，但这丝毫没有影响飞行员们的杀敌决心。阎海文和他的战友们迅速将机身半滚旋转成倒飞状，然后垂直向下俯冲，三千磅炸弹向日军阵地上倾泻下去，全部命中目标。

在激战中，日军的高射炮弹击中了阎海文的座机，机身剧烈地摇晃起来，失去了控制，眼看就要坠落，阎海文被迫跳伞降落。

阎海文降落在一个小土丘上面。他举目四望，才知道自己误落在日军的阵地上。他毫不畏惧，迅速地一手拉脱降落伞的带钮，一手拔出腰间的手枪，一个箭步，跳到了沙袋旁边。说时迟，那时快，数十个日本兵持枪从三面包围了上来，逐步逼近，并且齐声喊着要他"投降"的话。

一个日军军官一边叫一边在向他作着手势，示意让他放下武器，把双手举起来。

"想让我成为你们的俘虏吗？做梦！"阎海文愤怒地举枪射击，"啪"的一声响，一个日军应声而倒。毫无准备的日军猛吃一惊，呆住了。"啪——啪！"，阎海文又击毙了两名日军。其余的日军卧倒还击，双方僵持着。日军想抓活的，一个翻译再次大声劝降，阎海文严词拒绝，一连又击毙了数名日军。阎海文的枪膛里只剩下两粒子弹了,他依旧兀立不动。当日军再次包围上来时,他对准最前面的一个又射出一颗子弹,然后高呼"中国无被俘空军"之后从容地举枪,对准自己的太阳穴,壮烈殉国,年仅21岁。

阎海文宁死不受辱的节操,使日军丧胆,也使他们受到深深的震撼。后来,日军头目在汇山码头向日本海军陆战队训话时曾说:"过去日俄战争时,大和民族勇敢不怕死的精神安在?现在已被中国的沈崇诲、阎海文夺去了,这值得我们钦佩!"日本当局企图利用阎海文的事迹来"鼓励他们的士气",下令对阎海文厚加葬殓,并在墓前立一石碑,上书"'支那'空军勇士之墓"。1937年9月11日,大阪的《每日新闻》还对了阎海文壮烈成仁进行报道。该报驻上海特派员木村毅化在通讯中感叹道:"中国已非昔日'支那'了。"同年10月,东京新宿区还举办了一个"中国空军勇士之友阎海文展览会",展出了阎海文的飞行服装、降落伞、手枪子弹带等遗物。尽管日本当局此举是别有用心,但却从另一面证明了阎海文宁死不屈的献身精神和民族气节的巨大威力。

(六)舍身撞日机的"空军勇士"陈怀民

1937年12月13日日军攻占南京后,继续对我国的战时首都重庆与军事指挥中心武汉等地进行大规模的空袭与屠杀。而在1938年4月29日保卫大武汉的空战中,发生了一场中国空军勇士驾机与敌机相撞、同归于尽的英雄事迹。这位勇撞敌机的空战英雄,就是空军第四大队第二十三中队的飞行员陈怀民。当时他22岁,看外表像个中学生,却已在长空搏击了5年。自1937年7月全面抗战爆发后,他击落过5架敌机,人们称他为"空军勇士"。

陈怀民,原名陈天民,祖籍山东,于1916年出生在江苏省镇江。1931年九一八事变后,他抱着航空救国的志向,考入中央航空学校。1937年7

陈怀民

月卢沟桥事变爆发后,他是空军第四大队第二十三中队少尉飞行员,随机队防卫首都南京,并常常飞往上海打击敌人。他对友人说:"每次飞机起飞的时候,我都当作是最后的飞行。与日本人作战,我从来没想着回来!"

1937年9月19日,是中国农历中秋节,也是南京空战最激烈的一天。这天8时许,四十多架日机大规模空袭南京。中国空军第四大队第二十三中队的战机首先起飞迎敌,不顾我方机少力弱,与日机展开激烈的搏斗。第二十三中队队长毛瀛初等人击落击伤日机多架,飞行员戴广进壮烈牺牲,成为南京空战中首位战死的航空烈士。他是安徽合肥人,从上海光华大学报考中央航校,牺牲时仅23岁。陈怀民驾驶2405号战机,先与战友杨梦青协力,重创敌一架水上侦察机;后来,他的战机被4架敌机包围,他以一敌四,猛打猛冲,左冲右突,猛烈开火,击落1架日本驱逐机,但他自己飞机的油箱被敌打中起火,从空中急速下降;他为了保全战机,在离地面只有百余米时,停掉螺旋桨,进行滑翔,迫降在南京江北江浦县高旺镇附近一片小树林中的空地上,飞机撞到一棵大树,陈怀民被弹出座舱,夹在一棵大树的树杈上,巨大的冲击力将他的鼻梁骨折断,胸部、肩部受伤,血肉模糊,昏迷过去。当地乡民纷纷赶来解救,先把他送往江浦县医院,然后再转送南京中央医院,数万民众夹道欢送。陈怀民在医院昏迷了几天,住院两个多月,后来因日军逼近南京,他被转往武汉,继续治疗。1937年12月底,陈怀民伤愈出院,他坚决要求重上前线。母亲要为他订婚,他推辞说:"日寇未灭,焉用婚为?"1938年2月,他参加保卫武汉的战斗,5次负伤流血,屡立战功,荣获一星星序奖章,并担任第二十一中队的分队长。

1938年4月29日,日军出动大量战机空袭武汉。中国空军第三、第四、第五大队和苏联志愿航空队的勇士们,与日机进行了激烈的搏杀。陈怀民的伤势未愈,但他坚决要求参加空战,与同队战友驾着战机,冲入敌机群构成的立体纵深空中阵地。陈怀民英勇果敢,迅猛顽强,战术灵活,在空中纵横驰骋,旁若无人,忽而升高,忽而斜穿,一会儿又转到敌机背后,猛烈开火。被他击中的敌机冒烟栽倒。这时,五架日机向他围困上来,疯狂地向陈怀民的座机射击。陈怀民虽然不断变换方向,想甩开敌机,但被敌机咬住不放。陈怀民的座机几次中弹,机尾冒烟,操纵不灵。他知道情况严重,座机损坏,已经无法继续战斗了。这时,他的胸口也中弹,鲜血涌流。如果他想跳伞,还来得及,而且下面就是中国军队的防区。然而,他不想退出战场!他要杀敌报国!他要与敌机拼搏!消灭敌人,这是最要紧的,他已经把自己的生命置之度外。他决定最后为国立功,以自己残损的飞机与凶悍的日机同归于尽。他开足马力,瞄准一架正向他猛烈射击的敌机直撞过去。当日本飞机的驾驶员发现陈怀民驾机向他撞来时,已躲闪不及。两架飞机高速相撞,发生大爆炸,火团黑烟弥漫空中。这是多么壮烈的场面呀!

中国的一名空军勇士,为抗击入侵祖国的敌人,壮烈殉国了。

日本的一个飞行士，为日本军阀财阀卖命，侵略别国，落得一个可悲的下场。

陈怀民及其座机的残骸坠落于武昌天星滩。一个月后，在青山附近的江底才浮出他残碎的遗骸。1938年6月5日，武汉军民庄严隆重地举行了陈怀民等空军四位烈士的追悼会。

五、智擒南京行政院里的日本间谍

（一）明妮·魏特琳 1937 年 8 月 29 日的日记

1937 年 8 月 29 日，正是日军进攻上海、轰炸南京最疯狂的日子。当时在南京"金陵女子文理学院"担任教务长兼教育系主任的美籍女教授明妮·魏特琳（Minnie Vautrin，中文名"华群"）在这天的日记中写道：

在空袭期间，我们听到了许多关于汉奸或叛徒的议论。我间接地听说，有 18 个男女，其中一些人还身居要职，昨天被当作汉奸枪毙了。由于在被击落的日本飞机里发现了地图，中国当局知道，政府的秘密和计划被泄露给了敌人。在我看来，这是目前危机中最可悲的事情之一。当一些人为自己的国家牺牲一切的时候，另外一些人却在发国难财。当然，这种情况每个国家都有——无论在战时或是和平时期，难道不是这样吗？

魏特琳日记中所写的一些"身居要职"的"汉奸或叛徒"，就是指在南京国民政府行政院担任机要秘书的黄濬及以其为首的日本间谍集团成员。他们被南京警备司令部与首都警察厅抓获，于 1937 年 8 月 26 日晨 7 时被押赴雨花台刑场处决。1937 年 8 月 27 日，南京《中央日报》刊登报道《警备司令部昨枪决大批汉奸，计黄濬等十八名口，为虎作伥罪无可逭》：

本京警备司令部及警察厅连日破获汉奸机关,捕获汉奸多名,经该部审讯属实,于昨(二十六)晨提出黄濬等十八名口,赴雨花台执行枪决。当时观者如堵,对此辈罔知国家民族利害,自甘叛国之徒,莫不切齿痛恨,交相称快。兹录警备司令部布告如次:

……

黄濬,年四十七岁,闽侯人,受敌方收买,将其职务内所管理之秘件,作为情报材料,供给敌人。敌某回国后,旋又与敌指定之专人,继续活动。

黄晟,年二十六岁,黄濬之子,受乃父指使,利用身份,探听机密消息,向敌方出卖。

……

以上各汉奸,于就刑时,均战栗恐惧,面无人色……在此全面抗战之非常时期,对此丧心病狂之徒,严加制裁,殊足大快人心,更可藉以唤起全体民众对汉奸间谍之同仇敌忾之心,而一致参加铲除敌人内线之工作也。

那么,黄濬是怎样一个人?他是怎样成为南京国民政府最高核心机构的机要秘书?又是怎样成为日本的间谍?这一重大间谍案又造成了怎样的危害?又是怎样被破获而轰动中外的?此中内幕详情,由于种种原因,特别是由于黄濬被处决后不久,南京就沦陷于日军之手,有关资料几乎毁失殆尽,而当事者多没有留下回忆史料,坊间的道听途说与散见于报刊的有关文章又多失实,因而,随着岁月的流逝,这段极重要的抗战秘史快要湮没无闻了。

(二)黄濬其人

黄濬,字哲维,号秋岳,福建省侯官(今福州市)人,生于1891年(清光绪十七年)。其祖父黄玉柱(字笏山)为清咸丰年间的名画家;其父黄彦鸿为清光绪时翰林,诗文造诣颇深。黄彦鸿有妻室两房,共生5子,依次排列为:浚、济、谏、博、漳。黄濬为其长子。

黄濬幼年秉承家学，4岁识字，7岁能作五言小诗，可谓灵童。及长，从师于晚清福建籍的大诗人陈衍，专攻说文和诗学。陈衍（1856—1937），字叔伊，号石遗老人，著有《石遗室诗话》，其中有一段话提到黄濬："秋岳年幼劬学，为骈体文，出语惊其长老。从余治说文，时有心得。世乱家贫，舍去治官文书，与同学梁众异、朱在青最为莫逆，相率为五七言诗，遍与一时名士唱和。"梁众异就是后来抗战时期任南京"维新政府"行政院院长的大汉奸梁鸿志。

黄濬成年后，正逢清末实施新政。他离开福建家乡，到北京译学馆就读，学习日文与近代中外文化知识。在这期间，他对京戏产生了浓厚的兴趣，课余常去听戏、看戏、品戏，曾结合佛经《维摩诘所说经》中的传说故事，编写了一出新京剧本子，剧名为《天女散花》。此剧本后经梅兰芳修改、编写，于1916年在北京吉祥大戏院公演，成为梅派著名的以歌舞见长的古装戏之一。

不久，黄濬找到机会赴日本留学，在早稻田大学就读。后来在抗战前

左起：李释戡、黄濬、赵叔雍、梅兰芳、齐如山、罗复堪

较长时间担任日本驻南京总领事的须磨弥吉郎与黄濬为同班同学。在日期间，黄濬不仅进一步精研了日语，熟悉了日本的风土民情，而且还滋生了浓重的崇日、亲日、媚日的心理倾向。

黄濬从日本留学归国时，已是民国初年。他先居上海，在一家报馆任主笔；后移居北京，住和平门西松树胡同。在北京期间，他先后在北洋政府陆军部承政厅秘书科任科员，在交通部任法规编纂员、秘书，在财政部任佥事、秘书、参事等职；还曾一度在福建同乡与学友林白水（名獬，又名万里，字少泉）创办的《新社会报》（后改称《社会日报》）供职，林任社长，黄任副总编辑。1926年8月7日，林白水因在报端发表《官僚与运气》一文，讽刺北洋军阀张宗昌的"智囊"潘复，被张宗昌捕杀。这日凌晨，林白水在被押赴刑场前，立遗嘱说："我绝命在此顷刻，家中事，一时无从说起，只好听之……所有难决之事，请茂孙、淮生、律阁、秋岳诸友帮忙……丙寅八月七日四时万里绝笔。"从中可以看出他对黄濬的信任与委托。

1928年夏，北洋政府垮台后，黄濬通过关系，转到南京国民政府中工作。1931年年底，国民党元老林森担任国民政府主席。林森也是福建闽侯人，与黄濬是小同乡，十分赏识黄濬的才学，遂将黄濬调升为行政院主任秘书，黄濬从而得以进入国民政府最高层核心机构。在抗战爆发前，行政院设在国民政府大院的东北角，是两座二层楼房。

1932年年初，汪精卫任国民政府行政院院长，在外交上日益亲近日本，对精通日语与日本事务的黄濬自是十分钟爱与宠信，黄濬在行政院中的地位不断得到提升。他兼任汪精卫的机要秘书，为简任级，其地位仅次于行政院秘书长，能经常参加国民政府最高级的军政会议，掌握国家的各种最核心机密。1935年11月汪精卫遇刺负重伤后，由蒋介石兼任行政院院长，对黄濬仍宠信不减。黄濬成为汪精卫与蒋介石身边的红人，炙手可热。其长子黄晟刚从燕京大学毕业，就被汪精卫送进外交部任科长。

黄濬长期在北京、上海、南京生活，在报馆与北京、南京政府中任职的经历，使他与政界许多要人及清朝遗老遗少多有来往，十分熟悉清末民初政坛、文坛的史事与掌故轶闻；他又能诗善文，是民国初年文坛上十分活跃的旧式诗人，与安福系名流、曾担任段祺瑞执政府秘书长的梁鸿志名声相当。此二人既是福建同乡、同学，又是北洋政界同僚与诗坛盟友，而且都有浓重的亲日倾向，因而私交甚笃。黄濬后来在北洋政府与南京国民政府任职时期，以他熟悉的清末民初政坛与文坛的史事与掌故轶闻，利用业余时间，写成一本近代文史笔记《花随人圣庵摭忆》，约五十余万字，主要记述晚清与民国初年的人物、史事，引用的资料杂采时人的文集、笔记、日记、书札、公牍、密电以及有关的一些外国人的著作，内容丰富，令读者目不暇接，且情节曲折，语言生动流畅，实为研究中国近现代史的一部难得的参考书，也是一部生动有趣的文学著作。此书原稿在抗战前曾逐条刊登于南京《中央时事周报》上，颇受读者的欢迎，给他带来很大的声名；后经北京大学教授瞿兑之（清末军机大臣瞿鸿禨之子）审阅，纠误数则，但未及印行成书而抗战爆发；黄濬在此期间又对原书作增补数则。

黄濬生有三子一女，依次为长女黄颖，长子黄晟（字济良），次子黄英（字济之），三子黄和（字济平）。

但是，黄濬虽有才能，却无人格。其父子生活豪奢，挥霍无度，在南京与上海各有公馆，经常往来两地，灯红酒绿，文物古玩，过着纸醉金迷的生活，每月仅日常开支就达千元，工薪收入根本不敷所用。在政治倾向上，黄濬一贯亲日、崇日，毫无中华民族感情与民族气节。20世纪30年代初，日本先后发动九一八事变、上海"一·二八"事变及长城事变等，加紧侵略中国，中国各界民众掀起抗日救亡热潮。黄濬对此潮流十分反感与抵触。他利用职务之便，与日本来华的一些要人以及日本驻华使领馆的外交人员频繁接触、打得火热。

黄濬的政治倾向、生活状况、人品与爱好，尤其是他担负极其重要与机密的工作性质，引起了日本在华特务机关的高度重视。

（三）日本驻南京总领事馆的间谍活动

日本自从明治维新以后，走上了军国主义的侵略道路，以灭亡与侵占中国作为其重要国策，长期以来，对中国进行了范围广泛、无孔不入的间谍活动。1931年九一八事变后，随着日本侵华步伐的加剧，这种间谍活动更加疯狂与露骨。形形色色的日本间谍，披着各种外衣，深入中国各地，以各种手段与方法，刺探与窃取中国的政治、军事、外交、经济与文化情报，为武力进攻中国进行积极的全面的准备。谍报工作总是军事行动的前导，正如英国人理查德·迪肯在《日谍秘史》一书中所说："间谍活动是取得军事胜利的开路先锋。"

据曾在抗战前后从事国民党"中统"特务工作、1939年潜伏在南京、被捕后参加汪伪特务组织、长期在汪伪特务上层工作并一度任"76号特工总部南京区"区长的姜颂平交代："早在北洋军阀执政时代甚至更早，日寇就在我国境内布置了谍报网，着手培训大批精通中国普通话的男女青年，或以经商为名，在我国国内开设商店、洋行，或以搞慈善事业为掩护，设立医院，或通过亲日派分子介绍男女特务到我国某些社团服务。"

南京作为中国的东南重镇与交通枢纽，在1927年4月以后，又成为国民政府的首都以及当时全国的政治、军事中心，自然也成为了日本间谍注目与活动的头号目标。

日本间谍在南京的大本营与指挥部，是日本驻南京总领事馆。这是几座现代化的花园洋房建筑，楼房是日式结构，四周是由围墙环绕的满布树木花草的园林，坐落在南京市中心著名的鼓楼西南侧的小山坡——百步坡上，与美国教会办的金陵大学（今南京大学所在地）紧相毗邻。

日本驻南京总领事馆总领事须磨弥吉郎，于1931年来到南京任职。他是有名的"中国通"，也是个挂着"高级外交官"头衔的日本老牌间谍。须

日本驻南京总领事馆

磨弥吉郎在南京活动有 5 年之久,除了以外交官的面目出现,与南京国民政府外事部门进行交涉,并不断制造外交麻烦与进行外交恫吓;更重要的是他在暗下进行着秘密的间谍活动。部署与指挥日本来华的间谍与浪人分赴各地,展开各种形式的活动;他千方百计收买中国的军阀与流氓,搜集中国的军事、政治、经济等各种情报;他尤其重视在国民政府的各军政机要部门收买、招募各式汉奸,组成隐藏在国民政府军政机构内部的谍报组织,为其所用。

在全面抗战爆发前,日本在南京的间谍组织与从事的间谍活动人或机

须磨弥吉郎

构主要如下：

（一）日谍"钢笔大王"。此间谍是个朝鲜人，1936年来南京，在太平路花牌楼与白下路开设钢笔店，营销世界各国产的名牌钢笔，在南京影响很大，被称为"钢笔大王"。他以经商为掩护，进行情报搜集活动。他在其店门口用一支巨型钢笔模型为商标，实际上钢笔模型商标内装有干电池红绿灯，作为特务联络暗号。从1937年8月15日开始，日军飞机对南京连续进行了三个多月的轰炸，这位日谍"钢笔大王"秘密地为日机指示轰炸目标。

（二）日商仁丹公司南京分公司。该公司设于南京市中心新街口，是一家以经商为掩护的日谍机构，专门负责搜集南京城市的交通设施与军事目标的情报。他们借推销仁丹之名，探听与记录南京的城乡道路、桥梁与军事设施等情况，在南京城乡大贴仁丹广告，作为路径能否通行与中国军事目标的秘密标志。后来日军进攻南京时，就在很多地方利用这种仁丹广告以判断进攻的路线。

（三）大井弘医院。开设在紧邻南京的镇江，是日本间谍早在抗战爆发前多年于该城的南门外开设。院长大井弘就是一个披着日侨外衣的老牌日本间谍，他借开医院为掩护，长期进行间谍活动。直到1937年12月10日日军占领镇江，大井弘才撕掉伪装，以"征服者"的身份，骑着高头大马，在镇江城里招摇过市、耀武扬威。随后他由日军驻镇江的宪兵分遣队派充，担任"镇江日本居留民会"的会长，公开进行特务活动。

（四）日本驻南京总领事馆与须磨弥吉郎的间谍活动。其中以收买国民政府行政院机要秘书黄濬及其同伙，影响最大。须磨弥吉郎与黄濬是早稻田大学的同学，大学毕业后，又与黄濬交往数十年，对黄濬的一切情况了如指掌。他利用黄濬的亲日、崇日倾向与奢靡生活，有目的地引诱，花巨额经费收买。卑劣的黄濬很快出卖人格与国格，堕落为无耻的汉奸与间谍。

（四）狡猾的汉奸黄濬集团

黄濬成为须磨弥吉郎直接豢养与指挥的日本间谍以后，不但利用自己极其重要的职务之便，窃取国民政府最高当局的大量核心机密提供给须磨，而且还将自己的儿子黄晟拉下水，又先后收买了国民政府中一些失意的亲日派高级军政人员，如军令部的高参曹某、海军部的部员李某、军政部的秘书王某以及黄濬自己座车的司机小王等人，参与其卖国活动，充当他向各方面搜集情报的魔爪，共同组成了一个以黄濬为头目的汉奸日谍集团。

黄濬日谍集团危害极大。因为其集团成员都身居国民政府上层各军政要职，隐藏极深，窃取与出卖的都是国家最重要的上层核心机密。

黄濬日谍集团又极其狡猾。他们活动隐蔽，同日本驻南京总领事馆联系与提供情报的方法更是十分诡秘。

方法之一：黄濬常以"休息"为名，独自来到南京著名的玄武湖公园散步。他是以爱吃巧克力糖出名的。因此他每次到玄武湖公园时，总是带着一包巧克力糖，边散步边吃糖。吃完糖他不将包糖的纸随便乱扔，而是将包糖纸夹着一张事先写好的情报，放到公园偏僻处的一株大树洞里，然后走开。时隔不久，就有一个日本特务按照约定，到此树洞中将情报取走。后因风声日紧，黄濬无法经常到玄武湖公园散步，故此方法不再频繁使用。

方法之二：黄濬定期到南京市中心新街口闹市区一家外国人开办的"国际咖啡馆"里去喝咖啡，每次进店后就将自己的那顶深灰色凉帽挂到一根圆柱形的衣帽钩上，其凉帽夹层中密藏着情报。与此同时，必定有一个日本特务化装成平民，也进这家咖啡馆喝咖啡，也将一顶同一式样的深灰色凉帽挂到衣帽钩上，其凉帽夹层中密藏着须磨的指示。黄濬的凉帽与日本特务的凉帽紧紧并挂在一起，但二人并不在一张桌上喝咖啡，也互不搭理。然后，那日本特务先喝完咖啡离馆，却在人们毫无知觉中将黄濬的凉帽戴上，扬长而去。而黄濬也不接触任何人，慢慢喝完咖啡，然后戴上剩下的那顶凉帽，不声不响地走了。双方的情报交换工作就这样巧妙而不动声色地完成了：黄濬得到了日本总领事馆的指示，而日本总领事馆则得到了黄濬提供的各种情报。

后来，黄濬为避免他人怀疑，他本人不再到那家"国际咖啡馆"去，而是指派他的汽车司机小王代替他，仍戴着那顶凉帽夹带情报，定期到"国际咖啡馆"去；而日本总领事馆也经常更换联络人，派遣不同的特务人员到咖啡馆与小王交换情报。交换情报的方法则不变。

日本驻南京总领事馆与须磨在得到黄濬集团的机密情报后，立即迅速地以密电报告日本东京总部。日本军政当局与情报机关立即采取相应措施，作出各种反应，给中国政府与中国人民造成极大危害。黄濬集团的间谍活动顺利地进行了很长时间，从未出现差错。

须磨于1937年1月底奉调回日本，他的继任人继续指挥黄濬进行情报活动。

（五）封锁江阴长江要塞航道泄密案

1937年7月7日卢沟桥事变发生后，中日战争不断扩大。黄濬集团的情报搜集活动也加剧进行。于是，在中国的对日作战中，出现了一次次触目惊心的重大事件。

最初，黄濬向日本特务机关提供了上海中国守军吴淞要塞炮位分布图等，造成了后来淞沪会战中国守军的惨重损失：日本军舰与战机迅速准确地摧毁了吴淞要塞的几乎所有远程大炮，日军顺利占领了吴淞要塞各炮台。

接着，黄濬向日本特务机关提供了中国军事当局准备封锁江阴长江要塞航道的绝密情报。

1937年7月14日，南京军事机关长官第四次汇报会，商讨要抓住时机封锁长江，撤除长江之灯塔、航标，加强南通刘海沙、江阴等地江岸要塞的岸炮配置以及海军使用计划，以防日本军舰沿长江西上，袭击南京。经过一段时间的准备，7月27日，南京最高当局召开绝密的军事会议，与会的只有蒋介石、汪精卫与军委会的几名高级长官，加上担任记录的机要秘书黄濬。会议进一步决定，将以海军封锁长江下游最狭窄的江阴要塞江面，一方面防止日舰从上海沿江西上进攻南京；另一方面拦截与猎获当时正停泊或行驶于长江中、上游镇江、南京、九江、武汉、宜昌、重庆等各港口的日方军舰与商船，获得战略成果，收先声夺人之效。到1937年8月7日晚，在国防联席会议上，正式议决开辟淞沪战场，把日军主力从华北吸引到长江流域，避免和防止日军从华北进入山西、陕西，包抄四川，或从华北沿平汉铁路南下，迅速攻占武汉、切断长江的不利战略态势；同时议决，立即封锁江阴长江江面，截阻俘获长江中、上游日舰，并防备上海方向的日舰进袭南京。

这是当时中国最重大的国防军事机密。会议举行的当夜，命令即以特级军事机密下达有关部队，其主要内容是：加强江阴要塞火力；以要塞火力与海军舰艇封锁江阴江面；破坏这一带江面的航路标志；在江面信道自行沉没我方船只与布设水雷，等等。

然而，就在蒋介石的命令刚刚下达到各有关部队、封锁江阴要塞长江江面的军事行动即将实施之前，在8月6日到8月7日，在长江中上游沿线各港口镇江、南京、九江、武汉、宜昌、重庆间行驶与停泊的日本军舰与商船，有大福、襄阳、瑞阳、大利、凤阳、吉和、大贞、南阳、宜阳、大昌、岳阳、信阳、大亨、当阳、湘江、武陵、大吉、长汤、嘉陵、涪陵、云阳等约二十多艘，突然仓促间都飞速撤往长江下游，奋力冲过江阴江面。在重庆、武汉、南京一带的日本侨民也都突然停止一切工作与活动，随日船撤离。事后人们发现，日侨在匆忙撤离时，连许多贵重物品都来不及携带，甚至有的地方茶饭已摆到桌上而来不及动筷，就匆匆上船逃走。等到中国舰艇奉命赶到江阴江面拦截时，仅阻截与虏获到"岳阳"号（3298 吨）与"大贞"号（1369 吨）两艘日本商船。后来，中国军方将这两艘船上的日本侨民与外交人员、海员等一起押往南京，再从浦口搭乘火车，经济南转青岛，释放回日本。

封锁江阴要塞长江的军事计划未及实施便宣告失败。很明显，日本大本营在中国最高当局作出这一决策前后的关键时刻，就迅速获得了这一重大军事情报，并立即作出反应。日本间谍的魔爪无疑已伸进了国民政府最高军政核心，此事件引起了国民政府最高层与蒋介石的警觉。

（六）中央军校逃车案

在封锁江阴要塞长江江面泄密案后不久，又发生了一起中央军校逃车案，日本间谍的危害矛头直接指向蒋介石。

南京中央军校是国民政府所辖的最重要的军事学校，坐落于南京城东黄埔路。蒋介石对该校特别重视，自兼该校校长。他在南京时，十有八九是住在军校内的"校长官邸"中。中央军校每次举行"总理纪念周"时，蒋介石都参加并亲自主持，还常常对师生进行"精神训话"。抗战爆发后，蒋介石因军政事务繁忙，才开始疏于参加军校的"总理纪念周"活动。

1937 年 8 月上旬的一天，蒋介石突然指示中央军校举行一次"扩大总理纪念周"，不仅中央军校的全体师生要参加，而且陆军大学的全体师生以及党、政、军各部长官都要参加。蒋介石决定那天他将亲自到会并作重要讲话。

举行"扩大总理纪念周"的那天到来了。中央军校与陆军大学的师生首先来到会场，队列整整齐齐。中央军校学生总队的队长惠济担任大会总值日官。中央党、政、军各部的大员先后乘车来到中央军校，小轿车一辆接一辆开进了军校大门。

由于这天有蒋介石与许多军政大员到场，南京的军警宪特机关加强了对中央军校的警卫工作：在从中山东路折进黄埔路的沿路直到军校大门，军警密布，三步一岗，五步一哨；军校内部则有大量便衣特工人员巡查；进校的汽车都由在校门口值勤的宪兵登记车号与人员后，才准予放行。

正当与会人员列队整齐、静候蒋介石莅会时，忽然总值日官惠济向大家宣布：发现有两名嫌疑人员混入军校，正在进行搜查。会场上一阵骚动，但很快便安静下来。不一会儿有人报告，那两名嫌疑人员察觉被人注意，已在混乱中乘坐一辆轿车逃走了。

事后，军警机关进行调查，判断那两名嫌疑人员极可能是日本特务。他们潜入军校混入"扩大总理纪念周"会场，其目的无疑是企图窃取情报与刺杀蒋介石等军政大员，但因进入军校后即被军警发觉，故又乘车仓皇逃走。

那两名日本间谍是怎么事前知道这天中央军校要举行"扩大总理纪念周"并且蒋介石还要出席的？是谁向他们提供了这一情报呢？

军警机关清查校门登记的进出轿车与人员，发现那两名嫌疑人员乘坐逃走的轿车，竟是行政院机要秘书黄濬的专车。

（七）蒋介石严令限期破案

日本间谍的猖狂活动与中国军政最高层连续发生的重大泄密事件，以及由此引起的严重后果，让蒋介石产生了极大的震怒。他连夜召来各军警宪特机关的负责人：军统的戴笠、中统的徐恩曾、宪兵司令兼南京警备司令谷正伦等，下达严令，要他们限期把出卖军政重大机密的汉奸间谍统统侦查出来，严加惩办。军警宪特机关的头目们立即调动与指挥本部门大批人马，全力以赴投入了日谍案的侦破。

然而，偌大的南京，人海茫茫，事情又牵涉南京政府最高层，而且天天有空袭，兵荒马乱，到哪里去寻找这伙隐藏极深、手法又极阴险狡猾的日谍汉奸呢？

在侦破工作中，以谷正伦为首的南京警备司令部得了地利之便。因为他们多年直接掌管南京的警备与治安，工作人员深入南京的大街小巷与三教九流之中，耳目密布，熟悉情况；更为重要的是，早在几年前，他们就在所属特警第二队中专门成立了一个极秘密的反间谍工作机构——"外事组"，主要进行对日本间谍的侦查与斗争工作，已经在日本驻南京总领事馆内部署潜伏了几个内线，建立了一些重要的秘密情报网并取得了一些工作成果。

那还是在1934年前后，日本不断扩大侵华，并于1934年6月在南京制造了震动一时的"日本驻南京副领事藏本英明失踪事件"。此后，被搞得心神不安、精疲力尽的南京国民政府最高当局为对付神出鬼没的日本间谍，预防"藏本失踪事件"式的事情再度发生，特地秘密指示南京警备司令部加强反日谍的工作与对日本总领事馆的监视。

南京警备司令兼宪兵司令谷正伦是贵州人，从日本士官学校毕业，精干老练，是蒋介石的亲信。他接到蒋介石的指令后，立即抽调部属中的能员战将，在特警二队组成一个"外事组"，专门从事对日本驻南京总领事馆的反间谍工作。"外事组"办公机构就设在南京市中心鼓楼附近，离日本总领事馆很近。"外事组"有数十人，队长名叫丁克勤，是一位老牌特工情报人员，全体队员也都是经验丰富的侦缉人员。

"外事组"成立后，首先对日本驻南京总领事馆布置了严密而又隐蔽的监视跟踪网：在日本使领馆前的鼓楼广场岔路口设立了一个卖烟酒杂货的小商店，既作为对日使领馆的监视岗，又作为"外事组"侦缉人员秘密接头的联络站；另外，在鼓楼公园内外各要道口，由"外事组"侦缉人员分别化装成卖报的、测字的、擦皮鞋的和拉人力车的等，对进出日本总领事馆的人员进行各种侦察、跟踪与调查。

尤其重要的是，"外事组"通过关系，结识了一位在日本总领事馆内做事的中国人，并经过工作将其发展为秘密的内线。此人名叫陈耆才，是以"理发师"身份被雇佣进入日本总领事馆的。因他精明强干，办事利索，深得日本总领事须磨的赏识与信任，被提拔为总领事的"贴身使用人"（日式称呼，即勤务员），常因替须磨办事而频繁出入日本总领事馆。陈耆才文化水平虽不高，但机智勇敢，且富有爱国思想，因此经"外事组"施以思想教育与特工技术训练，成为一名出色的反间谍人员。"外事组"任命他为"特别通讯员"，代号为"二十三号"。陈耆才又学会了一口流利的日语，在日本总领事馆中工作更为得心应手，曾先后窃听与获取到不少有价值的日本侵华阴谋的情报送交"外事组"，有重大工作突破。

例如，在1935年到1937年，日本间谍机关多次派遣日本浪人到中国各地寻衅滋事，制造祸端，为其政治讹诈与战争威胁寻找借口。当这些浪人来到南京日本总领事馆接受指示、汇报工作时，多被陈耆才获取情报，使中国政府能事先采取预防措施，多次使日谍阴谋未能得逞。

又如，1936年10月，日本新任驻华大使川樾茂以"天皇特使"身份来到南京，下榻日本总领事馆内，准备与蒋介石及外交部部长张群直接谈判，胁迫中国政府承认"广田三原则"，承认"满洲国"与"华北特殊化"，并同意签订《中日共同防共协定》。日方的用心是企图控制国民政府，破坏中国主权。在中日正式会谈前，国民政府对川樾茂来华的内幕与目的完全不清楚，因而不能预先确定应付对策与谈判中的态度，显得举棋不定。蒋介石紧急限令"外事组"迅速摸清川樾茂来华内幕与谈判意图，以便采取对策。"外事组"将这一任务交给了陈耆才。陈耆才经过侦察，发现川樾茂下榻于日本总领事馆后，便将所带谈判文件交给须磨锁入保险箱内。陈耆才遂趁须磨在浴池热泡假寐之机，敏捷地偷出须磨的保险箱钥匙，在一块肥皂上按下一个模型，然后让"外事组"去配制一把相同的钥匙。隔了一天以后，陈耆才又趁须磨宴客的机会，将保险箱内的文件用微型照相机拍下，再把文件放回原处。当晚，"外事组"就将陈耆才送来的底片放大冲洗出来，译成中文，火速送给蒋介石，使国民政府在与日方正式会谈前掌握了对方内幕。因为此事，谷正伦与"外事组"都获得蒋介石的重赏，戴笠的军统在事后也不得不自愧弗如。

这次，谷正伦再次将破获潜藏在国民政府上层的日本间谍的任务交给了"外事组"。

（八）南京警备司令部"外事组"的破案工作

1937年8月上旬，南京警备司令部特警第二队所属的"外事组"，在接受了迅速侦破潜藏在国民政府上层核心的日本间谍的任务后，立即紧张地行动起来。他们除了继续监视日本总领事馆与已掌握的日本情报机构设在南京的几处秘密机关，还调查分析了各种得到的线索，特别是中央军校逃车案中的那辆行政院的汽车，以及"二十三号"陈耆才从日本总领事馆内获得的有关情报，最后将怀疑对象集中到行政院机要秘书黄濬身上。

"外事组"对黄濬进行了多方调查，但未查获黄的任何罪证；同时，因黄濬官高位显，位列机要，又深得蒋介石与汪精卫等国民党要人的信任，因此不敢对黄贸然采取行动。"外事组"头目们几经研究，决定成立一个"侦查黄案专门小组"，对黄濬进行隐蔽的严密监视。

黄濬是个阴险狡猾的敌人。他在其间谍工作连连得手后，行动更加隐秘谨慎。"外事组"人员对黄濬秘密监视侦查数日，只是见他每天定时坐小轿车去行政院上下班，平时连家门也不出，无任何越轨之事。在这数天中，他去丁家桥国民党中央党部开会一次；到黄埔路中央军校蒋介石官邸一次；还有一次应日本总领事馆的柬请，与行政院同仁到日本总领事馆一次，完全是一般性外交礼节上的应酬。至于黄濬的太太与儿媳，偶尔坐黄濬的汽车出门看电影或看京戏，亦无可疑之处。

1937年8月15日，因中日战事加剧，日本政府宣布自即日起关闭驻南京的总领事馆，撤走日本外交人员与驻南京的日本侨民。日本总领事馆在撤离南京前，向黄濬下达传递情报的新方法——由日本在南京的一处秘密情报机关派人继续在"国际咖啡馆"与黄濬交换情报。

不久，"外事组"侦查人员发现，黄濬的汽车司机小王，经常骑自行车出门，在街上兜些圈子，买点小东西，或者到馆子里吃点小食，尤其是常到新街口的"国际咖啡馆"里喝咖啡，行动可疑，引起了侦查人员的注意与怀疑。但经几日跟踪监视，仍未发现任何把柄。

在这期间，"外事组"侦查人员在监视黄公馆时，发现有一位少女常出入黄公馆，或买小菜，或抱小孩，断定此人可能是黄公馆的女佣，遂决定联络并结识此人，争取她成为侦查黄案的内线。"外事组"侦查人员故设圈套：有一次那少女出门上街时，故意让一个侦查人员装成坏人纠缠她，而让一个叫李荣芳的年轻侦查人员充当路见不平、拔刀相助的好汉赶来搭救，赢得了这个少女的好感与信任。于是李荣芳进而和这个少女建立了友谊。原来这少女名叫莲花，正是黄公馆买来的女佣。她出生于长江北一个贫苦农民的家庭，父母早亡，孤苦伶仃，被人诱骗到南京卖给黄公馆做女佣。莲花姑娘长得秀丽而又伶俐，虽无文化，却懂得善恶美丑。经过李荣芳的工作，她很快知道了黄濬的真面目，深深痛恨黄濬的卖国贼行为，表示愿为"外事组"的侦查工作出力。

莲花成为"外事组"在黄濬公馆内的内线。她不断将在黄公馆看到的一切可疑迹象与往来人员及时报告"外事组"。如她报告了常来黄公馆秘密聚会的人员有曹高参、李部员、王秘书等，侦查人员立即对这些人分头进行监视与控制。特别重要的是她有一天向"外事组"报告了黄公馆内的一件可疑事件：她亲眼看到黄公馆的汽车司机小王从外面回来，走进黄濬的书房，把自己头上戴的凉帽取下向黄一扬，即挂到壁上的衣帽钩上，然后光着脑袋退出房去；后来，莲花又多次看到，当小王要骑自行车出门时，又总是到黄濬书房中拿到凉帽戴上才走。这个情报立即引起了"外事组"

的重点注意。于是，他们把侦查的焦点立即集中到这顶从未引起注意的凉帽上。

侦查人员加紧了对司机小王的跟踪监视。一天黄昏时分，他们发现此人又戴着那顶深灰色凉帽、骑着自行车出门上了街。一位名叫钟高玉的侦查人员立即不动声色地也骑着自行车跟了上去。只见小王在街上兜了一圈，就来到新街口，进了"国际咖啡馆"。钟高玉也跟着进去，坐下要了一杯牛奶。二人坐得相距不远。钟高玉发现小王将头上的凉帽挂到一根圆柱形的衣帽架上，慢慢喝完咖啡，又戴上凉帽离开了咖啡馆，并未发现他与任何人说过一句话或递换一个眼色。到大街上后，钟高玉继续跟踪小王，直到小王回到黄公馆，也未发现他的任何可疑迹象。

丁队长翻阅部下呈上来的各方面的汇报材料，苦苦思索。他从司机小王到"国际咖啡馆"的逗留，忽然联想到监视跟踪日本秘密特务机关人员的汇报，说发现日本秘密特务机关一位名叫"小河"的人近来也常骑自行车上街绕圈子，最后也总到"国际咖啡馆"喝咖啡。丁队长想：此中莫非有什么秘密？二人莫非用什么特殊的方法在"国际咖啡馆"进行联系与交换情报？丁队长疑窦丛生，以其多年丰富的侦查经验，很快就把疑点集中到那根圆柱形衣帽架上。丁队长叫来跟踪小河的人询问："小河是否也戴顶凉帽？"答："是的。"丁队长又问："什么颜色？"答："深灰色。与黄濬司机小王戴的凉帽颜色、式样都相同。"丁队长再问："小河进咖啡馆后，凉帽是否也挂在那根圆柱形衣帽架上？"答："是的。"

丁队长在大腿上一拍，兴奋地说："好！秘密找到了！可以破案了！"

丁队长连夜召来全体办案人员开会，向大家分析了案情，指出：司机小王与日本特务小河都戴同一式样的深灰色凉帽，都定期到"国际咖啡馆"喝咖啡，进店后都将凉帽挂在相近的衣帽钩上——问题就在这里，他们在离开咖啡馆时，趁人不注意，互相换戴了凉帽，而凉帽里肯定有他们传递的情报。只要设法中途先截获他们的凉帽，就可以查获罪证，真相大白。

大家都同意丁队长对案情的分析与判断。丁队长迅速将案情向谷正伦作了汇报。谷正伦下令"外事组"迅速查获证据，收网破案。

就在"外事组"抓紧破案期间，1937年8月下旬，黄濬又将蒋介石准备于8月26日，乘坐英国驻华大使许阁森爵士的专用轿车，从南京前往上海督战的情报提供给日方。这一情报的泄漏，将造成严重的后果，不过，它发生在黄濬集团被捣毁以后。

（九）"外事组"智取黄濬集团的间谍罪证

1937年8月23日下午5时许，丁队长召集"外事组"人员举行紧急会议，宣布了破案行动计划，给各人分派了任务。丁队长说："到时如果情况有变，听我临时命令。"

各路侦查人员依计划出动了。

当日傍晚6点多钟，正是忙碌的夏日黄昏时分，大街小巷，人多声杂。化装预伏在秦淮河沿一处要道口的侦查人员们终于发现，那个日本人小河骑着自行车，悠然驶来了。侦查人员立即作好准备。当小河驶近预伏地点时，早就骑着自行车紧随其后的一个侦查人员，突然使劲对准小河的自行车撞去，顿时将小河连人带车撞翻在地，小河头额流血，手臂擦破，在地上爬来爬去站不起来。自行车撞坏，而他戴的那顶凉帽被甩落到十多米外的地方。

就在这时，预伏路口的丁队长等人一拥而上：几个人将"肇事者"连人带车扣留，吵吵嚷嚷送往附近的警察派出所；另外几个人则扶起小河，不由分说就送往医院。

与此同时，侦查人员钟高玉迅速捡起小河丢落的凉帽，骑上自行车，往"国际咖啡馆"飞驰而去。途中到一僻静处，他将凉帽翻检，果然在凉帽夹层中发现了密藏的日本秘密特务机关给黄濬的指示信。他将此信收起，而将一张早准备好的假信换进去。此假信是模拟日本秘密特务机关的笔迹与口气写的，内容是嘉勉黄濬，并指示黄濬在第二天晚11点后，约齐所有有功人员在黄濬家聚会，届时日本秘密特务机关将派人化装前往黄公馆，发给巨额奖酬并作重要指示，云云。

钟高玉戴上小河的那顶凉帽，来到"国际咖啡馆"，从容走进去，将凉帽挂到圆柱衣帽架上的老地方，要了一杯咖啡，慢慢喝起来。一会儿，他发现黄濬的司机小王也进来喝咖啡了，并将他的那顶凉帽挂在小河凉帽的旁边。钟高玉不动声色地喝着咖啡，最后看到，小王喝完咖啡，走到衣帽架前，戴上小河的那顶凉帽，扬长而去。钟高玉立即取下小王的凉帽戴上，飞速赶回"外事组"。

当晚，在"外事组"，丁队长等人拆开钟高玉带回的小王的凉帽，果然在夹层中发现了藏着的黄濬呈送日本秘密特务机关的厚厚一叠情报，其中有蒋介石刚刚签发的军事命令，调动几个精锐的陆军师移防上海与苏杭，支援淞沪会战；有南京下关江防要塞地形图；有长江江防图等，都是绝密军政资料。

当夜，谷正伦亲自将破案进展情况与缴获的黄濬间谍罪证向蒋介石报告。蒋介石亲笔手令，批准南京警备司令部立即将黄濬集团全行捕获。

（十）一网打尽

"外事组"丁队长等人制订了严密的抓捕计划，一切都按计划进行。

8月24日下午，先由侦查人员李荣芳与黄公馆的莲花联络。莲花报告，黄濬自昨晚接到小王从外面带回的凉帽后，神情特别兴奋。这很可能是他读了那封"日本秘密特务机关"的假信的缘故。老奸巨猾的黄濬终于上钩了！李荣芳指示莲花，在当晚11点以后，如见黄公馆内聚会无异常情况，就到楼上房间用灯光向外发出两次信号。"外事组"人员见灯光信号后，就将冲入黄宅逮捕诸奸。

当天晚饭后，丁队长召集全体行动人员二十多人开会。他将众人带到早制作好的黄公馆房屋环境沙盘模型前，边讲解边给各人分派任务：哪几人从前门进入；哪几人爬进后墙，堵住后门窗；哪几人从邻舍后院爬上晒楼，封住楼上门户；哪几人执行逮捕、看守；哪几人进行搜查；哪几人在马路上巡查执勤，等等。

丁队长指示说："今晚的任务非常重要，大家都要拿出勇气与镇静来。罪犯都是有枪的，不能发生拒捕战斗和突围越逃等情况。我们要以迅雷不及掩耳之势使他们束手就擒。如需动武，只许伤人，不许死人！所有的人犯都要捉活的！"

丁队长拿来一个有四条香烟捆在一起那么大的包裹，交给钟高玉，说："你化装成邮差，拿这包裹去叫开黄潜家的大门。"他对另两个侦查人员说："你们隐蔽地跟在钟高玉的后边，等他叫开黄公馆大门，立即冲进去制服门卫。"他又对李荣芳说："等他们制服门卫后，你就带弟兄们进屋抓捕！"丁队长最后宣布："到时，大家都等我的暗号统一开始行动！"

入夜。黄公馆已被侦查人员严密包围。据监视人员报告：曹高参、李部员、王秘书等人都已陆续进入黄公馆。到夜里10时许，丁队长看到黄公馆楼上莲花卧室中发出了两次灯光信号，立即低声发出了行动命令。各组人员马上分头投入行动。

化装成邮差的钟高玉在马路上出现了。他身穿绿色邮衣，提着包裹，骑着自行车，来到黄公馆的大门外。只见黄公馆大门关得死死的，他就一连按了几下电铃，才见从侧门一个小方孔里露出一双眼睛，问："什么人？"钟高玉回答："邮局送包裹的。是急件！"里面又问："哪儿寄来的？"钟答："上海。快开门，拿章子来！"里面又问："什么东西？"

钟高玉装作不耐烦地说："你自己看去！"

但里面仍不开门，只是指着小窗口说："从这里塞进来！"钟高玉举起大包裹送到小窗口前，说："进不去，快开门！"到这时钟高玉才明白丁队长搞了个大包裹的缘由，在内心里暗暗佩服。这时，黄公馆的看门人只好打开了小侧门。说时迟，那时快，"邮差"钟高玉刚跨进门，隐蔽在他身后的两个侦查人员如影随形地闪入门内，一下子就卡住守门人的脖子，使其不能出声；跟着，李荣芳带着六七个人，提着枪冲进庭院，直向客厅扑去……

就在这时，突然从黄濬的客厅里传来"啪"的一声枪响！李荣芳等人大吃一惊，以为黄濬等汉奸发现情况要进行拒捕，情况紧急，就一齐奋不顾身地冲向客厅。只听见里面有凄厉的呼叫声与嘈杂的脚步声。李荣芳一脚踢开门，冲了进去。他发现黄濬一人惊慌地站在屏风后面，手中还提着一支手枪，就大喝一声："不许动！举起手来！"听到这如雷似的猛喝，黄濬一惊，双手垂下，手一松，手枪掉落地上。大家这才注意到，在黄濬前面不远处，莲花的身体正倒在血泊中挣扎……

原来，莲花根据李荣芳的指示，在发出约定的灯光暗号以后，知道"外事组"侦查人员就要进入黄宅，不觉胆子大了起来，就趁黄濬与几个同伙离开书房去餐厅吃喝的机会，迅速潜入书房，把黄濬书桌的抽屉打开，发现一个鼓鼓的牛皮纸信封，里面装着黄濬准备今晚交给日本特务的最新情报，就揣在怀中匆匆退出房来。没想到黄濬恰在此时回书房取物，发现莲花疾步从书房走出，便喝令站住。他见莲花不听，心知有异，慌乱中立即掏枪射击，一枪打去，正好命中莲花背后双肩之间。莲花当即倒于屏风右侧，血流满地，其右手仍紧握牛皮纸信封，压在胸前。就在黄濬枪响后，侦查人员冲进了客厅。他们用手铐铐住了黄濬。李荣芳飞步向前抱起莲花，见她满身是血，气息奄奄，说不出一句话，一会儿便默默地死去。

侦查人员们悲痛异常。丁队长亲自牵住铐着的黄濬，让其在莲花尸体前跪下连叩了3个响头。李荣芳悲愤难当，上去打了黄濬两记重重的耳光，方被人拉开。这时，其他侦查人员将别的几个汉奸也一一捉来。接着，侦查人员对这个汉奸间谍的老巢进行了全面搜查。

由于战事紧急，南京军法机关连夜对各罪犯进行审判。铁证如山，各罪犯不得不低头认罪。

8月25日，经蒋介石亲笔签署，最高军事法庭迅速宣布了对黄濬日谍集团的判决：黄濬父子等汉奸间谍以卖国罪被判处极刑；其他罪犯分别被判处无期徒刑与有期徒刑数十年。

1937年8月26日晨7时，黄濬父子与其他汉奸间谍共18人，被押赴雨花台刑场处决。

而为破获黄濬日谍集团案而献身的莲花姑娘，在追悼会举行后，被安葬于南京城市郊的雨花台之巅。

而在8月26日这一天，日方根据黄濬集团提供的情报，得知将蒋介石将乘坐英国驻华大使许阁森爵士的专用轿车从南京前往上海督战，便出动两架战机，袭击正行驶至太仓之南、距上海约25公里的公路上的许阁森座车。尽管许阁森座车的顶部特地覆盖了一面醒目的英国国旗，但日本战机全然不顾，用炸弹轰炸与机枪扫射，将该车炸中，将许阁森炸成重伤。而

许阁森遭日机空袭的专用轿车

蒋介石因临时改变计划，提前一天，于 25 日凌晨，秘密赴苏州、上海，当晚即回南京，未乘坐许阁森的座车，才逃过一死。许阁森被送至上海就医。英国政府向日提出强硬抗议，同时派贺武来南京，代行大使职务。

黄濬集团提供给日方的情报，在该集团被捣毁后，仍产生了严重的后果，其危害之大，可见一斑。

（十一）黄濬著作透露他叛国投日的思想根源

1937 年 8 月 27 日，南京《中央日报》第 4 版刊登报道《警备司令部昨枪决大批汉奸，计黄濬等十八名口，为虎作伥罪无可逭》的同时，破获与惩处黄濬汉奸日谍集团的大幅布告张贴在南京的大街小巷。一位文人看了后，写了一篇文章，发表在 1938 年 1 月出版的《抗战漫画》（武汉）总第二期上。文中写道：

随便逛夫子庙，偶然在一堵墙壁上发现了汉奸黄濬等伏诛的大布告。久仰中国诗人黄秋岳先生的七言绝句，生不得一瞻丰采，死了之后却有个机缘在这里相见，不免发些感慨……如今亏是有血淋淋的布告出来作证，否则便会确定今日之汉奸皆为穷困无识的人，反把身居权贵、盗卖戎机的黄诗人一笔抹杀了。老早就有"文人无行"这么句话，现在一经诗人黄秋岳先生的点缀，颇有"画龙点睛"之妙，旁观者也许拍掌叫绝罢。

黄濬汉奸日谍集团被捣毁，使得日本特务机关与一切大小汉奸为失去了这一"得力的情报来源"而大为叹息。

黄濬的同乡、同学、诗友梁鸿志，当时在上海专门赋诗对黄濬表示哀悼，并向南京国民政府提出质问："秘书非达官，何事而诛夷？"并宣称："莫从覆局问输赢。"（《爰居阁诗》第五卷）不久，他就于 1938 年 3 月 28 日投敌，成为南京"维新政府"的头号汉奸。

1943 年，黄濬所著的《花随人圣庵摭忆》在日伪占领区有了单行本，为黄濬的弟弟黄澄怀整理，瞿兑之印行，仅印 100 本，赠送亲友。抗战胜利后即被国民政府取缔。1947 年，史学家陈寅恪读到《花随人圣庵摭忆》一书，感慨系之，写下了一首含意颇深的诗："当年闻祸费疑猜，今日开编惜此才。世乱佳人还作贼，劫终残帙幸余灰。荒山久绝前游盛，断句犹牵后死哀。见说眢台花又发，诗魂应悔不多来。"陈似有惜才之意，但对黄濬之罪行未稍宽贷。1949 年以后，此书在大陆一直不得印行，直到 1983 年 10 月才作为史料由上海古籍书店影印出版。1988 年 12 月 26 日，学者舒芜在《光明日报》上发表《长城功罪问题》，说："《花随人圣庵摭忆》的作者黄濬，字秋岳，本著名的旧体诗人，抗战初期任南京政府行政院机要秘书，以勾通日寇、出卖重大国防情报的罪名，被公开处决，震动一时，其事究竟如何，后来没再听说有人为之翻案，也未有人再予以肯定，但是，他的《花随人圣庵摭忆》，读书界一向很重视，其中晚清和民国初年的史料很丰富，谈诗很内行，文笔也清雅可读，此书后来便不大容易找到了。上海书店 1983 年 10 月将此书影印出版，需要一些胆识，也是为读书界做了一件有用的事。书中在日寇侵略步步深入，民族抗战呼声日益高涨的时代背景之上，一再主和反战，我看得很不舒服，因此想到他的罪名或者并不冤枉。但除此以外，也尽有有见识的话，未可以人废言……"舒芜所说的黄濬在《花随人圣庵摭忆》中"一再主和反战"的言论，可能是指："吾国名流，不拘何派别，自古及今，一遇夷侮，皆为主战论，可惜'将为何人，勇在何处，枪炮子药由何省应付'之言，必待马口败后之张佩伦，始肯形著笔墨耳。"诸如此类的话还有许多，这正是黄濬叛国投日的思想根源与思想表现之一。

黄濬的三子一女，除长子黄晟与其一道被处死，长女黄颖后移居美国，次子黄英不久病故，三子黄和晚年居台湾。

六、悲壮的南渡西迁
——抗战期间全国高校内迁鸟瞰

1937年7月7日全面抗战爆发后，日军铁蹄所到之处，都带来了空前的浩劫：经济破坏，生灵涂炭，各类教育也遭到了极大摧残。随着战火的蔓延与沿海、沿江广大地区陆续沦陷，许多高等学校被迫内迁，形成了一次全国性的高校南渡和西迁运动。可以说，高校内迁与工厂内迁，是中国抗战时期两次最重要的内迁运动。

（一）抗战期间全国高校内迁概况

抗战全面爆发以前，全国的高等院校，由于清末以来社会发展的特点与经济、地理等条件的制约，布局十分不合理。不论是国立、私立以及外国教会办的各种高等学校，绝大部分都集中在东南沿海、沿江各地区，尤其集中在北京、上海、天津、南京、武汉、广州等几个大城市。据统计，战前全国共有高校108所，东南沿海及沿江各地区的高校就占总数的90%左右。如同国民政府教育部在《战事发生前后教育部对于各级学校之措置总说明》所称："我国易受敌人攻击之区，多为学校文化中心。"全国高校的这种布局对大规模的反侵略战争是十分不适应的。

自 1931 年九一八事变以来，日本大举侵华的战争危机已十分紧迫，也十分明显。中日间必有一战，这是当时许多有识之士的共同见解。由于敌强我弱，若战端一开，我国东南沿海、沿江地区必将暂陷于敌手，这也是可以预见的现实。在这种严峻的形势面前，国民政府理应对这场不可避免且大规模的以弱抗强的民族自卫战争做好物质与精神等各方面的准备，其中包括将东南地区高校内迁并重新布局。然而，由于种种原因，国民政府在对日的备战中，耽搁了对全国高校的内迁与重新布局。据现有史料，在 1937 年 7 月 7 日全面抗战爆发前，除天津的南开大学与北洋大学曾自发到重庆与西安准备筹建分校，其他高校几乎都毫无动作。因此，当抗战全面爆发后，东南沿海各高校都立即暴露在日军的战火面前，遭到了巨大的损失：如天津南开大学的校园被日军战机与大炮狂轰滥炸，几乎夷为平地；上海光华大学的全部建筑物都毁于"八一三"战火之中。从 1937 年 7 月到 1938 年 10 月，全国 108 所高校，被破坏 91 所，占高校总数的 84%，其中破坏严重的 25 所停办。国民政府有关当局承认："当时平、津、宁、沪各地之机关学校均因变起仓卒（促）不及准备，其能将图书仪器设备择要移动内地者仅属少数，其余大部随校舍毁于炮火，损失之重，实难数计。"（《第二次中国教育年鉴》）战火破坏以后，接着就将是日军的占领、日伪的接管与霸占。中国的高等教育面临被摧毁、被中断、被敌利用的危险。

在这种情况下，国民政府教育部才令中国沿海、沿江各高校在战火迫近前夕或战争发生后匆忙内迁，奔向较为安全的西南、西北各地，或就近迁入山区以及有英、美等"中立国"庇护的租界地。后来，随着抗战形势的发展，内迁的高校又一迁再迁。在抗战期间，全国东南沿海与沿江地区的高等学校内迁大约可分为三个时期：

第一时期，从 1937 年 7 月到 1939 年。这是日本侵略军的战略进攻阶段。东南沿海、沿江高校中，除外国教会学校如燕京大学、辅仁大学等保持"中立"未动，上海国立交通大学、私立沪江大学等就近迁入英美租界，其余绝大多数高校，或迁往西南、西北，或迁入附近山区。如北京大学、清华大学与南开大学先迁到长沙合组"临时大学"，后又迁到昆明，成立"西南联合大学"；北洋大学、北平大学与北平师范大学迁到陕西，合组"西安临时大学"，后再迁汉中城固等地，改名"西北联合大学"；中央大学、复旦大学、武汉大学、东北大学、东吴大学、山东大学、金陵大学、金陵女子文理学院等31所高校分别迁到四川各地；浙江大学先迁浙江天目山，后迁江西，又迁广西，最后迁到贵州遵义。

第二时期，从1940年下半年至1943年春。这一时期由于英美与日本关系日趋紧张，上海租界形势日益恶化，于1941年12月爆发了太平洋战争，日军攻占香港、占领上海英美租界，华南各地岌岌可危。于是，原迁上海英美租界与华东、华南各地山区的高校，又相继向西南各地迁移。如上海交通大学、沪江大学、立信会计专科学校等，从上海租界迁到重庆；滞留北平的燕京大学西迁成都；原迁到昆明的上海医学院、北平艺专、同济大学等因缅甸战况紧张，又内迁四川。

第三时期，从1944年到1945年初。这一时期由于日军为打通中国大陆交通线，发动豫湘桂战役与黔南事变，使得原内迁分散在广西、云南、贵州等地的高校再次内迁入川。如原内迁至广西的华侨工商学院、迁至云南的东方语文专科学校、迁至贵州的唐山土木工程学院与北平铁道管理学院以及之江文理学院，还有在皖南的东亚体专等，都纷纷再次内迁到四川。

全国内迁的高校，最后多集中在四川的成都与重庆，还有云南的昆明等地。其中重庆最多，一地集中了25所内迁高校。这是因为重庆与成都，为当时国民政府战时政治、经济与文化中心，因此，不但与政府各部门关系密切或学校负责人为政府要人兼职的高校如中央大学、中央政治学校、蒙藏学校、朝阳学院等迁至重庆，而且一般高校为各方面方便计，也争相迁至重庆。成都有内迁高校7所，多为原东南沿海地区之教会学校，如金陵大学、齐鲁大学、燕京大学、金陵女子文理学院等，这是因为成都原有一所华西大学,与上述各校都受"中国教会大学联合董事部"之管辖,便于寄居或借读。其他城镇或因地方狭小,或因交通不便,往往只有一二所内迁高校寄居其地。这就是内迁高校的重新布局。

(二)高校内迁运动的成绩与贡献

全面抗战期间全国性规模的高校内迁运动,前后持续了八年之久,几乎与全面抗战相始终。其规模之大,历时之长,在中国教育史上都是空前的。它对抗战、对中国文化教育发展所作的贡献,所取得的成绩、经验及其历史意义,都是巨大的。

第一,这八年高校内迁运动,表现了中国近代知识分子在深重的民族危机中激昂的爱国热忱和艰苦奋斗、以教育报国的可贵精神。

抗战开始后,中国沿海、沿江地区的广大高校师生,为了不做亡国奴,不愿使学校陷敌资敌,毅然背井离乡,抛弃舒适的生活,冒着种种危险与困难,投入高校内迁运动。当时担任北大校长的蒋梦麟在其回忆录《西潮》中记载:内迁各高校的许多师生"往往不止穿越一道火线;有者乘黑夜偷渡敌人把守的桥梁或河流,被发现而遭到射击,或被逮捕杀头;有者穿越敌人防线而几天吃不到东西,但阻止不住青年人摆脱敌人、向往学习的心"。天津南开大学校长张伯苓在日军炸毁南开校园的第二天,在1937年7月31日,就在南京《中央日报》上,发表气壮山河的讲话:"敌人此次轰炸南开,被毁者为南开之物质,而南开之精神,将因此挫折而愈益奋励。故本人对于此次南开物质上所遭受之损失,绝不挂怀,更当本创校一贯精神,而重为南开树立一新生命。本人惟有凭此种精神,绝不稍馁,深信于短期内,不难建立一新的规模。"

1937年8月,北大、清华与南开三校的师生先后迁到长沙,于11月1日合组成"长沙临时大学",以三校的原校长蒋梦麟、梅贻琦、张伯苓为

（从左至右）蒋梦麟、梅贻琦、张伯苓

"长沙临大"的校长。此三人都是学贯中西、教学有方、威望如日中天的大教育家。

然而，"长沙临时大学"开学未久，战火迫近，三校师生又于1938年2月19日，分两路奔向昆明。其中一路由闻一多、黄子坚、袁复礼、曾昭抡、吴征镒等老教授为骨干，带领师生，以"湘黔滇旅行团"为名，徒步穿越湘西、贵州、云南，翻山越岭，夜宿晓行，走了1750公里，历时68天，于1938年4月29日到达昆明，5月4日成立"国立西南联合大学"。

南京中央大学的师生在校长罗家伦率领下内迁入川，做到"鸡犬不留"。其他高校也都经历了艰苦的"流亡大学"的历程。战前在北平由英美教会办的协和医学院任教的著名教授张孝骞，本可以凭借外国庇护，继续在优厚舒适的环境里工作，或出走国外，但他在北平沦陷后，毅然断掉三年聘约，抛弃研究项目，绕道塞北，回到湖南，出任湘雅医学院院长。后当日军迫近湖南时，他又率领师生内迁贵州，历尽艰险。师生们为的是什么？为的是爱国救亡，为的是进行全民族的抗战。

1938年4月30日"湘黔滇旅行团"教授与蒋、梅二校长合影

各内迁高校到达西南、西北各地后，困难并没有减少，而是日益增多。由于战争旷日持久，经费短缺，物资奇缺，物价飞涨，师生们的教学与生活越来越艰难。内迁之初，大部分高校都是借用破旧庙宇或祠堂作为校舍，又常常遭受敌机轰炸，教学图书仪器十不存一。教师的薪金锐减，七折八扣，入不敷出。到1943年，教授的每月薪金已由战前的三百多元降至实值仅合战前的8元3角，只能维持数口之家的几天生活。蒋梦麟、梅贻琦、张伯苓等人多次上书国民政府，陈述教职工生活的困苦："昆明物价之高，甲于全国，以比陪都，高至十之五六。柴米油盐及房租衣履日用之需，其价盖已百八十倍于战前……"教授讲师们"除售书物或卖文稿外，无其他弥补之道。迩来可售之书物已穷，可卖之文稿有限……左支右绌，已属水尽山穷"，恳切要求国民政府能设法维持："各大学教职员之收入酌为增加，务使其购买能力不少于战前收入十分之一。"内迁至成都的金陵大学教授黄方

钢（黄炎培之子）留美归国，与其美籍妻子同在该大学任教，竟穷得没钱治病，以至死亡；其妻炸油条让孩子叫卖挣钱，教师的生活窘困由此可见一斑。

至于学生们的生活，则更差一等。他们"在不避风雨的草房里撑着伞睡觉……在破庙里伴着泥菩萨听讲"，每天只吃两顿发霉的用各种杂粮和野菜做成的"八宝饭"，穿的是一套破旧衣裤。联大学生杨振宁回忆说："那时联大的教室是铁皮的，下雨的时候，叮当之声不停。地面是泥土压成，几年之后，满是泥垢。窗户没有玻璃，风吹时必须用东西把纸压住，否则就会被吹掉。"联大学生赵瑞蕻回忆说："头几年大家成天穿着黄色校服，因日晒雨打，逐渐退色，变成灰色了；冷天披件黑棉衣（这都是长沙临时大学搬家时学校发给学生的），一路穿到蒙自、昆明，换洗的衣服少得可怜，这是当年流亡学生的标志。"由于日机常来空袭，有时一天多达五六次，学校上课被迫多次中断，师生们进入防空洞躲避。闻一多戏称他们的这种生活是"见机而走，入土为安"。然而，这样艰难的困苦的生活始终没有动摇师生们的爱国热情，没有中断各高校的正常教学，正如西南联大教授柳无忌在回忆录《烽火中讲学双城记》中所说："在中国情形特殊，大学教育没有因为弥漫的战火而中断。这次是不寻常的战争，在敌人侵略下……各大学也被敌人占领或破坏，学生与教授在后方过着流离奔波的生活。可是民族精神依然兴旺，而'士气'更因炮火的洗礼而变得更刚毅。这是我们在大学教书时所引以自满与自豪的。战时的学生，饱尝艰辛，却没有颓废。他们求学的态度是严肃的……"高校内迁运动中广大师生的爱国热情与艰苦奋斗精神，是抗战最终取得胜利的最重要的原因之一。

第二，高校内迁运动表现了全面抗战开始后国民党与国民政府的抗战积极性与抗战成果。

抗战开始后，中国国民党与国民政府制订与颁布了一些进步有效的教育改革政策与措施，对全国高校内迁工作进行了有力的推动与扶持。1937年7月战端一开，国民政府教育部即指示平、津、沪、宁等地的一些重要高校进行内迁，到西南与西北建立抗战教育基地。蒋介石称："此次中国抗战的主要根据地，不在沿海或沿江，而在广大的内地，特别是西部诸地。这是中央早经决定长期抗战的基本政策。"这无疑是正确的决策。1938年年初，国民政府成立了"全国战时教育协会"，负责全国各地学校的迁建工作。为了支持与扶持高校内迁工作，国民政府在高等教育政策上也做了许多改革与变通。如变通高校招生办法：战前各高校都是自行命题，单独招生，1938年国民政府教育部颁布统一国立与省立高校的招生命令，在大后方与战区、游击区甚至在敌后分别设立招生点，统一招生考试；对因战争而失学的学生，只要持有"同等学力"证明，就可以免试进入大学，或到其他大学借读；对文化程度尚不够升入大学的学生，由各大学开办"先修班"容纳；同时允许各文法科大学改变战前行政的限制进行招生。通过以上种种办法，扩大了招生面，增加了内迁各高校的学生数量。像西南联大，在1937年秋初迁时，只有993个学生，1938年就增加到1950个，到1939年超过3000个。再例如，国民政府对内迁学生实行了很有成效的生活救济政策：一方面对失学学生进行登记，分发至战区服务或到各高校借读；另一方面对在校之学生，令各高校不仅酌量减免学杂费，而且发放贷金，每人每月全额经费8至10元，半额经费4至5元。据统计，自1938年3月起至1939年止，教育部就津贴各高校贷金达10万至14万人左右。这对解决学生的生活困难与稳定内迁高校的教学秩序，无疑是有帮助的。在其他方面，国民政府还对失业教师进行登记与分配工作，保证了内迁高校师资力量的补充；1940年教育部颁布的《大学及独立学院教员资格审查暂行规程》，虽有不少弊病，但对保证和提高高校的教学质量有一定的作用。

第三，高校内迁运动不仅使中国的高等教育没有因战争被摧毁、被中断、被敌利用，而且保存了高校的教育实力，收聚了师资与各种人才，并不断发展壮大；在学校数量与教学规模上有所增加与扩大，教学质量与科研水平也有所提高。

国民政府教育部统计处于 1946 年 10 月根据抗战期间历年度全国专科以上各高等学校之报告材料，编成了《全国教育统计简编》。书中记载，在八年全面抗战期间，全国高等学校的院校数、教职员人数、学生数与岁出教育经费数，都有不同程度的增长。其中院校数 1945 年比 1936 年增加 33 所，上升 30.5%；教员数 1945 年比 1936 年增加 3341 人，上升 44%；学生数 1945 年比 1936 年增加 38724 人，上升 92%。很明显，其中内迁高校的发展与增长占有最主要的成分。

内迁高校不仅在办学规模与招生数上有扩大，而且为适应抗战人才的需要，开办或加办了不少新系科与研究所。如金陵大学增设了电化教育、农业、汽车等系科；朝阳学院增设了司法专修科；中央政校新增了蒙、藏、印等语文专修科；复旦大学增设了职业教育、法律、数理等系科；西南联大历年增设了师范学院、教育系、哲学心理系、航空工程学系等，到 1941 年已发展为拥有 9 个学院、28 个系、2 个专修科、1 个先修班的著名综合性大学；浙江大学内迁后，历年增设了师范学院、文科研究所、理科研究所、工科研究所、农科研究所等，从 800 名学生增加到 2500 多名学生，增多两倍有余。同时，在教学水平与科学研究方面，各高校克服重重困难，都不同程度地有所提高。像西南联大，由于集中了原三个学校的教师，使文、理、法每个系的教授都有数十人，阵容整齐，各有所长，开设的课目都比战前各高校要充实、完备，在讲台上、在科研中与指导学生课外活动中，出现了"自由讲学、百家争鸣"的繁荣景象。许多课程达到了较高的水平，许多科研项目都取得了较好的成绩，文科如闻一多的多种文学史专著，王力的语法理论，钱穆的《国史大纲》，贺麟、汤用彤的哲学逻辑等；理科如华罗庚的《堆垒素数论》、王竹溪的《热学问题之研究》等，都在中国教育史与科技史上具有重要的地位。

在这些学有成就的老师言传身教下，内迁学生刻苦攻读。在整个抗战期间，大后方各高校培养出毕业生累计达七万七千六百余人，其中绝大多

1946年5月3日，西南联大中文系师生在简陋教室前合影

数是由内迁各高校培养的，不仅为抗战与战后建设输送了大量人才，还培养出像杨振宁、李政道那样具有世界一流水平、获得诺贝尔奖的科学家。1942年7月，西南联大理学院毕业90名学生，后来有一半成为知名的科学家，其中李士谔等12人成为中国科学院的院士，在中国教育史乃至世界教育史上创下了独一无二的奇迹。内迁高校在抗日战争那样艰难困苦的环境下，得到如此的发展与提高，不能不说是中国人民抗日战争中的一项巨大成就。

第四，高校内迁运动有力地支持了全国的抗战。

中国人民进行的抗日战争是包括各条战线的全民抗战，它不仅包括军事、政治与经济，而且包括文化教育战线。内迁高校集中了当时全国高等教育与科学技术的精华，为抗日战争作出了重大的贡献。它主要表现这样几点：一是增设国防课程与国防系科，培养抗战所急需的各方面人才。如西南联大遵国民政府教育部令，加强边疆问题的教学研究，先后增开"汉藏系语言调查""西南边疆社会""中国边疆区域地理"等课程；联大工学院增开了"堡垒工程""军用结构""兵器学"等国防课程；许多高校根据战时各种人才需要，临时开办了各种形式的短期训练班与专修科。二是与有关工厂结合，进行战时科研与战时生产。如1939年5月，国民党政府经济部、交通部与航空委员会共同拟定了"各理工院校与各种工厂合作办法条例"，并指定了几十所工厂与所在地之理工学院办理合作专业，以增加军需生产，工学结合，以学支工。1941年12月太平洋战争爆发后，大后方能源奇缺，内迁高校遵国民政府军令部指示，研究从山芋、茅根、汾酒中提炼汽油，经过多次实验，终于制成了松香提炼油与桐油汽车、煤炭汽车等。许多工科师生直接参加了大后方铁路与公路的建设。三是内迁高校学生多次参军参战，几年中被征调学生达三千六百多人。其中如1941年到1943年因美军大量来华，西南联大等校前后征调大量师生充当译员；1944年10月国民政府开展"十万知识青年从军运动"，各高校有大量学生参加了青年军，充实抗战军事力量。四是宣传抗日。内迁高校师生有"一二·九"运动的经验，他们到内地后深入农村厂矿，带动了大后方各阶层人民，掀起了热火朝天的抗日宣传活动。重庆《新华日报》于1938年12月23日刊文说，在历次举办的抗日义卖中，充满抗战热情的高校师生们"拿出自己心爱的东西，铅笔、书籍，女同学拿出小手帕、毛巾、画像、糖果、照片、绒绳结的小手套、帽子等"，为抗战贡献自己的微薄之力。

第五，高校内迁运动有力地推动与促进了西南、西北地区教育事业的发展。

由于历史与地方条件的原因，我国西南、西北地区的文化教育事业在战前一直很落后，高等学校更是少得可怜。就连西南最大的城市重庆，在抗战前也只有3所高校，而且除重庆大学略有规模，其余两校微不足道。至于西南其他广大地区，甚至连一所像样的高校也没有。而抗战期间高校内迁后，西南、西北地区一时高校云集，人才荟萃，出现了前所未有的文教繁荣景象。像重庆高校数，从战前的3所发展到了28所，为当时全国之冠。重庆与成都的高校集中在4个地区：重庆的沙坪坝、北碚的夏坝、江津的白沙坝与成都的华西坝，形成了著名的"文化四坝"。成都华西坝原来只有一所西方国家教会办的华西大学，而在抗战期间接待了六七所内迁高校，容纳了数千名师生，在各方面都得到了重大发展。通过联合办学、举办联合医院、建立新的研究机构、开展各种学术交流活动等途径，学校里充满了勃勃生机。

内迁高校除接纳内迁学生，更大量地培养了西南、西北地区的人才，还给这些地区培养了重视文教、重视知识的良好风气。如浙江大学内迁所在地遵义，经过浙大学风的陶冶，读书学习风气盛行一时。遵义一位八十多岁的老人感慨地说："浙大的学风太好了，先生、学生，只在图书馆与实验室，埋头工作，偶然看见岩上城墙边的浙大学生，总是手拿一本书，不是朗读，就是默念。遵义青年向来不大用功，现在受了这种风气的陶冶，连我最顽皮贪玩的小孙子，也在整天读书了。"北平师范大学西迁陕甘达九年之久，培养学生一千三百多人，为了西北地区提供了强大的中小学生师资。

抗战结束，内迁高校大部分迁回原地区，但也有一些高校，如中央工校、相辉学院、辅成学院、正阳学院、立信高级会计职业学校、成华大学等，就留在西南、西北地区续办下去，加强与充实了这些地区的高校力量。

第六，高校内迁运动有力地推动了各高校的民主办学和中国民主宪政运动的展开。

内迁各高校有五四运动以来民主斗争的光荣传统与斗争经验。它们到西南、西北地区后，很快成为大后方民主宪政运动的前驱与骨干力量。

首先在各高校内，民主治校成为风气。尊师重教，官民平等，师生平等，追求真理，同甘共苦，成为一道道最靓丽的风景线。联大学生王浩在《谁也不怕谁的日子》中回忆说："教师之间，学生之间，师生之间，不论年资和地位，可以说谁也不怕谁。当然因为每个人品格和常识不等，相互间会有些不快，但大体上开诚布公多于阴谋诡计，做人和做学问的风气是好的。例如在课堂上，有些学生直言指出教师的错误，而教师因此对这些学生更欣赏。有两次教师发现讲授有严重错误，遂当堂宣布：近几个星期以来讲得都不对，以后重讲。教师与学生相处，亲如朋友，有时师生一起学习新材料。同学之间的竞争一般也光明正大，不伤感情，而且往往彼此讨论，以增进对所学知识的了解。离开昆明后，我也交过一些朋友，但总感到大多不及联大的一些老师和同学亲近。这大概和交识时的年龄有关，但我觉得当时联大有相当的人在为人、处世上兼备了中西文化的优点，彼此有一种暗合的视为当然的价值标准。"

1940年6月10日，西南联大教务会议针对国民政府教育部为限制师生思想自由而颁布的统一大学课程教材和学生成绩考核办法等，上书抗驳说"盖本校承北大、清华、南开三校之旧，一切设施均有成熟，行之多年，纵不敢谓极有成绩，亦可谓当无流弊，似不必轻意更张"，要求给予各高校更多的教学自由，不必"刻板文章，勒令从同"。各高校中师生抗争教育当局的事常有发生，习以为常。师生们的独立人格与自由思想得到尊重，师生们的心态从容而平静。许多教授和家属为补贴家用，不仅变卖家中珍藏的书籍、古董、相机等物，而且利用课余时间走进社会，"各显神通"：闻一多在街头摆刻字摊，替人篆刻印章，换取微薄的报酬；一些教授夫人制作丝绸绣花手帕出售，校长梅贻琦的夫人韩咏华与三位教授夫人"联营"制作"得胜糕"，上街叫卖，成为抗战教育史上的佳话。

1941年，国民政府教育部规定各高校中担任行政工作的教授，即各校的校长、教务长、院长、系主任等人，可多领一份"特别办公费"，这原本无可厚非，但西南联大各院系负责人拒绝领取。他们上书校方，说："抗战以来，从事教育者无不艰苦备尝……十儒九丐，薪水尤低于舆台……故虽啼饥号寒，而不致因不均而滋怨。"

在社会上与舆论界，内迁各高校的师生积极宣传民主与科学，创立各种民主党团组织，反对专制、腐败与特务政策，掀起一次次民主斗争，发挥了重要影响。在昆明的西南联大在抗战后期成为大后方著名的"民主堡垒"，许多教授成为杰出的民主斗士。他们影响与带动了大后方的广大人民，积极投身到"坚持抗战，坚持民主，坚持进步"的斗争中，其威力与影响一直延续到抗战以后。

全面抗战期间全国高校的内迁运动，在抗战史与文化教育发展史上，都有重要的成绩与重大的意义，应该给予足够的重视与较高的评价。

（三）高校内迁运动中的缺陷与教训

全面抗战八年期间全国高校的内迁运动，有着重要的成绩与重大的意义，这是主流；但由于国民政府领导的软弱与差错，也导致了高校内迁运动中的缺陷与教训，造成了许多本可以避免的重大损失，这也是应引起我们重视的。

第一，由于国民政府在战前对日本侵华战争的严重性、紧迫性与长期性估计不足，因而对全国高校的内迁未早做准备，直至战争发生后才仓促进行，造成了惨重的损失。在高校内迁过程中，国民政府又缺乏强有力的领导与全盘的长远的周密计划，基本上是让各高校自行设法，自筹搬迁，各奔东西，随遇而安，以至一迁再迁，颠沛流离。如北大、清华等高校，都是在日寇占领北平后才筹备内迁；复旦、同济等高校，都是在战火烧到校门时才仓皇撤离。许多高校刚搬至一处，喘息未定，又因战线后移，再次搬迁。像同济大学，先后从上海迁至浙江金华，江西赣州、吉安，广西八步，云南昆明，经六迁，最后才入川；浙江大学从杭州迁至浙江建德、江西吉安、泰和，广西宜山，经五迁，最后到贵州遵义落脚；北平艺专先迁江西庐山、湖南沅陵，与杭州艺专合并后又迁云南，最后到四川定居。如此等等，辗转播迁，教职员与学生不断减少，图书仪器设备损破越来多。最严重的如山东大学,师生散失殆尽,到重庆后不得不宣布合并进中央大学。据统计,从1937年到1938年,全国共有16所高校内迁到四川,共有学生4647人(包括到川招收的一部分学生),教职员共1065人,其中除中央大学师生较多,其余各高校,学生最多的两百余人,最少仅6人。截至1939年,内迁高校财产损失达22491867元。

第二,在内迁高校的办学方针与教学内容等方面,国民政府反对进行彻底的民主改革以适应抗战需要,坚持甚至发展战前的一套封建、独裁的思想文化统治政策。抗战一开始,国民政府就在1937年8月27日颁布《总动员时督导教育工作办法纲要》,规定战时教育方针是"战时必须作平时看",战时的教育"一切仍以维持正常教育,为其主旨"。他们抵制和反对"教育界一部分人士颇主张变更教育制度,以配合抗战需要"的合理要求。在各高校的主要课程内容,多数与抗战无关,如闻一多教授在《八年的回忆与感想》中痛切指出的,仍教"过去所教的书",师生有抗战热情,许多教授"等着政府的指示,或上前方参加工作;或在后方从事战时的生产,至少也可以在士兵或民众教育上尽点力",学生中则有许多人要求实施战时教育,以便作为以身报国的准备。但这些希望与要求,国民政府教育部门多置之不理,使广大爱国师生报国无门,内迁高校没有发挥出更大的作用。

相反,国民政府热衷于对内迁高校加强思想文化统治。首先,对内迁各高校的行政组织领导,推行"以党治校",规定各高校的行政领导人(包括处长、院长以上人员)必须由国民党党员充任,强迫或拉拢教授、讲师加入国民党。1938年起,在各高校普遍设立国民党区党部与三青团分团部,干涉与操纵各高校的行政与各项事务,监视师生。中央大学教育学院院长、著名心理学家艾伟因不愿追随这套"以党治校"的办法,竟被迫辞职。其次,在1939年3月陈立夫任教育部部长后,由教育部颁布了一整套"部订"的教育规章制度,用行政手段强令各高校贯彻执行,实现国民政府对内迁高校广大师生"集中""划一"的领导。其中有些规章是合理的,如统一招生；有许多规章则是不合理甚至有害的，如颁布大学课程科目表，统一各高校的课程教材，实行各高校毕业考试的总考制等，就像延安《解放日报》1941年9月27日刊文抨击的那样："大学里的课程，甚至教材都要规定。"同时，教育部强令在各高校中推行训育制度与导师制，加强对师生的思想控制与特务监视。蒋介石在《对四川省中等以上学校校长主任训词》中公开宣布："此后各级学校，无论大中学校，绝对不许自由。"教育部在1939年颁布的《训育纲要》中要求各高校"上应严明以驭下，下应服从以事上"。在国民政府的政治高压与思想统治下，内迁各高校在抗战初期一度出现的抗日民主空气迅速冷落下来，出现了许多不正常的情况，如闻一多教授在《八年的回忆与感想》中所说："极力宣扬所谓一个主义一个党的思想，侦骑四出，特务横行，盯梢告密，无所不至；欺骗收买，恬不为异；本是砥砺学行进德修业之学府，从而变成威胁利诱、败人心术之场所。"对教师进行各种审查，对学生进行各种考试，一些对国民政府提出严厉批评的教授如马寅初、费巩等人甚至遭到逮捕或杀害。这种情况到抗战后期愈演愈烈，不仅引发广大进步师生的抗议，甚至像钱穆这样的亲国民党的教授也不满了，他说："由政府来统治全国教育，并非坏事，毋宁说是政府之一种进步的表现。但私人意见，仍望政府能采取较宽的自由主义。"

抗战期间的高校内迁运动，是中国人民抗日战争事业的重要组成部分，也是中国近代文化教育史上的重大事件。它的重大贡献与重要成绩将光耀千秋，它的缺陷与教训通过历史的总结，也将成为我们思想的财富。

七、"吴中二老"共建抗日"老子军"

1937年7月7日卢沟桥事变爆发后，日本军国主义者对中国发动了全面侵略战争。自此，全中国人民爱国热情空前高涨，同仇敌忾，地不分南北，人不分老幼，都以不同方式投入了抗日救国斗争。鲜为人知的是，有两位爱国老人张一麐与李根源在苏州发起创立抗日杀敌的"老子军"，在当时传颂一时，极大地鼓舞了全国人民众志成城抗日的信心。

（一）"吴中二老"

张一麐，字仲仁，江苏吴县（今苏州）人，1867年（清同治六年）生，幼时聪慧，有"神童"之称，12岁即考中秀才，1885年（清光绪十一年）考中举人；1894年（清光绪二十年）甲午中日战争爆发，清军惨败；1895年（清光绪二十一年）康有为等人"公车上书"，倡言变法图强，在北京成立"强学会"。各地爱国人士响应，也纷纷成立学会，张一麐与友人在苏州倡设"苏学会"；1903年（清光绪二十九年），张一麐考中经济特科一等第二名，被分往北洋大臣兼直隶总督袁世凯处任职。此后，他跟随袁世凯多年，深得袁世凯的信任。1907年（清光绪三十三年），在袁世凯进京担任军机大臣并参与新政立宪事宜之时，张一麐成为袁世凯最得力的助手之一，几乎是形影不离。1911年10月10日辛亥革命爆发，袁世凯再度出山，便立即把张一麐调到身边。1912年3月10日袁世凯出任中华民国第二任临时政府大总统，张一麐先后被袁世凯任命担任机要局局长、教育总长、总统府秘书长等职，袁世凯所有重大事件的策划都有张一麐参与，机密文件也多由张一麐起草。1915年袁世凯策动复辟时，张一麐和同事严修（后创办南开中学、南开大学）对复辟帝制明确表示反对，一再劝阻袁世凯不要走上这条绝路，但袁世凯终究未能接受。为表示不同流合污，张一麐毅然辞职。到1916年3月22日，在全国一片声讨声中，袁世凯被迫宣布取消帝制。这天晚上，袁世凯把张一麐找来，要他起草撤销帝制的申令。袁世凯对张说："予昏愦，不能听汝之言，以至于此。今日之令，非汝作不可。"张说："此事为小人蒙蔽。"袁虚伪地表示："我当时没有听你和范孙（严修的字）的话，现在想来真是又悔又愧啊！范孙跟随我多年，从来没有跟我提起过什么官阶升迁；你在我的幕府中也有十几年了，也是从来没有提过什么个人要求。可见那些淡泊荣华富贵、功名利禄的人是多么的可贵，这才是真正的国士啊！那些曾经推戴我的人，今天推戴我为皇帝，明天就可能反对帝制，这种人真是比比皆是呐！总之，我办事情的时候

张一麐

李根源

多,读书的时候少,此是余自己不好,不能咎人!"(白蕉:《袁世凯与中华民国》)1916年6月6日袁世凯死后,张一麐退出政界,南返家乡苏州蛰居,潜心于读史著书,在社会上很有威望,因其字仲仁,时人尊称为"仲老"。

李根源,字印泉,云南腾冲人,1879年(清光绪五年)生,清末秀才,1904年(清光绪三十年)赴日本东京振武学校学习;1905年(清光绪三十一年)参加中国同盟会;1908年(清光绪三十四年)毕业于日本陆军士官学校步兵科,次年回国。曾任云南陆军讲武堂总办,是朱德的恩师。当年,云南陆军讲武堂规定只招收滇籍学员,朱德前去投考,主考官见他是川籍青年,便不拟录取。这时,正好碰上李根源。由李根源亲自拍板,朱德才进了云南讲武堂。1911年10月10日武昌起义后,李根源偕同蔡锷等人,于1911年10月30日(农历九月初九)在昆明举兵响应,史称"重九起义",成立云南军政府,蔡锷任军政府都督,李根源先后任军政部总长兼参议院院长、陆军第二师师长兼国民军总司令。1912年中国同盟会改组为国民党后,李任国民党云南支部长、众议院议长。1917年任陕西省省长。1918年中国参加护法斗争,在孙中山的护法军政府中,先后任驻粤滇军总司令、广州卫戍司令。后到北京,任北洋政府的航空督办、农商总长与代总理。1923年,因反对曹锟贿选总统,李根源退出政坛,闲居苏州，与章太炎等人成立国学会，刻印《曲石丛书》。因其字印泉，时人尊称为"印老"。

晚年的张一麐与李根源二人同住苏州城中，志趣相投，又都曾在北京北洋政府中任过高官，故交往甚密，均为海内人士敬重，有"吴中二老"之誉。

（二）"二老"筹建抗日"老子军"

1937年7月7日抗日战争全面爆发时，张一麐已70岁，年登古稀，李根源58岁，也年近花甲，但这两位老人于国难当头之际，爱国热情不让中青年，壮怀激烈，以笔为枪，共同创办《斗报周刊》，义愤填膺地号召全国人民坚决抗战到底，不获全胜决不罢兵。张一麐以"江东阿斗"为笔名，撰写发刊词，呼吁国民政府当局实行"三不主义"，即不放弃抵抗、不签订丧权辱国之条约、不压制舆论，在社会上产生了很大影响。蔡元培等人称赞该刊是"催国人奋进抗战之号角"。

1937年8月13日，日军在上海发动"八一三"事变，将战火燃烧到苏州附近的上海一带。上海中国驻军奋起抵抗，在上海和全国人民的支持下，开始了历时3个月之久的淞沪抗战。张一麐与李根源一方面在苏州组织"抗日治安会"，将募集来的大量棉衣、食物、药物输送到上海，支援前线浴血抗战的将士；另一方面为发动老年人也像青壮年那样积极投入抗日救国斗争，进一步激发全国人民的抗日热情，乃与各界爱国人士协商，决定筹建一支以老年爱国者为成员的抗日"老子军"，到战场上去真刀真枪地与日本侵略者干。

紧锣密鼓地准备了一番后，"老子军"的筹建工作大体就绪。张一麐等人乃在报刊上公开发布关于"老子军"的成立宣言与规则草案等。宣言主要宣布"老子军"的成立原因与目的、意义，写得较为概括；规则草案则包括宗旨、组织、目的、军制、职务、资格、奖励、惩罚等11项，写得较为详细具体：

在"宗旨"一项中说，在当前全国抗战中，青少年有童子军等组织，则老年应有"老子军"。因为少者、壮者前程远大，来日方长，若多牺牲，未免可惜；老者忝在父兄，理宜奉率，视死如归，是其天职，故取吴中宋代历史上的著名爱国政治家范仲淹雅称"小范老子"之意，创设"老子军"。

在"组织"一项中说，"老子军"是全国性的组织，全国各省市的老年男性皆可自由参加。"惟性别暂以男子为限。以老妇多裹足者"，故不吸收。

在"目的"一项中说，"老子军"以敢死为目的，凡青年不必牺牲者，则"老子军"当代之。但"老者于跑步跳高使用枪械等，均难以及格，故一概免其训练"。

在"军制"一项中说，"老子军"成员，满六十岁以上者为合格，未满六十而在五十五岁至五十九岁者为预备军，五十岁至五十四岁为续备军。

"老子军"设军统（总司令）一人，推年岁最高之老人为之；设军需长（后勤部部长）一人；设军法处长一人，推全国法律名家为之；设参谋长一人，以全国之有军事学识者为之；其他军职，以后续订。不适用于"老子军"者，力避之。

在"职务"一项中，规定"老子军"主要担任如下职务：燃点雷管之发动机关、与敌人拼命而不得生还者；破坏敌人之重工业、军械，须与之俱毙而不得生还者；凡一切不用謦

"老子军"军统（总司令）马相伯

力而决死者；抗议本国后方军人之欺压民众者（以军令所未许可为限）；制裁土豪劣绅汉奸之鱼肉平民者等。

"规则"规定下列各项不得为"老子军"人员：甲、会燃鸦片而未曾戒绝者；乙、有痿痹喑声等残疾者（但有特长者不限）；丙、临决死之时而退缩不前者（惟军统不亲前敌以示尊崇）。

"老子军"的宣言与规则草案在报上公布后，张一麐与李根源等人就开始正式组建"老子军"。他们商推已经98岁高龄又德高望重的爱国教育家马相伯（复旦大学创始人）为"老子军"的军统，张一麐为副军统，推选曾义捐百万元作抗日经费的云南古稀老人李恒升为军需长，李根源则为参谋长。这样的阵容着实世所罕见！

（三）听从蒋介石劝阻，"老子军"未能成军

筹组"老子军"的消息在各大报刊载后，立即在全国激起了热烈的反响。刚抛妻别子从日本回国参加抗战的郭沫若特地撰文赞誉此事，称颂张一麐与李根源是"天下之大老"。广大人民为之鼓舞：老年人喜形于色，纷纷来电来信要求报名参加，青壮年也受到激励，连妇女、儿童也热烈响应。抗日爱国的呼声响彻大江南北与长城内外。

1937年9月中旬，此事传到南京国民政府，蒋介石于9月16日致电张一麐，以"吴县电局探投张仲仁先生鉴"开头，一方面称赞张一麐等人，"报载台端建议创设老子军，壮气磅礴，足以振励国人，至堪钦慰"，"登高之呼，懦夫立志，国家固已受赐不浅矣"；但另一方面又指出，"惟抗战之际，所望于各地父老者，厥在督率后进，慎固守御，提挈民众，协助军事，国家纵极艰危，不应责耆老以效死于前线。况军事组织，贵在严整，军事名称，未可轻用"，极力阻止成立"老子军"。（《民国档案》1986年第1期）

最终，张一麐与李根源听从了蒋介石的劝阻，"老子军"未能成军。

"老子军"被叫停后,张一麐与李根源马上又联络各界人士组织了"抗敌后援会",成立临时医院,带人亲赴淞沪前线,抬运伤员和阵亡将士遗体,先后救治了五万余名伤兵,收殓了阵亡将士遗体一千二百多具。从1937年8月13日起,到11月中旬为止,苏州地方的抗日团体"救护会""红十字会""后援会"等,先后收容难民15万人左右,救治伤兵5万人以上,安葬阵亡将士遗体千余具。到11月12日,上海失守,日军已经逼近苏州,苏州城中尚有伤兵数千,难民万余。至11月14日,伤兵被全部运送出城,尚有难民87人无家可归,李根源将他们送到城外小王山一带寺庙暂住,并多发口粮,使其生路不致断绝。

1937年11月中旬,苏州即将沦陷前,李根源特地邀张一麐一道撤离苏州。张一麐以难民尚待疏散等原因,决意不走。

1937年11月19日苏州沦陷后,张一麐扮僧易服,先后匿居于苏州城西的穹窿山穹窿禅寺(茅蓬寺)、拈花寺等处,在日军严密盘查下,不避艰险,不辞辛劳,安排难民食住,转移安置伤兵,诸事完成后,方经人力劝,才由上海取道香港,转赴武汉。他被国民政府聘为国民参政会的参政员。1938年10月武汉沦陷前,他随参政会移驻重庆,后连任三届国民参政会参政员。他社交广泛,影响深远。他与沈钧儒、黄炎培是亲戚,同郭沫若是至交,赢得了国共双方人士的尊敬。1943年10月24日,张一麐病故,终年76岁。他逝世后,董必武撰写挽联,高度评价了他的一生对中华民族的贡献:

> 反对帝制,拥护共和,竟以去就争,大节凛然不可犯;
> 江汉朝宗,巴渝读诔,倍增生死感,高山仰照曷胜悲。

张一麐生前好写诗,喜谈兵,抗日战争开始后,他凡事都以诗记之。著有《心太平室诗文钞》《现代兵事集》《古红梅阁笔集》等。

李根源在全力安置难民各事基本结束后,于1937年11月15日深夜,携带随从许金生，夹在难民中离开苏州。他们一路上多次遇到敌机轰炸，李根源曾赋诗《去苏州四首》：

其一：大兵一退民逃尽，炸弹朝昏不断投。救难扶伤今已矣，老夫挥泪别苏州。
其二：蹒跚踏月出金门，走向狮山又阚村。队队敌机相伴送，人闻风鹤便惊魂。
其三：湖上风来松有声，茫茫心事对孤檠。恼人犹有萑头鸟，一夜怪鸣到五更。
其四：攘夷大义春秋著，吾辈儒生敢顾私。况有剽姚先我语，匈奴不灭何家为！

李根源回到故乡云南昆明养病。1942年5月，日本从缅甸进犯云南，进占怒江以西的腾冲等地。这里正是李根源的家乡。赋闲在昆明家中的李根源得知故乡沦陷，立即电呈重庆军政部，要求到前方战线去，但迟迟无回音。李根源再三"请缨参战"，蒋介石最后只得任命李根源为"云贵监察使"，由他带队前往云缅前线督战。随同的人们对老人钦佩不已。

此后，李根源一直住在云南省昆明市。1949年10月中华人民共和国成立后，他应邀历任西南军政委员会委员、西南行政委员会委员、全国政协委员等职。朱德曾亲自到昆明，以"学生"的身份看望他。在1961年10月辛亥革命五十周年时，他以辛亥革命元老的身份撰写回忆录，受到海内外的尊崇。1965年7月，他病逝于北京，朱德为他主持了追悼会。其遗著有《曲石文录》《曲石诗录》《雪生年录》等。

在民族危亡的抗战时期，除了张一麐、李根源、马相伯等老者，中国的知识界还涌现出了许许多多可敬、可歌、可泣的爱国老人。

北京的著名学者、诗人陈三立，在1931年九一八事变和1932年"一·二八"事变后，愤怒难平，梦中高呼"杀日本人"！1933年，他见到多年老友郑孝胥投靠日本，当了"满洲国"的总理大臣，乃痛骂郑"背叛中华，自图功利"；在再版其《散原精舍诗》时，愤然删去郑序，与之断交；在1937年北平沦陷后，他表示："我决不逃难！"闻有人议论中国必败，他怒斥:"呸!中国人岂狗彘耶?岂帖耳俯首,任人宰割?"日伪当局欲招他出山任伪职,派人登门对他游说,老人呼佣拿扫帚将其逐出,从此五日不食,绝食殉国,终年85岁。其子、著名史学大家陈寅恪在家守孝49天后,毅然带全家离开处于日军铁蹄下的北平,冒着战火南下,踏遍千山万水,到昆明西南联大任教。

南京中央大学教授、著名的《红楼梦》研究专家王瀣,在1937年12月13日日军攻占南京时,以衰病之身,未及撤离,此后数年家境困难,以至不能举炊。但当汪伪政府筹办伪中央大学,派人胁迫与以高薪诱惑他去任教授时,老人断然拒绝,说:"余以行将就木之人,可以舍我矣,实不敢见张邦昌、刘豫丧权辱国之举。"1944年8月5日,王瀣在贫病中去世,终年74岁。当时南京各城门有日伪军把守,过往行人必须向日伪军脱帽致敬。王瀣老人不愿死后受辱,临死前交代家人,说:"我生不愿见日寇;死了,棺材也不要见到敌人。我死后,不要发丧,棺材不准出门,就地埋在自家后院里。"他的家人遵其遗嘱,在后院将其遗体草草埋葬,直到抗战胜利后,才重新安葬于其故里溧水。

无数的抗战往事,都证明了大多数中国知识分子是中华民族中最具有爱国思想与爱国传统的社会群体。一些人出于不可告人的目的,横加给知识分子的种种诬蔑不实之词,可以休矣!

八、"一将无能，累死三军"
——记南京保卫战中的唐生智

1937年11月12日，侵华日军占领了上海，并迅速兵分三路，水陆并进，向中国当时的首都南京包抄。战火日益向南京迫近，风声险恶，形势逼人。

（一）力主守卫南京的唐生智

南京国民政府自1937年11月中旬起，一边疏散撤退南京各政府机关与工厂、学校等，一边由蒋介石亲自主持，于1937年11月16日、17日、18日，在南京中山门外四方城蒋介石的临时住地，连续三次召开最高国防会议，商讨南京的防与战等问题。参加会议的军事将领有：军政部部长何应钦，军令部部长徐永昌，副参谋总长白崇禧，军委会训练总监部总监，警卫执行部主任兼军法执行总监部总监唐生智，第五战区司令长官李宗仁，军委会作战组组长刘斐，第一部副部长王俊，南京警备司令谷正伦以及德国军事顾问法肯豪森等人。

在世界战争史上，一国首都的沦陷，一般都被认为是该国被击败、灭亡或投降的最重要标志，这在国内和国际上的政治影响甚大。因此，对南京作为中国当时之首都，虽明知敌强我弱，南京地形又对防守不利，面对数十万装备精良、气焰嚣张的日军，以刚从上海战场败退后撤、损失惨重的中国军队来守卫，其结果早可以想见。但是，国民政府与蒋介石仍决定以部分兵力进行短期防守，以显示中国人民的民族尊严与不屈的抗敌决心，同时寄希望于国际局势的变化和第三方国家的调停或支持。蒋介石在1937年11月26日的日记中写道："南京孤城不能守，然不能不守，对上、对下、对国、对民，殊难为怀也。"由此，可以看出他当时的两难处境与矛盾心情。

在军事会议上，蒋介石询问众将对防守南京的看法。

李宗仁和白崇禧从军事角度上分析，均不主张固守南京。

据李宗仁回忆，他是这样回答蒋介石的："我不主张守南京。我的理由是：在战术上讲，南京是个绝地，敌人可以三面合围，而北面又阻于长江，无路可退。以新受挫折的部队来坐困孤城，实难望久守，历史上没有攻不破的堡垒，何况我军新败之余，士气颇受打击，又无生力军增援；而敌人则夺标在望，士气正盛，南京必被攻破。与其如此，倒不如我们自己宣布南京为不设防城市，以免敌人借口烧杀平民，而我们可将大军撤往长江两岸，一面可阻止敌人向津浦线北进，同时可拒止敌人的西上。让他徒得南京，对战争大局无关宏旨。"

白崇禧表示极同意李宗仁的意见。他当时拟了一份"南京不设防之建议"，却未能提出。据白崇禧回忆说："当委员长召集南京防守会议时，我因为常至前线视察，深知淞沪会战撤下之部队残缺不齐，疲劳万分，本有一建议：'南京是总理指定之首都，为总理陵寝之所在地，不忍为军事破坏，应宣布为不设防之城市，以主力退至城之西部、西南部一带，一部集结于浦口，监视南京，掩护徐州，保留实力，以便机动打击敌人。'在会议席上，我见委员长首先宣布防守南京，唯恐扰乱最高统帅之决心，建议案摆而未提。事后回忆，心犹未安。虽委员长已有决定也应提出，以供参考，才算尽了部属之责任。"

军委会作战组组长刘斐原是桂系军事集团的幕僚，刚随白崇禧到南京不久就担任此要职。他在会上分析了敌我态势，提出："南京是我国首都所在，不作任何抵抗就放弃，当然不可。但不应以过多的部队争一城一地的得失，只用象征性的防守，作适当抵抗以后就主动撤退。在兵力使用上，以用12个团，顶多18个团就够了。部队太多将不便于机动。"据刘斐回忆，何应钦、徐永昌、白崇禧等人都表示支持他的意见。蒋介石说，刘斐的看法很对，但南京是国际观瞻所系，守是应该守一下的，至于如何守，值得再加研究。

蒋介石又问唐生智。据李宗仁回忆，唐忽然起立，大声疾呼："现在敌人已迫近首都，首都是'国父'陵寝所在地，值此大敌当前，南京如不牺牲一二员大将，我们不特对不起总理在天之灵，更对不起我们的最高统帅。本人主张死守南京，和敌人拼到底！"唐声色俱厉，大义凛然，大有张睢阳齿之气概。

据白崇禧回忆，"唐生智立起发言，慷慨陈词，自愿防守。他批评自抗战以来中下级士官牺牲甚多，但未见有高级军官牺牲者，他愿担起责任与城共存亡。"

唐生智的一席话，使蒋介石大喜，立即指任他为南京卫戍司令部司令长官。唐慨然受命，向蒋介石保证，他将在指挥南京保卫战时，"临危不乱、临难不苟"，表示"没有统帅命令，决不撤退"。

李宗仁当时认为唐是静极思动，想趁此机会掌握一部兵权，"与城共存亡"的话，不过是空头支票罢了，便含有讽刺地竖起大拇指，对唐说："孟潇，你了不起啊！"唐则反唇相讥："德邻，战事演变至此，我们还不肯干一下，也太对不起国家了！"

当时在南京采访的美国《纽约时报》记者弗兰克·提尔蔓·德丁（Frank Tillman Durdin）也采访到了上述消息，他在1937年12月22日从上海发出的航空通讯中写道："南京保卫战是在不顾中国军队的德国军事顾问竭力劝阻之下进行的。蒋委员长的参谋总长白崇禧将军也强烈反对守南京。据说,蒋将军起先赞成在南京抵抗一下,指出在南京防卫工事上花了几百万美元,为保卫国家的首都至少要打一仗是可取的。一般报道说,蒋将军是从这个角度被说服了。很多在南京消息灵通的观察家说,最终决定守卫南京是因为唐生智及其他将领的态度,他们坚持要守,自己也愿意与军队一起坚守城池。"这篇报道刊登在《纽约时报》1938年1月9日第38版上。

会议最后确定迁都重庆,同时对南京作防卫部署。

1937年11月19日,蒋介石以手令任命军委会执行部主任唐生智为南京卫戍司令部司令长官。第二天,即11月20日,国民政府正式对外发布公告,宣布国民政府即日迁都重庆;也在这一天,唐生智就任南京卫戍司令长官职,并将他领导的军委会执行部改组为南京卫戍司令长官部,部址设于南京城北中山北路之铁道部办公楼。11月24日,南京国民政府正式发布任命唐生智为南京卫戍司令长官的公告以及首都卫戍部队最初的战斗序列——这是向全中国军民,也是向日本、向全世界再次公开表明中国不畏强敌、拒绝乞降、坚持抗战与保卫首都南京的决心与行动。

唐生智

在蒋介石的亲自指挥与监督下,唐生智与南京卫戍司令部依据南京的地形与多年来形成的战备工事,为南京设立了两道陆路防线:

第一道是南京外围的弧形防御线。该防线东北起自长江边的栖霞山、龙潭,向东、南延伸至汤水镇、青龙山、淳化镇、湖熟镇、方山、秣陵关、牛首山、将军山,再向西至长江上游江边的江宁镇、大胜关,以东南为主要防御方向。

第二道是紧邻南京城的复廓弧

形防御线。该防线东北起自长江边的乌龙山、幕府山、杨坊山，向东延伸至紫金山、麒麟门、河定桥，再向西经雨花台至长江边的板桥镇，以上为外廓；以南京城垣为内廓，形成城内、城外两线阵地互相支援的复廊防线。

长江防线则依靠江阴、镇江、江宁（乌龙山与狮子山炮台）三个要塞的重炮，协同海军鱼雷部队，封锁长江江面，阻止日海军舰艇西上。

唐生智将防守兵力部署如下：

第一道外围防线阵地：

以第二军团徐源泉部，守卫栖霞山、乌龙山一线阵地，并接防乌龙山炮台，封锁长江；

以第六十六军叶肇部、第八十三军邓龙光部，守备凤牛山、汤山至淳化镇一线，并向句容附近派出有力之前进部队；

以第七十四军俞济时部，守备淳化镇至方山、牛首山、将军山、江宁镇、大胜关一线，并向秣陵关、湖熟镇派出前进部队。

上述各部队互相衔接，构成半环形的外围防御阵地。

第二道复廊防线阵地：

以第七十二军八十八师孙元良部，守备右地区安德门、雨花台、中华门至板桥一线；

以第七十一军八十七师王敬久、沈发藻部，守备通济门、光华门、孝陵卫一线；

以教导总队桂永清部，守备中央地区岔路口、紫金山、小红山至孝陵卫及城垣东部一线；

以第七十八军三十六师宋希濂部，守备左地区红山、幕府山及城北下关至挹江门一线；

以宪兵司令部的部队，守备城西清凉山一线。

另外，调属于第三战区的胡宗南部第十七军团与黔军第一零二师及八十五师一部，守备长江北岸浦口、浦镇、江浦一线，这是南京的北大门。

大战在即，军情紧迫。1937年11月25日，蒋介石命令唐生智督导南京卫戍部队迅速构筑工事，固守南京，并与第三战区顾祝同部密切取得联系。

（二）唐生智能担此大任吗？

唐生智受任南京卫戍司令部司令长官重职后，据白崇禧说，"与会人多为唐担心"。

白崇禧首先担心的，是参加南京保卫战的部队。

"在唐生智以固守南京为目的的方针指导下，就尽量要求增加兵力，蒋介石把一切可以调得动的兵力，都调去防守南京，以致兵力愈增愈多，共计达到十多万人。"（刘斐：《抗战初期的南京保卫战》）1937年11月26日，南京国民政府颁布"首都卫戍军"战斗序列，其中多数是从上海淞沪战场西撤回来的部队，经三个多月血战，已伤亡过半，残缺不全。虽到镇江、南京经仓促补充，但多是未经战阵甚至无军事常识的新兵。当时在南京卫戍司令长官部参谋处负责调配部队的第一科科长谭道平说，这些部队"都是久经战役、补充整理尚未完的残缺部队，老兵既少，新兵大率尚未受过训练"，因而战斗力大大降低；还有些部队是新从后方调来，多是四川、湖北等地的地方部队，装备很差，甚至是草鞋赤脚，几个人合用一杆枪，又长途奔波，匆匆忙忙赶到南京布防，地势、敌情都不熟悉。这些部队偕同原驻防南京的一些部队与宪兵等，共约十余万人，先后投入阵地设防。谭道平说："我是天天在经手办理部队移上前线去调动作战的工作，在字面上明明是一个师或者是一个军开上去，可是天晓得呐……兵员只不过一个营的模样，同时，没有大炮，步枪也不整齐，机枪有一部分已是……早就丧失了作战的用处。"（谭道平：《南京卫戍战史话》）

白崇禧说："参加南京保卫战的部队，多是由淞沪战场撤退，有的部队伤亡过半，至少也在三分之一以上，而沿途撤退，上有敌机，后有追兵，士气非常低落。以久战疲劳之师来保卫南京，这是我们对唐担心之最大原因。"

德丁报道说，这些守军既有中央军，又有广东、湖南、广西的地方部队，编制纷乱，指挥不一，兵员不足，装备落后，且多是从淞沪战场溃退下来的，损失严重：

很难说出南京城内及周围的中国军队的长处。有些观察家估测，有多达16个师参加城防战役，这可能是真的。中国军队的师即使在正常时期平均只有5000人，被打垮了再参加南京保卫战的师至少在有些情况下大约只有2000或3000人，可以很有把握地说，5万部队参加南京保卫战，并被困在城内。

《纽约时报》驻中国首席记者阿本德（Hallett Edward Abend）则指出：

南京的外国军事观察家向上海方面报告说，最近几天有12个师坐轮船抵达南京。他们分别是训练水平低下的四川兵，新近从云南招募的新兵以及来自广东的地方部队。这些部队没有一支是训练有素并拥有现代化装备的。外国观察家相信，把这样的部队投入到南京的东部防御线不可能提高中国军队的士气，也不可能使防御力量得到加强。这么做只会多牺牲几千条生命而已。

在守卫南京东郊汤山前线的中国部队中，竟还有一些不明世事的娃娃兵：

汤山一带的兵营里有很多男童。这些小家伙年龄大约在10岁至12岁，身着正规军服，在部队干着传令兵、搬运工和伙夫等工作。有时他们也上到最前线，但他们似乎把这场战争当作一次游戏玩。

部队官兵状况如此，那么根据唐生智的命令与部署，各部守军在南京建立的两道防线工事又是怎样的呢？

德丁描述了中国军队构筑的防守南京的外围工事的粗糙脆弱：

> 攻占江阴要塞和常州后，日军迅速从吴县向北横跨长江三角洲直抵长江，数天之内在南面取广德，北面绕过镇江，攻占丹阳之后，攻击句容附近所谓的南京外围防御阵地。
>
> 句容防线及由南京辐射向外扩展的其他七道防线，每道防线均为一道和城墙对称的圆弧线，并相隔几英里，数月来一直宣称固若金汤，准备充分。实际上，离南京25英里的句容的永久防御工事粗糙得很，只有零星的碉堡，这可以由视察过这些防御工事的中立国参观者加以证实。
>
> 其他防御工事则是仓促用床架支撑成堆的沙包、杂物碎片和松土而构起的路障。此外，建立机枪射击位，并在中国军队撤退时炸毁公路、桥梁。

第一道防线，即南京的外围防线，是如此的粗糙脆弱；那么第二道防线，即以古老的南京城墙为依托的内廓防线，又是怎样呢？阿本德在1937年12月7日《纽约时报》上所发表的报道中指出：

> 唯一能继续抵抗下去的机会是部分中国守军可以凭借城墙内的工事。这些数百年前明朝皇帝修建的城墙非常高大，绵延有30英里长，把南京围在墙内。
>
> 上海的外国军事观察家昨晚指出，任何想利用古老的城墙进行抵抗的举动都是徒劳的。据说，城内的守军处于毫无希望的劣势，因为除遭受持续的空袭之外，一旦日军控制了城市四周的山丘，他们便完全处于日军炮火的直接打击之下。

外国军事观察家正确地指出了国民政府军事当局依靠南京城墙的被动防守策略的严重局限与严重后果：在日军战机与大炮的轰击下，高大而古老的南京城墙只能化作破砖烂瓦。

更令人担心的是，奉命担任南京卫戍司令部司令长官的唐生智，在守军官兵中缺乏威望、缺乏实力；他同时也缺乏驾驭现代战争的能力与指挥大兵团作战的经验。而且，他当时正患病在身。

唐生智，湖南东安人，1889年10月12日生于一个富裕的官宦商人家庭，字孟潇，乳名祥生，信佛后法名法智，号曼德。1905年开始，先后入湖南陆军学校、武昌军官学校就读，曾参加辛亥革命；1912年入保定陆军军官学校第一期步科，毕业后进湖南陆军，参加过讨袁、护法战争，先后任营长、团长、旅长、师长。1926年广州国民政府北伐，唐生智归顺广州，加入国民党，先后任国民革命军第八军军长、北伐军前敌总指挥、第四集团军总司令、湖南省政府主席、第四路军总指挥等职。随着军事实力的增强，他的野心也急剧膨胀，但他徒有雄心而无雄才。1927年10月，他在国民党内派系斗争中失败，逃往海外。1929年3月复出，协助蒋介石战胜李宗仁、冯玉祥，先后任南京国民政府军事参议院院长、"讨逆军"第五路军总指挥等职。但唐反复无常，1929年12月1日，他在汪精卫的策动下，组织"护党救国军"，任总司令，联合石友三，通电反蒋，结果很快失败。1931年5月宁粤对立期间，唐出任广州方面的国民政府委员兼军事委员会常务委员。1932年因东北沦陷、国难加剧，国民党内各派系实现了和解，唐生智参加南京国民政府，任军事参议院院长；1934年12月改任军委会训练总监部总监；1935年4月，被任命为陆军一级上将；1937年7月7日抗日战争全面爆发后，兼任军事委员会警卫执行部主任，主管国防工事；9月8日再兼任军法执行总监。

当时在国民政府中担任教育部部长的王世杰，在1937年11月18日的日记中，记下了他对刚被指定为"南京卫戍司令长官"的唐生智的看法："唐生智经指定为南京卫戍长官，但尚未见明令。唐年来多病，如此严重之守城工作，其体力似不胜任。予今日两次用电话与商南京市民救济事宜，彼均在就寝，从可想见。微闻彼声称对于都城之守御愿与城共存亡。"

这就是新任南京卫戍司令长官的唐生智——体弱多病，难以支撑繁重的工作。大战在即，时间是多么紧迫，军事指挥事务千头万绪，他竟然常常卧床不起，除了发几句宏愿，很少视察阵地，督促检查。他也不接见官兵，鼓舞士气，更未研究敌情，制订作战计划。王世杰言语之间，充满了对唐生智担任南京卫戍司令长官一职的不满与不信任。

白崇禧则回忆说："唐生智自告奋勇担心南京防守之重责，委员长令我协助唐侦察南京城内外之地形。时值冬令，白雪飘飞，唐率领参谋人员，我亦与唐同坐汽车先至城外汤山、栖霞、乌龙炮台、秣陵等地视察阵地；翌日继续巡视城内之蒋山、雨花台、天堡城等地。两天之视察，我发现唐之身体衰弱不堪，身着重裘，至平地，犹可下车看看；爬高山，便托我代为侦察。寒风白雪之中，我见他虚弱之身体，不禁为南京防守担心，为他自己担心。"

1937年11月27日晚6时，面对潮水般涌向南京的数十万凶残的日军，唐生智以"南京卫戍司令长官"的身份，在位于南京北平西路的"中英文化协会"里举行记者招待会，向驻南京中外记者与留守南京的外侨代表发表谈话，表明他誓死守卫南京的决心。第二天，即1937年11月28日，南京《中央日报》、武汉《大公报》等中国新闻传媒都刊登了中央社电讯，报道唐生智昨日发表的慷慨激昂的谈话。无疑，唐生智"与南京共存亡"的讲话在当时曾极大地鼓舞了南京军民与全国军民，只可惜后来的历史却是对唐生智的讥讽。美国记者德丁写道："虽然他断然表示：'死守南京，与南京共存亡'，但我总觉得他不像是个有实力的指挥官。"德丁的判断是准确的。

更为严重的问题是，南京保卫战首先是中国军事当局在战略方针上的严重失误，这点连西方记者也看到了。他们指出，因为敌强我弱的军事态势，中国军队刚刚从淞沪战场败退下来，面对着士气正盛、装备战力都远远超过中国军队的数十万日军，中国军事当局本不应在南京集结许多兵力，与敌人再打一次阵地战，因为它必然是最终的失败与令人痛心的惨重损失。阿本德在1937年12月9日发出的电讯《日军将包围敌人作为目标》中，就记录了日本"华中方面军"司令官松井石根的一位参谋人员向他所阐述的日方当时的战略意图:"这似乎不可思议,中国的高级指挥官或他们的德国顾问居然没有意识到,我们最大的希望就是把中国军队调动过来,集中起来,以便我们好将其一举击溃。"拿破仑说:"有一句确切不移的作战格言,便是不要做你的敌人所愿望的任何事——理由极简单,就是因为敌人如此愿望。"然而,蒋介石却支持唐生智做了"敌人所愿望的事":面对强大日军的进攻,集中大量兵力在南京城内外这一狭小地区,层层设防,被动防守,打阵地战。在3个月的淞沪会战失败后,紧接着又来打南京保卫战,这正中了敌人下怀。历史证明,面对强大的侵略国军队,处于弱势的一方绝不能打单纯的被动防御阵地战!那等于是悲壮的自杀。

其次,南京保卫战在战场选择与兵力部署上的失误。西方记者指出,面临日军的战略大包围,中国军事当局不应选择在背水临江、进退不便、战场条件极为不利的南京,企图依靠古老的城墙,打一场"太平天国式的南京保卫战"。然而,中国军事当局却不顾南京的地理地势与兵力、民力等条件还有中日两军在力量上的悬殊,尤其不顾面对的是近代化的战争,是日军最先进的火炮与战机的大规模的轰炸,主观地想要沿袭中世纪的守城方法,集结兵力于南京城墙内外,以南京城区为中心,层层设防,打一场单纯的被动防御战,从而陷入被日军四面包围的可怕境地。这实际上是自投罗网,作茧自缚。德丁指出:"中国军队在防守南京时犯了现代军事战略指挥上的大忌——招致自己被围困,投降和被消灭……";"在力图防守南京的过程中,中国军队的战略地位是没有希望的,这可以从战役及城市被攻占的各细节显露出来。"

不利的地势、地形,粗糙脆弱的防御工事,装备落后、编制残破的守军,缺乏威望、缺乏实力、缺乏指挥现代战争能力与经验的最高指挥官,面对具有强大攻击力量的日军,中国守军尽管有官兵的爱国热情,但守城难以持久且将被敌包围于孤城之内的危险是必然要出现的情况。

然而唐生智却对十多万守军的安全撤退，不作任何有远见的、切实可行的预谋与准备，而声称破釜沉舟，不留后路，寄希望于不切实际的"与城共存亡"的"英勇行为"。德丁写道："中国守军指挥官完全清楚中国军队肯定会被包围在南京城墙之内——犹如瓮中之鳖。而日军则以陆、海军的大炮及飞机将他们炸成碎片。但中国将领仍自愿地将部队置于这种背水一战的境地，显然要以中国人崇高的英勇行为让日军攻占南京时付出最高代价。"德丁指出："中国守军司令部从来没有仔细考虑到城防部队能否渡江撤离的问题。整个保卫战期间，除了为数不多的舢板和汽艇，就再也没有其他渡江工具了，这点就可以说明问题。"

战争必然要有牺牲。在现代化的战争中，部队要有重大的伤亡，更是必不可免。但是，无谓的牺牲却是应该避免的！更不能将近十万守军将士的生命轻易地孤注一掷，这简直就是对中国抗战的犯罪！当年中国的一些位高权重的当权者从来就很少珍惜部下官兵与广大民众的生命！当需要他们时，他可以赞扬他们，褒奖他们；而当他们一旦失去使用价值时，就会弃之如敝屣。这点甚至连当时身处南京危城中的德国商人约翰·拉贝（John.H.D.Rabe）也看出来了。他在南京失守前的1937年12月8日的日记中写道："我担心的是，守城的唐将军可能会毫不留情地献出他手下的士兵和平民百姓的生命。在中国，几个人甚至几十万人的性命又算得了什么，中国每年都有大约100万人死于饥荒或洪水。"历史的发展不幸被拉贝所言中了。拉贝的担心成了几天后的现实！

（三）历时四天、被动挨打的南京外围保卫战

南京布防进行的同时，战场形势也发展得很快。各路日军攻势凌厉，连连攻城略地，迅速向南京逼近。

1937年12月1日，裕仁天皇亲自批准，加盖日本国玺，日本大本营正

式下达了攻占南京的书面命令——"大陆命第8号"的敕令。

1937年12月1日，北路日军之第十三师团配合日海军，攻占江防要塞江阴。然后，第十三师团的沼田支队从江阴渡过长江，占领靖江，西向进攻扬州；第十三师团的山田支队与第十一师团的天谷支队沿长江南岸向镇江进攻。

1937年12月2日，东路（中路）日军第十六师团攻占丹阳，向句容进击；第九师团攻占金坛，向天王寺进击；南路日军第一一四师团攻占溧阳，第十八师团、第六师团及国崎支队协同向芜湖进击，后因得到芜湖中国军队撤退的情报，"华中方面军"于12月2日令第18师团继续向芜湖进攻；第六师团调转方向，配合第一一四师团，协同向南京西南部的牛首山、秣陵关、江宁镇一线进攻；

1937年12月3日，东路（中路）日军第九师团攻占天王寺；南路日军第一一四师团攻占溧水；第十八师团继续向芜湖进击；第六师团则从芜湖方向调头转向南京进攻。

1937年12月4日，东路日军第十六师团和第九师团已抵达句容及其南部一带；南路日军第一一四师团占领溧水县城。这是接近南京外围防线的两处最重要据点。4日晚上9时，松井石根在上海日本"华中方面军"司令部内，正式下达进攻南京外城命令。当日夜开始，位于南京东南、南部、西南的各路日军，迅速向句容城、汤水镇、秣陵关、方山、牛首山、将军山、板桥、江宁镇一线各阵地推进。这里是中国守军设立的南京第一道防线，即外围防线各阵地，距南京城约30～40公里。日军各师团在日航空兵的配合下，向南京外围防线中国守军各阵地发动猛烈的进攻。

举世关注的南京攻防战役开始。

1937年12月4日，南京的备战形势更加紧张。军事委员会正式组成"南京卫戍军"，司令长官唐生智。中国守军第一线、第二线部队进入阵地。为加强第六十六军叶肇部（粤军）的第一五九师守备汤水镇一线，又派遣第六十六军第一六〇师第九五五、第九五九团进占句容以西之已设阵地，以防守汤山前沿；派遣第一六〇师第九五六团进占珠山、凳子山、青龙山已设阵地，为防守汤山二线阵地。第八十三军邓龙光部（粤军）及第七十二军王敬久的第八十七师沈发藻部正从镇江紧急调赴南京。由湖北开来的第二军团徐源泉部先头部队第四十一师丁治盘部到达南京煤炭港，立即进抵栖霞山、龙潭一线阵地布防。

1937年12月4日，蒋介石由南京东郊四方城临时住地，移至城西清凉山林蔚别墅暂住。

1937年12月5日晨，东路日军第十六师团攻占句容城。这是接近南京外围防线的最重要据点。当日，位于南京的东南、南部、西南的各路日军迅速推进至汤水镇、淳化镇、秣陵关、江宁镇一线各阵地之前。当日晚，各路日军向栖霞山、汤水镇、淳化镇、秣陵关、江宁镇一线南京外围各阵地发动了一次又一次的猛烈进攻。南京保卫战正式打响。

1937年12月6日，南京国民政府又任命了几位高级将领作为唐生智的副手和幕僚——以罗卓英、刘兴为南京卫戍司令部副司令长官；周斓任参谋长，佘令慈为副参谋长。

12月6日晚，蒋介石在南京城内百子亭的唐生智公馆召集少将以上的守城将领举行会议，宋美龄随蒋同来。蒋勉励各将领誓死守卫南京数月。唐生智表示，没有蒋介石的命令，绝不撤离南京。第二天，即12月7日凌晨5时许，蒋介石、宋美龄乘飞机离南京飞往江西。但蒋将其乘坐的炮艇留在下关江边，以安定南京人心。

唐生智为表示背水一战、破釜沉舟、死守南京的决心，命令将长江中的船只一起交第三十六师宋希濂部看管，违令擅自过江者以军法论处，以此断守军退路，以与南京共存亡。但事后证明，以唐生智为首的南京卫戍司令长官部并不真正准备与官兵同生死、与南京共存亡，他们私下在江边的煤炭港密藏了一艘火轮。此事虽由南京卫戍司令部的参谋长周斓下令所为，但唐生智不可能不知道，否则他在数天后仓皇逃离南京时就不会直奔此轮了。

以唐生智为首的南京卫戍司令长官部在指挥、组织这场战役中，充满了慵懒、疏漏、马虎、混乱和仓促，对官兵漠不关心。卫戍司令长官部的参谋程奎朗看到，"唐生智在围城战斗中，每日傍晚在庭前散步，照常由侍从身背大温水瓶，手捧小茶壶和三炮台随侍左右，每几分钟用热毛巾拂脸，品香茗，香烟一支接一支地抽，看样子颇为镇定安详"。其实，这哪里是什么"镇定安祥"，说是荒唐、冷漠和不负责任更为恰当。就在唐生智在他的长官部里品茗抽烟之时，数万官兵正在南京城内外各阵地上浴血奋战，许多伤员得不到及时的救治，情况悲惨。美国记者德丁在报道中谴责了南京卫戍当局在南京保卫战一开始就对守军伤员弃之不顾的情况："自从日军攻城，南京就呈现出可怕的景象。中国方面收治伤兵的设施悲剧性地不足，早在一周之前在大街上就经常见到伤兵，有的跛行，有的在地上爬着，乞求得到医治。"——这不仅暴露了南京卫戍当局军事组织能力的低下与军事道德的低劣，而且势必严重影响整个军队的士气。

担任南京东部外围阵地防守的粤军第八十三军参谋处处长刘绍武侦察到当面日军部队的配置、活动情况及其指挥部所在地，就建议"以（该军）第一百五十六师全面出击，解决敌指挥部后，即将矛头指向句容西进之敌截歼之，使南京守城部队赢得准备的时间"。然而，南京卫戍司令部副司令长官刘兴以"守恐不保，还说攻吗？"之语消极地否定了出击的方案。第八十三军参谋长陈文复"以同乡关系，用电话向唐生智作同样的建议，也不得唐的重视"。唐生智在指挥南京保卫战中执行的完全是消极防御、被动挨打的军事方针。

1937年12月7日到8日，各路日军迅速突破了南京的远郊外围防线，前锋推进至南京的第二道防线——南京近郊以紫金山、雨花台和城墙为依托的复廓阵地之前。南京已陷入日军迅速紧缩的包围圈中。

由于战火迫近南京城,在 1937 年 12 月 8 日,由西方侨民创办与主持的"南京安全区国际委员会"发布通告,正式向南京难民开放。在此后数天内,约有 25 万难民涌入安全区,其中有七万多妇女、儿童与老弱病残人员被安排住进 25 个难民收容所内。南京"安全区国际委员会"的西方侨民以伟大的人道主义精神、非凡的正义与勇气,不顾危险与劳累,对危难中的南京难民进行了全力的救助与保护。

面对如此形势,唐生智于 12 月 8 日晚下达"卫参作字第 28 号命令",令各部退守第二线复廓阵地并调整兵力部署:以第七十二军第八十八师孙元良部防守雨花台阵地;以第七十四军俞济时部的第五十八师防守汉西门、上新河、三叉河一线;第五十一师防守中华门、赛虹桥、水西门一线;以教导总队桂永清部防守紫金山、中山门一线;以第七十一军王敬久部第八十七师防守光华门、卫岗一线;以第七十八军第三十六师宋希濂部防守挹江门、下关、红山一线;以第二军团徐源泉部防守乌龙山、杨坊山一线;以从外围阵地撤下的第六十六军、第八十三军协同各部防守;以第十七军团胡宗南部防守浦口一线。当晚,国民政府军委会的副总参谋长白崇禧及南京市市长马超俊等人撤离南京,渡江经浦口前往武汉。

(四)激烈、残酷的南京复廓保卫战

12 月 9 日上午,日军凶猛地攻抵南京第二道防线——以紫金山、雨花台与城墙为依托的复廓阵地前。

当日正午,日军派遣飞机向南京城内空投致唐生智的《和平开城劝告文》,即"劝降书"数千份。其中威胁与利诱并施,以最后通牒的口吻,规定限期一天,中国守军必须于 12 月 10 日中午前派代表到中山门外的警戒线上向日军谈判投降,否则日军"将断然开始进攻南京"。各部日军于 9 日下午 4 时暂停攻击。

唐生智对日军的"劝降书"不予理睬。日方称:"唐生智无礼至极,非但在十日正午以前没有任何回复,反而从十日早晨起,用猛烈的炮火攻击我军,作为酬报。"这是唐生智在南京保卫战中值得肯定的地方,也是中国军人起码的军事道德。

约在同时,由西方驻南京侨民组成的"南京安全区国际委员会"于1937年12月9日出面调停"休战",称出于人道主义的考虑,建议双方军队停火三天——三天内,日军在现有阵地不动,中国军队安全地撤出南京城,即向日方和平交城。"南京安全区国际委员会"的建议得到了唐生智的同意,但唐生智要求报请蒋介石批准。当日夜,贝德士、米尔士与唐生智的秘书登上美国炮艇"帕奈"号,向日、中双方的最高当局发出以上建议的两份电报。1937年12月10日上午11时,"南京安全区国际委员会"收到了汉口蒋介石关于外侨调停中日战事的答复——中国政府拒绝和平交出南京城。唐生智只得执行蒋介石的命令,继续抵抗。

松井石根见诱降不成,恼羞成怒。他于12月10日"午后命两军进攻南京城"。下午1时,日本"上海派遣军"与第十军所辖的第十六、第九、第三、第六、第一一四师团各部日军同时向南京复廓阵地发起猛烈进攻:第六、第一一四师团进攻雨花台、中华门、水西门一线;第九师团与第三师团一部进攻光华门、通济门一线;第十六师团进攻紫金山、中山门、太平门一线;第十三师团山田支队进攻乌龙山、幕府山,进击南京城东北部。同时,日军国崎支队已渡过长江,迅速沿长江北岸向东进攻江浦与浦口,意图切断津浦线;而从江阴西上的日本海军第三支队的舰艇,连续冲击镇江与乌龙山炮台的长江封锁线,准备驶向南京江面。日本的空军在掌握制空权的情况下,对南京城内外进行更加猛烈的空袭。

各条战线的战斗都空前激烈。日军兵器先进,火力猛烈,甚至违背国际公法,施放毒气。中国守军以疲惫残破之师,用血肉之躯"与钢铁相争",进行英勇的抗击。南京城内外枪炮声震耳欲聋,杀声惊天动地,双方短兵相接，阵地反复争夺。

12月10日下午5时许，日军第九师团第十八旅团第三十六联队（胁坂部队）的前锋——伊藤义光大队一百五十多人，趁中国守军后撤，跟踪突入光华门城门洞，企图冲进城内。中国守军拼死抵抗，立即关闭城门，以猛烈的火力将这小股日军压制在城门洞内，并切断了他们与城外大股日军的联系。南京卫戍司令长官部与唐生智得知小股日军突入光华门后，急调兵力增援。经激战多时，中国守军组织敢死队，从城上用绳索垂下，以手榴弹几乎全歼那支突入南京光华门城门洞的小股日军，击毙大队长伊藤义光。剩下十多个日军，凭借用瓦砾筑起的临时防垒苟延残喘，等待援军。光华门中国守军防线转危为安。这是南京保卫战中最为惊心动魄的一场战斗。

激战中的一天夜晚，防守紫金山的教导总队副总队长兼第一旅旅长周振强发现山下麒麟门一带各村庄都有灯火，目标显明，知是日军的宿营地。他立即将情况报告给桂永清，并和第三旅旅长马威龙、工兵团团长杨厚灿联名建议，集中兵力，由紫金山的岔路口地区出击，奇袭敌人后方。桂永清向唐生智请示。唐回答："现在消耗兵员太多，万一出击不成，守南京城的兵力就更不够了。"唐生智再次否定了部下提出主动出击的建议。

南京复廓防线的保卫战在血与火中激烈地进行着。在1937年12月11日，在南京城外的雨花台、紫金山等处以及通济门、光华门、中华门、水西门等各城门外阵地，两军的战斗与争夺更为惨烈。日军在多处攻占中国守军的阵地，又被中国守军顽强地阻击并反攻夺回。日军战机的轰炸与日军炮兵对南京城内的炮击更为猛烈，双方官兵都伤亡惨重。中国守军官兵的鲜血染红了南京的街道与阵地，但仍阻挡不住日军的疯狂攻势。经过一天多的血战，至12月11日晚，日军突破了多处中国守军的内廓防线阵地。

12月11日晚，蒋介石得知南京复廓防线即将被突破，两次致电唐生智，指示"如情势不能久持时，可相机撤退，以图整理，而期反攻之要旨也",但唐生智未及时组织守军撤退。12月12日,唐生智又收到蒋介石来电:"经此激战后,若敌不敢猛攻,则只要我城中无恙,我军仍以在京持久坚守为要。当不惜任何牺牲,以提高我国家与军队之地位与声誉,亦唯我革命转败为胜唯一之枢纽。"蒋指示:"如能多守一日,即民族多加一层光彩。如能再守半月以上,则内外形势必一大变,而我野战军亦可如期来应,不患敌军之合围矣!"此时,蒋介石改变了在前一日来电"可相机撤退"的意见。中国守军继续在各阵地上顽强地抗击日军的攻击,进行着奋勇的拼杀,"反复肉搏,奋勇冲杀,屡进屡退,血肉横飞","悲惨壮烈,天日亦为之变色"。许多高级将校与官兵血洒阵地,壮烈殉国:教导总队第一旅参谋长万全策在紫金山第二峰牺牲,第八十七师第二五九旅旅长易安华、第二六〇旅第五一九团团长谢家珣、第八十三军第四六八旅旅长李绍嘉在光华门牺

中国守军在南京城墙上防守

牲，第八十八师第二六二旅旅长朱赤、第八十八师第二六四旅旅长高致嵩、第八十八师第二六二旅第五二四团团长韩宪元、第八十七师第二六四旅第五二七团团长华品章在雨花台牺牲，继任团长李杰在大校场机场牺牲，第五十一师第一五一旅第三〇二团团长程智在赛虹桥牺牲，第五十一师第一五三旅第三〇六团团副刘历滋、第三营营长胡豪在中华门牺牲，第七十四军五十八师一四七旅副旅长刘国用在水西门外牺牲……

1937年12月12日下午2时，在日航空兵与重炮兵强大火力的支持下，日军第六师团攻占南京城南的制高点雨花台阵地；下午4时，日军炮击中华门以西城墙后，日军第六师团数百人从被炮弹轰坍的城墙缺口突入城中，占领中华门，这是最先攻入南京的日军；同时，日军第六师团、第一一四师团的另一部占领水西门；日军第十六师团攻占南京城东的制高点紫金山顶南北一线主阵地，向中山陵、中山门逼近；日军预备队第三师团一部占领武定门、通济门；第九师团继续猛攻光华门。

南京保卫战到了最后关头，但许多中国守军毫不畏惧，在各阵地舍生忘死地进行最后的抵抗与反击，在日军突破的地方进行反冲锋，企图夺回丢失的阵地。12日下午4时，防守中山门外廖仲恺墓地一带阵地的教导总队第一旅第二团小炮连严开运部还击落1架日机，该机坠落于中山门北侧的前湖东南畔。

（五）唐生智的荒唐撤退命令与抢先逃命

在日军先后突破南京南部与西南部城防、占领各主要城门后，1937年12月12日下午5时，唐生智在其百子亭住宅中召开守军各军、师长会议。这是南京卫戍司令部召开的最后一次军事会议。会上，唐生智宣读了蒋介石关于"可相机撤退"的来电后，下达全军撤退的书面命令——"卫戍作命特字第1号"，指令各部队的突围方向与目标、方案：司令部及其各直属部队、第七十八军及宪兵部队渡长江北撤；其他各部队冲破正面之敌突围，向皖南等地转移集结，简言之，就是"大部突围，一部渡江"。但唐生智接着又口授一个命令，令"八十七师、八十八师、七十四军、教导总队诸部队，如不能全部突围，有轮渡时可过江，向滁州集结"，这就改成了"大部渡江"。会议召开了20分钟就结束了。

在一场战役中，军队的有序后撤与军队的有序进攻都同样重要，它们都是指挥官组织、指挥战争能力的最重要的表现。如果说，唐生智在国难当头、敌大军压境之时，率领残缺疲败之师，与优势之敌相抗，表现了爱国精神与杀敌报国热情，应当肯定；在战前未能知己知彼，谨慎考虑，详细计划，贸然承担守城重任；在指挥南京保卫战中层层防守、被动挨打、能力低下、乏善可陈；那么，他在组织中国守军撤离南京时，则表现为惊慌失措、放弃指挥、不负责任，甚至丧失军事道德，先期而逃，导致近十万军队群龙无首、撤退混乱、自相践踏，最后落入敌人重围中。

1937年12月12日下午5时半开始，中国守军根据唐生智的命令，放弃阵地，开始突围与撤退。由于日军的火力猛烈，更由于唐生智口授命令的致命错误与严重影响，致使约十万中国守军中，绝大部分部队都向城北下关一带江边溃退，形成了"大部渡江，一部突围"的被动局面。当大部分守军部队溃退至城北挹江门一带、企图出城时，由于在此防守的第三十六师宋希濂部没有及时得到唐生智新的命令，仍依唐生智以前关于不让一人一枪出境的指示，阻止溃兵通过。这不仅延误了撤退时间，而且导致各部火并，秩序大乱，互相践踏，死伤无数。教导总队第一旅第二团团长谢承瑞在作战中负伤，在随军撤退到挹江门时，竟被人流踩踏致死。大量溃兵涌到下关一带江边，面对的是一片浩瀚的冬日的长江江面，所有的船只都遵照唐生智的命令，早就撤走了。前是茫茫大江，后是穷凶极恶、紧追不舍的数万日军的合围，近十万中国守军和无数随之逃难的南京居民陷入危境。

而在12月12日晚9时，以唐生智为首的南京卫戍司令长官部的长官们，背弃了自己曾向全国军民发下的"与南京城共存亡"的誓言，乘坐一艘预先密藏在江边芦苇中的小火轮逃向江北。一些军级、师级长官也随之逃遁。他们在逃走时甚至来不及通知他们的部属，使得退至长江边的约十万中国守军陷入群龙无首、一片混乱的状态。

只有第六十六军、第八十三军这两支粤军部队，迅速集合，从太平门出城，从正面冲破日军战线，经紫金山麓，沿宁杭公路，向浙皖边界突围。他们在太平门、岔路口、马群等地遭到日军的疯狂阻击，与日军展开了血战。第六十六军第一五九师，因师长谭邃有恙先期过江，由代师长罗策群少将指挥，奉命打前锋，在紫金山北麓的岔路口遇敌火力封锁，数次冲击未果。罗策群用粤语对部下高呼："弟兄们，跟我来，几大就几大，勿要做衰仔呀！（意为"死就死，不要做懦夫呀！"）"之后带头向敌冲锋，中弹殉国。第八十三军第一五六师参谋长姚中英、第六十六军第一六〇师参谋长司徒非、第八十三军第一五六师第四六八旅旅长李绍嘉、第六十六军第一五九师第四七七旅副旅长黄纪福、第六十六军第一六〇师第九五六团团长蔡如柏先后牺牲。无数官兵的鲜血染红了突围的道路。这两支粤军部队的勇敢行动出乎狂妄的日军的意料，在付出很大牺牲的代价下，他们终于杀开一条血路，进入浙皖边界山区，最后回到皖南中国军队防区。

另有第二军团徐源泉部当机立断，在乌龙山、黄天荡一带渡过长江，安全北撤。

1937年12月13日晨，日军部队分数路攻入南京城中，沿城内各马路向城北追击，屠杀马路上逃跑的中国军民。上午10时，在城外西部的日军，沿水西门、汉中门外城墙向北推进至下关长江边，与城外东部沿玄武湖东岸向北推进的日军会合，完全包围了正拥堵在长江边、无法渡江的中国溃军。午后2时，日海军第十一支队的舰艇溯江而上抵达下关，封锁江面，扫射屠杀正渡江北逃的中国溃军。下午4时，日军第五师团的国崎支队从江浦沿长江北岸进占浦口，截断津浦铁路，完成了对南京的包围，截断了中国守军的退路。

陷入重围之中的中国部分官兵进行了最后的抵抗。正撤退至下关江边的宪兵副司令萧山令指挥余部与敌人拼杀。"双方展开近距离的冲锋肉搏战，无奈众寡悬殊"，"血战五小时后，我军弹尽援绝，在江边的官兵，没有一个生还，萧将军为人民尽忠。"萧山令，湖南省益阳县人，1892年6月生，保定军校第三期毕业，终年45岁。教导总队第三旅上校副旅长雷震指挥部队突围，在下关车站牺牲。教导总队第一旅第一团团长秦士铨在突围中牺牲。一些官兵冒险跳入寒流滚滚的长江，向江北游去，大多被江流吞没。

1937年12月13日傍晚，日军基本占领、控制了南京全城。大多数中国守军，约十万人，被日军包围和俘虏。中国守军的一些高级将领，如第七十二军军长兼第八十八师师长孙元良、第八十八师参谋长张柏亭、教导总队参谋长邱清泉、第七十一军第八十七师第二六〇旅旅长刘启雄、卫戍司令部卫生部部长金诵盘，以及教导总队第三旅第四团团长睢友蔺、第二旅参谋主任廖耀湘等人，未及撤离，也陷入重围中。后经多方努力与南京民众的冒死救助，除刘启雄被日军抓获，其他人都逃出南京，回到抗战大后方。

唐生智等人于12月12日晚抢先逃过长江后，于第二天，即12月13日，致钱大钧密电转报蒋介石，简要报告南京的失守经过以及他们的行踪，称他们在12日晚渡江后，连夜"徒步至六合，本（13日）晨

萧山令

乘车抵滁"。后来唐生智对部下称:"我带兵二十年,大小百余战,从未有今日之狼狈。"他向蒋介石表示:"一切责任都是我的,请处分。"

1937年12月30日,蒋介石终于了解到南京国军撤退时的混乱与严重损失的详细情况,于痛愤之中,既责备自己用人不当,更痛骂唐生智"误国"。他在当日的日记中写道:"见南京撤退各师长,当时实情令人痛愤,此余用人不当,有以致此,唐生智始终为误国之徒也。"但大错已经铸成,悔恨与痛骂又有何用!

(六)平心而论唐生智在指挥南京保卫战中的功过

南京保卫战悲壮地失败了。中国守军官兵在极其艰苦的条件下,无畏战斗、浴血沙场、奋不顾身保卫国民政府首都南京的事迹,将永垂不朽!即便在多年以后,后人每一念及那许多知名和更多不知名的英雄和烈士,仍禁不住潸然泪下。

南京保卫战如此快速而悲壮地失败的教训也应认真总结与吸取!美国《纽约时报》记者德丁在南京经历了保卫战的全过程,目睹了中国守军崩溃覆灭的悲壮场面。他对此次战役进行了细致的观察与认真深刻的分析,总结了中国军事当局的指挥错误及其造成的中国军队的惨重损失,写道:"南京被攻占是中国军队遭受到的最严重的失败,也是现代战争史上最悲惨的一次溃败。防守南京的中国军队竟然甘愿自己被包围,然后被有条不紊地屠杀。"德丁分析了中国军队失败的诸多原因,直言不讳地指出了蒋介石与唐生智应担负主要责任:"蒋介石委员长对此要负很大的责任。因为正是他没有听从德国军事顾问们的一致劝告,也没有听从总参谋长白崇禧将军的意见,便批准进行这场无益的城防战役。唐生智将军及相关的师长要负更加直接的责任,他们擅离部队出逃,在第一批日军进城后的危急时刻,他们甚至没有进行尽力挽救的努力。"德丁对以唐生智为首的南京卫戍司令长官部的军事道德沦丧进行了强烈的谴责，愤慨地写道："整个战役最不光彩的一幕是，中国将领缺乏勇气将他们一再宣称的鲜明意图实施到底。当日军突破西南部城墙时，日本陆军包抄过来，日本舰队也在逼近。挹江门这条后路的门还开着，唐将军及其下属便出逃了，丢下他的下属军官，任群龙无首的部队在无望的形势下挣扎，这些情况从来就没有向他们解释过。"

历史最终作出了结论。中国守军南京保卫战的惨重失败，原因是多方面的：第一，敌强我弱，中国军队刚刚从淞沪战场败退下来，面对着士气正盛，武器、装备、战力都远远超过中国守军的数十万日军，中国方面本不应集结兵力打阵地战，更不应在背水临江、战场条件极为不利的南京，企图依靠古老的城墙，打一场中世纪式的保卫战，打一场单纯防御战；第二，中国国民政府军事当局在指挥上表现的军事思想与战略战术的陈旧落后，一些高级指挥官军事道德的沦落，官兵政治素质与军事素质的普遍低下，官兵关系与军民关系的脱节等等，都使这场悲壮的南京保卫战最终必然失败，只是它失败得太快、太惨！

白崇禧在其回忆录中，较为客观地分析了南京保卫战失败的基本原因和唐生智应承担的责任："南京失守后，曾有人纷纷责难唐氏。平心而论，以残缺疲败之师是不能与优势战胜之敌相抗的。唐之错误在于事前未能知己知彼，谨慎考虑，详细计划，贸然承担守城重任，虽勇气可嘉，终不免受全国舆论之指责，则殊为不值矣。"

毛泽东对于南京保卫战的分析则更为深刻而全面，更为眼光远大。当然，他不是仅对南京保卫战，更不是仅对唐生智个人，而是对抗战初期整个中国战场和国民政府抗战军事的评价。早在南京保卫战前一个多月，1937年10月25日，毛泽东在延安和英国记者贝特兰的谈话中，就针对国民政府的片面抗战和军事改革发表了中肯的意见："军事上说来，亦须实行全盘的改革，主要地是战略战术上单纯防御的方针，改变为积极攻击敌人的方针；旧制度的军队，改变为新制度的军队；强迫动员的方法，改变为鼓动人民上前线的方法；不统一的指挥，改变为统一的指挥；脱离人民的无纪律状态，改变为建设在自觉原则上的秋毫无犯的纪律；单单正规军作战的局面，改变为发展广泛的人民游击战争配合正规军作战的局面，等等。"(《毛泽东与英国记者贝特兰之谈话》，一九三七年十月二十五日）1937年12月5日，在南京保卫战正式打响的这一天，毛泽东在延安接见《大公报》记者发表的谈话中，再次谈到："目前抗战，虽遇挫折，但在此挫折中，吾人已获得伟大教训。全国久已普遍认识致败之弱点。今后极应实施战略的反攻，改革军队素质，提高政治自觉性，进行独立自主的运动战以歼灭敌人。"以毛泽东的这些分析来对照与分析南京保卫战，我们就可以知道它为何失败得那样悲壮，又为何失败得那样惨痛与快速的了。对唐生智在这一战役中的表现与功过是非，就会得出较为客观、公正、科学的结论。

中国古代有一句军事俗语："一将无能，累死三军！"用这句俗语来概括唐生智在指挥、领导南京保卫战的功过，并不完整！因为唐生智不仅无能，而且无德！其后果之严重，也不是"累死三军"，而是"害死三军"！

九、蒋介石对南京大屠杀的反应与举措

这是一个很有意义又很有讨论价值的问题：当侵华日军在 1937 年 12 月 13 日攻占国民政府的首都南京，并立即对已放下武器的战俘与手无寸铁的平民实施惨绝人寰的大屠杀，延续四十余天，杀害中国军民达 30 万人。在这血腥而严峻的时刻，在这中华民族普天同悲、人神共愤的日子里，作为当时中国政府实际上的最高领导人与中国军队最高统帅的蒋介石，人在哪里？他又有怎样的反应与态度呢？

（一）面对南京失陷，蒋介石坚持"抗战到底"

1937 年 12 月 13 日晚，南京沦陷，中国失去了首都。中国的抗战事业与中国军民的心理都遭受了沉重的打击与挫折。

在世界战争史上，占领一国的首都，一般都被认为是击败或灭亡该国的最重要标志。这让日本举国欢腾，日本军国主义当局则更加气焰嚣张、得意忘形。在日军攻占南京后仅四天的 12 月 17 日，在日军正对南京进行屠城的高潮中，日本"华中方面军"司令部协同日本驻华海军就急不可耐地组织了一场日军占领南京的"盛大入城式"，其意在进一步向中国政府与中国人民炫耀武力与进行战争恐怖威慑。第二天，即 1937 年 12 月 18 日下午 4 时,松井石根在南京特地召见了日本"华中方面军"掌管对外宣传的报道部部长,讲述了他指挥所部攻占南京的"观感",并要求将他的这番讲话"作为司令官之谈话予以发表"。松井石根在讲话中说:"在这样的时候,特别期望中国四万万人民加以反省。"松井石根要中国政府与中国人民"反省"什么呢?无非是要中国人民与中国政府认识到:中国是无法抵抗与战胜强大的日本军的进攻的!顺之者昌,逆之者亡!中国对日本的种种侵略要求,只有迅速地、全部地接受,即停止抵抗、求和乞降、心甘情愿地做日本的臣民与亡国奴。

与南京的松井石根相呼应,东京的日本最高当局则进一步提出了更加露骨、更加贪婪与狂妄的侵略中国权益的要求。1937 年 12 月 21 日,即在日军攻占南京后第八天,日本内阁通过了由外务省制订的新的对华和谈条件,并于当日上奏裕仁天皇,得到同意。然后,在第二天,即 1937 年 12 月 22 日,由外相广田弘毅递交给德国驻日大使狄克逊,请他转交中国政府。在这份名为《为日华和平谈判事项给德国驻日大使的复文》中,向中国政府提出了"关于日中和平谈判"的四项基本条件以及九项条件细目。实际上,这是要中国政府迅速投降的最后通牒。

1937 年 12 月 13 日,在南京失陷的当天,蒋介石在江西九江星子发出通电,表示了中国军民不以南京失陷而动摇抗战国策与全国一致继续抗战的决心:"国军退出南京,绝不致影响我政府始终一贯抵抗日本侵略原定之国策,其唯一意义,实只有更加强全国一致继续抗战之决心。盖政府所在地既已他迁,南京在政治上、军事上皆无重要性可言。予作战计划,本定于敌军炮火过烈,使我军作无谓牺牲过甚之时,将阵线向后移动。今已本此计划,令南京驻军退守其他阵地,继续抗战。"

1937 年 12 月 14 日,蒋介石由江西九江星子飞抵武昌。国民政府军事委员会迁至武昌珞珈山武汉大学校园内办公。武汉成为中国新的抗战指挥中心。

南京的失陷使得中国军民陷入巨大的悲愤之中。而一些意志薄弱者，包括国民政府中一些大员，从右派的汪精卫，到中间派的孔祥熙，甚至一直力主抗战的居正、于右任等人，都对抗战前途的态度发生了动摇。在蒋介石回到武汉召开紧急会议、商讨应对之策时，出现了"主和主战意见杂出，而主和者尤多"的局面。蒋介石在1937年12月15日日记中记载："南京被陷以后，和战问题突出，如无宣言决心，则几不可支矣。"在1937年12月18日日记中记载："近日各方人士与重要同志皆以为军事失败非速求和不可，几乎众口一词，此时若果言和，则无异灭亡，不仅外侮难堪，而且内乱益甚。彼辈只见其危害而不知敌人之危害甚于战也。不有主见，何以撑持此难关耶？"

蒋介石顶住了各方面的压力，明确地表示了"拒和"的态度，再三说明"言和"的危害无异亡国，但政府上层中一些人的主和之声仍甚嚣尘上。

1937年12月17日，蒋介石代表国民政府，发表文告《我军退出南京告全国国民书》。此文告由蒋介石的秘书陈布雷与《大公报》总编辑张季鸾共同主持起草，是又一篇有关南京沦陷史事的重要文献，是中华民族不屈不挠抗战到底的正气歌与宣言书。文告一开始指出，日本侵华战争已经给中国人民造成了巨大的生命与财产损失："此次抗战，开始迄今，我前线将士，伤亡总数已达三十万以上，人民生命财产之损失，更不可以数计。"然后，文告分析了日军攻占南京后的形势，指出"在今日形势之下，不能徒顾虑一时之胜负难测，而当彻底认识抗战到底之意义，坚决抱定最后胜利之信心"。文告进一步揭示："中国持久抗战，其最后决胜之中心，不但不在南京，抑且不在各大都市，而实寄于全国之乡村与广大强固之民心。"文告希望中国广大民众能洞察当前的形势，明白南京的失陷对中国抗战并无多大影响，此时更重要的是要打起精神，了解日本当局要"鲸吞"，也就是要"整个征服中国之野心"是"无可幸免，父告其子，兄勉其弟，人人敌忾，步步设防，则四千万方里国土以内到处皆可造成有形无形之坚强壁垒，以制敌之死命"。文告宣布了中国政府与中国人民绝不会因南京的失陷而动摇抗战到底、抗战必胜的决心与信心,要求广大军民"贯彻抗战到底",独立自主,始终不屈,"争取国家民族最后之胜利"。

蒋介石文告《我军退出南京告全国国民书》的发表,振奋了中国军队因南京失陷而受到伤害的士气,鼓舞了中国广大民众抗战到底、抗战必胜的决心与信心。当时任副参谋总长的白崇禧回忆说:"南京陷落,我方野战军损失颇重,举国震惊,日本军阀以为我国之抗战已至土崩瓦解的阶段。但是,蒋委员长高瞻远瞩,认为目前之形势,无论如何艰难恶劣,唯有向前迈进,如果中途屈服,即是自取灭亡。与其屈服而亡,永无复兴之望,毋宁抗战而败,终必有转败为胜之时。基此信念,十二月十七日,发表《我军退出南京告全国国民书》。"白崇禧指出:"中国地大物博,非日本所能鲸吞,而抗日之胜负不决定在南京之失守,或任何一乡镇之失守,只有我们全民之心理为抗日,日本无力量,也不能枪杀我所有同胞,占据我所有领土。由此可见蒋委员长坚强之信心。'抗战到底'是一至理名言,因为我以劣势之装备,对敌之优势之装备,只有利用所长——广大之土地与坚强之心理。所以蒋委员长之训示不单为南京撤退而发,若要长期抗战亦非如此不可。"

蒋介石发表《我军退出南京告全国国民书》对南京等沦陷区正蒙受巨大苦难与羞辱的中国民众也是很大的激励。在南京沦陷时未能撤出、当时正陷身南京、化装成难民躲避日军追杀的中国守军营长郭歧在《陷都血泪录》中说:"在南京城里的我国军民,仅只辗转收到十二月十七日蒋委员长所发表的《告国民书》……基于蒋委员长的谆谆告诫:'此日多忍痛一分,将来之成功亦多增一分!'在沦陷后的南京城里,我们这么许多陷于水深火热、血腥屠戮之中的好几十万军民,才能忍辱偷生,千方百计地保全自己的生命,只要留得一口气在,总有一天,我们会获得跟日本鬼子拼命的机会。"

（二）蒋介石闻知日军南京大屠杀暴行后"痛愤乃至瞑眩"

1937年12月13日日军占领南京后，立即对已放下武器的中国战俘与手无寸铁的平民实施四十余天的血腥大屠杀，同时进行疯狂的抢劫、奸淫、焚烧等惨无人道的行为，使南京变成了人间地狱。

日军当局在指挥十多万日军血腥屠城的同时，还对南京实施了严密的新闻封锁。直到1937年12月15日，战时留驻南京、目睹日军大屠杀的5位美、英记者才得以离开南京前往上海。他们写成关于日军在南京进行大屠杀的新闻电讯稿发表，传遍了全世界。条件极其艰苦的中国各新闻传媒，辗转从这些报道中得到关于日军在南京进行大屠杀的比较准确的信息。他们以极大的震惊与悲愤，迅速将这惨案加以报道与揭露、控诉。中国广大民众开始知道在南京发生的血腥大惨案，奔走相告，悲愤呼号。

日军在南京的暴行也引起了国民政府最高当局的极大重视。据目前掌握的材料，可以断定，蒋介石也大约在此时得知南京大屠杀的消息。他于1937年12月24日在武汉致函美国总统罗斯福，控诉日军的野蛮暴行："以最先进的武器武装起来、施展其中世纪以来野蛮特性的日军，在中国登陆以后，其陆海空军不断地攻占城市。这期间，他们残杀了无数非战斗人员，其中包括不少的外国人，还毫不留情地破坏了巨大的设施、财产以及宗教寺庙，就连慈悲设施也无一幸免。"他呼吁美国给予中国更多有效的援助。

随着南京的消息更多地传来，中国各报刊也更多地报道日军在南京进行了惨无人道的大屠杀。1938年1月22日，武汉《大公报》（汉口版）第2版刊载上海的消息，题为《字林西报揭载，京敌仍猖狂屠戮》，副题为"最近遇难者逾万人，幼女老妪多被污，英记者发电又被敌检扣"。报道前一日，即1月21日上海租界英文《字林西报》发表的关于日军在南京进行大屠杀的社评，斥责日军"军纪弛荡，任意屠杀市民"以及强奸妇女不分老幼、抢劫财物延续至今等种种暴行,当时在武汉的蒋介石显然阅读了上述报道。他于当日的日记中写道:"注意四:倭寇在京之残杀与奸淫未已,彼固陷入深淖进退维谷,而我同胞痛苦极矣。"

1938年3月5日,《大公报》(汉口版)刊登"中央社九江前线3月4日电",题为:《京中气象凄惨》,副题为"敌仍狂肆屠戮,每日百人以上"。当日,《申报》(汉口版)第2版也刊登了中央社的这则报道,题为《京敌屠杀如故,商业区域被占》。就在这天,蒋介石于日记中愤慨地写道:"敌军残杀我南京附近之壮丁殆尽,痛极。"

一些参与攻占南京战役与南京大屠杀的日军官兵,出于对军国主义的狂热与"征服者"的荣耀,以自带的照相机,自己拍摄了很多关于南京战事的照片,其中有许多日军以刀砍、活埋、枪刺、火烧等方式残酷杀害中国战俘与中国平民以及侮辱中国妇女的照片,鲜活逼真,令人恐怖。这些日军官兵认为这些恐怖的杀人照片是他们"卓越的战功的集中表现",是他们"向人炫耀的资本",并不感到羞耻与有保密的需要,自行送往上海或南京等地的一些照相馆冲印。他们常常将这些照片设法寄回或赠送给在日本国内的亲友,或携带在身边。因而,这些照片中相当数量的一部分就从各种渠道流传到社会上,被中外人士发现与截获。中国国民党中央宣传部所辖的国际宣传处派遣到上海等地的秘密工作人员,在1938年年初,"转辗觅得"日军自行拍摄的记录其南京大屠杀等暴行的照片多套,送往武汉总部。1938年5月6日,中国国民党中央宣传部副部长兼国际宣传处处长董显光,向蒋介石报告他们获得日军自行拍摄的记录其南京大屠杀等暴行的照片:"随呈附上此种照片一套,此为日军人在战区所摄,送至上海洗印,由职部转辗觅得者。日人自摄暴行,测其用意,迨欲表示其威武欤?"董显光同时报告,他们准备将这些照片刊印到即将出版的英国记者田伯烈的译著《外人目睹中之日军暴行》一书中:"孟却斯德导报记者田伯烈,搜集战地第三国人所记录之日方暴行数十篇,约十余万言,刊印专书,将于本月中旬在伦敦、纽约同时出版，此项照片已尽量刊载此书中。"

蒋介石看到这些日军自行拍摄的记录南京大屠杀暴行的照片，受到极大的震撼，痛苦悲愤到达极点。1938年5月12日，他在日记中写道："提要：雪耻。见我男女同胞受敌寇惨杀凶淫之照片而不动羞恶之心、无雪耻复仇之志者，非人也。"1938年5月13日，他在日记中写道："提要：雪耻。敌寇残暴凶横，实古今无例，若不消灭，何以维持人道！"1938年7月19日，他在日记中写道："见寇军残杀我平民同胞之照相，痛愤乃至瞑眩，极忧东方民族之仇雠相报，不知何日能了也。"

蒋介石面对日军制造南京大屠杀所表现的"痛愤乃至瞑眩"，包含着强烈的民族感情与爱国精神，这与他在保定军校求学时对日本军医辱华所表现的民族感情与爱国精神一脉相承的，也与在1928年5月初，闻知日军制造"济南惨案"时所表现的民族感情与爱国精神一脉相承的。如果说，蒋介石在1928年5月的日记中所写的"如有一毫人心，其能忘此耻辱乎！何以雪之，在自强而已"，"有雪耻之志，而不能暂时容忍，是匹夫之勇也，必不能达成雪耻之任务；余今且暂忍为人所不能忍者耳"等语是强压怒火，是隐忍不发，是发愤图强，那么，他闻知日军"残暴凶横"地制造南京大屠杀惨案后，就迅速将其"雪耻复仇之志"付诸实施了。

（三）蒋介石指示："将日军官兵灭绝人道之兽行宣告于世"

蒋介石在闻知日军"残暴凶横"制造南京大屠杀惨案后，迅速采取了几项有力的举措，将日军惨绝人寰的暴行公之于世，广为宣传，以进一步激发全国军民的抗日斗志，奋勇杀敌，为遇难同胞报仇雪耻；同时引起国际舆论的关注，赢得世界人民与各国政府对中国抗战更多的理解与支持。

1938年年初，蒋介石向担任军事委员会政治部部长的陈诚先后几次下达"搜集日本侵华战争兽行出版中西文本宣传资料"的手谕，要求"将日军官兵灭绝人道之兽行宣告于世"。遵照蒋介石的指示，国民政府军事委员会政治部与中国国民党中央宣传部国际宣传处为揭露日军南京大屠杀暴行做了大量卓有成效的工作，而蒋介石对这些工作给予了高度的重视与有力的支持。

第一，蒋介石指示与支持国际宣传处，将获得的日军官兵自行拍摄的恐怖杀人的多幅照片，翻拍传播，与文字记录相互印证，作为日军制造南京大屠杀的铁证。这些照片被刊载到1938年7月出版的英国记者田伯烈著作中译本《外人目睹中之日军暴行》一书中，还有许多照片被发送到中外各报纸刊登，对日军暴行进行了强有力的揭露。

例如，美国著名的《瞭望》(Look)杂志在1938年刊登了一张显然由日军自行拍摄的南京暴行照片：几个日军端着步枪刺刀，正用中国俘虏做活靶子，进行刺杀训练，周边是众多围观的日本兵。日方当局指责这张照片是中国有关部门让中国士兵穿上日军军服拍摄伪造的。《瞭望》杂志加以驳斥，在照片的说明词中写道："照片的真实性是毋庸置疑的，它由汉口的W.A.Farmer送到《瞭望》杂志。W.A.Farmer说，这张照片是日本人自己拍摄的。胶卷送到上海冲洗时，在一家日本人开的照相馆工作的中国人多洗了一套，然后偷偷带了出来。"显然，W.A.Farmer是从当时在武汉的国际宣传处得到这张照片的。这张血腥恐怖的照片震惊了西方世界，任何对日军南京大屠杀暴行尚存疑虑的人都无话可说了。

第二，蒋介石支持国际宣传处组织四位国际友人秘密赴日本东京，揭露南京大屠杀暴行真相。

1938年3月，国际宣传处秘密组织、派遣四位国际友人赴日本东京等地，用各种宣传形式向在东京的各国有关人士与日本有关人士揭露日军南京大屠杀暴行的真相。这四名国际友人中，有三名是在在华基督教会任职的日籍基督徒，还有一位是在华的英国"调查委员会"工作人员莫瑞尔·莱斯特小姐（Murial Lester）。按照国际宣传处的策划与安排，三名日籍基督徒分别携带由英、美等外籍侨民与记者所撰写的关于日军南京大屠杀暴行的新闻报道、文章、信件、日记等材料，以及多套日军自行拍摄的记录其南京大屠杀暴行的照片；莫瑞尔·莱斯特小姐则携带从美国传教士乔治·费奇那儿借得、由约翰·马吉拍摄的记录日军南京大屠杀暴行的电影纪录片《南京暴行纪实》的一套拷贝。这四名国际友人从上海出发，到日本东京后，分别在各国驻日使领馆人员与外国记者中，在日本的一些政党、社团、工商、宗教等各界人士中，散发上述的宣传品与照片的日文或英文版，放映上述的纪录电影，并进行口头宣讲。他们同时收集日本各方面的反映与动态的情报。他们的工作产生了一定的影响，而且始终未被日本当局察觉。

国际宣传处秘密组织派遣四位国际友人赴东京进行的宣传活动，由董显光于1938年5月6日签呈向蒋介石报告。蒋介石早就通过宋美龄及时知道了这次赴日秘密宣传活动的策划与实施经过。他对这次秘密宣传活动及其成功的效果给予高度赞扬。蒋介石还对约翰·马吉、乔治·费奇等西方传教士在南京大屠杀期间，坚持国际正义与人道主义，不顾自身安危，奋不顾身地救护中国难民，并克服重重困难向国际社会揭露南京大屠杀的真相，表示衷心的感激与赞美。1938年4月，宋美龄在武汉基督教祈祷会上发表讲话，说："蒋委员长要我告诉你们，他对于你们帮助我国人民的工作，极加赞美……在这一点，我们夫妇俩觉得没有相当的言词，可以向全中国传教机关，以及同情中国、证明日兵侵略中国所施种种暴行的许多外国人，来表示我们至诚的感激。这些人士以及今天到会的各位，都能够很忠实地立定了脚跟，纵受日本的威吓和侮辱，但仍能不失公正……你们的工作和精神，表示了真正基督教的意义。你们努力的结果，得到了政府和民众极度的钦佩。"

第三，蒋介石指示与支持国际宣传处翻译、出版英国记者田伯烈报道南京大屠杀暴行的英文著作《战争意味什么：日军在华暴行》。

抗战全面爆发后，田伯烈旗帜鲜明地站在中国人一边。大约从1938年1月底开始，田伯烈在搜集了大量的关于日军南京大屠杀暴行的材料后，编写专著 What War Means: The Japanese Terror in China（《战争意味什么：日军在华暴行》）。在武汉的国际宣传处向他购买了该书的中文译本的版权与英文原稿，立即组织力量日夜赶译。1938年5月6日，董显光在向蒋介石的密呈中报告说："孟却斯德导报（笔者按：指《曼彻斯特卫报》）记者田伯烈，搜集战地第三国人所记录之日方暴行数十篇，约十余万言，刊印专书，将于本月中旬在伦敦、纽约同时出版……"为了迅速出版此书，蒋介石下令军委会军需署专门拨付出版印刷费用。国际宣传处委托军委会机关报《扫荡报》负责承印。鉴于战时纸张紧缺，国际宣传处还请该报社给予特别优待。经费、纸张落实后，国际宣传处决定以"汉口国民出版社"的名义出版，译者署名杨明。在七七事变一周年前夕，几乎在该书的英文版于伦敦出版的同时，该书中文版正式出版，赶印出第一批1万册。至1938年9月20日止，该书共印6万册。国民政府西迁重庆后，该书又有加印，最后总印数达10万册。蒋介石指示国际宣传处，"分发前线将士传欤，以资激励"。国际宣传处将第一批出版的6万册《外人目睹中之日军暴行》，以45000册由战地文化服务处分送前线将士，以1万册由正中书局代售，向民间推销，5000册由国际宣传处分送党政军各机关长官、各民众团体。据报告，"前线将士对于本书，均深表欢迎"，图书供不应求，纷纷请求增加印刷发行。该书的出版使广大的中国军民对侵华日军的战争暴行有了深切的了解与深刻的感性认识，激发了中国军民对日本侵略者的无比仇恨和愤慨，对坚定中国军民的抗日决心、鼓舞中国军民的抗日斗志发挥了极大的作用。

第四，1938年7月，国民政府军委会政治部遵照蒋介石的指示，编辑出版了一本《日寇暴行实录》画册，作为日军在中国各地战争暴行的罪证公布，面向国内外发行。这是抗战初期出版的内容最丰富、影响力最大的一本揭露日军暴行的黑白版画报。在该画报的扉页上，印着醒目的题记，写着"日寇暴行实录 献给我忠勇将士与爱国同胞"。画报的封三印有田汉作词、冼星海作曲的《雪恨歌》。在该书收录的一百多幅照片中，有十多幅反映日军南京大屠杀暴行的照片，配有文字说明。其中，有日军战机轰炸南京留下的废墟；有日军杀害南京民众，连5岁小孩也不放过；有日军强奸、轮奸南京妇女，甚至惨无人道地强奸11岁的女孩……该书的文字说明写道："寇军占领南京后烧杀奸掳，无所不为，把那动人怀想、发人诗思的历史名城，变成了一座人间的地狱。"

历史表明，蒋介石在南京保卫战的部署、用人与指挥上存在不少的缺点与失误，同时对苏联出兵和德国调停抱有不切实际的希望；但他在抗击日本侵略的态度上，表现了坚决抗战的决心与勇气，在对待日军南京大屠杀的态度上，表现了"痛愤乃至瞑眩"的民族感情与爱国精神，指示与支持有关部门进行了多项卓有成效的工作。这在历史上是应予以肯定的。

十、朝鲜"慰安妇"朴永心与南京利济巷"东云慰安所"

2003年11月20日,一个消息震动了南京城——抗战时期曾被侵华日军诱骗到南京充当了3年"慰安妇"的朝鲜老人朴永心,在其81岁高龄时,在中日学者的帮助下重回南京。她在南京市中心的利济巷2号一座二层旧式楼房前,指认了当年日军的"慰安所"旧址,这是了她遭受日军侮辱与摧残的伤心之地。

(一)找到了曾在南京被迫做过三年"慰安妇"的活人证

多年来,笔者在研究侵华日军南京大屠杀的暴行时,揭露了日军在南京实施长达8年的罪恶的"慰安妇"制度。然而,由于各种原因,笔者一直没能找到一位尚在世的"慰安妇"人证。直到2002年年底,突然从海外传来意外的喜讯:日本著名的史学家西野瑠美子女士与在日本工作的中国电视人朱弘先生来电告诉我,他们找到了一位日本侵华期间曾在南京被迫做过3年"慰安妇",后来又被日军送往缅甸与滇西前线受尽凌辱、九死一生、至今尚健在的老人,她就是朝鲜籍妇女朴永心。而且,她还是史学工作者多年研究而不得其解的那位著名的"怀孕的慰安妇"。

第二辑　全国抗战往事

　　许多人都十分熟悉一张关于第二次世界大战时期日军"慰安妇"的"经典"照片：在1944年9月的滇西战场上，4位被中国军队解救的日军"慰安妇"，形容憔悴，疲惫不堪地或立、或蹲在一片山石前，后面是一位中国军人。在这4个"慰安妇"中，最为引人注目的是那位挺着大肚子的"慰安妇"：她已无力支撑她那沉重的身躯，正僵直地斜躺在一块山石上。我们从她那愁苦的面容与呆滞的目光中，似乎可以听到她痛苦的呻吟……

　　这是日本军国主义在第二次世界大战期间实施罪恶的"慰安妇"制度留下的一张最重要，也是最著名的照片，是世界上迄今为止发现的唯一一张关于"怀孕的慰安妇"的照片。

　　史学研究者不知多少次地翻看与研究过这张有关"慰安妇"的"经典"照片，但多年来，除了分析出这位"慰安妇"可能是朝鲜（韩国）籍妇女，

被中国军队解救的日军"慰安妇"，右一为朴永心

其他信息一无所知。这成为困扰我们多年的史学之"谜"。现在答案终于找到了。

朴永心在 2002 年时已 80 岁，居住在朝鲜民主主义人民共和国的首都平壤。西野瑠美子女士告诉我，现在她们不仅验证了朴永心就是那张著名照片中的"怀孕的慰安妇"，而且基本调查清楚了她长达六年的血泪史：1939 年被日本当局拐骗到南京做"慰安妇"，1942 年被强行派遣到滇西前线继续受折磨，1944 年 9 月被中国军队俘获与解救。她们甚至还从滇西一位居民家中找到了当年她遭日军凌辱时，被拍摄下的裸体照片等证据。西野瑠美子要求笔者根据朴永心老人回忆提供的线索，寻找与确认她当年在南京被迫充当"慰安妇"时居住约 3 年的"近水楼慰安所"的遗址，为朴永心老人对日本的法律控告提供更多的有力证据。西野女士告诉我，朴永心老人还想在有生之年，到南京与滇西松山、腾冲等地她当年遭受日军蹂躏的地方，以现身说法揭露控诉日本军国主义的滔天罪行。

这无疑是极有意义的行为！世界上一切正义学者的使命是共同的与相通的。肩负着神圣的使命，笔者立即开始了为这位苦难的朝鲜"慰安妇"在南京寻证的工作。

（二）罪恶的"慰安妇"制度

所谓"慰安妇"制度，乃是日本军国主义在 20 世纪前半叶对外扩张与侵略战争中所长期施行的、强征大批妇女为日军官兵提供性服务、充当性奴隶的一种野蛮罪恶的制度与政策，是有强烈与独特的日本法西斯特征的行径。

早在 1918 年至 1922 年，日本派兵入侵苏俄西伯利亚，由于日军官兵对当地妇女大肆奸淫，导致 7.2 万日军中竟有 1.8 万人染上性病，其中重病患者达两千多人，大大超过同期作战损耗的战斗力。于是日本军部开始在日本国内招募随军军妓，以解决官兵性欲与防止性病侵袭部队，"慰安妇"制度开始在日本出现。之后，当日军于1931年9月发动九一八事变、1932年1月发动"一·二八"事变时，由上海日本派遣军副参谋长冈村宁次等将领提出，重新征召日本"慰安妇"。1937年7月日本发动全面侵华战争。1937年12月13日日军攻入南京，在对南京军民实施震惊世界的疯狂大屠杀的同时，对中国妇女进行了疯狂的强奸与轮奸，达两万多人次。由于日军多日、大规模、无约束与节制的奸淫活动，使得性病在日军各部队中迅速流行。日本"华中方面军"司令官松井石根为保存日军战斗力，同时为应付国际舆论的谴责，乃下令迅速征召"慰安妇"。从1937年12月底开始，"慰安妇"制度迅速在南京发展起来。与以前不同的是，这次征召与拐骗来的"慰安妇"，不仅有日籍妇女，更多的是中国妇女与朝鲜妇女，之后还有菲律宾等东南亚国家的妇女。而且，这次实施"慰安妇"制度的时间不是短暂的，而是与日本的侵略战争相始终，并随着日军的铁蹄所向，从中国推向东南亚各战场。

南京，由于它当时极重要的军事、政治地位，由于它是日本"中国派遣军"总司令部所在地，日军各重要机关与驻军众多，日本居留民众多，因而成为日军在华最早设立"慰安所"的地方，也是日军设立"慰安所"最多、实施"慰安妇"制度最具体的地方。

笔者专注于研究侵华日军南京大屠杀与南京沦陷八年的历史，研究南京"慰安妇"的历史是从1997年开始。笔者一方面查阅中、日、韩、美等国的有关档案、报刊、书籍等资料以及前人的调查材料，另一方面在南京父老乡亲与中、日、韩学者的帮助下进行社会调查。在此过程中，笔者骑着自行车，走遍了南京的大街小巷与城市郊区许多地方，走访了许多熟悉有关史事的知情人、"老南京"，查证了多家"慰安所"的原址房屋，查获了"慰安所"的门牌、告示、用物及有关文件档案等多种物证，还找到了曾在南京做过"慰安妇"的一些中国妇女本人或其家属，获得了她们的口述回忆资料。综上，可以确认在日军占领南京的近八年（1937年12月13日到1945年9月9日）间，除了南京大屠杀期间，日军临时设立的"慰安所"难以统计，南京城内外长期设立的各种类型、各种名称的"慰安所"旧址，有五十多家。南京的日伪报纸《南京新报》上，常常刊登"大优惠皇军——人民慰安所、倚红阁妓院、广寒宫妓院露布"之类的整版广告。南京的大街上，公然张贴着这样的海报："'支那'美人 兵站指定 慰安所 第四日支亲善馆由此循河边前行600米。"在这五十多家"慰安所"里，先后有日本、朝鲜、中国等各个国籍的"慰安妇"数千人。她们作为日军的性奴隶与性工具，每天要"接待"日军官兵数十人甚至上百人，同时还要挨打、挨骂、受冻、受饿，过着牲口般的生活。她们的血泪流满了秦淮河。还有许多"慰安妇"被日军当作"军需品"，从南京调往"满洲国"与东南亚各战场。

笔者于1997年11月，在香港《广角镜》1997年第11期上发表了第一篇关于南京"慰安所"问题的论文《南京"慰安妇"：历史未完全揭开的一页》；接着，在北京《抗日战争研究》1999年第2期上，发表了《南京"慰安妇"与"慰安所"》；在日本《战争责任研究》2000年夏季号（总第28号）上，以日文发表了《南京的"慰安所"与"慰安妇"》，以此与中外学者同行交流。自那以后多年中，笔者继续对南京地区及相邻地区日军"慰安所"遗址与"慰安妇"历史进行调查与研究，得到了南京民众与中外学者的支持与帮助，随着成果的增多，认识也不断加深。

然而，随着岁月的流逝，当年南京的许多"慰安妇"，有的因早年摧残而过早地离开了人世；还有许多"慰安妇"在日军临近战败时被集体屠杀。历尽劫波而能侥幸活到战后的"慰安妇"少而又少。而从第二次世界大战结束到现在又过去了许多年，幸存的"慰安妇"随着岁月的流逝又不断减少。她们活着时，由于个人与家庭的原因，有种种顾虑，不愿或不敢讲出她们那段血泪的历史。

现在，朴永心站出来了。而且她的曲折而悲惨的经历表明，她是凝聚着无数"慰安妇"血泪悲剧的一个极具典型意义的人物。

（三）凝聚着"慰安妇"血泪历史的典型——朴永心

朴永心，朝鲜人，1921年12月15日生于日本殖民统治下的朝鲜平安南道南浦市后浦里的一个贫苦人家，自幼丧母，读到小学二年级就辍学，到当地一家缝纫铺里做工。1939年8月，刚满17岁的朴永心听到日本警察来招工，说是去医院做女看护，收入不菲。正处于贫困中的她心动了，便去报了名。随后，她被日方人员带到平壤火车站，装进一列货车，在一名日本宪兵的看押下，经过几日几夜的颠簸，稀里糊涂地来到了中国长江边的一个大城市。后来她才知道，这是南京，是日本"中国派遣军"总司令部的所在地，城内城外到处可见日军官兵。也只有到这时，她才知道自己被骗了，她被日方招到这里的"工作"，根本就不是什么"女看护"，而是做日军的"慰安妇"。她被送进一家"慰安所"后，一开始她反抗，她呼喊，她挣扎……但这一切又有什么用呢？她是一个才17岁的女孩啊！一个弱女子岂能抗拒日本政府与日本军队有组织、有计划的暴力犯罪？她在遭遇多日的关押、挨饿与多次的毒打、强奸后，不得不屈从了。从此，她在南京开始了牲口与奴隶般的"慰安妇"生活。她被日本老板改称"艺名"为"歌丸"，在刺刀与皮鞭的逼迫下，每天都要"接待"几十个日军官兵，稍有不从，即遭打骂、禁闭、挨饿、受冻等非人的虐待。有一次她来了月经，下身流血不止，但"慰安所"老板仍要她"接待"一个日军。她不愿意，那日军竟然拔出挎在身上的刺刀，猛地捅向她的脖子。朴永心惨叫一声，倒在血泊之中。幸好有几个中国杂工将她送到邻近的一家中国小诊所医治，才逃过一死……

当时与朴永心一同被关在这家与邻近的"慰安所"里遭受日军蹂躏与

摧残的，还有许多朝鲜女孩。另外，还有许多中国、日本、菲律宾女孩，其中以中国女孩最多。几乎每隔几天，她就能看到有"慰安妇"同伴被摧残、被折磨、被毒打而死。

朴永心在南京地狱般的"慰安所"中熬过了约3年的时间。

1941年12月8日，日本发动太平洋战争，战火很快燃遍了东南亚各地。1942年年初，日军攻入缅甸，击败了英军与前往增援的中国远征军，接着乘胜沿滇缅公路向北追击，于1942年夏攻入中国云南省西部地区。日军精锐的第五十六师团及第二、第三十三师团的一部占据了腾冲、松山、龙陵、畹町、芒市等要地，分兵把守，利用险峻的地形构筑工事，储备粮弹，建成一道坚固的防御线，与中国军队隔怒江对峙，既切断了中国大后方对外的通道滇缅线，进而威逼昆明与重庆，又时时防堵中国军队的反攻，屏障缅北。

中、日军队隔怒江对峙长达近两年之久。日本当局为维持滇缅前线官兵的士气，下令从后方抽调大批"慰安妇"到滇缅前线建立"慰安所"。被征调的"慰安妇"有日籍的，也有朝鲜籍与中国籍的。据韩国《新东亚》杂志1994年第3期的一篇资料《韩国挺进队实录》揭露，在1942年5月，根据日本南方派遣军司令部的一份命令，南京"故乡楼慰安所"与"浪速慰安所"的"慰安妇"被派往南洋，后分配至驻缅甸的日军部队中。

朴永心就是在1942年春夏间被日军带出南京，途经上海、新加坡，送往缅甸，后又被送至滇西松山新设立的"慰安所"中。她被改名为"若春"，与许多熟识的、不熟识的"慰安妇"一道，成为日军第五十六师团官兵专用的性工具与性奴隶。她们不仅过着极其艰苦与危险的战地生活，而且天天都遭受日军前线官兵野兽般的疯狂蹂躏。她曾被日军逼迫脱光衣服，拍下种种不堪入目的裸体照片，分发给日军官兵玩赏、消遣……

又过了约两年时间，到了1944年，日本军国主义已是日暮途穷，在各战场都连遭失败。这年6月，中国驻云南的远征军向怒江西岸的日军展开了猛烈的反攻。日军在腾冲、松山、龙陵、芒市等地凭险固守。战斗历时三个多月，激烈残酷，震动世界。最后，日军全军覆没，不仅丢失了全部军械装备，还丢失了日本天皇亲授的两面军旗。怀着武士道精神的日军战地司令官在最后下令：杀掉全部"慰安妇"，然后集体自杀。其状之惨，令人发指。这时，朴永心已怀孕数月，腹部隆起。她与几个"慰安妇"东躲西藏，竟奇迹般地逃了出来。由于连日奔波与惊吓，她与几个同伴被中国军队解救时，已是身心交瘁，几乎晕倒在地。她腹中的胎儿成了死胎，下身流血不止。她被送往中国军队战地医院抢救，逃过一死。战后，她被遣送回朝鲜，在医院中被切除子宫，永远失去了生育能力。她一生没有结婚，1955年从孤儿院中领养了一名男孩，母子在艰苦中相依为命。养子长大后结婚成家，朴永心与他们生活在一起。2003年，她已满81岁，患有心脏病、高血压等病。尽管她并不孤单，但当年日本军国主义者对她的摧残犹如一场噩梦，永远是她心中挥之不去的阴影。

（四）发现朴永心的契机

1945年8月日本投降以后，由于多种原因，日本军国主义者犯下的各种战争罪行，包括"慰安妇"制度，并未得到应有的彻底清算。相反，日本右翼势力一直在以各种方式否认甚至美化日本发动的侵略战争，否认与抵赖日本军国主义者的各种罪行。为此，中国、朝鲜、韩国、日本的史学工作者与世界上一切正义的人们，为了维护历史的真实与伸张正义，一直在进行不懈的斗争与艰巨的努力。寻访那位"怀孕的慰安妇"，揭开日本军国主义"慰安妇"制度的罪恶真相，就是笔者及各位同行多年进行的重要工作之一。

1992年，日本研究"慰安妇"制度的著名女学者西野瑠美子在其著作《"慰安妇"与十五年战争》中，引用了她采访过的一位战时日军上等兵早见正直的证言。早见正直称他认识那位"大肚子慰安妇",是朝鲜人,名叫"朴永心",在滇西松山"慰安所"中的艺名叫"若春"。西野对这则证言非常重视,千方百计寻找这位"朴永心"。但由于朴永心一直生活在朝鲜平壤,联系不便,一直没能查找到其下落。直到2000年,为了筹备在东京召开"侵犯女性权利国际战犯法庭"模拟审判大会,西野瑠美子于这年5月、8月,两次前往平壤取证,竟意外地见到了朴永心。西野瑠美子了解了朴永心的身世后,确认她就是那位寻找多年的"怀孕的慰安妇"。西野安排朴永心在2000年12月到东京参加模拟审判大会,日本有关报刊报道了朴永心的悲惨身世。

朴永心是当年唯一活着的从南京到缅甸再到滇西松山的"慰安妇"。她的身世在日本报刊上披露后,引起了正在日本工作的中国电视人朱弘的高度关注。朱弘家住南京,他就像许多南京人一样,对日本侵略军在南京大屠杀中犯下的滔天罪行有着刻骨铭心的义愤。他立即就明白这位曾在南京做过"慰安妇"的朴永心老人有着极其重要的历史见证意义。于是,他决心要为朴永心老人讨回公道,要沿着朴永心老人当年从平壤到南京再到滇西的路线,寻找有关的人证、物证,让历史回归真实。

朱弘与西野瑠美子取得了联系,二人联手开始了寻证之路。他们首先与云南省研究滇西抗战史的专家戈叔亚联系上。2002年2月,戈叔亚给朱弘传来了喜讯:他从滇西松山一位已经去世的照相馆老板的后人那里,得到了数十张日军占据松山期间拍摄的照片,其中有几张是日军"慰安妇"被迫拍摄的裸体照片。

这真是个惊人的发现!

2002年9月5日,朱弘偕同西野瑠美子乘飞机专程来到滇西,对当年的滇西战场与朴永心叙述的逃跑路线进行考察,对有关知情人查访。他们查到了多处保存完好的日军"慰安所"遗址,只有松山的那家"慰安所"现在已成为玉米地。他们寻访了多位当年被日军抓去干活的老人。一位当年被迫给日军养马的李老汉,时年已76岁,说他认识朴永心,是一位"朝鲜姑娘",是从朝鲜抓来的。提供"慰安妇"裸体照片的那位照相馆老板熊振德的儿子熊维元告诉朱弘说,他在儿时,曾在家中庭院的一棵树上掏鸟窝,发现了一盒照片底片。他父亲发现后,就拿去藏了起来。直到他父亲去世后,他才在一个锁着的抽屉里,发现了这盒底片。他把底片冲印出来,发现是日军占据滇西时的"留影",其中有几张"慰安妇"的裸体照片。经当地的老人辨认,照片上的裸体"慰安妇"就是年轻时的朴永心。

2002年10月,朱弘与西野瑠美子带着新发现的照片,前往平壤,再次采访朴永心老人。他们把照片拿给朴永心看。80岁的朴永心虽历经磨难,有多种疾病,但思维清晰,视力也颇好。她经过仔细地辨认,指着照片上的那位大肚子"慰安妇"说:"这就是我啊,我的人生太苦了,几本书也写不完!"对着那张"慰安妇"裸体照片,朴永心老人掩面痛哭,泣不成声……

朴永心老人再次详细讲述了自己一生惨痛的经历。她向朱弘与西野表示,希望有生之年,到南京与滇西寻访她当年被关押、受凌辱的地方,寻找控诉日本法西斯的罪证。但由于她当年到南京时年轻,不熟悉南京的环境,又受到日军的严格管制,因此对于在南京的那段经历,她只有一些很不完整的模糊记忆。她只记得她当时所在的南京"慰安所"位于南京市中心不远处,是一座二层或三层的水泥构造的楼房。楼房附近有水,是河是湖还是江,她记不清了。她住在楼上,房间是19号,窗户朝北,从窗户处向外眺望,可以看到附近有一个日军兵营,有军人进出与操练,外面围着铁丝网。楼房离铁路很近,她常常听到火车开过的声响。在"慰安所"的对面,有一个日本人经营的寿司店,店面很小,是个两层的小旧楼。在"慰安所"里,日本人做老板,还有一些中国杂役,有男有女。朴永心对中国人的印象很好,说:"中国人很温和,对我们这些可怜的女子非常友善。"当问及这家"慰安所"的名字时,朴永心老人已记忆模糊,只记得日语音为"Kinsiyi",译成中文的意思,可能是"近水楼",或者是"金水楼""锦翠楼"，或者是与此发音相近的"某某楼"。但朴永心对自己被日本人强加的"艺名"记得很清楚，叫"歌丸"。朴永心还指着自己脖子上的一道长长的伤疤，向朱弘与西野讲述了她在南京"慰安所"中那段刻骨铭心的悲惨经历：她那次因身上来月经拒绝"接待"日军，竟被一个毫无人性的日本兵挥刀猛刺，跌倒在血泊中。是这家"慰安所"的中国杂工急忙将她送到附近一家中国小诊所包扎，才使她逃过一死。她永远忘不了日本兵的凶悍暴虐，也永远忘不了南京人民的善良与救助……

朱弘与西野瑠美子一方面致电在南京师范大学历史系工作的笔者，要求笔者帮助寻找朴永心曾"生活"过3年的"近水楼慰安所"遗址；一方面将朴永心的血泪历史制作了一档时长15分钟的新闻特集《"慰安妇"照片讲述的沉重历史》，在2002年12月13日悼念南京大屠杀30万同胞遇难六十五周年那天，在日本TBS（东京放送）电视台的权威栏目播放，要求日本政府正视历史，正视日本在第二次世界大战中犯下的侵略战争罪行，向中国、朝鲜等亚洲各国人民谢罪与赔偿。节目的收视率高达14.7%，在日本各界激起强烈的反响，只有日本右派对之谩骂不已。

（五）为朴永心南京寻证

2003年1月初，朱弘来到南京寻证。因为关于朴永心沦为"慰安妇"的血泪历史，在滇西已找到了较多的人证与物证，而在南京却几乎是一片空白。他到南京师范大学找到了笔者。我们会同《现代快报》的一位女记者，一同开始了为朴永心在南京寻证的工作。

首先，我们必须找到朴永心当年在南京的"慰安所"旧址。

笔者以多年研究的结果与近来的社会调查所得，陈述了在日军侵占南京八年期间，日军在南京设立的五十多家"慰安所"的分布情况。我根据朴永心的回忆，开始把寻访的重点放在当时南京的下关地区，因为那里是

"慰安所"集中的地区之一,又邻近铁路,符合朴永心老人讲述的情况。但我们寻访数日,找到的几家"慰安所"旧址都与朴永心的其他回忆不符。在苦恼中,我忽然想到,南京原有一条市内小铁路,从下关南下,穿城而过,直到城南的中华门附近出城,与宁芜铁路连接。这条市内小铁路在清末建造,营运多年,直到1958年"大跃进"时才拆除,改成马路,在城南的那段就是现在的长白街,而那里正是日军"慰安所"最为集中的地区。我们何不到那里调查呢?

经过讨论,我们最后确定把位于南京市中心的太平南路、科巷、长白街一带作为重点调查地区。因为那一带当年是日本侨民集中居住的地区——所谓"日人街",又离日军兵营很近,并且有几家规模较大的"慰安所",南京当地的老人当时称作"日本窑子"与"高丽窑子"。

我们的察访活动得到了南京许多热心市民的支持与帮助。我们先后察访了位于文昌巷白菜园的"菊水楼慰安所"旧址、寿星桥口的"吾妻楼慰安所"旧址、常府街的"松下富贵楼慰安所"旧址等。最后确认,位于利济巷2号与利济巷18号的两处"慰安所"旧址似乎最符合朴永心老人讲述的情况。

利济巷2号与利济巷18号的"慰安所"旧址紧相邻接,在抗战前是一位名叫杨普庆的大户人家新建的高级住宅区与一座旅馆,称为"普庆新村"。利济巷北口是中山东路,隔马路就是著名的中央饭店。1937年12月日军攻占南京后,就把这片房屋占据,改作"慰安所"。据日伪档案记载,这两家"慰安所"分别称为"东云慰安所"与"故乡楼慰安所"。当地老人告诉我们说,日本人开设"慰安所"是公开的,并不遮掩,因此当地中国人都知道。

我们来到利济巷2号。这是一座长方形的水泥砖瓦结构的二层楼洋房,虽然陈旧,但保存完好。住在里面的居民并不讳言它当年的历史,并给我们指认这家原"慰安所"的大铁门、门房及其他设施所在地。我们进入这座楼里，看到一楼与二楼的中间都有一条狭长的通道，通道两边是两排分别朝南、朝北的小房间，一间连着一间、房门对着房门，就像旅馆一样。一楼有14间房间；二楼有16间房间。房间里的床位也很奇特，都凹陷在里面，不像中国的卧室，据知情人介绍，那是当年日本人放榻榻米用的，可以起遮挡的作用。在二楼一个房间的上面有一间狭小的阁楼，知情人说，这是当年禁闭处罚不听话的"慰安妇"的地方。楼里的一位住户陶小年告诉我们，原来每个房间的门上都钉有一块圆形的号码牌，他家的号码是"12号"或"18号"。那么以此类推，这幢楼房里肯定有"19号"，那是朴永心提供的房间号码。一楼进门处有一吧台。在这座洋房外的西南面，是一座临街的二层楼房，一楼中间有一条过道，有大铁门，在门口设一"售票处"。当地南京居民称这家"慰安所"为"高丽窑子"，因为他们看到这家"慰安所"里的"慰安妇"多是年轻的朝鲜妇女。日军官兵到这里时，要在大铁门口购票入内。世代居住在利济巷14号的扬秀英老太太（1909年出生）在接受我们采访时说，她们全家在1938年春夏之交，从逃难地六合老家返回这里居住，先摆香烟摊为生，后开了一家"德胜祥烟酒杂货店"，一直居住至今。当时她家四周住有许多日本人，有的住家，有的开店、开洋行，还有的开"慰安所"。她向他们学会了讲日语。"高丽窑子"就在她家房子的后面，老板千田常到她家杂货店购买烟酒等物。她认识这家"慰安所"的许多朝鲜"慰安妇"，因为这些女人都穿的是朝鲜服饰，所以知道她们是朝鲜人。她看到每天晚上都有许多穿军装、挎军刀的日军官兵来此，周末来的更多，老板千田都要到门口迎接。另一位沈玲老人（1927年出生）告诉我们：在日据时期，她家住在利济巷6号楼上，就在"东云慰安所"的前面，当时她才十二三岁。她常透过窗子看到，每天都有许多日本军人进入利济巷2号的楼房内，有朝鲜姑娘为日军脱衣等。

更令我们惊喜的是，当地老住户告诉我们，在这座楼的不远处，原来有一个面积很大的大水塘，叫丁家大塘，在1958年被填平了，上面建了一

笔者于2003年在原"东云慰安所"旧址调查

所中学,就是现在的南京二十二中。在利济巷2号楼房的东面,原来也不是建筑群,而是一片操场,南京沦陷时是日军的操练场。在利济巷2号附近,有许多日本人开的店,其中有一家寿司店;还有两家中国人开设的药店与诊所,都替人看病。在利济巷的东面不远处,原是一条市内小铁路,在清末建造,营运多年,直到20世纪50年代才拆除,改成马路,就是现在的长白路——这一切都与朴永心的回忆十分相似或相近。

利济巷18号位于利济巷2号的北面,与利济巷2号相通。这里有8幢格式相同的二层洋楼,规格设备要比利济巷2号高。当地老人告诉我们,在南京沦陷时期,这"窑子"里面多是日本年轻姑娘,穿着日本的和服与木屐。"慰安所"门口有日本人收票。中国居民称它为"日本窑子"。当时居住在利济巷、以卖米为生的张万宣(1922年生)在接受我们采访时说:"利济巷18号是'日本窑子',是日本人开的。来此的嫖客是日本军人,买票入内。卖票的也是日本人。妓女都是日本人,穿日本衣服。"扬秀英老太太的儿子张传铭（1931年生）在作证时说："日本投降时我十多岁，知道一些事。当时我家左右隔壁都住着日本人，利济巷16号是日本人开的池田洋行。离我家不远有一个垃圾箱，里面丢了很多避孕套。当时中国人不知道用这些东西的，所以证明利济巷18号是'日本窑子'，18号里面女人都穿和服。"当地老人清楚地记得，这里大门口挂着"故乡楼"的招牌，是这家"慰安所"的名称。这与我以前在档案中查到的史料也对上了。

（六）朴永心确认了当年日军"慰安所"的旧址

经过近一年时间的联系与各方面的工作，在2003年11月19日，朴永心老人在西野瑠美子等中日学者的陪同下，终于重回南京。11月20日，当她来到南京市中心的利济巷2号那座二层旧式楼房前时，很快就认出了她当年遭受日军侮辱与摧残的伤心之地——日军的"慰安所"旧址。她只说了简单的一句话："就是这儿了！"就再也无法控制自己的情绪，失声痛哭。陪同人员怕这位已81岁的老人发生意外，赶紧搀扶着极度悲伤与愤怒的老人离开了。

第二天，11月21日，在陪同人员的周密安排下，朴永心老人再次来到利济巷2号那座二层旧式楼房，一边流泪，一边回忆与指认当年的遗迹。在二楼第19号房间，她无力地说："这个房间就是我从前来过的地方，是我被拉进来的地方。我太痛苦了！我又回到了原来的那个地方。"

朴永心被接到南京，重回"东云慰安所"

利济巷日军"慰安所"旧址立碑揭碑仪式
（左起第二为笔者）

朴永心老人勇敢地以自己的亲身经历为那段不能忘记的血泪历史作证，为揭露日本军国主义的侵略暴行作证，为反击日本右翼势力妄图否定"慰安妇"制度罪恶作出了别人无法替代的贡献。朴永心老人用血泪写下的历史是任何人抹杀不了的，它永远是对日本军国主义暴行的最有力的控诉！

2014年6月7日，南京市人民政府批准将利济巷日军"慰安所"旧址正式定为南京市文物保护单位。2014年6月25日，南京市人民政府以及各有关单位、社会各界人士，共同举行了利济巷日军"慰安所"旧址定为南京市文物保护单位的立碑揭碑仪式，笔者作为专家，应邀参与揭碑。

利济巷"慰安所"旧址目前有7幢房屋，约两千平方米，是南京乃至亚洲地区最大、保存最完整的一处日军"慰安所"旧址，也是唯一的一处曾被在世"慰安妇"指认过的"慰安所"建筑。2015年，"东云慰安所"旧址被改造成"侵华日军'慰安所'遗址博物馆"的一部分。这处浸透了"慰安妇"血泪历史的民国建筑，将会得到永远的保护，向中国人民和世界人民揭露日本军国主义的暴行。

十一、苏联"空军志愿队"血洒中国长空

自 1937 年 7 月抗战开始至 1937 年年底，在这几个月的时间里，中国空军取得了辉煌的战果，但这主要是凭我空军人员同仇敌忾、不怕牺牲的士气完成的。日军飞机虽然被我们消灭了 3 个重轰炸机队及部分战斗机，但我国空军损失也很严重，而且因重工业落后，战场损耗得不到及时的补充，我空军战机储备从开战初的三百多架战机，迅速减到约三十架战机，严重影响了中国抗战。

就在这危难之时，苏联向我国伸出了援助之手。1937 年 8 月 21 日，中苏两国签订《互不侵犯条约》。苏联领导人希望以支持中国的抗战，牵制住日本的战力，从而保障苏联的东部边界安全，避免陷入"西抗纳粹德国、东防日本"的两面作战的困境。苏联首先借给中国一笔款项，用以购买中国急需的军用物资——军用飞机、坦克、大炮、机枪、弹药等；接着派遣军事顾问与空军志愿队来华参战。从 1937 年年底到 1939 年年底，在这约两年多时间中，苏联总计供应中国飞机 1250 架，先后派遣来华的空军志愿队人员两千多人，其中飞行员 1091 人。碍于当时的国际环境与日苏关系，苏联政府要求中国政府对苏联空军志愿队等援华事项，严加保密，因而当时的中国报刊就把苏联空军志愿队的在华作战事迹，当作中国空军事迹，加

以报道和宣传。

（一）保卫南京与武汉

1937年11月，苏联首次派出的两个"空军志愿队"——一个轰炸机大队、一个驱逐机大队——到达中国。苏联派来的这批空军人员均属现役，为避免授日本以口实，对外则称"空军志愿队"，又称"正义之剑"大队。他们一到中国，就投入了保卫南京的对日空战。

从1937年8月15日开始，日本战机就对国民政府首都南京进行了长达4个月的空袭；到1937年12月初，日军兵分三路，对南京包抄进攻，日机对南京的空袭更加猛烈。中国空军战机少、性能差，飞行员们抱着爱国热情腾空杀敌，历经数月，伤亡惨重，到1937年12月初，中国空军能上天的作战飞机已不足20架，而且机种极不统一，在速度、性能、火力上更都处于劣势。

1937年11月22日，苏联"空军志愿队"的驱逐机大队部分战机飞抵南京机场。因为他们在飞到中国后，遭日机跟踪袭击，又由于情报不灵和天气不好，有几架飞机迷航迫降，因而这时仅剩七八架了。但在保卫南京最后阶段的激烈空战中，这七八架苏联驱逐机与中国空军配合，同敌机作战多次，战术熟练，作风顽强，战果累累。在一次空战中，苏联飞行员库豆莫夫击毙了日本号称"驱逐机四大天王"之一的白相定南。

1937年12月初，由基达林斯基大队长率领的苏联轰炸机群轰炸了上海黄浦江上的日军舰队，由马琴副大队长率领的另一个轰炸机群轰炸了上海日军机场。由于这时中国空军的轰炸机因损失严重，已停止对上海空袭多时，在上海的日军疏于防范，因而当苏联轰炸机突然参战，飞至上海实施空袭时，就给了敌人沉重的打击；同时还击落日军驱逐机3架，创造了轰炸机击落驱逐机的奇迹。空袭中，领航员彼得洛夫牺牲，驾驶员萨洛宁负伤，但仍坚持驾机返回南京机场。

1937年12月13日南京沦陷后，苏联"空军志愿队"移驻南昌机场，与中国空军协同，多次参加了保卫武汉的空战。

1938年4月29日是日本的所谓"天长节"——天皇裕仁的生日。中、苏空军指挥员预计日军将对武汉进行大规模的空袭，因而早就制订了周密的作战计划。果然，4月29日下午2时30分，由27架战斗机与18架轰炸机组成的日军机队，黑压压地飞临武汉上空，企图袭击轰炸汉阳兵工厂、军政机构与空军机场。中、苏空军按计划，由中国空军第四大队及第三、第五大队一部与苏联"空军志愿队"的部分战机共67架，组成优势的战斗机群，分上、中、下三层，包围日机，激战半小时，击落日机21架，我方仅损失飞机4架，而其余的日机慌忙返航。当他们逃至中途时，预先埋伏在云层中的苏联战机冲出来猛烈扫射，击落多架日机。在这次大规模的激烈空战中，中国飞行员陈怀民与苏联飞行员舒斯捷尔在自己的战机负重伤后，不约而同地都选择了用自己的战机撞向日机、与敌人同归于尽的悲壮结局。

1938年5月31日，54架日机再次来袭武汉。苏联"空军志愿队"起飞31架次，中国空军第四大队起飞19架次，组成立体机群迎敌。开战后，日机转向东逃，我机跟踪追击，激战仅15分钟，击落日机14架，堪称速战速决之一役，我军仅损失两架飞机，牺牲中国飞行员一人。苏联"空军志愿队"的飞行员古班柯在击落一架日机后，子弹用尽，便利用苏制战机坚固结实的优势，用螺旋桨将另一架日机撞毁坠落，自己却安全着陆。

1938年10月25日武汉陷落后，苏联"空军志愿队"随中国空军，移驻衡阳等地的机场。1938年12月间的一天，敌机夜袭衡阳机场。苏联"空军志愿队"驱逐机大队长拉赫曼诺夫单机迎战，击落敌机2架，却不幸在返航落地时失事牺牲，这令中苏两国空军人员极为悲痛。

（二）轰炸日军机场

为了从根本上消除日机的空袭，苏联"空军志愿队"还多次与中国空军配合，深入敌后，轰炸日军戒备森严的机场。

1937年12月13日日军占领南京后，立即以南京机场为基地，空袭中国内地各城市。

1938年1月2日凌晨5时与下午2时，苏联"空军志愿队"由大队长波留宁率领轰炸机群，与中国空军的战机配合，两次空袭了南京大校场日军机场，炸毁、炸伤日轰炸机二十多架。日军没想到中国空军在南京失守后这么快就来空袭，毫无准备，损失惨重。日军战机在仓促中升空，双方展开激烈的空战。当时留驻南京、在金陵大学医院担任行政主管的美国传教士麦卡伦，在当天的日记中记载：南京日军遭到了"一场来自中国方面的真正的空袭"，"日方吃惊不小，对此毫无准备，惶然失措，后来日本飞机立即采取行动，疯狂反击。"担任"南京安全区国际委员会"主席的德国商人拉贝，在当天的日记中写道："今天中国轰炸机首次飞到南京上空，对此我们虽然充满忧虑，却等待已久。它们绝不是作为朋友而来，而是作为敌人而来！它们投弹像日本人以前一样准确，但是到目前为止，谢天谢地，炸弹大多扔在了同一个地方，即城南的机场及其周围地区。日本人的飞机也出现了，但是很少，相当弱。"正被日军屠杀与蹂躏的广大南京难民，第一次看到祖国的战机飞临南京，知道中国政府没有因首都失守而屈服，中国仍在英勇地抗战，不禁燃起了希望之火，额手称庆。他们传说空袭炸毁了20架日机，炸死了200个日本人。拉贝说："这可能太夸张了，但多少有些根据。"

1938年1月26日，中国空军与苏联"空军志愿队"在充分的准备后，再次轰炸了南京日军机场。在空袭前一天，蒋介石在汉口接见了中国空军前敌总指挥部副总指挥毛邦初和苏联"空军志愿队"轰炸机副大队长马琴等人。蒋介石说："据可靠人士告诉我们，日本人在南京机场集中了大批轰炸机和战斗机，显然，他们最近就要袭击我们的目标。我希望空军能提前给南京机场一次打击，要尽可能快些。马琴先生希望战斗机能为轰炸机护航的建议，我已经知道了，我们正在考虑这个问题，现在没有这个可能，但我们要尽快解决。"中苏双方空军将领当天（25日）制定了此次空袭的战斗方案：目标——轰炸南京机场；队形——楔形队列；负载——50%爆破弹和50%燃烧弹；俯冲高度——4300米；备用目标——南京东南的铁路；时间——明天一早起飞。26日拂晓，中、苏空军的13架战机，从南昌机场起飞，直飞南京。中、苏战机穿过浓密的云层，巧妙地避开了日军的防空监视哨，突然出现在南京上空，对日军机场进行了密集和连续的轰炸，停在机场上的二十多架日军轰炸机被炸毁。苏联"空军志愿队"轰炸机副大队长马琴看到"从机场上升起了巨大的火舌和一团团黑烟，响起了猛烈的爆炸声，停机坪上激荡着爆炸的气浪，机场周围笼罩在一片烟与火之中。这是加过油的日本轰炸机、油库和弹药库在爆炸和燃烧"。日机未能及时回击，直到中、苏战机完成空袭、飞越长江返航后，才有十余架日机升空追击。在空战中，日机又被击落4架。身处南京城内的德国商人拉贝在1月27日的日记中写道："昨天早上6点左右，我被一阵很像是中国空袭警报的声音吵醒了……紧接着的爆炸声却告诉我，这不是梦，而是严酷的现实。终于，日本人也用上了电动警报系统（警报声持续了很长时间）。这是中国飞机在自己的机场上空轰炸。机场不断地被重新平整，又不断地被炸得面目全非。这时麦卡伦早已起床，正在机场附近为医院大批采购蔬菜。他亲眼看见一所房子被击中，顿时燃烧了起来。据电台报道，一架日本飞机被击毁。"

台北松山机场是日本侵华战争初期最大的军用机场，危害极大。1938年2月23日是苏联红军节。这天，苏联"空军志愿队"由大队长波留宁率领，28架轰炸机以3个编队，从汉口机场起飞，径直飞往台北。航程中，天气恶劣，浓云挡道。苏联飞行员为了争取时间，不顾缺氧的困难，驾驶战机钻进云层。到达台北松山机场上空后，苏联飞行员驾机钻出云层，见日军毫无觉察，机场上停放着数排涂有"太阳"标记的各式战机。大队长波留宁下令各机作好战斗准备，便带头向机场俯冲下去，一按电钮，一排排炸弹带着尖锐的呼啸声飞向机场，在日机群与机场仓库中爆炸。其他苏联战机也迅速投入战斗，向未曾爆炸的日机与机场设备猛烈扫射，投下数百吨各式炸弹，像狂风暴雨般袭向敌人。转瞬间，日军的12架战机被击毁，机场的油库燃起熊熊大火，可使用三年的航空汽油与许多军用物资被烧毁，机场也遭到严重破坏，在很长的时间内不能使用。空袭任务完成后，苏联战机全部安全返回基地，宋美龄设宴为他们庆祝。而日本驻台湾总督引咎辞职，松山机场警卫司令剖腹自杀。

1938年10月底日军占据武汉后，苏联"空军志愿队"对武汉日军机场进行过三次战果辉煌的大轰炸：

第一次是在1939年8月14日，由大队长库里申科率领的轰炸机群，轰炸武汉机场，重创日军；遭遇日空军阻击，在机场上空展开激烈空战，击落日机6架。

第二次是在1939年10月3日，"空军志愿队"远程轰炸机二十余架轰炸武汉机场，炸毁敌机五十多架和机场油库，炸死日军一百三十多人，重伤日本第一航空队司令冢原二四三。

第三次是在1939年10月14日，"空军志愿队"二十余架远程轰炸机又一次轰炸武汉机场，炸毁敌机103架、油库一座、汽车四十余辆，炸死日军官兵三百六十多人，其中包括飞行员六十余人。在空战中又击落敌机3架。这是一次振奋人心的空战。

（三）210名苏联空军勇士血洒中国长空

自1937年10月起至1940年，苏联"空军志愿队"在中国牺牲210人，其中包括轰炸机大队长库里申科、驱逐机大队长拉赫曼诺夫等人。

轰炸机大队长库里申科是在1939年年初率领一批远程重轰炸机"达莎"号飞来中国的。这一批新式的重型轰炸机，以成都城南的太平寺机场为基地。库里申科一面率领与指挥苏联战机作战，一面培训中国的空军人员。他对正经受日本侵略与战争苦难的中国人民怀有深深的同情，对日本侵略者则是强烈的憎恨。他多次说："说实话，我像体验着我的祖国的灾难一样，体验着中国人民正在遭受的灾难。我每当看到遭受日本战机炸毁的建筑物与逃难的人群就难过。我们要敌人付出多倍的代价，要敌人在我们的打击下仓惶逃命。"

1939年8月14日清晨，库里申科驾着领航机，率领苏联"空军志愿队"轰炸机大队，飞临武汉上空，轰炸日军军用目标。日军空军驾着纳粹德国供给的米式战机升空阻击。双方展开激战。在战斗中，"空军志愿队"击落日机6架。不幸的是，库里申科的轰炸机被日机击中左发动机。库里申科用单发动机冲出了重围，沿着长江向成都回飞。但当飞机飞至万县上空时，机身失去了平衡，不能继续飞行。库里申科为了保护飞机不受损失，毅然决定放弃跳伞，冒险驾着只有单发动机的轰炸机，平稳地降落在长江的江心水面上，飞机保住了。库里申科带着轰炸员与射手脱下飞行衣，跳到江中，向岸边游去。轰炸员与射手游到了岸上，库里申科却因疲劳过度，被江水卷走，壮烈牺牲。

苏联"空军志愿队"在中国危难之时，对中国抗战进行了可贵的援助，共击落日军战机986架，击毁、击伤日军战舰一百多艘，其中包括一艘航空母舰、一艘巡洋舰。中国人民将永远怀念那些援助中国抗战而血洒中国长空的苏联空军勇士们!

　　1939年9月1日,纳粹德国对波兰发动闪电战,第二次世界大战全面爆发。苏联依照事先与德国秘密签订的协议,趁机向波兰东部出兵,与纳粹德国共同瓜分了波兰,并在卡廷秘密屠杀了两万多被俘的波兰军官。此后,由于国际形势的变化与苏联外交战略的调整,苏联政府有意与日本缓和关系。1941年4月13日,苏联和日本在莫斯科签订《日苏中立条约》,苏联宣布"尊重'满洲国'的领土完整与神圣不可侵犯性",不仅承认"满洲国",还逐步撤回了所有在华的苏联"空军志愿队"人员,停止了对华援助。中国进入对日孤军作战的最困难时期。这段时间,日本的战机完全控制了中国的制空权,肆无忌惮地狂轰滥炸中国各地的军民,只有美国的一些空军志愿人员来华参战,支援中国抗战。直到1941年12月7日,日本偷袭珍珠港,引发太平洋战争,世界反法西斯统一战线形成,美国的援华航空队进入中国。在此后三年多时间内,除了纳粹德国和墨索里尼的意大利法西斯,只有苏联继续与日本保持外交关系,直到1945年8月8日,即日本通过瑞士和瑞典向盟国乞降的前两天,这种关系才戛然而止。

十二、奇兵袭敌后

——八路军挺进华北敌后

1937年七七事变爆发后，为抵抗外侮，国共两党进行了第二次合作，标志抗日民族统一战线形成。根据国共两党达成的协议，1937年8月20日，中共中央军委将陕北主力红军改编为八路军，下辖第一一五师、第一二〇师、第一二九师3个师，全军兵力共42000人。1937年8月22日，国民政府军事委员会正式宣布，将西北红军改编为"国民革命军第八路军"，朱德、彭德怀分别任正、副总指挥；1937年9月11日，国民政府军事委员会按全国陆海空军战斗序列，下达命令：将八路军改称国民革命军第十八集团军，朱德改任总司令，彭德怀改任副总司令。9月14日，朱德、彭德怀发布八路军改为第十八集团军的通令；但此后，仍习惯称为"八路军"。

当时华北危急，八路军主力迅速开赴山西前线，抗击日军。

（一）首战平型关

1937年9月25日上午8时半许，在山西省东北部的内长城一线，在平型关东北的崇山峻岭中，从小寨至老爷庙之间约五里长的公路上，开来日军载重汽车八十余辆，与后面的百余辆马车连成一线。汽车上有约千名日军，马车上装载着各种辎重物资，后面跟着少数护送车辆的骑兵，正由东向西，向东跑池输送。车声隆隆，声势吓人。这是日军精锐的第五师团——板垣师团第二十一旅团的一支补给部队。由于雨后道路泥泞，队形拥挤，行车缓慢。也许由于进入山西境内以后连战皆捷，进展顺利，骄纵的日军警戒异常疏忽，根本没有察觉到他们已进入八路军主力部队第一一五师的埋伏圈，更不知道一场打击他们气焰的重大的战役即将发生。

卢沟桥事变后，日本侵华的战略重心，首先是在华北，企图在完全控制黄河以北地区后，再继续向华中、华南、西北、西南进攻。日军于1937年7月底占领北平、天津后，即以"速战速决"的战略方针，分兵向三个方向进攻：一路沿津浦路南下，进犯山东；另一路沿平汉路南犯，进窥河南；还有一路沿平绥路西进，进攻察哈尔、晋北。其中沿平绥路进攻的日军第五师团，由板垣征四郎指挥，在关东军参谋长东条英机指挥的关东军第一、第二、第十一、第十五独立混成旅团的配合下，在南口和天镇击溃国民政府军，迅速占领山西北部的大同、蔚县；然后以追击姿态，于9月20日前后，进入涞源、灵丘、浑源、怀仁、左云一线，准备南下进攻忻口，与从娘子关西进山西的日军会师，共同攻占太原。

此时，国民政府第二战区司令长官阎锡山为确保晋北要地，下令由平绥沿线后撤之晋绥军和中央军一部，在平型关、雁门关、神池一线，沿内长城布防，阻敌前进，并企图在繁峙城至沙河地区与日军决战。他要求刚开抵山西前线的八路军，以第一一五师出五台、灵丘、蔚县地区，待日军进攻平型关时，从敌后夹击；以第一二〇师位于晋西北地区，待日军进攻雁门关时，侧击日军。

1937年9月22日，日军在平型关和东跑池一线，遭到国民政府守军的阻击，展开激战。

第一一五师在师长林彪率领下，于8月底由陕入晋，根据八路军总部指示，向平型关急进，在经过侦察敌情后，制订了作战计划。9月24日夜，部队冒雨向战地开进；25日拂晓前到达平型关东北之公路南侧山地设伏，其部署是：

第三四三旅之第六八五团（团长杨得志）隐蔽于白望台以西一带，消灭关沟至老爷庙（不含老爷店）之日军；

第六八六团（团长李天佑，副团长杨勇）埋伏于右侧地区，消灭老爷庙至蔡家峪（不含蔡家峪）一线日军；

第三四四旅之第六八七团（团长张绍东）在蔡家峪至韩家湾一带担任阻援任务；

第六八八团（团长陈锦秀）作为师预备队，尚未到达战地。

9月25日清晨，第六八五团、第六八六团分别进入阵地，在小寨村、老爷庙、关沟一线公路南侧隐蔽待敌。但控制公路两端、雄踞公路北侧之制高点老爷庙高地，因我方来不及埋伏兵力，只能等到战斗打响后抢占。

9月25日上午8时半许，日军已完全进入伏击圈。突然，一声信号枪响起，第一一五师各部全线猛烈开火。日军突然遭到意外打击，一时不知所措，汽车马车充塞道路，行军纵队顿时瘫痪，伤亡多人。第一一五师各团趁日军混乱之际，首先呼喊着向公路南北两端发起冲击：第六八五团迎头截击，歼灭日军先头一部，封闭了日军南窜道路；第六八七团在蔡家峪和西沟村之间，分割包围了日军后尾部队，并抢占韩家湾北侧高地，切断了日军的退路。这样，八路军就从公路的南、北两面，截断包围了日军，形成瓮中捉鳖之势。公路的东、西两侧则是崇山峻岭。第六八六团第二营冲过公路，迅速抢占了老爷庙等战场制高点。

第一一五师各团将日军分割包围、压缩于山谷之中，然后从公路南北两端与东西两侧，居高临下，向日军猛烈开火；接着，战士们勇猛地向公路冲击。刹那间，巨大的冲杀声震撼山谷。日军东奔西窜，利用汽车、水沟进行顽抗。山沟里烟雾弥漫，枪声震耳。我军战士们钻进了烟雾里，往前跑，往前爬，往前滚，终于冲上了公路，同敌人展开了白刃肉搏战。公路上枪托飞舞，马刀闪光，刺刀发红，吼杀声、枪击声、爆炸声，杂乱地搅成一团。此时有几架敌机飞临战场上空，企图支持地面部队，但由于双方展开近战肉搏，敌机无法扫射投弹。

日军开始因不熟悉山地战术的特点，始终在公路上挨打。不久，日军指挥官猛然醒悟过来，挥刀喊叫，指挥日军连续向老爷庙冲锋，企图夺取制高点，向北突围。控制老爷庙及其以北高地的第六八六团第二营，在第一营、第三营协同下，不断地对冲上来的日军进行猛烈的手榴弹攻击，使其企图未能得逞。日军被打得爬到汽车底下，仍然顽抗。八路军战士们因初次与日军作战，不懂得烧毁汽车，使敌人失去屏障，还以为日军被打狠了就会缴枪，向那些躲在汽车下的敌人喊起话来："缴枪不杀！"然而，日军不仅不懂中国话，而且是一群经过武士道训练的野兽！他们满脑子装的是"占领中国"，他们只懂得向中国人开枪，绝不会轻易缴枪。因此，许多战士反而被垂死的日本人杀伤了。

为解救被围日军，先期进占东跑池之日军一部，试图回援老爷庙，但被第六八五团所阻。日军第五师团长板垣征四郎急令在蔚县、涞源之日军向平型关增援，也被第一一五师独立团（团长杨成武）、骑兵营阻击于灵丘以北、以东地区，并在灵丘以北之腰站被毙伤三百余人。

激战至中午时，第一一五师的预备队第六八八团终于攻上来了。我军采取两面夹击、前后围攻之策略，把辛庄、老爷庙、小寨村一线山谷中的日军，干净彻底地歼灭在六七里长的夹沟中。只见马路上、山沟里、半山上所有望得见的地方，再没有活着的敌人，有的只是一堆一堆横卧直倒着的敌人尸体。曾经耀武扬威的大大小小的太阳旗，都像垃圾一样乱扔在地上，被战士践踏，这正象征着万恶的日本侵略者最后的下场。

平型关战斗消灭日军一支近千人的补给部队，击毁敌卡车八十余辆，缴获九二式步兵炮1门、步枪三百余支、机枪二十余挺、山炮弹三千余发和大批军用品，获得了全面抗战以来的第一个较大的胜利。

然而，第一一五师参战部队也伤亡了四百多人，当时中共开往前方的军队总共才不足 3 万人，这不能不说是很大的伤亡数字。这一数据震动了以毛泽东为核心的中共高层。

毛泽东在国共合作进行抗战后，就一直力主由中共红军改编的八路军只能与国民政府的军队作战略上的配合，而不能服从其战役的指挥，八路军必须"开展独立自主的山地游击战"，即避免与日军正面交锋打阵地战，而是分兵去占领广阔的山区农村。因为这里原有的国民政府的基层政权已经崩溃，而日军因兵力限制也无力顾及，形成了空虚地带。八路军利用这些有利条件，在这些地区迅速组建中共领导的政权，扩大八路军和地方武装，扩大中共党组织，开展游击战争，建立和不断扩大根据地。但毛泽东的这一战略构想，一开始因诸多原因并未能够展开。1937 年 8 月底在陕北洛川召开的会议上，毛泽东的主张仍没有引起重视。直到得知这次平型关战斗的战果，毛泽东在震动之余，连电八路军前方各将领，进行说服与指示，终获成功。

1937 年 11 月太原失陷后，八路军 3 个主力师向华北敌后实行战略展开：

第一一五师兵分两路，由罗荣桓率主力南下晋东南，后又转赴山东；另由聂荣臻率 3000 人，进入五台山腹地，后进入阜平，创建晋察冀抗日根据地；

第一二〇师进入晋西北、晋西，以管泽山、吕梁山为依托，创建晋绥和晋西抗日根据地；

第一二九师进入晋东南，后分兵进入冀南、豫北，以太行山为依托，创建了晋冀豫等根据地。

各部开展独立自主的山地游击战争。自 1938 年 4 月起，八路军各师主力由山区分别向冀、鲁、豫等区的平原挺进，开展平原游击战争，开辟了冀中、平西、大青山、冀东、冀南、冀鲁边、冀鲁豫、山东等抗日根据地。到 1939 年年底，八路军各部先后完成了在华北敌后实行战略展开的任务，成为华北敌后抗战的中流砥柱。

（二）击毙日军"名将之花"

1937年10月底日军在占领武汉之后，将其战略的重心转移到敌后各抗日根据地，从1939年开始，日军对各抗日根据地进行疯狂残酷的大"扫荡"。八路军、新四军在广大民众的积极配合下，利用敌后根据地的有利的地形，采用巧妙的战术，与日军进行了艰苦卓绝的斗争。1939年11月7日，晋察冀根据地军民击毙日军"名将之花"阿部规秀就是其中最光辉的一笔！

阿部规秀是驻张家口的日本"蒙疆驻屯军"司令官兼第二独立混成旅团团长，时年52岁。此人早年毕业于日本陆军教导团，由下级军官逐渐晋升为中将。他的"巨大声誉"来自潜心研究战术，曾撰写过《战争论》《战争学》《现代战争探讨》等文章，以擅长打山地战著称，被日本军界称为战术名将，享有"名将之花"的盛誉。1939年10月底，日本"华北方面军"对晋察冀边区进行冬季大"扫荡"，他被任命为北线总指挥。

此时的太行山区正值深秋时节，秋风萧瑟、草木枯黄。晋察冀军区一分区司令员、年仅25岁的杨成武突然收到敌情报告：日军的阿部规秀派大佐辻村，率一千多日军伪军，已从张家口进驻涞源，拟向我根据地进犯。军情紧急，杨成武经过缜密研究后，向晋察冀军区司令员聂荣臻汇报并主动请缨，决定在地势险峻无比的雁宿崖设伏。

雁宿崖是一段长达几百米的悬崖峭壁，这里的地形酷似一个天然的"口袋"，如果将军队埋伏在两侧，待敌人进来之后，再用火力封锁住崖口，南堵北截，敌人纵使插翅也难以逃脱！据史料记载，连两千多年前的秦始皇都知道，雁宿崖一带是防御匈奴南下的天险屏障。

1939年11月3日拂晓，辻村率一千多日军、伪军，缓慢地开进雁宿崖。八路军早严阵以待，7时左右，冲锋号一吹响，埋伏在两侧的两百多挺轻重机枪一齐向敌人劲射，手榴弹的爆炸声和战士的厮杀声震得山谷都在颤抖。日军突然遭受袭击，顿时队形大乱，慌忙抵抗，企图突围。我军战士与敌人短兵相接，展开了殊死的肉搏战。经过一天的激烈搏杀，共歼灭辻村大队日军官兵六百多名，俘虏13人，击毙辻村，只有少数敌人漏网！

杨成武知道日军的报复心极强，每逢作战失败，总要重整旗鼓，寻求报复；其损失越是惨重，报复就越发凶狂。他们惯用的套路常常是败兵刚一归巢，大队人马就倾城出击，企图趁我军正在消化胜利果实之机，猝然报复，打我军一个措手不及。杨成武下令各部队立即转移，隐蔽待命。

果然，到了当日夜里，中共地下党组织从涞源城送来消息：张家口日军独立混成第二旅团的4个大队，共一千五百多人，分乘90辆卡车，向涞源急驰而来。涞源城内彻夜不宁，日军到处抓人，弄得鸡飞狗叫，准备在第二天，沿辻村原来的进攻路线，经银坊到雁宿崖，寻找八路军主力决一死战。杨成武打电话向聂荣臻报告，要求再打一仗。聂荣臻同意了杨成武的要求，并且派来一部分兵力增援，参加这次战斗。聂荣臻指示杨成武："再把敌人往前引，引到黄土岭，集中优势兵力，再打一场漂亮的歼灭战。"

当时杨成武并不知道，这次率领日军的指挥官，就是日军中赫赫有名的阿部规秀。

11月4日，阿部规秀亲自率领日军独立混成第二旅团的4个大队，越过白石口长城，进到雁宿崖。他们把已被我军埋葬的日军官兵尸体挖出，架起木柴大火焚尸。11月5日，日军从龙虎村东进。我军按照既定方案，忽而坚决抵抗，忽而大踏步后退，紧紧地缠住日军。阿部规秀急于寻找我军主力决战，越是急躁，就越摸不清楚我军的动向。11月6日凌晨，敌人按捺不住急迫的报复心情，倾全力沿着崎岖的山路，向司各庄、黄土岭方向进犯。由于日军比较谨慎地分为3个梯队分进，比较谨慎，为保证日军全队进入我军的预设战场，我军采取"长线钓大鱼"的战法，丝毫不惊动日军，让他们当晚在司各庄、黄土岭一带，搭起帐篷，揭开行囊，安然地宿营。

黄土岭位于涞源、易县交接处,其东面都是由西南到东北走向的山谷,人们只有越过这些山谷,才能通向易县大道。山谷蜿蜒而去,长达2.5公里,谷侧山峦跌宕,整个地形如同一条长长的口袋,是一个绝佳的围歼战场。杨成武迅速作出部署,在一夜之间完成了对敌人的包围。阿部规秀做梦也没想到,由于他急欲为辻村大队报仇,深入黄土岭谷地,却钻进了我军布置好的"口袋"里,成为了一条上钩的大鱼。

11月7日,黄土岭地区阴雨蒙蒙。日军继续进行"扫荡"。其先头部队带着重机枪和轻机枪数挺,先十分警觉地占领路侧小高地,尔后示意大队前进。到下午3时,日军全部离开黄土岭,陆续进入峡谷中的小路。就在此时,我军的第一团、第二十五团迎头杀出,第三团、第二团及特务团等,从西、南、北三面合击过来,顿时数百挺轻重机枪同时射出,子弹狂风暴雨般倾泻在敌人的头上。日军被我军打得死伤累累,最后被压缩在长约三四里而宽不足百米的山沟中,进退不得。日军想凭借其优势兵力冲出重围,沿原路突围逃回涞源。我军趁敌人立足未稳,迅速抢占制高点,使整个地区完全被我军火力控制。敌人无路可逃,只得就地顽抗。

战斗期间,第一团团长陈正湘通过望远镜,发现在距对面小山头近百米的一个小院子里,有腰挎战刀的日军军官进进出出。他判定这一定是敌人的观察所或指挥所,急令分区炮兵连连长率部迅速上山,在团指挥所左侧展开,就地构筑阵地,目测敌指挥所距离大约800米,在有效射程之内。这时,陈正湘又发现一群身穿黄呢大衣的日军官,正站在院子前,用望远镜朝山头眺望,立即下令开炮。4发炮弹呼啸着飞过高空,在目标点爆炸,顷刻间,弹着点浓烟腾空而起,一片混乱。当时我军并不知晓具体战果,是在数日后才获悉,日军"蒙疆驻屯军"司令官兼第二独立混成旅团团长、黄土岭战斗的最高指挥官阿部规秀中炮身亡。这位"山地战专家"就这样在他最擅长的山地战中,丢掉了性命!日军由于失掉了指挥中心,匆忙撤退。到 11 月 12 日，整个战斗基本结束。至此，黄土岭战斗共计歼敌九百余人，战斗落下帷幕。

雁宿崖、黄土岭战役，前后历时 10 天，我军以伤亡 540 人的代价，歼灭日军精锐的第二独立混成旅团一千五百余人，击毙阿部规秀，给予日寇冬季"扫荡"以沉重打击。东京哀叹："'名将之花'凋谢在太行山上。"

（三）气贯长虹的狼牙山五壮士

狼牙山，屹立在易水河畔，位于河北省易县的西南，涞源的东南，满城的西北方，属太行山脉，海拔 1105 米。山上巨石、尖峰突起，形同狼牙。抗日战争时期，狼牙山是中国共产党领导的晋察冀边区东线的大门，是晋察冀边区一分区军民抗击日本侵略者的坚强屏障。

1941 年 8 月，日本"华北方面军"司令官冈村宁次指挥十多万日军、伪军，向晋察冀边区进行"扫荡"。其中一股敌人，约数千人，于 9 月进抵狼牙山周围，企图消灭晋察冀边区一分区的主力第一团。在狼牙山一带活动的第一团几经转战，撤到了狼牙山山脚下。9 月 25 日傍晚，第一团主力部队开拔，转向外线，只留下第七连坚守狼牙山，掩护大部队撤退，并负责保护隐蔽在狼牙山里的一个后方医院的伤病员及附近 4 个县的政府机关和群众，共三四万人。团长临别时嘱咐第七连："同志们，狼牙山就交给你们了！希望你们像狼牙山一样屹立不动，在明天 12 时以前，不准敌人越过狼牙山的主峰棋盘陀，保证主力能安全地跳出敌人的包围圈！"

日军的进攻开始了。日军的一个联队，在飞机大炮的掩护下，向第七连驻地——狼牙山下的一个村庄发起猛攻。第七连一会儿与敌人激战，一会儿和敌人兜圈子，扰乱敌军，掩护机关、后勤人员和群众转移到深山之后，然后再把敌人甩开。经过几次作战之后，第七连为了保存有生力量，在天黑后撤离了阵地，留下第七连的第二班、第六班坚守狼牙山，拖住敌人，待完成掩护任务后再相机退出阵地。第二班奉命守狼牙山北山脚的阵地；第六班坚守狼牙山山上阵地。

第六班原有9人，有3名伤员、1名病号随主力撤退，现在只剩5人。这5个人是：班长马宝玉，副班长葛振林，战士宋学义、胡德林和胡福才。他们转移到狼牙山的主峰——棋盘陀上。他们牢记着团长临别时的嘱咐，决心坚守住狼牙山，在明天12时以前，不准敌人越过棋盘陀，保证主力能安全地跳出敌人的包围圈。他们抓紧时间，连夜构筑工事，把团部留下的几箱手榴弹捆作一束一束的，分头埋在险要处；然后，手握钢枪，警惕地注视着敌人。

第二天拂晓，狼牙山下响起了枪声。大约有五六百敌人，像狼群似的向棋盘陀运动。马宝玉招呼大家："鬼子来了！准备好！"日军沿着山路爬上来。突然，天崩地裂般的巨响接二连三地响起。原来是昨天晚间5人埋下的手榴弹炸响了。顷刻间，烟尘四起，日本兵随着硝烟飞上天，摔进了山谷。敌人吃了亏，便用山炮、机枪一齐射向山头，打得碎石、弹片横飞。山上到处烧起熊熊大火。

按照事先拟定的作战方案，马宝玉指挥大家，利用炮火造成的烟幕，边打边退，一边向山上转移，一边用冷枪杀伤敌人，吸引敌人往陡坡上爬，拖住敌人，尽可能多地消磨时间。马宝玉俯视着慢慢跟上来的敌人，对大家说："我们必须在这儿坚守，堵住敌人。必要时，就往棋盘陀的顶上爬，把敌人引到死路上去。"大家立刻分散隐蔽，做好痛击敌人的准备。

敌人发起了几次冲锋，都被5位勇士打退了，拼杀了几个回合，杀伤了不少敌人。经过多次恶战，山头的杂草、灌木烧光了，到处是弹坑，山包上的土也被炮弹翻开了。飞来的敌机不断地对山头进行扫射和轰炸。5位勇士已有一天时间没有吃东西了，忍饥挨饿，嘴唇干裂，浑身泥土，衣服也被炮火烧坏了。激战到太阳正中时，日军始终未能前进一步，相反，在崎岖的山路上，横七竖八地躺着敌人尸体。

太阳西移的时候，5位勇士完成了任务，互相招呼着，开始撤退。然而，敌人紧紧尾追。于是他们果断地决定，避开大部队转移的路线，向三面都是悬崖的棋盘陀顶峰走去。傍晚，5位勇士登上了棋盘陀的顶峰。日军像疯狗似的追上来，5位勇士再没有地方可退了。这时子弹已经打完，马宝玉、葛振林、胡德林、宋学义、胡福才纷纷搬起石头，向敌群砸去。日本兵与石头一起滚落下去。不一会儿，敌人又蜂拥而上，高声号叫着："八路赶快缴枪，皇军优待俘虏！"马宝玉手里握住仅有的一颗手榴弹，猛地站了起来。葛振林、宋学义、胡德林和胡福才明白已到最后关头，一起向他靠拢，异口同声地喊道："拉吧，班长！"但马宝玉想了想，一咬牙，冲出几步，大声对冲上来的日军说："来吧，我们用手榴弹优待你们！"随后立即把手榴弹甩向了敌人。"轰"的一声响，又炸死炸伤了几个日军，其余敌人赶紧后撤。这时，班长马宝玉对战士们说："我们都是有骨气的中国人，宁死也不能当俘虏，宁死也不投降！为祖国、为人民牺牲是最光荣的！跳崖！"大家立即响应说："对！"于是，5位勇士摔断了自己的枪支，高喊着"打倒日本帝国主义"的口号，相继走向悬崖。马宝玉走在前头，他正了正帽子，拉了拉衣襟，然后，像每次发起冲锋一样，大喊一声："同志们！跟我来！"第一个纵身跳入深谷。副班长葛振林紧接着一个箭步也跳了下去。随后，宋学义、胡德林和胡福才一齐跳下悬崖。

五壮士跳下狼牙山悬崖之后，马宝玉、胡德林和胡福才三位壮士牺牲。葛振林、宋学义在半山被树杈挂住，死里逃生，但都身负重伤：葛振林跌坏了脊骨，宋学义摔断了腰骨。后来，他俩在群众的掩护和帮助下，找到了部队，被送进卫生队治疗。

1941年11月反"扫荡"胜利结束，晋察冀军区一分区召开嘉奖大会，军分区司令员杨成武代表晋察冀军区司令员聂荣臻，向葛振林、宋学义颁发了奖章、奖品；并追授马宝玉、胡德林、胡福才3人为烈士。从此，"狼牙山五壮士"的美名便流传于世。

十三、七七事变后日本扶植的四个伪政权

1937年7月底到8月初,日军陆续占领了北平、天津与华北广大地区。为扩大对华北地区的侵略,日本陆军参谋本部于1937年8月31日撤销"天津驻屯军"番号,编组成"华北方面军",任命寺内寿一为司令官,辖第一军和第二军,直辖第五师团、第一〇九师团、混成第十一旅团、临时航空兵团。该方面军的作战地域包括河北、山西、山东、河南以及绥远、察哈尔、江苏、安徽、湖北等省的一部分。

如何"统治"已占领的华北广大地区?这是摆在日本当局面前的一个迫切问题。

日本内阁陆相杉山元在给日本"华北方面军"的指令中,表示不同意日本现地军方在占领区直接进行军政统治,而应"严格去掉占领敌国的观念,政治机关要由居民自主产生"。这就是日本的"以华制华"殖民政策在全面侵华战争初期的表述。

同样的问题也出现在日军占领的华中广大地区。

1937年12月13日日军占领南京后,日本内阁会议于12月24日决定的《处理中国事变纲要》,指出:

> 自战争爆发以来,帝国政府就殷切地希望南京政府迅速放弃其抗日容共政策,与帝

国合作，为安定东亚作出贡献，并求在该政府反省的同时，收拾时局。然而，南京政府则仍然标榜长期抵抗政策，丝毫没有反省的表示。为了对付这种情况，又鉴于随着我军事行动的进展，帝国占领区域的扩大，需要尽快加以处理，今后不一定期望同南京政府交涉成功，而是……华北和华中方面要根据下述方针加以处理。

华北处理方针……其目标是，政治上成立防共亲日满政权。

上海方面处理方针。在军事占领区，应一俟时机成熟，即考虑成立与华北新政权有联系的新政权。目前应组织治安维持会……

日本当局考虑到中国国土面积的辽阔与中国民众"觉悟程度高，民族意识强烈"，以及国际舆论的谴责与国际政治格局的制约等因素，认为日本对广大的中国占领区的"统治方式与统治政策"，必须要"依靠中国人建设新中国"。

在这种"以华制华"政策思想的指导下，日本当局在日军占领区，以种种手段，说动与勾结一些汉奸头面人物，以"打倒国民党专制""建设新中国""建设中日新关系与东亚新秩序"为口号，先后扶植建立了数个伪政权。

何谓伪政权？它是指在日本侵华期间，由日本当局一手组织、拼凑与扶植起来的各种"政府"。这些"政府"尽管表面上也具有一般政府的形式上的内容，如有自己的政府机构与行政系统，有自己的官员队伍与军队、警察，也占有一定的土地，统治着一定数量的人民，但是这些"政府"与一般的政府有本质区别。因为从它的产生到它的存在，都是以日本的武装入侵与军事占领为前提，它的成员与组成都由日本当局决定，它的最主要功能就是服务于日本"以华制华"的政策与利益，它必须事事、时时听命于日本而不能有任何自己的主见，更不能有任何实质上的反对。一旦日本当局改变主意或日本当局垮台，这些"政府"也就会立即垮台或消失。正如1938年3月28日武汉《大公报》社评《汉贼不两立》所指出的那样："凡是一个政府，必须具有独立的意志，完整的权力。这些伪组织则是毫无意志、毫无权力而完全听从敌人操纵指挥的傀儡。"

（一）"中华民国临时政府"

"中华民国临时政府"是日本当局在华北地区扶植的傀儡政权。

华北地区包括河北、山东、山西、河南等省及北平、天津两市，地域辽阔，物产丰饶，而且其地南联华中，北接东北，战略地位极其重要，是日本侵略者占领东北、扶植"满洲国"后，向中国关内广大地区侵略扩张的必经之路。因此，日本侵略者从1932年起，就千方百计地在华北各地策动和组织叛乱、分裂和所谓"自治"等阴谋活动，尤其要扶植各种伪政权，力图把华北地区从中国的版图上分裂出去，成为"满洲国"第二。但是，日本的阴谋遭到了中国军民的强烈反对和国际舆论的广泛谴责，始终未能得逞，数年间只扶植了一个"冀东防共自治政府"，不仅范围狭小，而且臭名昭著，不得人心。

1937年7月7日日本发动卢沟桥事变，揭开了全面侵华战争的序幕。日本侵略军以其强大的军事实力，迅速占领了华北的大片土地和北平、天津、

1937年7月30日，日军成立
"北京地方维持会"（安特生摄）

太原、济南等大中城市，并随后在这些地方扶植起各种临时性的地方"维持会"，比如：

1937年7月30日，日军在北平扶植了以北洋军阀余孽江朝宗为会长的"北平地方治安维持会"。该会于1937年10月12日召开"常委会"，议决将"北平"改名为"北京"，将"北平地方治安维持会"改为"北京地方维持会"。

1937年8月1日，日军在天津扶植了以直系政客高凌蔚为首的"天津地方治安维持会"。

1937年8月初，在日军的导演下，平、津两地的"维持会"又成立"联合会"。之后，华北沦陷区其他各省、市、县亦陆续成立了数十个"维持会"。

日本当局为进一步控制整个华北，开始着手策划建立一个统一的、控制整个华北地区的伪政权。1937年8月31日，日本"华北方面军"司令官寺内寿一上任后不久，就于1937年9月4日成立华北特务机关，于9月12日委任喜多诚一为特务机关长，专门负责筹备华北伪政权成立。

喜多诚一在筹组华北伪政权的头面人物班子时，最初属意曹锟、靳云鹏、吴佩孚、曹汝霖四人中的一人，出来担任"政府首脑"。因这四人在北洋时代，或当过总统，或当过总理，或是军队统帅、派系首领，在华北军政界有较大的影响和潜势力，与南京国民政府又都无历史渊源。但这四人都以种种理由推托，不愿出山。日本军部只得退而求其次，把目光转向二流政客王克敏。

王克敏是杭州人，字叔鲁，早年留学日本。北洋政府时代，他曾出任中国银行总裁等多项要职，并且三度出任直系军阀政府的财政总长。1927年4月南京国民政府成立后，他遭到通缉，逃往日本控制的大连。1930年9月，奉军入关控制平津地区，王克敏在张学良支持下，出任北平财政处理委员会的副委员长。1935年华北危机加剧，王任"冀察政务委员会"的要员，是有名的亲日分子，深得日方青睐。七七事变时，他蛰居上海。喜多

日本"华北方面军"司令寺内寿一与华北汉奸

诚一亲赴上海与他联系，两人一拍即合。

不久，日方又说动董康、汤尔和、朱深、王揖唐、齐燮元等巨奸下水。

1937年10月28日，日军华北特务机关提出《华北政权建设研究》，宣称"新政权不是华北地方政权，而应是取代南京政府的中央政府，其政令得在日军势力范围内所属全部地区普遍施行"；1937年12月7日，制定了华北伪政权的组织纲领，拼凑起一个以王克敏为首的"政府筹备处"。

"中华民国临时政府"挂牌成立

1937年12月14日，在华中日军攻陷南京的第二天，"中华民国临时政府"在北京居仁堂挂牌宣告成立。

"中华民国临时政府"发表"宣言"，以北洋政府时代的五色旗为"国旗"，以《卿云歌》为"国歌"，"定都"北京，辖河北、山东、山西、河南四个"省公署"和北京、天津两个"市政府"。1938年2月，"冀东防共自治政府"也并入"中华民国临时政府"。

"中华民国临时政府"机构设在北京的中南海里。

"中华民国临时政府"采三权分立的组织架构。"大总统"席位空缺。以汤尔和、董康、王克敏、王揖唐、江朝宗、齐燮元、朱深、高凌蔚为"中华民国临时政府"委员，以董康、王克敏、王揖唐、齐燮元、朱深为"常务委员"。下设三个"委员会"："行政委员会"，"委员长"王克敏；"议政委员会"，"委员长"汤尔和；"司法委员会"，"委员长"董康。"行政委员会"下设5个部："行政部部长"王克敏（兼），"治安部部长"齐燮元，"文教部部长"汤尔和（兼），"赈济部部长"王揖唐，"司法部部长"朱深。

1937年12月17日，原"北平地方治安维持会"宣告自行解散。"中华民国临时政府"设立"北京特别市公署"，任命余晋和为"北京特别市市长"兼"市公安局局长"。

"中华民国临时政府"巨奸

1938年1月1日,"中华民国临时政府"开始在中南海办公。

1938年4月1日,"中华民国临时政府"决定,"行政委员会"下辖各部"部长"改称"总长",增设"实业部","总长"王荫泰。不久,"行政委员会"又撤销赈济部,增设"内政部",以王揖唐为"总长";增设"财政部",以汪时璟为"总长"。

"中华民国临时政府"成立时,发表"施政方针",宣称要"肃清国民党一党专制的党治之弊","以合乎东亚道义的民族协和精神为基础","绝对排斥容共政策"等。他们通电全国,要求中国军民和国民政府,认识到中日之间"强弱悬殊,时代迥异",不能只凭一时之气,"抱幼稚虚骄之气,酿国破家亡之祸",实为浅薄,必须放弃抗日救亡国策,向日本求和。"中华民国临时政府"奉行的完全是一整套亲日、卖国的政策。

1940年3月30日,在日本当局扶植的汪伪政府在南京成立的当日,"中华民国临时政府"宣布解散,成立"华北政务委员会",名义上隶属汪伪政府,实际仍由日本"华北方面军"控制。

(二)"中华民国维新政府"

"中华民国维新政府"是日本当局在华中地区扶植的傀儡政权。

1937年8月13日,日本侵略军在上海挑起"一·二八"事变。日军在半年多时间中,先后攻占了上海、苏州、南京、杭州、蚌埠等大中城市和苏、浙、皖广大地区,并在各地大力扶植伪政权,如:

1937年12月5日,日军在上海扶植了一个"大道市政府",以苏锡文为伪市长,以一面不伦不类的太极图为伪市政府旗帜;1938年1月1日,又在南京扶植成立了一个"南京市自治委员会",以陶锡三为伪会长;与此同时,在华中日军占领区其他各地也先后扶植建立起各种形式的"自治委员会"或"治安维持会",到1938年1月下旬已达二十六个。在此基础上,日军积极筹建"正式"的华中伪政权。

　　日本当局中最早主张在华中设立伪政权的，是日军进攻上海、南京的最高指挥官、日本"华中方面军"司令官松井石根。他的计划是，在军事上严重打击南京国民政府以后，以中国社会各界中的亲日势力，包括吸收从原国民政府中分化出来的亲日人士，整合成一个新的听命日本的华中伪政府。1938年2月12日，日本内阁陆军省制订了《华中政务指导纲要》，对筹建华中伪政权作了规划与指示。1938年2月初，松井石根终于物色到并确立了组建华中伪政权的核心人选，就是曾在民国政坛上有过一定影响的梁鸿志、陈群、温宗尧等人。1938年2月14日，遵照松井石根的指示，日本驻华使馆武官原田熊吉在上海召集梁鸿志、温宗尧、陈群举行会议，商讨以这三人为中心，组建华中伪政权。这时，日本大本营重组"华中日军"，撤销日本"华中方面军"，召回松井石根，另组"华中派遣军"，以畑俊六为司令官。畑俊六继承了松井石根的计划。在日军当局的直接指挥与操纵下，从2月17日开始，梁鸿志、温宗尧、陈群等人在上海连日举行秘密会议，商谈组建华中伪政权事项，最后确定：（一）伪政府名称为"中华民国维新政府"；（二）伪国旗为五色旗；（三）伪政体为民主立宪；（四）伪政府所在地南京。但是，在1938年3月7日，日方内定的"维新政府绥靖部部长"人选周凤岐在上海被军统暗杀；内定的伪司法院院长人选章士钊声明不来。畑俊六为不使"招来动摇，前功尽弃"，即"劝告彼等即刻移至虹口继续工作"。1938年3月26日，日军派兵护卫，将梁鸿志、温宗尧、陈群、陈箓、陈锦涛、任援道、王子惠等即将在伪政府中任职的诸人从上海送往南京。

　　1938年3月28日上午10时，在日方的幕后导演下，"中华民国维新政府"的成立典礼在南京原国民政府大礼堂举行。日本外务省的代表、日本"华中派遣军"的代表、日海军驻上海第三舰队的代表作为"友邦贵宾"出席。梁鸿志首先致词，接着宣读《"中华民国维新政府"成立宣言》与"政

1938年3月28日,"中华民国维新政府"在南京成立
(前排右为梁鸿志,左为温宗尧)

府"组织、人员任命,歌颂"友邦日本"顺天应人,打败了国民政府,宣布:"本政府原为临时性质,与(北平)临时政府初无对立之心,向来中央所管事项之不可分析者,仍由临时政府会商办理。一俟……恢复交通,即与临时政府合并。"

"维新政府"虽为"地方政府",其组织却参照"中华民国临时政府"的组织大纲,实行"三权分立"的所谓民主政体形式,设行政、立法、司法三院,由梁鸿志任伪行政院院长,温宗尧任伪立法院院长,只有伪司法院院长因一时找不到"适位人选"而暂空缺。伪司法院下辖的伪司法行政部与伪行政法院暂置于伪行政院监管之下。伪行政院是最高行政机构,设秘书厅,铨叙、考试、统计、典礼、印铸、侨务六局及外交、内政、财政、绥靖、实业、教育、交通、司法行政八部。伪立法院下设秘书厅、编译处以及法制、外交、财政、经济、治安、审计6个委员会。"维新政府"设

"议政委员会",为"最高权力机关","常务委"员由梁鸿志、温宗尧及"内政部部长"陈群三人组成。

成立典礼结束后,梁鸿志率伪政府各院部头目从礼堂出来,鱼贯来到原国民政府大院主楼前,在伪国旗下合影留念;接着,又排队登上原国民政府大院的大门门楼,升起一面伪国旗;然后,来到大堂前院,举行"阅兵式"。这一天,梁鸿志亲书的"中华民国维新政府"八字匾额悬挂于原国民政府大院大门门楼上方。原刻在门楼上的由谭延闿弟弟谭泽闿书写的"国民政府"四个大字被铲去。伪行政院则在进大门后的第一进大堂前挂牌。

但当时南京刚经历日军大屠杀,到处是断垣残壁。"维新政府"的群奸们又逃回上海,在日军保护下的饭店里办公,被讥为"饭店政府"。直到1938年6月21日,"维新政府"的各院部及"大民会"等机构分批从上海陆续搬迁至南京。1938年10月1日,"维新政府"正式在南京原国民政府大院办公。

"维新政府"宣称下辖苏、浙、皖3个"省政府"和南京、上海两个"市政公署"。日方当局指挥"维新政府",分派大员,赴南京、上海与苏州、杭州、蚌埠等地,与当地业已存在的"自治委员会"或伪"治安维持会"商谈,分别组建为"维新政府"辖下的伪省、市政权:伪江苏省省长为陈则民,伪浙江省省长为汪瑞闿,伪安徽省省长为倪道烺。"上海大道市政府"于1938年4月28日改为"督办上海市政公署",由苏锡文任"督办",改挂五色旗。"南京市自治委员会"于1938年4月20日改为"督办南京市政公署",由任援道任"督办",1938年9月13日由高冠吾继任。1938年10月16日,"督办上海市政公署"改称伪上海特别市政府,以傅筱庵为伪市长。1939年3月3日,"督办南京市政公署"改称伪南京特别市政府,以高冠吾为伪市长。

"维新政府"成立后,组建汉奸军队;劫收上海海关和苏、浙、皖地区的税收机关;成立"华中振兴股份有限公司",由日本大财阀儿玉谦次任总裁；与日本签订《华中铁矿股份有限公司设立要纲》等一系列条约，将华中地区的交通运输、电力、通信、矿产、水产、煤气等出卖给日方；开办华兴商业银行，发行"华兴商业银行券"，控制金融，劫掠人民财产。"维新政府"甚至公开实施"烟、赌、娼"三大毒化政策，为日军设立"慰安所"。日本当局通过设在南京的日本"华中派遣军"司令部、日本总领事馆、日本兴亚院华中联络部三个机构，对"维新政府"实行严格的监控。

但是，在日本当局的心目中，无论是北京"临时政府"的王克敏，还是南京"维新政府"的梁鸿志，都不是中国的"第一流人物"，无论在资历、威望、影响及能力等方面，均"不足以号召与领导全中国"，不能完成日本当局所企望的欺骗和控制中国军民的任务，他们"只是过渡人物，无理政之才，也没有多少号召力"。日本当局一直在寻找新的、更有利用价值的工具。1939年10月1日，日本大本营将在南京设立的"华中派遣军"司令部改编为"中国派遣军"总司令部，任命西尾寿造为总司令官，板垣征四郎为总参谋长，统辖全部在华（关内地区）日军，并为废黜"维新政府"、建立新的伪中央政府作准备。他们在找到了汪精卫集团后，根据其侵华殖民政策需要，就毫不犹豫地下令将北京"临时政府"和南京"维新政府"这两个伪政权解散。

1940年3月29日，"维新政府"正式宣告解散。其所属各院部分别向汪伪政府的各院部举行"移交仪式"。3月30日是汪伪国民政府举行"还都"与"成立典礼"的日子，"维新政府"的各院、部、会与南京市、区各伪政府机关衙门"换旗"：撤下原"维新政府"的五色旗，换挂上汪伪政府的青天白日旗。随着五色旗的落下，"维新政府"也就结束了它两年的寿命。

（三）"蒙疆联合自治政府"

早在1932年3月，日本扶植"满洲国"时，就将东蒙三盟并入了"满洲国"。日本关东军得陇望蜀,继续向西蒙地区渗透。1935 年 7 月 25 日,关东军参谋部制定《对内蒙措施要领》,确定方针是:"为了有利于对苏作战,以及为准备作战所需要的各种平时工作,也为着巩固"满洲国"的国防,以便加强统治,关东军首先设法扩大和加强内蒙的亲日满区域,随着华北工作的进展,而使内蒙脱离中央而独立。"在此基础上,规定了政治、经济、军事、文化、交通等方面的具体措施。日本侵略者就像在中国的东北、华北等地一样,在武力发动侵略的同时,施展政治谋略,在西蒙地区寻找他们的傀儡,建立伪蒙古政权。

日本侵略者把他们的眼光投向了德穆楚克栋鲁普亲王,即德王。

德王 1902 年 2 月 8 日出生于察哈尔地区锡林郭勒盟苏尼特右旗,6 岁继承王位,10 岁晋升和硕亲王,22 岁升任锡盟副盟长。1929 年,德王被南京国民政府委任为察哈尔省政府委员。1931 年九一八事变后,锡林郭勒盟盟长索王在德王和关东军内外压力下称病去职,德王出任盟长。他自称是"成吉思汗的三十世子孙",妄想复辟大元帝国。

日本关东军利用德王的野心,加紧策动工作,多次派员上门游说拉拢,表示支持德王的"复辟大业",向德王提供了大量枪弹和经费。德王在日本当局的支持下,在分裂祖国的道路上越走越远,于 1936 年 4 月 20 日,召开"第一次蒙古大会",5 月 12 日正式成立"蒙古军政府",

德王

自任总裁，以云王为伪主席，索王为伪副主席，卓特巴扎布为伪政务院院长，李守信为伪蒙古军总司令。德王在成立会上宣称要"在友邦日本帝国的热心帮助下，驱逐党国，实现蒙古建国"。随后，在1936年10月，伪蒙军在日本关东军的配合下，武力西犯绥远，结果被傅作义部在百灵庙重创。

1937年7月7日卢沟桥事变爆发后，1937年8月初，日本军部指示关东军对西蒙直接用兵，以侵占整个内蒙古地区。关东军参谋长东条英机随即组建"察哈尔派遣兵团"，又称"东条兵团"。它们在配合板垣师团攻占南口后，在多伦设立前方指挥所。东条英机把德王召至多伦，要他率领伪蒙军协同关东军，西犯绥远。

1937年8月27日，东条兵团携伪蒙军攻占张家口。张家口商会会长于品卿投敌，组织"张家口治安维持会"。1937年9月4日，以"张家口治安维持会"为基础，成立"察南自治政府"。

1937年9月13日，东条兵团占领大同，立即如法炮制，先成立"维持会"；不久后，成立了以夏恭为首的"晋北自治政府"。

1937年10月14日，东条兵团进占归绥（今呼和浩特），10月17日占领包头。德王在日本的授意和操纵下，于1937年10月28日，在归绥召开"第二次蒙古大会"，议决将"蒙古军政府"改组为"蒙古联盟自治政府"，发表讲话，通过伪《自治政府组织大纲》，"定都"归绥市，以云王（因病未到会）为伪主席，德王为伪副主席兼政务院院长。日本大特务金井章二担任最高顾问。伪政务院下设总务、财政、保安3个部。

1937年11月，日本关东军为便于控制归绥、察南、晋北3个伪政权，指使3个伪政权的代表于品卿、夏恭、卓特巴扎布，于1937年11月22日在张家口签订协议，成立"蒙疆联合委员会"，但不设"委员长"，仅设几名"委员"，而以日本特务金井章二为"最高顾问兼总务委员长"，实际上是掌控了伪政权所覆盖地区的经济、金融、交通等命脉。

1938年4月云王去世。7月1日，召开"第三次蒙古大会"，推选德王继任"蒙古联盟自治政府"主席，仍兼伪政务院院长，伪蒙军司令李守信继任副主席。

1939年5月，日军在诺门罕与蒙古边防军及苏军交战，延续数月。日本大本营深感在华的北方防务薄弱，指示日本驻蒙军加快"蒙疆防共地带"的建设，促成各伪政权的合并统一。1939年9月1日，在日本军方的指导下，由"蒙疆联合委员会"演变而来的"蒙疆联合自治政府"正式宣告成立，德王担任伪主席，于品卿、夏恭为伪副主席，金井章二为最高顾问，以张家口为"首都"，以成吉思汗纪元年号，制定黄、蓝、白、赤四色七条的伪政府旗帜，其中黄色象征汉族，蓝色象征蒙古族，白色象征回族，赤色象征日本，赤色宽幅大、居中，意为"以日本人为中心"，大同协和汉、蒙、回各族，作为代表"蒙疆联合自治政府"的象征。原伪察南自治政府、伪晋北自治政府改为两个伪政厅，直隶伪政务院；而原"蒙古联盟自治政府"所辖地区则分为五个盟，也直隶伪政务院。1941年8月4日，"蒙疆联合自治政府"又改称"蒙古自治邦政府"。

各届伪蒙古政权，一直处于日本驻蒙军的严密控制和操纵之下。所有重大决策，均须经日本驻蒙军司令官批准。在伪主席府设日本最高顾问，伪政务院各部和伪蒙古军均设有日本顾问，各盟、市、旗、县均设有日本特务机关长。德王、李守信及伪蒙疆各军政要人都曾受邀多次访问日本，受到日本天皇、内阁总理大臣等军政要人的接见和款待。1940年3月30日汪伪国民政府在南京建立后，日本又指使"蒙疆联合自治政府"与汪伪政权签订协议："蒙疆联合自治政府"承认汪伪政府为继承"正统"的"新中央政府"，汪伪政府承认"蒙疆联合自治政府"为"高度自治的地方政权"。

（四）"中华民国国民政府"（汪伪政府）

日本当局在不断扩大侵略中国的同时，越来越感到他们在中国各地区分别扶植的伪政权不能适应完全统治和掠夺中国的需要,他们必须要扶植起一个全国性的伪政权。

1938年7月12日,日本近卫内阁核心五相会议,制订了《适应时局的对中国的谋略》,其中最重要的内容,就是大力扶植覆盖全中国的伪中央政府,提出"起用中国第一流人物,削弱中国现中央政府和中国民众的抗战意识,同时酝酿建立巩固的新兴政权";并要求"利用、操纵反蒋系统的实力派,使在敌人中间建立反蒋、反共、反战的政府"。1938年7月15日,五相会议又通过了《建立中国新"中央政府"的指导方针》,决定"尽快先使'临时及维新两政府'合作,建立'联合委员会'。其次,使'蒙疆联合委员会'与之联合。以后上述各个政权,逐渐吸收各种势力,或与他们合作,使之形成真正的中央政府"。如果国民政府改组或蒋介石下野,也把它作为组成新"中央政府"的一个成员。

日本当局根据上述殖民政策,在1938年开展了三方面的对华"政治谋略"工作,具体如下:

第一方面,继续扶植南京"维新政府"与北京"临时政府";策动这两个伪政权在1938年9月22日组成了"中华民国政府联合委员会"。

第二方面,1938年7月26日在上海组建"对华特别委员会",又称"竹机关"或土肥原机关,开展策动唐绍仪、吴佩孚等中国"第一流人物"出山等一系列活动主持建立"南唐北吴的中央政府",以此为手段最终压垮与取代重庆国民政府。

第三方面,对退往武汉与重庆的国民政府进行分化与策反工作,引诱与策动国民政府中的亲日派出面改组政府,逼迫蒋介石下台,放弃"抗日容共政策",与日本议和,进而参加即将组建的"新中央政府"。

但是,日方当局为扶植与组建全国性的伪政府所进行的上述三方面工作都不顺利:

首先是南京的"维新政府"与北京的"临时政府"虽成立了"中华民

国政府联合委员会",但徒有虚名,两个伪政权仍各自为政,对中国政局也没有产生丝毫的作用与影响。

其次是日方物色的未来"中央政府"的首脑人选唐绍仪,于1938年9月30日被暗杀;吴佩孚则以提出日本必须先撤兵、后谈和等种种要求,拒绝出山,土肥原机关企图建立"南唐北吴的中央政府"的计划破产。

而日方当局寄予厚望的重庆国民政府改组与蒋介石下台,虽有汪精卫等人的尽力活动,终因蒋介石的根基深厚而未能成功,重庆国民政府的抗日意识与抗战国策也未动摇。

在此情况下,日方当局大力策动汪精卫集团叛国投日,组建伪中央政府。

汪精卫在全面抗战爆发后,于1937年8月任国防最高会议副主席,1938年4月任国民党副总裁,同时任国民参政会议长等职,地位仅次于蒋介石,是国民政府的第二号人物。但他一直对抗日战争怀有浓重的失败主义和悲观主义思想情绪,又一直怀有"成为中国领袖"的极大政治野心,不甘屈居蒋介石之下。因此,当日本当局对国民政府策反、分化、拉拢时,汪精卫及其集团经过几个月与日方代表的秘密谈判,终是走上了叛国投敌的不归路。

早在1938年1月下旬、近卫文麿发表第一次对华政策声明后不久,日方当局派遣在香港、上海等地的特务人员与国民政府外交部亚洲司司长高宗武、日本科科长董道宁等人接上了关系,并通过他们与汪精卫集团发生联系。汪精卫及担任国民党中央宣传部部长的周佛海,指使其亲信梅思平、周隆庠,会同高宗武等人,背着蒋介石与国民政府与日本当局派出的代表先后在香港、上海与日本等地,多次秘密会谈。日本内阁陆相板垣征四郎与参谋次长多田骏在幕后指挥。由此,日方当局渐渐掌握了重庆国民政府内部的动态,在1938年7月将议和对象确定在汪精卫及其为首的亲日派身上,希望以汪精卫取代蒋介石,执掌重庆国民政府,对日求和,然后作为一个成员，参加由日本扶植的"新中央政府"。然而，日本当局的这一对华"政治谋略"未能实现，只得退而求其次，派遣日本参谋本部的影佐祯昭与今井武夫等，与汪精卫、周佛海的代表高宗武、梅思平，于 1938 年 11 月 12 日至 20 日在上海重光堂秘密会谈，签订《日华协议记录》及《谅解事项》，同意与支持汪精卫等人叛离重庆，在云南、四川等地区成立"新政府"，组建 5 到 10 个师的军队，然后与日本达成公开的议和协议，形成日占区与汪占区联合的军政局面，以此压迫重庆国民政府，使之屈服或垮台。

汪精卫等人依照与日方的密约，在 1938 年 12 月 18 日秘密叛逃，离开重庆，经昆明于 19 日抵达越南河内。在汪精卫抵达河内后，日本首相近卫文麿依事先计划，于 1938 年 12 月 22 日发表第三次对华政策声明，系统地表明了日本对华政策的主要内容，即日方与"更生的中国调整关系之根本方针"："中日'满'三国应以东亚新秩序之建设为共同目标而联合起来，共谋实现相互善邻友好、共同防共和经济合作。"按照事先约定，汪精卫于 1938 年 12 月 29 日，发表"艳电"，对近卫声明中表露的日本侵华野心与要求进行百般的粉饰与美化，公开要求重庆国民政府当局接受近卫的声明，与日本议和，以"互相善邻友好、共同防共和经济合作"三原则，"与日本政府交换诚意，以期恢复和平"。

日、汪方面以为经过他们这一唱一和的表演，中国抗日阵营就会迅速瓦解，重庆国民政府就会分裂，各地方将领与反蒋势力都会投奔到汪精卫的旗帜下，拥戴汪精卫为"领袖"，在西南地区成立"新的国民政府"。日军将依靠汪伪政府的支持长驱直入，占领大后方，占领全中国。可是，在近卫第三次对华政策声明与汪精卫"艳电"发表后的中国现实，完全不是这样：不仅全国军民与海外华侨群起声讨，就是龙云、张发奎、邓龙光等西南地方将领也同声谴责，甚至跟随汪精卫多年的顾孟余等人也不愿随之下水。重庆方面迅速开除了汪精卫的国民党党籍，罢免其一切职务，并下令通缉。重庆国民政府不仅没有分裂与动摇，而且继续坚持抗战。

汪精卫在河内处境狼狈而又危险，在3月20日还遭到重庆国民政府军统局派遣特工的暗杀，几乎丧命。汪精卫只得在影佐祯昭的策应下，于1939年4月25日乘日本"北光丸"货轮，仓皇地离开河内，于1939年5月6日抵达上海日占区，公开投敌。

在这种情况下，日本当局几经盘算，只得同意汪精卫以"还都"的形式，在日军占领下的南京组建伪中央政府。1939年8月22日，日本当局在上海成立一个新的特务谋略机关——"梅机关"，其主要任务就是专门联络与监护汪精卫集团，扶植其成立伪中央政府。在1939年8月底至9月初，汪精卫在上海召开伪国民党第六次全国代表大会与伪六届一中全会，组建起伪中央党部、伪76号特工总部等机关，为"还都"南京、组建伪中央政府，进行组织上、舆论上与法统上的准备。

1939年10月1日，日本当局在南京正式设立"中国派遣军总司令部"，取代了原驻南京的"华中派遣军司令部"，以西尾寿造为总司令官，板垣征四郎为总参谋长，统一指挥全部在华日本陆军。其目的之一，就是"为了统一对中国的政略、战略，以适应汪兆铭新政权的措施"。在"中国派遣军总司令部"里具体主持与领导扶植汪伪政权建立工作的总参谋长，就是原任日本内阁陆相的板垣征四郎。

日本当局在获得汪精卫集团签订的《日中新关系调整要纲》保证后，再加上吴佩孚在1939年12月4日死亡，遂完全确立以汪精卫为核心组建伪中央政府的政治谋略，并加速其实施的步伐。1940年1月下旬，由影佐祯昭等日本特务率领，汪精卫、周佛海、梅思平、褚民谊、林柏生、刘郁芬等人，与"维新政府"的梁鸿志、温宗尧、陈群、任援道一同由上海前往青岛；与此同时，华北"临时政府"的王克敏、王揖唐、朱深、齐燮元等人，也在喜多诚一的率领下到达那里。其他日占区，如"蒙疆"、湖北武汉、广东等地的伪政权头目或其代表，也在当地日军特务机关长的率领下到达青岛，就组建伪中央政权事宜，举行了数天会谈。这是一次完全由日方指挥与安排的会议，甚至会议的各种文件也是事先由日方"梅机关"准备好的。会谈的结果完全达到了日本当局的图谋。

青岛会议后，汪精卫回到上海，积极准备举行"还都"南京、建立伪中央政府的工作。即使在1940年1月初，高宗武、陶希圣离开汪伪阵营，到达香港，并于1940年1月22日在《大公报》（香港版）上披露了汪精卫与日本当局秘密签订的《日中新关系调整要纲》，激起轩然大波后，汪精卫集团仍继续全力以赴地进行"还都"事项。

1940年1月27日，汪精卫宣布成立"还都筹备委员会"。1940年3月12日，汪精卫发表"和平宣言"。1940年3月20日至22日，由汪精卫主持，在南京中山北路原"国际联欢社"召开"中央政治会议"。参加会议的有"和运"各方代表共30人。会议通过了"国民政府成立大纲""修正国民政府组织系统表""中央政治委员会组织条例"等议案。

1940年3月30日，汪伪政府举行"国府还都"典礼

1940年3月30日上午，汪精卫率伪政府各院、部、委员会的主官，来到南京玄武湖南岸、鸡笼山东麓的原国民政府考试院所在地，来到装饰一新的"国府礼堂"里，举行"国府还都"与各院、部、委员会长官"就职"典礼。汪精卫宣读"还都宣言"，声称伪政府成立后将执行"实现和平、实施宪政两大方针"，革除"个人独裁"，"摧陷廓清"阶级斗争学说，克日实现"民意机关之设立，地方自治之举办，以及国民大会之召集，宪法之制定颁布"等，为中国人民描绘了一幅诱人的"美景"；汪还煞有介事地要求前线中国军队即日停止对日作战，以待后命；各地机关的公务人员必须于最近到南京伪政府报到，保证"概以原级原俸任用"等。

据参加汪伪"还都盛典"的伪《中报》副社长兼总编辑金雄白晚年回忆所记，这天的南京情景是十分凄凉的："那天的清晨，警察已督促南京的市民们重新挂起青天白日满地红国旗，只是上面加了一条三角黄布飘带，写着'和平、反共、救国'六个大字。市民们有一些欣喜，因为五色旗又匿迹了，中山先生所手定与革命先烈们以鲜血换来的国旗，又见飘扬在中国自己的土地上。但市民们也有一些辛酸，这一条黄布飘带，是玷污了中华民国，玷污了中华民族……"（金雄白：《汪政权的开场与收场》）

汪伪政府的成立，日本当局自认为是实施"以华制华"政策所取得的一个最大成果。在汪伪政府成立的当日，日本政府就发表声明，宣布对汪伪政权的成立表示支持，并期待各国"迅速确认此俨然之事实"。但历史证明，日本军国主义者对中国的种种侵略政策，从武力征服、恐怖威慑到"以华制华"、扶植伪政权等，最终都一一破产。1945年8月15日，日本宣布无条件投降，为日本侵华政策服务的伪政权的汉奸受到了历史的审判与惩罚。

十四、曹锟、吴佩孚晚年拒当汉奸

1937年年底，日本当局在扶植华北伪政权时，为了装点门面，提升伪政权的号召力和影响力，费尽心机寻找、说动在当时中国政坛既有号召力和影响力，又与南京国民政府隔阂甚至敌对的人物到伪政权中担任要职。认为最好的当然就是曾在北洋政府时代担任过大总统、总理或者军事统帅的"第一流人物"。但环顾海内，屈指算来，在中国昔日的军政要人中，除了袁世凯早死，其他如黎元洪、段祺瑞、冯国璋、张作霖等人，也都于近年先后去世。剩下的，就只有曾担任中华民国第六任大总统的曹锟、直系军阀统帅吴佩孚以及蛰居上海的唐绍仪。

曹锟、吴佩孚是北洋军阀直系的大将，1919年12月冯国璋病死后，他们就继承了直系军阀首领的地位。在1920年7月直皖战争中，他们击败了皖系军阀段祺瑞，控制了北洋中央政权；1922年第一次直奉大战，他们又打败了不可一世的奉系军阀张作霖，权势达到顶峰。1923年10月，曹锟以贿选当上了中华民国的第六任大总统，成为当时的国家元首。然而，1924年10月，在第二次直奉大战关键之际，曹、吴的部将冯玉祥突然率部倒戈，发动北京政变，曹锟被囚禁，吴佩孚兵败逃往两湖，直系政权随之垮台。那年曹锟62岁，吴佩孚才50岁。此后，他们的人生道路是怎样走过的呢？他们在国难当头、国土沦陷之时，面对日本当局的威逼利诱，又有怎样的态度与表现呢?

(一) 曹锟夫妻怒斥日伪说客

曹锟,字仲珊,天津人,1862年生,幼失学,以贩布为生,后投军,逐步成为北洋系的高级将领,登上高位。他被冯玉祥软禁后,被迫于1924年11月3日宣告辞职隐退。其四弟曹锐吞鸦片而死。他制定的"贿选宪法"也被宣布废除。曹锟的"总统梦"只做了一年零二十四天,便宣告破灭。直到1926年4月,冯玉祥的部将鹿钟麟才将曹锟释放。1927年2月,在国民革命军北伐即将抵达河南时,曹锟回到家乡天津闲居。

曹锟共有4位夫人:原配夫人郑氏,二夫人高氏,三夫人陈寒蕊与四夫人刘凤玮。曹锟回到天津后,开始与原配夫人郑氏和三夫人陈氏住在一起。但这时曹锟年老多病,失势又囊中羞涩,其昔日积聚的巨额财产多被其几个兄弟与其养子曹少珊骗走,故家里人多不愿管他,饭菜伙食也越来越差。在这情况下,曹锟只得向四夫人刘凤玮求救。

四夫人刘凤玮是天津郊区人,出身寒微,原是戏曲艺人,先唱河北梆子,后改唱京戏,专攻老生,艺名"九丝红",示其年仅九岁时就在戏曲舞台上红极一时,曾轰动北京、天津等地。

曹锟

曹锟酷爱京剧，在观戏时由戏及人，看中了年轻貌美而又艺高八斗的刘凤玮。当时曹锟位高权重，以其炙人的权势，多次派人说媒。她得知曹锟已有三房太太，坚决不答应当他的小老婆。曹死缠硬磨，最后答应下"龙凤帖"明媒正娶，才将刘凤玮娶来。曹、刘二人结婚时，曹锟已48岁，刘凤玮才19岁。婚后，刘氏为曹锟生下两子一女，女名曹士英，子名曹士岱、曹士嵩。

刘凤玮来到曹府，从此告别了京剧舞台。刘夫人性情刚直，思想开明，深明大义。她虽被曹锟宠爱，但心底却有一种说不出的郁闷和空虚。她不忘自己的贫寒出身，十分同情穷苦人。当遇到一些乞丐上门，她总是解囊相助，送馒头、豆汤和衣物给他们。她还常告诫自己的儿女，要尊重善待家里的佣人，不得随意支使。她还有条规定：夏季下午3点钟之前，天气炎热，家里人一律不准支使佣人到街上购买东西。她告诫儿女们："你们是人，佣人也是人！"有一次，其子曹士嵩将馒头剥了皮吃，她发现后十分生气，大骂儿子是"败家子"。她平素也不愿和那些权贵富人来往，尤其痛恨日本侵略者与汉奸恶霸，敢作敢为，因而与秉性平庸的曹锟不甚合拢。当1923年10月曹锟贿选成功，登上总统宝座时，刘凤玮却说什么也不肯伴驾跟他一起享受"荣华富贵"。后来，她与曹锟发生争吵，赌气带着自己的孩子回到天津老家。临离北京前，她指着曹锟说："赶明儿你好了，咱不眼热，你倒霉了，也别来找我！"曹锟笑道："我曹三一根枪杆打天下，咋会有向你求情告饶的日子？"可是不到一年，冯玉祥发动政变，曹锟一下子沦为阶下囚。重见天日后，他躲进了天津英租界，没钱没势，穷困潦倒。

刘凤玮和曹锟分手时，曾赌气说此生不再相见，可当她接到曹锟的求救信后，见曹锟年老体弱，境况凄凉，顿生怜惜同情之心，又加上她的母亲与姐姐劝说，就把曹锟接到天津英租界泉山里自己的寓所中，给他请来医生看病，并终日奉养照料。在刘凤玮的照料下，曹锟的病好了，心情也日渐开朗。晚年的曹锟崇信佛教，在刘氏夫人这里度过了约十年悠闲的平民生活：早晨，习惯军旅生活的他很早就起床，先到院子里练练自编的一套虎拳，之后焚香打坐；早饭后，泼墨挥毫，写上几幅书法，或画上几张国画。他尤喜好画梅，落款"乐寿老人"。曹锟虽出身行伍，对书画艺术却一直情有独钟。他的梅花、山石、螃蟹都画得不错，猛虎更是画得虎虎生威，不少人慕名来求字求画，总能如愿以偿；晚上他则焚香拜佛，诵读佛经；偶尔也看看戏，打上几圈麻将。

1937年7月7日卢沟桥事变爆发后，天津、北平与华北广大地区很快沦陷。日军在天津城里无恶不作，只有曹锟、刘夫人所居住的英租界，日军暂不得进入，稍得安宁。刘夫人的女儿曹士英有一个十分要好的高中女同学，常到曹家来玩，刘夫人见她长得很漂亮，就担心地说："现在街上很乱，日本人到处抓'花姑娘'，你不要来回跑了，搬到我家来住吧。我这儿是租界地，还安全些，等安宁了再回去。"曹士英的这位女同学就在曹家住了下来。

1937年12月14日，日方当局策动一些北洋军阀的余孽与其他汉奸，在北京成立了伪政权"中华民国临时政府"，曹锟当民国大总统时的一些老部下，如王克敏、齐燮元、高凌蔚等人，都粉墨登场，成了伪政府的头面人物。日方当局为了装点门面，千方百计邀请曹锟出山，到伪政权"中华民国临时政府"中担任要职。年迈的曹锟在深明大义的刘夫人的劝导帮助下，多次拒绝日伪的诱降，终于保住了民族气节，保住了自己可贵的晚节。

一次，几个日本要人身着便装，来到天津曹宅门前求见。刘夫人堵着门，不许曹锟出见，并指桑骂槐地高声叫骂。日本人只得怏怏而去。事后，刘夫人向曹锟历数日军侵华的种种罪行，警告曹锟说："我们全家就是天天喝粥，也不许你给日本人办事！"曹锟连连点头应允。

不久，日方当局又派担任"华北治安军总司令"的大汉奸齐燮元来曹宅作说客。齐燮元原是北洋政府时代的江苏省督军，是直系军阀阵营的一员大将，也是曹锟的老部下，与曹锟私交很深。但他这次到天津曹宅门前，下车叩门，恭候良久，曹锟的门卫遵嘱拒不开门。气得齐燮元在门外用拐杖敲门，对门卫大叫："你知道我是谁吗？"门卫在里面回答道："知道，您不是齐三爷吗？可是老爷今天生病住院了，夫人已睡了。就不能请您老进来了。"其实这时曹锟就在家中，听得明明白白，就是不开门。齐燮元十分气恼，从此再也不登曹家的门了。

后来，担任河北省伪省长的高凌蔚又奉日方当局之命，来曹宅当说客。这次高凌蔚进到了曹家客厅，但曹锟一见他，脸色大变，大声吼道："你来干嘛？你给我滚出去。以后再不许你登曹家的大门！"吓得高凌蔚浑身哆嗦，被几个侍从架着，慌忙溜走。

1938年5月17日，曹锟在天津寓所病故，终年76岁。日伪当局闻讯送来不少抚恤金，均被刘夫人严拒。在重庆的国民政府因曹锟保持了晚节，于1938年6月14日特下明令，对曹锟进行褒奖，追授曹锟陆军一级上将。刘夫人因操办丧事劳累过度，肾病加重，不久便卧床不起，同年农历十月初四（1938年11月25日）病逝。

（二）吴佩孚三拒土肥原

吴佩孚比曹锟小12岁，生于1874年（清同治十三年）4月22日，字子玉，山东蓬莱人，秀才出身，1898年投淮军。1906年任北洋陆军曹锟部管带，受曹锟赏识，不断得到提拔，升任旅长，成为曹部最主要的将领与军政副手。他在军事与政治上的才能都远远超过曹锟。

1916年年初，护国讨袁运动兴起，吴率部入川镇压蔡锷领导的云南护国军。1917年7月，任讨逆军西路先锋，参加讨伐张勋复辟。同年孙中山组成护法军政府，吴率部入湖南。1919年五四运动爆发，吴曾多次通电反对中国代表在巴黎和会上签字，支持学生运动，颇得舆论的好评。1919年12月冯国璋病死，曹锟、吴佩孚继承了直系军阀首领的地位。1920年5月，吴率军自湖南衡阳北上，布置对皖军事，5月14日直皖战争起，在奉军配合下大败皖军。此后，直、奉两系共同把持了北京政府。1922年4月，第一次直奉战争爆发，直军胜，奉军败退关外。从此，以曹锟、吴佩孚为首的直系军阀完全控制了北京中央政府。吴佩孚被封为"孚威上将军"，常驻洛阳，遥控北京，成为中国最有权势的军事首领。1924年9月8日，美国《时代》杂志将其作为"封面人物"，这也是登上《时代》杂志封面的首位中国人。《时代》杂志称吴佩孚是"中国的风云人物"，在其照片下面有两行解说文字："GENERAL WU（吴将军）""Biggest man in China（中国最强者）"。

但很快，吴佩孚就从权势的顶峰跌落下来。1924年9月，第二次直奉战起，吴任"讨逆军总司令"，前往山海关督战之际，其部将冯玉祥突然倒戈，吴兵败逃往两湖地区。1926年夏，南方国民革命军北伐战争起，吴部在鄂南汀泗桥、贺胜桥连遭惨败。10月，北伐军攻占武汉三镇，吴部主力被歼，从此一蹶不振。以后他辗转河南、四川、甘肃等地，挣扎失败，于1932年，回到北平东城什锦花园闲居。他一方面在家设置"正一堂"，扶乩念经，另一方面不忘世事，继续称"孚威上将军"，并与国内外军政各界要人保持密切联系。

1937年7月卢沟桥事变后，吴佩孚困居在日军占领下的北平城内。由于吴佩孚以前在中国军政界的高位，由于他在华北、中原、两湖等地区尚存不可忽视的

1924年9月8日，美国《时代》杂志"封面人物"吴佩孚

潜在势力与影响，也由于他的军事才能，因而他成为日方当局扶植伪政权进行引诱拉拢的首要对象。

但吴佩孚深受中国古代忠义思想影响，以三国时代关羽自比，始终拒绝日伪当局的诱降。在1937年8月北平沦陷初期，北洋余孽江朝宗出任北平"治安维持会"会长，后又任北平伪市长。他专门来到吴佩孚府邸，声称要就军政事宜向吴请教，没想到吴佩孚不假辞色，对江当面训斥，骂江老而不死！江羞愤而去。事后，吴颇为自豪地回顾了他以前的生活以及他与日本侵略者斗争的历史，说："吾衡阳班师，榆关战役，皆所以制倭也。"

日军占领下的北平

1937年12月14日，"中华民国临时政府"在北平宣告成立。日伪当局再次以各种方法，劝诱吴佩孚出山挂帅。"中华民国临时政府"刚一成立，就于1938年1月宣布聘请吴佩孚为"临时政府"的高级顾问，月送车马费5000元；同时，吴昔日部将中的许多文臣武将都被拉进"临时政府"中担任要职。接着，北平日伪当局的要人大员纷纷出动，以各种名义与言辞劝吴佩孚公开出山，到伪政府中担任要职，但都遭到吴的拒绝。

1938年6月，日本当局因侵华陷于越来越大的困境，遂进一步推行"以华制华"的方针。1938年7月26日，日本内阁五相会议决定设立一个"对华特别委员会"，代号"竹机关"，作为"专门负责以有关重大对华谋略及建立中国新中央政府的执行机关"，由日本陆军、海军与外务省三方面派员联合组成，专门负责开展对华军政上层人物诱降与策动在中国成立统一的汉奸政府的工作。该委员会由土肥原贤二主持，因而，外界又称这个"对华特别委员会"为"土肥原机关"。

"土肥原机关"希望找出一个有声望又有军政势力与能力的中国头面人物来充当汉奸政府的首脑。这时曹锟已于1938年5月17日病逝，中国北方昔日军政要人中，只有吴佩孚最符合上述条件了。土肥原贤二直接负责对吴佩孚以及在上海的唐绍仪的策动工作，专门敦请此二人出山，企图以唐绍仪主政、吴佩孚主军，建立"南唐北吴的中央政府"。在1938年9月30日唐绍仪遇刺后，日本当局策反汪精卫集团的工作却取得了成功，诱导汪于1938年12月18日从重庆叛逃投日。日本大本营遂更积极地劝吴佩孚出山，幻想由汪精卫主政，吴佩孚主军，形成"北吴南汪"的合作局面，建立一个有威望、能站得住脚的伪中央政权。

日本当局对吴佩孚的诱降阴谋引起了中国抗日阵营的高度重视。在日"土肥原机关"开展"吴佩孚工作"的同时，中国抗日阵营方面也积极开展了对吴佩孚的争取工作：

1939年元旦，重庆国民政府行政院院长孔祥熙特地秘密致函吴佩孚，说："迩来道路流传，奸人妄思假借名义，以资号召，遂致群氓生疑，谣诼繁兴。弟及中枢同仁深知先生正气凛然，不可侵犯，唯念居处困难，辄为悬念不已！"

1939年2月21日，中国共产党驻重庆代表董必武专门发表文章，告诫吴佩孚说：目前抗日的都是友人，附逆的都是仇敌，不管过去的历史如何，要他自全晚节，不要被日寇利用，不做日寇的傀儡。

在全国抗战热潮和爱国友人忠告的影响下，吴佩孚爱国良知未泯，保住了民族气节，始终没有被日寇与汉奸拉下水。

当日伪当局派人对吴佩孚包围游说，声称中国之事，不愿范围扩大，宜设法赶紧结束，竭力劝说吴佩孚出山完成"中日和议"时，吴佩孚坦率表示:"尔等必就商与我,首须急速撤兵,次则将所占地方军政、财政及一切行政交还,顾问、指导官必须取消,经济统制亦立即解除,我为主,日为客。我发命令,日本人亦当极端服从。如能是,自可建议政府,恢复和平。"

土肥原唆使平津地区的日本浪人与汉奸,连连通电拥吴佩孚出山,而且还散布谣言,说吴佩孚已接受伪政府"军事委员会委员长"的要职,还伪造了吴主张"中日议和"的通电,在报纸上发表,企图造成既成事实,搅浑水来逼吴佩孚就范。吴佩孚大怒,接见美国合众社记者发表谈话:"所谓接受日本重任,纯属伪造!"

土肥原一计未成,又生一计,精心设计了1939年1月30日的一场"新闻发布会"。

1939年1月30日大清早,一队日本宪兵和伪军便布满了吴佩孚的什锦花园。日方当局以吴佩孚的名义,举行新闻发布会,招来一百三十多位

日方在报上刊登吴佩孚"支持和平运动"

中外记者参加。日本人是想造成既成事实，逼吴佩孚就范，因此，在当天早上，才将一份早准备好的、吴佩孚在记者招待会上的讲话稿送给吴佩孚，并同时将这份讲话稿分送中外各记者。讲话稿的主要内容是说吴"愿意出山，愿意为'中日提携'努力，一切赞成日方主张"云云。只要届时吴佩孚到新闻发布会上拿起这份讲话稿一念，就大功告成。

当那一大群中外记者先行进入什锦花园紫红色的高门楼后不久，土肥原的专车也驶来了。土肥原身着和服，脚穿布鞋，头戴毡帽，扶了扶眼镜，便拄着金属拐杖，走进大客厅。各国记者早就等在这里，而吴佩孚却未出来，甚至连待客的清茶都未准备。土肥原叹口气，便走向小客厅。在土肥原的再三催促和邀请下，吴佩孚方穿好长袍马褂，慢慢走出来。

原来吴佩孚见日本人想造成事实逼自己就范，便决定借此机会来反击一下。他带了一个年轻翻译，来到大客厅。大客厅里早已遵照吴的指示，在正中的厅堂上，庄重地悬挂着中国古代忠义的化身——关羽和岳飞的巨幅画像，画像的上面则是"精忠报国"四个大字。当时，一百三十多个中外记者正在看土肥原预先发下的"讲话稿"。但吴佩孚却推开了日方准备的原稿，先客套一句后，便自行讲起来，并很快切入正题。他提出自己的三项条件，谓非如此，不能出山：一要有实地，以便训练人马；二要有实权，以便指挥裕如；三要有实力，以便实施政策。吴把"三实主义"的重点放在"要有实权"一条。吴说："实权这个问题，是最要紧的，可以说是先决条件。日本若一日不肯让出主权，则余一日不能出山。把握住主权之日，即余出山之日。"吴佩孚看透日方不可能答应这些条件，因而他也不可能出任伪政府首脑。吴以这样巧妙机警的应对，击破了日伪散布的谣言。吴佩孚着重指出："中国人是不希望打仗的。中国人自己打自己，已经吃尽了苦头。现在，日本人来打这个仗，就变成世界性的了。这是中国人十分不情愿的。中国人希望和平！我想，日本人也希望和平。打起仗来，对谁都没有好处。怎么办呢？我看，中日和平的条件无非两条：一条是日本无条件撤兵，大兵驻在别人的国家，总是不行的；二条是中国应保持领土和主权的完整……"

吴佩孚的这席话把土肥原气得脸膛发紫，但当着中外记者的面又不好发作，只得大声宣布"休会"。随后日本特务机关命令新闻、电讯机关扣发各国记者的稿件，但美国合众社的记者仍把吴佩孚的上述讲话如实地全文发表了，并揭发了日本人预先炮制吴的讲话稿、

晚年吴佩孚

欺骗中外记者的丑态。1939年2月2日重庆《中央日报》发表报道，称："吴态度坚决，任何威胁利诱皆所不顾，平津民众闻之大喜。"

但土肥原贼心不死，在1939年2月中旬，接连三次登门，来到什锦花园拜访吴佩孚，企图以私人感情与美言巨利说动吴佩孚。

第一次，土肥原以下自居，装出一副可怜相，苦苦哀求说："请玉帅出来，救救我们日本吧！"吴大笑，然后答道："我自身尚不能救，焉能救人？现在不是谁救谁的问题，而是如何救的问题。"与土肥原不欢而散。

第二次，土肥原开门见山说："请玉帅出来，调停和平！"吴佩孚顺势说："好哇，请贵国天皇，和我国蒋公，双方来电，请我出任调停，当然可以。"土肥原无以应对。

第三次，土肥原说："请玉帅出山，担任原职，维持中日民族问题。"吴一听苦笑道："现在根本谈不上出山，如要出山，请贵国人等一概退出，连东北在内，可以吗？"彼此语言冲突，毫无结果。

就这样，吴佩孚用嬉笑怒骂的回答，三拒土肥原。这事很快在中国社

会上广为传诵，鼓舞了中国民众抗战到底的决心与信心。

自称"中国通"的土肥原，终于因利诱吴佩孚工作的失败，被勒令回国，向新首相平沼骐一郎请罪，并被日本大本营撤职。

以后，日方又派出川本大作以及坂西、田野等要员游说劝诱吴佩孚出山。文武全才的川本大作不惜执弟子之礼，以"拜师"为名，留在吴佩孚身边，进行诱导工作。吴对他们说："日本既需要和平，何不先撤兵，向国民政府谈和？"日方说："现在办不到。"吴答："既办不到，何必找我？"

吴佩孚对其亲信表明心迹，说他不能禁止人威逼利诱，但他决不受人威逼利诱。

（三）对汉奸汪精卫更不假以辞色

对汉奸汪精卫，吴佩孚更是不假以辞色。

1938年12月18日，汪精卫叛逃离开重庆，到达越南河内；1939年5月6日，在日本人的保护下，到达上海。在五至六月间，他数次致电、致信吴佩孚，后又几次派代表至北平，向吴面申笺启，拉吴合作一起建立伪中央政府。其中，在1939年5月22日，汪亲笔致函吴，让赵尊岳（字叔雍）专程赴北平面呈。信内说：

子玉先生勋鉴：

去岁冬间，曾致电左右，略陈悃幅，虽辞意未尽，而耿耿之诚，幸蒙鉴察。旋奉复电，意味深长，循读之余，弥深向慕。

中日两国为敌，则两败俱伤；为友，则共同发达。其理至明。不幸数十年来纠纷胶结，郁积至于今日，遂败坏决裂，一至于此。欲谋收拾，且引之入于正轨，其事诚难，然又不可以已，且舍此更无他道也。国民党人，当此厄运，抚躬自责，不敢有一息之安，而旋乾倒坤，则非合海内仁人志士之心力以共谋之，不能有济。我公功在民国，蒿目颇危，诚知必恻然有动于心也。铭自去腊之末发表艳电，凄迟河内，未尝别有谋划，盖以此身曾参与重庆政局，虽谏不从，言不听，而去国之际，深维孟子三宿而后出画之义，不惮再三呼吁，以期重庆当局之最后觉悟。今此望已绝，不得不易地奔走，期与海内豪俊共谋挽救。现在国难日深，二国际危难又日趋紧迫，非恢复和平，无以内锄共祸、外应世界大势；非组织统一有力、自由独立之政府，无以奠定和平。公老成谋国，如有所示，极愿承教。铭一得之愚，亦当作刍荛之献，但求有益于国，任何艰险，皆所不计。区区之怀，特托赵先生趋前面陈，尚祈鉴察，是所厚幸。

专此，敬请勋安。

汪兆铭敬启
五月二十二日

1939年5月31日，汪精卫率周佛海等人，乘日本军机，从上海飞往日本访问，商谈组建伪国民政府的事项。

6月7日，吴佩孚回电给汪，说："窃谓中华民国，四万万民众，实为主体。民意趋归，果以抗战为然，则任何牺牲，均可弗计。若民皆厌战，相战之国，复有感于穷兵黩武之非，即宣矜恤同胞，戛然而止……诚知民为邦本，和与战同一为民，则应战应和，自不能不以民意之向背为准绳也……故自卢沟桥变起，兀坐故都，本所信念，日以启导和平为事。和平要领，则以保全国土，恢复主权，为惟一之主张……弟委质国家，誓与国家共存亡，同其命运，苟能河山无恙，自计已足……"

1939年6月18日，汪精卫结束在日本的活动，乘"五星丸"号离日，前往天津、北平与当地日、伪政要会谈。6月26日，汪精卫在北平，邀请吴佩孚到日本华北占领军参谋长山下奉文位于铁狮子胡同的住宅会面。吴佩孚对报界发表声明，称："吾与汪先生皆中国人，如商国事，当相见于中国人住所，出没日本人宅中，且为日军之参谋长，何以使国人释然？吾辈万一共语一堂，日军部提出何项要求，想吾们结盟，又将何以自处？兹事未必即有，而不敢决其必无。经加考虑，与其遗悔将来，受国人指责，不如不应汪先生招，任其开罪，斯无两全之策也。"

于是，汪精卫又打电话来，吴不接；派人上门请，吴不理会。汪精卫一计不成，又生一计，表示希望在著名外交家顾维钧的原宅邸会面，吴佩孚仍不同意。

6月27日，吴佩孚曾对老友、长期留在他身边"劝驾"的日本特务冈野增次郎说道："汪氏来京，余极欢迎。乞来敝舍一晤最为妥当。余外出相会，则为不便，若为警卫上之必要，对外可称系杉山司令官或山下参谋长来访，则采取任何警戒手段亦无妨碍。且余之心境乃仰无羞于天，俯无怍于地，无怍何惧。我不杀人，他不杀我也。且按中国之礼仪做法，亦应为'行客拜坐客……'"吴佩孚见汪精卫的说客纷纷上门，把桌子一拍，大骂道："谁跟汪精卫合作，这个人一定下贱！"汪精卫在北平等待多时，吴佩孚就是不与他见面。

汪精卫见没有结果，只得悻悻地于6月28日飞回上海。

此后，汪精卫又陆续派人到北平来"劝驾"。吴佩孚说，汪精卫在日本挟持之下，即言救国，实则亡国也，他绝不会与之"同恶相济"。

1939年10月2日，陈中孚作为吴佩孚的特使与汪精卫举行谈判。陈中孚对汪精卫说，吴佩孚对汪精卫要求承袭"国民政府"的名称，"意见很大"，有"投降"的感觉；另外，吴佩孚对于汪精卫以"国民党专政"的想法也不敢苟同。陈中孚建议汪精卫将"政府"与"党"区别对待。这场谈判是在日本"梅机关"的策划下进行的。汪精卫对吴佩孚的态度却表示满意，因为吴佩孚总算答应和他谈组建伪政府的具体细节问题了。

1939年10月19日，汪精卫又兴冲冲地给吴佩孚写信，托陶家瑶面呈吴佩孚。在信中，他向吴佩孚作了解释，标榜自己是"忠"，他希望吴佩孚做"侠"："由是言之，今日国民党人主张恢复国民政府，其为国民政府谋，忠也；非国民党人亦主张恢复国民政府，其为国民政府谋，侠也。一忠一侠，而为国为民之心事则同。"吴佩孚在汪精卫的这封信的信封上，写下了这样的评语："复。公离重庆，失所凭依；如虎出山入柙，无谋和之价值！果能再回重庆，通电往来可也。"1939年11月4日，吴佩孚正式给汪精卫回信，针锋相对地驳斥了汪精卫的谬论。汪精卫宣称以蒋介石为首的国民政府军事当局没有处理好对日关系，应该"引咎辞职"，言下之意，只有他才有资格负起"实际政治之责任"，美化了他叛离重庆、另立中央的动机。吴佩孚指出，中国百年积弱，国民党政府兴起，不过是机会比较好而已，国民党政府奉行党治，所以仅仅把抗战的不利局面归咎于军事当局，"似不免稍失其平"。他"愿公持宽大之论，藉免内滋不协，外复示人以间，大难未夷，尤以共谅解为宜也"。他告诫汪精卫以"法律方面即不能同时有两政府之存在，万一外内未经协调，和议已臻成熟。一方即组织政府，而重庆之政府依然健在，听之则属非法，或致有碍和约之履行，反之则西班牙殷鉴不远，而人民亦将不堪其命""诚国家不幸中之尤不幸矣"之语，规劝他勿组"政府"，重滋纠纷。

（四）吴佩孚死亡谜案

吴佩孚多次拒绝日伪的诱降，在北平处境日益危险。

吴的亲友多次劝他到天津西方国家的租界暂避，以防日人暗算。吴坚决不去，因他早就有"不纳妾，不出洋，不走租界"的誓言，同时这时他已抱有以死报国的决心。他特地买了一口棺木，放在自己的住处。据说一次土肥原来找他，威胁说：如果你再不答应我们的要求。我们就不能保护你的安全。吴听后哈哈大笑说：我请你来看件东西。之后，便领土肥原来到后园一个房间。走进房间，土肥原大吃一惊，原来那个房间放着一口黑色的棺材，棺前并置有一块木牌位，上书"孚威上将吴公佩孚之灵位"，旁边尚有未填写日期的"中华民国×年×月×日"一行字。吴佩孚指着棺木对土肥原说:"我早就把生死置之度外,这口棺木就是准备我死后用的。"

1939年秋,吴佩孚心力交瘁,体火上升,牙病复发,疼痛难忍,高烧不退,脸膛肿胀得呈紫红色,连喉部也肿得吞不进水。吴佩孚家人想请德国医生来看,可德国人要求吴必须住到租界的德国医院里才能医治。曾发誓"永不再进租界"的吴佩孚断然拒绝。

在吴佩孚病重之际,汉奸齐燮元频频前来看望。当一名中国医生开了清热退火的处方时,齐氏却说处方中"石膏用量过大",不让吴佩孚服用。1939年12月4日下午,川本大作带一名日本军医来为吴治牙病。吴夫人张佩兰急阻止:"大帅有话,不经他点头,不许为他治疗!"齐燮元却连搡带推地把张佩兰及其他亲属推到外间。日本医生撬开吴佩孚的嘴巴,将一把狭长的手术刀伸进吴的嘴巴里,轻轻地一割,吴佩孚一声惨叫:"啊呀——!"鲜血喷出,之后惨死。这时正是1939年12月4日下午3时45分,

吴佩孚灵堂

吴佩孚终年65岁。

重庆国民政府后来追授吴佩孚为陆军一级上将。

曹锟、吴佩孚是著名的大军阀。但他们晚年，在国难深重之时，身处日军武力包围之中的天津、北平，不畏日军淫威，不为汉奸利诱，坚决不做伪政府的傀儡，保持晚节，良可赞也。

十五、北平大汉奸王克敏死里逃生

（一）北平大汉奸王克敏遇刺

1938 年 3 月 28 日。日军控制下的北平古城，天色晦暗，朔风怒吼。煤渣胡同里的日军宪兵队，门里门外，武装岗哨密布。在宪兵队队部的斜对面，是煤渣胡同 20 号。这里以前是著名的平汉铁路俱乐部，北平沦陷后成为日伪高级头目的消闲场所，门口站着两名警察，常人难以走近。每天早早晚晚，都有大批的日本要人与汉奸头目到这里寻欢作乐、聚会密谈。

3 月 28 日是星期二。按惯例，北平头号大汉奸、"中华民国临时政府"行政委员会委员长王克敏会在这天下午近 2 时乘汽车来此，与日本"华北派遣军"联络部部长喜多诚一举行定期的联席会议。

王克敏

警备车在前开路，王克敏的座驾在后。下午1时57分，两辆小汽车驶至煤渣胡同东口，正待向胡同里转弯之际，突然枪声大作，四周射来密集的子弹打向王克敏的座驾。车内一名五十岁上下、留着八字胡的人被子弹击中，倒在后排座位上。

顿时，街上秩序大乱，行人四处奔逃。日本宪兵队紧急出动，摩托车队带着吓人的呼啸声驶向大街小巷。

北京城里轰传：大汉奸王克敏遇刺。但后来证明，在这次枪击中，王克敏逃过一劫，仅受了轻伤，在汽车后座被打死的那个五十岁上下、留八字胡的人，是与王克敏同车的日本顾问山本荣治。

这次刺杀，是重庆国民政府军统局华北特区天津站精心策划的一次暗杀行动。

（二）陈恭澍接到"相机予以制裁"王克敏的命令

王克敏在华北的汉奸卖国活动引起了全国人民的公愤。1938年2月，重庆国民政府军统局本部戴笠给军统天津站站长陈恭澍下达了对王克敏与华北"联合准备银行"总裁汪时璟"相机予以制裁"的命令。

当时复兴社特务处下辖的华北特区管辖几个情报站：在北平有两个站，在天津有一个站，在张家口还有一个察绥站，机构庞大，下设许多组与直属员，但北平市区却无行动单位。因此"制裁"王克敏的任务就落到了有行动组的天津站身上。天津站站长陈恭澍接到戴笠的电示后，立即化装成富有的钱庄老板，从天津赶到北平。

陈恭澍是黄埔五期生，是军统的"第一号杀手"，曾参与和主持刺杀张敬尧、吉鸿昌等重大活动，但在1934年12月主持暗杀石友三时失手，逃到归绥隐匿半年，又在南京被处分关押约半年，直到1936年才被戴笠重新任命为军统天津站站长。

化装后的陈恭澍

陈恭澍来到北平后,找到军统局局华北特区书记毛万里、助理书记齐庆斌,一道秘密协商暗杀王克敏的计划。齐庆斌告诉陈恭澍:王克敏老奸巨猾,行动诡秘,防范措施极严。要暗杀他,必须选择合适地点,确实掌握王行动的时间与规律。这就非打通内线不可,否则很难达到目的。可到哪里去找内线呢?

正在他们为难之际,陈恭澍的一个老友、曾任县警察局长的张作兴向他们提供了一条极为重要的线索:张有一个邻居,姓武,五十多岁,是东北军的退职军官,当过旅长,颇有爱国思想,家中只有位年轻的太太,无子女。有时这武姓军官约张到家中喝两盅。三杯酒下肚,武就话多起来,最爱说的,就是回顾他以前的从军历史,声称这个人跟他当过营长,那个人跟他当过团长。武说到有一个曾在他手下当过连长的人,现在给王克敏当警卫队长。

陈恭澍听到这话,十分高兴,觉得这是一条十分重要的线索。陈恭澍要张作兴再作进一步了解,摸清了那个武旅长与王克敏的警卫队长关系很好;那警卫队长在王克敏身边虽任警卫队长,却有名无实,他手下只有几个人,吃粮当差,为王克敏看家护院而已,并不能常跟随王克敏本人活动。王另有贴身警卫二人,跟进跟出。为此,这位警卫队长曾对王克敏表示过不满。

陈恭澍决定亲自出马,来到皇城根武旅长的家中拜访。陈单刀直入,说明来意，要武旅长去策动那位警卫队长刺杀王克敏。武旅长欣然同意，找到那位警卫队长。说明来意后，警卫队长却表示不敢下手，但警卫队长向他们讲述了王克敏的日常行动规律，特别是透露了每逢星期二下午2点钟，定去煤渣胡同52号与日军联络部长喜多诚一会见洽谈的机密，这正是陈恭澍所需要的情报。

这时戴笠连连来电催促陈恭澍尽快暗杀王克敏。陈恭澍几经思索，决定派武装特务采取"硬拼"的办法，强行狙击刺杀王克敏。但在哪里采取行动呢？陈恭澍设想了种种方案，都感到行不通。他知道王克敏每天必到北平城中著名的"外交大楼"——伪华北临时政府行政委员会所在地办公，但那里警卫森严，每逢王克敏去那里时，从路口附近一直到大门前，布满岗哨，一般外人不要说接近王，就连多看一眼也很困难，暗杀行动无从下手；如果在王克敏回家途中采取行动，由于没有快速的交通工具，"迎击"或"追击"都办不到；若到王克敏住宅附近，等其出门时"袭击"，由于无法估算时间，加上警卫森严，也不能实施。最后，陈恭澍觉得，只有趁星期二下午王克敏去煤渣胡同时进行狙击，较有把握。陈恭澍与部下密商后，制订了行动计划。

陈恭澍首先进一步侦察了解了王克敏汽车到煤渣胡同的情况：王来时总是两辆汽车，王坐在前车，上面除了司机，另有两名警卫，都带有手枪、王克敏总是坐在后排座位上。还有一部警卫车随后，车上有武装警卫三四人。车进煤渣胡同时，王克敏座驾就减速慢行，后头那辆警卫车加速超前，警卫们先下来布岗，侍候王克敏下车进门。

陈恭澍决定，在王克敏坐车转进煤渣胡同，减速慢行时，采取狙击行动。陈恭澍找来天津站负责暗杀的行动组组长王文，要他挑选7名至10名年轻力壮的特务，携带枪支，秘密来到北平，成立暗杀王克敏的行动队。陈组织行动队员按照暗杀行动计划进行了多次演习。

（三）王克敏死里逃生

1938年3月28日，星期二，是陈恭澍等人选定暗杀王克敏的日子。

这天下午1时，陈恭澍亲自率领与指挥七八名便衣武装特务从驻地出发，于1时40分到达东四牌楼南大街金鱼胡同东口的光陆电影院门口集合。然后，王文率第一组蓝子春等三人先到煤渣胡同口，负责集中火力射击王克敏座驾；另以王文璧率第二组三人，负责猛烈射击警卫车，阻止对方反击，掩护第一组人员。整个暗杀行动由陈恭澍统一指挥。陈坐在大街对面人行道的一个吃食摊上，综观全局，以暗号作指示。王文站在煤渣胡同旁边一家裱糊店门口，接到陈恭澍指示信号后，负责领导具体行动。

下午1时57分，王克敏的汽车从南驶来。发现目标后，陈恭澍"陡然立起"，王文一见这信号立即指挥全部行动人员作好准备。当第一辆警卫车转弯驶入煤渣胡同东口，车尾尚在巷口，第二辆王克敏座驾正待打转方向盘驶入胡同之际，陈恭澍"戴上帽子"，暗示行动人员开枪射击。子弹密集地射向王克敏座驾，尤其集中火力打车后座的那个人。枪击二三十秒钟后，军统特务们按原计划撤退。这时街上已因枪声大乱了。

出乎陈恭澍等人意料的是，在枪击中，王克敏仅受了轻伤，在汽车后座被打死的，是日本顾问山本荣治。陈恭澍得到的情报是：平时王克敏汽车到煤渣胡同时，王总是一人坐在后排座位上。因此，陈恭澍布置特务们到时一齐向汽车后座射击。但这一天，山本荣治陪王一同到煤渣胡同去，坐在后排位置上，王克敏改坐前排。军统特务不知有变，仍按原计划进行，结果山本荣治当了替死鬼，身中数弹，立时毙命。王克敏却因此逃过一劫。

军统特务在枪击中，第一组组长蓝子春腿部中弹。后来他骑自行车逃离现场，一路上留下滴滴血迹，匆忙回到藏身的一家山货店。他不知道自己已给日本宪兵留下线索。当晚，日本宪兵追寻蓝子春的血迹来到这家山

日本《历史写真》1938年5月号报道王克敏遇刺负伤。王乘坐的轿车窗玻璃上有几个明显的弹孔，左为王克敏座驾的司机佟忠厚

货店，逮捕了蓝子春与另一名特务徐自富，后将此二人杀害。

王克敏虽逃过这一劫，却逃不掉历史的惩罚！1945年8月15日日本投降后，王克敏作为大汉奸被逮捕，畏罪自杀于狱中。

十六、上海沪江大学校长刘湛恩饮弹上海南京路

（一）沪江大学校长刘湛恩博士

在民国暗杀史上，以大学校长身份被暗杀的，只有一人。他就是著名的文教界与宗教界进步人士、沪江大学校长刘湛恩博士。他于1938年4月7日，在上海的马路上，于光天化日之下被日伪特务枪杀。

刘湛恩，湖北阳新县人，1895年出生于一个贫苦的农民家庭。6岁丧父，与寡母受尽欺凌，不得不举家迁到人地两生的汉阳居住。其母到一家医院当杂役，刻苦学习文化技术，终于成为一名护士，母亲的自立精神对年幼的刘湛恩影响很深。他初学医学，1918年，他23岁时，以获得的奖学金到美国芝加哥大学读教育学，获硕士学位；复入哥伦比亚大学教育学院深造，获博士学位。他与陶行知同为杜威的学生。他之所以弃医而学教育，是因为他当时认为，教育对中国社会的进步与近代化，有着更为广泛而重要的作用。

刘湛恩是位基督教徒，更是位爱国主义者。他在美国留学期间，1922年2月6日，美、英、法、日等国与中国北洋政府在华盛顿会议上签订了"九国公约"，其中有些内容侵犯了中国的主权。然而美国总统威尔逊在演说时，却宣称"和会获得了成功"。年轻的刘湛恩在威尔逊演说时，当场提

出义正词严的责问，批评西方国家的侵略立场，维护中国的权益与尊严。为此，刘湛恩遭到了拘禁。在华侨与中国留学生的强烈抗议下，美国当局才不得不释放了他。

1922年8月，刘湛恩学成归国，初在南京的东南大学执教，不久受"中华基督教青年会"之聘，担任该会的教育总干事。20世纪20年代中期，中国教育界掀起了收回教育权的斗争。1928年，南京国民政府规定，外国在华创办的教会大学的校长，都应由中国人担任。上海沪江大学是一所由美国差会创办的教会大学，迫于形势，原校长美国人魏馥兰不得不提出辞职，校董会慕名聘请刘湛恩担任校长。刘湛恩不仅是上海沪江大学的第一任华人校长，也是我国所有教会大学中的第一位华人校长，当时他才32岁。

刘湛恩

刘湛恩在担任沪江大学校长期间，始终关心着祖国的命运。他主张废除外国列强强加在中国人民身上的一切不平等条约，反对国内新旧军阀挑起的内战。他还抽空写了一些关于废除不平等条约的文章与小册子，以唤起中国同胞对这一问题的重视。当上海历史最悠久的教会大学圣约翰大学的中国师生，为了抗议美籍校长卜舫济撕毁中国国旗，全体退出学校另组光华大学时，刘湛恩不顾教会的反对，积极协助光华大学的建立，担任该校董事并兼任教授。为了反对国内新旧军阀的混战，刘湛恩还联络、动员上海的中上层人士，发起组织了"废止内战大同盟"，在全国产生了很大的影响。

（二）刘湛恩校长投身爱国抗日运动

1931年九一八事变后，刘湛恩在各种场合，大声疾呼救亡图存。他与上海文化界的著名人士马相伯、沈钧儒、周建人、陶行知等283人，联合发表《上海文化界救国运动宣言》。1935年"华北事变"后，他与上海各大学的校长李登辉、何炳松等十余人，发表宣言，反对日本策动的"华北政权特殊化"，并向上海市市长吴铁城陈述爱国运动的意见，要求大力开展抗日救亡斗争。

刘湛恩还与胡愈之等人组织了"国际联谊会"，通过座谈与聚餐等方式，与各国在沪的各界人士，包括大学教授与新闻记者，恳切交谈，争取国际舆论同情中国的抗日救亡斗争。这项工作当时被人们赞誉为"在野的外交"。刘湛恩还远去南洋，向广大华侨演讲，大声疾呼，声泪俱下，激发了海外华侨的抗日救国热情。

1937年7月卢沟桥事变发生后，刘湛恩将沪江大学从杨树浦日占区迁到上海市中心英美租界区的"城中区商学院"地址，与东吴大学、圣约翰大学组成"教会联合大学"，继续开课。同时，他在学校里开设社会科学讲习班，讲授政治经济学、中国近代史等有强烈反帝内容的课程，培训各进步团体与救亡团体选派来的优秀青年，被社会上誉为"上海抗日大学"。他除主持校政，还担任"上海各界救亡"主席与"上海各大学抗日"的领导者，并负责当时租界内的难民救济以及国际宣传工作。刘湛恩还通过"上海基督教青年会"，发起组织"上海学生救济委员会"，负责安排从东北以及平、津一带来的流亡学生的食宿。

1938年3月28日，在日本侵略者的扶植与导演下，"中华民国维新政府"在南京出笼了。这个伪政权在开张之前，曾派担任伪立法院院长的大汉奸温宗尧到上海，请刘湛恩出任伪教育部部长，被刘湛恩严词拒绝。

（三）刘湛恩校长倒在汉奸杀手的枪口下

当时在上海，日伪对抗日爱国志士的暗杀活动日益加剧，血案发生了一起又一起。许多亲友都劝刘湛恩离开上海，暂避一下风头。刘湛恩对他们说："上海的抗日救亡工作关系国家民族生存，我责无旁贷，放不下！"他还引用了林则徐的"苟利国家生死以，岂因祸福避趋之"，以明自己的报国之志。

不久，日伪的魔爪果然向刘湛恩伸过来了。

一天，上海日占区虹口东亚大饭店的日伪特务，派一个黄包车夫给刘湛恩家送来一大篮用透明玻璃纸罩住的优质水果，并假刘湛恩的一个已故的老朋友之名，给刘湛恩写来一封英文信函，信中说："自从中日战争开始以来，你的爱国工作，尤其是破坏日本阴谋，使伪组织不能成立，使我极为钦佩，兹特奉赠水果一篮，以表敬意……"警觉的刘湛恩夫人刘王立明发觉其中有诈，当即报告英租界巡捕房。经化验，证明该篮水果有毒。

日伪特务见一计未成，又生一计。一天下午，他们派一个特务，爬到刘湛恩家隔壁高墙上，向刘家扔下一颗手榴弹，想把刘家人炸死。刘湛恩夫妇当时不在家，去视察难民收容所了。刘湛恩的三个孩子正在客厅里做功课，吓得钻到桌下。手榴弹爆炸后，刘家屋里硝烟弥漫，前厅临花园的落地玻璃门和窗玻璃被炸得粉碎，屋里的沙发上全是洞眼，弹片满地。日伪的毒计又一次落空。

亲友们再次劝刘湛恩离沪。刘湛恩对夫人说："我平生教导学生要为祖国献身，那我就应当以身作则……"为了在国际上揭露日本的侵华罪行，刘湛恩决定将夫人与3个子女送往中国抗战的大后方，自己则准备在1938年4月中旬，赴美国宣传。然而就在他动身前夕，日伪特务在上海街头将他暗杀了。

1938年4月7日上午，刘湛恩与妹妹刘明珍、幼子刘光华，在上海静安寺路（今上海南京西路）大华路口，准备乘公共汽车去外滩。这里是英租界，是上海最繁华热闹的马路，人来车往，紧张忙碌。公共汽车到站后，刘湛恩先将刘光华推进车里，接着，其妹正要跨步上车时，3个日伪特务出现了，他们走到刘湛恩身后，趁其不备，突然举枪射击，一颗达姆弹（淬毒）从刘湛恩的背后穿到胸前，刘湛恩倒下了。在送往医院的途中，这位爱国者、教育家、民主战士的心脏，停止了跳动。

当枪声响起时，刘湛恩的幼子刘光华已挤进车厢。他见有人行刺父亲，立即从车上跳下，看见3个凶手正分别往3个不同的方向奔跑逃窜。小光华当机立断，拔步紧追其中一个离得最近的凶手。此人正转弯往戈登路方向疾跑。小光华边追边喊："抓住他！抓住他！"凶手见状，拔出手枪回身就打，可是，枪膛内的子弹卡住了，打不出。刘光华与过路的两位行人赶到，一下子就擒住了他，送到公共租界巡捕房。事后查明，此人叫曾寿根，是上海日军当局收买的汉奸特务。但公共租界当局碍于日本侵略军的凶焰，一直未敢惩处这个汉奸凶手。1941年12月日军占领上海租界后，这个凶手便从监狱中逃出。1945年8月抗战胜利，此人因种种原因，逃过了对汉奸的审判，仍逍遥法外。直到1949年后，此人才在"镇反"运动中伏法。

刘湛恩被暗杀，震动了上海全市，各报均以头条新闻报道。日本人办的日文报纸攻击刘湛恩说："刘湛恩为抗日思想渊薮沪江大学之校长，兼文化救亡会会长；事变前，抗日文化之中心分子，在学生界、文化界及上层阶级之间极有势力，为活动抗日思想之宣传者。中国军退出上海后，暗中努力抗日运动之抬头，尤其事先看到"华中维新政权"成立，妄企于该政权内部，加以扰乱。"日本侵略者与汉奸的憎恨与咒骂，正好表现了刘湛恩坚定的爱国立场与抗日救亡的成绩。

1938年4月9日午后，在上海贝当路国际礼拜堂，上海各界人士和沪江大学师生按基督教仪式，为这位殉国者举行了安葬仪式与追悼会。

十七、"古董商"斧劈唐绍仪与蒋介石日记揭真相

（一）数十年争论不休的刺唐谜案

1938年9月30日上午9点。日伪包围下的上海法租界区。

一辆黑色小轿车驶到了福开森路（今上海武康路）一座戒备森严、宽敞豪华的花园洋房的铁栅门前，这里是唐绍仪的大女婿褚昌年的公馆。担任国民政府委员、76岁的唐绍仪，自1937年11月12日上海被侵华日军攻占、租界成为孤岛后，就一直住在这里。那辆黑色小轿车上的来人经保镖、门卫与安南巡捕的检查后，被允许开进公馆内，在洋房前的庭院里停了下来，从车上走下来4个人。这4个人说是应唐绍仪邀请，来送古董的。保镖们因事前得到唐绍仪的关照，又见4人中有一人是唐家的亲戚，名叫谢志磐，就放心地让他们由一名佣人带领，走进洋房的客厅……

然而，十多分钟后，这里发生了震动全国的刺唐血案。而且，这4名进入戒备森严的唐公馆的刺客，竟然全部安然逃走。

这是自1937年11月12日上海沦陷后，发生的又一次触目惊心的刺杀血案。其计划之周密，手段之毒辣，背景之复杂，案件之扑朔迷离，都是前所未闻的。刺唐血案给战时的上海大大加浓了恐怖而神秘的气氛。

唐绍仪被暗杀在全国引起很大震动。究竟是谁主使策划了这起凶杀案?

日本占领军方面宣称,唐绍仪是被重庆政府分子和蓝衣社的特务所杀。

而重庆国民政府宣称:唐绍仪是不肯接受日本人的邀请去当汉奸,因而遭到日方忌恨而被杀。唐绍仪被刺的第二天,军统在第55号情报中报告说:"唐氏自日本欲利用其组织伪统一政府以来,均被其先后拒绝,唯日本始终未予放弃。"重庆国民政府和蒋介石给唐绍仪的家属发出一份唁电,声称对唐之死

晚年唐绍仪

"痛悼何极,顿失瞻依"。1938年10月5日,重庆国民政府以主席林森和行政院院长孔祥熙的名义,颁布《国府委员唐绍仪褒扬令》,同时拨付治丧费5000元,并令将唐氏生平事迹"宣付国史"。国民政府的史学部门后来撰写的《唐绍仪传》,也称其晚年被日本人拉拢,要其充当傀儡,"终不肯出"。

这样一来,关于唐绍仪的死因,扑朔迷离,议论纷纷,莫衷一是,数十年来一直争论不休,成为抗战史上的一个谜案。

(二)日本"对华特别委员会"的"北吴南唐"计划

1937年7月日本发动全面侵华战争,叫嚣气势汹汹。令他们没有想到的是,他们的武装侵略遭到了中国军民英勇顽强的抵抗,卢沟桥战役、淞

沪会战、平型关战斗、忻口战役、台儿庄战役……中国军民以自己的血肉筑起新的长城，粉碎了日本"三至六个月征服中国"的狂妄计划；而他们在占领区扶植的华北、华中的伪政权，因头面人物威望不高，缺少号召力，起不到原本所希望的作用，日军被迫陷入在华长期消耗战的困境中。

为了摆脱侵华战争中的消耗困境，日本大本营决定进一步推行"以华制华"的方针。1938年6月17日，日本大本营陆军部决定施行"鸟工作"计划，准备起用唐绍仪、吴佩孚等一流人物，"建立强有力的政权"（《中国事变陆军作战史》第二卷第一分册，中华书局1979年版，第98页）。1938年7月12日，日本内阁五相会议决定，立即着手"起用中国第一流人物……酝酿建立巩固的'新政权'"，并要求"利用、操纵反蒋系统的实力派，使在敌人中间建立反蒋反共反战的政府"。为实现上述战略目标，五相会议决定设立一个"对华特别委员会"，代号"竹机关"，作为"专门负责以有关重大对华谋略及建立中国'新中央政府'的执行机关"。该委员会的主要成员有陆军派出的土肥原贤二、海军派出的津田静枝、外务省派出的陆军退伍将官坂西利八郎等人，以土肥原为总负责人。因而，该"对华特别委员会"又称"土肥原机关"。

土肥原贤二，1891年8月出生于日本冈山县一个陆军少佐的家庭，1904年毕业于日本士官学校十六期，后又被选送进日本陆军大学深造。1912年11月陆大毕业后，任日本陆军参谋本部部副，被派往北京日本驻华使馆，

土肥原贤二

开始其侵华特务生涯。在华期间，他曾与袁世凯、段祺瑞、黎元洪、徐世昌、曹锟、张作霖各届北洋政府打过交道，结识中国军政各方面要人，通晓中国南北各方面的情况，窃取了大量中国情报，在日本上层博得了"中国通"的称号。1931年8月，他任奉天特务机关长，与关东军头目一道制造了震惊中外的九一八事变，侵占了中国东北。1932年3月，他又导演了溥仪出逃长春、建立"满洲国"的政治丑剧。以后，土肥原被调往天津，收买汉奸盗匪，制造了一系列"华北事变"。1937年7月卢沟桥事变后，土肥原出任日军最精锐的第14师团师团长，率部进攻河北、河南、山东等地。他的双手沾满了中国军民的鲜血。中国人民对这个集日本法西斯军人与特务头子身份于一体的土肥原切齿痛恨，称他为"土匪原"。

土肥原就任"对华特别委员会"的总头目后，来到上海，在虹口东体育会路7号的一幢西式洋房里设立办事处，将其命名为"重光堂"，作为活动基地。他积极开展对中国上层人物的政治诱降与筹建全国性的伪中央政府的工作。他首先物色未来伪中央政府首脑人物的人选。遵照日本内阁五相会议决定的精神，他必须找到既有威望，又有一定势力且有从政能力的人物来充当未来汉奸中央政府的首脑。

经过一番挑选，土肥原最后确定了三个人作为他争取工作的对象：原北洋军阀直系的军事统帅吴佩孚，原北洋军阀政府总理靳云鹏，清末民初历任要职的唐绍仪。其中对年高望重的唐绍仪，土肥原尤为看重。他想在中国建立一个"北吴南唐"的政治局面——以吴佩孚管军，唐绍仪执政，建立一个"有威望"的汉奸中央政府，与重庆当局对抗。因而，争取拉拢唐绍仪的工作成为土肥原机关的头等任务。

（三）民国元老唐绍仪滞留上海与日方秘密"谈和"

唐绍仪，字少川，广东广州府香山县唐家湾人，出生于1862年，父、叔都是清末著名的工商资本家。1874年他12岁时，以幼童身份，被清政府选派到美国留学，经中学升入哥伦比亚大学文科。1881年回国后，他长期在李鸿章和袁世凯属下供职，以善办洋务著称于世。清末官至外务部右侍郎、沪宁与京汉铁路督办、邮传部左侍郎，1907年出任奉天巡抚，1910年一度任邮传部尚书。1911年10月10日武昌起义后，唐绍仪任袁世凯内阁的全权代表，南下上海，与起义各省代表谈判。1912年2月清帝退位，袁世凯就任中华民国临时大总统，唐绍仪则在加入中国同盟会后，出任第一届内阁总理。唐绍仪标榜政党内阁，因不满袁世凯的专横，于1912年6月愤而辞职，到上海从事工商活动。1917年9月，孙中山在广州建立护法军政府，唐绍仪南下参加，任财政部部长，后又被推为军政府的"七总裁"之一。1919年年初，南、北政府会谈，他任南方军政府的总代表，是当时中国政坛的风云人物。

唐绍仪与孙中山有过合作，支持过孙中山，也有过分歧，甚至反对过孙中山。1920年，孙中山在广州恢复军政府，唐不愿支持，转而退居家乡。1927年4月南京国民政府成立后，蒋介石聘他为高级顾问，他没有就职。1931年年初，他参加西南粤、桂军阀和汪精卫的反蒋活动，出任广州国民政府的常务委员，与南京国民政府对抗。1931年九一八事变后宁、粤合作，唐绍仪曾任中山县县长，热衷家乡的地方建设，后被陈济棠排挤下台，离开广东。他长期寓居上海，历任国民党中央监察委员、国民政府委员以及西南政务委员会委员等职，但因蒋介石没有给其实权，他对蒋介石若即若离。而蒋介石始终也不喜欢他，更不信任他。唐绍仪不是国民党与蒋介石的嫡系人物，这点国民党内部与唐绍仪本人都很清楚。

在1937年七七事变之前，中日关系紧张，蒋介石以唐绍仪与美国前总统胡佛等政界人物有旧，又念他在解决两广事变、瓦解陈济棠集团时出过一臂之力，曾想任他为驻美大使，欲借美国的力量，调停中日事件。但唐绍仪向蒋介石提出，要美国助华，必须先收美国舆论，要求携带数百万美

1912年，唐绍仪与孙中山在南京

金为交际费，让他去联络美国参、众两院有势力的议员。蒋介石感到唐绍仪索要过多，而且收效未必如意，没有答应唐绍仪的要求，转而请唐绍仪直接与日本人谋和，条件或可稍低。唐绍仪本来就是个亲日派，因而他答应了蒋介石的要求，与日本当局有关人士接头。但工作刚开始，抗日战争就全面爆发了。

抗日战争的爆发并没有切断唐绍仪与日本方面的秘密联系。

抗战之初，唐曾发表过支持抗战的言论，冯自由甚至认为唐绍仪是卢沟桥事变后"主张抗战最力之一人"。

1937年11月12日上海沦陷后，许多有影响的名人，像蔡元培、郭沫若、杜月笙甚至百岁高龄的马相伯等人，都激于民族大义，不管自身安危，不顾年高体弱，不怕鞍马劳累，不惧空袭战火，抛弃舒适生活，撤离上海，或去香港，或去大后方，而唐绍仪作为国民政府委员，却不愿随国民政府西撤。他安排大部分家人去香港,自己则留居上海法租界,与他正在上海读书的三子唐柱及十一女唐宝瑢,住在他的大女婿褚昌年豪华的花园洋房中,安享清福,赏玩古董。这种行为是对中国抗日阵营同仇敌忾的决心与信心的破坏,是对中华民族正遭受的深重苦难与淋漓鲜血的漠视,而为日本当局希望与赞赏。事实上,唐在观望形势,待机而动。他对日本的军事力量及其在中国的"战绩"很推崇,他又有政治野心,试图凭借日本力量登上"国家元首宝座",取蒋介石而代之。再加上他多年养成起居豪奢、生活阔绰的习惯,有妻、妾4人(其中一个是朝鲜女人),育有6子13女,开支浩繁,单单每月的雪茄烟的花费就很惊人。日军占领上海后,他的经济来源枯竭,积蓄越来越少,急于另寻出路,而这些原因都使他越来越向日本方面靠拢。

唐绍仪是当时中国很有政治地位与社会影响的人。他在当时复杂形势下的政治活动方向,必然要引起中日双方的高度重视和密切关注。

1938年年初,蒋介石曾托人捎口信给唐绍仪,后又亲笔致函,要唐绍仪尽快由上海赴重庆,免为日寇利用。蒋还要聘其为"高等顾问",但都被唐绍仪拒绝了。(见《胡鄂公1938年6月11日致孔令侃》,《民国档案》1998年第1期)

1938年3月,外面盛传唐绍仪将要下水当汉奸时,广州"抗战后援会"曾于1938年3月上旬去电唐绍仪,要他脱离上海恶势力的范围,克日南下,唐不予答复;3月19日,广州各界人士和社团,又假座民众教育馆二楼召开大会,即席决定由广州各社团联衔电催唐绍仪南返。电文说以"请公善保晚节,否则自堕名誉,遗臭万年"之语劝导,并汇去旅费2万元,但唐绍仪仍置若罔闻,一直不给答复,甚至所汇旅费也不肯接受。

唐绍仪的大女婿褚昌年,也受重庆方面指使,特地来沪劝其速离上海,移居香港,若能到重庆,当局当委以外交委员会主席之职。戴笠根据蒋介石之意,让杜月笙从香港写信给唐绍仪,劝其赴港居住。面对这些规劝,

上海沦陷后，唐绍仪留居上海法租界，观望形势

唐绍仪总是推托，说："等把上海一些家务事料理完毕后，便动身离沪。"话是如此说，却一直迟迟未见其动静。

唐绍仪是历经政治风云、老于世故的成熟政治人物，身居日军包围中的上海，对家乡各界（实际上代表了重庆国民政府）要其克日南归、不受日方利用的正当要求，竟采取如此傲慢冷拒、暧昧不明的态度，就不能不引起多方揣测，置自身于险境。

日本当局对唐绍仪这位中国政界耆宿的政治影响与亲日倾向，一直十分关注。日本外交界的特务谷正之和汉奸陈中孚等人，频繁往来于唐府。1938年年初，指挥日军进攻上海与南京的日本"华中方面军"司令官松井石根，在筹组伪华中政权时，"……第一人选是唐绍仪"。1938年1月12日，松井石根在听取部属关于华中伪政权建设等工作的汇报时，就表示希望唐绍仪能成为"新政权"之中心人物（田中正明:《"南京大屠杀"之虚构》，军科院外国军事研究部译，第216页）。日方派出一名叫拙井的专使，到上海拜访唐绍仪，邀其出山，充当南京伪维新政府的头目。但唐绍仪老成持重，一方面与日方的联系不断，另一方面又有所顾虑，不愿意立即下水，而是让其旧日部属和亲信温宗尧先行出山，担任南京伪维新政府的"立法院院长"。

（四）蒋介石本不喜欢唐绍仪，更越来越不信任唐绍仪

蒋介石本不喜欢唐绍仪，在对唐绍仪多次笼络与劝说失败后，更越来越不信任唐绍仪，因而对唐在上海的动态一直十分关注。早在1938年1月23日，他在得到有关日本方面急于拉拢唐绍仪充当南京伪政府头目的密报后，在日记中写道："其急欲造成唐绍仪为南京之傀儡者，亦无法之一法也。"

1938年5月，日军攻占徐州后，分兵数路向武汉包抄进攻。在这同时，日方对已内迁的国民政府开展"和平攻势"，一方面引诱汪精卫集团，另一方面力图逼迫蒋介石下野，然后准备与没有蒋介石的国民政府进行"和平谈判"。就在这时，法学家罗家衡奉唐绍仪指示来到武汉，会见正热衷于对日和谈的汪精卫、孔祥熙。当时，汪精卫任国民党副总裁、国防最高会议副主席、国民参政会议长等职，地位仅次于蒋介石，孔祥熙任行政院院长，可谓是两位国民党要人。他们在与罗家衡谈话时，都急切地表示要唐绍仪出头具名，先行与日方洽谈。汪精卫说："在辛亥南北议和时，咱们俱是在少川师长教诲向导之下人行的。如今的局面，只有少川师长出来与日本会商才是法子。如今日本不是较之前对华主张缓了一步么？之前日本是不以蒋政府为对象的，如今日本仅主张不以蒋个人为对象了。只要少川师长出来与日本会商，蒋的下野是不成问题的。我只要国度有救，什么牺牲均可以的……"。其意是让唐绍仪告诉日方，在逼迫蒋介石下野后，由他汪精卫主持国民政府，与日方谈和。孔祥熙则表示，最好由唐绍仪个人对日本方面试谈条件（见《胡鄂公1938年6月11日致孔令侃》，《民国档案》1998年第1期）。

唐绍仪在得到罗家衡的报告，接受汪精卫、孔祥熙的委托后，于1938年5月底至6月初，"名正言顺"地和日方进行秘密谈判。唐绍仪在谈判中所提条件大略如下：一、取消以前一切不平等条约，如"二十一条"、《塘沽

协定》《何梅协定》等。二、日本军队完全撤退。万一拘于庚子条约，其所驻军队亦不得超过欧美各国所驻军队数目之上。三、（中国方面）绝对不赔款，因自动停战议和，非战败和议可比。四、中、日、"满"经济合作。如中国方面必欲取消"满洲国"，可在今后和议中，由唐出面交涉。唐绍仪拟定未来中日正式谈判的计划是：在两个月后，当日军攻抵河南鸡公山一线时，或由中国"最高领袖"授意前方将士自动停战，或由孔祥熙邀同戴季陶、汪精卫等与日本素有关系的"老同志"，代表国民政府或民间团体赴香港谈判，唐绍仪届时当前往参加，但决不单独负责。

当时正在紧张指挥武汉保卫战的蒋介石，对汪精卫、孔祥熙指使唐绍仪与日方秘密谈判一事，并不知情，更持反对态度。据蒋介石日记载，蒋在1938年6月23日与孔祥熙谈话时，说："敌人至今灭亡我国之野心，固已为我所粉碎，即其对粤汉速战速决之信心，亦已为我消灭。最后胜利于我确定矣。"他嘱咐孔"不可另自接洽"，即不可背着他与日方秘密谈判。

但孔祥熙背着蒋介石，继续指使唐绍仪与日方秘密会谈。1938年6月27日，唐绍仪派遣大女儿唐宝珠（褚昌年夫人）持唐函，到达武汉，向孔祥熙报告他与日方所进行秘密会谈的情况。唐绍仪声称他是"以国难为重，渴望于国事有所襄助"，"欲得公正和平，须中日公开谈判"。7月5日，唐绍仪大女儿唐宝珠携带孔祥熙给唐绍仪的回函，回到上海。孔在信中说："战争初期，我方别无选择。时至今日，或有公正和平之望。"孔要求唐凭借自己的有利地位，试探日方"和平意向"；同时联络中日有名望的民间人士，呼吁双方当局进行"和平谈判"。唐绍仪接到孔的回信后，即于7月间，与日方开展新一轮的谈判。当时，土肥原的"对华特别委员会"刚建立，在上海以唐绍仪为重点，正通过各种途径对唐绍仪展开工作。

1938年8月上旬，唐绍仪将他与日方的谈判结果，通过其大女儿唐宝珠，向香港孔祥熙的亲信传达：有日本东京陆军最高长官的全权代表到上海，在与唐会谈中，提出三个条件，一、停止反日活动；二、"反共"；三、经济合作。该代表称,日方没有领土野心,愿保障中国领土、主权完整,无赔款。唐绍仪的大女儿为其父吹嘘说"此次因系院座(指孔)再三劝慰,少老始肯与日人见面,探询条件。该日军代表之来,亦极不易,所持条件,可作基本谈判之初步原则",

(从右往左)蒋介石、宋美龄、孔祥熙

"如我方认为可商,当再与进行详洽"。唐绍仪的大女儿并称:该日方代表定于8月5日再次来上海,孔院长如有所命,请在8月15日前示下,免过时机,在日人前反露我求和之意。

直到这时,即必须迅速对日方所提条件与要求给予明确答复时,孔祥熙才于1938年8月9日,致电蒋介石,报告了上述唐绍仪大女儿所谈其父与日方秘密谈判的情况。

蒋介石一直反对和劝阻孔祥熙通过唐绍仪与日方秘密谈判,对唐更是充满了不信任甚至仇恨,对日方与唐企图通过谈判,逼迫自己下野、分裂抗战阵营,保持高度警惕。1938年7月9日,蒋介石在日记中分析日本内阁陆军大臣板垣征四郎当时对华强硬的原因时,所写第三条就是:唐绍仪"希冀拆散我政府"。1938年7月12日,蒋介石再次与孔祥熙谈话,劝阻孔祥熙的谋和活动。谈毕,蒋慨叹道:"庸之对敌行同求和,彼犹不知误事,可叹!"1938年8月10日,蒋介石在得到孔祥熙1938年8月9日来电报告唐绍仪与日方秘密谈判情况后的第二天,即复电孔祥熙,鲜明地表示"极端反对",电称:"关于少川接洽和议事,弟极端反对。请其于政府未决定整个政策与具体办法以前，切勿再与敌人谈话，以免为敌借口。"当时，蒋介石对于孔祥熙秘密与日本谈判的情况已经有所察觉，苏联驻华外交官也为此向中方了解情况，因此蒋在电报中特别提醒孔祥熙："日人近时特放一种空气，甚传兄屡提条件交敌人，皆为日敌所拒。此种空气，影响于我内部心理甚大，而且俄人亦以此相谈。务请兄注意为祷。"孔祥熙自然不敢违抗蒋的意见，急忙于8月11日电复蒋介石，首先表示"承嘱一节，自应注意"；接着，为他转呈唐绍仪大女儿所谈其父与日方秘密谈判一事作解释，向蒋道歉："此次褚夫人谈话，显系买好，原电转陈，藉供参考，不意增兄烦虑，殊觉不安。"孔声称他本人和唐绍仪产生联系的原因，目的在于争取唐，阻止唐为敌所用，说："少川为人秉性及过去在粤经过，为我兄所深悉。前因首都沦陷后，日方对少川多方诱惑，时思利用。且闻伊不甘寂寞，曾发牢骚，恐其万一为敌利用，影响大局，同志中屡为弟言，嘱早设法，故利用其亲友尽力劝慰，使其为中央用。"关于蒋来电所称孔"屡提条件交敌人"，孔坚决否认："和议问题，完全彼方自动，时有报告前来，所以未曾拒绝者，原欲藉以观察敌情，供我参考，并未提及任何条件。日人放造空气，原属惯技。与弟绝无关系。"

蒋介石虽对孔祥熙不满，最多也只是不满而已，但蒋介石对唐绍仪可就不一样了，他将全部的憎恶都集中到唐绍仪这个"老奸"身上。1938年9月11日，蒋介石在日记中再次分析板垣征四郎在当年六七月间对华强硬的原因时，写道：一是由于板垣征四郎"错认我内部有分裂及强逼余下野之可能"，二是由于"我内部文人态度暧昧与唐绍仪老奸之施弄阴谋"。

蒋在日记中称唐绍仪为"老奸"，为"施弄阴谋"，可见他此时对唐绍仪的憎恶已达到何种程度！

然而，唐绍仪在与日方的关系上却越陷越深。他继续躲在幕后，与日方的代表联络谈判。但因年事已高，要注意身体，同时为谨慎计，因而许多事他自己并不出面，而由其八女婿岑德广代表他对外活动，与日方会谈具体问题。唐绍仪还让岑德广在上海静安寺路的华安合群保险公司大厦里开了一间办公室，在里面拟订种种计划草案。

岑德广是清末重臣岑春煊的第三子。此人后来在1940年3月汪精卫伪中央政府成立时，出任伪赈务委员会委员长、伪中央政治委员会委员；1941年3月，任伪清乡委员会委员；4月，任伪第二届中央政治委员会委员；8月，任伪社会部行动指导委员会委员；1942年2月，任伪时局策进委员会委员；3月，任伪第三届中央政治委员会委员；1943

岑德广

年1月，任伪国民政府委员；4月，任伪中央政治委员会第四届委员；1945年6月，任伪中央政治委员会最高国防会议秘书长；8月，任伪经理总监部总监，成为臭名昭著的大汉奸。此是后话。

1938年9月28日上午，土肥原贤二在岑德广的带领下，亲自登门，秘密访问了唐绍仪，同唐绍仪进行了二次密谈，说服唐绍仪起草了所谓《和平救国宣言》。在日方与唐绍仪的会谈中，日方提出让唐绍仪"出任新政府首脑"，由吴佩孚在旁边协助，成立"新中央政府"骨干，并要求"'新中央政府'于10月底成立"；而唐绍仪则提出，以"唐绍仪为中心"组织统一的"中央政府"，保证"中日必须永久亲善"，"为保持东亚永久和平，并以民主政体彻底保障主权独立及领土完整，对于友邦之一切条约继续进行"。参与对唐绍仪工作的日本陆军参谋本部的高级特务今井武夫在战后写

的《今井武夫的证词》中披露了这一事实。(《今井武夫的证词》,《土肥原秘录》,北京中华书局1980年版,第54页)

(五)"古董商"斧劈唐绍仪

唐绍仪在上海与日方的来往与秘密谈判,被国民政府军统局上海特区及时侦察到。

国民政府军队从上海西撤时,军统局在上海安插了几千名潜伏特务,统一由上海特区管辖。特区区长兼忠义救国军司令周伟龙是军统局著名的"四大金刚"之一;副区长兼行动总队长赵理君为黄埔军校五期毕业,是军统"三大杀手"之一,常年活动于上海,曾一手主持过暗杀杨杏佛、史量才等凶案,被称为"追命太岁"。戴笠指示他们对潜居上海、不愿西撤的军政要人进行秘密监视,严防这些人与日方勾结组成汉奸政府。由于唐绍仪的地位与影响,自然成为军统最注目的重点对象。上海特区除派人化装日夜监视唐绍仪在上海法租界福开森路(今武康路)的洋房住宅及其起居活动,又派其情报员谢志磐,利用与唐家的亲戚关系,经常到唐宅内侦察。

谢志磐的哥哥谢力公是军统大特务。谢志磐在20世纪30年代初曾参加上海的"托派"组织,做过陈独秀的秘书,1932年9月他出卖了陈独秀后,转入军统任情报员。谢家与唐家有些亲戚关系,因此谢志磐得以有机会经常到唐家走动。1938年年初,谢志磐就从唐家人口中了解到日本派拙井拜访唐绍仪,邀请唐出山,双方进行了秘密会谈。谢急忙将此情报报告给上海特区周伟龙,周又转报戴笠。蒋介石对此事非常重视,指示军统上海特区加强侦察。谢志磐去唐宅活动更加频繁,源源不断地将唐与日方秘密勾结的情报,添油加醋地向上级汇报。戴笠将这些情报,再加上其他来源的消息,迅速密报蒋介石。

1938年9月底,蒋介石获得"土肥原亲自登门同唐绍仪进行密谈,并说服唐绍仪起草了所谓《和平救国宣言》的情报后,断定唐绍仪已秘密投日,并准备正式登台,组织伪中央政府,一切只是时间上的问题。终于,他下定决心,下令军统上海特区对唐绍仪进行制裁——一来除去这心腹之患,摧毁日方扶植新的伪中央政府于胎腹之中,二来断了孔祥熙等人的"议和之路"。

军统局局长戴笠立即以"十万火急"之令,向上海特区区长周伟龙下达制裁唐绍仪的指示:"顷奉领袖面谕,唐绍仪平素反对国民党甚力,此次又复为敌利用,处处破坏中央,应即多方设法,予以制裁。唐寓其婿褚昌年家……",并指示"最好不用枪打"。

其实,军统上海特区从1938年8月间就开始准备和部署暗杀唐绍仪,在9月底得到重庆总部的指示后,便迅速行动起来。他们从侦察中获知:唐绍仪在法租界福开森的住宅是一幢造型别致的花园洋房。大门是铁栅门,经常关着。自从在1938年3月正准备就任伪维新政府军政部部长的周凤歧在法租界被暗杀后,法租界就加强了当时住在法租界的许多中国军政名流的保护。他们特地派来几名安南巡捕到唐公馆任门卫,进入唐绍仪家的生人要经过他们搜查。唐绍仪还雇有几名白俄保镖,日夜在庭院警卫。唐公馆住宅里,只有唐绍仪与一位女儿同住,女儿自居一室,不出大门;唐绍仪常居楼上一室,深居简出。有几个佣人与丫鬟伺候他们。根据这些情况,军统上海特区制定了几个暗杀方案:

最初,他们准备让谢志磐去串通好唐绍仪的汽车司机,趁唐外出时,在马路上狙击他,但考虑到当时马路上人太多,狙击后暗杀者很难逃脱,便放弃了。

第二个方案,是企图通过谢志磐作内线,派人带枪进入唐家刺杀,但又想到唐宅警卫众多,对进入的生人要搜查,一有动作便被发现,暗杀行动张扬出去,将对重庆当局造成不良影响,也只得放弃。

正当他们无计可施时,却于无意中了解到唐绍仪酷爱古董的嗜好。唐

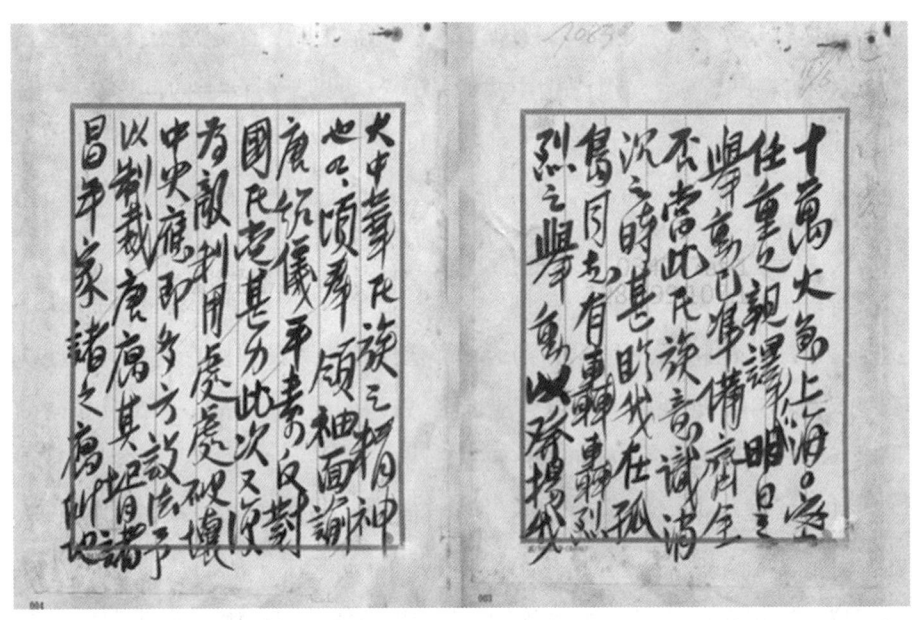

戴笠向周伟龙下达制裁唐绍仪的指示

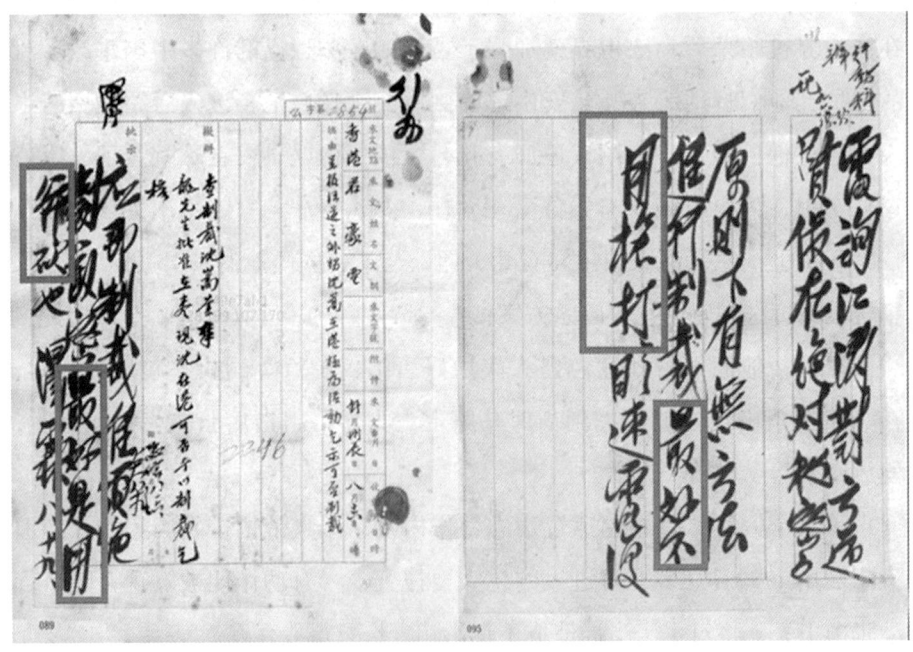

戴笠指示"最好不用枪打"

绍仪经常和上海的一些古董商来往，鉴赏与收购一些精美的古董。于是，周伟民、赵理君与谢志磐、王兴国等军统人员协商，制定了派人冒充古董商进入唐宅，用斧砍劈唐绍仪的暗杀行动计划。

于是，先由谢志磐与王兴国二人到唐公馆，向唐绍仪报告有一古董商带有不少名贵古物，愿意廉价出售。唐绍仪闻之大喜，迫不及待要求古董商早日将文物送到唐公馆，让其鉴定与收购。双方约定在1938年9月30日由古董商送货上门。在这期间，赵理君设法到上海社会上收买了一些古玩，其中有一只假宋瓷花瓶与一盒"翠玉八骏"最为吸引人。

9月30日上午9点，赵理君亲自出马，打扮成古董商模样，携带盒装花瓶等文物，乘坐一辆借来的小汽车，前往唐公馆。他带着谢志磐与王兴国作向导，另带上海特区专门搞暗杀绑架的李阿大作实施暗杀者。李阿大已随赵理君搞暗杀多年，当年曾参与暗杀史量才、杨杏佛。这次暗杀唐绍仪，对他们来说，可算是驾轻就熟、胸有成竹。汽车司机也由军统特务充任，准备刺杀唐绍仪用的小钢斧就藏在瓶盒的夹层中。

车子开到唐公馆的铁栅门前，谢志磐下车，与唐公馆的门卫与与保镖们交涉，讲明古董商是应唐绍仪邀请送古物而来，唐绍仪也早向门卫与保镖们打过招呼。因此，车子顺利开进了唐公馆，停车在院子里。赵理君一行4个人下了车，未被搜查，就被佣人领进了楼下一间大客厅里。司机则立即将车调好头，车头向外，却不熄火，一直让马达在空挡上转，以免事成逃跑时发动机失灵而误事。

赵理君一行进了客厅后，佣人请他们坐下，就上楼去向唐绍仪报告，说谢大少爷带古董商送古玩来了。当那仆人离开客厅上楼去时，赵理君见四下无人，就按预定计划，极其迅速地将客厅香烟盘上插放的四盒火柴都取下来，装到口袋里，而李阿大也将利斧从瓶盒的夹层中抽出，掖到身上。

一会儿，唐绍仪由其仆人搀扶着从楼上走下来。赵理君见唐约八十岁，须眉皆白，双目有神，身穿接客时穿的礼服，颇有外交家的风度。唐绍仪客气地请"古董商"等人坐下后，就呼唤仆人给客人倒茶敬烟。仆人给客人一一倒茶敬烟后，却找不到火柴。唐绍仪便吩咐仆人进去拿火柴。唐绍仪住的花园洋房很大，火柴一类的杂物放在后面厨房附近的储藏室内，相距较远。

当仆人转身走出客厅以后，"古董商"便打开文物盒盖，请"老太爷"看古瓷花瓶。唐绍仪拿起放大镜，躬身低头细看花瓶，啧啧称赞，爱不释手。"古董商"等人在其旁边指点解说。赵理君看到唐绍仪完全不备，就示意站在唐绍仪身后的李阿大下手。李阿大悄悄地抽出利斧，对准唐绍仪的头部用力劈去，唐绍仪连"啊"都未出一声，便一头栽倒在地毯上。

赵理君见唐绍仪被砍中倒地，凭其经验，知其无救，便挥手指挥李阿大、王兴国与谢志磐出门上车，他自己走在最后。赵理君走到客厅门口时，一手抓住门上的把手，一面假装向客厅里面打招呼："请不必送了，老太爷，你再仔细看看，若是满意，我回去再送几件来。"仿佛他在与里面的唐绍仪告别。他的这一举动果然迷惑了守卫在庭院中的几个保镖和门卫，不仅没有阻拦他们上车，还和他们友好地打招呼。赵理君一行上了车后，迅速开出铁栅门，向马路上飞驶而去……

正在这时，唐公馆中那位去拿火柴的仆人回到客厅中，见到几位客人不在，而唐绍仪却倒在血泊中，只有腿还在抽搐，斧头上殷红的鲜血还在冒着微微的热气。他吓得大叫起来："抓强盗！"庭院中的保镖听到叫声，知道出了大事，拔出手枪就去追刚开出去的汽车，但这时汽车已开远了，他们向汽车打了几枪，汽车一拐弯儿就不见了。他们只看清了汽车的车牌号是6312。

唐绍仪的家人急忙将唐绍仪送往附近的广慈医院抢救，当唐绍仪被送上手术台时，医生说已无力回天了。约在上午10点钟，唐绍仪就断了气，终年76岁。

法租界巡捕房接到报告后，立即出动几辆装甲汽车去搜捕车牌号为

6312 的小汽车，结果在法租界麦琪路与姚主教相交的路口发现了这辆车，但车内已空无一人。他们又在唐家作案现场发现了一个装古董的精致的木盒。经警方调查，这古董原是律师席裕昌家的祖传文物，席因近来律师业务清淡，不得不将这件家藏古物于近期卖给一个不知名的"古董商"。警方又根据唐家提供的线索，去法租界拉都路 275 号谢志磐住宅搜捕，也早已是人去楼空了。

砍杀唐绍仪的利斧

实施行动的几个刺客先后逃至重庆：赵理君被戴笠任命为军统局第三处行动科上校科长，后调任河南军统负责人；王兴国被派往重庆朝天门水上检查所，任中校所长；只有谢志磐因精神过度紧张而失常，被人暗杀。

（六）蒋介石日记使刺唐案真相大白

唐绍仪被暗杀在全国引起很大震动。关于刺杀唐绍仪的凶手，各方出于种种原因有不同的说法：

日本方面眼看即将成功的"唐绍仪工作"一下子就破灭了，虽然十分恼怒，却又不便过分张扬，只是宣称唐"被重庆分子和蓝衣社特务所杀"。

而重庆国民政府既没有拿到唐绍仪通敌的真凭实据，又不便将唐与日方秘密会谈的真相彻底揭开，为了掩人耳目，应付于右任、张继等元老派的指责，只得宣称唐绍仪是不肯接受日本人的邀请去当汉奸，因而遭到日方忌恨而被杀。

这样一来，关于唐绍仪的死因，多年来一直扑朔迷离，议论纷纷，莫衷一是，成为疑案。

直到近年，蒋介石的日记与其他史料陆续公开。就在唐被刺死的第二天，1938 年 10 月 1 日，蒋介石在日记中写道："此实为革命党除一大奸。此贼不除，汉奸更多，伪组织与倭寇更无忌惮矣。总理一生在政治上之大敌，我党革命之障碍，以唐奸为最也。"这份直接的文字史料，终于让唐绍仪被刺案的真相大白于天下。

十八、除夕夜伪维新政府外交部部长陈箓上海遇刺记

（一）1939年除夕，伪外交部部长陈箓回到上海租界家中度岁

1939年2月18日，农历除夕，被日军占领的上海滩浓云密布、阴雨霏霏，一阵阵北风掠过高楼深巷，带来了袭人的寒气。

虽说除夕是中国人最重要的传统节日，但在日军刺刀阴影下的上海，除了断断续续的鞭炮声，很少节日的气氛。特别是近几个月来，上海租界内外暗杀案接连发生，骇人的枪声不时响起，更使这东方都市到处都呈现出一派阴森、凄凉与恐怖的景象。

这天下午3点，南京"中华民国维新政府"的外交部部长陈箓乘沪宁客车，从南京赶回上海家中，准备祭祖过年。陈箓的住宅位于上海法租界愚园路愚园新村25号，是一座豪华宽敞的三层花园洋房。这里位于上海的闹市区，一边是法租界的巡捕房，一边是意大利驻军的营房，还有一边是日本人设立的一个重要机关，可算是军警密布，常人难以走进，但精明谨慎的陈箓对自身的安全仍不放心。他随身携带着二十名贴身保镖。他到家后，立即派遣一名保镖在住宅大门前，手持武器警卫，一名保镖在门前巷内站岗，另两名保镖在弄堂两头巡视；此外还派了一名保镖到住宅后门守

陈箓

卫。陈箓规定，保镖们每两小时换一次班。若有风吹草动，枪声一响，近在咫尺的法租界巡捕就会迅速赶到。陈箓以为这样布置，他的安全就可以万无一失了。

陈箓之所以如此精明谨慎，与他有着多年的宦海经历是分不开的，同时也是当时上海环境使然。

陈箓，字任先，号止室，福建闽侯人，1877年生；1891年入福建马尾船政学堂读书，1894年转入铁路总局附设矿化学堂；后因该学堂裁撤，转入武昌自强学堂学习。1901年他从该校毕业后，留校任法文教师。

1903年，清政府派遣8名中国学生赴德国留学。陈箓一直不甘心做一个碌碌无为的教师与小吏，乃钻营到一个"留学生领班"的职务，率这8名学生赴德。到德国不久，他就转往法国，于1904年考入巴黎大学学习法律，就读三年，1907年毕业，获得法学学士。陈箓从欧洲回国后，参加清政府举办的留学生廷试，合格，被授以法律进士、翰林院编修，取得了进入官场的资格。在清末朝廷中，他历任法部制勘司主事、外务部主事、考工部郎中等职，后又担任清政府新设立的宪政编查馆纂修，兼京师大学堂法科教习。在清政府对外交涉中，他多次充当要员，参加国际会议，积累了外交经验。

1912年中华民国成立，陈箓作为当时少有的外交人才，受到担任大总统的袁世凯的赏识。袁世凯政府升任他为外交部政务司司长；1913年12月，派他任驻墨西哥公使；1915 年又任他以"蒙古都护使"身份充驻库仑（今蒙古人民共和国首都乌兰巴托）办事大员，与沙俄及外蒙办理交涉。在此期间，陈箓写成《蒙事随笔》《蒙古逸史》等著作，俨然成为"蒙古问题专家"。在袁世凯复辟帝制时，陈箓被加上了"上大夫加少卿"衔。1916 年 6 月袁世凯死后，段祺瑞任北洋政府的内阁总理，陈箓被段政府任为"册封专使"。1917 年他称病辞职回到北京，1918 年 5 月升任外交部次长。

1918 年 11 月，第一次世界大战结束，世界上二十多个国家在法国巴黎举行"和平会议"。中国外交部总长陆徵祥率中国代表团参加会议。陈箓留在北京，以外交部次长的身份主持外交部的部务，代理外交总长，并兼任"督办边防事务处"的外务处处长，历时一年有余。在这期间，他受到了五四爱国运动的冲击。

1920 年 9 月，陈箓调任中国驻法国全权公使，再次来到巴黎。上任伊始，他就同周恩来、李立三、陈毅等人领导的留法勤工学生爱国运动发生了冲突。1923 年 8 月，陈箓又兼任中国出席"国际联盟"的代表，成为中国外交界最重要的驻外使节。他在这职位上工作了约九年，一直到 1928 年 6 月北洋政府垮台。

北洋政府垮台后，陈箓卸去驻法公使职务，来到上海当律师，10 年无公职。他精通法语，以失意官僚的身份，长期住在上海法租界。但此人官瘾极大，不甘寂寞，时时在窥测时机，以图重登政坛。1934 年，南京国民政府邀请他担任外交部顾问，后又任命他为"谈判委员会副主席"，他认为都是闲职，十分不满意，一直顾而不问。

1937 年 7 月 7 日，日本发动了全面侵华战争，让陈箓看到了"东山再起"的机会。

1937 年 11 月到 12 月，日本侵略军先后占领了上海与南京，国民政府西撤。中国东南沦陷地区在日军的占领下，一片混乱。以松井石根为司令官的日本"华中方面军"为稳定东南沦陷区的局势，建立起殖民统治秩序，同时与日本"华北方面军"扶植的北京伪政权——以王克敏为首的"中华民国临时政府"相抗衡，决定在以南京、上海为中心的江苏、安徽、浙江等地区建立一个华中汉奸政权。日军司令部希望找几个在中国有"威望"与从政经验的元老级人物，充任华中伪政权的头面人物。他们开始物色匿居于上海法租界的唐绍仪出山组织伪政府，但因唐迟疑不决而未果。经过一番周折，最后日军确定以梁鸿志、温宗尧、陈群3人为核心，组建"中华民国维新政府"。以上3人中，梁鸿志曾任北洋段祺瑞政府的秘书长；温宗尧曾是南方护法军政府的"七总裁"之一，陈群则曾在南京国民政府中一度担任过内政部次长等要职。

1938年3月28日，"中华民国维新政府"在南京原国民政府礼堂宣告成立，锣鼓声中，群丑登场，梁鸿志任伪行政院院长，温宗尧任伪立法院院长，陈群任伪行政院中的内政部部长，而伪外交部长一职则由陈箓担任。

陈箓早在日军进攻上海、南京期间，就与一些利欲熏心、丧失国格、人格的下野军阀、失意政客一样，看到国民政府西撤，形势混乱，认为有机可乘，十分高兴，跃跃欲试。而"维新政府"的核心人物梁鸿志、陈群，与陈箓不仅都是福建同乡，而且是多年好友，同时又都是官场失意、下野多年、一直伺机而动的政治动物，彼此的心态十分接近，互相都很了解。因此，当梁鸿志、陈群组织伪政府时，经日本军方同意，去约陈箓"下水"，陈箓早就按捺不住，一拍即合，迅速地加入到这个以梁鸿志为首的汉奸集团，并以"外交元老"的身份，出任"维新政府"的外交部部长。1938年9月22日，日本当局策划南、北两个伪政府联合成立"中华民国政府联合会"，以此为中介，两个政府实行"分治合作"。陈箓因与两方面头面人物的关系都很深，成为居间联络调停的关键人物。

陈箓在宦海沉浮多年，国内国外、台上台下翻腾多次，阅历极深，是个精细过人而又经验丰富的政客。他自下水做了大汉奸后，时时提防别人暗杀他，对自己的出入行动特别小心谨慎、严加戒备。他在南京伪政府中担任要职，但仍把家安在上海法租界，以狡兔三窟之计，遮人耳目，以保万全。

但是，在"维新政府"成立后，上海、南京一带的治安形势极不稳定，暗杀之风盛极一时，许多名人如周凤歧、刘湛恩、唐绍仪等人，都先后遭到暗杀。到了1939年2月，上海滩暗杀案更是激增，史称此月为"恐怖月"。做贼心虚的陈箓更是感到风声鹤唳、草木皆兵，千方百计加强自己的警卫。陈箓在南京时，其官邸有"维新政府"派来的大量伪军担任前后警卫，但陈箓仍不放心。他特地以高价雇来20名身高力大、武艺高强的保镖，作为自己的贴身护卫人员，始终跟随左右。这20人中有几个是东北人，当年曾做过张学良的保镖，枪法百发百中，被陈箓千方百计请来护卫自己。每当回到上海家中小住时，陈箓就总是让这20名保镖随行，在其住宅前、后门把守巡逻，另以一部分人担任室内的内卫警戒。同时，他还以"维新政府"的名义，通告驻沪日军与法租界巡捕房对其加强警卫。

陈箓除夕下午回到上海家中后，先布置好了房前屋后的警卫，然后指挥仆人在客厅里燃起熊熊炉火，把寒气驱赶一净，室温如春。到傍晚时分，他又让家人在客厅正中放下供桌，供奉起陈家历代祖宗牌位，点起一对一尺多高的红蜡烛，陈列着各种各样的水果点心等物，准备除夕祭祖。只见豪华的客厅里，烛光闪耀，供品琳琅满目，一派庄严喜庆的节日气氛。

此刻，是1939年2月18日晚近6点钟，天已全黑了下来，远近的鞭炮声越响越密，除夕夜的节日气氛越来越浓了。

陈箓家的习惯，是晚上7点钟后开始祭祖，然后吃年夜饭。家人们在下午忙碌了多时后，这时都抽空上楼去梳妆打扮，准备参加祭祖与家宴。客厅里的人陆续走空，只留下陈箓一人。陈箓看了看手表，见才近晚6点，时间尚早。他就舒服地坐到一张沙发上休息，悠然自得地点燃一支烟，等待着合家祭祖与辞岁家宴那庄严喜庆时刻的到来……

陈箓哪里知道，尽管他万般谨慎，加强警卫，但暗杀他的死神正在冲破他设置的重重防线，一步步向他逼近。

（二）陈箓早上了军统暗杀的名单

陈箓的汉奸活动早就引起了爱国民众的义愤，而他在政治上的重要影响，特别是他成为南、北两个伪政府联合成立的"中华民国政府联合会"的居间联络调停的关键人物，更使他成为重庆国民政府当局必欲首先除掉的对象。国民政府西撤后留在上海一带潜伏的军统特工人员根据重庆当局的指示，早就将陈箓列为暗杀的重点对象。

军统上海特区自从在1938年9月30日成功暗杀了唐绍仪后，震动一时。上海英、法租界当局与日本占领军加强了搜查和戒备。原军统上海特区区长周伟龙于1938年11月被捕，戴笠开始指示由副区长赵理君代理区长，1938年年底，任命王天木接任区长。

王天木是个神秘的人，有资料称他是河北人或东北人，1891年生，东北讲武堂出身，后留学日本，获明治大学法学学士学位等，但都无可考。1915年10月23日，王天木出任浙江高等检察厅检察长。南京国民政府建立后，王天木结识了戴笠，受到戴笠的赏识，被邀进入复兴社特务处（军统的前身），成为资格最老的高级特务，与周伟龙、陈恭澍等人并列为军统"十人团"与"四大金刚"。王还把女儿许配给戴的儿子，和戴笠成了儿女亲家。1932年，他任复兴社特务处天津站的首任站长。1933年5月7日，他与北平站站长陈恭澍一道策划指挥，在北平六国饭店成功刺杀了张敬尧。但在此事后，王天木得意忘形，因所谓"箱尸案"，被捕判无期徒刑，但他在南京老虎桥监狱被关押两年后，抗战军兴，军统急需人才，就被提前释放。王天木先奉派到军统华北特区工作，任副区长；1939年年初，被戴笠任命为军统上海特区区长。戴笠满以为王天木到上海后，与赵理君会配合很好，会有一番作为，没想到未得到上海特区区长宝座的赵理君心怀不满，对王天木处处刁难。王天木没有掌握上海特区的实际权力，一事难成,又遭到戴笠的严责,整日坐拥愁城,故而急于杀敌立功。经过一番筛选,他选择了"中华民国维新政府"的外交部部长陈箓为刺杀对象,力图以此引起轰动效应,好向戴笠邀功,但苦于找不到门路。正在这时,平日受尽赵理君欺压的军统上海特区人事处处长陈明楚将刘戈清推荐给王天木。

刘戈清祖上是台湾人,其父青年时曾参加台湾秘密抗日组织,被日本人捅了6刀,幸被乡亲救护得以脱险。他常告诫刘戈清等子女,不要忘记国仇家恨。年轻的刘戈清有强烈的抗日爱国思想,在1937年7月7日全面抗战爆发后,毅然投笔从戎,参加了军统特训班。1938年他从军统特训班毕业后,被派遣到军统上海特区工作。原军统上海特区区长周伟龙和副区长赵理君因他年轻看不起他,让他憋了一肚子气。王天木在陈明楚的陪同下,亲自到刘戈清住处登门拜访,将刺杀陈箓的重任全权交给他执行。刘戈清备受鼓舞,从军统组织中物色抽调了五个人,有朱山猿、平福昌、尤品山、谭宝仪、徐国琦,连同他自己共六个人,组织了一个刺杀小组。

刘戈清是个机灵细心的人。他接受了暗杀任务后,先找到他在军统特训班的几个同学商议,认为与其在外面下手行动,不如直捣黄龙,深入陈箓的府上刺杀。

刘戈清设法了解到陈箓在上海住宅的结构平面与警卫情况,深感到难以下手。后来,他通过关系,得知陈箓的20个贴身保镖中,有几个是东北人,曾经做过张

刘戈清

学良的保镖，就感到十分高兴。因为他凭经验知道，这些人多数是为生活所迫走上此路，只要有适当的人去做思想工作，是不难将其中一些人拉过来作为内应的。那么，找谁去做策反与联络工作呢？他想到了他的一个朋友——刘海山。

刘海山是东北人，曾做过孙中山的卫士，为人慷慨义气，忠勇爱国，嫉恶如仇。他与刘戈清的友谊很深，因他二人都姓刘，刘海山年长几岁，总是把刘戈清当成小老弟看待。刘戈清决定通过刘海山去联络策动那些东北卫士，进一步了解陈箓家的警卫情况，伺机下手。

刘戈清找到刘海山，对他直言不讳地说："大哥，汉奸现在这样猖獗，太不像话。我们就任由他们去胡闹，不给他们一点颜色瞧瞧吗？"

刘海山听到刘戈清这样一讲，早就按捺不住了，拍拍自己的胸脯，回答说："老弟，只要你有种，要干掉哪一个大汉奸，我刘海山总会陪你老弟一显身手。我的性格，我的枪法武艺，你还不知道吗？"

刘戈清见刘海山这样好说话，十分高兴，就将准备刺杀陈箓的计划告诉了他。他问刘海山："你能设法搞到一张陈箓住宅的平面图吗？"

"那还不容易！"刘海山很轻松地说："我可以找张国卿想办法，他是我的东北老乡，又是生死之交。他现在正在陈箓身边做保镖，只要我说一声，不过举手之劳，他可以把陈箓住宅平面图为我画出来。"

果然没过几天，一张陈箓住宅的平面图就送到了刘戈清手中。刘戈清与5个组员进行了仔细的研究，又设法到陈箓住宅附近做了实地观察对照，然后初步拟订了刺杀计划、步骤及每个人的任务。刘戈清又指示刘海山进一步对张国卿做工作，最终将张国卿吸收进暗杀小组，作为暗杀陈箓的内应。

1939年2月18日农历除夕这天的一大清早，刘戈清又去找刘海山，商量选择暗杀的最佳时间。刘戈清问："大哥，陈箓住宅不会有变动吧？你看啥时动手最好？"

刘海山早已与张国卿密谈协商，对陈箓家的情况了如指掌，对行动的时间与步骤也早做好了打算。他回答说:"张国卿告诉我,明天是大年初一,今天是除夕,下午3点,陈箓必定从南京赶回上海家中,过年祭祖,然后到7点钟全家吃年夜饭。这时大家都忙着过年,谁还注意我们干什么呢!军警的戒备也一定会放松。我看就在今天下午吃年夜饭之前动手最好。老弟你放心,到时我陪你一道去。"

刺杀陈箓的具体时间与计划就这样定下来了。

这天整个上午,刘戈清与朱山猿都在张罗武器。因抗战发生后,租界当局明令租界居民不得持有武器,指派军警多次严密搜查,因此寻找武器已十分困难。幸好刘戈清早有准备,在一个秘密地方埋了3把手枪。这时他们赶到那里,将手枪挖出来,发现3把枪都已生锈,急忙擦洗;又找到14发子弹。这3把手枪分别由刘戈清与另两名组员使用,其余人员只好徒手前往了。他们又找来一把钢锯。因为在约一年前的1938年2月6日,正是农历正月初七,上海的汉奸特务暗杀了《社会晚报》的主编兼记者蔡钧徒后,竟将其头颅砍下挂到杜美路的电线杆上,还写了一张"抗日分子的结果"标语放在旁边,企图吓唬抗日民众与上海新闻界。刘戈清打算以牙还牙,在刺死陈箓后,也用钢锯将其头颅割下,并挂到马路电线杆上,并在旁边放一张"汉奸的结果"的标语,以警告其他汉奸并鼓舞广大中国民众。

刘戈清将开始行动的时间定在下午6点钟之前二十分钟左右,因为这时,陈箓公馆前门4点至6点一班的保镖已站了近两个小时的岗,就要下班,精神与体力都很疲惫,定然疏于防范,而下一班岗的保镖这时定然还未准备上岗,就在这时进入陈箓家容易得手。

(三)客厅枪声:汉奸陈箓名登鬼录

1939年2月18日,农历除夕下午4点多钟,刘戈清与他的5个组员,再加上刘海山,从住地出发了。参加这次暗杀行动的一共7个人。

他们的运气真好。当时恰逢天公作美，阴云滚滚，北风飒飒，下起毛毛细雨来，天气益发显得寒冷。马路上行人稀少，就是那些外国巡捕也很少见了。这给他们的行动带来很大的便利。

刘戈清等人先到靠近愚园新村的沧州饭店会面集合。他们稍事休息，再次进行了相互检查与部署，就向目的地进发。刘戈清走在最前面，四个组员走在中间，刘海山殿后。另外专门派了一个组员，开着准备接应的汽车，预先停到愚园新村附近一个约定的地方等候他们。

刘戈清一行冒雨来到陈箓住宅所在的弄堂口。他们惊喜地发现，在弄堂两头巡视的两名保镖、在门前巷内站岗的一名保镖以及在大门口站岗的一名保镖，因为避雨躲寒，竟一起缩到岗亭里面关起门，一边抽香烟，一边聊天。走在一行人最后的刘海山不愧为老行家，看到情况这样有利，心花怒放，他一个箭步窜到前面，不由分说从刘戈清手中夺过手枪，动作迅速利落，几个箭步跳到岗亭前边，一脚踢开岗亭的门，用手枪指着四个保镖，喝令："不许动！"四个保镖被突如其来的状况吓得呆若木鸡。刘戈清等人乘势上去缴了四人的手枪。这是四把管用的精良手枪。刘戈清拿了一把自用，其余三把分给了无枪的三个组员。然后，留下刘海山在岗亭外监视四个被俘的保镖，刘戈清率领朱山猿等人，绕到陈宅的后面，从后门冲进去，准备解决在后门守卫的那个保镖。

陈箓家的后门是厨房。此时，因正准备年夜饭，厨房里热气腾腾，人多声杂，忙忙碌碌。各色鸡鸭鱼肉、山珍海味盛满了锅碗瓢盆，白色的蒸汽混合着诱人的香味，弥漫在屋内屋外。厨师、伙夫、女佣、男仆出出进进。那位看守后门的保镖也离开了后门，跑到厨房里与娘姨们嬉笑鬼混。刘戈清率领朱山猿等人冲进屋内，首先用手枪指着那位保镖的心口，下了他的手枪。他们留下一个组员监视厨房里的男女，其余的人由刘戈清带领冲进了客厅。

刘戈清等人冲进客厅时，发现偌大的客厅里竟只有陈箓一人坐在一张沙发上，正对着闪闪发光的一对红烛，品茗沉思。在刘戈清身后的徐国琦对着陈箓首先开了一枪，可能是由于急促，竟没有打中。警惕的陈箓一听到枪声，立即拿起一只厚厚的沙发垫子遮住自己的脸和胸部。刘戈清见一枪未中，情况紧急，赶快转到陈箓身后，连连向其打了两枪。陈箓被击中了要害，倒了下去，鲜血流了一地。刘戈清上去踢了踢陈箓的尸体，确认其必死无疑。这时他们听到楼上响起了杂沓的脚步声与叫喊声，看来是来不及锯下陈箓的头颅了，就从身上拿出一张早就准备好的上书"抗战必胜，建国必成，共除奸伪，永保华夏"的标语放到陈箓的尸体上，然后指挥组员们撤退。

陈箓的儿子和保镖们在楼上听到枪声，知道客厅里出事，就从楼梯口向下射击，并向楼下冲。刘戈清与组员们赶紧退到客厅门口，向楼上放了3枪，吓住了楼上的人。趁这当儿，他们飞奔出大门，贴着墙脚跑出弄堂，乘上早就预备好的汽车，冲进茫茫的雨雾中……

这时，上海的大街小巷鞭炮声响成一片，陈箓住宅中的几声枪声早就淹没在其中，没有引起外人的任何注意。等到陈箓家人的报警电话打出去，法租界巡捕与日本驻沪占领军派人赶到陈宅时，除了看到一具丑恶的尸体，刺客们早就逃得无影无踪了。

第二天，是大年初一，上海租界的各家爱国报纸均以大字标题报道："汉奸陈箓名登鬼录"。消息很快传遍大江南北，中国民众闻之拍手称快，扬眉吐气，南京"维新政府"的大小汉奸则如五雷轰顶，吓得手足无措。

（四）刺杀陈箓的影响与余波

美国历史学家魏斐理在其《上海歹土》一书中说，军统刺杀陈箓，激化了西方美、英列强与日本的矛盾，甚至最终导致了珍珠港事件的爆发。所论虽有夸大其词之嫌，但军统刺杀陈箓的影响却是不容轻视的。

陈箓遇刺案发生后，上海日本特务机关决定迅速加强武装特务工作，以特制特，严厉打击军统、中统在上海的潜伏组织与活动，指使与支持丁默邨、李士群带领的特务组织由情报活动转向特工行动，制订《上海特工计划》，组织特务武装，从事暗杀、绑架抗日人士。因其总部设在上海极司菲尔路76号，故简称为"76号特工总部"。上海滩开始了为时数年的血腥特工战。

1939年5月，刘戈清等5名刺杀陈箓的"有功之臣"，被军统召到香港领赏。很快，平福昌、谭宝仪被重新派遣回上海，执行刺杀刚从河内逃到上海的汪精卫的任务。但不幸的是，6月29日，平福昌、谭宝仪被上海租界当局抓捕，经不住酷刑，于11月8日招供，讲述了军统刺杀陈箓的全过程与内幕。当天，平福昌、谭宝仪被租界当局引渡给日军上海宪兵队。上海各日伪报纸迅速刊登军统刺杀陈箓的全过程与内幕的文章。至此，陈箓遇刺案真相大白。

在这期间，"76号特工总部"经精密侦察，掌握了军统上海特区区长王天木的有关情况，制订与实施了一个极其阴险的反间计，策反了王天木，沉重打击了军统在上海和北平、天津的潜伏组织。军统刺杀了陈箓，却失去了上海特区和华北特区的许多骨干力量。

至于刺杀陈箓的实际主持人刘戈清，在从上海撤回重庆后，听到王天木投降日伪，就想凭借自己与王的关系，劝他回头。他得到戴笠的同意，携戴笠给王的密信，潜回上海。戴笠在信中说："余遇君素厚，弟念数年来患难相从，凡事曲予优容，人或为之不平，余则未尝改易颜色，似此无负于汝，而汝何竟至背余事逆耶？……唯念汝现居逆方高位，有机与汪逆接近，正可乘间为我而图之，故特准戈清重履险地，即为我达此意与汝也。若果能出此，则不惟往者不咎，且必能以汝之此项功绩，而要逾格之重奖也。戴罪图功，此其时矣。望毋负余意，余由戈清代达。"王天木则愤而回信："违仁背义，男盗女娼！"刘戈清被陈明楚出卖，很快被日伪抓捕。他被关押了几个月，设法逃回重庆。之后，他被军统派往南洋从事情报工作，辗转数国，多次进出监狱。到1945年8月抗战胜利时，他的公开身份是马来亚槟城一家杂货店的老板。1947年，刘戈清被派到台湾，担任台湾省警务处副处长。他一手创建了台湾省刑警总队，并兼总队长，因此在台湾被人称为"刑警祖师"。1954年，刘戈清辞去公职，竞选台湾地区议员，与同样是军统出身、担任过保密局台湾站站长的林顶立竞争。刘戈清最终不敌，就退出政界，转而从商，开办了一家煤矿公司，直到去世。

十九、越南河内高朗街刺杀汪精卫功亏一篑

（一）汪精卫叛国出逃河内

1938年12月18日，在日本侵略军攻占武汉、广州等地不久，中国国民党副总裁、中央政治会议副主席汪精卫，率领其亲信死党陈璧君、周佛海、曾仲鸣等人，以"去成都开会"为名，从战时陪都重庆，乘飞机到达昆明。第二天，1938年12月19日，汪一行从昆明叛逃出国，到达法属殖民地越南河内。

汪精卫等人到达河内后，先住在朱培德夫人的寓所里，随后移至近郊一处名叫"丹岛"的避暑地。可是没过几天，汪精卫发觉这里也不大安全，又租定河内市内高朗街25号与27号作为住居地。这是两幢相邻、每层彼此相通的三层洋房，房前有庭院、树木，四周有高大的围墙，居住条件相当好。这里离闹市区不太远，属于高级住宅区，街道宽阔，两旁长着高大的棕榈树，中间夹着几棵挺拔的大王椰子树，行人不多，十分幽静。两套洋房的一楼和二楼都是客厅、饭厅，住着汪的亲戚、司机、卫士、厨师等十多人；27号三楼临街的前房，是整个洋楼最整齐的一间，原打算当作其长女汪文惺与女婿何孟恒的结婚新房，摆着新家具；后房住着朱执信的女儿

和曾仲鸣夫妇的长子。25号三楼临街的前房，是汪精卫夫妇的卧室，后房住着正度蜜月的汪文惺、何孟恒夫妇。汪精卫一直住25号三楼的前房，从未移动，连写文章都在自己卧室，几乎从不外出。他留曾仲鸣在身边处理日常事务，而派周佛海、陶希圣到香港开展活动。陈璧君则往来于香港与河内之间，负责进行联络。

汪精卫的出逃给重庆国民政府带来极大的震动。

开始，蒋介石对汪精卫出逃的消息，下令严密封锁，各报一律不得报道，但纸包不住火，这样一名政界大人物的出逃不可能长期隐瞒其事。为了应付国内与国际的舆论，中国国民党中央授意中央新闻机关——中央社于1938年12月23日发布消息，假称汪精卫到昆明旅行，因旧疾复发，一时不能回重庆。12月26日，蒋介石出席中央党部纪念周，发表演讲，仍声明汪精卫的出走与军政当局均无关系，"纯系个人行动，毫无政治意味"，"外界一切猜测与谣言，国人必不置信"。

但是，汪精卫在1938年12月29日公开发表"艳电"，响应日本首相近卫文麿的第三次对华声明。至此，汪叛国的真相大白，全国掀起了讨汪浪潮。国民党中央才在1939年元旦召开紧急会议，讨论处置办法。最后决议，汪精卫"匿迹异地，传播违背国策之谬论"，"违反纪律，危害党国"，将汪"永远开除党籍，并撤除其一切职务"。

这时，蒋介石对汪精卫还存有一些幻想，在处理中也留有一些余地：他没有对汪下通缉令，并对汪的出走表示"惋惜"，希望汪能"幡然悔悟，重返抗战队伍"。因为蒋介石了解汪精卫在国民党的历史长，地位高，影响与潜势力都很大，深恐汪的行动会造成国民党内更大的分裂。他尤其害怕汪精卫另组政府，给重庆国民政府带来严重的威胁。因此，他希望汪精卫能重返重庆，或赴欧洲休养，减少对中国政局影响。基于这个考虑，蒋介石于1939年2月中旬，秘密派遣汪精卫过去的政治同伙谷正鼎专程去河内对汪精卫进行游说。

1939年1月2日，《大公报》刊登中国国民党中央永远开除汪精卫党籍决议文

谷正鼎是20世纪20年代后期汪精卫组建反对蒋介石的"改组派"的老人。这次他凭着这个关系，根据蒋介石的指示，带着汪精卫、陈璧君、曾仲鸣三人的出国护照与巨款，来到河内面见汪精卫，转达蒋介石的意见说："汪先生如果要对国事发表主张，写写文章，发发电报，任何时候都很欢迎。如有需要赴法国等地疗养，可先送50万元，以后随时筹寄。但不要在上海、南京另搞组织，免得被敌人利用，造成严重后果。"谷正鼎也以个人身份劝说汪精卫，对和战问题可以谈，主张可以表示，但不要再有第二步的行动，将来还可以在蒋那里获得谅解。

汪精卫断然拒绝，说："以前我因蒋介石的凶残暴虐自私，我反对他。他用尽各种方式来危害我、中伤我，下流到要绑我及璧君的票。我被他苦逼出国，去来何尝要过他什么护照？！"谷正鼎自知游说无望，便告辞而去。

汪精卫在国民党内的多次政争中，是深知蒋介石对政敌的厉害手段的。因此他在出逃后，就警告陈璧君与曾仲鸣："我们今日以后，要小心点，蒋介石要消灭我们3个人了。"

但这时，汪精卫从国内带来的几个保镖，一到河内，武器就被法国警察当局收缴了。法国警察当局声称他们会保护汪一行的安全，并派来一个法国警察到汪的居住地担任警卫。

（二）蒋介石向军统下达了对汪精卫严厉制裁的命令

汪精卫的估计没有错。蒋介石在派谷正鼎到河内对汪精卫进行最后劝告游说之前，早就指示军统戴笠派特务到河内对汪精卫一伙进行秘密监视。谷的游说失败后，随着日汪勾结仍在加紧进行，蒋介石向军统正式下达了对汪精卫严厉制裁的命令。

1939年1月，国民党军统局副局长戴笠根据蒋介石的秘密指示，亲自部署对身处河内的汪精卫的监视控制。他特地调军统"四大金刚"之一的天津站站长陈恭澍南下，又派遣其警卫、精于暗杀行动的"第一号杀手"王鲁翘等人到香港集中，然后由他亲自率领，乘飞机到达河内。另外，他派军统的另一名特务方炳西提前赶到河内，租到一座两层楼房子，买来一辆福特牌汽车，作好了各方面准备。然后，他才郑重地向这3个人宣布了要他们到河内来执行任务的内容。戴笠讲述了汪精卫叛逃出国、匿居河内的经过及"艳电"的内容，告诉他们，汪在河内现正积极地与日本政府接触谈判，后果严重，因此要对汪严加监视，并随时听取上面的指示，采取进一步行动。戴笠宣布成立军统河内行动组，任命陈恭澍为组长。

戴笠回重庆后不久，又给陈恭澍精心挑选了一些各种类型的特务分子，如军统元老之一、对特工技术极有研究而且能讲法语的余乐醒，让其"参赞机要与技术指导"，也就是担任刺杀行动的参谋长兼技术顾问。此外还有精于拳击格斗、功夫了得、在军统负责武术教练的武林高手唐英杰，精于爆炸技术的陈邦国，精通法语的曹师昂与他的法籍妻子以及余鉴声、陈步云、岑家焯、魏春风、张逢义等人，命他们携带武器、毒药，先后从昆明、香港、广西等地潜入河内，充实与加强河内行动组的力量，成员达到18人，被称为"十八罗汉"。

同时，戴笠秘密命令一直潜伏在河内、担任中国驻河内总领事的军统特务许念曾、潜伏于河内华侨社区的军统特务"徐先生"，配合与支持陈恭澍的行动。

陈恭澍及其河内行动组首先对汪精卫一伙的动态及其住宅高朗街 27 号的情况进行了仔细的侦察。他们派遣几个特务，分别化装成小贩、街道清洁工、修鞋匠等，在汪精卫的住宅附近，或蹲守观察，或走动目测；还派人租了高朗街 27 号右侧的相邻楼房观察。据汪精卫长女汪文惺回忆，曾有几个特务化装成油漆工，进入他们的住宅，自称是奉房屋主人之命，来测量各房间的面积和高度，以作油漆房间准备油漆数量之用。来人将汪精卫住宅的各房间和楼道、窗户等都进行了测量。

经过一个多月的侦察，陈恭澍了解了汪精卫一伙的动态及其所住高朗街 27 号三层楼房的结构，汪精卫的活动规律等情况。但他们的调查不严格细致，没了解到汪精卫租住的房间，因高朗街 25 号与 27 号两楼相通，所以汪精卫夫妇一直住在高朗街 25 号三楼前房，而不是 27 号三楼前房。

陈恭澍及其河内行动组根据了解到的情况，对汪精卫开展了几次试探性的"行动"，但都因汪精卫的警惕性极高，又有反暗杀的经验，所以都以失败告终。

陈恭澍回忆，余乐醒"是一个喜欢动脑筋的人"，说"他那份敬业精神，却是很少有人及得上的"。余乐醒对这次刺汪行动动足了脑筋，提出最好要杀人于无形，用化学毒药进行暗杀。据许念曾调查报告，汪精卫曾在法国生活多时，爱上了法国面包，这次到河内后，就经常向河内市内的一家法式面包店订购面包。于是，陈恭澍及其河内行动组决定在汪家订购的面包中下毒，交由许念曾执行。行动粗率的许念曾未进行周密的筹划，就在一天，率领几个特务埋伏在那面包店师傅开车前往汪宅送面包的路上。等那面包师傅的车来到，他们设法拦下，将那面包师傅控制住，然后向车里的法式面包注射进毒剂，再派遣一名特务化装成面包师傅，开车来到汪宅，送上面包就离开了。但这位面孔陌生的面包师傅却引起了汪精卫等人的警觉。他们之后还发现，经注射毒药的面包结成了硬块，就下令将面包送去检验，发现有毒，后又得知那家法式面包店的师傅半路被人绑架，立即意识到这是重庆政府特务的暗杀行动，更加提高了警惕与防范。

还有一次，陈恭澍派遣河内行动组的两个特务化装成水道工，自称是奉房屋主人之命，来汪宅修复浴室的自来水管。他们在修复管道时，在汪精卫的专用浴缸的下面秘密安放了一只挥发性的毒气罐。然而，汪精卫有两天未进浴室洗浴，而那挥发性的毒气罐只有两天的保质期，才使汪精卫又躲过一劫。

（三）深夜行动误中副车

1939年3月中旬，陈恭澍侦察到汪精卫正在河内与两名日本军官——一名是大佐，另一名是中佐——进行密谈。这情报引起了重庆当局的高度重视。重庆当局综合各方面情报，确认日本即将正式承认汪精卫的地位，并将扶植他出来组织伪中央政府，认为形势已十分紧急。1939年3月19日凌晨2时，戴笠从重庆给河内行动组拍来绝密电报，下达紧急指示："着即对汪逆精卫予以严厉制裁！"

河内行动组接到制裁令后，十分紧张。经过密议，陈恭澍决定3月20日深夜采取行动并制订了详尽的行动计划：由唐英杰带路，王鲁翘、余鉴声带人进入汪宅，强行枪杀；其余人在汪宅外接应掩护；一切行动由陈恭澍指挥，进入汪宅的人由王鲁翘指挥。

正当他们进行最后的准备时，突然接到情报：汪精卫及其家人分乘两辆大轿车，于3月20日上午离开住宅向红河大桥开去。陈恭澍一听大惊，以为汪得知什么消息准备逃走，于是急忙率行动组成员乘福特小汽车跟踪追击。在追上汪的汽车后，陈恭澍本想在路上狙击，可是由于汪精卫一伙极为警惕，陈恭澍等人无从下手，只得颓然而返。好在汪精卫一伙当日仍回到高朗街住宅。

1939年3月20日晚11时40分，陈恭澍率河内行动组按计划出动了。他们总共7个人，乘福特车到了汪宅附近。组长陈恭澍留在车上任总指挥，发出命令："开始行动！"其余6人来到汪宅围墙外。按照计划，唐英杰、陈邦国、王鲁翘、余鉴声翻墙跳入院内，张逢义防守于后门外，陈步云则游弋于街巷中进行联系。

唐英杰对汪宅进行过多次侦察，自以为对里面的构造与路线十分熟悉。此刻，他任向导，带着三个人进入楼内，碰到一扇门紧关着，力大无比的陈邦国抽出小斧头，连劈带砍，用脚一踹，门应声洞开。这一声巨响，惊动了汪宅的人。厨师何兆开门张望，陈邦国抬手就是两枪，伤及何兆左脚，吼道："谁再出来，老子的枪不认人！"特务堵住侍卫居住的房门，对他们说："不许动，谁动就打死谁！"汪的侍卫们都未带武器，不敢轻举妄动。

与此同时，王鲁翘、唐英杰与余鉴声早就穿过门洞，飞步登上三楼，来到预先侦察清楚情况的27号三楼临街的前房——以为是汪精卫夫妇的卧室前——王鲁翘用力猛推房门，但推不动；就由余鉴声用斧猛劈，劈出一个一尺见方的大窟窿。王鲁翘蹲下身子，歪着头朝里望，借助手电筒的光亮，看到床下趴着一个男人。王鲁翘断定此人必是汪精卫，就对他连开数枪，打得此人血流遍地，不再动弹。王鲁翘以为目的已达，就迅速撤离。

此时，在福特车里的陈恭澍极为紧张，见王鲁翘出来，也来不及等其余人上车，便驾车飞驰而去。不久，唐英杰和陈步云也先后回到住地，但陈邦国、余鉴声、张逢义3人未能脱险。

陈恭澍等人回到住地不久，就得到情报：他们这次刺杀汪精卫的行动失败了。被王鲁翘的枪弹击中的，不是汪精卫夫妇，而是汪的秘书曾仲鸣与其妻子方君璧。

曾仲鸣是福建闽县人，1896年生。幼年丧父，由母亲和长兄教养成人。

三姐曾醒18岁时嫁到方家,不久夫亡守寡,与方家七姑娘方君瑛同往日本留学,又一起加入中国同盟会,深受孙中山器重,并结识了汪精卫。1912年1月中华民国建立后,方君瑛与曾醒随新婚的汪精卫和陈璧君夫妇赴法国留学,16岁的曾仲鸣和14岁的方君璧同行。曾仲鸣学文学,获文学博士学位,方君璧则进巴黎美院学画,两人于1922年结婚。他们留法多年,在1925年回国,到孙中山刚创办不久的广东大学当教授。同年,广州国民政府成立,汪精卫任主席,曾仲鸣应汪精卫之邀,任国民政府秘书,从此进入政界,并成为汪精卫的心腹,一直与汪共进退。在汪的提携下,曾仲鸣官至国民党中央候补执行委员、中央政治会议副秘书长、铁道部次长兼交通部次长等职。高宗武评价曾仲鸣说:"曾仲鸣这位秘书不仅仅是秘书。早年在法国的朋友当中,曾与汪相交多年,后来成为汪不可一日不见的密友。曾处理汪的全部财务,管理家务,陪同旅行,照料途中大小杂事。(但)曾也是汪的重要顾问,因为肥胖喜欢玩的曾,向来都同意汪的观点。虽然汪

抗日战争全面爆发前,汪精卫(左一)与曾仲鸣(左二)在衡山游览

少不了曾,两人的个性是不同的。曾是个奔放不羁的人,已有中国妻子,在巴黎学习艺术。(他)喜欢酒、女人和夜生活。"(《高宗武回忆录》)

1938年12月18日,曾仲鸣随汪精卫叛逃至河内,同居于高朗街。据称,在1939年3月20日,恰巧曾仲鸣的妻子方君璧从香港来到河内,汪精卫就将整个洋楼最整齐的一间、27号三楼临街的前房,让给他们夫妇住。军统行动组事前调查不严格细致,没了解到汪租住的是高朗街25号与27号两座相通的楼房,就将住在27号三楼前房的曾仲鸣当成住在25号三楼前房的汪精卫枪击了。

曾仲鸣伤势严重,奄奄一息,被送到医院中抢救,终因失血过多不治,于3月21日下午4时许去世,享年43岁。方君璧亦负伤,后治愈。

枪声响起后不久,当地的军警闻声赶来。行动组中没有来得及撤离的陈邦国、余鉴声、张逢义三人被捕。

军统的暗杀行动给了汪精卫极大的刺激,宣告了蒋汪的彻底决裂。此后,汪精卫决心死心塌地投靠日本。就在刺汪案发生6天后,1939年3月27日,汪精卫恼羞成怒地公开发表了《举一个例》的文章,揭出1937年12月6日,国民政府国防最高会议常务委员会在武汉召开的一次会议的记录。这次会议听取外交部次长徐谟的报告,讨论德国大使陶德曼转达的日方和平条件。蒋介石同意以日本的条件为基础,与日方进行和谈。汪精卫以此说明,与日本谋和,并非自他开始,蒋介石早已秘密进行了,自己不过是执行者而已。汪企图以此报复重庆政府。

1939年3月22日,日本驻河内总领事馆就刺汪一案,向日本政府作了详细报告。一直主张招降汪精卫的日本陆军参谋本部中国课课长影佐祯昭等人四处游说,向日本当局施压。日本政府派影佐祯昭作为"专使"前往河内,对汪精卫进行安抚与诱导,并将汪精卫转移到"安全"的地方。汪精卫更坚定与加速了投日组建伪政府的计划与行动,他于3月25日晚,率亲信登上了租借的法国货轮"芳·福林哈芬"号,离开河内,后转移到了影佐祯昭派来的日本货轮"北光丸"号上，于5月6日抵达日军控制的上海。

后来担任汪伪政府多家报纸主编的汉奸文人金雄白，在言及这次河内刺汪案的影响时，写道：

一排枪，一摊血，一个伪政府！

重庆的军统局总部的戴笠闻知河内刺汪案的失败，十分不快，下令立即解散河内行动组，召陈恭澍回重庆述职，其余人分别派往别处。陈恭澍回到重庆后，作为对他的惩罚，戴笠有约半年时间没见他。直到1939年8月，因上海特区区长王天木叛变、投奔"76号特工总部"，戴笠才派遣他到上海，接任军统上海特区区长。

被河内法国当局逮捕的3个军统特务（陈邦国、余鉴声、张逢义）则被长期关押，直到抗战胜利后才获释。

二十、南京日本总领事馆毒酒案

1939年6月11日，在日军严密统治下的南京，金陵女子文理学院主持校务的美籍教授魏特琳女士在当天的日记中，记载了她刚听到的日军在南京城南门一带大批捕人的消息："瑟斯顿夫人中午在南门吃的午饭，她说那里有300人被逮捕了。因为，他们被怀疑与一个刺杀事件有关。据说，从卫理公会学校被抓走的5个年轻人也与此有关。"在这时，魏特琳对这一"刺杀事件"还不甚清楚。三天后，在1939年6月14日的日记中，魏特琳就写得十分明确了："据可靠消息说，上星期六晚上，有两名日本士兵在日本大使馆的晚宴上被毒死。"

魏特琳在日记中记载的，就是抗战时期轰动一时的"日本驻南京总领事馆毒酒案"。这是由重庆国民政府军统局潜伏组织策划，由在日本驻南京总领事馆担任仆役的詹长炳、詹长麟兄弟实施的一起暗杀。1939年6月10日晚，趁日本总领事举行盛大宴会之机，詹氏兄弟暗中在酒中下毒，毙、伤日军、伪军政头目多人，震动了南京与上海，震动了中国与海外。

（一）"老南京"詹长炳、詹长麟兄弟

詹长炳、詹长麟兄弟与其父亲詹士良、母詹潘氏、妹詹兰英以及他们

的妻子儿女,是世居南京的一户贫民家庭。他们的祖籍是安徽徽州,在明朝初年就移居南京,历经数百年,成了地道的"老南京"。哥哥詹长炳,1910年生;弟弟詹长麟,又名詹长林,1913年生。

弟弟詹长麟自小就机警灵活。他在1928年刚15岁时,就参加国民政府警卫旅,任旅长俞济时的小勤务兵。1932年年初,他19岁,随军参加了"一·二八"淞沪抗战,经

詹长麟

历了战争的考验,锻炼了胆识与办事能力。后来他退伍,在南京黄泥岗的家中搞纺织谋生,日子过得艰难。

1934年4月,詹长麟得到了一次机会。他由其父亲的一位茶友王老先生介绍,到日本驻南京总领事馆应试当仆役,每月可得8元银元的工资。

当时,日本总领事馆设在南京市中心鼓楼西南侧的小山坡——百步坡上。在大围墙内,有几座现代化的花园洋房建筑,楼房是日式结构,楼房四周是栽有树木花草的园林。

日本总领事馆招收中国仆役有4个条件:一是不懂日语;二是要有家人在南京生活,这样方便他们在必要时可挟持其家人为人质;三是外貌要俊秀;四是做事要勤快,手脚要麻利。詹长麟基本符合这些条件。日本总领事亲自对詹长麟面试,十分满意,让詹长麟任自己的仆从,为其打扫房间,端茶送水。詹长麟做事勤快,肯吃苦,深得日本人信任。

令詹长麟想不到的是,那位王老先生介绍他到日本总领事馆工作,原

日本总领事馆

来是南京国民政府军事情报组织一手策划与部署的。当时因日本先后发动九一八事变与"一·二八"事变，侵占了我国东北地区，并疯狂地向关内地区扩张，中国的民族危机空前深重，让中国人民开展了轰轰烈烈的抗日救亡运动。南京国民政府也在各方面进行抗日备战的工作，其中包括至关重要的对日情报工作。而介绍詹长麟到日本总领事馆工作，就是其中一个重要的部署。

就在詹长麟到日本总领事馆工作后不久的一个晚上，他被人叫到南京市中心黄泥岗的鼓楼饭店，被引进4号房间，只见一位他不认识的人在等着他。那人开门见山，自我介绍说："我是首都警察厅外事组的组长，叫赵世瑞。是我们安排你到日本总领事馆工作的。你知道为什么吗？"

詹长麟说："不知道。"

赵世瑞说："目的就是要你去刺探日本人的情报。现在日本人占领我国的东三省后，又向我国内地紧逼。形势逼人，我们必须及时掌握日本人的动态。"

詹长麟初闻之下，吃了一惊，竟一时说不出话来。

赵世瑞拔出一支手枪放到桌上，接着说："我们了解你。你做过军人，有爱国之心。我们把机密都告诉你了。现在有两条路让你选：一是继续在日本领事馆做仆役，同时秘密当我们的情报员，搜集日本领事馆的情报，为抗日工作；二是你不肯为我们工作，不肯为抗日工作，那你现在就在我面前，用这把手枪自杀。"

詹长麟镇静下来。他想到日本鬼子这几年对中国日益猖狂的侵略活动，想到他在1932年淞沪抗战中与日寇的拼杀，想到他许多战死的战友，立即表示愿意为首都警察厅外事组工作。从此，詹长麟就成了南京国民政府军事情报组织秘密派遣在日本总领事馆"卧底"的特情人员，每月可得银元10元的薪金。

南京国民政府军事情报组织成立于1932年4月1日，最初名叫"中华复兴社特务处"，又称"军委会特务处"，总部设在南京鸡鹅巷53号。"特务"是特别任务的代称，工作范围有：1. 情报；2. 策反；3. 行动。总部下设有区、站、组等机构与组织，如"南京特别区"等。"首都警察厅外事组"是"复兴社特务处南京特别区"直辖的一个组织，当时的主要任务是收集日本方面在南京活动的情报。

詹长麟加入"首都警察厅外事组"的情报工作后，上司给他取代号为"65"，化名袁露，并让他秘密接受了各种特工训教。詹长麟在秘密受训中了解到，特务组织内部结构极为严密，凡加入者即为终身职业，不许改变，一直到死为止。

詹长麟利用自己"日本总领事仆从"的身份，每天为日本总领事收发信件、打扫房间、传呼人员、采购物品、操办事情等，可以偷偷看到日本总领事来往的信件与各种绝密的文件。日本总领事馆里的各种动向，甚至包括总领事的一举一动,都在他的监视之中。他常常获得各种重要的情报。有时詹长麟看到从日本寄来的重要信件,就带回家中,在密室里把信件拆开记录后,再把信重新封好,第二天再放回日本总领事的桌上。信封上的邮戳是詹长麟现盖上去的。这是他用牙骨做的假邮戳,盖出来的印章却与真的一模一样,从来没有露出过破绽。詹长麟每次获得情报后,就在家中用明矾水在白纸上写上情报内容,水干了以后就看不出来了。詹长麟家的附近有一座关帝庙,"外事组"与詹长麟约定,将关帝庙作为他们的秘密联络点。詹长麟让其母亲每天把他写的情报悄悄地插到关公像后面的一个小洞里,到时候就会有人来取走。同时,她也从关公像后面拿到"外事组"的指示,带回家交给儿子。若有重大事件,詹长麟就将收集的情报直接交给"外事组"指定的黄泗清、杨立民等人,由他们传递上去。

1934年6月,在日本总领事须磨弥吉郎的策划下,借口所谓日本副总领事藏本英明失踪,挑起了一场震动中外的外交风波,诬称藏本英明是被中国政府的特工秘密绑架杀害了,企图由此制造对中国发动战争的借口,就像1931年九一八事变那样。这就是民国史上著名的"藏本英明失踪案"。在这危急关头,刚到日本总领事馆工作才两个月的詹长麟,将其在日本总领事馆的所见所闻,及时报告"外事组":藏本英明实际上是朝鲜人,很早就举家迁居日本,后来成了日本外交官;在藏本英明"失踪"那天——6月8日晚上,詹长麟亲眼看到,藏本英明出城往中山陵方向去了。首都警察厅根据詹长麟提供的情报与其他方面的消息,很快在中山陵后面的一个山洞里找到了藏本英明,使日本当局的阴谋未能得逞。

就这样,詹长麟表面上为日本总领事馆当仆从,暗地却在为"复兴社特务处"搜集情报。他两面拿工资,每月共得银元18元。当时100斤一袋的洋面粉只卖3元,所以家里的生活变得宽裕起来。但是,他在日本总领事馆的工作十分危险,时时刻刻都提心吊胆,神经就像一根绷紧的弦。由于他机警灵活,又曾经亲历战争,所以当他在出生死时,显得胆大而又心细。

也许，当时国民政府特务组织正是由于这一点而看中了他。

有一个白天，天气很好。日本总领事馆里的日本人都到室外休息，散步的散步，打球的打球，屋子里空无一人。詹长麟见是个很好的时机，就悄悄地走进总领事的房间，先是在废纸篓里翻了一下，见没有什么有价值的东西，马上又拉开办公桌的抽屉，看看有没有新的文件。这时，楼梯响了。詹长麟一惊，急忙把抽屉关好，然后手拿抹布在办公桌上擦起来。走进门来的是领事馆的副领事吉野。他见只有詹长麟一人在房里，顿时眼露凶光，"咚咚咚"走到詹长麟面前。詹长麟急忙停下手中的活计，直挺挺站立着。那个副领事满脸怒容，挥手"啪"的一声，在詹长麟的脸上重重地抽了一个耳光。詹长麟动都没动，虽心中十分紧张，却没有丝毫表现。那副领事虽有怀疑，却没有抓到詹长麟什么把柄，只得将詹长麟赶出房间，然后转身从墙上取下羽毛球拍，锁上房门，走了。詹长麟一连多天内心紧张不安，但表面上却像没事人一样。在此后，詹长麟就更加小心谨慎了。

1936年2月，詹长麟的哥哥詹长炳也被日本总领事馆雇用为仆役，并也和詹长麟一样，参加了"首都警察厅外事组"的军事情报组织。詹长麟有了帮手，工作更得心应手了。

詹氏兄弟为人朴实诚挚，在日本总领事馆中做事认真细致，忠于职守，与上下相处得都很好；而且他们仅粗通文墨，不问世事，从无反日言论，因而深得日本总领事馆先后几任总领事的信任。"首都警察厅外事组"对詹长炳、詹长麟兄弟的工作抓得很紧，每当他们提交的情报少了一点，马上就会受到质问。特务组织往往要他们从三个方面反省：1.忠诚：是不是忠于组织，有没有背叛？2.破立：有没有突破自己的成绩，开拓新的方向？3.廉耻：有没有贪生怕死？

1937年7月抗战全面爆发。8月15日，日本总领事馆宣布闭馆，日方人员全部撤离南京，詹氏兄弟只得回家。

（二）获得日本总领事馆将举行盛大宴会的情报

1937年12月初，侵华日军向南京进攻，詹氏兄弟接到"首都警察厅外事组"要他们在南京潜伏、伺机重回日本总领事馆工作的命令。1937年12月13日日军占领南京后，屠杀了30万中国同胞。詹长炳、詹长麟兄弟亲眼看到日军的暴行，而且家中也有妇女遭到日军的侮辱，怒火万丈。但他们因重任在肩，不得不忍辱负重，找到重回南京的日本总领事，得以回到总领事馆继续做勤杂工。

日本总领事馆仍设在南京市中心鼓楼旁的原址。从1938年到1939年，由于日本政府一直未在外交上正式承认"维新政府"，因而一直未在南京恢复大使馆，这样就使得日本总领事馆成为日本设在南京的最高外交机构。

詹长炳、詹长麟兄弟被日本总领事馆重新召回馆内任仆役。日本人给

1939年，日本驻南京总领事馆

了他们兄弟一辆自行车，并给他们兄弟发写有"日本总领事馆使用人"的袖标。他们外出工作时，戴着这样的袖标，在南京可以出入任何地方。

1938年年初，撤退到武汉的国民政府将原"中华复兴社特务处"改组为"军事委员会调查统计局"，简称军统局。詹长麟、詹长炳兄弟所在的南京潜伏组织，划归军统局指挥，称为"军统局南京区"，区长为钱新民，副区长为尚振声。钱新民负责全盘工作，主抓内部安保和除奸反谍。此人从上海光华大学毕业，精明强悍，多次立功，曾受到蒋介石的召见和奖励，一路官运亨通，战前由浙江金华中校站长破格升为军统南京局本部的特警课主任，不久又升为"南京区"的少将衔区长。尚振声是河南罗山人，1902年生，先入河南留美预备学校，后入黄埔军校第六期步兵科，毕业后，先后出任河南省民众师范学院训导主任、军统河南站副站长、站长等职。1937年抗战爆发后，他被调任"南京区"副区长。"军统局南京区"的潜伏人员有数十人，主要有政治助理书记卜玉林，情报助理书记刘玉卿，交通组组长赵希贤，会计主任安少如，外事组组长潘崇声（詹长麟的妹夫），特工詹长炳、詹长麟、李再生、王高科等人。

1938年10月武汉、广州先后沦陷后，抗日战争已经进入了艰苦的相持阶段。日军采用军事打击和政治诱降两种手段，来对付中国人民的抵抗。日本侵华总兵力约四十个师团，分为华北、华中、华南三个派遣军。华中派遣军约占侵华日军的一半，司令部就设在南京，辖有十五个师团，分布在江苏、上海、浙江、安徽与湖北、河南等广大地区；同时，日本当局扶植以梁鸿志为首的汉奸集团，在南京成立了"中华民国维新政府"，企图建立起稳定的殖民统治秩序。那个曾打过詹长麟耳光的日本人吉野，在见到詹长麟时，得意地说："你们中国人成了亡国奴哪！"詹氏兄弟表面上低声下气，心中始终隐藏着对日本侵略者的国仇家恨，时时在寻找着打击日寇汉奸、为死难同胞报仇雪恨的机会。

这样的机会终于到来了。

1939年6月初，詹长麟从日本外务省的一封来信中获悉，日本外务省次长清水及随员三重，要在6月9日到南京总领事馆视察。詹长麟当晚将这一情报传送出去，立即引起了军统"南京区"的高度关注。区长钱新民立即主持召开骨干会议研究对策，要詹长麟密切注意事态的发展。6月8日，詹长麟看到日本总领事馆发出不少请柬。他从这些请柬中，得知6月10日晚，日本公使兼总领事花轮义敬将要在领事馆举行一场大型酒会，欢迎清水次长及随员三重。应邀参加酒会作陪的人员，日方有：日本"华中派遣军"司令官山田乙三、参谋长吉本贞一、副参谋长铃木宗作、军报道部长谷荻那华雄、特务机关本部部长兼"维新政府"最高顾问原田熊吉，以及谷田大佐、高侨大佐、公平中佐、岩松中佐、三国大佐、岛本少将、三浦大佐、泽田海军大佐、田中中佐和秋山大佐等人；"维新政府"方面的有：伪行政院院长梁鸿志、伪立法院院长温宗尧、伪绥靖部部长任援道、伪内政部部长陈群、伪交通部部长江洪杰、伪司法部部长胡礽泰、伪教育部部长顾澄、伪外交部部长廉隅、伪财政部部次长严家炽、伪实业部部长王子惠、伪南京市市长高冠吾等人。总领事花轮义敬、领事内田、副领事有久、干等四人将作为主人主持宴会。这份名单几乎囊括了当时驻南京的日军及伪政权头目。詹长麟立即将这一情报火速报告给军统"南京区"。

军统"南京区"得到这一重要情报后，决定发动一次史无前例的投毒行动，出其不意地在日寇心脏上插进一刀，将日军及伪政权头目一网打尽。行动若能获得成功，必将对正在艰难奋战中的中国人民一个重大的鼓舞，给日寇汉奸一个沉重的打击。军统"南京区"专门成立了投毒"行动小组"，由尚振声任小组长。"行动小组"对投毒行动作了周密的计划与部署，指定卜玉林负责联系，李再生、刘玉卿及王高科负责詹氏兄弟撤退事宜，赵希贤负责撤退工具，安少如负责挑选毒药。詹长麟则被指定为投毒的实施人。

詹长麟接受了任务后，提出自己的想法，说："把毒药投入酒瓶，是整个行动最重要的一步，决定成败。我完全能做到。但问题的关键在于：这毒药有没有效果？能不能毒死人？如果毒药根本毒不死人，就是把我赔进去也无用。""行动小组"让詹长炳带一支毒药交给詹长麟，只见玻璃容器的外壳上面有"USA"的标志，里面是白色粉末，说："这是美国货，剧毒，效力大。"詹长麟又向"行动小组"提出一个要求，说："我有个心愿，就是在完成任务后，能够安全地撤离南京。我还年轻，还要继续杀敌。我还有全家老小，这不会影响我完成任务。"詹长麟的要求得到批准。

1939年，詹长麟是26岁，家住南京市吉兆营12号；哥哥詹长炳是29岁，家住南京市许家巷。

（三）詹氏兄弟制造"日本驻南京总领事馆毒酒案"

1939年6月8日，日本总领事馆向各方被邀请人士发出请柬的同时，立即为这次盛大宴会忙碌起来。詹长麟被分配去为宴会购酒。他在6月9日——开宴的前一天，到中华路三山街119号老万全酒店买回四坛绍兴老陈酒。回到领事馆，他将酒由酒坛灌进酒瓶。

6月10日，是日本总领事馆举行宴会的日子，也是詹长炳、詹长麟实施投毒的日子。这天早晨，詹家所有人都集中在鱼市街中华菜馆吃了一顿团圆饭，有詹士良夫妻、詹长炳一家、詹长麟一家。大家心里都明白，上刀山，下火海，生离死别，就在眼前，但谁都不讲话。吃完饭后，詹长炳、詹长麟像往常一样，到日本总领事馆上班；家属们则由军统"南京区"安排专人护送，从下关渡江去江北农村隐蔽。

6月10日晚6时左右，日本总领事馆的酒会准时举行。詹长麟按照预定计划，事先就对人说："我肚子疼，等宴会开席后，要去一下医院。"宴会开始前，詹长麟负责温酒。为了投毒万无一失，詹长麟在开宴前几分钟，才偷偷把毒粉倒入酒瓶，并且使劲摇动，让毒粉均匀地溶解在酒里。开宴时，他见酒席桌上的酒杯都已经摆好，便沉着镇定地捧着毒酒瓶，走到桌边，按顺序把毒酒一一倒入酒杯。然后退到一边，紧张地观察事态的进展。

可惜的是，当宴会开始时，被邀请的日军高级军官多人因故未能出席。"维新政府"的政要却都来了。于是，日本总领事馆决定由本馆日本外交人员补充。总领事花轮义敬首先致词，欢迎清水次长的到来，然后高呼："天皇万岁！干杯！"顿时，宴席上群魔乱舞，人人都站起身，拿起酒杯，高呼"干杯！干杯！"，然后举杯一饮而尽。詹长麟躲在暗处，见毒酒已被敌人喝下去，知道任务已经完成，便急忙脱掉领事馆的工作服，跳上自行车，驶出领事馆。他在傅厚岗与哥哥詹长炳会合后，迅速驾车而去。他们出了南京城门，赶到燕子矶江边。军统"南京区"的特工刘玉卿、王高科早奉命在那里等候，马上把詹氏兄弟送到长江北岸。

就在詹长麟离开领事馆十多分钟后，酒宴上有人发觉酒中有异常味道，大叫："不好，酒里有毒！"众人还没有反应过来，领事馆书记官宫下一头栽倒在地上，不省人事；另一名书记官船山也口吐白沫从椅子上滚下来。酒宴上顿时大乱，人人都舌头麻木，表情痴呆，表现出不同程度的中毒症状。酒宴立即停止，招来日本军医化验，结果发现酒中确有毒。但已有多人中毒倒地，日本人船山、宫下两书记官于当晚死去，其他的日、伪要员经百般抢救，才免于一死。

南京日军当局恼羞万分，迅速进行疯狂的报复。当晚，日军宪兵队与伪警察局下令关闭了南京所有城门，封锁各交通要道，然后在全城大肆搜查抓捕一切可疑人员，连老万全酒家的掌柜都遭逼供，严刑拷打。对日本总领事馆的中国仆役更是全部拘禁，严刑逼供。最后，他们将注意力集中到了不见踪影的詹长炳、詹长麟兄弟身上。但当日伪宪警赶到他们的住处时，发现詹氏兄弟及其父母、妹妹与妻子儿女早已逃离南京。日伪当局在南京的大街小巷与各报刊上遍贴（刊登）告示，画像，对詹氏兄弟及其全家通缉抓捕。日伪的布告写着：

> 詹长麟二十六岁，身高五尺二寸，体型瘦长，皮肤清白，高鼻圆眼，短发，走路稍有罗圈腿，身着白上衣，黑长制服裤；其妻黄氏，年二十四岁，身高五尺，鼻子大，扁平，嘴大；女儿五岁，儿子三岁，都是身着黑色中式衣裤……

从 6 月 10 日到 7 月 10 日这一个月的时间内，日伪当局在南京城内先后出动宪兵、警察、特务达一千多人次，进行拉网式的搜捕，但都一无所获。

日本总领事馆发生毒酒案在社会上产生了很大的影响。尽管日伪当局严密封锁消息，但消息还是不胫而走，迅速传遍了南京城，也传遍了中外。南京市民暗暗地拍手称快，金陵女子文理学院的魏特琳在日记中作了前面提到的简短而谨慎的记载。

南京日伪当局为在此案中死去的两个日本人，举行了追悼会，"维新政府"的绥靖部部长任援道宣读了悼词。

"日本总领事馆毒酒案"反映的爱国精神与不屈斗志，鼓舞了正艰苦抗战的全中国军民。1939 年 6 月 20 日《重庆各报联合版》第 2 版刊登"中央社香港 1939 年 6 月 11 日电"，题为《敌总领馆宴清水，敌伪均中酒毒》，副题为"梁逆鸿志等中毒最重，敌称系抗日分子所为"，报道如下：

任援道在追悼会上宣读悼词

敌总领馆宴清水，敌伪均中酒毒

梁逆鸿志等中毒最重，敌称系抗日分子所为

［中央社香港 1939 年 6 月 11 日电］沪讯：敌外务省政务次官清水留三郎，日前抵沪赴宁。敌驻宁总领馆于十日晚七时设宴欢迎。除敌方军政要员一致与宴外，并邀伪组织首要梁逆鸿志、温逆宗尧、任逆援道、顾逆澄、高逆冠吾等作陪，计共二十余人。席间，敌伪觥筹交错，状甚欢洽，讵料所食黄酒中，为已暗置强烈毒质，敌伪畅饮后，立即中毒，均晕倒地上，一时秩序大乱，急召医士救治，卒以中毒甚深，遂车送医院，尚未脱离险境。敌方对此次消息，于十一日晚始发表，谓酒中毒料，系抗日分子所置，并已捕获一人。中毒最重者为梁逆鸿志及高逆冠吾，至敌方人员，虽传有高级军事外交人员在内，但未言姓名云。

日伪报纸报道毒酒案

由于日本驻南京总领事馆一贯设防严密，中国人能够深入到这样的地方投毒，引发了日本军政界与新闻界的强烈震动。此案发生后，《大阪每日新闻》《朝日新闻》等媒体都有记者到现场采访。日本多家报刊对此案作了报道，称之为"南京毒杀案"。报道最为全面的是日本的特刊杂志《"支那事变"画报》第60期上的文章，写道：

六月十日夜，欢迎清水外务次官的招待会在南京总领事馆进行。日本方面外交、军部当局和"维新政府"的梁行政院长、温立法院长、任绥靖部长、高南京市长等二十余名出席。此时，被抗日组织发展的总领事馆

服务员在白酒中混入了毒物，结果造成所有与会人员中毒。其中，宫下玉吉（三十八岁）和船山已之作（三十五岁）两书记官随即因此殉职。十八日，在总领事馆举行了盛大的葬礼。其他的人幸而中毒较轻，经过治疗逐渐恢复。犯人逃走，但估计不久就会被逮捕归案。

大约因为日方不愿意露丑，报道中没有提及日方中毒人员的详细名单。南京、上海的伪政权中文报纸也对此案作了报道。

（四）军统借詹氏兄弟名义发信迷惑日寇

南京的军统地下组织为了防止日伪当局伤及无辜的南京同胞，也为了保护好军统在南京的地下组织，乃以詹长炳、詹长麟兄弟的名义专门写了一封信，于6月25日从上海英、法租界，寄给南京日本总领事馆的公使兼总领事花轮义敬，说明投毒案的真相，承担一切责任，并表明他们这次采取投毒行动并非出于私怨，而是出于对日本侵华暴行的国仇家恨。詹氏兄弟在信中声称他们已经到了上海，即将去香港，显然还将去往中国的大后方。

花轮义敬看了詹长炳、詹长麟的来信后，暴跳如雷。因为詹氏兄弟在信中声称他们已经到了上海，即将去香港，因而日军当局立即派遣特务在上海和香港布下暗哨，定下抓捕詹氏兄弟的行动方案，结果连詹氏兄弟的影子也没看见。

其实，军统组织寄给南京日本总领事馆的信，是他们布下的烟雾弹。当时在重庆的国民党《中央日报》根据军统组织的要求，对毒酒案作了连续5次报道，也都故作疑阵，进行配合。这烟雾弹果然对日军起到了很好的迷惑作用。实际上，詹长炳、詹长麟全家并没有到上海，也没有到香港，更没有前往重庆大后方，而是在军统组织的安排下，在江北六合乡村一户人家躲避了一段时期，然后就转移到浙江农村一个偏僻的地方，隐姓埋名居住，直到抗战胜利。

不幸的是，在毒酒案发生约两个月后，1939年8月，上海汪伪76号特工总部派陈明楚、萧一城等人来南京建立"特工基地"，为汪伪政权"还都"作准备。由于陈明楚原在军统"南京区"工作过，对潜伏在南京的军统人员情况熟悉，策反了军统"南京区"专员谭文质，获得了军统"南京区"潜伏人员名单，使许多成员被日军抓捕，关押在白下路日军宪兵队（原国货银行大楼旧址），备受折磨后杀害。其中，就有在投毒行动中负责联络工作的"南京区"政治助理书记卜玉林。他在被捕后，日军对他说："只要你说出毒酒案中投毒人的下落，就可以放了你！"可是他宁可死也不肯说，最后英勇就义。

（五）2007年2月1日，笔者采访了詹长麟老人

在日伪严密统治的沦陷区中心南京，冒着全家杀头危险，策划与实施"日本驻南京总领事馆毒酒案"、以杀敌报国的詹长炳、詹长麟兄弟，在后来的历史变迁中，有不同的遭遇。

抗战胜利后，詹长炳、詹长麟兄弟回到南京。弟弟詹长麟离开了军统组织，哥哥詹长炳则继续为军统办事。还都南京的国民政府奖励给詹长麟五万元，以及一只"忠勇杀敌"银盾。詹长麟用这笔钱在南京中央门外开了一家旅馆、一家饭店还有一家杂货店。1949年4月中旬，国民政府从南京撤退前夕，已任军统局外事组少将组长的赵士瑞，来到詹长麟的旅馆，劝詹长麟一同去台湾，詹长麟不肯。詹长炳、詹长麟兄弟都留在南京。1950年，詹长炳被卷入纷争遭处决。弟弟詹长麟则在1956年，以自己的三家店铺参加"公私合营"，成为私方人员，历经"文革"磨难，活到2008年逝世。其在世时，每月能领到一千多元的退休金，与儿孙们生活在一起。2005年抗战胜利六十周年时，中央电视台与《南方周末》等多家报刊都采访过

2007年，笔者经盛鸿（中）采访詹长麟（右）

他，并作了报道。

2007年2月1日，笔者为调查南京抗战史事，写作并修改《南京沦陷八年史》一书，专程采访了詹长麟老人。他告诉我说，他虽已年过九十，但身体无病，无忧无虑，每天都打太极拳。我们面对这位饱经风霜、乐观向上的老人，不由生出由衷的敬意与无尽的感慨。

但岁月毕竟不饶人。2008年，詹长麟老人寿终正寝，享年95岁。笔者对他的采访成为绝响。

2009年9月28日，在中华人民共和国成立六十周年前夕，《南京日报》公布了"三十位为新中国成立作出突出贡献的南京英雄模范人物名单及简介"，詹长麟老人位列其中。

愿詹长炳、詹长麟兄弟在天国安息！愿一切为中华民族的独立、自由作出过贡献的人，永远活在中国人民的心中！

二十一、中国新闻界喋血上海滩

日军占领了北平、天津、上海、南京等大中城市与沿海广大地区后，日本当局及其卵翼下的伪政府为了在占领区建立与巩固殖民统治秩序，镇压中国人民的反抗呼声与爱国舆论，首先将带血的枪口指向中国的新闻界，颁布了一道道禁令与检查法，制造了一幕幕触目惊心、骇人听闻的血腥惨剧。在上海租界"孤岛"的中国新闻界的爱国志士，为了维护国家与民族的尊严，临危不惧，抛头颅、洒热血，以笔为武器，揭露日寇汉奸的侵略罪恶与凶残暴行，进行了英勇无畏、前赴后继的悲壮斗争。

（一）电线木杆上高悬着一颗中国记者的人头

1938年2月6日农历正月初七。

1937年11月12日上海沦陷后，只有市中心的英、法租界区日军还不能进入。它维持着表面的平静，就像一座孤岛，处在日军侵略祸水的四面包围之中。租界里的中国民众刚在恐惧与悲愤中度过了1938年的春节，这天清晨，路人突然发现，在法租界薛华立路（今建国中路）总巡捕房东边、靠近萨坡赛路（今淡水路）南口的电线木杆上，高悬着一颗血肉模糊、相貌难以辨认的人头，并附有白布一方，名为"斩奸状"，上写"抗日分子结果"六字。

这一血腥的消息立即震动了上海市。

后来法租界总巡捕房派人将人头取下，经清洗辨认与多方侦查，方确认被害者是当时上海一家报纸《社会晚报》的负责人蔡钧徒。

蔡钧徒是一位经历曲折而富于传奇色彩的年轻"老报人"。他本名叫蔡安福，字履之，上海浦东陈行人，很早就从事新闻工作，所写文章常自署"海上钓徒"，故人皆呼他为"蔡钓徒"。1934年3月，他在上海租界独自创办了颇有特色的《社会晚报》，在社会上很有影响。上海沦陷后，他坚持爱国立场，以"两面"手法与敌人斗争。他出版两种不同版面的《社会晚报》，一种是送给日伪检查的，印得很少，敷衍塞责；一种则是向社会广大民众发行的，印数多，在报上宣传抗日，如报道上海中国守军谢晋元等"八百壮士"退驻沪西"孤军营"坚持抗日活动等。他还与中共地下工作者取得联系，因此他成为日军和汉奸的眼中钉。在出事前三天，他被"黄道会"骗去，来到位于日占区虹口的新亚酒店，遭杀害，时年仅34岁。"黄道会"是一个由日本特务机关"兴亚会"控制的汉奸组织，头目是臭名昭著的常玉清。

蔡钧徒是上海"孤岛"时期被日伪恶势力杀害的第一个中国新闻记者。日寇汉奸想以蔡钧徒的人头示众于通衢来震慑威胁上海新闻界。

（二）日特、汉奸将枪口指向中国新闻界

新闻报刊历来是人民的喉舌与舆论的旗帜。上海是当时中国新闻业的中心，集中了大量的中外报刊、广播电台与通讯社，对国内与国外都有极其重要的影响。因此，日军在占领上海后，首先注意控制报刊舆论。因为日军一时不能进入英、法租界区，但当时上海的报刊等机构都设在这里，日军当局就一方面组织日本浪人到租界区举行游行威慑，另一方面胁迫英、

法租界当局取缔抗日宣传。双方僵持了一阵，英、法租界当局屈服了。1937年11月13日，淞沪会战刚刚结束，租界当局就发表谈话，警告凡在租界的华文报纸，立论要更加慎重，不准有"日寇""汉奸"等字样在报上出现，也不准报纸报道抗战与惩处汉奸的消息，违者当予取缔。1937年12月13日，南京陷落的当天，租界当局更是同意日方在南京路的哈同大楼设立新闻检查所，通令凡是由中国人出版的报刊，必须在出版前将所有新闻与广告送交该所检查。

面对日寇的侵略淫威，上海中国新闻界的绝大多数人表示了凛然的爱国正气与不屈不挠的斗争精神。为拒绝日本当局的审查与侮辱，著名的《申报》与《大公报》等报纸当即决定停刊，迁移到中国内地出版；《文汇报》《大美晚报》《大晚报》等报纸则利用或改挂英、美洋商的招牌，取得"免检"的资格，避免日军当局的检查，继续出版发行，被时人称为"洋旗报"；还有些报纸则用其他方法巧妙地进行抗日爱国的宣传。这些爱国报刊成为照亮沦陷区人民心田的一盏盏明灯。

日寇汉奸恼怒了，他们向中国新闻界的爱国志士们伸出了魔爪。于是，血案一桩桩发生。蔡钧徒是他们向新闻界"开刀"后的第一个牺牲者。在蔡钧徒被杀害示众后仅三天，《文汇报》又遭到了日寇汉奸的炸弹袭击。

（三）《文汇报》遭受炸弹、断臂与毒水果

《文汇报》是1938年1月25日在租界创办的一份抗日爱国报刊。为了避免日寇的检查，他们请来一位英国人克明做发行人兼总主笔，挂起可以"免检"的洋商招牌。实际上，该报一直由中国人徐铸成等人主持，进行着旗帜鲜明的抗战宣传。

《文汇报》创刊第一天就显示出强烈的抗战气息。一版头条用特大字号作标题，刊载郑州专电，报道津浦线发生激烈战斗，中国军队两面包围

山东济宁日军；还在显著位置报道了原山东省政府主席韩复榘因抗战不力、违令逃跑而被中国军事当局判处死刑的消息。之后，该报天天有抗战消息报道与爱国评论发表。1938年3月28日，以梁鸿志为首的伪维新政府在南京出笼。第二天，《文汇报》就刊登了该报主笔徐铸成写的一篇社论：《无题》。文章尖锐地指出，梁鸿志的伪维新政府是由敌人刺刀扶植起来的工具，像僵尸一样，假借"中国政府"的尸体，白昼现形，迷害好人。这篇社论最后说："一切自暴自弃的废物，让他们去曝尸露体，供人玩弄、受人唾弃罢。所有有灵魂的人，都应足踏实地，奋发自雄，为未来的光明世界，增加光辉。"在社论旁边还刊登了伪维新政府成立的消息，标题是：《南京一幕喜剧》，下加三个副题："登场人物：梁鸿志、温宗尧等。布景：国府旧址，悬五色旗。时间：昨日上午十时"，外加一条短讯，即"老牌汉奸，郑孝胥死"。这样的社论与这样的报道、这样的版面安排，就像匕首投枪，投向了日本侵略者及其扶植的汉奸政府。

《文汇报》在对日寇汉奸进行无情揭露的同时，对抗战军民进行热情的歌颂。该报3月15日刊登一篇社论：《西北大战之展望》，称颂八路军"经多年之苦斗，万里之长征，耐劳苦，守纪律"，为抗日之中坚，"跃马横戈于西北战场"。《文汇报》的内容得到广大人民的欢迎与称道，报纸销路与日俱增。

爱国同胞欢迎《文汇报》，日寇汉奸却是如芒在背。1938年2月9日，《文汇报》面世才半个月，报馆就接到了日伪化名"正义团"发来的恐吓信。信中说："贵报言论激烈，识时务者为俊杰，今后务望改弦更张。若再有反日情绪存在其中，即将与对付蔡钧徒者同样对付。"《文汇报》同人对此恐吓不予理睬，在第二天该报的要闻版上，仍然刊登了《渡河日军被歼》《周恩来谈中国今后战略》等抗战消息。凶残的敌人见恐吓无效，随即施用暴力。2月10日傍晚6时许，几名汉奸暴徒突然冲入《文汇报》报馆投掷手榴弹，随即转身逃窜。"轰"的一声，报馆底楼顿时烟雾弥漫，窗口玻璃震碎，写字台被毁，吊灯落地。正伏案工作的发行科职员陈桐轩倒在血泊中，以身殉职。广告科的萧山卿、毕志奋也被炸伤。面对日伪的炸弹与同事的鲜血，《文汇报》同人毫不退缩，奋战通宵，第二天坚持照常出报，照常刊登《日军攻定远西永康镇不逞》这样大快人心的抗战新闻，同时刊登《本报紧要启事》，公开揭露日伪施暴扼杀新闻自由的罪行，正气凛然地表示："炸弹，流血，撼不动我们的信念，恐怖，威胁，不足以使我们气馁；今后的本报，不但仍要本着我们的宗旨及信条，继续奋斗下去，而且还要加倍努力，以符爱护本报读者的期望。"真是字字掷地作金石声，令读者备受感动与鼓舞。

不久，《文汇报》主笔、负责编辑部工作的徐铸成因为发表了多篇宣传抗战、斥责汉奸的社论，连续收到日伪的匿名信和恐吓电话。有一次信中还附了一颗子弹，要他"更改笔调"，否则就请吃"花生米"（子弹），但徐不为所动。有一天，他收到了一个用永安公司包装纸包装的热水瓶匣子，上面写着"《文汇报》主笔先生亲收"。他拆开一看，里面装的竟是一条血淋淋的手臂，还附了一张纸条，上写："主笔先生，如不改你的毒笔，有如此手！"过了几天，又有人给徐铸成送来一筐水果，附信说："主笔先生，你为爱国宣传而操心，献上水果一筐，以表敬意。"经查，这是一个日本特务托人送来的。于是报馆同人将水果送去化验，结果是每只水果都打进了烈性毒药。后来，日寇又收买内奸去炸报馆的印刷车间。然而，在《文汇报》社爱国同人的共同努力下，这些恐吓与阴谋都未能得逞。

1939年5月，叛国投敌的大汉奸汪精卫来到上海，筹组伪政府。他派人来拉拢收买《文汇报》，许以高官与巨利。《文汇报》同人断然拒绝，并在报上刊登《汪派分子白昼做梦》的新闻，公开回击。为了不让这份有影响的报纸落入汉奸手中，艰苦奋斗了一年又四个月的《文汇报》毅然决定停刊。

（四）汪伪政府发出对爱国记者的"通缉令"

1939年5月，汪精卫叛逃到上海，在日寇的卵翼下，加紧筹建伪中央政府。日伪当局以沪西"76号特工总部"为中心，更加紧了对新闻界爱国人士的恐怖活动——爆炸、暗杀、绑票等罪恶勾当层出不穷。正像当时在上海的著名爱国记者顾执中在《报人生涯》中所说："敌伪的另一个残酷而下流的对付我们的办法，就是乘人不备，用武器来暗杀或绑架中国新闻记者。有的新闻记者在路上被暗杀，有的在黄包车上被暗杀，有的在汽车中被暗杀，有的在家里早上在床上熟睡的时候，特务们从后门闯入，被开放乱枪暗杀，有的在饭店中正在举箸吃饭的时候被暗杀，有的在车站旁等搭电车或公共汽车时被暗杀。从有史以来，新闻记者之遭暗杀，从没有如此之众和如此的惨酷。"

"76号特工总部"成立后刺杀的第一个新闻记者，是《申报》的编委瞿绍伊。《申报》在1937年12月中旬停刊，约一年后，1938年10月以美商"阿乐满"的名义，在上海复刊，不需经日伪检查，艰难地宣传抗战。该报编委瞿绍伊年近六十岁，家住新闸路。1939年6月17日，瞿绍伊正在家中，突有"76号"特务数人冲入其住宅，向其开枪射击。瞿绍伊立即狂奔闪躲，仍当场中弹，伤及数处，后经抢救，方才脱险。

1939年7月22日晚，曾在报上公开痛斥汪精卫的《中美日报》，遭到"76号特工总部"大批武装特务的暴力袭击。因该报早有戒备，当特务们乘汽车到达时，报馆立即紧闭大门，特务不得进入，一场惨剧得以幸免。

1939年8月30日下午4时，《大美晚报》积极宣传抗日的中文副刊编辑朱惺公，在光天化日之下，被日伪特务枪杀于马路上。

1940年3月30日，汪伪政府在南京正式"开张"。7月1日，汪精卫以"国民政府代理主席，行政院院长"的名义，公开发布了对83人的"通缉令"，刊登于南京、上海的各日伪报纸上。"通缉令"声称这83人的罪名是：一、"卖身'共匪'，为其鹰犬，施其鬼域"；二、"假藉（借）第三国人名义，经营报馆，终日造谣煽动破坏"；三、"组织公司以买凶杀人为营业……"；等等。其中第二项罪名，就是指那些借洋商名义办报、进行抗战宣传的爱国新闻界人士。在这83人中，在新闻界工作的有：《申报》的金华亭、胡仲持、赵君豪、马荫良等人，《新闻报》的汪仲伟、顾执中、王人路等人，《大美晚报》的张似旭、程振章以及其他各界人士。在完整的被"通缉"的83人名单中，新闻记者、编辑数量竟占37%以上。

汪精卫在"通缉令"中最后说："宜先将首恶付诸重典。"其意昭然，意思是他将向上述诸爱国人士下毒手。

（五）列名"通缉令"的第一个遇刺记者

根据汪精卫的"通缉令"，日伪特务们对新闻界爱国人士进行了更疯狂的暗杀活动。

就在汪精卫发布"通缉令"后十余日，1940年7月中旬一天早晨7时许，正当地处望平街的《申报》报馆发送报纸的忙碌时刻，几个暴徒竟趁机向报馆下层的窗口内掷了两个手榴弹，随着两声巨响，浓烟滚滚，弹片四飞，死伤多人。之后敌特又多次以炸弹袭击该报。《申报》是当时上海乃至全国最大的报刊。日伪想制服它，杀鸡儆猴，震慑整个新闻界。但一次又一次的炸弹，丝毫炸不开中国人民抗日爱国的铁石心肠。

1940年7月19日，列名于"通缉令"上的《大美晚报》中文版主持人张似旭被日伪特务暗杀。张为人机警活泼，说得一口流利的英语，以前曾在南京国民政府从事外交等工作。他主持的《大美晚报》，在宣传抗日方面做了许多工作，因而多次接到敌伪恐吓信。报馆方面专门为他雇了一名保镖，还给他配备了一辆由他驾驶的小汽车。自他被汪精卫"通缉"后，他就改住到报馆中,加强戒备。不过他生性好动,搞新闻工作又不能不与外界联系。他于7月19日下午4时许,独自驾车偷偷来到静安寺路,进入"起士林"咖啡店,在楼上静坐看书休息。不料他被伺伏在四周的日伪特务发现。特务们突然蜂拥而上,将他乱枪打死在沙发上。这时,距张不远的邻座,有一位波兰籍茶客,见状奋勇上前徒手抱住一位凶手,但又有别的凶手开枪,将那波兰人打死,然后呼啸而去。

张似旭是列名于汪精卫"通缉令"上第一个被暗杀死士的新闻工作者。

(六)新闻界喋血上海滩

就在张似旭遇害后两天,1940年7月21日,日伪特务又施毒手。那天下午6时许,正当夕阳西下、暮色四逼的时候,大光通讯社社长邵虚白乘坐黄包车回家。当车驰抵福煦路(今延安路)明德里离邵家不远的地方,伺伏已久的日伪特务一拥上前,众枪齐下,立即将邵打死。邵为人敦厚,在汪精卫的"通缉令"上未列名,却也死于日伪的枪口之下。

7月底,《新闻报》编辑倪澜深在深夜遭日伪特务绑架。倪为人胆小,外号"泥菩萨",从未参加任何抗日活动,自以为远离政治,安分守己,不会招来不幸,但汪精卫的"通缉令"却将他列名其上。他不以为然,若无其事,每天深夜工作完毕,仍坐黄包车回家。不料这天他坐车刚到自家弄堂口,忽然从暗中跳出几个特务,把他左右两臂挟住,绑上汽车,捉进"76号特工总部",备受折磨。多日后他虽被释放,因惊悸过甚,很快死去。

1940年8月17日,《新闻报》的名记者顾执中,已避居报馆深匿不出多日,但这天他因其父与其子在家得病,遂冒险偷偷从报馆溜回家看望。他不敢坐黄包车,也不敢乘电车,而是步行,一路上小心谨慎,瞻前顾后。然而在他事毕回报馆的路上,走到萨坡赛路口金龙汽车行门前的人行道上时,突然遭到伺伏特务的枪击。子弹打进顾的颈部,鲜血直流,幸未中要害。顾立即急速地以波浪式的跑法，向北脱逃。特务们又向他连放数枪，都未命中。顾被送入医院抢救，侥幸地逃过一死。

没过几天，《大美晚报》年轻的国际新闻编辑程振璋，在上午 10 点，行经金神父路（今瑞金路）广慈医院附近时，突然有日伪特务多人从一辆汽车中跃出，企图绑架程到"76 号特工总部"。程卧地抵抗不走，并大呼救命。狠毒的日伪特务一齐对程开枪，然后上车呼啸而去。程身中三枪，均伤及要害，肝脏及肠子都被打破，失血极多，被送进医院抢救，很快死去。

1941 年 2 月 3 日，《申报》名记者金华亭又在沪被刺身亡。金身材短小精悍，为人活泼，有辩才，有很高明的采访新闻的本领，往往在笑谈之中采访到重要消息。虽然他在生活上过于风流潇洒，有些小疵，但在民族大节上却无亏。在主持《申报》时，他坚持爱国立场，宣传抗战，暗中还支持帮助抗日地下工作者。他被汪精卫"通缉"后，就长期离家，迁宿报馆。他在 2 月 2 日下午离报馆，到一个朋友家聚会。直到 2 月 3 日凌晨 4 点天快亮时，他才到嵩山路世界汽车行，等候雇出租汽车。就在这时，日伪特务从四面包围了他，乱枪齐发。金虽备有自卫手枪，但拔枪自卫已是不及，全身中四枪，鲜血四溅，当场毙命。

1941 年 4 月 1 日傍晚，日伪特务又乘汽车来到大中通讯社，向窗中扔进一颗手榴弹，把正在工作的编辑秦钟焕炸成重伤，最后死去……新闻界爱国志士的鲜血染红了上海滩。

（七）硬骨头朱惺公——爱国记者的光辉旗帜

面对如此残酷的环境与日伪血腥的屠杀，中国新闻界的绝大多数人士没有害怕，没有退缩，更绝不变节，而是继续高举抗日爱国的旗帜，坚守阵地，坚持战斗，谱写了一曲曲惊风雨、泣鬼神的正气歌。就像顾执中在《报人生涯》中所说："从有史以来，新闻记者之遭暗杀，从没有如此之众和如此的惨酷，也从没有在这样一个孤苦的环境中，像上海记者们那样执笔奋战，一个人死了，依然有无数活着的人不顾生死地跟上去，跟敌作战。这些壮烈的事实，必然在中国新闻史上占上最光辉的一页。"

在这血与火的斗争中，英勇斗争、壮烈牺牲的《大美晚报》副刊编辑、硬骨头记者朱惺公的事迹最为感人，他是抗战期间爱国记者的一面光辉旗帜。

朱惺公，号松庐，原籍江苏丹阳，父亲是一位中医，家境清寒。他1900年生，靠自学成才，曾当

朱惺公

过店员、报社编辑、广告科职员，办过出版社，摆过旧书摊，潦倒困顿。1938年2月，在风雨如磐的祖国危亡岁月里，他由中国化学工业社经理李祖范介绍，进《大美晚报》报社，任中文版副刊《夜光》编辑。由于此报挂的是美商招牌，因而可以免受日伪检查。朱惺公是个穷苦的知识分子，年近四十，家有妻子儿女，但民族意识强烈，一旦受命于危难之际，就不顾个人安危，积极投身于抗日爱国宣传活动，把他编辑的《夜光》副刊建成了一块充满爱国正气的阵地，向日寇汉奸射出一颗颗复仇与讨伐的枪弹。

1939年3—4月，正当汪精卫从重庆叛逃，经河内、香港，即将到达上海筹组伪中央政府的时候，朱惺公在《夜光》副刊上连续发表了一组《民族正气——中华民族英雄专辑》系列文章，分篇介绍了中国历史上一系列著名的民族英雄与爱国人物，其中有宋代的文天祥，明代的田兴、南水仙、阎应元、顾炎武等人，描述了他们的爱国事迹，热情歌颂他们的民族气节，

号召广大民众学习这些光辉的榜样。与此同时,朱惺公又在副刊上连续刊载《汉奸史话》,把中国历史上的秦桧、吴三桂、洪承畴等大大小小的降敌之人奸拖出来示众,淋漓尽致地揭露斥责他们卖国求荣、腆颜事敌的罪恶历史与丑恶本质。《夜光》副刊上同时刊登连载的这两组系列文章,忠奸对比,古今相映,爱憎分明,产生了强烈的反响与极大的社会教育作用。它有力地鞭挞了当代那些汉奸群丑同时,激励广大人民奋勇投入抗日爱国斗争,誓做爱国志士而流芳百世,警惕那些已经登场或即将登场的汉奸卖国贼,全国共讨之,全民共诛之。

朱惺公尤其对大汉奸头子汪精卫深恶痛绝。他在汪精卫由日本特务保护到达上海时,就在《夜光》副刊上专门刊载了一篇署名陈剑魂的《改汪精卫诗》,对汪精卫公开指名道姓地批判与鞭挞,剥开了大小汉奸们津津乐道的汪精卫"英雄历史"的画皮。汪精卫的原诗,是他在清末辛亥革命前夕赴北京行刺摄政王未成被捕,在狱中写的。原文共四句:"慷慨歌燕市,从容作楚囚。引刀成一快,不负少年头。"表现了青年汪精卫投身革命的献身精神,在社会上影响很大。可是经过几十年风风雨雨,汪精卫变了,从一个献身革命的热血青年变成了一个无耻政客与汉奸卖国贼。《改汪精卫诗》将汪的原诗改成这样四句:

当时"慷慨歌燕市",
曾羡"从容作楚囚"。
恨未"引刀成一快",
终惭"不负少年头"。

所改之诗巧妙地将汪精卫的原诗嵌入诗中,将汪精卫前后对比,揭露了他背叛祖国也背叛自己的光荣历史、堕落为汉奸卖国贼的无耻嘴脸,读者读之无不拍案叫绝。

朱惺公旗帜鲜明、尖锐泼辣的抗日爱国宣传在上海滩上产生了重大影响。爱国同胞把他编辑的《夜光》副刊当作暗夜中的一颗明星，受到指引，受到鼓舞；日寇汉奸则把他视作眼中钉，必欲除之而后快。当时上海滩已连续发生了多起日寇汉奸特务暗杀爱国人士的事件，恐怖气氛十分浓厚。1939年6月的一天，朱惺公接到了日伪用"中国国民党铲共救国特工总指挥部"（"76号特工总部"）名义发来的一封油印的恐吓信，信中说今后朱惺公如"冥顽不灵，依然抗日"，在其编辑的《夜光》副刊上继续刊登"反汪（精卫）"的文章，那就将对朱"即缺席判以死刑"，派员对朱执行"国法"。在这种无耻的威胁与血腥的恐怖面前，朱惺公毫不畏惧，还是以凛然的正气与犀利的笔锋回击敌人。他立即写了一篇文章，题为《将被"国法"宣判"死刑"者之自供——复所谓"中国国民党铲共救国特工总指挥部"书》，发表在1939年6月20日的《夜光》副刊上。他在这篇正直、悲壮而又辛辣的文章里，针锋相对地驳斥了日寇汉奸的无耻谰言，不仅对日伪特务揶揄备至，而且倔强地表达了自己爱国家、不怕死的壮烈精神。他写道：

概自国军西撤，孤岛四周，久已不闻国法之施行矣。如孤岛四周仍有国法者，则又何容小丑跳梁、狐鼠横行、暗无天日，一至于此耶？在此乌烟瘴气之地、风雨如晦之期，乃忽有所谓"国法"者颁临，而此"国法"，又复为对无辜之人而施者，是其"事"奇，"法"奇，而执行之官无署，油印之函滥投，此种绑票式之"判决书"，则又奇之又奇矣……

这年头，到死能挺直脊梁，是难能可贵的。贵"部"即能杀余一人，其如中国尚有四万万五千万人何？余不屈服，亦不乞怜！余之所为，必为内心之所安、社会之同情、天理之可容。如天道不灭，正气犹存，余生为庸人，死为雄鬼，死于此时此地，诚甘之如饴矣！

面对日伪的暗杀与死亡的威胁，朱惺公充满信心、无限乐观地说：

余之英灵必将彪炳于云霄之上，而与日月争光，照遍全中国任何黑暗阴霾之面，而追寻文文山、李若水之魂魄……余之头颅能得为无情之枪弹所贯，头颅乃不得谓为无价。头颅有价，死何憾乎！

　　这篇充满爱国正气与大无畏精神的文章，真是字字掷地有声，动人肺腑，催人泪下。"是气所磅礴，凛然万古存！"这是一曲新的《正气歌》！朱惺公的崇高气节与无畏精神确可与文天祥、李若水等民族英雄并列。

　　日寇汉奸对朱惺公威胁不成，就下毒手了。1939年8月30日下午4时许，天气晴朗，夕阳西照，马路上行人熙熙攘攘。朱惺公正在寓所附近河南北路—天潼路口的人行道上行走，突然有三名日伪特务窜出，两名强执朱的左右臂，一名握手枪对准朱的太阳穴进行恫吓。斯文瘦弱的朱惺公面对暴徒，威武不屈，岿然不动。恼羞成怒的特务扣动了手枪扳机，枪响了，朱惺公倒在血泊中壮烈牺牲，年仅39岁。

　　朱惺公这位爱国的正直的新闻工作者，面对暴力恐吓与暗杀死亡决不屈服，为了中华民族，为了正义，流尽了最后一滴血，死后留下寡妇孤儿，家徒四壁。他死得是如此悲壮，一切爱国同胞莫不悲痛，也莫不深受教育。1939年9月1日，在朱惺公遇难的第三天，上海各界代表数百人冒着危险，为他举行了沉痛的追悼会。会上，许多人泣不成声。社会各界送了许多花圈与挽联。其中，上海文化界联谊会送的一副挽联可以说表达了人们共同的心声：

　　　　读书明气节，挽士林之颓气；
　　　　严词斥叛徒，为民族而争光。

（八）走上新的战场，进行新的战斗

1941年12月7日，日本发动太平洋战争，向英、美宣战。第二天，日军进入上海英、法租界，四年之久的"孤岛"时期结束了。租界内所有坚持抗日、坚持正义的报刊全部被迫停刊。汪精卫伪政府派汉奸陈彬龢接办《申报》，派汉奸吴蕴斋接办《新闻报》。从此，上海的主要报刊全部被日伪控制，爱国的新闻工作者失去了宣传阵地，但他们没有停止战斗。一部分新闻界人士在地下抗日组织的领导与支持下，冒险以秘密方式出版刊物，进行抗日救国的宣传。这些刊物有印刷的，也有手抄的，有临时性的，也有较长时间定期出版的，较有名的有《万象》《读书》《酱工》《朋友》《谷音》《华华月刊》等。还有许多新闻界人士转移阵地，走向新的战场，进行新的战斗。如名记者邹韬奋离开上海前往苏北解放区，更有许多记者奔向陕北延安或西南大后方。

抗战期间中国新闻界面对日伪的枪口，所表现出的爱国气节与献身精神，将永载史册。

二十二、上海"高二分院"刑庭庭长郁华护法遇害

（一）"司法界二血案"

1937年11月12日日军占领上海后，就将魔爪不断伸进被时人称为"孤岛"的英、法两租界。为了夺取上海两租界的司法审判大权，日本方面在1939年年底先后暗杀了上海司法界的两位著名人士："江苏高等法院第二分院"刑庭庭长郁华与"第一特区地方法院"刑庭庭长钱鸿业，时称"司法界二血案"。

上海自1845年起，就设有英、法两租界。从晚清到民国北京政府时代，在上海地区，除由中国政府管辖的南市区和由中国政府设立"上海地方审判厅"与"上海地方检察厅"，在英租界（又称公共租界）与法租界，分别设有"会审公廨"，以受理两租界内中国居民的民事及刑事案件。所谓"会审"，是由受雇于租界当局的华籍法官，与英、法领事共同审理，但最后的判决概以领事意见为主，华籍法官只是叨陪末座、装点门面而已。到1927年4月，南京国民政府建立，就着手收回租界法权。1931年与1932年，南京国民政府分别与英、法两国签订了《临时法院协定》，规定在两个租界内，取消外国领事的会审，撤销"会审公廨"，而由中国司法当局在英租界

设立"第一特区地方法院",在法租界设立"第二特区地方法院",连同在南市区的地方法院,上海共有三个地方法院。在地方法院的上一级,国民政府又在英租界设立"江苏高等法院第二分院(简称高二分院)";在法租界设立"江苏高等法院第三分院(简称高三分院)",作为二审法院。这两级法院的司法人员,都由中国司法当局指派中国法官担任,按照中国的法律进行审判。

日军侵占上海与江苏地区后,国民政府撤至西南的重庆,又在上海公共租界添设了一个"最高法院上海分庭",在上海形成了"三审制",即终审制,使两租界的民事、刑事案件得以就近迅速处理。重庆国民政府用这个办法,继续行使在上海两租界的司法权。

从1938年春天开始,日军当局及其扶植的伪政权,就开始千方百计夺取两租界的司法行政权与审判权。日军当局与南京"维新政府"派员,与两租界的英、法当局进行多次交涉,要求他们接受租界内的中国法院,改由南京"维新政府"管辖。但当时英、美、法等国只承认重庆国民政府,不承认南京"维新政府",拒绝把租界法院交给他们。

于是,日伪方面就想从租界这几个法院内部打开缺口:由特务打手们出面,给这几个法院的人员写了大批恐吓信,进行威胁与利诱,声称:若这些法院人员自愿接受南京"维新政府"管辖,就保证他们原职不动;否则,就将对他们"执行死刑"。这一事件使两租界当局大伤脑筋,不得不加强对各法院的武装戒备及对法院人员的护卫,法院人员上下班都由警务处派武装探捕接送,院长、庭长等高级人员则派专用汽车接送。但这也不过是一种"聊尽人事"的办法,当时两租界处在日军的层层包围下,成为"孤岛",这点儿警卫力量是起不了什么作用的。因此法院人员谢绝了租界当局的保护,仍像以前一样或步行或坐黄包车、公共汽车上下班,以显示民族的正气和自己的人格。

1939年夏季,汪精卫集团叛逃到上海,公开投靠日本,紧张筹备召开

"国民党第六届全国代表大会"和筹建南京伪国民政府，建立了以丁默邨、李士群为首的"76号特工总部"，加强对抗日爱国人士与爱国报馆的血腥镇压，接连制造了多起日伪特务的暗杀与破坏案件。由于有几名肇事的特务被租界巡捕房抓获，送到租界法院审判，法院人员按照中国法律作出了严正判决。这让"76号特工总部"的杀人魔王们十分恼怒，对租界法院人员起了杀心。上海司法界的两位著名法官——郁华与钱鸿业——就倒在了日伪特务的枪口下。

（二）日伪特务凶杀案的判决结果备受关注

1939年7月22日晚8时，"76号特工总部"的警卫大队长、杀人魔王吴四宝奉丁默邨、李士群指示，指派了一批武装特务，去冲砸位于爱多亚路（今上海延安路）上的《大美晚报》报馆。这批特务不知是临阵胆怯，还是弄错了对象，没去打砸《大美晚报》报馆，而是冲到马路对面，把与《大美晚报》报馆相对的《中美日报》报馆，乱打乱砸一通后，慌忙撤退。有几名特务在逃奔途中，被闻警赶来的公共租界巡捕房的巡捕们逮住。第二天，这几名特务就被解送到设在公共租界的上海第一特区地方法院判了刑。

这些被判刑特务的家属，都哭哭啼啼地闹到了"76号特工总部"，向吴四宝要人。吴四宝是上海流氓出身的汉奸特务，凶横残忍，无恶不作，是"76号特工总部"的台前打手，日伪在上海制造的许多凶杀案与抢劫案，都是他带头干的。这次他见到许多被判刑特务家属哭哭闹闹，就拍着胸脯说："大家放心。我吴四宝做事情，是一向有肩胛的。"因为他认为凭金钱与手枪，没有干不好的事。于是，他一面请律师，向上海第一特区地方法院的上一级——高二分院提出上诉；另一面，又给高二分院承审此案的刑庭庭长郁华写恐吓信，威胁利诱，要郁华撤销原判，宣告无罪，释放他被判刑的手下，否则将对其不利。

约在同时，上海公共租界内又发生了日伪特务刺杀爱国记者瞿钺的案件。瞿钺是《申报》记者兼营律师业务。抗战爆发后，他出于爱国热情，曾在报上多次发文揭露日伪勾结、串演卖国丑剧的内幕。日伪对他恨之入骨，指使一名特务在上海静安寺路（今南京西路）暗杀了他。那特务行凶后企图逃跑，两名租界巡捕闻声追赶，将其捕获，送上海第一特区地方法院审判。经审讯证据确凿，法院第一审推事（法官）傅琳判处凶犯死刑。汪伪特工总部指使该犯上诉到高二分院。高二分院承审此案的仍是刑庭庭长郁华。

郁华接连承审两个日伪特务的暗杀案，被全上海乃至全中国的舆论界关注。郁华如何审判这两起案件，社会各界与敌我双方都在拭目以待：爱国人士与民众希望他执行国法，伸张正义，严惩日伪特务与凶手；日伪方面为使他推翻原判释放凶手，则对他施加了越来越大的压力——每天给他寄来数百封不同形式的恐吓信，威胁的匿名电话也昼夜不停。有一封恐吓信竟然附图：一边画被击毙者倒卧血泊状，另一边画黄金加高官。此信写道："何去何从，听凭自择！"还有一封恐吓信竟写："你若胆敢不改判，我们马上判你死刑……"

（三）江苏高等法院第二分院刑庭庭长郁华护法遇害

郁华，别名郁曼陀，浙江富阳人，生于1884年，系著名作家郁达夫的长兄。他早年到日本留学，从日本法科大学毕业；回国后长期从事司法审判工作，曾任南京国民政府最高法院刑庭庭长，后调任上海江苏高等法院第二分院的刑庭庭长。他是当时中国著名的法学家，还是一位颇有造诣的画家。其为人刚正不阿，嫉恶如仇。

郁华接受承审日伪特务暗杀案的上诉案后，丝毫不顾敌人的恐吓与威

郁华

胁,决心维护国格,伸张正义,为死难的抗日烈士报仇,严惩凶手。他以一位正直法官的严谨态度,仔细研究了两个案件的全部卷宗,充分掌握了各方面的材料,首先宣判对打砸报馆的特务维持原判。接着,他在做了更为充分的准备后,于1939年11月22日正式开庭,对暗杀瞿钺的特务进行复审。

这一天,高二分院审判厅的旁听席上挤满了听众,他们抱着不同的心情来观看法院的审判、听取最后的判决。有激愤心情者,有怀疑观望者,还有一些不三不四的人,挥拳捋袖,虎视眈眈,交头接耳。明眼人一看就知道,这些是杀人凶手的同伙——"76号特工总部"派来的密探与打手。

法官们进庭入座了。首席法官郁华身穿法衣,庄严肃穆地坐在审判席上,目不斜视,正气凛然,依照法律程序,对罪犯进行了几个小时严正的审讯。在确凿的证据面前,罪犯无言以对。最后,郁华站起来宣读罪状。读完,只见他提笔在手,准备宣布判决。这时,那些散布在法庭内外的汪伪特务再也沉不住气了,口哨声尖锐响起,喧哗声此起彼伏。但郁华神色自若,岿然不动地站在审判席上,以响亮的声音宣判:"维持原判!"稍顷,又加重语气说:"死刑!"

郁华判决的声音刚一落,立即得到法庭上爱国群众的一片鼓掌与欢呼。同时,日伪特务们也发出一阵骚动。郁华毫无惧色,徐徐退庭。

高二分院对日伪特务杀人犯维持死刑原判的消息传出后,上海的广大爱国群众振奋欢腾，感谢郁华维护了国格，伸张了正义。而"76号特工总部"的头目却愤恨不已，丁默邨、李士群决定：第二天就对郁华实施暗杀。他们派遣吴振明、潘公亚等特务前往执行这项任务。

郁华家住上海法租界巨泼来斯路（今安福路）1号，每天照例乘自备人力车去法院上班，并顺道送其六岁的儿子上学。就在判决凶犯的第二天，即1939年11月23日早晨，郁华像往常一样，携幼子乘上人力车。他们刚离家门不远，走到威海卫路智仁勇女中附近时，突然从四周窜出凶徒数名，用手枪对准郁华乱射。郁华当即中弹。车夫惊吓得扑倒地上，人力车翻倒，郁华的幼子被甩出车外丈把远，幸未受伤。凶徒们见郁华被击中要害，倒在血泊中奄奄一息，便呼啸而去。郁华的夫人与女儿闻讯赶来，俯身痛哭。许多行人也围拢上来帮助抢救。只见垂危的郁华面含微笑，嘴角微动着。不一会儿，他就气绝了。

郁华是上海租界中高级司法人员被日伪特务暗杀的第一人。在这以后，日伪特务又绑架了上海高二分院的院长徐维震；在1940年7月29日又暗杀了第一特区地方法院的刑庭庭长钱鸿业。但是，他们夺取租界中国法院管辖权的计划，却始终没有能够成功。

1949年10月中华人民共和国成立后，上海市人民政府追认郁华为烈士，并在郁华的家乡浙江富阳建造了"双烈亭"，纪念郁华与他被日本军国主义者杀害的弟弟、著名文学家郁达夫。

二十三、日伪毒弹击中抗日女志士茅丽瑛

（一）丁默邨下达暗杀"上海职业妇女俱乐部"主任茅丽瑛的命令

1939年12月12日，"76号特工总部"主任丁默邨下达了暗杀"上海职业妇女俱乐部"主任、中共地下党员茅丽瑛的命令。他把执行暗杀的任务交给了特工总部第一行动大队大队长、号称"神枪手"的林之江。丁默邨指示林之江，务必要将茅丽瑛毙命。

林之江接受任务后，立即行动起来。他从早打入"上海职业妇女俱乐部"的女特务那里，掌握了茅丽瑛的出入行动规律，熟悉了茅丽瑛的面貌身材。现在，他为了"保证茅必死"，对其暗杀用的左轮手枪的子弹进行了加工：子弹特地选用铅头，还在弹头上用刀划开一个"十"字，放到大蒜汁内浸泡多时。这样一来，这子弹不仅因为弹头已预先划开，易于爆炸，打进人体后，进口小而出口大；同时大蒜汁与铅加热后，引起化学反应，产生剧毒。因此，凡是中了这种子弹的人，哪怕是未击中要害部位，都是必死无疑的。

这天晚上，林之江暗携左轮手枪，带着几个特务化装坐车，来到了繁华的上海公共租界商业区。这里华灯齐放，霓虹灯闪烁，马路上车来人

往,十分嘈杂拥挤。林之江一行预伏到南京路与四川路交叉处的"上海职业妇女俱乐部"附近。晚7时许,果然看见茅丽瑛——一位才28岁的年轻妇女——从福利公司二楼会所走出来。林之江率特务尾随其后,趁其不备,举起左轮手枪,向茅丽瑛射去三颗子弹……

"76号特工总部"为何对茅丽瑛如此恨之入骨、必欲置之死地而后快呢?

(二)茅丽瑛举办物品慈善义卖会支援抗日

茅丽瑛,浙江杭州人,1910年生。幼年丧父,家境贫寒,因母亲在上海启秀女中当勤杂工,经学校当局许可,做了该校一名半工半读的学生。茅丽瑛发奋学习,各科成绩优秀,还学得一口好英语。中学毕业后,她考进了东吴大学,因贫穷付不起学费,只读了半年就被迫辍学。20世纪30年代初,她考入上海江海关当打字员。在海关工作中,她深刻地认识到外国列强对中国的侵略与中华民族的灾难深重,产生了强烈的民族意识与爱国主义思想。

为了寻求民族解放与妇女解放的道路,茅丽瑛在工作之余,积极投入各种社会活动。她与其他进步的姐妹组织了"上海职业妇女会",举办读书会、时事座谈会等,帮助与指导上海妇女提高觉悟。她组织与领导了"反对上海邮局不招收已婚女职员"的斗争运动,成为上海进步妇女运动的领军人物。

1937年7月抗日战争全面爆

茅丽瑛

发后，茅丽瑛是第一个在海关中起来支援抗战的女职员。1937年11月12日上海沦陷后，茅丽瑛出于爱国热情，毅然抛弃海关令人羡慕的"金饭碗"工作，离别相依为命、常年有病的老母，参加海关华员组织的"救亡长征团"，离开上海，奔赴内地，直接投入抗日救亡运动。这位都市年轻女性，换掉了旗袍，脱下了皮鞋，去过那七分钱一天伙食的战时生活，投入抗日救亡的洪流。

"救亡长征团"到达港、粤后，因故改变计划。茅丽瑛便又回到了上海，继续从事抗日救亡工作与妇女工作，担任了"上海职业妇女俱乐部"的主席。1938年5月，她秘密地加入了中国共产党。

1939年的秋天快要到来了。中共地下组织交给茅丽瑛一项任务——为转战大江南北的新四军将士募集寒衣。这项任务十分艰巨。茅丽瑛决定在"上海职业妇女俱乐部"发起举办物品慈善义卖会，以义卖所得的一部分资金，救济租界内的难民，另一部分资金，则暗地送给新四军，作为缝制10万套军衣之用。为了征募大批义卖物品与推销大批义卖代价券，茅丽瑛事先借"大陆电台"，举行平剧大会唱，借以扩大宣传。大会唱播出后，果然在上海产生了不小的影响，许多人争相参加抗日募捐。日伪方面看到这种情况，对茅丽瑛恨之入骨，千方百计破坏募捐活动。一天，"大陆电台"收到了日伪特务的一封恐吓信，信内附有子弹一颗，威胁说如不立即停止广播，就将对她们"不利"。茅丽瑛毫不畏惧。平剧大会唱仍按原定计划进行。之后，茅丽瑛又在电台组织了一次粤剧大会唱，影响更大。

茅丽瑛在组织广播大会唱后，就筹备举办物品慈善义卖会。要开义卖会就必须有一个大的场所，茅丽瑛向宁波同乡会、新新公司四楼等单位联系借用。这时日伪特务又插进来破坏，这些单位都收到了恐吓信，吓得不敢出借会场。离原定计划举行义卖的日子只有一个晚上了，义卖的会场还没着落。在"上海职业妇女俱乐部"的紧急会议上，茅丽瑛坚定地说："斗争越接近胜利，环境将越险恶，我们动摇不得！""恐吓信不要怕！我们要为义卖不惜牺牲一切！"紧急会议最后决定，以位于福利公司二楼的本会会所作为义卖的场所。次日上午9时，义卖会如期开幕。广大民众涌入会所，争相购买。到下午，突然有两个汉奸暴徒冲进义卖会场，推翻了陈列物品的长桌，秩序顿时大乱。茅丽瑛怒不可遏，率领群众与会所工作人员，将这两个暴徒扭送至租界巡捕房。然后，茅丽瑛立即指挥整顿商场，继续营业。当巡捕房审讯这两个暴徒时，茅丽瑛又勇敢地亲自到场作证。

（三）"除了抗日救亡工作，生命中没有可留恋的东西！"

茅丽瑛热情积极地参加抗日救亡活动，蔑视日伪特务的恐吓与威胁，引起了日伪特务对她的更大仇恨。"76号特工总部"派女特务混进"上海职业妇女俱乐部"，对茅丽瑛的政治面貌、居住地址、行动规律进行侦查。他们查悉茅丽瑛已加入中国共产党后，就在上海汉奸报纸上登出一则"新闻"，说茅丽瑛是继史良之后的"共产党激烈分子"，扬言要"制裁"，公开威胁恫吓茅丽瑛。

许多同志与亲友都为茅丽瑛的安全担心，劝她暂时隐避。茅丽瑛的回答是："要我行动小心这是对的，但我决不因此而逃避责任！""除了抗日救亡工作，生命中没有可留恋的东西！"

茅丽瑛身中三枪，都未中要害。其中两颗子弹打中腿部与膝盖，另一颗子弹穿过小肠，经外科手术，切除一节小肠后应该是有救的。但由于日伪特务必欲置茅丽瑛于死地，用的是毒弹，因此到第三天，茅丽瑛就因"病情变化"，与世长辞。

茅丽瑛的壮烈牺牲，激起了上海乃至全国人民对日伪特务的痛恨。当时报载，在公祭茅丽瑛时，参加吊唁的有几十个团体、两三千人。

二十四、"中统"美人计暗杀丁默邨

（一）经验丰富、危害极大的汉奸特务丁默邨

在日本军国主义者发动全面侵华战争以后，丁默邨是最早投日的国民党高级官员和经验丰富的职业特务。

丁默邨是湖南常德人，1901年生，早年参加过中国共产党，后投靠国民党内以陈果夫、陈立夫为首的CC系，成为"中统"的大特务，在上海文化界进行活动，主编《社会新闻》，并任江南学院院长。1934年，丁升任国民政府军事委员会调查统计局第三处（邮电检查处）处长。1937年7月全面抗战发生后，他撤到武汉。1938年年初，国民党调整中央各特务机构人事，丁默邨被调任军委会少将参议，兼武汉特别市政府参事、秘书长，失去实权。他心怀不满，在1938年年底，受李士

丁默邨

群策动，从昆明逃往上海日占区，叛国投敌。

丁默邨在投敌之初，与李士群等组成"七人委员会"，主要为日本情报机关收集情报。1939年年初，在军统特务成功刺杀"维新政府"外交部部长陈箓以后，上海日本特务机关决定加强武装特务工作，以特制特。在"土肥原机关"的直接指使与支持下，丁默邨与李士群由情报活动转向特工行动，制订所谓的《上海特工计划》，组织特务武装，自命为"中国国民党铲共救国特工总指挥部"，在上海滩从事暗杀、绑架抗日人士的血腥活动。

1939年5月6日，汪精卫公开叛国，来到上海。在日本大特务土肥原贤二、晴气庆胤、影佐侦昭等人的指令与撮合下，李士群与丁默邨的特务组织同汪精卫集团合流。在1939年8月底至9月初，在"国民党第六次全国代表大会"与"六届一中全会"上，丁默邨被指任为伪国民党中央常务委员、伪中央社会部部长、伪中央特务委员会副主任兼特工总部主任，成为汪伪巨奸之一。丁默邨与李士群的特务组织被改组为伪"中国国民党中央执行委员会特务委员会特务工作总指挥部"，因其总部设在上海极司菲尔路76号，故被简称为"76号特工总部"。"特工总部"主任为丁默邨，副主任为李士群、唐惠民。

极司菲尔路76号，在战前原本是安徽省政府主席陈调元的私人住宅（今为万航渡路435号）。参与策划组建"76号特工总部"的土肥原贤二的助手晴气庆胤，在其撰写的《沪西76号特工总部内幕》一书中，陈述了关于"特工总部"选址的经过：

> 特工总部的地点是决定特工成功与否的重要问题，地址在公共租界之外的沪西极司菲尔路76号，即静安寺前面稍微往西进去一点的那个地方，那一带是意大利军的警备地区。当时，意大利军对日本方面最为友好，将据点设在那里，万事都很方便。说实话，我事先已经看中那里，并与管理那幢房子的特务机关进行了交涉，就接受那幢房子

问题达成了秘密协定。无怪乎，丁默邨也看中了这幢房子，正中我的下怀，我当即表示同意。

因为丁默邨曾参加过中国共产党，后又在国民党中统与军统做过多年高级特务，因而对中共的地下组织与地下活动有所了解，而对国民党的特务机构及其活动规律更是十分熟悉。这使得他在指挥"76号特工总部"与重庆方面的军统、中统斗法时，心狠手辣，屡屡给对方以沉重打击。

重庆国民政府当局对丁默邨恨之入骨，决定不惜一切代价，尽快除掉这个心腹大患。因为丁默邨战前曾在CC系与中统里干了很长时间，重庆当局便将暗杀丁的任务下达给了中统潜伏在上海的特务组织。

当时，中统在上海的潜伏组织负责人陈宝骅，是陈果夫与陈立夫的侄子。他接受了暗杀丁默邨的任务后，就思索着用什么方法接近与暗杀丁默邨。因丁是老特务出身，对"暗杀"这一套行当十分警惕和熟悉，自成为汉奸后，更是警卫森严，诡秘异常，成天窝在阴森恐怖的"76号特工总部"

上海极司菲尔路76号汪伪特工总部

里，手下有上千名的武装特务与无孔不入的情报网。他晚上睡觉，不睡在豪华卧室的大床上，而是睡在卫生间里一张临时打开的小行军床上。其诡秘如此，不要说暗杀他，就是接近他一下也是困难的！

上海中统潜伏组织经过反复考虑，最后决定根据丁默邨的特点对症下药。丁默邨有个出名的特点，就是好女色，这在中统局上下是无人不晓。上海中统潜伏组织决定施用"美人计"，选派一个年轻漂亮、善于交际的女特务作为诱饵，去接近与笼络丁默邨，引诱他上钩，然后选择适当场合将其暗杀。

这是一项十分艰巨而危险的工作，选派谁来作为"诱饵"呢？上海中统组织几经物色，最后选中了年方22岁的女情报员郑苹如。

（二）22岁的中统女情报员郑苹如

郑苹如是中日混血，身上具有施展"美人计"的许多有利条件。

郑苹如之父郑钺，又名郑英伯，浙江人，早年留学日本法政大学时，加入中国同盟会，从事民主革命活动。在日期间，结识了日本人木村花子女士。木村花子出身于日本名门望族，却素仰中国文化，对中国人民抱有亲切友好的感情。当孙中山、黄兴等革命党人在日本从事革命活动时，花子女士常相过从，聆听革命演说，深受影响，乃积极支持中国革命运动，自愿为中国革命党人传递信息与文件。在活动中，她与郑英伯结识，多有交往，日久生情，遂缔良缘。1917年秋，孙中山领导护法斗争，于右任奉孙中山之命，在陕西组织靖国军，声援护法，电邀在日本的郑英伯担任秘书长。从此木村花子毅然告别日本，改名郑华君，随夫来到中国生活。在此后的十多年中，随着中国政治斗争的起伏曲折，郑英伯南北奔走，辗转艰辛，华君夫人不畏重重困难，始终追随丈夫，往来大江南北，相从为助。1928年以后，郑英伯弃政从教，在上海复旦大学任教授，之后还担任过上海公共租界的江苏高等法院第二分院的首席检察官等职。他们全家遂定居上海。郑钺夫妇生有2子3女，郑苹如是次女。华君夫人以治家教子有方，为亲友赞誉。

1931年九一八事变发生，华君夫人虽为日本人，却对日本军国主义者侵华行径十分不满，多有愤言，子女们深受其影响。1932年"一·二八"淞沪事变发生，郑家全体投入抗日救亡运动，才14岁的郑苹如与姐姐一齐跑到浦东乡间，进行抗日宣传，散发抗日宣传品。1937年7月卢沟桥事变发生，中国进入全面抗战。当时，郑家长子郑海澄正在日本名古屋一所飞行学校学习航空技术，华君夫人冒险亲自赴日，疏通关系，携子回到上海，并立即将海澄送往中国空军部队，参加抗战。1937年11月12日上海沦陷后，郑英伯一家因华君夫人是日本人的关系，易于掩护，遂继续留居上海，参加地下抗日工作。郑英伯是中统上海潜伏组负责人陈宝骅的重要助手，郑苹如与二哥郑南阳成为中统上海区的情报员。郑苹如的大哥郑海澄在中国空军中服役，已撤退到大后方。

郑苹如生于1918年，在中国长大，聪慧过人，又跟着母亲学会了一口流利的日语。她在上海读中学时，丁默邨曾兼任她们学校的校长。1937年抗战爆发，她满20岁，中学毕业，准备入上海法政学院夜校读书，继承父业。1937年11月12日上海沦陷后，她毅然加入抗日地下工作，任中统情报员。她当时正值青春妙龄，长得体态丰满，楚楚有致，加上会修饰打扮，服装时髦，成为上海滩上一位引人注目的摩登女郎。著名的《良

《良友》画报刊登郑苹如彩照

友》画报刊登过她的彩照。她凭着自己美貌还有自己的日语才能与交际才能,混迹于十里洋场,广交接日、伪人员,甚至还参加过接待到上海"访问"的日本首相近卫文麿的儿子近卫文隆,为中统上海潜伏组织猎获了许多重要军政情报。

中统上海潜伏组织认为,郑苹如出身于一个抗日爱国家庭,参加地下情报工作,有一定特工经验与交际应酬能力,年轻漂亮,还是中日混血儿,又和丁默邨有师生之谊,派她去对丁默邨实施"美人计",不会引起怀疑,易于开展工作,是再恰当不过的人选了。

果然,郑苹如与丁默邨经过几个月的交往,不仅取得了丁默邨的信任,而且引得这个色鬼如痴如狂,神魂颠倒,事事依从,形影难分。他对郑苹如言听计从,为郑苹如买这买那,挥金如土;郑苹如则装成一个涉世不深、恃宠而骄、贪图金钱权势的青春少女,对丁默邨小心伺候,不断加深双方的感情,增强丁对自己的信任。中统潜伏组织看时机成熟,就下令布置对丁的暗杀行动。

(三)西伯利亚皮货店的枪声

1939年12月21日,丁默邨到沪西一个朋友家赴宴,临时打电话给郑苹如,邀她一道参加。

郑苹如接到丁默邨电话后,即与中统组织商定,她以购买皮大衣为由,将丁默邨诱至戈登路(今江宁路)与静安寺路(今南京西路)交叉路口的西伯利亚皮货店,让预伏的中统特务将其击毙。商定后,郑苹如便到沪西赴约,陪伴丁默邨去朋友家吃饭。郑苹如那天特地打扮得花枝招展,浓香袭人,引得丁默邨心花怒放。当饭后郑向他提出购买皮大衣时,丁立即答应,匆匆忙忙,忘乎所以,未带警卫人员即与郑乘上自己的小轿车,驶向西伯利亚皮货店。

到达目的地后,丁默邨让司机留在汽车里,将车停在马路对面靠边地方,就搂着郑苹如进了皮货店。丁让郑苹如在柜台前选择皮货,自己则站到一边掏出香烟来抽,并随意打量起皮货店的装潢来。他的眼睛从店堂内扫到店堂外,突然,他透过皮货店的大玻璃窗往外一瞥,见玻璃窗外的人行道上有几个形迹可疑的人正从外向他窥视打量。丁默邨立即警觉起来。他是个老特务,干惯也看惯了暗杀这一行当,嗅觉自然比警犬还要敏感,马上意识到自己的处境极端危险,必须迅速离开。但自己孤身一人怎样冲出人家预设的伏击圈呢?他迅速地想好对策,立即行动。只见他站到柜台前郑苹如身边,突然从自己西装口袋里,掏出一大沓钞票,向玻璃柜台上一抛,像天女散花似的,钞票顿时满台满地都是,随即他对郑苹如说:"你自己拣吧,我先走了。"不待郑苹如答复,他转身就往外跑。郑苹如被丁默邨这个出乎意外的举动惊呆了。后来她见丁默邨拉开店门冲出去,也想跟出来。可是她刚走了两步,猛然想起屋外的预伏人员就要开枪,便停下了。而丁默邨冲出店门后,飞一般冲过马路,向自己的汽车狂奔。门外预伏的中统人员,没想到丁默邨突然拔脚逃走,同时又未见郑苹如跟着出来,就迟疑了一下。就是这一犹豫,让丁默邨冲过马路,奔向了自己的汽车。司机见丁默邨奔来时,知事情有变,早就推开车门,让丁得以迅速进入车内,同时发动马达。预伏中统人员醒悟过来后,立即掏出手枪向汽车射击。可此时丁默邨已关上车门,此车又是保险汽车,子弹打不进去。汽车迅速开走,丁默邨脱离了险境,逃过一死。

中统精心布置的以"美人计"为诱饵暗杀丁默邨的行动,就这样失败了。

(四)郑苹如中计被捕遇害

放手一搏,却未能打死丁默邨,这对郑苹如与中统上海潜伏组织无疑是一个沉重的打击。但他们又心存侥幸,以为丁默邨还没有发现郑苹如的真实身份，决定让郑苹如继续对丁默邨进行诱杀。为了试探丁默邨是否对郑苹如仍保持信任，他们就让郑苹如给躲在"76号特工总部"的丁默邨打个电话，摸摸底。

丁默邨是个老特务，脑中在紧张盘算，表面却装得不动神色。当郑苹如给他打来电话时，他虽明知郑苹如参与了暗杀，却假装糊涂。郑苹如在电话中，把丁被人暗杀，说成是因为丁从事"和运"，遭重庆当局忌恨，必然要遭到他们暗算。这是丁的事，与她郑苹如无关。只是因她邀丁出外去购皮大衣，给人以可乘之机，使她深感悔恨。她以歉疚与慰问的口气对丁说："你那天受惊了吧！我吓煞哉。我深悔不该要你陪同去买大衣，万一出点岔儿，叫我怎么对得起你！你会怪我吗？"丁默邨装得很坦然地对郑苹如表示："这些在我是意中之事，我怎么会怪你呢？我还因为我使你受惊担怕，正感到不安呢！"郑苹如又作进一步的试探，对丁说："你现在不能出来，我也不愿你出来。这种样子也叫我为你提心吊胆得吃不消。可是我的钱用完了怎么办？"丁默邨忙答："我虽不能出来看你，钱我会叫人送给你的。"丁默邨以此暂时稳住郑苹如。

丁默邨接到郑苹如电话后，就与李士群商量如何处理郑苹如。李士群比丁默邨更凶残狠毒。他对丁默邨迷恋郑苹如的情况一清二楚，更是早就掌握了郑苹如的政治背景。当郑苹如来电话与丁默邨交谈时，"76号特工总部"电话接线间的人早就秘密录音，送给李士群审听。因此，李士群对怎样处理郑苹如早就胸有成竹。丁、李二人商定，立即派人以丁默邨名义送几百元钱给郑苹如，并好言相慰。

果然，郑苹如收到钱后，就放心下来，以为丁默邨确实没有对她产生怀疑，同时她又自恃自己的美貌已迷惑了丁默邨，觉得不能功亏一篑。为了继续引诱丁默邨，她决定自己先去"76号特工总部"看望丁，既表示自己对他的"一往情深"，也使他能更信任自己，以便将来再约他外出时伺机暗杀。即使自己已被丁默邨怀疑，他也不至于下狠手吧。但毕竟是只身闯虎穴，郑苹如有些心虚。她左思右想，想到一计："76号特工总部"的"太上皇"是日本宪兵队，自己由于能讲一口流利的日语，母亲又是日本人，因而一直与日本宪兵队的人交往很多。于是她先来到位于"76号特工总部"附近开纳路口的日本沪西宪兵分队部，找到她熟识的宪兵分队长，邀请他陪同自己去"76号特工总部"去看丁默邨。她以为这样一来，一可以利用日本宪兵分队长做自己的保镖，这样"76号特工总部"的人即使对她有怀疑，也不便下手；二可使丁默邨等人更加信任她、重视她，为今后再次暗杀创造条件。

那一天，郑苹如在日本宪兵分队长的陪同下，来到了"76号特工总部"，要求进去看望丁默邨。但是阴险诡诈的李士群自派人送钱给郑苹如后，就估计到郑苹如必定会找上门来继续纠缠丁默邨，因而早就在"76号特工总部"里面作好布置，下令给电话间与传达室：凡外面有女人打电话或是直接来看丁默邨的，都必须先报告他，而不要报告丁默邨。因此，当郑苹如与日本宪兵分队长来到"76号特工总部"时，李士群首先得到了报告。他一面叫人把郑苹如等人请到会客室，一面请日本宪兵队驻"76号特工总部"的代表涩谷准尉出面，向那位宪兵分队长告以实情，让其走开。接着，李士群令特务们进去扣押了郑苹如。

郑苹如被扣押后，李士群派女特务佘爱珍与沈耕梅去审问她。郑苹如趋轻避重地诡辩说："这是男女之间的问题。因为丁默邨与我相好后，又别有所恋。我心实不甘，就用钱请人来打他。"她否定自己是重庆中统人员。她把邀人来杀丁默邨，说成是男女间争风吃醋问题，以此来掩盖自己的真实身份。

如何处置郑苹如，"76号特工总部"的大小特务头子间意见不一。丁默邨虽然恼恨郑苹如参与对自己的暗杀，但他又确实迷恋这女人的色相，因此不想处死她，只想关她一段时间，煞煞她的气焰，然后收她为己所用。上海日伪当局也派人去威胁郑苹如的母亲郑华君夫人，要她劝说其丈夫郑英伯出任伪职，即可释放郑苹如。郑英伯夫妇虽爱女心切，但为保持气节，断然拒绝。

当时在上海的几个大汉奸头子的老婆，如汪精卫的老婆陈璧君、周佛海的老婆杨淑慧、丁默邨的老婆赵慧敏、李士群的老婆叶吉卿等人，听说此案后，出于对重庆当局不择手段暗杀的恐惧与憎恨，一致主张非杀郑不可。李士群对其妻叶吉卿一向奉命惟谨。1940年1月，李士群护卫汪精卫去青岛，与北平"临时政府"的王克敏、南京"维新政府"的梁鸿志等人会谈成立伪中央政府。李士群在离沪前，下令瞒过丁默邨，将郑苹如处决。

郑苹如牺牲时，年仅22岁。其父郑英伯闻爱女噩耗，悲痛欲绝，一病不起，于1941年1月抱恨而终。1944年1月，他们的长子郑海澄也在对日空战中壮烈牺牲。面对连续的沉重打击，华君夫人冷静而又刚强，更加积极地参加"日人反战同盟"的工作，直到抗日战争取得最后胜利。1949年年初，华君夫人迁居台湾；1966年，以80岁高龄辞世。蒋介石亲书"教忠有方"匾额对她进行悼念。中国各阶层人士也对这位勇敢地走出日本军国主义阴影、为中国人民抗日救国与人类正义事业作出重大贡献的日本女性，表示崇高的敬意。

二十五、"76号特工总部"特务平安夜火并

(一)平安夜,沪西兆丰夜总会响起枪声

在1939年12月21日丁默邨于沪西的西伯利亚皮货店遭中统"美人计"暗杀的3天后,1939年12月24日,圣诞节前一日的平安夜,"76号特工总部"又遭中统算计,发生了火并。这不仅使两个大特务被暗杀,而且导致丁默邨与李士群的矛盾加剧,走向分裂。

此时的上海,虽已处于日军的占领之下,但在市中心由英、法当局管理的两个租界,节日仍然是很热闹——南京路、汉口路、福州路、广东路等马路上,到了傍晚更是灯红酒绿,人山人海,显示出一派畸形的繁华景象。

平安夜晚上,位于上海西部极司菲尔路76号汪伪特工总部的礼堂里,汪伪的"上海五中委"——汪曼云、蔡洪田、顾继武、凌宪文、黄香谷——在此设宴,欢迎由粤来沪的陈公博。陈公博因对汪精卫公开投靠日本当局,筹组伪中央政府,一度有些胆怯与犹豫,一直滞留香港,连汪伪于1939年8月底召开的"国民党第六次全国代表大会"也未参加。直到最近,经汪精卫一再催促,才下决心来到上海,与汪合伙,准备加入即将成立的南京汪伪中央政府。他到上海后,连日被大小汉奸宴请,忙得不可开交。

"上海五中委"举办的这次宴会,反水叛国、投靠"76号特工总部"的王天木、何天风、陈明楚等大特务,也应邀作陪。

席间,王天木、何天风、陈明楚等人商量,离席去沪西的几家娱乐场所寻欢作乐。何天风与王天木偷偷地对汪曼云说:"我们今夜去玩个痛快吧!"汪曼云说:"不行,我今晚是主人,不能客人没走,我就和你们先溜啊!"何与王以为汪曼云胆子小不敢去玩,便说:"你放心好了,我们扛10支枪去,怕什么?"汪曼云说:"我不是怕,就是这里拖住了脚。"何说:"那么,我们在百乐门等你吧!不见不散,等你来了,我们再翻场子(换地方)。"于是,他们悄然离席,带着几个保镖,分乘几部汽车,浩浩荡荡开到沪西一带的舞厅、赌场,寻欢作乐。

沪西一带是日、伪的势力范围。这几个汉奸特务,没有国格,也没有人格,一方面杀人如麻,一方面又尽情享受。他们经常到这一带的歌舞厅、赌场,酗酒、跳舞、唱歌、花天酒地、醉生梦死。这晚,他们先到百乐门玩了一会儿,出来后,觉得意犹未尽,又兴致勃勃地来到兆丰夜总会。兆丰夜总会位于沪西兆丰公园(今上海中山公园)的对面,是沪西一大赌窟,兼营舞厅。他们先在舞池跳了几场舞,再一起到赌台的优待室抽鸦片,直到凌晨3时左右,已是夜深人静,离开舞厅,才兴尽而返。小特务冯国桢走在最前面,何天风、陈明楚居中,然后是小特务陈弟容,再后面是王天木和他的副官、保镖马河图,其他保镖簇拥跟出。突然,王天木停下,好像是说要上厕所,落到了最后。

这一行人还没走出兆丰夜总会,突然,王天木的副官、保镖马河图掏出枪来,"啪啪"两枪,把陈明楚和何天风打倒在地。冯国桢、陈弟容一听枪响,吓得急忙趴到地上。王天木因走在最后,听到枪声,立即缩步,逃回舞厅,躲到音乐包厢里沙发的背后,也有人说他躲进厕所里去了。这时何天风的保镖掏枪回击,据传这人枪法很准,因此马河图不敢再开第三枪,趁着哄乱,迅速逃出了兆丰总会,不知去向。

日本宪兵闻讯赶到，就地戒严。他们找到了王天木，"76号特工总部"的人也赶到了，于是将王天木、冯国桢、陈弟容以及那些保镖们一起带回去。陈明楚重伤，立即送附近同仁医院急救，不治身亡；何天风由日方救护车送到虹口福民医院，但是伤在头部，也很快死去。

何天风，一名何行健，自诩为保定军校四期出身，是一个跨青、洪两帮的实力人物，也是军统的老特务。在淞沪会战后，戴笠在上海与杜月笙组织了"军事委员会苏浙行动委员会上海别动总队"，总队司令是刘志陆，参谋长为杨仲华。总队之下，分三个支队，第一支队司令就是何天风。戴笠与杜月笙虽未直接参加上海别动总队，可是他们都是苏浙行动委员会的常务委员，戴笠还兼任书记长。后来，上海别动总队改组为"军事委员会忠义救国军淞沪指挥部"，何天风先任总指挥，后又改任副总指挥兼第一纵队司令。因受总指挥、戴笠的亲信杨伟等人的上下倾轧，失欢于戴笠，便带了丁锡三所部，投降汪伪，任"76号特工总部"第三厅厅长兼"肃清委员会和平救国军"副总指挥兼第一路司令。

陈明楚在抗战发生后，原是军统南京区的潜伏特务，后调任上海特区人事处处长，因与副区长赵理君不和，在1939年年初秘密投靠"76号特工总部"，不仅报告了军统上海特区的人事机密，还协助"76号特工总部"策反王天木，后又出卖了指挥暗杀陈箓的刘戈清。1939年8月间，他奉"76号特工总部"之命，化名胡天，与萧一诚一道，率领一批特务，到"维新政府"的首都南京筹建特务工作基地，搜集情报，为汪伪"还都"南京、建立伪中央政府作准备。陈明楚等人到南京后，一方面在城北中央路大树根76号建立机关，另一方面指派部下分别到新街口等闹市区开设饮食店等作掩护，积极开展侦查活动。他们侦查"维新政府"的动态，但更多的是侦查重庆国民政府中统、军统在南京的地下组织及其活动，然后与南京的日军特务及宪兵机关配合破案。他们很快就策反了军统南京区专员谭文质，获取了军统南京区潜伏人员名单，抓捕并杀害了刚成功实施日本总领事馆毒酒案的卜玉林等人，破获了以余玠为首的军统南京地下电台，逮捕了军统在南京地区负责军事活动的头目王道生，破获了以温让为首的中统南京地下电台，迫使中统南京分区主任陈鎏逃往上海租界。陈明楚等人解决了南京日军特务及宪兵机关长期未能解决的问题，使得"梅机关"大为高兴。1939年9月初，"76号特工总部"正式建立"特工总部南京区"，陈明楚被任命为副区长。

何天风、陈明楚都没有想到，正当他们做着"飞黄腾达"的汉奸美梦时，就命丧黄泉了。

（二）王天木中计，叛投"76号特工总部"

要厘清"76号特工总部"的特务在平安夜火并事件的来龙去脉，必须先厘清王天木叛投"76号特工总部"之因。

王天木是军统的元老，在1938年年底，因军统上海特区区长周伟龙被捕，他奉戴笠命，接任军统上海特区区长。在1939年2月18日，他成功指挥刺杀了"维新政府"外交部部长陈箓后，赶到香港向戴笠报告邀功，并借机提出调走与他矛盾很深的副区长赵理君。戴笠对王天木好言相慰，却没有答应王的要求。因为戴笠在王与赵的争执中，更偏向于赵。这使得王天木与戴笠之间的嫌隙与裂痕更为扩大，王天木带着懊恼的心情回到上海。

这时，中国的抗战形势发生重大变化：原重庆国民政府的第二号人物汪精卫叛离重庆后，于1939年5月6日，在日军的保护下，从河内来到了上海，公开投靠日本当局，积极筹组伪中央政府。以丁默邨、李士群为首的"76号特工总部"，把破坏重庆国民政府在上海的潜伏特务组织作为他们首要的工作目标。他们精心设计了一个诱降王天木、瓦解军统上海特区的计划。

1939年六七月间的一天，王天木在上海的马路上，被"76号特工总部"

的特务抓捕。原来"76号特工总部"经过叛徒的招供和多天的秘密侦察，掌握了王天木的活动规律。这一天王天木离开家，到租界一家茶室与部下接头时，被李士群布置的特工秘密绑架。"76号特工总部"的日本顾问晴气庆胤在《沪西76号特工总部内幕》一书中，描述了王天木被绑架的过程：

> 今天要抓一个王天木，是上海地下工作的最高领导。76号竭尽全力窥测到他的动静，结果了解到他有一个习惯，每隔三天，下午三时左右，总要到那里的一家茶室，同他的部下接头。今天正好是他来接头的日子。就在这个时候，听到李士群尖叫起来，我慌忙地走近窗边一看，只见一个潇洒的绅士正好出现在茶室门前，他头戴灰色呢帽，一身轻便的春装，站在那里环顾四周。他要去什么地方呢？似乎一时拿不定主意，马上又快步朝西走去，不出二十步，一个身材魁伟、穿着中式大袖服装的青年，不声不响地走了过来，靠近他的背部。这时停在旁边的一辆汽车，自然而然地打开车门，顺利地把绅士和青年吞了进去，于是汽车就消失在人群里。

王天木被关押在"76号特工总部"，却得到优待——好酒、好菜、好房间，让他养尊处优生活了好些天。不久，他就被李士群释放了。这原来是"76号特工总部"李士群精心策划的反间计，意在利用戴笠的疑心，扩大戴、王之间的嫌隙与裂痕。李士群当时对晴气解释说："王天木这样的人，用硬，是不行的，倒不如优待一段时间放出去，动摇对方（戴笠）对他的信任，再通过宣传，扰乱对方，使敌人势力垮台。"

此计果然奏效。平安走出"76号特工总部"的王天木，果然引起了戴笠对他的更大猜忌，王天木也日益对戴笠疑惧。这期间，戴笠的贴身侍卫、河内刺杀汪精卫的执行枪手王鲁翘被派到上海，在军统上海特区总督察毛万里指挥下，寻机执行刺杀汪精卫的任务。他和王天木的二女儿王因子谈起了恋爱。1939年7月的一天，王鲁翘在一次赴王二小姐的约会途中，被人逮捕。戴笠怀疑这是王天木向"76号特工总部"告的密，这使戴笠和王天木的关系更加紧张。就在这时，军统上海特区人事处处长陈明楚向王天木呈上一封戴笠写给赵理君的密信，其内容竟是密令赵理君暗杀掉王天木。这使王天木极为愤恨，对戴笠彻底失望，遂带着他的副官、保镖马河图，投奔"76号特工总部"。李士群大喜过望。他精心设计的计划成功了。他正在大肆招降纳叛，尤其要吸收大批高级特工人才。他立即任命王天木为"76号特工总部"的高级顾问。

王天木没有想到，这封"戴笠密信"，其实也李士群的一计。原来陈明楚早已秘密叛投"76号特工总部"，并出卖了王天木。他按照"76号特工总部"的指示，仍潜伏在军统上海特区内，配合"76号特工总部"进行对王天木的拉拢与策反工作。那封"戴笠密信"，实际上是李士群精心伪造的。

（三）戴笠令新任上海特区区长陈恭澍"制裁"王天木

1939年7月王天木叛变、投奔"76号特工总部"后，迅速出卖了军统上海特区的潜伏组织，还出卖了军统华北特区下辖的北平、天津、济南、青岛各站的潜伏组织与人员，使得军统在华北的活动，一度几近停顿。军统青岛站负责人傅胜兰，原是戴笠器重的大特务，被捕变节。

军统天津站特务裴级三，是王天木的老下级，在被捕后叛变，把军统华北特区的许多机密都交给了日本人，还为日本特务在天津、北平的马路、车站、码头等地点的抓捕提供协助。

军统华北特区除区长陈恭澍因在1938年年初被戴笠调往河内主持刺杀汪精卫，逃过一劫，其他重要成员多人被捕被杀。华北特区书记曾澈于1939年9月27日被捕。曾澈曾在天津、北平一带，参加并领导过一个青年抗日组织"抗日杀奸团"。

"抗日杀奸团"成立于1937年冬，在天津、北平沦陷后不久，数年间成员前后有五六百人，都是天津、北平的大学生、中学生，是些十六七岁到二十一二岁的热血青年,而且其中许多人都是出身豪门,是大官僚、大富商甚至是大汉奸的子女或亲属。其中,有"满洲国"总理郑孝胥的两个孙子郑统万和郑昆万,袁世凯的侄孙袁汉勋、袁汉俊,"中华民国临时政府"治安总署督办齐燮元的外甥冯运修,同仁堂的大小姐乐倩文,以及孙连仲的女儿孙惠君,冯治安的侄女冯健美等。他们虽出身各异,但都有一颗爱国心,在民族危亡之际,敢于对抗家族,义无反顾地投入短兵相接的城市抗日武装斗争:火烧日军仓库,爆炸日伪公司和电影院,烧毁日军专用的公共汽车,特别是组织实施了多起暗杀汉奸的行动,成功暗杀了伪天津商会会长王竹林、伪华北联合准备银行天津分行经理程锡庚、伪北平《新民报》编辑主任吴菊痴等人,击伤伪天津市教育局局长陶尚铭、伪华北教育总署署长方宗鳌以及周作人等人,功勋卓著,名震一时。曾澍被日伪抓捕后,在狱中经受了种种酷刑,坚贞不屈,于 1940 年 9 月 9 日在北平被杀害,年仅 27 岁。"抗日杀奸团"的成员李如鹏、冯运修等二十多人,年龄更小,但仍战斗到最后一刻,拒不投降,壮烈牺牲。他们以自己的鲜血显示了中华民族不屈的斗志,也使那些惯于贴阶级标签,给知识分子与青年学生戴上"资产阶级""小资产阶级"帽子、笼统以"动摇性,软弱性,妥协性"等性质定义的言论,黯然失色。

王天木"叛变有功"。1939 年 8 月底,他出席了汪精卫集团在上海召开的"国民党第六次全国代表大会",被指定为伪中央委员;1939 年 10 月,他被任为伪中央"特务委员会委员"兼"76 号特工总部"第一厅厅长;后又任新成立的"肃清委员会"委员,兼所属"和平救国军"副总指挥。

1939 年 8 月,戴笠将赵理君调回重庆,任其为军统局第三处行动科上校科长,后调任河南军统负责人;派遣在 1939 年 3 月 20 日指挥河内刺杀汪精卫失败的陈恭澍到上海,接任上海特区区长。戴笠交给陈恭澍的重要任务之一,就是尽快设法制裁王天木。陈恭澍与王天木都是北方人,在军统共事多年,私交很深。他到上海后,在两难中想出一个方法:利用以前的老关系，千方百计与王天木的年轻副官、保镖马河图联系上，并打听到马河图与王天木的小老婆有私情，就加以收买和威逼，终于使马河图在平安夜下手，开枪打死两个大汉奸特务后，趁乱逃走。

至于马河图在开枪时，为何没射杀王天木，有多种猜测：一是说，陈恭澍念及与王天木的旧情，指示马放掉王天木；二是说，马河图不忍心对他长期的老上司王天木下手；三是说，当时王天木去厕所，侥幸逃过一死。

（四）丁默邨被李士群赶出"76号特工总部"

兆丰夜总会枪击事件之后，"76号特工总部"疯狂报复。第二天，1939年12月25日，也是圣诞节，将3名被捕的军统人员拖到"76号"大院里枪决；同时召开高层会议，要查明兆丰夜总会枪击真相。丁默邨、李士群、茅子明、马啸天、林之江、杨杰、裘君牧、吴世宝等大特务，以及汪曼云、顾继武、蔡洪田、凌宪文、黄香谷等伪中央委员，悉数到场。

马河图虽然在逃，但马河图是王天木的副官与保镖，而他开枪杀人时，近在咫尺的王天木却安然无恙，王天木自然被"76号特工总部"作为最重要的嫌疑人，押到场接受审查。

这时，正是丁默邨、李士群在"76号特工总部"内争权夺利白热化的阶段。因王天木与丁默邨都原属军统，走得较近，因而对王天木的处理，"76号特工总部"内部分为两派：一派以丁默邨为首，试图力保王天木；另一派以李士群为主，认为王天木难脱干系，必须严惩。丁默邨感到，李士群要趁机把王天木打倒，借以削弱自己的力量，所以要汪曼云等人和他一起为王天木说话，勿使王天木陷于绝境。

会上，发言最激烈的，首推李士群的心腹林之江。他甚至当场掏出手枪，要枪毙王天木，为陈明楚、何天风报仇。王天木虽一再声称是他的副官开枪，自己并不知道，甚至连自己也是被打的对象，但面对这种情况，

丁默邨、李士群貌合神离

谁也不敢表示对王天木完全信任或支持。丁默邨因在1939年12月21日，刚在西伯利亚皮货店遭中统"美人计"暗杀，更不愿出头多说。最后，由林之江掏出一副手铐，当场把王天木铐了起来，关押在"犯人优待室"。

何天风和陈明楚下葬之时，何天风的下属丁锡山等人，带着武器，要求将王天木押来给何天风磕头，后经劝解，方作罢。

李士群命令心腹马啸天侦破此案。马啸天察觉王天木的小老婆有嫌疑，于是将她抓进了"76号"，对她家里进行搜查，还去上海中国银行，查看王的小老婆的保险箱，结果抄出了一根金链条和金鸡心。揭开鸡心盖，见里面嵌有王天木的一张照片，可把王的照片挖出来，发现在王的照片下面，还有一张一男一女两个人合拍的照片，女的自然是王的小老婆，男的竟然是马河图。这说明马河图和王天木的小老婆早有私情。后查明王的小老婆与这件凶杀案件无关，可是揭穿了汉奸群里的另一幕丑剧。

此案发生不久后，丁默邨便被李士群赶出了"76号特工总部"。

王天木被关押两年多时间，却始终未能定罪。直到1941年，王天木向李士群交代了中统在上海潜伏组织领导人吴开先的一些线索，算是立了功，才被释放出来。王天木先任汪伪特工总部华北工作团副团长兼天津站站长，1943年任江苏省镇江地区伪行政督察专员。抗战结束，这个汉奸特务神秘地消失了，逃过了历史的惩罚。

"76号特工总部"的特务在平安夜火并，两个大特务被杀，王天木被抓，使得"76号特工总部"的大小特务们人心惶惶。陈恭澍趁势对那些反水投靠"76号特工总部"的原军统人员展开心理战，使得许多特务表示悔恨，要重回军统，或答应秘密为军统工作。1940年8月14日，陈恭澍指挥部属，成功刺杀了汉奸流氓张啸林；1940年10月10日，陈恭澍又指挥部属，成功刺杀了伪上海市市长傅筱庵。这使得在王天木叛变后一度涣散的军统上海潜伏组织重整旗鼓、名声大振。

二十六、牺牲时胃里只有树皮、草根和棉絮的"抗联"英雄杨靖宇

（一）牺牲时胃里只有树皮、草根和棉絮的杨靖宇

1940年，是中国抗日战争最艰苦的时期，更是东北抗日联军最危急、困难的时期。

这年2月23日，农历正月十四，下午4点多钟，东北寒冬时节的黄昏。在吉林省濛江县保安村西南的三道崴子冰天雪地的深山老林里，响起阵阵的枪声。东北抗日联军第一路军总司令兼政委杨靖宇，在与日军、伪军拼杀多日、战友们大多牺牲以后，孤身一人，忍饥挨饿，艰难辗转，到达这里，被跟踪而至的上千名日军、伪军层层包围，最近的距离只有二十多米。

他自2月18日以来，被敌人困在冰天雪地里，已经有六天六夜粒米未进。

杨靖宇以同敌人血战到底的英雄气概，倚着大树，双手举着两把匣子枪，左右开枪，交替射击，毙、伤迫近之敌二十多人。日军、伪军为了抓活的请功领赏，又拿出劝降的伎俩狂喊："杨司令，放下武器，保留生命，还能富贵！"杨靖宇轻蔑地大笑，挺身高呼："最后的胜利是中华民族的！"他一边将机密文件烧毁，一边时时愤然跳起，越过树木，双枪齐发，向偷摸上来的敌人射击。他的左腕负伤后，就丢掉左手的那把匣子枪，用右手

继续开枪还击。日军、伪军绝望了，他们知道杨靖宇不可能投降，也不可能束手就擒，就用机枪、步枪、短枪一齐猛烈扫射。杨靖宇胸部中数弹，血流如注。他持平手中的匣子枪，强撑着站直，厉声喝道："谁是抗联投降的？滚出来，我有话要说！"话刚说完，他高大的身躯终于倒下了，殷红的热血染红了雪白的山野……

2月23日下午4时30分，杨靖宇将军壮烈殉国，年仅35岁。

灭绝人性的日军割下杨靖宇的头颅，剖开了他的腹部，想探究他在完全断粮多日后，究竟靠什么在冰天雪地中生存和继续战斗。当看到结果时，敌人惊骇了。他们看到，拖着他们在冰天雪地里周旋了数月之久的东北抗联最高领导人，胃里除了尚未消化的树皮、草根和棉絮，竟然没有一粒粮食！

这是何等壮烈的死，是何等坚强不屈的英雄啊！这让率领日军、伪军包围杨靖宇的伪满通化省警务厅厅长、日本人岸谷隆一郎不得不承认："虽为敌人，睹其壮烈亦为之感叹，大大的英雄！"

（二）威震东北的抗日联军第一路军总司令

杨靖宇，原名马尚德，1905年农历正月初十出生于河南省确山县李湾村。1927年，他组织确山农民暴动，震动一时；5月5日，加入中国共产党；在地下工作中，曾三次被捕入狱。1929年春，他奉中共中央指示，化名张贯一，到东北从事工人运动，先后任抚顺特别支部书记、哈尔滨市委书记。1931年九一八事变后，他向满洲省委书记罗登贤要求，到农村发动抗日游击战争。得到批准后，他化名杨靖宇，于1932年冬天打扮成一个山货商人，乘坐火车，在"南满"的烟墩山车站下车，来到吉林磐石。这里是吉林省东南部，山丘纵横，林洞交错，水系密集，是长白山向东北大平原的完美过渡地带，特殊的地理优势使之成为进行山区游击战的理想环境。他先后结识了当地一些有抗日倾向的山林队的头目。1933年初春，杨靖宇找到磐石县"工农义勇军"领导人李红光，按照红军的经验，两人合作将该部与其他一些抗日武装整顿合编为"中国工农红军第三十二军南满游击队"，杨任政委。接着，杨靖宇又去海龙县，将中共领导的另一支抗日游击队改编为"中国工农红军第三十七军海龙游击队"。在杨靖宇领导下，这些游击队运用灵活机动的游击战术，在根据地人民的支援下，不断打击敌人，缴获许多武器弹药，在战斗中越战越强，由建队时的不足百人，扩大到两百五十多人，建立了以红石砬子为中心，包括磐石、伊通、双阳、桦甸、吉林七区在内的抗日游击根据地。

1933年1月26日，中共驻共产国际代表团发出《给满洲各级党部及全体党员的信》（后文简称"一·二六指示信"），要求建立广泛的反日民族统一战线。根据"一·二六"指示信强调的原则，杨靖宇从"南满"实际出发，以磐石游击队名义，印发了《告工人、农民、义勇军、反日山林队士兵书》等传单，明确提出动员一切力量，联合抗日。在抗日武装"马团""赵团"遭受日军、伪军进攻、处境困难时，他立即带队去解围。1933年7月，杨靖宇邀请在磐石北部活动的"老长青""朱司令""云中飞""青林""毛团""马团""赵旅""韩团""三江好""四季好""常占""许团"等抗日义勇军和山林队首领举行会议，共同协议组成"联合参谋处"，推选

杨靖宇

"毛团"首领毛作彬为总指挥，杨靖宇为政治委员长，李红光为参谋长，共同抗日。这样，抗日队伍阵容更加壮大，战斗力也不断提高。在1933年九一八事变两周年这一天，根据中共满洲省委的决定，磐石游击队扩编为东北人民革命军第一军独立师，杨靖宇任师长兼政委。

1933年10月下旬，杨靖宇率独立师主力，渡过辉发江南下，挺进到蒙江、辉南、金川、柳河、抚松等地，开展游击活动，先后进行了金川县旱龙湾碱水顶子战斗、柳河县三源浦战斗，沉重打击了敌人。杨靖宇团结二十余支抗日武装，共四千多人，在1934年2月21日，成立"东北抗日联合军"总指挥部，杨靖宇被推为总指挥。1934年11月5日，中共南满党的第一次代表大会在临江县四道江二岔召开。11月7日，大会根据杨靖宇的提议，宣布将独立师组编为东北人民革命军第一军，杨靖宇任军长兼政委。第一军成立后，杨靖宇指挥部队粉碎敌人的秋季"讨伐"，先后打下16个大小城镇，把游击区扩大到26个县。

1936年2月20日，根据《八一宣言》的精神，杨靖宇、王德泰、赵尚志、李延禄、周保中、谢文东以"汤原游击队""海仑游击队"的名义，联合发表《东北抗日联军统一军队建制宣言》，宣布自即日起，将东北人民革命军、东北抗日同盟军、东北反日联合军等队伍，统一整编为"抗日联军"，陆续成立了11个军及抗联游击军，后又组建为三大路军。杨靖宇领导的东北人民革命军第一军，于1936年2月改称为东北抗日联军第一军，杨靖宇仍任军长兼政委。6月，杨靖宇和魏拯民主持召开东满、南满特委及第一军、第二军主要领导干部联席会议，决定将抗联第一军、第二军合编为东北抗日联军第一路军，杨靖宇任总司令兼政委，王德泰任副总司令，魏拯民任总政治部主任，军部下辖教导团和3个师，全军共有三千多人。杨靖宇满怀激情地写下了《东北抗联第一路军军歌》：

我们是东北抗日联合军，创造出联合军的第一路军。乒乓的冲锋杀敌缴械声，那就是革命胜利的铁证。正确的革命信条应遵守，官长士兵待遇都是平等。铁般的军纪风纪要服从，锻炼成无敌的革命铁军。亲爱的同志们团结起，从敌人精锐的枪刀下，夺回来失去的我国土，解放亡国奴的牛马生活！英勇的同志们前进呀！赶走日寇推翻"满洲国"。这一次的民族革命战争，要完成弱小民族的解放运动。高悬在我们的天空中，普照着胜利军旗的红光。冲锋呀，我们的第一路军！冲锋呀，我们的第一路军！

（三）智斗伪满军"东北第一大厉害"邵本良

杨靖宇领导的"抗联"部队机动灵活，军纪严明，在人民的支持下，不断出击，接连取得重大胜利，使日伪当局恼羞成怒，连年"讨伐"，连年失败。杨靖宇率部纵横于"南满"的山林与原野之间，神出鬼没，被称为"山林之王"。

在杨靖宇指挥的无数次战斗中，以智斗伪满军"东北第一大厉害"邵本良最为有名。

邵本良本是一个有二十多年"匪龄"的"惯匪大头目"，还做过东北军的团长，1931年九一八事变后，他卖国投敌，担任伪满军的东边道少将"剿匪"司令。邵本良及其手下官兵多是土匪出身，擅长于在山林地区作战。邵本良与王友成、李大善三人，在当时并称"东北三大厉害"，而邵本良又称为"东北第一大厉害"。邵本良踌躇满志，在日本主子面前夸口说："有我邵本良，就没有杨靖宇！"

1933年11月15日，杨靖宇率成立不久的东北人民革命军第一军独立师，到松花江以南地区活动，其后卫部队与邵本良的部队第一次发生战斗，毙伤敌人十多名，但杨靖宇的老战友、中共满洲省委巡视员金伯阳等五人牺牲。杨靖宇掩埋了战友，总结经验教训，在1933年12月20日，指挥独立师，用调虎离山计，把邵本良的主力调出了他的老窝——柳河县三源浦，然后乘虚而入，打了进去。三源浦既是邵本良的重要兵站，又是梅辑线上的重要据点，地势险要，戒备森严，人称打下三源浦比虎口拔牙还难。杨靖宇率神兵天降，逮捕了汉奸，没收了他们的财产，摧毁了伪满铁路工程局和警察署，烧了营房，缴获了大批军用物资和武器弹药，解决了部队的给养和群众的食盐问题。这一仗震动了"南满"。邵本良发誓说："我一定要让杨靖宇知道我的厉害！"

不久，邵本良的部队配合两千多日军，在柳河县大小荒沟一带，对杨靖宇的部队形成了包围态势。为了引诱杨靖宇的部队出山，邵本良施诡计，写了一封给其部下的信，假称东部有其重兵，然后又故意让这封信落入杨靖宇的手中。杨靖宇得此信后，仔细分析，看穿了邵本良的阴谋。因为东部山高林密，邵本良不可能在那里部署重兵。他是企图把我军引入他真正布有重兵埋伏的西部地区，加以聚歼。杨靖宇便决定将计就计，也故意丢掉一封给部下的假信，宣布他打算从西部突围出去。邵本良得信后，自以为阴谋得逞。那天深夜，就在他憋足了劲在西部埋伏重兵等着杨靖宇的时候，杨靖宇却带着部队，从东部突围而去；次日上午，又向北急行军三十多里，乘虚打下了邵本良的另一后勤基地——金川县凉水河子，缴获了大量的军用物资。邵本良急忙回援，但杨靖宇早已撤走，并放出风说下一步准备去打柞木台子。邵本良急忙发兵柞木台子，但杨靖宇却去攻占了八道江镇。邵本良对亲信说："我邵本良就够鬼的了，杨靖宇比我还鬼；我一个邵本良的兵，可以打 10 个胡子，杨靖宇的一个兵，却可以打我 10 个邵本良的兵。"

杨靖宇知道邵本良会很快来报复。为了对付这个劲敌，杨靖宇为部队定下四个"不打"的军规：第一，地形不利，不打；第二，不击中敌人要害，不能缴获武器，不打；第三，要我们付出很大的代价，不打；第四，对当地人民损害大，不打。那怎样打呢？杨靖宇也规定了四条：快打，快走，快集中，快分散。

1935 年 8 月，杨靖宇集中主力部队攻打柳河县城，歼灭邵本良的骨干部队老七团。邵本良闻讯,急忙从三源浦向柳河增兵。敌变我变,杨靖宇下令暂停攻城,将部队西撤。邵的兵马紧追不舍。杨靖宇带着部队来到柳河县黑石头,看地形有利,就下令设伏,一举歼灭邵部两百多人,缴获了日本人刚配发给邵部的一门小钢炮和几挺机关枪。

1935年9月,杨靖宇得到安插在邵本良身边的内线——邵的马夫提供的情报,得知邵本良的老七团要从柳河县孤山子移防八道江,其军需给养由一个连护送。杨便在他们的必经之地——金川县境内的朝阳沟设伏,消灭了那一个连的伪军,截下了几十辆大车,而且还抓住了邵的小老婆,邵本良算是"赔了夫人又折兵"。

邵本良与杨靖宇作战几年,屡战屡败,声名大跌,急于报复。1936年3月,"南满"日军司令三木指挥大批日军及伪军,向杨靖宇部发动大规模的讨伐。邵本良部再次充当急先锋,紧追杨部。杨靖宇决定利用邵本良急于求战求胜的心理,采取牵牛鼻子的战术,同他周旋,伺机歼敌。他让部队轻装爬大山,牵着邵本良在通化、新宾、桓仁、宽甸等县兜起了圈子,沿途故意丢掉一些衣食物品,以示溃败。邵本良果然中计,穷追不舍,4月下旬,邵部到达本溪以东的赛马集山区。杨靖宇见战机已成熟,便集合部队进行战斗动员,说:"我老早给大家说过,咱们有'四不打'。现在是山高路隘,居民不多,敌人疲惫,打的时机成熟了!咱们就在敌人必经的梨树沟摆下一个口袋阵,让邵本良来钻。"杨靖宇部署了兵力,规定了协同信号等,各部立即按规定的时间,在梨树甸子四周连夜构筑好工事,埋伏下来。第二天清晨,邵本良得意洋洋地和他的日本顾问英俊志雄,带着一个主力团和炮兵中队,追了上来,很快进入了伏击圈。杨靖宇扬起驳壳枪,"叭!叭!"两声,将敌军的两个骑兵击毙。战士们跟着开了火,剧烈的枪弹声如山呼海啸,打得敌人措手不及。经过近四个小时的激战,全歼敌军。邵本良和日本顾问英俊志雄都被打伤,侥幸逃脱。

邵本良回到沈阳治好伤后,又带着1个团的兵力和3个月的军饷,准备于 1936 年 8 月初返回八道江。杨靖宇得到情报，便在其必经之地四道江设下埋伏。这一仗打得更好，邵本良的日本顾问被打死，邵本良身负重伤，逃回沈阳，被日本关东军软禁，最后被日本医生害死。

从 1936 年开始，在东北的白山黑水间，就传唱着一首歌："松花江水流不停，不灭日寇心不平。长白山上英雄多，数着那杨靖宇杨司令！"

（四）"抗联"英雄牺牲在冰天雪地之中

1936 年年初，关东军司令部经长期策划，制订了从 1936 年 4 月到 1939 年 3 月的《"满洲国"治安肃正计划》，企图在 3 年内消灭全部抗联部队；1936 年 10 月，首先对东边道北部 9 县"讨伐"，在通化成立"讨伐指挥部"，由"满洲国"军政部大臣于芷山亲自担任司令，"满洲国"军政部最高顾问佐佐木到一任指导部长，指挥一万五千多日军及伪军，对杨靖宇部发起进攻。

杨靖宇是位军事战略家。他深知率部在"南满"的山林里进行游击战争，四周日军及伪军重兵包围，不断"进剿"，回旋地区狭窄，得不到外援，困难必会越来越多，越来越大，必须突破与改变这一战略态势。1936 年春，他得到了中央红军从陕北出师东征的消息，决定借此良机，指挥部队西征，突破敌人的封锁，打到辽宁省的西南部与热河一带地区去。这样一来和中共中央取得联系，得到帮助和支持，二来可以扩大"抗联"在东北广大地区的影响。

1936 年 6 月 28 日，杨靖宇从第一军中抽调四百多人，进行第一次西征，因为都是步兵，行踪很快被敌人发现，在前堵后追下，西征军被迫折回。1936 年 6 月，抗联第一军、第二军合编为东北抗日联军第一路军，杨靖宇任总司令。他组织了一支骑兵部队，于 1936 年 11 月进行第二次西征，一直打到辽河西岸，但因河水未封冻，无法渡河，只得再次撤回。两次西征虽然都没有成功，但在途中，于通化大荒沟成功地伏击了日军守备队，歼敌两百余人；紧接着又在辑安县二道崴子打了一个歼灭战，毙敌十余名，俘敌十名，扩大了"抗联"的政治影响。

1937年7月7日卢沟桥事变爆发，日本发动了全面侵华战争。杨靖宇看到形势的重大变化，于7月25日以东北抗联第一路军的名义，发表《为响应中日大战告东北同胞书》，号召东北人民更奋勇投入抗日斗争。杨靖宇组织部队在桓仁、新宾、清原、宽甸、辑安、通化等地积极开展游击战争，全力牵制日军兵力，配合关内抗战。1938年年初，杨靖宇率领第一军军部和教导团，由桓仁进入辑安县境内的老岭山区，回头沟一战，全歼伪满军宪兵第三团；3月13日，奇袭老岭隧道工地，使敌损失20万日元以上，破坏了日军的铁路建设计划；4月，在高立河桥一举歼灭伪奉天骑兵教导队六十多人；6月19日，在通（化）辑（安）铁路土口子隧道袭击了日军守备队，生俘日本顾问小林、竹内，烧毁了工地设施、值班室及施工设备材料……。日满当局调派伪满军索玉山旅，专门对付杨靖宇。索旅是一个混成旅，班长以上头目全部由日本军官担任。1938年8月2日，杨靖宇带领部队刚刚从八宝沟出发，侦察员来报告：索旅从辑安县城出发后，沿公路向热闹街方向进发，由于天气炎热，山高坡陡，现在走不动了，正在长岗的埋财沟休息。杨靖宇前往侦察，从望远镜里看到索旅骑兵第四十二团、步兵第三十二团的官兵，正在茂密的树林中，敞胸露怀，横卧竖躺。杨靖宇立即下令："敌疲我打，眼下正是打的好时机！"部队在一个小时内赶到伏击地域。下午3时，当索旅疲惫不堪地走进伏击圈时，杨靖宇一声令下，暴雨般的枪弹倾泻过去，敌人顿时乱了营。抗联战士们端着刺刀冲下山冈，与敌人展开了白刃战。这一仗，索旅几乎全军覆没，日本步兵上尉高冈武浩和骑兵中尉西田重隆也被击毙。

在杨靖宇的指挥下，东北抗联第一路军犹如一股铁流，在东满、南满的大地上滚动，威震敌胆。1937年12月，中共中央政治局会议决定成立党的"七大"准备委员会,指定杨靖宇为委员。1938年11月,中共六届六中全会特地致电东北抗联及杨靖宇,向在冰天雪地里与敌人周旋七年多、不怕困苦、艰难奋斗之模范的东北抗日军队,致最崇高的民族革命敬礼!

日本当局在发动全面侵华战争后,为稳定东北战略基地,加强对"抗联"的镇压,自1937年年底开始,实施三年期的所谓"治安肃正"计划,其计划之周密、投入日伪军警特务之多、手段之野蛮毒辣,都是前所未有:一方面,加紧对东北抗联军事"讨伐",同时在农村厉行"集团部落",制造无人区,割断东北抗联与民众的联系;另一方面,在城市加强宪兵警察的活动,搜捕抗日人士;派遣特务,收买叛徒,加强宣传,进行政治瓦解……东北抗日斗争环境不断恶化。"抗联"队伍中一些意志薄弱的人,在严酷的环境和日伪的收买下叛变。1938年2月,抗联第一军参谋长安光勋被捕叛变。他带领日军"长岛工作班",对第一军第一师师长程斌诱降。1938年6月29日,程斌接受了"长岛工作班"的劝降书,胁迫部分"抗联"士兵投敌。程斌的叛变不仅使第一师瓦解,而且他将"抗联"的许多军事机密,如军队建制、活动规律、密营地点等都报告了敌人。这使"抗联"的活动更加困难,时时险象环生。杨靖宇与魏拯民召开紧急会议,决定撤销第一军、第二军的建制,将第一路军部队重新组编为3个方面军和1个警备旅,分区作战,以小部队分散活动。杨靖宇带领一部分部队,从居民较多的浅山区,退入人烟稀少的长白山深山区,迂回转战于桦甸、辉南、蒙江、抚松、通化等地。他们经历了1938年冰雪严冬,又度过了1939年夏的风雨酷暑,接连不断地与日军及伪军作战,得不到补充,得不到给养,部队不断减员。

1939年9月,日本关东军司令部为消灭抗联第一路军,纠集日军、伪军、伪警察及特务共七万五千多人,开始实施"通化、间岛、吉林三省联合治安肃正计划",建立"联合司令部",以关东军第二独立守备队司令官野副昌德统一指挥,重点"打击"杨靖宇部,规定在同时遇上"抗联"与山林队时，专打"抗联"；在同时遇上杨靖宇部和其他"抗联"时，专打杨靖宇部。敌军采用"踩蹈战术""篦梳战术""狗蚊子战术"，进行"铁壁合围"，实行更严酷、野蛮的保甲、户口调查和报告、粮食统制等政策；还利用叛徒，组织特务武装如"富森工作队""程斌挺进队""唐振东挺进队""崔胄峰挺进队""地方工作班"等，化装深入山林，企图暗杀杨靖宇，这使杨靖宇部抗联几乎陷入绝境。在这前后，有人劝杨靖宇率部退往"北满"，情况危急时可退入苏联，但杨靖宇拒绝了。他说："我们是南满地区的'抗联'，我们走了，南满的抗战就失去了中心。我至死也不离开南满！"

1940年1月底，杨靖宇部在马屁股山同大股日军及伪军作战失利，杨靖宇身边只剩下六十多人。2月1日，为减少牺牲，保存实力，杨靖宇决定分散突围。不想特卫排长借机携带枪支、1万元现款和机密文件叛变投敌，一部分战士逃散。2月2日，杨靖宇身边只剩二十余人；2月10日，只剩下12人，杨靖宇的处境更加险恶。他和战友们既要忍受着极度的饥饿和疲乏，抵御着砭人肌骨的寒风，又要在敌人的重重包围中穿梭苦战，人员不断伤亡。2月15日清晨，杨靖宇同两名警卫员聂东华、朱忠范一道，冲破数股敌人的堵截围击，来到通江县大北山东部的林中高地。他们稍事休息后，杨靖宇让这两名警卫员去附近村屯找点吃的，并约好了会合地点。两名警卫员离开以后，叛徒崔胄峰带着敌人追上来了。身患重感冒的杨靖宇抢占山头，双手持枪猛打，把敌人压在山坡下。日本军官伊藤见硬攻不成，便喊道："你的，跑不了啦，快投降吧！"杨靖宇引诱他站起身来，立即射出3颗子弹，当即将伊藤击毙，随手又一枪将叛徒打死。然后，他趁敌人混乱之际，借着昏暗的天色，撤向密林深处。2月18日，警卫员朱忠范和聂东华在寻找食物途中，不幸牺牲。敌人从他们的身上搜出杨靖宇的印章后，确认杨靖宇就在附近，进一步缩小包围圈。此时，杨靖宇孤身一人，身体已极度虚弱。他渴了，就抓一把雪；饿了，就吞树皮、草根或棉絮，在冰天雪地里又坚持战斗了数日。最后，在2月23日，他艰难地转移到三道崴子，遇到四个进山打柴的农民，由于行动不便，就委托他们帮助买点食物。当时日伪当局正实施严酷的保甲和报告等政策，杨靖宇被日军及伪军发现与包围。他在与敌的搏斗中，流尽了最后的一滴血。

杨靖宇牺牲后，1940年10月8日，抗联第一路军第三方面军总指挥陈翰章在战斗中牺牲；1941年3月8日，抗联第一路军副总司令魏拯民在密营中病逝；1942年2月12日，在"北满"的赵尚志也被日伪特务杀害，"抗联"进入最困难的时期，总人数从三万多人减至两千多人。为了摆脱困境，第一、第二、第三路军剩余部队陆续转移到苏联境内休整，1942年8月1日，组成"东北抗日联军教导旅"（也称"苏联远东方面军步兵第88旅"），周保中为旅长，李兆麟为政治副旅长。队伍一面集中整训，一面经常派出小部队，返回东北进行侦察和游击活动。1945年8月9日，苏联对日本宣战，他们随苏军打回东北。

二十七、保镖弹中张啸林

（一）"海上闻人"张啸林

民国年间，提起上海的"海上闻人"——黄金荣、张啸林、杜月笙，恐怕是无人不知，无人不晓。此三人是中国旧时秘密社会势力的最重要的代表人物，但他们三人的结局倒大不一样：年纪最长的黄金荣活到八十多岁，在 1949 年 5 月上海解放前夕，听从劝告，留沪未走，悔过自新，因病过世，算是得以善终；年龄最小的杜月笙于 1949 年年初逃到香港，于 1952 年在那里病故；张啸林则横行一世，却出人意外地在上海被日军占领后的"孤岛"法租界，于 1940 年 8 月 13 日于其戒备森严的家中被贴身保镖击毙。

张啸林，浙江慈溪人，1877 年（清光绪三年）生，原名张小林，乳名阿虎（因其肖虎）。后来他在上海滩混出了名，成为"租界大亨"之一，觉得"小"字气派不够，便由教他写字的先生许菩僧为之改名，从张肖虎，故取名为寅，字啸林，意为虎啸山林，威风八面，所向无敌。把"小"字改为"啸"字，既使名与字相结合，而且也更"气派"了。

张啸林家庭出身贫苦。其父亲是乡间木匠，早就去世。张从小由母亲抚养长大。1897 年（清光绪二十三年）20 岁时，全家迁居杭州。张本人先与其兄张大林进机房学织丝纺绸，不久弃工，考入清末兴办的浙江武备学堂，但因他不习惯军营严格的纪律约束，未及毕业就离开学校，在杭州拱辰桥开了一家茶馆。他结交社会上的三教九流与地痞流氓，并拜杭州城内一个做衙门探目与地保的阿米老头儿为师父，终日聚赌抽头，寻衅打架，成为地方上一霸。1919年（民国八年）张啸林42岁那年，因斗殴致人死亡，他在杭州立不住脚，便在其师父的掩护下，带着满身流氓本领，闯进了上海滩。

当时的上海滩，中外通商，百业兴盛，华洋并陈，五方杂处，英租界（又称公共租界）、法租界与

张啸林

中国地界虽近在咫尺，却管辖不一，法规各异。这就为中外的流氓、巨骗、政客、恶霸的活动提供了方便，美名其曰"冒险家的天堂"。

张啸林到上海后，先后在公共租界三马路（今汉口路）开旅馆，在五马路（今广东路）一带吃赌台与妓院"俸禄"，又在劳而东路（今襄阳北路）开斗牛场，在南市大兴街一带设茶会，勾嫖串赌，贩卖人口，无恶不作，既财路大开，又在上海黑社会中名气大增。不久他加入青帮，成为"通"字辈成员，广结流氓，大收门徒，发展势力，成为上海与杭嘉湖一带著名的帮会首领与流氓头子。由于他身材魁梧，臂粗力大，凶狠毒辣，曾自比奉系大军阀张作霖，因而其门徒捧他为"张大帅"。

20世纪20年代初的上海，黑社会山头众多，各霸一方。张啸林通过他当年武备学堂的同学、后任浙江省省长的张载阳，结识了浙江督军卢永祥与上海护军使何丰林，为军阀们押运与代销鸦片。由于后台硬，张啸林势

力大增，获利更厚。不久，他又同法租界的流氓头子黄金荣、杜月笙串通勾结，合伙贩卖鸦片，成立了专门贩卖鸦片的"三鑫公司"，获得了惊人的利润。

1924年，黄金荣因维护宠爱的女戏子露兰春，触犯了军阀卢永祥的儿子卢小嘉，被上海护军使何丰林监禁。张啸林利用与军阀的关系，伙同杜月笙，出力营救，使黄获释。黄金荣对张啸林、杜月笙十分感激，三人遂结为把兄弟，人称"上海三大亨"，或称"海上三闻人"。

1927年三四月间，上海政局发生重大变化：统治上海十余年的北洋军阀兵败逃离，国民政府的北伐军总司令率军占领上海。蒋介石准备在上海进行"清党"，预先指使黄金荣、张啸林、杜月笙，利用辛亥革命时期"共进会"的名义，组织"中华共进会"，把上海的帮会人员动员组织起来，充当这场"清党"的"先锋"。4月12日，黄金荣、张啸林、杜月笙指使"中华共进会"帮会人员，袭击中共领导的上海工人纠察队，国民党军队乘机插手镇压，制造了震惊中外的"四一二"反革命政变。黄金荣、张啸林、杜月笙为南京国民政府的建立立下了"汗马功劳"，蒋介石先后委任黄金荣、张啸林、杜月笙为国民革命军总司令部顾问、少将参议和行政院参议等职。黄金荣、张啸林、杜月笙还同国民党的军政大员王柏龄、孙祥夫、陈希曾、杨虎、陈群五人结为把兄弟，人称上海黑社会界的"老八股党"。从此，张啸林又与南京国民党政权搭上了关系，其势力进一步膨胀。

此后，张啸林像黄金荣、杜月笙一样，用搜刮来的巨资，投资银行及工商企业，由大流氓一变而为企业家与银行家。上海的一些工厂主、店东也纷纷请他当靠山、任董事。法租界任命他为法租界"纳税华人会"会长。南京国民政府的大员孔祥熙、宋子文等人来沪时，也常常来拜会他。张啸林开启了他一生的鼎盛时期。

（二）张啸林落水投靠日伪

20世纪30年代以后，张啸林的势力与地位逐渐下降，而他与杜月笙及蒋介石政权间的矛盾与嫌隙却日益加深。

比张啸林年轻、资历较浅的杜月笙，由于手腕灵活，"急公好义"，待部下慷慨大方，善于笼络人心，不似张啸林之粗野无文、为人鄙吝，因而威望与权势日增，甚至使张啸林的一些门徒也纷纷改换门庭，弃张投杜。这使张啸林十分难堪与恼火。杜月笙得到蒋介石更多的重视与支持，势力与地位日升，渐渐地超过黄金荣与张啸林，这使张啸林更是忌妒。

1937年8月13日淞沪会战爆发，杜月笙募捐筹款，积极投身抗战；在11月初上海沦陷前，杜月笙撤离上海到香港，以示不愿与日本侵略军合作的决心。当时，蒋介石指示杜月笙邀黄金荣与张啸林一同西撤。黄金荣以年过七十、年老多病、不问外事为由，决定不去香港或大后方，只留在上海法租界，闭门不出。而张啸林早就与蒋介石政权关系疏远，这时野心大发，以为日本人一来，杜月笙一走，黄金荣年老，正是他独霸上海租界的好机会。因此他拒绝了杜月笙的邀请，仍留在上海，并伺机与日本人联系。

日本特务机关早看上了张啸林的身份与影响。早在1937年8月13日淞沪会战刚开始时，张啸林正在浙江莫干山避暑，日本特务机关就派人潜往莫干山与张啸林密谈，邀张出山，到上海伪政府中充当要职。这与张啸林的野心与欲望不谋而合。1937年11月12日上海沦陷后，张啸林即返沪，开始了他丑恶无耻的汉奸活动。首先，他指使其亲信与徒弟出面，充当上海伪政府的大小汉奸。接着，他自己亲自出马，根据日本特务机关的指示，组织"新亚和平促进会"，让其亲家俞叶封主持，自己做后台老板，分派徒子徒孙到上海四乡，为日军收购与运销急需的大米、棉花与煤炭等军用物资。在日方的支持下，张啸林的生意越做越大，一方面大发国难财，另一方面给中国人民的抗日事业带来巨大的危害。

由于张啸林积极效忠日伪，"贡献"甚大，因此当1939年年底日伪当局策划改组伪浙江省政府时，准备让张啸林出任伪浙江省政府主席。

张啸林准备走马上任，做更大的汉奸。

（三）军统上海特区部署暗杀张啸林

张啸林的叛国投敌活动，引起重庆国民政府当局与在香港的杜月笙的极大不安。

重庆国民政府当局对上海租界的黑社会势力一直是十分重视与忌惮的。当1937年年底上海、南京、杭州等地先后沦陷，中国的东南广大地区迅速为日伪占领后，重庆国民政府在上海的最后据点，就是英、法租界。如果让张啸林的汉奸势力控制了上海租界，并将其影响与势力进一步伸向浙江等地，那么重庆国民政府在东南就将无存身之地了。因此，重庆当局指示戴笠的军统尽快设法暗杀张啸林，除去这一心腹大患。

张啸林的把兄弟杜月笙这时已撤至香港，并与重庆国民政府当局保持着极为密切的关系。他虽表面上讲江湖义气，表示不愿插手军统策划的刺杀张啸林之事，但实际上对张啸林也十分忌恨。因为精明的杜月笙在撤离上海后，知道黄金荣年老体弱，在上海已成不了什么气候，唯独张啸林野心勃勃，气焰很盛，必将趁自己远离上海、鞭长莫及之机，取而代之。若张成功，他有朝一日重返上海，局面将难以收拾。因此，杜月笙顾不得与张啸林有结拜兄弟之谊，暗中指使其徒弟与军统合作，潜赴上海，协助伺机刺杀张啸林。

早在1938年年底，军统上海特区就布置实施了一次在马路上暗杀张啸林的行动。那一天，军统人员根据侦察到的张啸林的活动规律，由军统上海特区行动股股长、杜月笙的徒弟于松乔率领几个行动员，预伏在上海福煦路（今延安路）同孚路口。等到张啸林的私人小汽车开到这里，正遇红灯挡住去路，军统特务们一拥而上，于松乔举枪向车内射击。由于张的车子是保险车，不但车身护有钢板，而且汽车窗玻璃也是子弹打不破的避弹玻璃，因而于松乔的暗杀未能成功。张啸林的汽车司机十分机警，见有人行刺，立即猛踩油门，闯过红灯，疾驶而去。张啸林在车中已看清刺客乃是杜月笙的徒弟于松乔，就认为这次暗杀必是杜月笙所指使，回到家中大骂杜月笙，从此视其为仇敌。同时，张啸林对自己的防范更加严密，不轻易出门，雇有保镖多人，日夜在屋内外守卫。

1939年8月，戴笠指派军统著名的暗杀行动专家陈恭澍到上海，接替王天木任军统上海特区区长。戴笠指派他接任军统上海特区区长，给他布置的任务之一就是迅速暗杀张啸林。陈恭澍到上海不久，就积极行动起来。

1940年1月14日，张啸林的亲家、主持"新亚和平促进会"收购粮食、棉花工作的汉奸俞叶封，邀请张啸林到更新舞台楼上包厢观看京剧名角新艳秋的演出。军统上海特区闻讯，就派人潜入剧场包厢执行暗杀，一枪击中俞叶封，送医院不治身死。那天张啸林本允诺去看戏，因临时有事未去，这才又一次躲过暗杀。这使张啸林又恨又怕，整日藏匿在华格臬路（今宁海西路）的家中，并在住宅周围布置了大批武装警卫与保镖。张啸林感到身边的几个保镖枪法平平，又出高价聘神枪手作为护卫。

张啸林的严密防范给军统的暗杀行动带来了极大的困难。陈恭澍等人多日苦思也拿不出一个可行的办法来。正在他们一筹莫展之时，突然接到上海特区所属的第二行动大队队长赵圣的报告，说已在张啸林的家里布置了一条内线，准备伺机下手。这条内线就是张啸林的保镖林怀部。

（四）张啸林的保镖林怀部充当杀手

林怀部是山东东平人，其父曾经在北洋军队里服役，后到上海租界谋生，结识张啸林，有点私交。林怀部在上海长大，曾在法租界任巡捕，文化不高，但学得一手好武艺，尤其是枪法好，百步穿杨，百发百中。1940年林怀部才二十多岁。有资料称林怀部原是杜月笙的学生，并秘密加入军统，抗战初期曾撤到安徽一带，后被军统局调到上海特区，从事秘密工作。当张啸林因屡遭暗杀，设法寻觅神枪手担任自己保镖时，因为林武艺高强，枪法极准，军统人员见有机可乘，就通过杜月笙留在上海的管家万墨林，说动张啸林的汽车司机阿四，向张啸林介绍林怀部。张啸林本就与林的父亲有私交，当即同意。也有资料称，林原来并不是军统成员，而只是个质朴的爱国志士。在他任张啸林保镖后，军统经争取说服，动之以情、晓之以民族大义，才使他同意作内线，听候指令执行任务。林怀部进入张家，领到了一把手枪，当上了张啸林的近身保镖之一。

1940年8月上旬，陈恭澍与上海特区的另一头目陈默一道亲自秘密约见林怀部，让他在近日内尽快下手，除去张啸林。

林怀部在张啸林家几次想下手刺杀，都失去机会。到了1940年8月13日夜，张啸林到上海"六三花园"参加日伪的一次重要会议，林怀部很想随张同去，趁机将与会的几个汉奸大员全行诛杀。但张啸林仅带一二名亲信前往，将林怀部留在家中看守。

第二天，即1940年8月14日，林怀部托病请假，准备出去与军统人员商议下手之策。张啸林非但不准，反将林怀部大骂一顿，威胁要将林停职赶走，收回林的手枪。正在这时，张啸林的亲信朋友、杭州锡箔局局长吴鸿（又名吴静观）来张府访谈，张就与他到三楼密室商议事情。林怀部见自己要被赶出张门，今后难有机会下手，就当机立断，立即行动。

当时，张啸林的司机阿四正好在院子里擦车。林怀部走上去对阿四说道："我家里有点事，你能不能帮我到楼上和老板说一声，让我请假休息几天？"阿四说："这可能不大好，老板的规矩你不是不知道，他在会客的时候，是不允许我们去打扰的。"林怀部于是故意刺激阿四，骂道："你平时不是对我们吹牛吗？说张先生对你如何如何的看重！现在看来，还不是和我一样！原来你是吹牛啊！"阿四听到这样的话，自然发火。两人便在院子里大吵了起来。争吵的声音传到楼上，张啸林闻之大怒，从楼上把头伸到窗外，朝下厉声责骂林怀部，喊道："吵什么吵啊，你这龟孙子，吃饱了不干事还吵架，老子多叫一个东洋兵来，用不着你了！你不想干，就替老子滚！"林怀部见张啸林探头到窗外，趁机回骂道："是的，老子还真不想干了！你对我又能怎么样？！"张啸林更为光火，骂道："你这混蛋的别不识抬举！阿四，把这龟孙子的枪卸下来，让他滚！"阿四便上来搜林怀部的枪。林怀部喊道："不用你赶，我自己走！"他一边说着，一边从腰间拔出了手枪，好像是要将枪交还到阿四的手里。突然，只见林怀部拿枪的手腕一转，随手挥枪打去两颗子弹，"砰砰"两声，两颗子弹不偏不斜，均击中张啸林的头部，张立即倒地毙命。林怀部犹恐张啸林未死，又持枪上楼，对倒在血泊中的张啸林又补上一枪。他回头一看，发现吴鸿正在打电话给法租界巡捕房报警，又随手一枪，把吴鸿打死。

张啸林死时年64岁。

枪声惊动了四周的人们，张啸林的保镖与迅速赶来的法租界大批巡捕将张宅团团包围。林怀部见不能脱身，即用枪对准自己的太阳穴准备自杀，因弹尽未成。林怀部面对包围上来的保镖，把手枪套在手指上转了一圈，然后潇洒地把它扔到了地上，说："大丈夫一人做事一人当！"满院子的保镖竟没有一个人敢上前动手抓他。眼看着林怀部推开院门，将走出张宅，法租界的安南巡捕才一拥而上，将林怀部铐上手铐带走。林怀部慷慨被捕。

1940年8月15日，《申报》等沪上大小报纸，刊登了张啸林被刺死亡的报道："昨华格臬路血案，张啸林遭枪杀，凶手即张保镖，定16日下午3时在寓所入殓……"

重庆军统局本部为表彰上海特区制裁张啸林之功，特发给奖金法币1万元。然而，林怀部身在狱中，未得分文。

远在香港的杜月笙听到张啸林被暗杀身死,尽管内心十分高兴,但表面上却说:"张先生要当汉奸,他之死当然是罪有应得的。不过,我心里明白,这一定是军统派林怀部干的。由我的徒弟杀了我老拜兄,论江湖义气,我实在站不住道理。"

林怀部在被捕后的审讯自供中,只说是他因为张啸林太鄙吝,每月只发给他20元工资,难以维持生活,加上当时请假不获准,又遭到张啸林的辱骂,因而出于一时义愤,开枪打死了张啸林。他始终不承认自己与重庆政府当局方面有联系,不承认杀张有政治动机。由于林怀部坚持这一说法,法租界巡捕房一时无法将他"定罪",也没将他引渡给日伪当局。而日伪当局因为张啸林本人尚未公开充当伪政府官员,人居住在租界,又是死在租界,不便公然出面借其死来发挥。最后,法租界巡捕房将林怀部杀张啸林一案定为"泄愤""报复"的一般刑事案,租界法院判处林怀部有期徒刑15年。但是,在1941年12月日军占领上海租界后,林怀部在监狱中受尽日伪当局爪牙的折磨,尤其是他那双出枪奇快、百发百中的手,每一寸骨头都被竹条子抽断了。他的寡母哭瞎了双眼,妻子替人帮佣,儿子快10岁了还没有念过一天书……直到抗战胜利后,林怀部才被释放。1949年中华人民共和国成立以后,林怀部回到老家山东省东平县宿成村,给生产队看坡,生活一直很艰苦,直到病故。

林怀部是个名不见经传的小人物,但他在中华民族生死存亡的危急关头,不顾自身的安危,严惩汉奸,张扬了民族正气,鼓舞了沦陷区民众的抗战精神。他所表现的勇气与智慧,为中华民族的抗战史书写了动人的一笔。

二十八、伪上海市市长傅筱庵血染市长楼

（一）伪上海市市长傅筱庵在熟睡中被劈死

1940年10月10日，是汪精卫汉奸政府正式成立后的第一个"双十"国庆节。日伪占领区的南京、上海等地大大小小的汉奸们着实闹腾了一番，在灯红酒绿中度过了一个狂欢之夜后，才于该日深夜拖着疲惫的身体，在重重警卫下，驱车回到各自家中进入梦乡。

这一夜，伪上海特别市市长、68岁的大汉奸傅筱庵从上海法租界大酒店回到虹口祥德路26弄2号自己府邸时，已是第二天，即11日的凌晨3时了。傅住的府邸是一座豪华富丽的花园洋房，当时上海人称之为"市长楼"，地处日军控制区的中心，距日本海军陆战队司令部只有200米，平时警卫森严，除有二十多位警卫部队人员常驻警备，还雇有白俄保镖12名在屋内各道口日夜守卫。屋内屋外，楼上楼下，仆从如云。外人一般插翅也难飞入。傅筱庵进入自己卧室后，贴身警卫就守护在室外。傅日常警惕性极高，就是对自己的姨太太也不放心，让其居住后房，自己独居一室。平时除一位跟随多年、忠心耿耿的老仆人侍候起居，任何人不得入室。这时，劳累了一天又醉意朦胧的他在入室后不久，就倒在床上呼呼大睡了。

然而天色还未大亮，傅府的家人意外进入傅筱庵的卧室，发现傅筱庵已在神不知鬼不觉早被人用刀劈死在床上，死状极惨，头部与颈部被猛

上海虹口祥德路26弄2号的傅筱庵府邸

砍数刀，血肉模糊，头部与躯体几乎要分离，殷红的鲜血浸染了整张床铺。刺客逃逸不知去向。

这消息立即轰动了上海、传遍了全国。中国军民拍手称快，日伪汉奸们则惊惶、狐疑、冷汗淋漓。

10月11日，日本"中国派遣军总司令部"报道部部长马渊在南京发表声明，哀叹说："以生命献于以和平建国、东亚新秩序建设为理念之所谓世纪革命事业之傅市长，忽于此时牺牲，不特为上海之损害，亦为全国之大损失也。"

而重庆国民政府的中央社在10月12日评论说："傅筱庵平日为虎作伥，鱼肉市民，出卖国家民族，甘作敌人走狗，为汉奸群中巨憝之一。此次率被刺死，为国家除一巨逆，为民族除一巨魁，全国人民闻之，无不欣然称快。"

但不管是哪方面的人都在思索着一个问题：傅筱庵是一个从清末到民国活动于上海多年的老狐狸、经验丰富的政客、诡计多端的汉奸，自从任伪上海市长后，对其安全警卫绞尽脑汁，极其周密细致，怎么会在自己家中束手被刺呢？刺客又是谁？其背景又是怎样？

（二）大汉奸傅筱庵其人

傅筱庵，名宗耀，"筱庵"是其字，1872年12月30日（清同治十一年十二月初一）出生在浙江省钱塘江入海处的镇海县小港湾。其父傅晓春是当地的一位帆船主。傅筱庵幼年在家乡读了几年私塾后，由其父托人介绍进上海英商耶松船厂做工，因其头脑灵活，粗通英语，善于逢迎，博得该厂英人大班青睐，不久就被提升为领班。后来，傅筱庵由于钻营巴结，结交了上海富商严信厚、严子钧父子及虞洽卿、朱葆三等上海名人。傅筱庵替严家代管浦东房地产的经租业务，并通过严家关系，辗转投入清末显贵无比的大官僚盛宣怀的门下。傅筱庵先是随严妻杨氏到盛家，与盛妻庄氏作方城之戏（打麻将），逐渐与庄氏及盛宣怀之子盛重颐等人相熟；傅挖空心思对盛家大献殷勤，不久就被庄氏收为义子，成为盛家的心腹。1909 年，傅筱庵正式进入盛宣怀庞大的企业群工作，在轮船招商局所属的华兴保险公司当副经理，不久升为经理。傅筱庵勤于职守，能干而有魄力，越来越得到盛宣怀的赏识与信任。后来，盛让他到盛府内，对内掌管财产账目，对外负责交涉与联络。傅筱庵周旋在盛氏幕僚之间，并开始跻身于上海绅商之列，成为"海上名人"。

1911 年发生保路运动和辛亥革命，盛宣怀声名狼藉，遭到各界声讨，被迫出逃日本。上海商界人士集会，要求没收盛氏企业家产。傅筱庵陪同盛宣怀之子盛重颐到会，自称是盛氏企业财产的代理人，当众叩头，求免于没收盛氏财产。傅筱庵又通过上海都督府财政部部长朱葆三的关系，认缴饷款，得任为财政部的总参议及沪海关清理处

傅筱庵

处长。上海都督府并承认傅筱庵在轮船招商局、汉冶萍公司与中国通商银行三大企业内盛家股权的代表身份。1914年，盛宣怀复职，傅氏更得到重用，出任中国通商银行董事，并任上海总商会第一届议董。同时，傅筱庵与虞洽卿、朱葆三等人合伙集资，创办了祥大源五金号，自任总经理，独霸上海五金进口贸易，俨然成为大富豪。1916年4月，盛宣怀去世，傅筱庵通过巧取豪夺，攫取了中国通商银行的大部分股权，并担任总经理要职。另外，他又控制了招商局等企业。随着经济实力的扩充，傅筱庵的政治野心也越来越大。1924年，傅争夺上海总商会会长职务未成，伺机两年，于1926年年初，终于在北洋军阀、"五省联军总司令"孙传芳的支持下，登上了上海工商界的最高宝座。

1926年7月，广州国民革命军出师北伐，其东路军与中路军的兵锋所向，直指"五省联军总司令"控制的江西、福建等地。傅筱庵这时与孙传芳打得火热，称兄道弟，狼狈为奸，因而全力支持孙传芳对抗北伐军，除了运用中国通商银行的资金力量支持孙传芳的军费开支，还利用他当轮船招商局董事局董事的权利，抽调9艘轮船，为孙传芳运送军火与军队，并规定孙军部属搭乘招商局其他客轮一律免费，使得招商局在1926年、1927年两年中亏损近404万两。到1927年3月，孙传芳在上海、南京一带作最后挣扎，发行库券作军费，绅商群起抵制，唯有傅筱庵报效捐赠了200万元。

但不管傅筱庵怎样拼命支持，孙传芳最后还是败退了。1927年3月，北伐军进抵嘉兴。傅筱庵见风使舵，施展其长袖善舞的两面手法：一方面在孙传芳离沪时，亲往送别；另一方面又派遣亲信，持其亲笔函件，往见北伐军东路前敌总指挥白崇禧，表示欢迎，恭维备至，并筹办大批慰劳品送往犒军。当白崇禧进驻上海龙华后，傅筱庵又亲自陪同美、英、法等国驻沪总领事，拜访白崇禧，终于赢得了白崇禧的好感，称赞傅筱庵是商界领袖，群流景仰。正当傅筱庵兴高采烈，准备再度粉墨登场时，多封揭发傅筱庵支持北洋军阀恶迹的信件寄到了北伐军总司令部，新建立的南京国民政府下令通缉傅筱庵。傅得到消息，立即搭船逃往日本控制的大连，潜居3年，得到日本当局多方的保护和照应，经常与日本海军特务小松、石井等人来往，转而成为著名的亲日派人物。

1931年九一八事变后，傅筱庵通过杜月笙等人的关系，百般请托，使南京国民政府撤销了对他的通缉令，傅筱庵于1931年10月16日重新回到上海，复任中国通商银行总经理，后转为董事长，并充当美国钞票公司买办、美商耶松船坞及机器制造厂董事等职。但在南京国民政府官僚资本的压迫与杜月笙流氓势力的夹击下，傅筱庵的日子越来越不好过。他控制多年的中国通商银行在1935年"白银风潮"中陷入困境，最后被杜月笙接办，傅筱庵下台，只担任了一个有名无实的常务董事，实际被撵出了通商银行。傅的其他企业也黯然无光。傅筱庵于寂寞无聊中，对南京国民政府与杜月笙怀有深深的怨恨。

（三）重庆当局下令暗杀傅筱庵

傅筱庵自从被国民政府与杜月笙势力撵出中国通商银行后，又气又恨，野心不死，四处活动，时时想东山再起。上海霞飞路（今淮海路）的傅家，堂上宾客常满，杯中酒不空，多方联络绅商闻人与新旧官僚。这些人都鼓动与支持傅筱庵卷土重来。

这样的日子终于到来了。

1937年11月12日日军攻陷上海，杜月笙逃往香港，南京国民政府不久也丢失首都，迁往重庆。上海与华东的各重要城市成了日本人的天下。为建立与巩固殖民统治，日本军部在上海先后扶植了几个伪政权与伪组织：以苏锡文为首的"上海大道市政府"，以陆伯鸿为头子的"上海市民协会"等。但这些伪政权、伪组织，或无威望，或无能力，或无影响，往往徒有其名，不能遂日军之意。日本军部积极准备改组伪上海大道市政府，物色一名有威望、有能力、有影响的人物来充当伪上海市市长。

傅筱庵一直密切观察形势，跃跃欲试。傅筱庵的朋友周文瑞也极力希望傅筱庵东山再起，就通过关系，向日本军部推荐傅筱庵。日本军部早就知傅筱庵其人，并知道他曾是盛宣怀赏识的红人，长期担任过中国通商银行总经理、上海总商会会长等要职，且曾被南京国民政府通缉过，含恨颇深，亲日色彩强烈，立即派员到傅筱庵家数度联络。傅筱庵这时虽已年过花甲，但精力充沛，政治欲望很强，早就对"上海市市长"宝座垂涎三尺，一见日方派人来接洽，立即答应。但他向日方提出几点要求：一是要恢复上海市政府的名称，取消"大道"两字；二是市政府的地址，要从浦东迁回到市中心区原上海市政府原址；三是市政府的人事，全部要由他安排等。日方一一答应，傅筱庵遂于1938年10月16日正式就任伪上海特别市市长，成为叛国投敌的大汉奸。原"上海大道市政府"的市长苏锡文被贬为伪上海市政府秘书长。傅筱庵委任周文瑞、李鼎文、董光乎、王如松等亲信充当伪市政府的财政、建设、地政、货物地方税等局的局长，又委任其心腹吴麦汀为外交秘书。

傅筱庵任伪上海市市长后，立即卖力地为侵华日军奔走效劳。他每日奔忙于上海各地，建立各级伪政权组织，宣扬汉奸理论，布置苛捐杂税，镇压爱国人士。他亲自出马与英租界当局交涉，并亲访英国驻华大使寇尔、美国驻华大使约翰逊、法国驻华大使戈斯麦等人，要求上海租界各处，不得悬挂国民政府的青天白日旗，改悬"维新政府"的五色旗。当抗日爱国组织在上海开展锄奸活动时，他又奉日方指示，向租界当局施加压力，要求严厉取缔"抗日恐怖分子"，并开出黑名单，要求租界工部局照单捕人。1939年5月6日，汪精卫叛逃，从河内抵达上海，傅筱庵以伪上海市市长的身份，亲往迎接招待，从此投入汪精卫的怀抱。

同时，傅筱庵又凭借自己伪市长的权势，抓住杜月笙逃离上海的机会，夺回中国通商银行的大权。

傅筱庵在上海的一系列活动，激化了与重庆国民政府及杜月笙势力的矛盾。

一开始，重庆当局对傅筱庵还存有一些幻想，并无立即暗杀他的决心。特别是在汪精卫一行逃至上海，积极筹组伪中央政权后，刺汪成为重庆当局特务工作中压倒一切的头等大事，傅筱庵成为次要角色了。1939年八九月间，重庆军统局本部为实施暗杀汪精卫的任务，派遣少将级高级特务戴星炳、吴赓恕，率领一批特工，前往上海。戴星炳在20世纪20年代末曾参加过"改组派"的活动，与汪精卫有过一段渊源，到上海后，就直接投奔汪精卫集团，伪为归附。吴赓恕指挥十多名特务，在外面配合戴星炳的活动。

当时汪精卫居于上海愚园路1136弄，戒备森严，深居简出，戴星炳、吴赓恕等人根本无法接近其身边，暗杀无从实施。吴赓恕忽然想起其父有一老朋友名叫许天民，在上海任"开滦煤矿驻上海办事处"经理，其人是广东番禺人，曾在上海、大连等地经商多年，与傅筱庵有很深的私交。傅筱庵任伪上海市市长后，许天民仍经常出入其家。吴赓恕了解到许天民颇有爱国之心，对汪精卫叛国投日十分愤恨，就策动许，要他利用私人关系，说服拉拢傅筱庵参加暗杀汪精卫的工作。许天民告诉吴赓恕，傅筱庵在私下里常发牢骚，在朋友面前唉声叹气，说："给日本人干，没有什么好下场"。日本人是利用他，并不真正地信任他，他很后悔，不该投靠了日本人，如今骑虎难下。戴星炳、吴赓恕听后，认为，如果能够策反汪伪政府内部的高层人物，刺杀汪精卫就有更大的把握。傅筱庵这个人唯利是图，又满腹怨言，正是一个合适的人选。他们让许天民去试探傅筱庵。

有一天，许天民在与傅筱庵会面时，装作无意地问道："既然你对投靠日伪心生悔恨，那又为什么不尽早弃暗投明呢？"傅筱庵马上接话，大倒苦水。最后，许天民失去警惕，和盘托出，告诉傅筱庵，重庆方面对他的谅解和厚望，以及军统希望与他合作的意图。军统的计划是，希望傅筱庵利用伪上海市市长的身份，出面宴请汪精卫，在汪来赴宴时，预伏军统人员，在宴席前后伺机下手，除掉汪精卫。许天民说之以民族大义，晓之以个人得失。说者认真，听者佯允，傅筱庵满口答应，据说还发出豪言壮语，发誓要帮军统顺利完成严惩国贼的任务。

然而，傅筱庵在送走许天民后，马上向汪精卫告密。"76号特工总部"的特务头子李士群立即驱车，亲自来到傅公馆，与傅筱庵见面。他叮嘱傅筱庵切不可打草惊蛇，而是继续与军统接触，以掌握他们具体的刺杀计划和所有参与行动的军统人员名单。1940年二三月间，汪精卫在忙于赴南京成立伪中央政府前夕，指示李士群的"76号特工总部"，将许天民逮捕。戴星炳、吴赓恕闻讯，急忙藏匿于法租界，但不久以后，先后都被"76号特工总部"捕杀。

军统局由于傅筱庵的出卖，刺杀汪精卫的计划失败，让汪伪中央政府于1940年3月30日在南京粉墨登场，傅筱庵也从"维新政府"的上海市市长，摇身一变为汪伪政府的上海市市长，更加神气活现地为日本人及汪伪政权效力奔忙；军统局还因此丧失了两名少将级的高级特工，大为震怒。他们感到：要在上海开展特务工作，打击汪伪集团的嚣张气焰，必须迅速暗杀傅筱庵。

军统局暗杀傅筱庵的指令随着电波由重庆飞往上海。

（四）义仆朱升源成为刺傅杀手

重庆军统局本部将暗杀傅筱庵的任务下达给军统上海特区。

这时，军统上海特区区长是陈恭澍。陈恭澍于1939年8月秘密潜入上海接任特区区长后，于1939年12月24日成功策划了兆丰夜总会刺杀何天风、陈明楚，在1940年8月13日成功指挥刺杀了张啸林。他接到戴笠的连电催促与督责，要其迅速实施刺杀傅筱庵，就集中人力、物力，投入其事。他的部下经多方侦察后，向他报告，傅筱庵老奸巨猾，防范极严：自当上伪市长后，他就将其家从法租界霞飞路搬到虹口日军控制区中心的祥德路，屋内屋外，楼上楼下，布满警察保镖，层层设防，外人根本无法接近他；傅筱庵每天由府邸去市府上班时，乘装甲大轿车，前后有护卫车4辆，装满警卫，浩浩荡荡；到伪市政府大楼后，傅筱庵办公室四周，又有大量警卫队保护，出入人员实施严格的安全检查。陈恭澍感到难以下手。

但是，陈恭澍重任在身，不管困难多大，还是组织了几次对傅筱庵的暗杀行动，都没有成功。有一次傅筱庵刚走出伪市政府大楼，忽然有刺客在暗处向他开了两枪，非但没有击中傅，自己却被傅的警卫当场打死。此刺客在临死前高呼："打死傅筱庵！"傅筱庵吓得胆战心惊，却不知刺客是何身份，但从此以后，他行动更加诡秘。军统实施暗杀更加困难了。

正当陈恭澍苦于无计可施时，突然接到属下第二行动大队的报告，说他们已在傅筱庵的府邸中打通了一条内线，正伺机而动。

原来傅筱庵家有位老仆人名叫朱升源，原籍安徽，出身贫苦，十岁左右父母病故，遂投奔在上海日商工厂做工的叔父，由叔父介绍到厂做童工，倍受日本厂商与日本工头的虐待，后又因患病，被厂方开除。病好后，他到厂里请求恢复工作，日本老板不准，朱升源穷困潦倒，生活无着，对日本侵略者怀有深深的仇恨。后来经过同乡的介绍，朱升源来到傅家做佣工。那时傅筱庵还很年轻，刚刚开始发迹，傅

朱升源

的老父也还健在，朱升源为人朴实，做事勤快，深得傅父喜欢与信任。傅父临终时，托朱日后好好照应傅的生活，朱当场发誓不负所托。二十年来，朱忠心耿耿地执行老主人的嘱托，常年跟随傅筱庵，照应傅的饮食起居。1927年傅被通缉避居大连时，朱也随往，侍候了三年。傅出任伪上海市市长后，特别是在被刺客狙击几次未成后，如受惊的狐狸，对自己的姨太太都不相信，却完全相信朱升源，规定他的卧室只有朱可以随便进入。傅称朱是傅家两代的老义仆。

但朱升源却是有民族正义感的人。他从小受过日本人的虐待，对日本侵华十分气愤，对傅筱庵叛国投日也十分不满。他多次劝说傅辞去伪市长职务，退而经商，以免受人暗算。但傅总是不听，朱升源进退两难，心情郁闷，又嗜酒成性，故常到傅家附近的一家小酒店中饮酒。没想到该酒店店主杜某乃是军统上海特区的特务人员，该酒店是为监视傅筱庵而特设的。店主杜某见朱升源来店，就分外热情接待，美酒佳肴，天南地北地畅谈。酒酣耳热中，朱升源往往把自己的心事吐露出来，讲出对日本人的愤恨，对傅筱庵担任伪职的不满。杜某因势利导，乘机进言，讲民族大义，要朱升源再次劝傅筱庵改邪归正，若傅筱庵仍不肯听从，则大义灭亲，伺机杀傅，为国家除一巨奸，做一个民族的英雄、人间的好汉，将会青史留名，否则，同流合污，悔之何及！朱升源听了大为触动，回去再次劝说傅筱庵辞去伪市长职，傅仍是不听，朱遂动了杀机。他与杜某密谋暗杀傅的行动计划。因朱不会使用手枪，且恐枪声惊动府内警卫保镖，不易脱身，遂决定使用菜刀，趁傅筱庵熟睡时将其劈死。届时军统人员将在傅府外接应朱升源逃走。朱升源向杜某提出，事后给其5万元，让其养老。

1940年10月11日凌晨3点，傅筱庵酒宴后回到府中。朱升源特地端了一碗银耳汁给傅当消夜。傅筱庵因太疲劳，未吃，倒头就睡了。朱升源等到灯熄人静，暗携菜刀进入傅筱庵的卧室，借着外边透进来的路灯光，用菜刀对准傅的颈部、头部、面部连砍数刀，傅筱庵始终未哼一声就死去了。朱升源将菜刀留在傅筱庵的头上，从容地走出卧室，关上房门下楼，然后提着一只菜篮，推上一辆自行车，从傅家后门出来，疾驰而去。

后来，朱升源在军统上海特区的接应下，先避居于上海法租界某隐蔽地点，后逃往重庆。

傅筱庵被暗杀，在日伪人员中引起了极大的慌乱和骚动。当时驻上海日军在傅家四周街道戒严搜查，闹得鸡犬不宁，人人自危。傅筱庵的儿子傅品圭受刺激，精神失常。

10月11日凌晨5点，即傅筱庵被杀后的一个多小时，"76号特工总部"头目李士群就将傅筱庵被杀消息，打电话报告了南京汪伪政府的大头目周佛海。周在当日的日记中写道："五时为电话惊醒，士群报告上海市长傅筱庵为其跟随十余年之仆从用刀刺死。人心难测，为之寒心。"朱升源用刀劈死傅筱庵的壮举确实使大小汉奸们胆战心惊。

"76号特工总部"很快查明，此次暗杀傅筱庵，以及不久前发生的暗杀张啸林等事件，都是军统上海特区陈恭澍策划指挥的。一张针对陈恭澍的大网张开了。

约一年后，1941年10月29日，军统上海特区区长陈恭澍被"76号特工总部"逮捕。

二十九、美国"飞虎队"威震敌胆

(一)中国空军最危急的时刻

1940年,是中国抗战最艰难的时期。

年轻的中国空军,本就数量不多的战机在数年的激烈空战中,几乎丧失殆尽。至1940年年底,全国仅剩作战飞机65架。1941年4月13日,苏联和日本在莫斯科签订《日苏中立条约》,停止对华援助,撤回了所有在华的苏联"空军志愿队"人员。在这时,日军集中全部精锐空军到中国境内,各型飞机激增至八百多架。中、日空军的数量对比是65∶800。这是多么悬殊的比例!而且,中国空军多为苏制旧式飞机,性能差。1940年秋,日本生产出新式的零式战机,性能在许多方面都领先于当时的各国战机。日军飞行员驾驶此战机,空袭重庆、成都、昆明,在2.7万英尺高度飞行,从上向下射击中国战机,中国飞行员尚不知为何物,就被击落。日本人吹嘘说:"零式是太平洋之王!"日本方面的"空中强盗"完全掌握了中国的制空权。在中国广阔无际的长空中,日本的战斗机、轰炸机如入无人之境,疯狂肆虐,狂轰滥炸中国国际、国内之运输线与重庆、成都、昆明等重要城镇,屠杀中国的军民。日军战机甚至狂妄地在中国后方的成都机场降落,其飞行员下机,纵火焚烧中国飞机,然后耀武扬威地再登机离开。其他日机则在机场上空盘旋扫射掩护，迫使中国军队无法还击。日军的轰炸机在轰炸昆明的前一天，日方就对昆明广播，狂妄地宣告第二天的某一时刻，将出动多少架战机来轰炸，第二天，在日方宣布的时刻，日机果然就到了，日机的数量也如宣布的那样。日机的狂轰滥炸造成昆明民众的恐慌和大量的伤亡，以致昆明的棺材店都无货供应。

中国政府急切地需要增强空中力量，急切地需要国际的空中援助。在苏联空军退出了中国战场后，中国政府将重建中国空军的计划寄托于美国。从1940年深秋起，中国政府先后派出美籍空军顾问陈纳德、空军将领毛邦初和外交部部长宋子文等人，相继前往美国华盛顿，要求美国政府提供空军援助。

（二）陈纳德——坚定地支持中国抗战的正直美国军人

陈纳德是一位坚定地支持中国抗战的正直美国军人，具有坚强的意志与丰富的空军经验。他原名克莱尔·李·谢诺尔特（Claire Lee Chennault），1890年9月6日出生在美国得克萨斯州的一个小农场主家庭，中学毕业后入克里佛航空学校攻读，取得优异成绩；1919年从飞行学校毕业，1923年，被派往夏威夷，负责指挥第19战斗机中队。在那里，陈纳德编写了《战斗机飞行技巧手册》。他因未处理好与上级关系，于1935年退役。1936年1月，中国国民政府中央航空学校副校长毛邦初在赴美考察航空时，在一次飞行表演中看到了他卓越的飞行表演技能，遂邀请他到杭州笕桥的中央航空学校，担任飞行教官；接着，1936年6月3日，中国航空委员会秘书长宋美龄致信给他，聘请他为中国空军顾问，并允许他可以驾驶中国空军的所有飞机。1937年3月，陈纳德在来华途中，特地在日本逗留了一段时间，秘密考察了日本的航空兵。4月26日，他到达中国。他调查了中国各地的空军，同时对日本航空兵的作战战术和技术，进行长期的观察与研究。

1937年7月7日，中国抗日战争全面爆发后，陈纳德当即表示："如有需要，愿意尽力为中国服务。"他被指派指导中国战斗机队的作战训练，先后参与指挥了淞沪会战、南京保卫战和武汉会战的空战。他认真研究中、苏战机与日本战机在空中作战的战况，研究日本战机的作战特点与战术。1937年10月，因为中国为数不多的飞行员在作战中伤亡很大，所剩无几，陈纳德招募了几名法国、美国、德国的飞行员，再加上几名中国飞行员，组成一个国际中队，与日本战机作战。事为日方察觉，向美国驻华使馆提出抗议，还威胁说要派人杀死陈纳德。美国当时对中日战争宣布中立，因此美国驻华使馆要求陈纳德回国。陈纳德拒绝了。宋美龄请美国的侨民会把陈纳德保护了起来。

陈纳德身材壮实，不苟言笑，脾气暴躁，深褐色的脸孔刻满粗犷的皱纹，显得威严勇猛。他是一位空军战术家，其战术是机动灵活，以少胜多。1939年以后，陈纳德在湖南芷江组建了中国航空学校，又到昆明航校任飞行教官室主任，负责给高级班授课。

1940年秋，陈纳德接受中国政府的委托，回到美国，四处奔走，游说美国政府，到各地演讲宣传中国抗战的意义与形势，批评在当时美国盛行的孤立主义，参观各飞机工厂，招聘志愿航空人员。经过几个月的努力，中国要求军事援助的计划开始得到美国政府中一些人士的支持。1941年3月，美国参、众两院通过《军火租借法案》，中国根据该法案，可获得美国军火与飞机。同年4月15日，美国总统罗斯福在内部发了一道命令，准许美国陆军、海军的预备役航空军官、士兵参加"中国空军美国志愿航空队"。不久罗斯福总统批准了参加志愿航空队人员名单，有100名驾驶员与181名机关枪手，以及空中报务员、地勤人员等。他们中许多人是美国航空人员的佼佼者，具有美国青年活泼朝气、热情浪漫、桀骜不驯的性格特点，有正义感和富于冒险精神。尽管也有少数人是为着较优厚待遇和奖金而来，但大多数人是同情中国人民的抗日战争，并意识到美、日之间终不免一战，希望体验军旅生活、体验冒险而热情地参加的。罗斯福总统限他们于1941年11月抵达中国。

1941年7月初,在陈纳德的组织和领导下,参加"中国空军美国志愿航空队"的第一批人员两百多人,在旧金山集合。他们以音乐家、学生、银行家、农场主等各种身份,搭乘客船前往中国。日本的情报机关以准确的情报来源宣称:美国空军志愿队已由旧金山乘船前往中国作战,大日本帝国不能坐视事态的发展,这只船将永远达不到中国,必被炸沉。美国政府派出两艘巡洋舰尾随护卫客轮;到了南太平洋后,由荷兰的军舰继续护航客舱,直至新加坡。"美国志愿航空队"的志愿人员随后从新加坡前往缅甸仰光,集中受训。

陈纳德向英国空军借用仰光以北的东瓜铺石机场,训练飞行技术参差不齐的志愿队人员。1941年7月下旬,第一批志愿人员到达东瓜铺石机场训练基地。8月1日,中国航空委员会委员长蒋介石正式批准,"中国空军美国志愿航空队"在东瓜铺石机场正式成立,编入中国空军战斗序列,由陈纳德任上校总指挥,下辖3个战斗机中队,第一中队名为亚当与夏娃中队,第二中队名为熊猫中队,第三中队名为地狱天使中队。中国政府向美国购买了100架P-40B型战斗机与25架P-40F型战斗机交给他们。志愿航空队机师在每架飞机机身的前端,都绘

陈纳德在"飞虎队"战机前

上鲨鱼张开利牙大口的图案，作为志愿航空队的标志。陈纳德对志愿航空队人员进行严格的训练。他把自己研究的日本空军战术的成果与应对之法传授给他们。志愿航空队人员给严厉、精明而令人信服的陈纳德取了个外号：老头子。

（三）"飞虎队"大显虎威

1941年12月7日太平洋战争爆发。美国志愿航空队的勇士们更急切地希望投入战斗。陈纳德将志愿航空队第三中队留缅甸，担负协助保卫仰光；令第一、第二两个中队的34架战机，于12月8日下午飞抵昆明，担任保卫云南的作战任务。

美国志愿航空队的飞行员们看到昆明被日机狂轰滥炸的一片惨状后，怒不可遏。

1941年12月20日，美国志愿航空队第一次投入中国空战。

这天上午，陈纳德接到防空情报：10架日本轰炸机从越南老街附近越过云南边境，向昆明飞来。陈纳德立即下达起飞作战命令。当日本轰炸机飞到离昆明约九十公里的宜良上空时，美国志愿航空队第二中队中队长杰克·纽科克率4架战斗机担任截击，向敌机方向搜寻而去；吉姆·霍华另率4架战斗机，在昆明上空作防御性巡逻；第一中队中队长罗伯特·山德尔率16架战斗机升空，作为预备队。第二中队的4架战机穿过薄薄的云雾，远远发现了一群飞机。是不是日本飞机？飞行员们思考着。"快看那些红球！"一个飞行员眼尖，突然看到了耀眼的日本机徽，激动地大叫起来。此时，日本轰炸机也发现了在中国天空第一次出现的美国P-40B战斗机。由于几年来，日军战机完全控制了中国的制空权，一直肆无忌惮地在中国城乡各地狂轰滥炸，如入无人之境，因此，他们这次空袭昆明，竟然没有出动一架战斗机掩护。当美国志愿航空队的战机向日本轰炸机扑去时，日本轰炸机慌忙启动机舱,将成排的炸弹投掷到宜良附近的荒山野岭,便掉头逃命。美国飞行员们热血沸腾,驾着P-40B型飞机作俯冲攻击,一个劲地向前猛冲猛打。乌尔夫击落2架日本轰炸机,还在拼命地按机枪按钮,但是机枪并不响,原来子弹早就打光了。雷克特脱离大队,单机长途猛追敌机,将敌机套在射击瞄准器的红环中,再猛烈开火,3架日本轰炸机冒着烟,向下翻滚跌落在山中爆炸。而雷克特只顾打得痛快,忘了汽油将尽,最后勉强飞至昆明郊区,便迫降在稻田中,受了轻伤。战斗结束了,飞虎队队员共击落日机9架,首战告捷。这是在中国战场上,数年以来,第一次空战大胜。

昆明沸腾了。饱受日机狂轰滥炸、满怀深仇大恨的中国民众,涌上街头,敲锣打鼓,燃放鞭炮,抬来被击落的日机残骸,庆祝空战的胜利,感激美国志愿航空队。中国民众看到美国志愿航空队战机的机身前端鲨鱼张开利牙大口的图案,就称之为"飞虎队"。

1941年12月23日,美国志愿航空队第三中队也在保卫仰光的空战中威名大震:敌机以20架战斗机与54架轰炸机的大编队袭击仰光,志愿队与英皇家空军一起升空迎战,一举击落敌机6架,其中"飞虎队"自己损失飞机2架。在1941年圣诞节以后的仰光空战中,美国志愿航空队以12架飞机迎战日军30架战斗机和60架轰炸机。"像射击鸭子一样",志愿队打下15架日军轰炸机和9架战斗机,自己损失了2架,但飞行员都安全跳伞。经过了两次空战,第三中队只剩下11架可用的P-40B战斗机了。

陈纳德对日本空军

"飞虎队"战机机组

的战术技术有长期的观察研究。他对比分析了美国志愿航空队驾驶的 P-40 战机与日军的零式战机各自的优缺点：P-40 战机速度快、机身牢、升空高，但不灵活；零式战机轻便灵活，但机身脆弱，升空高度不及 P-40 战机。陈纳德针对这些情况，为美国志愿航空队正确地制定了"四机编队"和"打了就跑"的战术，所以在对日空战中，美国志愿航空队一直占上风，保持着空中优势。日本人吹嘘的"零式是太平洋之王"的神话破产了。

美国志愿航空队的英勇战绩，很快闻名于世，赢得"飞虎队"的美誉。后来由好莱坞的罗伊·威廉替飞虎队设计了队徽：一只有翼的老虎飞过一个表示胜利的V字。陈纳德被称为"飞虎将军"，他的照片上了美国《时代》杂志的封面。

为了根除日机对云南的威胁，中、美空军决定大规模空袭越南日军机场。1942 年 1 月 22 日清晨，昆明机场蒙着一层轻雾，寒风阵阵，侵入肌骨。美国志愿航空队第一中队中队长桑德尔率他的八名队员，掩护中国空军 18 架轰炸机，飞往越南，轰炸河内日军机场。轰炸目标到了，中、美空军钻出云层，进入轰炸航路投弹点。轰炸机将弹舱门打开，12 点 45 分，第一颗百公斤的炸弹呼啸着飞向目标。大爆炸开始了，雷霆万钧般的炸弹，直落在敌人的飞机群和军事设施中，燃起冲天大火。两天后，1 月 24 日，中、美空军再度配合，轰炸越南嘉林的日军机场。由于美国志愿航空队与中国空军的行动，使日军战机再也不敢肆无忌惮地在华南活动。

（四）保卫怒江，保卫中国大后方

1942 年 4 月底至 5 月初，中英联军的滇缅战役失败，中国远征军分成数路败退回云南。日军的机械化快速部队沿滇缅公路跟踪追击，长驱北上，进入中国云南境内。5 月 5 日，中国守军被迫炸毁了怒江上的咽喉通道惠通桥。5 月 6 日中午，日军大批装甲部队，包括炮兵、机械化部队，进抵怒江西岸。怒江西岸长达几十公里的弯曲盘山公路上，排满了等待工兵架桥渡江的日军突击部队。如果没有办法阻止日军渡过怒江，只要20天，日军就可以占领昆明。这将使重庆与整个大后方陷入险境。

日军的攻击，也迫使美国志愿航空队撤出缅甸，并将20架毁坏的飞机付之一炬。此后美国志愿航空队以昆明为根据地，另以一队飞机进驻保山。5月4日，大批日军轰炸机突袭保山时，美国志愿航空队遭受严重损失。

形势十分危急。陈纳德命令损失惨重的美国志愿航空队：必须全力攻击怒江西岸的日军目标，全力阻止日军渡过怒江前进。美志愿队人员纷纷请战。

5月7日黎明时分，一队由德士·希尔率领的4架P-40E轻型轰炸机出发了。这些轻型轰炸机的机腹下，都装置一枚570磅的重型爆炸弹，在机翼下的弹架上装置了杀伤弹。另有战斗机4架护航。机群在大片雨云中穿行而过，进入怒江上空。美国飞行员们看到，日军工兵正在紧张地在怒江边搭架浮桥。山崖边的公路上全是待渡的日军部队。轰炸机队俯冲而下，用重型弹对准峡谷进行轰炸：先炸崩山崖，让乱石夹着泥沙俱下，淹没了公路，阻塞日军的归途；再用杀伤弹轰击日军坦克、卡车和正在搭建的浮桥；然后反复用24支50口径的机关枪，沿公路扫射无处逃藏的日军。轰炸机队轰炸完毕后，担任护航的战斗机再次俯冲扫射。日军死伤狼藉，损失极重，怒江边和沿江公路上滚滚浓烟直冲而上，即将建成的浮桥在大火中被焚毁。

一连4天，美国志愿航空队和中国空军的轰炸机对怒江西岸的日军进行了强力反攻。日军的疯狂进攻被有效地遏制了。中国地面增援部队赶到怒江东岸布防。在美国志愿航空队的重大打击下，终于挽回了滇缅战役惨败的狂澜。

（五）美国母亲"给了中国无所畏惧的年轻人"

1942年下半年，美国志愿航空队参加了保卫重庆、空袭汉口与广州等沦陷区的日军机场和船队的多次战斗。志愿队的飞行员异常辛苦：有时，他们早晨出现在扬子江上，轰炸日军的运输船；傍晚，又出现在华南上空，袭击日军机场。

1942年4月23日，罗斯福总统发表文告说："美国志愿航空队的特殊英勇及高超办事能力实在是全美国的荣耀，我们很了解志愿队员在物资缺乏及困苦情况下工作的情形。"

1942年7月4日是美国的国庆节。美国政府发布命令，将美国志愿航空队纳入美国军队的正规编制，改编为美国第10航空队第23战斗机大队，为美国驻华空军特遣队，陈纳德恢复现役，担任准将司令官。原美国志愿航空队全部250名队员，只留下50%的驾驶员和20%的地勤人员在中国，其余人员回美国参战。但许多应该回国的美国志愿航空队人员，却要求继续留华三周，参加作战。他们深入敌占领区，担负危险的空袭任务。其中有两名队员不可能再回到日夜思念的美国去了：一个是约翰·派趣，1942年7月10日，他在南昌附近上空与日军激烈空战，不幸中弹牺牲。7个月后，他的女儿出世了；另一名牺牲的队员是阿纳德·沈伯灵，他的母亲一直等待着儿子的归来。

那些留华的"飞虎队"队员则继续在中国战斗。1942年12月26日，罗伯特·莫尔在空战中击落2架日机后，自己的战机也多处受损，眼看即将坠毁，但他发现，在战机的正下方，恰恰是云南省的祥云县城。为了避免造成中国民众死伤，他毅然艰难地再拉起损毁严重的战机，最后在城外的山野里坠落。他因失去了跳伞的机会，重伤而死。祥云县城里的中国民众亲眼看到了这感人的一幕，泣不成声。他们自发募捐，为才22岁的罗伯特·莫尔建起一座纪念碑。另一位飞行员弗兰克·谢尔在空战中牺牲，长眠在昆明附近的小山上，他曾击落了7架日本战机。

1943年3月10日，美国驻华空军特遣队升级为美国陆军第14航空队，陈纳德担任少将司令官。同年7月25日，陈纳德应聘，担任中国国民政府空军参谋长。1943年11月，中、美空军联合组建"中美空军混合团"，并投入战斗，陈纳德任指挥官。

1943年11月，中、美、英三国首脑在埃及的开罗举行著名的开罗会议。陈纳德作为蒋介石的顾问，列席会议。陈纳德的一副威猛的面容，令英国首相丘吉尔吃惊不小，说："幸亏他是我们一边的人！"

陈纳德指挥的美国战机共击落日机两千五百多架。日本空军在遭到一连串的严重打击后，不断被削弱，日益陷入被动。中国空军与美国空军联合，逐步掌握了中国的制空权，并从1944年9月开始，恢复了对南京、上海等沦陷区日军的空袭，而且空袭的力度不断加大。1944年9月4日，中、美空军飞机"猛炸南京，并对长江日军事设备投下大量烈性炸弹"；1944年11月11日，从上午8时左右到下午1时左右，中、美空军的67架B-29式超级空中堡垒重型轰炸机，空袭了南京下关江边与长江北岸浦口的日军码头与装卸设施；在此同时，另一批美国轰炸机轰炸了上海与日本本土九洲的日军军用设施……1945年5月19日，中国战机飞临南京浦口上空，散发大量中、日文传单，民众争相传阅。1945年5月22日，从菲律宾基地起飞的美国空军轰炸机袭击南京，在长江一带引起大火。中、美战机对南京、上海的多次成功的空袭，不仅严重地破坏了日军的机场与军用设施，而且有力地鼓舞了在日伪统治下的沦陷区广大人民。

"飞虎队"先后有多名队员捐躯，永远留在了中国。牺牲在昆明的"飞虎队"队员马隆·鲍特的母亲，在写给当时的中国外交部部长宋子文的信中说："我给了中国一个无所畏惧的年轻人，他忠于职守，继承了前辈的传统和观念。"美国空军志愿队的年轻飞行员们，在中国最困难的时刻，远离家乡与亲人，来到中国，与四亿中国人民站在一起，以自己卓越的战绩与宝贵的生命，给肆无忌惮的日军"空中强盗"以沉重的打击。他们的功绩，将永远载入中国抗战史册。

1945年7月，陈纳德被美国军方解职，准备回美国。重庆、昆明的广大市民纷纷涌上街头，为他送行。1945年8月8日，陈纳德离开中国。他在中国生活了8年2个月零8天，与中国抗战相始终。有专家说，他就是为中国抗战而生的。他在归途中听到了日本投降的消息。1958年7月18日，美国总统艾森豪威尔和美国国会批准晋升陈纳德为中将。1958年7月27日，陈纳德逝世。美国国防部以最隆重的军礼，将其安葬于华盛顿阿灵顿军人公墓。他的墓碑正面是英文墓志铭，镌刻着他所获得的各种奖章；背面是用中文写的"陈纳德将军之墓"，这是阿灵顿公墓里唯一的中文。

三十、"76号特工总部"头目李士群死于日军毒饼

（一）李士群暴毙的种种说法与解释

1943年9月9日，汪伪巨奸、"76号特工总部"总头目、伪清乡委员会秘书长、伪警政部部长、伪江苏省省长、伪军委会调查统计部部长李士群，突然在伪苏州公署内暴毙。

事后，汪伪政府宣称：李士群是患吐泻症不治身死，终年38岁。

李士群死亡的当日，汪精卫特派伪行政院秘书长陈春圃代表他，从南京来到苏州致祭，并拨款5万元为李士群治丧；汪精卫还亲自为李撰写了墓碑铭，称颂李是"才足以济世，而天不永其年"。

然而，人们不禁要问，年富力强的特务总头目，仅此"吐泻症"能致命吗？

其实，明眼人一看便知：李士群是被谋害致死，并非病故。那么，又是谁谋害了李士群呢？

关于李士群之死，历来有种种说法与解释：

一是李士群特务势力与军政势力发展过快，对日方与汪伪政权形成威胁，有尾大不掉之势，故除之；

二是日伪政权内部公馆派与周佛海CC系的派系矛盾，以及李士群与丁默邨、熊剑东、周佛海的个人利害冲突综合所致；

三是重庆国民政府军统特务机关的插手与策划；

四是李士群秘密与抗日力量进行联络，为日伪当局侦知；

五是李士群部属吴四宝、张国震等人策划在上海公然抢劫日方装运黄金的卡车，引起上海日军的强烈不满，等等。

这些说明与解释都有些道理，也都确有事实。但这些说法与解释，哪一个最接近历史的真实呢？或者还有别的更合理的说法与解释吗？

（二）经历复杂、长袖善舞的乱世大特务

李士群，浙江遂昌人，1905年4月24日生，少时在本乡读私塾，1924年，在其同窗学友叶吉卿的资助下，入上海美术专科学校；1926年春转入上海大学。这座由国共合作创办的大学号称"革命摇篮"，瞿秋白等著名的共产党人在此任教，曾培养出一大批革命青年。经同学方木仁介绍，李士群在这里加入中国共产党。1927年4月，他由中共上海组织选派，留学苏联莫斯科东方大学，学习政治保卫工作。不久，他被苏方选拔，入苏联特种警察学校受训。这座位于偏僻的西伯利亚小城的间谍学校，实际上是专门为

李士群

苏军总参谋部在远东建立自己的情报网，而特设的亚洲情报学校，学员多是不同国籍的共产党员。李士群在这里参加了严格军训，而且接受了苏联秘密特务工作的常规训练。他的特工潜力被他的苏联老师、苏军参谋总部情报头目谢苗·彼德罗维奇·乌里茨基将军看中和赏识，被秘密招募为苏军情报总局的直属情报员，并进入情报总局专设的间谍高等专科学校深造，最终被打造成一名以苏军情报总局为第一效忠对象的特工。李士群在这里结识了同样由中共派出的苏成德，以后十多年，两人几乎走上同样的道路：由中共到中统，再到"76号特工总部"。

1928年，李士群奉派从苏联回到中国。他以"蜀闻通讯社"记者的身份公开活动，一方面为苏军情报总局服务，一方面参加由周恩来领导的中共中央特科第一科，从事地下工作，并与叶吉卿结婚。不久，他被上海公共租界巡捕房逮捕，他因其妻叶吉卿托人走青帮季云卿的关系，被保释出来。从此，他与上海的帮会势力拉上了关系。

1932年年初，李士群又被国民党中央组织部党务调查科（中统的前身）逮捕，随即叛变，被委为党务调查科上海工作区的直属情报员，并和丁默邨等一道编辑《社会新闻》杂志，攻击诋毁中共与其他反蒋派系。但同时，他与上海中共地下特工组织仍保持秘密联系，可谓"脚踏几条船"。

1933年6月，李士群因有参与谋钉党务调查科上海工作区区长马绍武的嫌疑，被中统总部逮捕审查，饱尝酷刑，险些丧命，因此他对中统积怨很深。在其妻叶吉卿奔走营救下，他得以释放，担任闲职，长期郁郁不得志。在此后数年间，他不甘人下，争权夺利间，与中统、军统组织产生了复杂的矛盾。

1937年7月抗日战争全面爆发后，李士群奉中统之命，潜伏南京。但他早就决心趁天下大乱，另谋能发挥个人所长、实现个人抱负、飞黄腾达之路。他觉得日本国力强盛，天下无敌，已经占领中国的发达地区，今后肯定能一统中国，因此，投靠日本侵略者是最明智的选择。1938年夏秋之间，他趁中统委派他任新职的机会，席卷了全部特务经费，从武汉逃到香港，拜见日本驻香港总领事中村丰一。中村把他介绍给日本驻上海总领事馆书记官清水董三做情报工作。李士群来到上海，正式成为日本豢养的汉奸特务。他先拉拢收买一些国民党留沪人员，为日方做情报工作。不久，中统大头目丁默邨在1938年年底，受李士群策动，来到上海，投奔日驻沪总领事馆。他们成立特务组织，为日方从事情报活动。

1939年年初，因"维新政府"外交部部长陈箓在上海遇刺身亡，丁默邨与李士群的特务组织，在日本"土肥原机关"的直接指使与支持下，由情报活动转向特工行动，制订"上海特工计划"，组织特务武装，自命为"中国国民党铲共救国特工总指挥部"，在上海从事暗杀抗日人士的活动。

1939年5月6日，汪精卫公开叛国、来到上海。在日本大特务土肥原贤二、晴气庆胤、影佐祯昭等人的指令与撮合下，李士群与丁默邨的特务组织同汪精卫集团合流。在1939年8月底至9月初，在"国民党第六次全国代表大会"与"六届一中全会"上，丁默邨与李士群的特务组织被改组为"中国国民党中央执行委员会特务委员会特务工作总指挥部"，因其总部设在上海极司菲尔路76号，故被简称为"76号特工总部"，"76号特工总部"主任为丁默邨，副主任为李士群、唐惠民，但实权操在李士群之手。这伙极其疯狂残忍、丧心病狂的汉奸特务，在上海大打出手，制造了一起起屠杀中国抗日分子与抗日组织的血腥恐怖事件，破坏了许多军统、中统潜伏上海的组织，先后抓捕或杀害了军统上海特区区长王天木、陈恭澍，军统南京区区长钱新民，军统局本部少将高参戴星炳，国民党中央组织部副部长吴开先等人，为稳定上海的日伪政权与殖民统治秩序发挥了重大作用。李士群也成为人人皆知的大汉奸、大特务与双手沾满抗日军民鲜血的"杀人魔王"。李士群曾不无得意地对亲信部属说出他的心声："可以在河边摸大鱼，何必到河中心摸小鱼？我们都是没有根基的人，到重庆是同别人竞争不过的。蒋介石依靠英美，我李士群什么都没有，就依靠日本人。你说我汉奸也好，流氓也好，反正我有的是钱，有的是力量。"

李士群与重庆国民政府的军统、中统结怨太深，在效忠日、汪主子的同时，为"给自己多留一条后路"，他利用以前与苏联、中共特工部门的老关系，在1939年秋，与中共情报组织"上海站"取得了联系，表示愿意尽可能为中共和新四军做些有益的事。中共有关方面对李的处境和"狡兔三窟"之计洞若观火，决定利用其投机心理和特定身份，为我方提供情报和物资，同意与李建立关系，保持联系。为方便联系与保密起见，李士群指名道姓，要求中共方面派遣和他私交甚深的情报人员胡绣枫到他那里任职，作为双方的秘密联络人。这是因为胡绣枫夫妇以前曾与李士群夫妇一道落难，互相搭救，李一直把胡绣枫夫妇视作自己的恩人。但这时胡绣枫正在重庆等地为中共情报机关做国民党上层人士的工作，分不开身，便推荐自己的姐姐胡寿楣（笔名关露）代替她，得到中共方面和李士群的同意。胡寿楣很快进入"76号特工总部"任职，除了担任李士群与中共方面联络人等秘密工作，还以她"知名女作家"的身份，活跃于上海的文坛。

1940年年初，李士群把丁默邨赶出了"76号特工总部"，之后他成为这个令人谈之色变的汪伪特务组织一言九鼎的独裁者。

1940年3月30日汪伪中央政府成立后，李士群先任伪警政部副部长，又在1940年12月19日任伪警政部部长，1941年8月16日任伪调查统计部部长。

1941年春，日伪当局在华中占领区实行"清乡"，以苏州地区为重点与"试验区"。李士群掌握的特工武装力量受到日伪当局的重视，成为"清乡"的主力。1941年5月11日，李士群被任命为伪清乡委员会的秘书长，实际主持"清乡"工作。不久，他就排挤走老牌汉奸高冠吾，被任命为伪江苏省政府主席。当时，江苏是汪伪政府治下最重要、最富裕的省份。1943年1月20日，汪伪最高国防会议决定调整地方行政体制，改省政府主席制为省长制，李士群就成了伪江苏省省长。

李士群在苏州地区视察"清乡"

李士群走上权势的顶峰，踌躇满志，频繁往来于上海、苏州、南京三地，胡作非为，飞扬跋扈，排斥异己，势力日益膨胀，终于引起了日本侵华当局的疑虑；同时他也与汪伪政府中的其他派别、集团发生了激烈的权力冲突。重庆当局与军统总部对李残酷破坏与镇压军统在日占区的地下活动更是恨之入骨，必欲除之而后快。

（三）李士群与日伪各种势力发生了尖锐的矛盾

李士群自身的势力膨胀后，首先与与日本主子发生了尖锐的矛盾。

李士群本是由日本各特务机关一手扶植起来的汪伪特务总头目，为日本的侵华战争与殖民统治冲锋陷阵，杀人越货。日方当局对之也赞赏、信任有加，让其担任了伪政权的许多显赫而重要的官职。

可是，李士群由于权势膨胀，不再像以前那样对日本主子俯首帖耳。

他担任伪江苏省省长前后，竟与日军争夺沦陷区的战略物资——粮食与棉花，使得日本军方要求征购的军粮任务，只完成了不到三分之一；然后，他秘密指使伪江苏省粮食局局长后大椿、伪粮食部苏州办事处处长胡政，勾结日本浪人，把苏南的大量粮食偷运到苏北，进行投机倒卖，牟取暴利。李士群的部属、"76号特工总部"的警卫大队长吴四宝及张国震等人，甚至在上海的大马路上，公然抢劫日方装运黄金的卡车。与此同时，日方从情报中得知，李士群为留后路，与中共的情报组织秘密接上关系，向中共提供情报，甚至还向新四军秘密资助紧缺的物资等。这一切，都引起日方的强烈不满与愤怒。

早在1941年7月31日，当李的势力过大，并对日方当局有离心倾向时，日本"梅机关"机关长影佐祯昭就对周佛海说："不可使某一人权太大。"他还向周佛海指出，在汪伪政权中，有两大势力，如同癌症，必须除掉："一为李士群，一为任援道。任为害小，李为祸大，如不及早防止，将来必有大患，故主取消警政部。"周佛海称赞影佐祯昭："其观察深刻，令人心服。"（《周佛海日记》）

1942年年底，日军在太平洋战场节节败退。东条内阁为摆脱困境，确立了"对华新政策"，进一步支持汪伪政权，增强它的欺骗性，以便赢得日占区的民心，特别是要安抚与吸引上海、南京一带的中国经济界人士。在这种形势下，以杀人、绑架、劫财为主要特点的李士群特工势力，不再能适应日本主子的"对华新政策"。断然除去这个民愤极大的大特务与已失去作用的恶犬，是日本"对华新政策"的需要。兔死狗烹！一切都为日本的当前国策与最高国家利益服务，是日本军政当局始终奉行的对华殖民政策的一项重要内容。曾与日本军政当局打过多年交道、对日本情况十分了解的高宗武，就深有体会地说："我无意暗示所有日本人都没有人性。过去我有许多日本好朋友。可是一旦国家利益受到伤害，他们认为欺骗朋友是天经地义，甚至毒死他们在所不惜。"（高宗武：《高宗武回忆录》，陶恒生译，

北京：中国大百科全书出版社，2009年1月版，第77页）

据当时在汪伪政府中担任伪工商部次长、实业部次长、物资审议委员会秘书长等各种要职的袁愈佺回忆说："日本为了促使上海资本家安心靠拢汪伪政权，替日本掠夺战略物资卖力而采取的一个重要措施，就是1943年辻政信精心策划的毒死汉奸特务头子李士群的事件。"

日方出面执行毒杀李士群任务的是上海宪兵队长冈村。但冈村军阶太低，他没有得到上级的命令或暗示，是不敢贸然行动的。史料证明，具体策划与指挥这一毒杀工作的，是当时在南京"中国派遣军"总司令部中任要职的辻政信。他到南京前，东条英机曾亲自命令他来替汪伪政权"动手术"，割掉李士群这个"毒瘤"。

袁愈佺回忆说："有一次在'物资审议委员会'的干事会上讨论促进汪、日资本家合作的问题时，日军驻华总司令部第四科科长辻政信对我说：日本有名的'皇室中心主义'权威大川周明博士，曾经到上海会见一些中国大资产阶级，希望中日大资产阶级积极合作。但是中国大资本家一致指出，像李士群、吴世宝这类汉奸特务头子，在日本军人庇护下，横行霸道，无恶不作，特别是上海中国化学工业社总经理方液仙竟被吴世宝绑架后杀害，中国资产阶级听到李士群的名字无不心惊胆战，人人自危。因此，中国资产阶级是不会和日伪接近的。大川回国后，曾向东条英机首相汇报了这些情况，所以东条特意命令他来处理这些问

辻政信

题。当时辻政信曾表示过，李士群确实是伪政权的一个恶性肿瘤。据周佛海后来对我说：辻政信在事前曾告诉过他，东条首相亲自命令辻政信来替汪伪政权动手术，割掉李士群这个毒瘤。"

辻政信把日本当局的这个秘密指示告诉了伪行政院副院长、与李士群积怨日深的周佛海，促成了周佛海除掉李士群的最后决心。显然，辻政信的背后是以东条首相为首的日本最高当局，是日本最高当局采取的"对华新政策"，这是李士群被杀的最主要原因。

1942年冬，李士群的靠山、日方军部派驻"76号特工总部"的代表晴气庆胤被调离华中，赴北平任职。从此，李士群的日子便不好过了。继影佐祯昭之后，接任汪伪政府最高军事顾问的柴山兼四郎对李士群的所作所为十分不满与忌恨，力主将其除去。据晴气庆胤撰写的《沪西76号特工总部内幕》记载，在1943年8月，柴山兼四郎亲往北平，拜访晴气庆胤，专门商谈怎么处置李士群事。他对晴气庆胤说："李的横暴和顽固，实在使人没有办法，他不是精神异常吧？……为了挽救汪政府的财政困难，不能再让李士群任'江苏省省长'了。但对他作了各种说明工作，他还是不肯辞职。"这说明日本驻南京"中国派遣军"的上层已经对李士群愤恨已极，除掉李士群已经成为日方的既定目标，只是在等待一个合适的时机。

与此同时，李士群与汪伪政府中的重要实权人物周佛海、梅思平、丁默邨、熊剑东等人也发生激烈的权力冲突。

周佛海是汪伪的第三号人物，权力极大，曾是李士群的顶头上司，李士群本也是周的心腹与重要干将，是周佛海的"十人团"的重要人物。但李士群在权势膨胀后，对周也不恭顺了。两人先为争夺伪警政部的职权公开闹翻，后为在"清乡"地区推行"中储券"而发生正面冲突。这不仅使周佛海失财，还丢面子，权势大受损害。周佛海对李士群积怨日深，决心除李，只是担心汪精卫阻拦。据周佛海日记记载，在1943年5月1日，周佛海向汪精卫进言："气焰张者宜抑之，失意者宜慰之，不可使一面气焰愈高，一面抑郁愈甚。"汪精卫知道周所说的"气焰张者"是指李士群。过了八九天，1943 年 5 月 10 日，周佛海又与汪伪政府的第二号人物陈公博等人"密谈处分某人问题"，称"盖某作恶多端，处分之必大快人心，唯恐汪先生无此魄力，不能下决心耳"。显然，周在这里所写的"处分某人"，就是除掉李士群。1943 年 6 月 6 日，周佛海在南京寓所接见李士群，"与李谈二小时，劝其事业应循正轨，惟此人诚意缺乏，恐终无效也"，表现出极大的失望与厌恶。（蔡德金编注：《周佛海日记》上册，北京：中国社会科学出版社，1986 年版，第 851、855、869 页）

李士群跟周佛海的重要干将梅思平、罗君强、熊剑东等人的关系更为紧张。熊剑东掌握的伪税警总团与李士群的特务武装经常发生火并。李士群甚至命人在上海北站对熊剑东进行暗杀，未成，凶手被日军捕获。李士群就此跟熊剑东结下了不解之仇。

李士群与丁默邨矛盾由来已久。丁默邨本是李士群约来投日的，两人一同创立了"76 号特工总部"，丁默邨为主任，李士群为副主任，但李士群为了独霸"76 号特工总部"，千方百计打击丁默邨，最后利用丁默邨在女色上栽了跟斗，将丁默邨排挤走。丁默邨被迫离开后，到南京伪中央政府中当了无足轻重的伪社会部部长，被冷落多时。周佛海将丁默邨重新拉到自己身边，共同对付李士群。

李士群的权力膨胀与嚣张跋扈，甚至引起"公馆派"中担任伪中央宣传部部长的林柏生以及李士群"特工总部"的部属苏成德、万里浪等大特务的不满与对抗。据伪军委会报道部室主任杨振晚年回忆，1943 年春，林柏生与伪上海警察局局长苏成德、伪军委会办公厅副主任黄自强、伪参赞武官公署武官长郝鹏举以及赵简子、李天民、杨振，共 7 人，在南京秘密成立了一个绝对保密的"政治工作委员会"，代号"成和通运公司"，林柏生任主任。"其工作对象是特工头目李士群，要削减其势力，并进而翦除之"。据周佛海日记记载，1943 年 8 月 13 日晚，担任汪伪军委会政治保卫局第四厅少将厅长的大特务万里浪，到周佛海上海的寓所，向周佛海"历述对李士群的不满及李对渠怀疑之情形"，周称"不觉为之同情"。这时距李士群被害只剩二十多天。

汪伪集团中的各种势力结合起来，一起对付李士群。攻李的力量大大增强，李士群陷入四面楚歌之中。

李士群多次破坏重庆国民政府在日伪占领区的地下组织，捕杀与诱降大批军统、中统人员，重庆国民政府对李恨之入骨。戴笠与陈立夫多次下令，要不惜任何代价，杀掉李士群。但李士群防范森严，诡秘异常，多次暗杀计划都没有实现。1942年年初，周佛海与丁默邨等人为给自己留后路，先后与重庆方面秘密联系，请求自首立功。陈立夫与戴笠指示他们，务必设法翦除李士群，以此考验他们的自首诚意，而这正符合周佛海他们的心意。据周佛海日记记载，1943年5月3日，"八时许，程克祥由渝来，报告见蒋先生及戴笠经过"。程克祥正是周佛海与戴笠的中间联络人。

在这期间，周佛海又得到辻政信传递来的日方当局要"割掉李士群这个毒瘤"的信息。据周的日记所载，1943年8月26日上午，周在南京"接见日总部新任第三科科长辻大佐。此人原为（日本陆军）参谋本部作战参谋，大东亚战争之作战计划均渠所订，视察所罗门时受伤。原为东亚同盟健将，颇尊重中国之独立自由，此次来华于我大有益也"。当天下午，周就赴上海，"剑东在站接，同回家，君强亦在"。显然，他们根据辻政信的指示，在紧张筹谋。

于是，在周佛海的主持下，攻李集团加快了实施暗杀李士群的工作。周佛海等人拟定了暗杀李士群的上、中、下三策："上策"是利用日本人与李的矛盾，杀掉他；"中策"是利用李士群与其他汪伪派系的矛盾，杀掉他；"下策"是由军统方面派人狙击，杀掉他。权衡利弊，最后决定采取"上策"。

据周佛海日记记载，1943年5月2日，周佛海"宴日本驻华中宪兵司令大木（繁）少将，座仅主客二人，密谈二小时余。余表示国府最要之图为获得民心，盼日宪兵能协力，一切足引起民众反感之事，中日双方应协力制止之"。周虽写得隐晦，但联系在此前后他与汪精卫、陈公博的谈话，就可知周是在与大木繁密谈"协力制止"即制裁李士群之事，并请求日本宪兵协力。最终，他们议定，由日军驻上海特务机关特高科科长、上海宪兵队队长冈村出面，以调解李与熊剑东的矛盾为名，约请李士群与熊剑东一同到冈村住所——上海外白渡桥百老汇大楼（今上海大厦）相谈，以软性行动将其除掉。

（四）半只牛肉饼毒死李士群

1943年夏秋间，在周佛海的主持与策划下，暗杀李士群的工作在加紧实施中。

首先，周佛海先后派遣伪税警总团副团长熊剑东、伪财政部总务司司长杨惺华、伪储备银行总务处长马骥良，去说服与策动冈村出面杀李。冈村是个刚愎暴躁的人，熊剑东等人在其面前大讲李士群如何坏，如何对日本宪兵队不满，野心勃勃，要争夺宪兵队的权力，并瞧不起冈村。熊剑东等人的话大大激怒了冈村。

据周佛海日记记载，1943年5月7日，周佛海在上海寓所，亲自与冈村谈话。1943年5月24日、27日，6月3日，7月7日，周佛海在南京寓所，又连续几次亲自接见冈村。

这时，许多日本军政要人对李士群表示不满的话纷纷传到冈村的耳中，特别是在南京"中国派遣军"总司令部中任要职的辻政信和日军"驻华中宪兵司令"大木繁等人，以各种方式向冈村传递了除去李士群的决心与信息。于是，冈村欣然同意配合熊剑东杀李。

1943年9月6日晚，冈村声称要调解李士群与熊剑东的矛盾，约请他们二人同到上海外白渡桥百老汇大楼其住处谈话。

当时李士群已听到不少于己不利的消息，因此一直十分警觉，加强对自己的警卫，日夜在身边部署多个保镖，绝不单独外出，更不在外饮食。这天，他本不想去见冈村，但又不敢公然得罪日本宪兵队，只得硬着头皮去了。行前，他与随行的日语翻译、伪军委会调查统计部常务次长夏仲明约定，不吃冈村的任何东西，连香烟都抽自己的。他还预先派了几个保镖在百老汇大厦楼下等他，约定如自己两小时内不下来，就冲上楼去救他出来。李士群的妻子叶吉卿也一再叮嘱他，千万别吃日本人的任何东西。

李士群带着夏仲明，走进了特高科科长冈村的客厅，冈村、熊剑东早就在恭候他。

李士群与冈村、熊剑东见面后，由于冈村、熊剑东摆出一副"赤诚相见、尽释前嫌"的姿态，李士群逐渐放松警惕。熊说："我们双方误会的原因，还是由于我的不是。今天，我们当着冈村科长的面，把过去的事一笔勾销，今后我们就是好朋友了。"熊声称，他今后的目标是"开府浙东"，就是想到浙江宁波去当方面大员，现在人事已经没有问题，只是缺少500万元。李士群一听，以为熊要离开上海与江苏的地盘，不再与他争权夺利，暗暗高兴，立即表示愿意奉送熊1000万元。熊装得无比激动与感激。冈村在旁趁机说："你们两位都是我的好朋友，年轻有为，前程远大。今后你们有什么事，我一定尽力帮忙。"

李士群完全解除了戒心，不仅把身上的手枪卸下来，而且与冈村互相敬烟，一起喝汽水与酒。就在这时，冈村的妻子端出一碟牛肉饼，送到李士群面前，说了声："粗东西，请李阁下尝尝。"李见只有一碟，觉得有些不放心，就把它推开，后见冈村妻子又端出三碟，在其他三人面前放下，冈村与熊剑东都狼吞虎咽大嚼起来。李士群见此情景，也便不再推辞，吃了半只牛肉饼。半小时后，才起身告辞回家。

然而，李士群吃下的那盘牛肉饼中，冈村早就令人巧妙地下了毒。这是日本军方新发明的一种毒药，无色无味，食用后36小时后才发作。李士群回到家中，对那牛肉饼到底不放心，便到卫生间用手向喉咙里抠，想要催吐，可没成功。第二天李士群从上海回到苏州家中，未觉不适，便不再将这事放在心上。但到了第三天，毒性发作，李士群周身大量出汗，连续发高烧。起初他还以为感染了一般时疫，后来感觉病情不对，才又回想起那半只牛肉饼。他预感情况不妙，可又不敢让一般医生来看病，急忙派人去上海，请来伪江苏省立医院院长储麟荪。但未等储麟荪到来，李士群的病情便迅速恶化。李感到万分痛苦，想拔枪自杀，被其妻夺下。李士群绝望地说："我做了一世特工，现在却落在人家设下的陷阱里，还是让我自杀的好。"等储麟荪从上海赶到，李士群的血管已经硬化，连盐水针的针头也无法戳入了。9月9日下午5时，李士群终于毙命，年仅38岁。

对于李士群之死，汪伪政府内的高层头目，明知其中有鬼，可谁也不敢追究，反而千方百计地加以掩饰。汪精卫特别对日本方面的"最高军事顾问"柴山表示："传闻日本宪兵队冈村与李士群之死有关，这是外界的谣言，我们没有必要去理会他。"对于周佛海等人，柴山与汪精卫都知道他们参与其事，也丝毫不予触动。柴山还专门提请汪精卫注意："周佛海负有同重庆实现和平的任务，因此，必须绝对避免直接对立和正面冲突。"这表明，在日军侵华初期曾为他们立下"大功"的李士群，到1943年已成为他们"对华新政策"的障碍，终被日本主子一脚踢开，就是很自然的了。

第三辑

抗战胜利往事

一、南京黄埔路受降与励志社审判

日本军国主义者发动的侵略战争，在中国人民英勇、顽强的反抗斗争与世界反法西斯战线的共同打击下，在天怒人怨中，终于彻底地失败了。

（一）日本天皇宣布投降的"玉音"在南京响起

1945年8月15日，战时日伪统治区的中心南京。凌晨0时12分，南京日本"中国派遣军"总司令部接到日本陆军省次长发来的紧急通知："天皇陛下于15日12时躬亲广播，望恭谨聆听。"15日上午10时10分，"中国派遣军"总司令部又接到东京总部"关于结束帝国战争"的命令。"中国派遣军"总司令官冈村宁次只得下令总司令部的全体官兵，齐集南京中山北路总司令部大楼前的广场上，面向东方日本皇宫方向，肃然列队，收听天皇广播；同时下令驻南京的日军各部队官兵以及在南京的日本侨民就地收听。

南京各级伪政权的官员与南京的许多民众也不约而同地聚集在收音机旁。

中午12时，各处的收音机里，按时传来了日本东京的播音。先是日本播音员用喑哑低沉的声音宣布："这次广播极其重要，请所有听众起立，天皇陛下现在正向日本人民宣读诏书。我们以尊敬的心情播送'玉音'。"接着，裕仁天皇的"玉音"响起来了——这是事前录制的裕仁天皇宣读的

南京日本"中国派遣军"总司令部大楼

《终战诏书》。这位日本时任的最高统治者不得不承认日本当时面临的彻底失败的处境。"战局并未好转,世界大势亦不利于我","如仍继续交战,则不仅导致我民族之灭亡,并将破坏人类之文明",因此,"朕深鉴于世界大势及帝国之现状,欲采取非常之措施,以收拾时局,兹告尔等臣民,朕已饬令帝国政府通告美、英、中、苏四国,愿接受其联合公告"。

裕仁实际上是宣布日本向盟国无条件投降,但他在《终战诏书》里却有意回避了"投降"这个字眼。自1868年明治维新后,日本军国主义者就积极对外扩张侵略,在亚洲与太平洋地区横行霸道近八十年、对中国人民与亚洲人民犯下了无数罪行。他们的暴行,在1945年8月15日这天,终于走到了末日。

但是,日本驻南京的"中国派遣军"总司令官冈村宁次仍不愿接受这个事实。他在率总司令部全体官兵收听了天皇诏书后,当场含泪向部属作了"谨遵诏命,发挥百万派遣军的核心作用"的训示,但他随即又致电东京参谋总长梅津美治郎,声称:"派遣军拥有百万大军,且连战连胜……以如此优势之军队而由软弱之重庆军解除武装,实为不应有之事。"

驻南京的日军各机关、各部队军政人员与日本侨民,在"聆听"了天皇的广播后,面对"日本最终失败与无条件投降"这个惨痛的现实,一些人呆若木鸡,惊惶失措,长跪在南京的大街上仰天长嚎;还有一些人以自杀表示自己的对抗与绝望。

南京的广大中国民众则是一片欢腾。

冈村宁次又收听到重庆中国国民政府主席蒋介石通过广播电台发给他的命令,主要内容是关于日军投降事宜的六项原则,日军在停止一切军事行动后,"可暂保有其武装及装备,保持现有态势,并维持所在地之秩序及交通,听候中国陆军总司令何应钦之命令"。蒋介石命令冈村宁次派代表至江西玉山,洽谈投降事宜。(何应钦:《日本侵华八年抗战史》)

8月17日,冈村宁次派遣副总参谋长今井武夫率随员从南京飞往杭州,通过伪浙江省省长丁默邨,与重庆国民政府第三战区的顾祝同联系,准备去江西玉山洽谈投降事宜。当日,冈村宁次接到蒋介石的指示,因江西玉山机场被暴雨破坏,日军洽降代表应转赴湖南芷江。于是,今井武夫一行从杭州回到南京,于8月21日飞抵湖南芷江,与何应钦洽谈有关日军投降各项事宜。今井武夫于8月23日飞回南京,向冈村宁次报告了洽降的情况。冈村宁次令日本"中国派遣军"总司令部布置迎接重庆国民政府的受降代表与部队前来南京。

1945年8月27日下午2时40分,以重庆国民政府陆军总司令部副参谋长冷欣为首的"国民政府陆军总司令部前进指挥所"一行159人,另有即将进驻南京的新六军前进指挥所官兵52人,携电台1部,指挥车2辆,分乘7架飞机,从湖南芷江飞抵南京大校场机场。冷欣一行被安排住在南京中山北路原华侨招待所。当晚冷欣在这里正式设立"前进指挥所",下分设一、二、三、四、特科、政治、总务、警卫共八个组。冷欣本人则被日方安排在南京城北萨家湾 1 号原孙科公馆、后成为汪伪政府的迎宾馆中住宿。

第二天，即 1945 年 8 月 28 日，冈村宁次在今井武夫陪同下，亲自前往萨家湾 1 号拜会冷欣。冷欣向冈村宁次转交何应钦新发来的致日军第 8 号至第 13 号备忘录。

1945 年 8 月 30 日至 9 月 5 日，重庆国民政府空运精锐的、美式装备的新六军陆续抵达南京及其附近地区。这是自从 1937 年 12 月 13 日日军占领南京后近八年，中国政府的军队第一次回到这块备受日军摧残与凌辱的土地。新六军担任南京及周边地区的警备。从这时起，南京城才真正结束了日军刺刀下的殖民统治。

1945 年 9 月 6 日中午，重庆国民政府陆军总司令部参谋长萧毅肃由芷江飞抵南京；7 日，战前任南京市市长的马超俊，从芷江飞抵南京，复任南京市市长；当日，重庆国民政府所派"首都警察厅"厅长韩文焕、副厅长乐干等 11 人，从重庆飞抵南京。

1945 年 9 月 8 日中午 12 时 15 分，中国国民政府陆军总司令、盟军中国战区受降主官何应钦，由蔡文治、钮先铭、张廷孟等人陪同，乘"美龄号"专机从湖南芷江飞抵南京，由国民党南京特别市党部发动的各机关代表到机场迎接。日本"中国派遣军"总司令官冈村宁次、总参谋长小林浅三郎、副参谋长今井武夫等将领，另成一列，肃立恭迎。

中国战区日军投降签字仪式的时间，由国民政府主席蒋介石选定为 1945 年 9 月 9 日上午 9 时。"三九"——这是中国传统的吉利喜庆时刻。典礼地址原拟于国民政府礼堂举行，后几经筹商，最后择定黄埔路中央军校大礼堂，由陆军总部工兵指挥官马崇六将军负责布置。

（二）黄埔路"陆总"礼堂的受降仪式

1945 年 9 月 9 日上午，南京天气晴朗，秋阳高照。城内城外，彩旗飘扬。大街上搭起了一座座用青松翠柏装饰的高大牌楼。

中国战区日军投降签字仪式在南京黄埔路原国民政府中央军校大礼堂举行。

军校大门口悬挂着"中国陆军总司令部"的匾额。军校的广场四周，旗杆林立，旗杆上高高飘扬着五十二个盟国的国旗。军校大礼堂的正门上，悬挂着中、美、英、苏四国的国旗。礼堂内，面朝大门的正面墙上挂有孙中山的画像，画像两边分别悬挂中华民国国旗与中国国民党党旗。画像的下边点缀着红色的"V"字形符号与"和平"两字。画像对面的墙壁上，并列悬挂着中、美、英、苏四国领袖的肖像。礼堂正中木梁上悬挂着中、美、英、苏四国的国旗。在挂有孙中山画像的正面墙前，放有一张长桌，上铺白布，为受降席。受降席的对面也有一张长桌，为投降席。在受降席的两边分别是中外贵宾观礼席与记者席，楼上是一般人员观礼席。在

国民政府中央军校大礼堂旧址

军校与礼堂的各个入口处与要道口以及各国国旗的旗杆下，在礼堂受降席与投降席每张座位的后面，都有武装的士兵与宪兵守卫，戒备森严，气氛严肃。应邀前来观礼的外宾及中国官员、中外记者共计 405 人，其中中国军官 219 人，中国文职官员 51 人，中国记者 52 人，同盟国代表 47 人，外国记者 36 人。中国方面的重要官员有第三方面军司令官汤恩伯、江苏省政府主席王懋功、南京市市长马超俊、接受计划委员贺衷寒，以及李明扬、郑洞国、冷欣、廖耀湘、蔡文治、彭孟缉、谷正纲、丁惟芬、顾毓琇等人，外国来宾有美国陆军少将麦克鲁、准将柏德若、海军少将迈思斯、英国海思少将、法国保义上校以及加拿大、苏联、荷兰、澳大利亚等国的军官多人。

上午 8 时 30 分，中外来宾陆续签名入场。

上午 8 时 45 分，日军投降代表 7 人，分乘 3 辆汽车，由中国陆军王武上校引领，到达中国陆军总部，在广场下车。他们是：日本"中国派遣军"总司令官冈村宁次、总参谋长小林浅三郎、副参谋长今井武夫、参谋小笠原清、日本驻华海军舰队司令官福田良三、日本第十方面军（台湾军）参谋长谏山春树、日本第三十八军（印度支那北部驻军）参谋长三泽昌雄。他们代表日本"中国派遣军"、驻台湾军与驻法属印度支那北部驻军向盟军中国战区投降。早就在此等候的中外记者一拥而上，争先恐后地拍摄。王武上校引导他们进入休息室。按照事先约定，日军代表解下他们佩带的军刀，并将军刀分别呈献：冈村宁次所佩军刀恭献何应钦，小林浅三郎所佩军刀恭献陆军参谋长萧毅肃，今井武夫所佩军刀恭献陆军副参谋长冷欣。

上午 8 时 51 分，何应钦率中国受降官 4 人先行入场，在受降席就座。这 4 位受降官是：第三战区司令长官顾祝同、陆军参谋长萧毅肃、海军总司令陈绍宽、空军第一路司令张廷孟。何应钦居中，其左侧依次为陈绍宽、张廷孟，其右侧依次为顾祝同、萧毅肃。

南京受降仪式

中国受降主官（左起：何应钦、顾祝同、陈绍宽、萧毅肃、张廷孟）

8时52分，日军投降代表由王俊中将引导，鱼贯入场。他们先到规定点位，立正，恭敬地向何应钦一鞠躬，何欠身作答，命其坐下。日方代表便依规定，于投降席就坐，冈村宁次居中，面对何应钦，其左侧依次为小林浅三郎、今井武夫、小笠原清，其右侧依次为福田良三、谏山春树、三泽昌雄。七人都身穿日军军服，未佩带军刀，就坐时，冈村宁次将军帽脱下置于案头，其他人则始终将军帽握在手中。日方译员木村辰男着灰色西服，以立正姿势，立于冈村宁次身后。

9时整，受降仪式开始。何应钦先向中外记者宣布："摄影五分钟！"于是，镁光灯闪烁，中外记者紧张地拍摄影像和照片。9时5分，何应钦命冈村宁次等人呈出签降的证明文件，冈村转命小林呈递给何应钦。

何应钦在验签了冈村宁次等人代表签降的证明文件后，将该证明文件留下；接着，另将两份分别以中、日文印制的日军降书，交付冈村宁次阅读签字。冈村宁次光着脑袋，神色黯然，在无数的眼光与照相机的逼视下，匆匆阅过降书，随即在两份降书上分别签字，再从上衣右口袋里，取出圆形水晶图章一枚，盖在其签名之下。签字的字迹虽很娟秀，但墨痕似嫌稍淡。冈村签字时，中外记者莫不抓紧这一稍纵即逝的时刻，拍摄下这一具有重大历史意义的镜头。冈村签字后，由小林浅三郎将两份降书恭谨地送到受降席前，双手呈给何应钦。何应钦从容安详，对两份降书加以检视后，签名盖章，旋以降书一份，命萧毅肃交付冈村，冈村起立接受。

降书的内容共有九条。它不再像裕仁天皇的《终战诏书》那样语意

小林浅三郎在受降仪式上向何应钦呈递投降书

含混暧昧，有意回避"无条件投降"这几个字，有意回避这铁的事实，而是鲜明地、确凿无疑地、开门见山地宣告：日本向盟国无条件投降。降书写道：

一、日本帝国政府及日本帝国大本营已向联合国最高统帅无条件投降。

二、联合国最高统帅第一号命令规定，"在中华民国（东三省除外）台湾与越南北纬十六度以北地区内之日本全部陆海空军与辅助部队应向蒋委员长投降"。

……

九、投降之日本陆海空军中任何人员对于本降书所列各款及蒋委员长与其代表何应钦上将嗣后所授之命令，倘有未能履行或迟延情事，各级负责官长及违反命令者愿受惩罚。

日军降书

何应钦复将中国战区最高统帅蒋介石的命令第一号，连同命令受领证，仍命萧毅肃交付冈村。冈村于受领证上签字盖章，命小林送呈何应钦。

随后，何应钦宣布日军代表退席。冈村等7人仍由王俊引导离座，肃立，向何应钦一鞠躬，然后鱼贯退出礼堂。何应钦起身作答。冈村等7人紧绷着脸，小笠原清落后了两步，形容惨淡。

受降仪式历时20分钟结束。

然而，这却是历史性的20分钟！它象征着日本自19世纪中叶以来对华近百年的侵略战争终于遭到最后的可耻失败！它也象征着日军对南京的八年殖民统治的最终结束！何应钦随即在礼堂发表简短的广播演说："敬告全国同胞及全世界人士，中国战区日本投降签字仪式已于9日上午9时在南京顺利完成，这是中国历史上最有意义的一个日子，这是八年抗战艰苦奋斗的结果，东亚及全世界人类和平与繁荣从此开一新的纪元。"

9月9日晚8时，冈村宁次向全体驻华日军下达投降命令。与此同时，何应钦在励志社举行酒会，招待中外来宾。

9月9日中午，冷欣即奉何应钦之命，从南京飞赴重庆。第二天，9月10日上午，在重庆国民政府礼堂，冷欣将日方的一份降书，呈交蒋介石，正式完成了全部受降手续。

（三）励志社审判日本战犯

为了清算日本战犯的罪行，在日本政府宣布无条件投降后，在盟国军队进驻占领日本的同时，盟军最高统帅部迅速开展对日本战犯的审判工作：首先下令逮捕日本各级战犯；接着，开始组建对日本战犯审判的国际军事法庭。1946年1月19日，盟军最高统帅麦克阿瑟根据中、美、英、苏四国外长莫斯科会议的决定，发布特别通告，命令在东京设立"远东国际军事法庭"。由于日本发动侵略战争历时多年，罪行累累，战犯人数众多，盟国议定将所有日本战犯按罪行轻重程度分为甲、乙、丙三级。甲级战犯是指从整体和全局策划、发动和执行侵略的罪犯；乙级战犯是指违反战争法规的现地责任者，即犯违反人道罪；丙级战犯是指违反战争法规的直接执行者，即犯直接责任罪。盟国议定，将甲级战犯交东京"远东国际军事法庭"审判；将乙级、丙级战犯交由罪行发生所在国家的军事法庭审判。

中国国民政府依据上述盟国发布的一系列宣言、决定、通告的精神，特别是《波茨坦公告》的原则，开展对日本乙级、丙级战犯的审判工作。

从1945年8月到1947年5月，中国政府在各地逮捕日本乙级、丙级战犯，以及由中国驻日代表团引渡的日本乙级、丙级战犯，共2357名。1945年11月6日，中国国民政府奉蒋介石主席电示，经行政院签准，由军令部、军政部、外交部、司法行政部、行政院秘书处、联合国战争罪犯审查委员会远东太平洋分会等六机关组织，成立"（日本）战争罪犯处理委员会"，作为中国国家处理日本战争罪犯的最高权力机关，"承理战犯处理之指导、审议等业务"。秦德纯被任命为该委员会的主任委员。"战争罪犯处理委员会"成立后，一方面依据关于战犯审理与执法的规定，从1945年12月16日到1946年5月1日，分别在南京、汉口、广州、沈阳、太原、北平、徐州、上海、济南、台北等十处成立"审判战犯军事法庭"，分别审理各地区的日本乙级、丙级战争罪犯；同时，依据盟国发布的一系列宣言、决定、通告的精神与《波茨坦公告》的原则，制订了审判日本乙级、丙级战争罪犯的《战争罪犯处理办法》《战争罪犯审判办法》《战争罪犯审判办法施行细则》以及《审判罪犯军事法庭编制表》《军政部战犯拘留所编制表》《各地战犯拘留所编制表》《应行设立审判战犯军事法庭各单位一览表》共七种法规与《战争罪犯审判条例》，对日本乙级、丙级战犯从检举、逮捕到审讯、判决、行刑等整个过程可能涉及的各方面问题，都作了较为详细、严密而又较为合理的法律规定，于1946年2月审议通过，使得各地军事法庭对日本战犯的审判有了充分的法律依据。

在中国各地"审判战犯军事法庭"对日本战犯的审判中,以南京"审判战犯军事法庭"的审判最为重要,影响也最大。

1946年2月15日,南京"审判战犯军事法庭"成立,由5名军法审判官和1名军法检察官组成。石美瑜任庭长,宋书同、李元庆、葛召棠、叶在增任审判官,王家楣任主任检察官,另设书记官、通译等职。后以陈光虞任首席检察官兼任公诉人。

石美瑜,福建闽侯人,1909年(宣统元年)生,毕业于福建法政专门学校;再考入中央政治学校,至南京受训,其间参加司法官考试,以第一名录取,有"福建才子"之美誉。1932年,石美瑜年方23岁,至上海任法官,因表现出色,旋调升上海高院法官。1937年11月12日日军侵占上海后,胁迫石美瑜出任伪法庭庭长,石美瑜不从,潜逃至安徽中国军队控制区,后由重庆国民政府派令为江苏高等法院江南临时法庭法官。因战火炽烈,石美瑜无法执行职务,乃赴上海法学院、法政学院等学校教授法学。抗战胜利后,石美瑜受命主审汉奸陈公博、缪斌案,表现杰出,被擢升为南京"审判(日本)战犯军事法庭"审判长。

南京"审判战犯军事法庭"庭址原设在国防部内正面大楼三楼,后迁马标中央军校

石美瑜

内。该庭最初直属中国陆军总司令部，1946年7月1日后改为直属国民政府国防部，称"国防部审判战犯军事法庭"，受国民政府国防部军法局的指挥与监督。1946年5月27日，南京"审判战犯军事法庭"在励志社总部礼堂设立法庭，开始对日本战犯进行审判。

励志社总部位于南京市中山东路，共有三座大型中西合璧的宫殿式宏伟建筑。励志社礼堂原是一幢召开重要会议、演出戏剧、播放电影的多功能厅，外观为中国传统宫殿式，而内部的使用空间是当时比较现代的剧院布置，内有门厅、休息部、观众大厅及其他服务设施。励志社的另外两幢建筑是接待住宿的现代式宾馆，主体地上三层，另有一层半地下室。励志社是一个以黄埔军人为服务对象，以振奋"革命精神"、培养"模范军人"为目的的军事组织，于1929年1月成立于南京，社长一度由蒋介石亲自担任，总干事黄仁霖。励志社总部的几幢建筑是为该社成员提供后勤、会议及娱乐服务的场馆。日伪时期，这里成为伪中央军官学校所在地。

南京励志社礼堂

南京"审判战犯军事法庭"第一个提起公诉和审判的对象,是战犯酒井隆。

酒井隆是日本侵华的重要代表人物。此人在1928年任日本驻济南领事馆武官时,一手策划和制造了"济南惨案";不久回国,担任日本陆军参谋本部作战部中国课课长,成为著名的"中国通",与土肥原贤二、板垣征四郎齐名。1932年,他晋升大佐;1934年8月,调任日本驻天津的"支那驻屯军"司令官梅津美治郎的参谋长;1935年7月,他亲自起草了所谓"何梅协定",威逼、羞辱中国政府代表何应钦,在何应钦未签一字而仅作一短函答复的情况下,就强行宣布"何梅协定"签订,把国民党在华北地区的各级党部及中央军、东北军逐出华北。1937年7月日本发动全面侵华战争后,酒井隆任日军步兵第十四师团第二十八旅团的少将旅团长,随师团长土肥原贤二参加兰封会战。1938年6月至1940年6月,酒井隆先后担任日本驻张家口特务机关长、日本内阁"兴亚院"驻蒙疆联络部长官、日本驻蒙军军附等职,晋升中将。1941年11月,酒井隆升任日本驻广东的第二十三军司令官;同年12月7日日本发动太平洋战争后,他指挥日军一个师团,经过18天激战,占领香港,迫使英国总督杨慕琦投降。酒井隆兼任香港军政厅最高长官约三个月,直到矶谷廉介抵港接任。1943年4月,酒井隆被编入预备役。1945年2月,他奉命在北京设立"酒井机关",进行与重庆国民政府的秘密和平谈判。1945年12月,他作为战

酒井隆

犯被国民政府逮捕。酒井隆在华北、华南的广州、香港等地，率军攻城略地、烧杀淫掠，犯下累累罪行。

经过三个月的审理，1946年8月27日，南京"审判战犯军事法庭"定酒井隆为第一号战犯，判处死刑；1946年9月30日，在南京雨花台将其枪决。

在这前后，南京"审判战犯军事法庭"以及南京社会各界对南京大屠杀案的审判进行了充分的准备。因松井石根被定为甲级战犯，必须在东京"远东国际军事法庭"受审，不能移押南京；指挥南京大屠杀的其他日本元凶巨憝如柳川平助、中岛今朝吾等人已死，朝香宫鸠彦因是日本皇族，被盟军总部下令"免于法律追究"，只有第六师团长谷寿夫被定为乙级战犯，于1946年10月16日被引渡押解来南京，羁押于小营战犯拘留所。1946年10月19日，南京"审判战犯军事法庭"开始提审谷寿夫。

经过约四个月的预审与调查，南京"审判战犯军事法庭"充分掌握了

谷寿夫在南京"审判战犯军事法庭"受审

谷寿夫在南京大屠杀期间的所作所为与滔天罪行：谷寿夫指挥的日军第六师团是日军进攻南京的主力部队。该师团在1937年11月初从华北战场调到华东，在杭州湾登陆，从上海沿太湖南岸向南京包抄，一路上烧杀抢劫，无恶不作。在1937年12月上旬和中旬，该师团在南京城南，沿花神庙、雨花台、中华门一线猛攻南京城，并在1937年12月12日中午最先从中华门攻入南京城内；与此同时，该师团又分出一部分兵力在城外沿水西门、汉中门、定淮门城墙，插入下关，与沿玄武门东岸北上的日军第十六师团一部会合，包围俘虏了大量的中国军民。在谷寿夫的指挥下，日军第六师团官兵在长江边、在城南花神庙—雨花台—中华门一线、在城内各地，对已放下武器的战俘与手无寸铁的平民百姓进行了连续多日的大屠杀。日军第六师团官兵的大屠杀是日军南京大屠杀的最血腥的部分，谷寿夫的双手沾满了中国人民的鲜血。

1947年2月6日至8日，南京"审判战犯军事法庭"在励志社设立法庭，对谷寿夫进行三天公审。参与旁听的人数多达上千。庭长石美瑜宣布公审开始后，公诉人陈光虞宣读起诉书，指控谷寿夫在侵华战争，特别是在南京大屠杀中犯下的罪行，但谷寿夫拒不认罪。法庭传讯了数百名中外证人出庭作证，出示了大量人证、物证；公布了南京各社会团体对日军南京大屠杀的多份调查笔录与调查总结报告，陈列了由法庭挖掘的南京大屠杀受害者的尸骨与勘验笔录；同时法庭搜集并出示了侵华日军为炫耀"攻略南京"战绩而拍摄的电影纪录片、日军第六师团官兵在南京大屠杀期间写的日记、日本报刊在南京大屠杀期间刊登的报道文章以及日本随军著名作家石川达三所写的反映日军南京大屠杀的纪实文学《活着的士兵》；宣读了战时美国《纽约时报》驻南京记者写的《南京大屠杀目睹记》；出示了英国《曼彻斯特卫报》记者田伯烈于1938年初编著的《外人目睹中之日军暴行》等共达四五千件证据。这些铁证确定谷寿夫等日本战犯在南京大屠杀中犯下的罪行是不容抵赖的。

1947年3月10日,南京"审判战犯军事法庭"审判长石美瑜宣读了对谷寿夫的判决书:

日军在南京大屠杀中,大规模集体屠杀共有二十八案,屠杀十九万多人;零星屠杀有八百五十八案,屠杀约十五万人。总计日军屠杀中国战俘与难民达三十余万人。对谷寿夫"处死刑"。

顿时,法庭上欢声雷动。南京"审判战犯军事法庭"依法将对谷寿夫的死刑判决向国民政府主席蒋介石申报,蒋介石于1947年3月25日批示"如拟"。1947年4月26日,谷寿夫在雨花台刑场被执行枪决。

接着,南京"审判战犯军事法庭"分别对在南京大屠杀中犯有重大罪行的原日军第十六师团的向井敏明、野田毅,第六师团的田中军吉这三名丙级战犯进行审判。

向井敏明、野田毅和田中军吉是日军南京大屠杀中的杀人狂。向井敏明、野田毅是日军第十六师团中的两名少尉军官,在进攻南京期间,以"百人斩"为目标进行了"杀人比赛",杀害已放下武器的战俘与手无寸铁的平民百姓数百人。1937年11月底到12月中旬,日本《东京日日新闻》等报对此二人的暴行连续四次作了详细报道,还刊登了此二人手持杀人军刀的合影照片。田中军吉在谷寿夫所部第六师团中担任中队长,在进攻南京与大屠杀期间,以"助广"军刀杀害了三百余名战俘与无辜平民。

1947年12月18日,南京"审判战犯军事法庭"对向井敏明、野田毅、田中军吉宣判:该三犯"以屠杀平民认为武功,并以杀人作竞赛娱乐,可谓穷凶极恶,蛮悍无与伦比,实为人类蟊贼,文明公敌",已"构成战争罪及违反人道罪","向井敏明、野田毅、田中军吉在作战期间,共同连续屠杀俘虏及非战斗人员,各处死刑"。南京"审判战犯军事法庭"依法将对此三犯的死刑判决向国民政府主席蒋介石申报,蒋介石于1948年1月26日批示:"核无不合,应予照准。"1948年1月28日,田中军吉、向井敏明、野田毅三犯在雨花台刑场被执行枪决。

向井敏明和野田毅被押抵雨花台刑场

据统计，从1946年5月到1949年4月30日，在约三年的时间中，南京"审判战犯军事法庭"审理的日本战犯案件共有两百余案，共审理24人。其中，审理师团长以上的高级将领有15名，即酒井隆、谷寿夫、矶谷廉介、高桥坦、小仓达次、福田良三、野地嘉平、菱田元四郎、内田孝正、船引正之、落合甚九郎、三浦忠三郎、原田清一、松井太九郎、冈村宁次，这些人被定为乙级战犯；另审理向井敏明、野田毅、田中军吉、栗岩尚治、黑濑平一、伊达顺之助、梨田寿男等7名日军中下级军官与大庭早志、中野久勇2名日本宪兵，这些人被定为丙级战犯。审判结果为：处死刑5人，处终身监禁2人，处有期徒刑12人，无罪释放2人。

南京"审判战犯军事法庭"对日本战犯的审判，具有不容置疑的正义性和历史权威性。它和东京"远东国际军事法庭"对日本战犯的审判一道，对日本军国主义者发动侵华战争、制造南京大屠杀等暴行进行了认真的清算，用法律的形式，将日本法西斯战犯永远钉在了历史的耻辱柱上。

二、南京梅花山头炸汪坟

（一）在惩处汉奸的呼声中，蒋介石下令炸汪坟

1945年8月15日日本无条件投降后，在日本侵华战犯受到历史的审判的同时，那些在日本侵华期间卖身投靠、卖国求荣、认敌作父、积极为日本侵华战争与殖民统治服务的伪政权及伪组织的头面人物也受到了历史的审判与惩罚。

首先是汪精卫。这个伪政权的头号人物于1944年11月10日死于日本名古屋，11月12日归葬南京，其墓地在南京东郊梅花山，靠近明孝陵与中山陵，伪政府为其举行"国葬"，备极哀荣。日本战败投降后，经历14年艰苦抗战、付出无数血泪代价方取得胜利的中国人民与中国政府绝不会允许汪继续安睡在风景秀丽的南京东郊风景胜地与孙中山先生的陵墓旁，分享历史伟大的荣光。

1946年1月15日夜，南京黄埔路中国陆军总司令部的会议厅里灯火通明。陆军总司令何应钦亲自主持一次重要会议。参加的有南京市市长马超俊、南京宪兵司令张镇、陆军总部参谋长萧毅肃、陆军总部工兵指挥官马崇六、驻防南京的第七十四军第五十一师师长兼南京警备司令邱维达。当时南京的最高军政长官几乎都来了，因为当时西迁重庆的国民政府尚未迁

回南京，蒋介石等国民政府要人尚滞留重庆。

这是一次秘密会议，何应钦亲自出席主持会议，首先发言，说："请你们来商量一件事，希望绝对保守秘密，不得向任何方面泄漏。蒋委员长不久就要'还都'，汪精卫这个大汉奸的坟

1945年年底，尚未完工的汪精卫墓破败荒凉

墓，居然葬在梅花山，和孙总理的陵墓并列一起，太不成样儿。如不把它迁掉，委座'还都'看见了，一定要生气，同时也有碍各方面的视听。你们详细研究一下，怎样迁法，必须妥慎处理。"

何应钦讲完后，就先退了席。萧毅肃接着发表意见，仍然陈述何应钦的意思，说："何总司令已经接到重庆指示，这个问题关系到国内和国际的视听，限我们在10天以内处置好。"

这次秘密会议最后确定，由邱维达的第七十四军第五十一师派出工兵部队，执行汪墓的迁移工作。为了配合该部的特殊秘密任务，在迁移汪墓期间，宪兵司令部派兵担任内外警戒，断绝行人交通，不许任何人接近；南京市政府也派员协助。

实际上，在这次秘密会议之前，陆军总部早已派出工兵对汪墓进行了侦察。当时，陆军总部工兵指挥官马崇六告诉邱维达，汪墓是钢筋混凝土结构，坟墓不大，但相当坚固。汪墓之所以造得这么坚固，除了考虑盗墓因素，最主要的是出于预防政治报复的考虑，汪妻陈璧君知道丈夫是有"汉奸"罪责的，与蒋介石又不和，她担心形势变化后丈夫被"晒尸"。

邱维达听了介绍后，决定用炸药炸开墓穴。当时，南京市市长马超

俊对邱维达说："总座（蒋介石）的意思是时间越快越好，因为还要整理和建筑别的东西。最好在一切充分准备好的条件下，乘一个夜间就把它处理了。"

会议决定，时间定在 1946 年 1 月 20 日深夜 12 时，开始炸墓。后因为准备工作尚未就绪，临时改在 21 日深夜行动。为了防止外人知道炸汪墓的秘密，在执行炸墓的前三天，中山陵与明孝陵之间的景区实施戒严。

（二）汪精卫的死亡与下葬

汪精卫死亡的病因要追溯到 1935 年 11 月 1 日，国民党在南京丁家桥中央党部召开四届六中全会合影时，他被南京晨光通讯社记者孙凤鸣刺杀，身中三枪。当时汪被立即送往医院抢救，经施行手术，将颊部及颞部的子弹取出，但背部的那颗子弹因夹于脊椎间，难度很大，未施手术。此后汪精卫一直带着这颗子弹在身上，受着病痛的折磨，并因此引发多发性骨肿症。

1943 年 8 月间，随着日军在太平洋战场的节节败退与形势恶化，心力交瘁的汪精卫旧病复发，不仅背部，连胸部和两肋也都疼痛难忍。但不知汪病情的日本首相东条英机为挽救日本的危亡，连续召汪亲赴东京：1943 年 9 月 21 日，汪抱病偕同陈公博秘密飞往日本，听取日本御前会议于 5 月 31 日通过的《大东亚政略指导大纲》，23 日赶回南京；1943 年 11 月 5 日、6 日，东条英机在东京召集亚洲各国傀儡举行"大东亚会议"，汪精卫又只得抱病参加。汪精卫自觉病情严重，在"大东亚会议"期间，委婉地向东条提出，请派日本名医去南京，声称是为其夫人陈璧君进行腹部检查。

1943 年 11 月 21 日，东条英机特派日本内科病专家、东北大学教授黑川利雄到南京，在为陈璧君作例行检查后，应汪要求，为汪精卫检查治疗。但是，汪的病情未见好转。到 1943 年 12 月初，汪精卫只得到南京日本陆军医院，由医院院长后藤亲自检查。该医院的院址就是战前原南京中央大学的校区。

后藤经检查后，断定汪的背部、胸部和两肋的剧烈疼痛是由于背部子弹压迫神经引起的，必须施行手术。1943年12月15日，汪精卫入住日本陆军医院；12月19日，后藤亲自主刀，为汪精卫施行手术。汪精卫在其日记中简单记录了手术过程："11时开始手术，仅20分钟即将留弹取出。卧病院中。"12月20日，汪精卫离开日本陆军医院，移住玄武湖畔的北极阁疗养。这里战前是宋子文的公馆。此后，院长后藤少将多次上门问诊。12月25日，后藤为汪精卫拆线。汪精卫可以坐起来谈话了。到了12月31日，汪精卫感觉自己恢复很好，在这天的日记中写道："夜与亲友度除夕，初次下楼。"身体的一度好转给汪精卫增添了很大信心，他在日记中表示，"决以更大之努力，贡献于最后之决战"，要进一步追随日本与盟国决战。1944年1月1日，他发表元旦谈话《全力于"决战第一"，完成兴华保亚使命》；1月8日，他又代表汪伪政府宣布"参战"一周年发表谈话；1月9日上午，他赶赴伪国民政府，主持"参战"一周年纪念会，发表谈话，并与日本、"满洲国"互换广播讲话。

然而，好景不长，从1944年1月21日起，汪精卫连日高烧不退，创口奇痛，下肢逐渐麻木，以致瘫痪不起。1944年2月中旬，日本驻南京的"中国派遣军"总司令部将汪精卫的病情向东条政府报告，并请求派遣日本各科名医专家到南京为汪诊治。东条政府再次派遣黑川利雄于2月18日到达南京，于2月26日为汪精卫检查，断定为"骨肿病"，这是一种极为难治的致命疾病。黑川利雄建议汪精卫到医疗条件较完善的日本名古屋帝国大学医学部附属医院就医，再次手术。3月1日，东条又派遣名古屋帝国大学的外科主治医生、日本神经外科医学权威斋藤真到南京为汪精卫会诊。斋藤真完全同意黑川利雄的诊断，建议汪及早到日本治疗。黑川利雄私下将汪精卫的病况密告陈公博，认为汪虽一时不致危险，但痊愈无望，赴日就医只是"尽人事"而已。

汪精卫不得不同意赴日就医。临行之前，他对伪政权后事作了安排，手书条令："铭患病甚剧，发热五十余日，不能起床，盟邦东条首相派遣名医来诊，主张迁地疗养，以期速痊。现将职务交由公博、佛海代理，但望速早痊愈，以慰远念。"（金雄白:《汪政权实录》上册）

1944年2月29日上午11时，陈公博、周佛海在汪精卫公馆召集汪伪政府的军政要员举行会议，宣布汪精卫即将赴日治病，在此期间汪伪政府的军政事务，如伪军事委员会委员长、伪中央政治委员会委员长、伪国民政府主席等皆由陈公博代行，伪最高国防会议等由陈公博主持，伪行政院及伪经济委员会的事务由周佛海代行等。同时决定，伪政府对有关汪精卫赴日就医事采取保密措施，对外不予发表，以免人心动摇。

1944年3月3日上午9时，汪精卫由陈璧君，其子汪文悌，女儿汪文彬、汪文悌，女婿何文杰以及伪外交部次长、翻译周隆庠等二十余人护送，乘坐日本陆军医院的汽车前往明故宫机场，秘密离开南京，飞往日本名古屋就医。

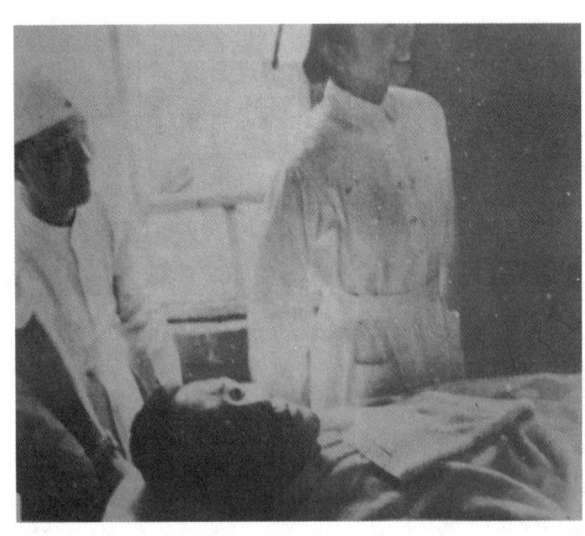

躺在名古屋帝国大学医学部附属医院病床上的汪精卫

陈公博与周佛海受命代理主持伪政府政务，失败与悲观的情绪笼罩了汪伪官场。

汪精卫自1944年3月3日离南京赴日本名古屋帝国大学医学部附属医院就医，历经9个月，病体不仅未见好转，反而日见沉重。他自知来日无多，环顾国内外形势，更感无望。他写了一首题为《自嘲》的七绝，作为绝命诗，为自己辩护：

> 心宇将灭万事休，
> 天涯无处不怨尤。
> 纵有先辈尝炎凉，
> 谅无后人续春秋。

此时，日军在太平洋战场上连连惨败，节节败退。1944年6月美军攻占了塞班岛后，美国的巨型轰炸机可以从这里起飞，直接轰炸日本本土，日本已彻底失去了制空权与制海权，其建立的所谓"绝对国防圈"陷于瓦解。东条内阁遭到日本政坛的猛烈抨击，不得不于1944年7月18日引咎辞职。1944年7月22日小矶国昭（被称为"高丽之虎"）的新内阁成立。

东条内阁的垮台，在某种意义上也是日本最高当局推行"对华新政策"的失败。从武力征服、恐怖威慑到"以华制华"，从"东亚联盟"再到"对华新政策"及其破产，反映了日本军国主义当局在侵华战争中的节节败退与无法逃避的失败命运。

曾因东条内阁的"对华新政策"而受到鼓舞并心存感激的汪精卫，对东条内阁的垮台，是十分痛苦而又无可奈何的。他除了照例给新首相小矶国昭致电祝贺，还异乎寻常地给已下台的东条发去电报，对东条"辞职应付非常"表示"惋惜"，称颂东条"溯自阁下担承大命，果敢坚决，排除万难，为解决当前局势，肃清太平洋英美势力，根据国际道义，促成大东亚十亿民族之团结，奠定东亚共荣圈之基础，丰功伟绩彪炳环宇"，希望东条辞职后仍要"协力不懈，完成大业"等。但历史证明，日本当局在这时已经再也拿不出新的货色来应付日益危殆的时局了。他们所能做的，只能是垂死前的挣扎与最终的失败和投降。

1944年11月10日下午4时20分，汪精卫在日本名古屋帝国大学医学部附属医院，因躲避美军战机空袭移往地下室时受感染，凄然死去，终年61岁。

日本当局直到第二天，即1944年11月11日下午，才由其驻南京大使馆将汪的死讯通知伪政府。当时陈公博正率领伪政府官员到中山陵举行孙中山诞辰的谒陵仪式，闻之恸哭流涕。

11月12日上午，陈公博主持伪中央政治委员会会议，报告汪的死讯。会议推举陈公博代理伪国民政府主席、继任伪行政院院长、伪军事委员会委员长等职；并通过成立"哀典委员会"，委员长陈公博，副委员长褚民谊、周佛海，秘书长褚民谊。

当日下午6时，汪精卫的遗体从日本名古屋空运至南京大校场机场。

伪政府将汪精卫的棺木从南京大校场机场，经中山东路，绕新街口、

汪精卫的遗体从日本空运回南京

鼓楼、保泰街，送至伪国府大礼堂。尽管伪政府出动大量军警维持秩序，到处张贴悼念汪的标语，营造悲情，但南京民众却拥向街头，抑制不住地笑沸腾。沿街的墙壁上甚至出现了"飞尸走肉，傀儡奇观"等讽刺标语。

11月13日，伪国民政府发表公报，宣布汪精卫于11月10日在日本病逝的消息。

11月23日，伪政府举行所谓"国葬"。

汪精卫在1943年曾留下遗言，希望在他去世后，能葬在距离中山陵不远的地方，陪伴孙中山。因此，伪政府要人与汪精卫的老婆陈璧君协商，

伪政府将汪精卫的棺木经南京主要街道，送至伪国府大礼堂

最后把汪精卫的墓址选在南京东郊的梅花山上。这里位于南京风水宝地紫金山的南麓，在中山陵西南数里处、明太祖朱元璋的孝陵前方、东吴大帝孙权墓附近。梅花山原名孙陵岗，因东吴孙权安葬在此而得名。这里是孙中山"能看到的地方"。汪伪政府准备花巨款，给"汪主席"建造一座规模相当大的陵墓，有墓室、祭堂、牌坊、警卫室等，并且设计好了图纸。据一位孔姓工程师透露，汪的陵墓图案是仿孙中山的陵墓设计的，造价预算是5000万伪币。但因为事急，先筑墓穴，把汪的棺材先行安葬。汪殓尸所用的葬具，是一口不大的楠木棺材。汪的尸体上面，覆盖一面青天白日满

地红旗子，尸身着伪政府文官礼服，系藏青色长袍马褂，头戴礼帽，腰佩大绶。在马褂口袋内，放了一张长约3寸的白纸条，上用毛笔写有"魂兮归来"四字，下款署名"陈璧君"，这是陈璧君从日本接运汪的尸体回国后所写，以示招魂。尸体入棺时，使用了防腐剂。棺内只有一本汪精卫手抄的诗作稿本作为随葬品，别无其他物件。诗作稿本上的诗，多已公开发表过，只有前述那首题为《自嘲》的绝命诗，未曾示人。

陈璧君生怕日后有人毁坟鞭尸，特地要伪政府用五吨碎钢铁块，掺和在混凝土里，浇灌在汪的墓壳上，想以此保住其夫的遗体，不至受辱。

在汪的尸体举行"奉安大典"之后，汪墓的地面建筑继续施工。当时时局不稳，陈璧君虽多次要求工程加快建设速度，但墓室、祭堂、警卫室才造好，牌坊的钢筋混凝土柱础也才刚浇筑好，日本人就于1945年8月15日宣布投降了，施工只得停下。

（三）炸汪墓经过

1946年1月18日开始，南京东郊风景秀丽的中山陵与明孝陵之间的景区，突然宣布实施三天的戒严：宪兵荷枪实弹站岗，内外警戒，断绝了行人交通，禁止游览，不许任何人接近。南京市政府也派员协助。

因为事起突然，又神秘，当时南京社会上谣言纷起，称国民政府又要查捕汉奸。有些在敌伪时期做过坏事的人都惶恐起来，有的逃走，有的躲藏。

戒严实施三天后，1946年1月21日晚上，驻防南京的第七十四军第五十一师的工兵营营长李东阳指挥工兵部队炸墓。据工兵事先技术侦察估计，大约要使用"提恩提"（TNT）烈性炸药150公斤，才能全部炸开。爆破时，在现场监督的有马崇六、马超俊和邱维达等人。

工兵爆破作业分两个步骤：第一步，炸开墓的外层混凝土钢筋部分；

第二步炸开盛棺的内窖（墓穴）。在执行爆破时，利用其他声响作掩盖，以防止巨大的爆炸声泄密。把墓穴炸开后，果然发现了汪精卫的楠木棺材。马崇六指示，把汪的棺盖打开。邱维达当时觉得有些突然。因为在秘密会议上，何应钦指示很清楚，规定是"迁移"，而现在要将棺盖打开，又没有提出迁移到何处去的打算。等揭开棺盖，见汪精卫的尸体上面覆盖一面青天白日满地红旗子，尸身着伪政府文官礼服，系藏青色长袍马褂，头戴礼帽，腰佩大绶；面部略呈褐色而有些黑斑点。由于入棺时使用过防腐剂，所以整个尸体尚保持完整，并没有腐烂。

揭开棺盖后，马崇六指使不必要的人员暂时退离墓地，由马超俊进行棺内检查，主要是寻找有什么葬物。检查结果，除在汪精卫的马褂口袋内发现一张长约3寸的白纸条，别无其他遗物。这张纸上用毛笔写有"魂兮归来"四字，下款署名"陈璧君"。据说这张纸上的字是陈璧君从日本接运尸体回国后所写，以示招魂。

汪精卫墓内竟然没有一点随葬品，出乎不少人的意料，这是不是汪自知罪孽深重，有意"裸葬"？此谜已没有人能解释得清了。

马崇六当即吩咐工兵营营长李东阳："你的任务是现在就把棺材装上卡车，今晚还要将墓地平掉，务使不留原来痕迹。"

邱维达为了弄清汪棺木的最终去向，对马崇六说，我们第七十四军负责到底，派李东阳"护送"运棺材的汽车，以免中途发生意外。次日清晨，李东阳回来向邱维达报告说，马崇六将汪精卫的棺材一直送到南京城西的清凉山，将尸体交付火葬场，只费了半个小时，棺材连同尸体全部焚化，并没有留存什么。邱维达这才知道，马崇六是根据何应钦的另一项秘密指示，按预定计划实施的。所谓"迁移"，只不过是何应钦在会上的一种托词而已。

（四）炸墓余音

　　炸掉汪墓后，工兵立即将墓穴填平。

　　炸毁汪墓后，大概过了半月汪精卫的女儿闻讯从国外赶到南京。她先到南京市政府，要求见市长马超俊，气势汹汹。马超俊知道此人为什么事而来，拒不接见。最后派了一位张姓秘书出来应付一番，把处理坟墓的事，全部推到陆军总部，他自己装作不晓得这回事。

　　汪的女儿又跑到黄埔路上的陆军总部，要求见总司令何应钦，被门前卫兵挡住。此后，她每天来一次，坚决要见何应钦，但何是不可能见她的。在无可奈何的情况下，汪女耍起无赖，又哭又闹，破口大骂，大声指责何应钦不应该把她父亲的坟墓炸掉，说："南京不能葬，就让我运回广东去葬好了，难道又碍你们的事吗？"

　　当时有许多南京市民围观。守门者怕闹出什么乱子，便派出来一个卫

被炸后的汪墓遗迹

兵长对观看群众伴说汪女是一个精神病患者,喝令群众散开。

但任她如此闹下去总不是法子。后来,萧毅肃想出了一个点子。萧叫一参谋官出去,带着两个卫兵,身佩盒子枪,给汪女来一个下马威,警告她说:"限你立刻离开,否则,以捣乱秩序和袒护汉奸论罪!"汪的女儿见情况不妙,只好溜之大吉,炸汪墓风波这才结束。

1946年2月初,在一个春光明媚的日子,邱维达特地驱车到明孝陵游览,顺便到梅花山散步,发觉梅花山上的景物已全部改观。梅花山的南北两面,新开拓了两条小径,培植各种各样的花木,周围环境也整修一新,与中山陵的秀丽景色,遥相映对——汪墓的痕迹几乎荡然无存。

1946年5月初,蒋介石的国民政府从重庆迁回南京。5月5日,蒋介石亲率军政官员祭拜中山陵。在祭拜完毕后,时年60岁的蒋介石从紫霞洞西坡,爬上紫金山的一处平岗,极目远望,"喜其山川之胜,林壑之美",遂嘱手下,在他站的地方建一个亭子,取名"正气亭",称"将与国人共游赏之"。原来蒋介石生前曾为自己看过多处葬地,但他一直心仪的地方,还是南京紫金山。据说,来自蒋的家乡浙江奉化溪口雪窦寺的名僧太虚,早已相中此处,蒋介石这才借谒陵之便,亲自上山,相度自己身后的"风水宝地"。从地理上来看,蒋介石自选墓地"正气亭"所在位置,与汪精卫墓址不仅在风水上"犯冲",而且靠得很近,都是在孙中山"能看到的地方"。试想,蒋介石岂能容多年的政治对手汪精卫"安睡"在自己的身边,分享孙中山的荣耀?!蒋介石"还都"前指示炸掉汪精卫的墓,是有其成熟考虑的。

不久,担任"国父陵园管理委员会"主任委员的孙科,指示对梅花山地面景观重新布置。开始,准备在汪坟原址上建一长方形葡萄架,供游人赏梅休息。后来考虑到葡萄架既不经久耐用,又不美观,且不适宜布景,于是决定建造一座亭子。这座亭子于1947年落成,它是利用承建中山陵园内建筑的不法营造商的罚没材料,由中山陵园工程科工人,以业余时间建造而成，因其位于梅花山，所以取名为"观梅轩"。观梅轩东西长约16米，分为三间，东西两间凸出部分各设一个南、北进口。亭子四周围有砖砌栏杆。整座亭子为混合结构，顶覆蓝色琉璃瓦，黄墙红柱，融东西方文化于一体。为了避免游人将亭子与汪精卫墓联想到一起，同时给游人助兴，当时具体负责汪墓地表改造的沈鹏飞等人，根据梅花典故以及东吴大帝孙权的史迹，为亭子的南北入口拟定了两个额名和两副楹联，经孙科审阅批准后，书于亭上。

亭南入口，额题"观梅轩"，两侧楹联为：

欣敌寇潜踪，景物依然，河山如故，此日花香鸟语，钟阜丽明，若同和靖重游，应媲六桥三竺。

问吴王何处，坟坞已渺，史迹尚留，当年虎踞龙蟠，石城安稳，端赖武乡定策，永垂九鼎一言。

亭北进口，额题"放鹤"，两侧楹联——

天阙远瞻鸣鹤舞，
孝陵回望伏龙眠。

额名和楹联均由孙科题写，"放鹤"二字的木匾至今犹存。

转眼间数十年风雨过去，汪墓的遗迹早已荡然无存，如今，只留下几段水泥残桩，还有一座当年的"祭堂"，改为中山陵园管理局的办公用房。如果不是知情人指点，游人根本就不知道这里曾上演过一出历史的闹剧。